*Rolf Seeler*

# Peru und Bolivien

*Indianerkulturen, Inka-Ruinen und
barocke Kolonialpracht der Andenstaaten*

DUMONT **KUNST**
**REISEFÜHRER**

In der vorderen Umschlagklappe:
Übersichtskarte Peru

In der hinteren Umschlagklappe:
Übersichtskarte Bolivien

# Die wichtigsten Orte auf einen Blick

Andahuaylillas ☆ (F7)  261
Ayacucho (E8) . . . . . . 225
Arequipa ☆☆ (F6) . . . . 170
Cajamarca (B11) . . . . . 212
Camino Inca ☆☆
(bei Machu Picchu, F8) 259
Cerro Sechín ☆ (B9) . . 197
Chan Chan ☆☆ (B10) . 199
Chavín de Huántar ☆☆
(C9) . . . . . . . . . . . . . . 218
Checacupe (F7) . . . . . . 263
Colca-Tal ☆ (F6) . . . . . 189
Copacabana (H6) . . . . 284
Cumbe Mayo ☆
(B/C11) . . . . . . . . . . . . 210
Cusco ☆☆ (F7) . . . . . . 227
El Brujo ☆ (B10) . . . . . 204
Huaca de la Luna ☆
(B10) . . . . . . . . . . . . . 200
Huaca del Sol (B10) . . 200
Huaca El Dragón ☆
(B10) . . . . . . . . . . . . . 202
Huaca La Esmeralda
(B10) . . . . . . . . . . . . . 203
Huánuco Viejo (D9) . . 222
Huaráz (C9/10) . . . . . . 221
Ica (D7) . . . . . . . . . . . 162
Inkallaqta ☆ (K5) . . . . 322
Isla de la Luna (H6) . . 289
Isla del Sol ☆ (H6) . . . 287
Jesuitenmissionen in
Chiquitanía ☆ (L6–N5) 324
Karayá ☆ (B/C10) . . . . 217
Kotosh ☆ (D9) . . . . . . 223
Kuélap ☆☆ (B/C11) . . 214
Kuntur Wasi (B11) . . . 209
Lambayeque ☆ (A/B11) 206
La Paz ☆☆ (H6) . . . . . 271
Lima ☆☆ (C8) . . . . . . . 122

Machu Picchu ☆☆ (F8) 252
Moray (F8) . . . . . . . . . 251
Nasca ☆ (D/E7) . . . . . 163
Ollantaytambo ☆ (F8) 249
Pachacámac (C8) . . . . 157
Pajatén (C11) . . . . . . . 216
Paracas (D7) . . . . . . . . 160
Paramonga (C9) . . . . . 195
Pacatnamú (B11) . . . . 205
Pikillaqta (F7) . . . . . . . 261
Pisac (F7) . . . . . . . . . . 251
Pomata ☆ (H6) . . . . . . 265
Potosí ☆ (K4) . . . . . . . 296
Pucará (G7) . . . . . . . . 269
Puno (G6) . . . . . . . . . . 263
Raqchi (F7) . . . . . . . . . 269
Revash ☆ (B/C11) . . . 217
Samaipata ☆ (L5) . . . . 323
Santa Cruz (L5) . . . . . 321
Saywite (F7) . . . . . . . . 226
Señor de Sicán ☆☆
(A11) . . . . . . . . . . . . . 207
Señor de Sipán ☆☆
(B11) . . . . . . . . . . . . . 207
Sillustani ☆ (G6) . . . . . 270
Sucre ☆ (K4) . . . . . . . 309
Sumbay (F6) . . . . . . . . 168
Tambo Colorado (D7)  158
Tarabuco ☆ (K4) . . . . 318
Tiwanaku ☆☆ (H6) . . . 278
Toquepala (G5) . . . . . . 168
Toro Muerto ☆ (F6) . . 166
Trujillo (B10) . . . . . . . 205
Túcume (A11) . . . . . . . 205
Uyuni-Salar ☆ (H/J4/3) 295
Willkawaín ☆ (C9/10) 221

ohne Stern:
*sehenswert*

☆
**Umweg lohnt**

☆☆
**keinesfalls verpassen**

# Inhalt

**Vorwort**　　　　　　　　　　　　　　　　　　10

## *Kulturgeschichte der Zentralanden*

### Natur- und Lebensraum　　　　　　　　　12
Landschaften und Klima　　　　　　　　　　12
Die Beringlandbrücke als kontinentales
　Einfallstor　　　　　　　　　　　　　　13
Auf den Spuren der Paläoindianer:
　Zehntausend Jahre alte Felsbilder　　　　14
Die altperuanische Weltsicht　　　　　　　16
Von der archaischen zur formativen Periode　18

### Kulturen, Kulte, Kunsthandwerk　　　　20
Die ›Wissenschaft des Spatens‹ erforscht
　schriftloses Terrain　　　　　　　　　　20
Indianisches Formgefühl　　　　　　　　　23
Wasserbaukunst an fünfundzwanzig Nilen　25
Der Koka-Kult　　　　　　　　　　　　　28
Schamanen auf Seelenreise　　　　　　　　30
Ein Archipel von zweitausend Sprachen　　32
Musik aus Steinen　　　　　　　　　　　　34
Textilkunst: Von der Steinschleuder zum
　Papageienfedermantel　　　　　　　　　36
Schweißperlen der Sonne und Tränen
　des Mondes: die Verarbeitung von Gold
　und Silber　　　　　　　　　　　　　　40

### Horizonte und Kulturkreise
### der Vor-Inkazeit　　　　　　　　　　　43
Ecuador: Wiege der Andenhochkulturen　　43
Chavín – die Klassiker Altperus　　　　　47
Grabräuber heben den Frias-Goldschatz　　49
Der unterirdische Basar von Paracas　　　51
Im Farbenrausch der Nasca-Töpferei　　　52
Das keramische Bilderbuch der Mochica　　54
Die Pan-Horizonte von Tiwanaku und Wari　55
Im Reich der Chimú　　　　　　　　　　　57

## Das Inkareich Tawantinsuyu 59

Ursprungssagen und Geschichte 59
Großohren im Dienst der Sonnenkönige:
Staat und Gesellschaft 62
Agavenseilbrücken und Inkastraßen 65
Höhlen, Waqa, Heilige 68
Knotenschnüre als Datenspeicher 69
Eine auf Stein gebaute Kultur: Architektur
und Kunsthandwerk 71

## Konquista und Kolonialzeit 74

Das abendländische Weltbild 74
Die spanische Eroberung Amerikas 76
Goldene Trophäen und Schwarze Legenden 79
»Ohne Indios kein Indien«:
Die Inwertsetzung des eroberten Gebietes 82
Von der Waqa zum Taufbecken:
Missionierung und Götzenjagd 85
Adobe-Architektur und ›Indianerbarock‹ 88
Die neuweltliche Malkunst 90
Märtyrer aus Agaven-Maché:
Die plastische Kunst 93
Möbel vom Silberschmied 96

## Seit der Konquista: Zeittafel 96

## Peru und Bolivien bis heute:
## Die republikanische Epoche 101

Auf der Suche nach Identität 101
Instrumentalisierte Kunst: Das 19. Jahrhundert 102
Zeitgenössische Malerei 107
Indigenismus, Modernismus, Neorealismus:
Die Literatur 110

## Bedeutende Persönlichkeiten 117

# Unterwegs in Peru und Bolivien

## Lima als Theatrum Mundi 122

Eine barocke Geschichte 124
Stadt der Holzbalkone 127
Kirchen, Klöster, Ketzergericht 131
Die Stadtpaläste des Patriziats 147
Geborgene Schätze –
Limas Museumslandschaft 151

## Götter, Gräber, Geoglyphen:
### Die Südküste — 156

Das Orakel von Pachacámac — 157
Tambo Colorado — 158
Paracas-Nekropolen — 160
Die Rätsel von Nasca — 163
Fünftausend Zaubersteine — 166
In den Höhlen von Sumbay und Toquepala — 168

## Aus Lavaschaum geboren:
### Die Weiße Stadt Arequipa — 170

Triumph des Mestizenbarock — 174
Mansionen und Hausmuseen — 183
Eismumien und die tödliche Zeremonie
Capac Cocha: Arequipas spannendste Museen — 186
Die Missionskirchen im Colca-Tal — 189

## Über die Küste der Pyramiden zu den
### Amazonasquellen — 194

Paramonga – Wasserburg in der Wüste — 195
Cerro Sechín – Massaker oder Schöpfungsritual? — 197
Die tönerne Weltstadt Chan Chan — 199
Schatzhebungen im Lambayeque-Tal — 205
Das Gold von Cajamarca — 209
Pirsch im Amazonasquellgebiet — 213
Von Chavín bis Kotosh:
    Die Tempel an der Weißen Kordillere — 218

## Ins Herz des Inkareiches — 224

Zum ›Weltei‹ von Saywite — 225
Das inkaische Qosqo — 227
Das koloniale Cusco — 236
Im Heiligen Tal — 248
Machu Picchu — 252
Auf der Inkastraße in den Altiplano — 261

## Am Titicacasee — 266

Pucará: Vom Katzendämon zum Engel — 269
Die Chullpas von Sillustani — 269
La Paz — 271
Die Ruinen von Tiwanaku — 278
Copacabana — 284
Sonnen- und Mondinsel — 287
Ein Trapez fiel vom Himmel — 290

## Seelen-, Salz- und Silberstraßen — 292

Vulkane halten Totenwache — 293
Vale un Potosí! — 295

Sucre – eine andalusische Stadt 309
Kulturgrenzen am Nebelwald 319
Tempelfesten und Felsheiligtümer 321
Utopische Städte der Jesuiten 324

Glossar 329

# Praktische Reiseinformationen

Hinweise für die Reiseplanung 339
Informationen für unterwegs – Von Ort zu Ort 342
Die andine Küche 363
Kurzinformationen von A bis Z 364
Literaturauswahl 371
Abbildungsnachweis 372
Register 373

## Verzeichnis der Karten und Pläne

Arequipa 173
Chachapoyas-Region 213
Colca-Tal 189
Copacabana-Halbinsel mit Sonnen-
und Mondinsel 285
Das inkaische Cosqo 227
Das koloniale Cusco 236
Cusco und das heilige Tal 248
Das Inkareich zur Zeit der Konquista 64
Der Inkaweg nach Machu Picchu 260
La Paz 272
Lima 128
Machu Picchu 254
Potosí 298
Die präspanischen Kulturen (Zeittafel) 44f.
Sucre 310

*Saqsaywaman. Zu*
*den traditionellen*
*inkaischen Festtagen*
*gehört die Winter-*
*sonnenwendfeier*
*Inti Raimi im Juni.* ▷

# Kulturgeschichte
# der Zentralanden

# Vorwort

Am km 603 der Panamericana von Peru erinnert ein in die Felsen geschnittener, früher vergoldeter Inkathron noch an die letzte Großmacht Altamerikas. An dieser kleinen Bucht soll der Sohn der Sonne ins Meer gesprungen sein, um die Unholde zu verscheuchen, die ihm die Ankunft der »bärtigen weißen Männer« verhießen.

500 Jahre nach der Konquista läuft hier ein unterseeisches, 7500 km langes Glasfaserkabel entlang, das dreißigtausend Telefongespräche simultan transportiert. Vergessen ist im Kommunikationszeitalter, dass *chasquis* (Botenläufer), mit frischen Meeresfrüchten beladen, einst von hier aus in 24 Stunden das 250 km entfernte Cusco erreichten. Das wäre heute nicht mal mehr eine Agenturmeldung wert. Peru und Bolivien tauchen in der europäischen Berichterstattung fast nur auf, wenn es um 3 K-Nachrichten (Katastrophen – Kuriositäten – Korruptionsaffären) geht. Mildes aktuelles Interesse gilt vielleicht noch Wirtschaft und Entwicklungshilfe. Der Rest ist Exotik.

Magische Namen, wie Cusco, Machu Picchu und Titicacasee, locken jährlich eine Million Touristen in die Zentralanden. Daß die Neugier der meisten auf diese ›Highlights‹, auf die Metropolen Lima und La Paz und einige klassische Nebenziele beschränkt bleibt, liegt nicht nur an deren Überprofilierung durch europäische Veranstalter, sondern auch an einer fehlweisenden Fremdenverkehrspolitik in den Gastgeberländern selbst: Während sich die peruanischen Tourismusbehörden an Makrozahlen über Hotelneubauten und Besucheraffluenz erbauen, siechen über 2000 archäologische Stätten dahin. Weltbekannte Kulturschätze, wie die Nasca-Erdlinien, der Chavín-Tempel oder die Sonnen- und Mondpyramide der Mochica, sind nicht einmal registriert. Im Urwald verborgene Monumente der Chachapoyas-Indianer glänzen in keinem Werbeprospekt. Archäologische Kleinode wie die Willkawaín-Ruine von Huaraz werden von den großen Namen überstrahlt.

Fallweise aus den eingefahrenen touristischen Fährten auszubrechen, ist daher eines der Anliegen dieses Bandes. Peru und Bolivien vor allem sind mehr, als die ›schornsteinlose Industrie‹ aus ihnen gemacht hat.

Dabei sei jedem Neuankömmling empfohlen, sich von romantisierenden Klischees zu lösen: Das emblematische Indianermädchen mit dem Lamm im Arm posiert allerorten für Geld, und die notorischen Schilfboote vom Titicacasee werden nur noch weitergebaut, weil man alle, die daran glauben, dass sie noch weitergebaut werden, nicht enttäuschen kann. Kunststoffkanus besitzen den kulturvernichtenden Vorteil, nicht zu verrotten. Das ist die Welt.

Im Altiplano hat sich unlängst ein Kulturanthropologe darüber beschwert, dass die Chipayas, ein Aymara-Stamm, nicht mehr lebten wie vor tausend Jahren. Er hatte beobachtet, dass die Dorfbewohner

*»Ein Indianisch Schaff«. Historische Buchillustration, ein ◁ Lama darstellend*

10

einen Späher auf den Kirchturm schickten, der nach der Staubwolke Ausschau hielt, die einen Bus ankündigt. Dann alarmierte er seinesgleichen, alle warfen sich in ihre Tracht, setzten ihre Sonnenbrillen ab und versteckten die Mobiltelefone unter den Tuniken. Dass die portablen Geräte in der extensiven Feldwirtschaft der Puna eine weitaus nützlichere Rolle erfüllen als so manches in der Großstadt zur Schau getragene ›Handy‹, kam dem Beschwerdeführer nicht in den Sinn.

Touristen, die die heutige Wirklichkeit mit Wunschbildern übermalen, betrügen sich selbst. Wer die so genannte Globalisierung betreibt, begegnet einer Welt, die homogener und transparenter – aber auch langweiliger wird. Unter diesen Umständen von anderen Kulturbewahrung einzufordern, hat einen Anflug von Hochmut. Indianer – der Begriff hat sich, und zwar vor allem in den Ländern selbst, unsichtbar vom ethnischen zum soziokulturellen Kriterium gewandelt – sind immer die anderen. Wer sich heute durch Peru und Bolivien bewegt, tut jedenfalls gut daran, sich nicht selbst auszugrenzen, sondern die überaus warmherzigen und gastfreundlichen Landesbewohner auch von ihrer menschlichen Seite – und das heißt: nicht nur in Gestalt von Fremdenführern, Kellnern und Hotelpersonal – kennenzulernen. Eine City Tour im klimatisierten Bus kann keinen Stadtbummel, eine Folklore Show in der immergleichen Reisegruppe kein selbsterlebtes Dorffest ersetzen. Wer sich nicht unters Volk mischt, erfährt nichts von einer Kultur, die in keiner Periodentafel aufscheint. Mögen tausende von Tempeln zerfallen sein und die Mittelandenstaaten heute einem »Bettler auf dem goldenen Thron« gleichen, wie der italienische Forschungsreisende Antonio Raimondi einmal sagte – in den *indígenas* leben Kräfte und Geisteswelten fort, die Millennien überdauert haben.

Zu danken ist daher dem ›Unbekannten Indianer‹, dem ich auf allen Wegen begegnet bin; den Kolla, die in ungeheizten Nachtbussen über die Anden Decke und Maisbrot mit mir teilten, aber auch jenen Ganoven, welche mir, nach einem Überfall auf mein Auto auf die Besonderheit der Beute hingewiesen, reumütig ein Manuskript zu diesem Buch zurückgaben.

Rolf Seeler

# Natur- und Lebensraum

## Landschaften und Klima

*»Wenige Menschen dürfen dem Himmel so nahe kommen.«*

*(Der Botaniker Thaddaeus Haenke 1790 in einem Brief aus Lima an seine Eltern über seine Andenreise)*

*»Das Auge irrt auf unbeschreibliche Weise in dieser gigantischen Natur.«*

*(Der Forschungsreisende Eduard Poeppig bei seiner Andenüberquerung)*

Nirgendwo hat der Schöpfergott Wiraqocha eine so großartige Landschaft hinterlassen wie in den mittleren Anden: Hier scheinen sich Himalaya, Sahara und die Beringsee miteinander vermählt zu haben. Die trockenste Wüste der Erde, viertausend Küstenkilometer lang, und das wasserreichste Becken des Kontinents, das Amazonasquellgebiet, flankieren eisgepanzerte Kordillerenkämme, die fast so hoch sind wie der unterseeische Peru-Graben tief. Die gewaltigsten Krater unseres Planeten krönen den 4000 m hohen Puna-Block, auf dem der weltgrößte Salzsee, der Uyuni-Salar, erstreckt. Er zeugt noch von der Urlagune Tauca, die vor 7000 Jahren ausgetrocknet ist. Zwischen verschneiten Vulkanen liegt in 3800 m Höhe Südamerikas größtes Gewässer, der Titicacasee. An der Pazifikküste ringt der eisige südpolare Humboldtstrom mit der warmen Flut des unberechenbaren ›Niño‹, der erst 1998 das Klima der halben Welt auf den Kopf stellte. Im Osten dampfen Nebelwälder, die Yungas, im ungebrochenen Licht einer weißen Sonne. In der Sierra winden sich Flussoasen durch Cañons aus nacktem Felsgestein, das zwischen Tagesglut und Nachtfrost birst.

In dieser verwegenen Großlandschaft lebten die Zentralandenvölker einst auf einem Gebiet, das zehnmal so groß war wie Deutschland. Im Norden reichte es bis Ecuador, schloss im Süden die chilenische Atacamawüste und den argentinischen Teil der Puna-Region ein und erstreckte sich von der Pazifikküste im Westen bis weit ins amazonische Tiefland hinein. Die Kernzone der vorspanischen Hochkulturen war wesentlich kleiner. Sie umfasste den schmalen peruanischen Küstensaum, die Westabdachung der meeresnahen Kordillere mit ihren fruchtbaren Flusstälern und das Altiplano genannte Hochland. Besiedelt waren in dieser 3000–4000 m hoch liegenden Andenregion vor allem die von der Ost- und der Westkordillere eingeschlossenen Längstäler. Im Süden verbreitern sich die beiden Gebirgsketten und umfangen das bolivianische Hochbecken mit dem Titicacasee, dem Lago Poopó und den großen Salzlagunen.

Der kulturgeografische Begriff Altperu, der auch den Rahmen dieses Bandes definiert, umfasst im wesentlichen das heutige Staatsgebiet von Peru und Bolivien. Sinnvoller als die übliche Grobeinteilung der peruanisch-bolivianischen Landschaften in Costa (Küste), Sierra (Gebirge) und Selva (Amazonasurwald) ist die Gliederung des peruanischen Kulturanthropologen Luis G. Lumbreras nach Wirtschaftsräumen: er unterscheidet von der nordperuanischen Sechura-Wüste bis zu den chilenischen Andes meridionales im Süden sechs *areas*.

Agrarische Herzstücke dieser Makroregion sind die in den meeresseitigen Kordillerenfalten versteckten Flusstäler, in denen der

Oasenfeldbau blüht; dann die nördliche Sierra und schließlich das Gebiet um den Titicacasee, das gleichzeitig auch den kulturhistorischen Schwerpunkt Peru/Boliviens bildet. Auf den sehr unterschiedlich hohen Anbauebenen wird von Wein und Baumwolle bis zur kälteresistenten Knollenfrucht alles kultiviert, was ausgeklügelte Bewässerungssysteme erlauben. Rund sieben Prozent der Süßwasserreserven der Welt birgt diese Großlandschaft, doch die meisten Flüsse tränken das mächtige Brasilien und entwässern in den Atlantik.

Welche Vielfalt an ökologischen Nischen die peruanisch-bolivianischen Anden beherbergen, zeigt das Weltklimamosaik: von insgesamt 32 Klimatypen sind 28 hier präsent. Schon in präinkaischer Zeit führten Handelswege durch das Gebirge, über die Salz, Edelmetalle, Wolle und Trockenfleisch, Guano und Tongefäße transportiert wurden. Altperu war ein Großmarkt. Dem Sammlerfleiß der Archäologen verdanken wir die Erkenntnis, dass die Hochlandindianer, während man an der Küste mit goldenen Angelhaken fischte und ausgehöhlte Kürbisse als Bojen einsetzte, mit Netzen auf Andenhirschjagd gingen. Im Jodmangelgebiet Puna kämpften die Kolla mit getrockneten Meeresalgen gegen die Kropfbildung an. Aus den Urwaldregionen kamen farbige Vogelfedern für Fürsten, Tänzer und Schamanen. (In Peru und Bolivien sind ein Fünftel aller auf der Erde vorkommenden Vogelarten heimisch.)

Ja, die Altperuaner waren mobil und einfallsreich. Sie kannten, wie uns der indianische Chronist Felipe Guaman Poman de Ayala bewies, sogar schon einen Bauernkalender.

## Die Beringlandbrücke als kontinentales Einfallstor

Vor rund 12 000 Jahren, um die letzte Eiszeit, lag der Meeresspiegel des Pazifik um fast 150 m tiefer, weil die Gletschermassive riesige Wassermengen banden. So war auch hoch im Norden eine (normalerweise 30–50 m unter der Oberfläche liegende) bis zu 1500 km breite Untiefe trockengefallen, die das Gesicht des ganzen Kontinents verändern sollte – die Beringia, eine Meerenge, aus der die interkontinentale Landbrücke entstand. Dass die Großbesiedlung Amerikas über die Beringstraße erfolgte, gilt heute als gesicherte Erkenntnis. Der *homo americanus* kam aus dem östlichen Sibirien oder dem nordöstlichen China, gehörte also der mongolischen Großrasse an; das ist nicht nur unter anthropologischen Aspekten überzeugend, sondern wird auch durch die Ähnlichkeit hier wie dort gefundener Steinwerkzeuge immer gewisser.

Die ersten Einwanderer mögen Mammuterden gefolgt sein, die das von abgestorbener Meeresfauna gedüngte Steppengras auf der Beringlandbrücke abweideten. Doch: Waren diese paläoindianischen Jäger bereits Jetztmenschen, also vom Typ *homo sapiens sapiens* (vor 40 000 Jahren) oder noch Neandertaler (vor 120 000 bis vor 40 000 Jahren)? Denn tektonische Brückenschläge zwischen Asien und

Amerika gab es, jeweils in den Glazialperioden, mehrere. Eine gute Chance, den menschenleeren Doppelkontinent zu erobern, hätte auch schon vorher bestanden, nämlich vor 50 000–60 000 Jahren, also während der Würmeiszeit (Wisconsin-Glazial), als der *homo sapiens neandertalensis* noch nicht ausgestorben war.

Und gab es daneben noch Infiltrationen aus anderen Lebensräumen der Welt? Die Indianer bilden ja durchaus keinen einheitlichen Rassentypus. Computeranalysen von Schädelformen haben den Beweis zu erbringen versucht, dass Ureinwohnergruppen Amerikas von den australischen Aborigines abstammten. Vielleicht führt eine vergleichende Gen-Ethnologie einmal zu neuen Erkenntnissen, denn auch Japan wird als mögliches Sprungbrett für kleinere Invasionen genannt: Töpfertechnik und Schöpfungsformen des ecuadorianischen Valdivia-Komplexes – er lieferte uns die ältesten Keramikfunde Amerikas – weisen eine erstaunliche Ähnlichkeit mit der Tonverarbeitung der japanischen Jōmon-Kultur auf. Möglicherweise sind einzelne Fischerboote einmal von Nippon an diese Küsten gelangt.

Jenseits aller Spekulationen über die Erstankunft gilt jedoch als erwiesen, dass die Makrobesiedlung Amerikas über Jahrtausende hinweg in vielen Wellen über die Beringia erfolgte. Eine jährlich dichter werdende Kette von Fundorten, wo vor tausenden von Jahren die Herdfeuer erloschen, zieht sich über Mesoamerika, Kolumbien (Abra, 10 450 v. Chr.) bis nach Feuerland hinunter: ein 15 000 km langer Weg! So scheinen die Entdeckung von Fell's Höhle (Chile, 9050 v. Chr.), der Cueva del Chobshi (Ecuador, 8060 v. Chr.), der Höhle Tres Ventanas (Peru, 8080 v. Chr.), der Cueva de los Toldos (Argentinien, 10 650 v. Chr.) an der Magellanstraße, vor allem aber die erst im September 2003 bei Puebla (Mexiko) gelungene Freilegung von 40 000 Jahre alten menschlichen Fußspuren denjenigen Recht zu geben, die den *homo americanus* für einen ausgesprochenen Frühankömmling halten.

## Auf den Spuren der Paläoindianer: Zehntausend Jahre alte Felsbilder

Höhlen und Kavernen waren die ersten Horte der steinzeitlichen Indianer. Nach allen Indizien wurden sie nur sporadisch genutzt: als Schlupfwinkel und Feuerstelle, als Werkstatt zur Herstellung von Jagdwaffen und, wie zumindest einige Wandzeichnungen der Frühzeit vermuten lassen, als Ort kultischer Handlungen. Als älteste Wohnhöhle Altperus hat die Cueva Pikimachay (bei Ayacucho) 1981 Aufsehen erregt, weil man dort Steinwerkzeuge fand, die 20 000 Jahre alt sein könnten. Allerdings stammen die Radiokarbonmessungen, die diese Datierung belegen, von den Knochen eines Riesenfaultiers – und da war kein eindeutiger Fundzusammenhang festzustellen.

Eine Selbstaussage der Bewohner über ihre Lebenswelt lieferten erst die bebilderten Felskammern, die es freilich nicht mit dem ehrwürdigen Alter der Magdalénien-Kunst von Lascaux oder Altamira aufnehmen können. Die älteste Wohngrotte im peruanisch-bolivianischen Raum wurde von der Yale University auf 9580 Jahre v. Chr. datiert: die Cueva de Toquepala in der Provinz Tacna. Zusammen mit den von dem peruanischen Feldforscher Augusto Cardich 1958–59 entdeckten Höhlen von Lauricocha (bei Huánuco) bietet sie die anschaulichsten farbigen archaischen Felszeichnungen. Cardichs Deutungsversuche führten zu einer Chronologie von sechs Felsbilderphasen, aber diese Periodisierung hielt weiträumigeren Vergleichen nicht stand. Es gibt in Altperu nicht nur Höhlen, sondern auch Dutzende von ausgedehnten Felsbildergruppen unter freiem Himmel, viele mit einer Unzahl von Stilabwandlungen, deren kultureller Kontext nur aufgrund der Ikonographie in der Nähe gefundener Tonscherben bestimmbar ist.

*Toquepala, Höhlenmalerei der Guanakoperiode, hier in schematischer Schwarzweiß-Wiedergabe. Die Originale sind in sieben Farbtönen gemalt (s. S. 186).*

Die rätselhaftesten und bewegendsten Darstellungen finden sich in der Höhle von Huerta Mayu (Bolivien), wo in Negativtechnik abgebildete Hände die Wandmuster der 4000 km entfernten Cuevas de las Manos (Höhlen der Hände) im argentinischen Südpatagonien gleichsam vorwegnehmen. Die Höhlenmaler drückten ihre Hand auf den Fels und bliesen Pigmentpräparate durch einen Röhrenknochen auf die feuchten Wände, wo sie abbanden (nach einer anderen Interpretation wurden die Erdfarben mit Fett und Knochenmark angeteigt und als Paste aufgetupft). Dabei konturierte die Farbe die Silhouette der Hand.

Bildwerke von solch enigmatischer Symbolik findet man erst wieder, wenn man einen Zeitsprung von 5000 Jahren in die Wari-Epoche macht. Dazwischen aber liegen zumindest zwei total unterschiedliche Ausdrucksphasen, die in ihrer Bildaussage zugleich beredte Zeitdokumente sind. Zunächst werden die Höhlen von Nordperu bis Südbolivien von Wild- und Jagdszenen beherrscht, denen, weit über ihren Schmuckwert hinaus, eine beschwörende Magie innewohnt. Das Tier – im Andenhochland typischerweise das Guanako und das Wildlama – wurde in den Tönen Schwarz, Weiß und Rot dargestellt, mal blockhaft-massiv, mal drahtig und überdehnt wie eine Giacometti-Figur. Es war, über seinen Nutzwert hinaus, als Wesenheit gleich mit mehreren Bedeutungen besetzt: als Freund, als Jahreszeitenverkünder, Geschlechtssymbol, Tierahne, Schutzgeist. Der totemistische Beiwert von Kameltieren wird deutlich bei Gräbern in der südlichen Puna, wo man Menschen zusammen mit (zweifellos geopferten) Lamas im Doppelgrab vereint fand. In dieser (vorkeramischen) Periode waren neunzig Prozent der Felszeichnungen Kleinkamele, und so wie es, etwa zeitgleich, in der rotbraunen Höhlenkunst Nordafrikas eine ausgesprochene Kamelperiode gab, hat das zentralandine Bildprogramm eine Guanakoperiode hervorgebracht.

Jagdwaffen waren vor allem Speerschleudern, Lanzen und Steinbeile. Während die Paläoindianer Nordamerikas vorwiegend gekehlte Geschossspitzen verwendeten, waren in Südamerika Steinwaffen mit Fischschwanzspitzen typisch: Man findet solche durch Abschlag gewonnene Wurfspitzen aus Silex, Jaspis und Obsidian noch heute bis hinunter nach Patagonien.

Einen ganz anderen Bildkanon besaßen die Petroglyphen der bis in den Inka-Horizont hineinreichenden Spätzeit, zu deren schönsten Zeugnissen die Felsenfundplätze im Locumba- und im Majes-Tal Südperus gehören. Hier zeigt eine aus den Grotten heraustretende Freilichtkunst in geradezu bukolischen Szenen eine nun sesshaft gewordene Wohlstandsgesellschaft, die Aufstieg und Verfall vergangener Hochkulturen sublimiert: Flöte spielende Hirten ziehen Lamas hinter sich her, ein Mann treibt mit gemessenem Schlag sein Kanu voran, Tiermütter säugen ihre Jungen, Figurengruppen tanzen Reigen.

Doch nur 50 km entfernt, im Sihuas-Tal, springen dem Betrachter ganz andere Darstellungen ins Auge: überstilisierte, halb abstrakte Felsbildfiguren von beklemmender Dämonie: Menschen, Götter, Froschgestalten? Aber auch diese kantigen, krötenhaften Wesen, umgeben von geometrischen Zeichen – senkrechten Strichen (Regen?) und Mäandern (Bewässerungskanäle?) – sind Zeitzeugen: Die Menschen waren keine Jäger und Sammler mehr, sondern sesshafte Töpferbauern, die in einer wohlversorgten Subsistenzwirtschaft lebten, Gemischtkost aßen und nur noch von einem besessen waren – der Sorge um Wasser.

## Die altperuanische Weltsicht

Feuer, Wasser, Luft und Erde waren die vier Elemente, aus denen sich in der archaischen Vorstellungswelt Altperus das Universum zusammensetzte. Eine Gemeinschaft von vier Archetypen, die alle Materie und sämtliche Lebewesen vereinte, verkörperte diese Urelemente und bewegte die Welt. Die Archetypen wohnten im Himmel, aber nicht als thronende Götter – und dann gar in Menschengestalt –, sondern als eine allmächtige Quadriga von alles durchdringenden Geistwesen: gestaltlos, doch zeichengebend in Form von Sternbildern.

*Amphore mit doppelköpfiger Schlange, Pashash-Kultur*

Diese Kosmovision ähnelt der mesoamerikanischer Frühkulturen, wo man sich gern vier das Himmelsdach tragende Gottheiten vorstellte. Die quasiarchitektonische Raumgliederung des Universums in drei Ebenen und der im Ganzen rechtwinklige Aufriss des Weltgebäudes in der altamerikanischen Glaubenswelt überschnitten sich eigenartigerweise nicht mit der durchaus vielgestaltigen realen Umwelt der (mittleren) menschlichen Ebene, wo das Sinnliche und das Übersinnliche ein und dasselbe und alle Dinge beseelt waren. Noch jedem Stein wohnte eine mystische Kraft inne, Quellen waren heilig, Nahrungspflanzen Gnadenspender. Es gab eine Maisgöttin, eine Cocamama (Mutter Koka), den Kartoffeldämon. Die religiöse Wunderwelt wird von der plastischen Kunst der Hochkulturen ausgiebig zitiert: Stabgötter und Jaguarfratzen, doppelköpfige Schlangen und Mondesser, Fledermausköpfe, kopulierende Gottheiten oder die ›geflügelten Augen von Totenseelen‹, die man an Kopfgefäßen aus den Nasca-Tälern zu erkennen glaubt.

Ob der Hochgott Wiraqocha, der die Welt erschuf und dessen Abbild man im Sonnentor von Tiwanaku begegnet, schon im Glauben früherer Andenkulturen verankert oder erst eine Schöpfung der Inka war, darüber gehen die Meinungen auseinander. Die Chronisten Cieza de León und Garcilaso de la Vega berichten jedenfalls von einem früheren Schöpfergott namens Pachacámac (Erderschaffer), dem man im Lurín-Tal eine als Orakelzentrum bekannte Weihestätte errichtet hatte. Tatsächlich füllte sich das altperuanische Pantheon mit immer mehr Regionalgöttern, ohne dass es jedoch, im Gegensatz zu den zänkischen Heroen der griechischen Mythologie, je zu himmlischen Schlachten gekommen wäre. Die letzte Hochkultur vor den Inka, das Reich der Chimú, war – auch »weil der Mond mitunter die Sonne, diese aber nie den Mond verdunkeln konnte« – dem Mondkult ergeben. Die Inka hingegen hielten ihren Sonnengott Inti in höchsten Ehren. Aber der Schattentanz der beiden Gestirne endete mit einer Traumhochzeit: Inti heiratete Mama Quilla, die Mondgöttin.

So war denn letztlich alles auf Versöhnung ausgerichtet. Drei Etagen umfasste das Bauwerk der präkolumbischen Welt: die Oberwelt (Alajpacha in der Sprache der Aymara), die irdische Welt (Akapacha) und die Erdinnenwelt (Mankha Pacha). Pachamama, die Erdmutter, deren fruchtbarer Schoß die Ernten gebar, wurde zur meistverehrten Gottheit einer immer bodenständiger werdenden Agrargesellschaft. Vergeblich versuchten später die Missionare, die Unterwelt, die unter der Segen bringenden Scholle lag, als eine

*Aia-Paec, der Regengott der Mochica. Wandrelief an der Mondpyramide südlich von Trujillo*

17

Hölle für die Bösen auszumalen. Die Welt war nicht böse und sie war auch nicht gut – sie war einfach so, wie sie ist.

Pachamama aber lebt heute in friedlicher Koexistenz – ja oft in Verschmelzung – mit der christlichen Muttergottes weiter. Noch immer bekommt sie an den höchsten Passstraßen der Anden Altäre in Form von aufgeschichteten Steinhügeln (*apachetas*) gebaut. Von diesen lichten Höhen aus hat Mitte des 19. Jh. der Universalgelehrte Alexander von Humboldt, als er den Bau der Vulkane und den Formenschatz der Pflanzen und Tiere studierte, über den »Zusammenhang der Kräfte im Weltall« meditiert und seine »Erkenntnis eines Naturganzen« im fünfbändigen ›Kosmos‹, seinem letzten Werk, niedergelegt. Dass exakte Wissenschaften und Weltdeutung keinen Widerspruch bilden müssen, scheint die 1998 von Geophysikern der New Yorker Universität aufgestellte Gaia-Hypothese zu zeigen, die auf ihre Weise den Pachamama-Kult mit Zahlenwerk unterlegt. Nach dieser Hypothese kann man die Erde durchaus als eigenes Lebewesen ansehen, denn sie besitzt ein »evolutives Gedächtnis«, das den Austausch von Materie und Energie regelt (z. B. bleibt der Sauerstoffgehalt der Atmosphäre mit 21 % konstant). Gaia, die Erdgöttin der griechischen Theogonie, ist auf dem Fries des Pergamon-Altars mit einem Füllhorn dargestellt. Wie Pachamama dem Boden entsteigend, verhieß sie dem hellenistischen Bauern die gleiche Fruchtbarkeit der Felder, die auch den Andenvölkern ein vieltausendjähriges Überleben gestattete.

## Von der archaischen zur formativen Periode

Als die Gelehrten noch durch die altperuanische Geschichte irrten wie durch lichtlose Grabkammern, brachte der Dresdner Feldforscher Max Uhle Ordnung in den archäologischen Scherbenhaufen. Mit der gleichen Akribie, mit der dieser Nestor der peruanischen Feldforschung Anfang des 20. Jh. in Nordchile (vor dem Salpeterkrieg peruanisches Staatsgebiet) die ältesten Mumien der Welt und in Pachacámac den mächtigen Stufentempel stratigrafisch freigelegt hatte, nahm er sich der Periodisierung präkolumbischer Kulturstufen an. Zum ersten Mal wurden der Inka-Komplex vom Tiwanaku-Horizont getrennt und an der Nordküste die Mochica- und die Chimú-Phase als völlig verschiedene Perioden herausgeschält.

Uhles Spuren folgend, fügte der große Peruanist Julio César Tello dem Fundament der Chronologie noch einen Schlussstein hinzu: die Chavín-Kultur, die etwa zeitgleich mit der europäischen Jungsteinzeit war. Inzwischen gilt Chavín als die alles begründende Mutterkultur Altperus und Erster Panperuanischer Horizont. Man rechnet es dem Formativum zu.

Den Begriff ›Horizont‹ hat der nordamerikanische Kulturanthropologe John Howland Rowe 1962 in die Archäologie eingeführt. Er bezeichnet Kulturimpulse, die, auf unser Thema angewandt, über die gesamten Zentralanden ausstrahlen und zwar über längere Zeit. Zwischen diesen ideologisch-religiösen Expansionsphasen breiten sich, nach Rowe, kleinere Kulturkreise aus, denen er Zwischenperioden zuweist. Alle Periodisierungsschemata indessen, darüber ist sich die Wissenschaft des Spatens heute einig, müssen unbefriedigend bleiben in einem Kulturarchipel, der über einhundert Landschaftsformen, entsprechend viele Wirtschaftsformen, Entwicklungsstufen und Kulturvarianten aufweist.

Wenn der stilistische Eigenwille einer Epoche, soweit er vom Trägermaterial – meist Keramik und Textilien – ablesbar ist, zum kulturbestimmenden Kriterium für einen Zeitabschnitt wird, gerät jede Klassifizierung ins Schablonenhafte. Es gab schon in vorkeramischer Zeit Sozialsysteme, die eine ausgereiftere und monumentalere Architektur vorzuweisen hatten als spätere keramikführende Kulturen. Die zentralandine Region mag während des ganzen Formativums urbaner, feinsinniger, ›zivilisierter‹ gewesen sein als der Raum um den Titicacasee; aber hier, wo Ackerbau, Fischfang und Lamazucht die Existenzgrundlagen bildeten, drückte sich das Kulturbedürfnis in der Steins_kulptur und einer hochentwickelten Metallverarbeitung aus, ganz abgesehen von der Astronomie, die ja auch der Wetterkunde diente: da spielte die Keramik eine vergleichsweise untergeordnete Rolle.

*Rekonstruktion des ältesten gefundenen Maiskolbens (5000 v. Chr., Tehuacán-Tal, Mexiko). Wahrscheinlich stellte er bereits eine Kulturform dar. (nach Byers, 1967)*

Angesichts dieser Einschränkungen kann auch die Rowe'sche Kulturstufenskala lediglich als didaktisches Modell hilfreich sein. Sie etabliert drei große Kulturhorizonte, für die im Frühen Horizont Chavín (1000–150 v. Chr.), im Mittleren Horizont Tiwanaku (200 v. Chr.–1000) und im Späten Horizont die Inka (etwa 1476 bis zur Konquista 1534) prägend sind. Die Frühe Zwischenperiode füllen als wichtigste Kulturkreise Vicús, Mochica, Recuay, Nasca und Paracas, die Späte Zwischenperiode Lambayeque, Chimú und Chancay aus. Der Chimú-Komplex, der hier, um dem Schema zu genügen, arg eingeklemmt erscheint, beherrschte zu seiner Zeit eine 1000 km lange, blühende Kulturlandschaft und war, als geistiger Machtbezirk, Wegbereiter und Kulturbringer für das Inka-Imperium – und insofern auch ein Horizont.

Kulturanthropologisch gesehen, ist die Vor-Chavín-Zeit noch schwerer zu strukturieren. Lässt man das Archaikum, wie heute üblich, bei etwa 10 000 Jahren v. Chr. beginnen, dann weisen die frühesten Spuren einer Kultur in die Guitarrero-Höhle, die in 2580 m Höhe im Callejón de Huaylas im nördlichen Hochland Perus liegt. Hier hatten Jäger- und Sammlergruppen, vermutlich vor den glazialen Gletscherfronten, Zuflucht gesucht. Man fand zurückgelassene Wildfrüchte, unter anderem eine auf rund neun Jahrtausende v. Chr. datierte Bohnensorte, die Zeichen einer Kultivierung erkennen lässt. Von da an führen uns Leitfossilien sprungweise an der Zeitschiene entlang. In der über 4400 m hoch gelegenen Telarmachay-Höhle – die Eisbarriere war inzwischen zurückgewichen und ab ca. 7000 v. Chr. hatten hier Menschen Unterschlupf gefunden –

19

*Chimú-Gefäß in Form eines Meerschweinchens. Schon ab 3000 v. Chr. bereicherte das Tier den paläoindianischen Speiseplan. Noch heute wird das im Quechua Cuy genannte Meerschweinchen wie vor 4000 Jahren unter einem heißen Stein geröstet – und am besten mit den Fingern gegessen.*

stieß man auf Nahrungsreste tierischen Ursprungs. Sie stammten zu neunzig Prozent von Kleinkamelen, unter denen eine ab dem 4. Jh. v. Chr. sich häufende Anzahl von Föten auf das verstärkte Auftreten von Krankheiten – und damit auf Korralhaltung – hinweisen: die Domestizierung des Lamas hatte begonnen. Auch das bis heute hoch geschätzte *cuy* (Meerschweinchen) bereicherte als Zuchttier ab 3000 v. Chr. den paläoindianischen Speiseplan.

Aber da befinden wir uns schon an der Schwelle vom Archaikum zur Präkeramischen Periode, in die die immer mehr sesshaft werdenden Halbnomaden bereits ein ganzes Bouquet von Kulturpflanzen einbringen: Mond- und Feuerbohne, Flaschen- und Moschuskürbis, Andenhirse und Chili-Pfeffer, ja sogar schon die Baumwolle und dann natürlich, als älteste Nahrungspflanze der Erde, den Mais. Ob das Kolbengewächs eine eigene Entwicklung war, ob es aus dem amazonischen Tiefland oder aus Mexiko stammte, wo der früheste Mais *(Zea mays)* auf die Coxcatlán-Phase (4800–3500 v. Chr.) zurückgeht, daran rätselt die Archäobotanik noch immer herum. Mit unendlicher Geduld widmeten sich die Indianer dem mühsamen Prozess der Pflanzenveredlung: aus den Getreideähren durften die reifen Körner nicht, wie bei Wildgräsern normal, herausfallen, was beim Mais bedeutete, dass die Lieschblätter den Kolben fest umschlossen halten mussten. Bohnenschoten durften nicht mehr zur Selbstaussaat platzen; der ursprünglich dünnwandige Speisekürbis *(Cucurbita pepo)* musste dazu gebracht werden, Fruchtfleisch anzusetzen, auch waren seine Bitterstoffe herauszuzüchten. Ein langwieriges Programm.

Als sei etwas von der stoischen Ruhe der Züchter auf die Kerne und Samen übergegangen, lernten auch diese, zur Freude der Archäologen, das Ausharren: Als Heinrich Ubbelohde-Doering in Morro-Gräbern der Nasca-Region 1200 Jahre alte Maiskörner fand und sie im heimatlichen Garten aussäte, waren sie noch keimfähig und wurden einen Meter hoch. Doch brachten sie keine Fruchtstände mehr hervor.

## *Kulturen, Kulte, Kunsthandwerk*

*»Es wird weitergegraben … Denn wir brauchen die letzten 5000 Jahre, um die nächsten 100 mit einiger Gelassenheit ertragen zu können.«*

*(C. W. Ceram, ›Götter, Gräber und Gelehrte‹)*

### Die ›Wissenschaft des Spatens‹ erforscht schriftloses Terrain

Im August 1988 wurde im peruanischen Hafen Callao eine seltsame Fracht gelöscht: ein Container, der nur 160 Packstücke enthielt, aber 2 Mio. US$ wert war. Die Sendung kam aus Miami und ›reimportierte‹ gestohlene archäologische Kostbarkeiten aus dem Grabkomplex des Señor de Sipán, die mit gefälschten Papieren auf dem Wege nach Zürich in Miami vom nordamerikanischen Zoll konfisziert worden waren. Es handelte sich um den größten Grabraub, der je von einem Sammler auf altperuanischem Boden organisiert worden war. Der Wert der jährlich aus Peru und Bolivien herausgeschmuggelten Altertümer – die häufig den Anfangsbestand ausländischer Museen bildeten – wird auf 5 Mio. US$ geschätzt.

Raubgrabungen, Zufallsfunde bei Straßentrassierungen oder der Feldarbeit und sogar Erdrutsche weisen immer wieder der Archäologie den Weg zu unterirdischen Schatzkammern. Die Entdecker der Virú-Kultur, einer archäologische Sensation, waren Grabräuber. Kunsthändler hatten in den 1960er Jahren Gefäße einer unbekannten Kultur erhalten und die Fachwelt alarmiert. So jung können tausendjährige Geheimnisse sein! Als sich der frühere Direktor des Berliner Museums für Völkerkunde, Hans-Dietrich Disselhoff, sechs Jahre später mit Sonde und Spaten an die Stichgrabung macht, findet er, wie er schon bald in der kulturgeschichtlich-archäologischen Zeitschrift ›Antike Welt‹ schwärmt, »eine Schatzgrube von nie zuvor gesehener Konzentration«. Das Urteil wirft zugleich ein Licht auf das potentielle Prospektionsareal, das sich vor dem Archäologen in Westperu und im bolivianischen Hochland auftut: ein Gebiet von 2500 km Länge und, im Mittel, 700 km Breite. So fragt Disselhoff denn auch gleich: Wie ist die Häufung von Metallobjekten an dieser Stelle zu erklären?

Noch immer hat die Archäologie mehr Fragen als Antworten in einem Kulturraum, der keine Schrift kannte und in dem die Forschung sich auf eine Bibliothek stützen muss, die nicht aus Pergament und Papyros besteht. Metall, Keramik und Textilien sind hier die Datenträger und das nicht nur im chronologischen Sinne; sie müssen erzählen, was die schriftlosen Kulturen der präkolumbischen Zeit uns verschwiegen. Aber es gelingt ihnen auch: Vasenmalereien, die den Alltag in längst untergegangenen Reichen schildern, sind so eloquent wie ägyptische Grabgemälde, und allein die Mochica-Töpferei erhellt das Zeitgeschehen der Entstehungsepoche besser, als jede Handschrift es vermocht hätte. In plastischer Eindringlichkeit wird uns vorgeführt, wie Menschen Gelenkschmerzen hatten (die Gicht gab es also auch bei den Indianern!), wie Geburtshelfer arbeiteten oder welches Glück ein Angler empfand – und was unterscheidet ihn da vom heutigen Fliegenfischer –, wenn er einen guten Fang am Haken hatte.

Die lebendige oder zeugnishafte Welt, die dem Feldarchäologen im Schoß der Erde begegnet, macht ihn zu einem größeren Entdecker als die Eroberer der ersten Stunde. Noch jetzt vergeht in Peru kein Monat, in dem nicht ein neuer Fund gemeldet wird. Erst 2004 hat man an der Küste nördlich von Lima die 5000 Jahre alte ›Heilige Stadt‹ Caral freigelegt und im Juni 2005 in Arequipa die bisher älteste präinkaische Frauenmumie (als Beute von Grabräubern) entdeckt. Perus extremes Trockenklima, das besonders in der 50–150 km breiten Küstenzone (12 % der Landesfläche) vorherrscht, konservierte das Kulturerbe von fünf Jahrtausenden!

*Ein einziges Textilstück liefert den Archäologen zahlreiche Hinweise – beispielsweise, ob die Wolle von einem Wild- oder einem Haustier stammt. Fadenzahl und Geometrie des Musters sagen etwas über den mathematischen Wissensstand aus, die Zwirnung über die Verbindung zu anderen Regionalkulturen. Die Abbildung zeigt eine Puppe als Grabbeigabe (Chancay; Webart: Kelim).*

Im ausgedörrten Sand und in der Vulkanasche der regenarmen Sierra (28 % der Gesamtfläche Perus) versiegelte die Erde wahrhafte archäologische Juwelen. Nasca-Malereien auf Tonscherben und Buntgewebe von seltener Pracht traten, in wunderbarer Unversehrtheit, mit einer Frische ans Tageslicht, als seien sie erst gestern entstanden. Sogar Beigaben von Holzspielzeug in Kindergräbern haben sich erhalten. Kein Regenwasser hat diese Böden gesäuert, keine Baumwurzel die Grüfte gesprengt. So enthält denn auch die Erde selbst mehr Informationen, als die Oberfläche mitunter herzugeben bereit ist. Allein in Nasca hat man, anhand der Leitsequenz von Grabkeramik, neun Schöpfungsphasen isolieren können; die in der Wüste ausgebreiteten Scharrbilder der gleichen Kultur aber – vor über sechzig Jahren aus der Luft entdeckt und seitdem gründlichst studiert – sind uns immer noch ein Rätsel.

Mit Spaten und Scharfsinn *Informationen* zu gewinnen, ist heute das Ziel der zentralandinen Feldarchäologie, nicht mehr nur die Eroberung von schönen Stücken, die der Museumsbesucher in der Vitrine bewundern kann. Gefäßmalereien und figürliche Darstellungen von großer Wirklichkeitsnähe waren die ersten Belege zur Rekonstruktion einer hochstehenden Kultur, in der es dennoch kein Rad gab – und also auch keine Töpferscheibe.

Bis in die 1950er Jahre dann standen Monumentalbauten und Stelen im Vordergrund hermeneutischer Studien. Heute liefert die Erforschung von Ökosystemen und ihren Subsistenzgrundlagen, von gesellschaftlichen Strukturen und Umwälzungen, von Produktionstechniken, Tauschnetzwerken und Ressourcen-Ausbeutungsverfahren das Informationsgerüst für die so genannte New Archeology, der Kritiker allerdings auch eine übertriebene Vorliebe für mathematische Planspiele vorwerfen.

Immerhin ist nun in dem Maße, wie solche kulturökologischen Fragestellungen die beschreibend-einordnende Ausrichtung der Archäologie ablösen, auch die Bedeutung der Phasen-Abgrenzungen verblasst. Die Kulturen lösten einander ja nicht wie Stafettenläufer ab. Die Übergänge waren, zeitlich wie geografisch, fließend, wobei uns sogar moderne Analysemethoden zu gleitender Betrachtungsweise zwingen: Radiokarbonmessungen haben eine Fehlergrenze von ± 100 Jahren!

Insofern überlagern nun Begriffsfolgen wie Kultische und Experimentelle Periode (für das Formativum), Klassische, Expansions-, Städtebau- und Imperialistische Periode die alten Kulturphasenmodelle. Grabungsfunde dienen nicht mehr in erster Linie dazu, ein etabliertes Muster zu bestätigen (zumal von Jahr zu Jahr neue Stilgruppen auftreten), sondern den Fundkontext (Fundort, Artefakt, Aufstellung, Umfeld) in einen größeren sozioökonomischen Zusammenhang zu stellen. So können denn eine verlassene Siedlung, ein umgeleiteter Kanal, ein Munitionslager mit Schleudersteinen, der Fingerabdruck auf einem Lehmziegel oder die Dichte von Aschenhaufen (ein Zeichen zunehmender Sesshaftigkeit) mehr aussagen über ein Zeitgeschehen als die Grabbeigabe von hundert Goldbechern, die (bei Lambayeque) einen einzigen Toten ins nächste Leben begleitete.

Dabei unterstützen naturwissenschaftliche Methoden die Prospektionstechniken. Die Magnetometrie (die Gesteinslagen mit Hilfe von Laserstrahlen an ihrer magnetischen Emission erkennt) hilft, unterirdische Hohlräume auszumachen oder verschüttete Grundrisse zu rekonstruieren. Was die Datierung von Fundstücken anbelangt, so wird das Alter von Keramik nach dem Thermoluminiszenzverfahren bestimmt, das von organischem Material nach der C 14-Methode. Letztere berechnet die Halbwertzeit eines radioaktiven Isotops des in der Luft enthaltenen Kohlenstoffs, der von allen Organismen aufgenommen wird. Bei der Untersuchung von Mumienbündeln hat sich die Röntgendurchleuchtung als bestes bildgebendes Verfahren bewährt. Pollentests können Informationen über das Paläoklima liefern, Koprolithenanalysen (Untersuchungen von versteinertem Kot) vermitteln Erkenntnisse über die Ernährungsweise von Populationen.

All das führt den interessierten Laien näher an den altamerikanischen Menschen heran als ein goldener Rasselbecher. Im 20. Jh. hat die Archäologie einen gewaltigen Sprung gemacht. Noch vor hundert Jahren, man glaubt es kaum, war von der Existenz präinkaischer Kulturen nichts bekannt (Max Uhle durchbrach als erster die Mauer des Unwissens), heute sind die Erdzeichnungen von Nasca im Internet.

## Indianisches Formgefühl

In einer Welt, in der Steine Kraft besaßen und vom Wind geformte Felsen Namen, hätte man vermuten können, der erste Ausdruck gestalterischer Tätigkeit seien der Natur abgeschaute plastische Formen gewesen. Doch noch 1800 Jahre v. Chr. war Ton, jener knetbare Urstoff aller Frühkulturen, im Kerngebiet der Anden unbekannt. Hingegen weiß man, dass die auf Fischfang gehenden Indianer bereits Netze aus Baumwolle fertigten. Baumwolle wurde damals schon seit 2000 Jahren (etwa zeitgleich mit Ägypten) kultiviert. Vom Gittermuster des Netzes abgeleitete Verbundmethoden regten in der Präkeramischen Pflanzenkultur zur Herstellung von Geweben und auch zum engmaschigen Flechten von Reusen, Körben und später ganzen Häuserwänden an.

Dass die einfachen Baumwollbahnen schon mit komplizierten mythologischen Szenen besetzt waren, zeigt sicher eher, wie das religiöse Ideenrepertoire einer schriftlosen Gesellschaft nach bequemeren Bildträgern als den üblichen Felswänden suchte, als dass es – in unserm Sinne – eine Kunst um der Kunst willen bedeutet hätte. Wie in allen frühen Kulturen hatten die Darstellungen überwiegend kultisch-magische Bedeutung.

Fliegendes Geistwesen. Detail aus einem Gewebe der Paracas-Nekropolis-Kultur

Die rechtwinklige Verkettung von Fäden gebar geometrische Muster. Das erklärt auch, warum die ersten Ritz- und Brandzeichnungen auf ausgehöhlten Kürbissen, den textilen Vorlagen nachempfunden, nur eckige Figuren kennen. Ehe diese Kalebassen zum Prototyp für bauchige gebrannte Tongefäße wurden, machte die ›Töpfererde‹ (das bedeutet Keramik, vom griechischen *kéramos*, eigentlich – nicht: gebrannter Ton) ihr erstes formgebendes Stadium durch: Mit der Hand grob modellierte und an der Luft getrocknete Früchte, Schälchen und menschliche Figurinen aus Lehm, die der Mito-Phase von Kotosh entspringen und auf ein Alter von viereinhalb Jahrtausenden zurückblicken, stellen die frühesten peruanischen Zeugnisse plastischen Schaffens dar. Um diese Zeit wurde in den Nordanden (im heutigen Kolumbien) bereits einfache Gebrauchskeramik gebrannt, weshalb man auch den Ursprung der Brenntechnik, die die peruanische Küste erst viel später erreichte, dort vermutet.

Dann aber, nach einer sagenhaften Inkubationszeit von fast zweitausend Jahren, explodierte die Töpferkunst Altperus förmlich. Hatten die frühen Tongefäße noch die Form der üblichen Steinbehälter nachgeahmt und waren mit ihrer groben, kiesartigen Maserung diesen ähnlicher als der oberflächenglatten Keramik Kolumbiens und Ecuadors, so breitete sich, Techniken verbessernd und Ideen von Ort zu Ort weitertragend, das Töpfer-›Hand-Werk‹ im Ersten Panperuanischen Kulturhorizont der Chavín-Periode – der Blüte des römischen Imperiums etwa zeitgleich – über das ganze Reich aus. Der geschmeidige Ton wurde unter den begabten Händen der Indianer zum vielgestaltigsten Ausdrucksmittel der Gebrauchs- und Grabkunst. Kein anderes Kulturareal der Welt hat einen solchen Formenschatz hervorgebracht – vielleicht gerade deshalb, weil es *keine* Töpferscheibe gab, auf der die Gefäße immer gleich aus einem zylindrischen Kern entstehen.

Aber auch die Technik hielt mit der schöpferischen Gestaltung Schritt. Die tönernen Gussformen des Wachsausschmelzverfahrens machten Peru auch zur Wiege des Kupfer- und Goldgießens in Alt-

Als Albrecht Dürer zum ersten Mal ein indianisches Gefäß sah, schrieb er in sein Tagebuch: »Ich hab aber all mein Lebtag nichts gesehen, das mein Herz all so erfreut hat, als dies… wunderlich kunstlerische Ding und hab mich verwundert der subtilen Ingenia der Menschen in fremden Landen.« Noch Picasso hat, als die benutzerfreundliche Plastikkultur schon in alle Küchen eingezogen war, in seiner Töpferwerkstatt in Vallauris, versonnen lächelnd, altperuanische Bügelhenkelgefäße nachmodelliert.

amerika – ein halbes Jahrtausend, bevor das Wissen um diese Technik nach Mexiko kam.

## Wasserbaukunst an fünfundzwanzig Nilen

Wenn alle großen Kulturen der Vergangenheit Stromkulturen waren – die chinesische (schon vor 5000 Jahren) an Hwang-Ho und Jangtsekiang, die indische an Indus und Ganges, die babylonisch-assyrische im Zweistromland und die der Ägypter am Nil –, dann haben die Altamerikaner sich selbst zu dem machen müssen, was die Sozioökologie heute gerne Hydraulische Gesellschaften nennt. Die Ägypter lebten von dem wenige Kilometer breiten Fruchtstreifen, den der Nil bewässerte, und während sie vor allem ausgeklügelte Pumpsysteme ersannen, um das Wasser so gut wie möglich zu verteilen, entwickelten die Indianer Mesoamerikas und Altperus eine hochrangige, die topografischen Tücken überlistende Wasserbautechnik. Aufgeschüttete Kanaldämme wie die Acequia von Ascope im Valle de Chicama ermöglichten talübergreifende Fernspeisungen; eine 2800 m über dem Meer am Río Cumbe Mayo (bei Cajamarca) in den Fels gehauene Rinne reichte sogar über die pazifisch-atlantische Wasserscheide hinweg. Entstand in Zentralmexiko mit dem Purrón-Damm (bei San José Tilapa) bereits vor 2500 Jahren die wahrscheinlich erste große Talsperre des Subkontinents (mit einem Stauinhalt von fast anderthalb Millionen Kubikmetern!) so hatten die Indianer des bolivianischen Altiplano das Glück, den über 8500 km² großen Titicacasee zu besitzen, einen unermesslichen Süßwasserspeicher.

Rarer waren die Reservoire weiter südlich (im heutigen Nordwestargentinien), wo geografische Bezeichnungen wie Ciénaga (Sumpfloch) oder Aguada (Tränke) noch heute auf die Bedeutung von Wasserstellen verweisen. Im wüstenhaften Norden Altperus, wo man auf Quellwasser angewiesen war, entspringen fast alle Flüsse an den östlichen Andenabdachungen: 98 % des Wasseraufkommens fließt ins Amazonasbecken ab. So saugten volkreiche Küstenoasen (besonders als während der Moche-Kultur Talherrschaften Stadtzentren mit einem erhöhten Bedarf an Obst und Gemüse zu entwickeln begannen) an den Leben spendenden fünfundzwanzig Wasserläufen, die im Westen wie ›kleine Nile‹ dem Pazifik zustreben. Die Kulturflächen, etwa im Virú-Tal, dehnten sich bis auf 8 km Breite aus. Rechtwinklig gezogene Gräben – die, stilisiert, als Mäander in die Ikonographie eingingen – lenkten das Wasser hin und her, regelten so seine Geschwindigkeit und sorgten für eine gleichmäßige Bewässerung.

Sogar in der Wüste hob man stellenweise die obere salpetrige Sandkruste bis zu den feuchten Erdschichten ab, um in Tiefbeeten, die auch vor den ausdörrenden Winden geschützt waren, Samen und Knollen einzusetzen. Die archäologische Spurensicherung im Virú-Tal lässt den Schluss zu, dass bereits in der Zeit der Gallinazo-Kultur, also vor 2000 Jahren, Straßen- und Bewässerungssysteme über-

*Der Wasserleitung am Rio Cumbe Mayo, eine in den Fels gehauene Rinne, reichte sogar über die pazifisch-atlantische Wasserscheide hinweg.*

örtlich geplant wurden. Ein methodisches Anbau- und Versorgungsgitter mit mehrmaligen Ernten im Jahr entlastete die Bevölkerung von zeitraubender Feldarbeit und förderte so ihre handwerkliche Spezialisierung: Auch das Wasser war ein Kulturbringer.

Zwischen den Oasen der Küstenzone mit ihrem Gartenbau und den Feldern der Hochanden, wo man das Schmelzwasser der Gletscher für die Furchenberieselung aufstaute, entstanden die wohl eindrucksvollsten Werke indianischer Wasserbaukunst. In diesen mittleren Höhenlagen eroberten sich die Anbauflächen auch die

Steilhänge und liefen, von Trockenmauern aus Bruchsteinen gehalten, als schlanke Terrassenfelder an den Bergflanken entlang. Wasserabzugslöcher verhinderten die Ausschwemmung durch Sturzregen, in die Mauern eingelassene Trittsteine dienten der Besteigung. Diese von den Spaniern später *ándenes* (Rampen) genannten Ackerterrassen haben, mit ihrem sanft geschwungenen Linienmuster, das Bild ganzer Hochtalregionen verändert und ihnen stellenweise einen geradezu balinesischen Charme verliehen.

Ein besonders kunstvolles Kanalsystem versorgte die Charcape-Berge (nördlich von Pacasmayo) mit Wasser aus dem Jequetepeque-Fluss. Um diese Leitung zu Stande zu bringen, musste die Talseite aufgemauert, die Bergseite aus dem nackten Fels gemeißelt werden. Mit dem *ojo del buen cubero* – dem Augenmaß des erfahrenen Küfers – würden die Spanier später sagen, kalibrierten die indianischen Tiefbauingenieure die Nivellierung, die dem künstlichen Wasserlauf sein sanftes Gefälle verlieh.

*Feldarbeit mit dem Fußpflug. Zeichnung des inkaischen Chronisten Poman de Ayala, vor 1610*

Im Küstenland, wo man schon früh mit dem Guano der Seevögel düngte – aber auch zarte Pflänzlinge mit daneben eingesteckten Sardinenköpfen verwöhnte –, wurden als erstes Kürbis und Bohnen, später auch Erdnüsse und Baumwolle angebaut. Die abgehärteten Maissorten und auch der Chili-Pfeffer vertrugen höhere Anbaulagen; Kartoffel und Quinoa (*Chenopodium quinoa*) waren noch unempfindlicher und nahmen die höchstgelegenen Kulturflächen ein. Das Körner tragende Gänsefußgewächs Quinoa, in seiner (auch in Deutschland vorkommenden) Wildform ein ›Un-Kraut‹, dient den Andenbewohnern noch heute als wichtigste Mehlfrucht; seine frischen Blätter werden wie Spinat gegessen; die Asche der Stengel dient zum Aufschließen des in den Kokablättern enthaltenen Kokains. Wichtigstes Bodenbearbeitungsgerät war der hölzerne Grabstock mit feuergehärteter Spitze oder spatenartiger Schneide. Er wurde im Hochland mittels Handgriff und Fußstütze zum Fußpflug ausgebaut.

Die Wasserbaukunst der Indianer hat alle späteren Beobachter das Staunen gelehrt. An den bis in 3000 m Höhe emporklimmenden Kulturterrassen Altperus will Garcilaso de la Vega Aquädukte von mehr als 300 km Länge entdeckt haben. Solche Zeugnisse, wenn sie wirklich je bestanden haben, sind Wind und Regen zum Opfer gefallen, aber auch der Fremdherrschaft. Als die Spanier, die nur an den Bodenschätzen des Beutelandes interessiert waren, die Indianer als Mineure und Lastenträger in die Bergwerke schleppten, verfielen die imposanten Wasserbauwerke. Nur noch in den Tälern der Mochica-Region finden sich Reste von 100 km langen Leitungssystemen.

Mexikos Hydraulische Gesellschaften hinterließen der Nachwelt ein 167 t schweres Standbild des Wassergottes Tlaloc, der heute, stumm und mit eingezogenem Kopf, vorm Anthropologischen Museum von Mexiko-Stadt steht. In Peru hat man die (namenlose) Gottheit, die hier das Wasser spendet, immer mit viel Lärm geweckt: In den Dürremonaten (Oktober und November) ließ man ein

*Terrassenfeldbau
im Colca-Tal*

schwarzes Opferlama hungern und dürsten, bis es nach Wasser schrie. Heute dringt zur Yarka Aspie, dem Wasserfest – das stattfindet, wenn die Kanäle gereinigt werden – der klagende Ruf der Chirisuya zum Himmel.

## Der Koka-Kult

Die Absperrung von Bewässerungskanälen des Feindes – eine zum Beispiel von den Inka zur Bezwingung des Chimú-Reiches praktizierte Form der Wirtschaftssabotage – gehörte ebenso zu den altperuanischen Kriegslisten wie die Verwüstung von Kokakulturen. Sie unversehrt zu erobern, war freilich noch besser. So wie sich tausend Jahre später die neuen Herrscher über die Rohstoffe einen Salpeterkrieg liefern sollten, entbrannten zur Zeit der Späten Zwischenperiode regionale Kokakriege, bei denen es, wie im Chillón-Tal, um die in 300–1000 m Höhe liegenden Pflanzungen ging, zu deren Schutz sogar Festungen angelegt wurden. Als mindestens viereinhalbtausend Jahre alte Kulturpflanze übertrifft der immergrüne Kokastrauch selbst den Stammbaum der altehrwürdigen Erdnuss, die ebenfalls eine Frucht indianischer Veredelungskunst ist. Die frühesten Spuren der Neuweltdroge fanden sich als Totenspeisung im Mund von Verstorbenen, als Grabbeigabe neben Mumienbündeln oder wurden im Haar von Trockenmumien nachgewiesen.

Dass die Koka, zunächst ein wildes Storchschnabelgewächs, erst zu einer klimatoleranten, mehrere Ernten im Jahr bringenden Medizinalpflanze herangezüchtet werden musste, hängt mit den sehr verschiedenen geografischen Gunsträumen ihrer vier Ursprungsarten zusammen: teilweise lagen sie am oberen Amazonas, teilweise an den trockenen Kordillerenflanken. Zur anpassungsfähigsten und verbreitetsten Gattung hat sich die *Erythroxylum coca* der Variation *truxillense* herausgebildet. Diese Trujillo-Koka, die schon in voreuropäischer Zeit von Südecuador bis nach Nordchile hinunter angebaut wurde, besitzt auch den höchsten Kokaingehalt.

Kaum eine andere kulturgeschichtlich bedeutsame Pflanze kennt so viel Verehrung und so viel Fluch: vom Zaubermittel der Priester und Schamanen zum Überlebenselixier rackernder Arbeitssklaven, von der heiligen Pflanze der Inkafürsten zum »Teufelszeug« der Jesuiten, vom heimlichen Genussmittel in Kolonialbeamtenclubs zur europäischen Modedroge der 1920er Jahre und schließlich zur globalen Suchtdroge unserer Zeit.

Die von der spanischen Krone mit Landgütern und Edelmetallbergwerken beschenkten *hacenderos* bauten, als sie die hungerdämpfenden, leistungssteigernden Eigenschaften der Koka erkannten, das Gewächs selbst an und verabreichten die Blätter ihren zum Frondienst verpflichteten Indianern. Dreimal täglich, so berichtet uns noch der Schweizer Entdeckungsreisende Johann Jakob Tschudi in seinen ›Reiseskizzen 1838–1842‹, gab es eine halbstündige Kokapause. Tschudi errechnet, dass ein Indianer, der mit 14 Jahren anfängt, Kokablätter zu kauen, im Lauf seines Lebens »die ungeheure Quantität von zweitausendsiebenhundert Pfund consumirt«. Er beschreibt die *coqueros* mit ihren stumpfen Zähnen, den weißen Lippen, den erweiterten Pupillen, dem violettbraunen Schleier um die Augen. Und er liefert auch das Ergebnis einer Geschmacksprobe: bitter-aromatisch, nicht unähnlich grünem, ziemlich schlechtem chinesischen Tee.

Noch immer nimmt man bis heute Koka auf die gleiche Art zu sich: Man stopft sich einige getrocknete Blätter in die Backentasche, löst sie mit Speichel an und kaut sie zu einem kugelförmigen *acullico* (Priem). Dieser wird mehrmals mit einem in ungelöschten Kalk (früher war es Quinoa- oder Musenwurzelasche) getauchten Stäbchen angestochen; dabei schließt das Medium die in der Koka enthaltenen Alkaloide auf – das wirksamste davon: Kokain.

Das Kokakauen allerdings muss gelernt sein. »Ich war so ungeschickt dabei«, schreibt Tschudi, »dass ich mir die Lippen auf's schmerzhafteste cauterisirte und von jedem fernern Versuche abstand.« Das hat den experimentierfreudigen Weltreisenden nicht daran gehindert, später das »bei mäßigem Genuss der Gesundheit sehr zuträgliche« Durchhaltemittel Seeleuten und Polarforschern zu empfehlen.

Zwischen dem Koka-Kult Altamerikas – auch der Erdmutter Pachamama werden noch immer die ovalen grünen Blätter geopfert

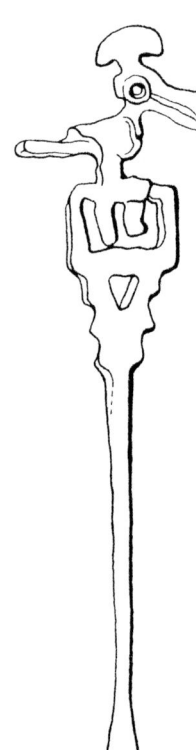

– und der Zivilisationskrankheit Drogensucht liegen Welten. Heute werden allein in Boliviens Chapare-Region (200 km südöstlich von Cochabamba) dreimal jährlich 40 000 ha Kokaplantagen abgeerntet. Mehr als 100 Mio. US$ zahlte die Regierung in den letzten zehn Jahren, um die Pflanzer zur Umstellung auf andere Arten zu bewegen. Allein, die Nachfrage der internationalen Rauschgiftmärkte ist übermächtig; Südamerikas Koka-Areale sind von Jahr zu Jahr nur größer geworden. In welche wirtschaftliche Abhängigkeit sich die Erzeugerländer damit zugleich begeben haben, lehrt uns ein hispanoamerikanischer Neologismus: Was wir in Europa vage mit Amerikanisierung umschreiben, heißt hier *cocacolonización*.

Vor tausend Jahren, als man gelernt hatte, Gold und Silber zu gießen, vermochte die magische Pflanze sogar die Kleinkunst Altperus zu inspirieren. Damals gehörten Aschespatel (›Kalklöffelchen‹) mit gefälligen, vielgestaltigen Griffen zum Besteckinventar der Privilegierten, die uns die Moche-Leute dann in Form ihrer unnachahmlichen Figurengefäße beim feierlichen Kokagenuss (mit einer ausgebeulten Backe) zeigen.

## Schamanen auf Seelenreise

Pflanzliche Drogen wie Koka, der Saft des San Pedro-Kaktus, der Extrakt der Ayahuasca-Liane oder Auszüge der Stechapfelart *Datura sanguinea* waren als Trancemittel bei magischen Kulthandlungen in ganz Altperu in Gebrauch. Der Stechapfel war im alten Indien als Rauschmittel bekannt und stellte zur gleichen Zeit, als man in der Alten Welt Zaubertränke und Hexensalben daraus bereitete, das von den Inka bevorzugte Halluzinogen dar. Datura diente den Schamanen und Zauberpriestern dazu, die Trance zu unterstützen, bei der die Freiseele die körperliche Hülle verließ, um sich zu den Geistwesen zu begeben, diese zu befragen, zu besänftigen oder zu beschwören.

Die Seele wurde als Lichtgestalt gedacht und bei den präkolumbischen Indianern als *illa* (die Leuchtende) bezeichnet. Man assoziierte sie mit dem stark phosphorhaltigen (sic!) Bezoarstein, den man mitunter in den Mägen von Lamas findet und dem übernatürliche Kräfte zugesprochen werden. Der Glaube an wirkmächtige Steine besonderer Art ist so alt wie die Menschheit. Bis heute kennen Inselvölker der Südsee so genannte Mana-Steine, die ins Feld gelegt werden, um mit ihrer Ausstrahlung die Ernte zu steigern. Der spanische Chronist José de Acosta hat uns bereits 1590 in seiner ›Historia natural y moral de las Indias‹ von den Bezoarsteinen, diesen sonderbaren, schöngeformten und übrigens bis heute als Kraftspender und Glücksbringer begehrten Magensteinen berichtet, die zu den Requisiten indianischer Schamanen gehörten. Farbige Steine lieferten die ersten Amulette, deren magische Kraft Heilung und Schutz versprach. Wahrscheinlich waren Amulette überhaupt die erste Form des

*Zeichnung eines aus Gold gegossenen Aschespatels (Kalklöffelchen) der Wari mit Pelikan-Figur. Der Spatel diente zur Beigabe eines Alkaloids (Quinoa-Asche) zur Koka.*

Schmucks. Über ihren Bedeutungswandel zum Modeaccessoire hat der römische Schriftsteller Plinius der Ältere in einem der letzten der 37 Bände seiner ›Naturalis historia‹ vor fast 2000 Jahren gelästert.

Zur Zeit des Berichterstatters Acosta besaß jeder peruanische Indianer ein Amulett. Da dieses aber nicht als Schmuckstück, sondern als Unheil abwehrendes Objekt galt, konnte es sich, außer um einen seltsamen Stein, auch um einen Zahn handeln, eine Kralle oder den Knochen eines Totemtieres. Die Weltsicht der Indianer war totemistisch, d. h., sie beruhte auf der Vorstellung, der Mensch sei als gleichartiges Wesen in eine Natur gefügt, in der es nützlich, ja notwendig wäre, gute Verbindungen zu den übrigen Naturerscheinungen zu unterhalten. Man hatte Furcht und Respekt vor den unbekannten Gewalten, aber auch den Wunsch, Wohltaten zu vergelten und die Mächte durch eine Gegengabe weiter günstig zu stimmen: ein Opfer war also angebracht.

*›Priestergott‹ oder Krieger mit Messer und Trophäenkopf. Figurengefäß der Nasca.*

Wir kennen grausame Opferriten vor allem von Mexiko, aber auch im alten Peru wurden den Mächten der Oberwelt Blutopfer, und das heißt auch Menschen, dargebracht. Ein 1800 Jahre altes Figurengefäß aus der Früh-Nasca-Zeit etwa stellt einen – nach unserer Interpretation – ›Priestergott‹ dar, der den Kopf eines Geopferten in der Hand hält und das Blut aus dem Hals schlürft. Kannibalen zu sein, das war vor allem der Ruf der Indianer des Amazonasgebiets. In den Reiseberichten früher Amerikafahrer wurden sie unbekannterweise von den gleichen Kupferstechern dargestellt, die auch die malerischen Enthauptungen auf europäischen Marktplätzen festhielten, wo der Henker (noch 1770) das Blut des Delinquenten an die wartende Menge verkaufte wie frische Milch: es galt als heilkräftig. Nichts anderes hatte wohl das blutsaugende Nasca-Wesen im Sinn: es wollte sich Kräfte einverleiben, die ihm von Natur aus nicht gegeben sind.

Doch schon an diesem Blut trinkenden, symbolgeladenen und unserem Verständnis ganz und gar unzugänglichen Mischwesen aus Raubkatze, Mensch und Schlangengetier, das wir hilfsweise als Priestergott bezeichnen, zeigt sich die Ohnmacht, mit der wir, an definitorische Klassifizierungen gewöhnt, den Phänomenen der metaphysischen Welt Altperus begegnen. So wenig wie die Zwischenwesen vom Priester bis zum Hochgott als Schutzengel, Schutzgeister oder Priestergötter einzuordnen sind, lassen sich die Geistwesen-Mittler in Berufsgruppen, wie Schamane, Medizinmann, Orakelpriester usw. einteilen. Trepanationen (Schädelöffnungen) etwa mögen – wo verheilte Nähte das vermuten lassen – medizinische Eingriffe bei einem migräne- oder tumorkranken Menschen gewesen sein; oder auch – sofern stattliche viereckige Löcher aus der Schädeldecke gesägt wurden – kultische Handlungen, vielleicht zur Befreiung eines Dämonen aus dem Kopf eines Besessenen. Der Operateur, Arzt oder Magier, war der gleiche.

Der Schamane ist ein von einer Gruppe erkorenes Medium – Vermittler zwischen Diesseits und Jenseits, irdischen Wesen und Geistmächten, Lebenden und toten Ahnen. Er durchläuft bei seiner Seelenreise, von Stimulantien, Trommeln, ritueller Kostümierung und ekstatischen Tänzen unterstützt, verschiedene Erlebnisstadien. Während er mit stimuliertem Glücksgefühl den Geistwesen entgegenfliegt, durcheilt er nicht nur psychedelische Landschaften von bestürzender Pracht, er selbst verwandelt sich auch in ein anderes Wesen: einen Raubvogel, einen Himmelsdrachen, eine gefiederte Schlange. Das extreme Stadium der Entäußerung kann das Erlebnis der eigenen Skelettierung sein.

In seinen elementarsten Formen, etwa der Jagdmagie zur Beschwörung der Kraft, Wild zu erlegen, dürfte der Schamanismus schon im Jungpaläolithikum aufgekommen sein. Als geistige Brücke zum Transzendentalen hat sich das Schamanentum bei allen Naturvölkern ausgebreitet; der Begriff Schamane selbst ist abgeleitet von einem mandschurischen Wort (*saman* oder *sama*). In Südamerika ist der Schamanenkult in echter – das heißt auch: in seiner hermetischen, Fremden unzugänglichen – Form fast nur noch bei den Mapuche (Araukanern) in Südchile erhalten geblieben. Den Zulauf, den heute unter anderem in Peru abgehaltene Séancen als Experimentierseminare unter esoterischen Touristen verzeichnen, hat der rumänische Religionshistoriker Mircea Eliade mit dem modischen »Okkult-Boom« erklärt. Losgelöst von der indianischen Glaubenswelt, bietet der vermarktete Schamanismus nur noch ein auratisch verbrämtes, leeres Ritual. Die für den Initianten unverträglichen Einstiegsdrogen vermitteln keine Seelenreise, sondern eine selbstentäußernde Übelkeit.

## Ein Archipel von zweitausend Sprachen

*»Es ist, als ob der Tote mit einer neuen, göttlichen Stimme in Bildern alte Götterlieder sänge, für die Lebenden, Zurückbleibenden; denn diese wussten die Worte zu den Bildern und hörten sie, wenn sie die Bilder sahen.«*

*(Heinrich Ubbelohde-Doering in Pacatnamú, der in der Schlitzwirkerei einer Mumienbinde gebannten Bilderwelt nachsinnend)*

Auch das Ausgraben von Sprachwurzeln gehört zur Schürfarbeit der Völkerkunde. Das Wort *bezoar* bezeichnet den bei Lamas und anderen Wiederkäuern vorkommenden zauberischen Magenstein. Mit Karawanen und Karavellen reiste das Wort um die halbe Welt: von Persien gelangte es über Mesopotamien nach Arabien, von da ins maurische Spanien und schließlich mit den Konquistadoren bis auf die Westseite Südamerikas. Umgekehrt transportierte die spanische Silberflotte auch Sprachschätze aus der Neuen Welt nach Europa: Hängematte, Kautschuk, Tomate, Chinin, Barbecue, um nur einige Beispiele zu nennen, sind indianische Lehnwörter, und wer sich in Frankreich als Beilage *haricots verts* bestellt, verballhornt unwissentlich das aztekische Wort für Bohnen – *ayecotli*.

Doch welche Migrationsmuster innerhalb Altamerikas selbst das babylonische Gewirr hervorbrachten, das die Sprachforschung seit Mitte des 20. Jh. zu ordnen versucht, wird uns wohl immer ein Rätsel bleiben. Heute gibt es im bolivianisch-peruanischen Raum noch rund neun Millionen Quechua und zwei Millionen Aymara sprechende Indianer. Allerdings sind beide Idiome nicht nur dialektisch stark aufgesplittert, sondern inmitten ihrer Verbreitungsgebiete haben sich auch unzählige Sprachinseln gehalten, die so klein sein können wie die kaum 3000 Sprecher zählende Jaqaru-Gemeinde in der Provinz Yauyos unweit von Lima. Ein ›Katalog der Sprachen Südamerikas‹ von 1984 musste, nach vielen Strukturanalysen und Lautvergleichen, immer noch einen umfangreichen Restposten als ›Schwer klassifizierbare Sprachen Perus‹ ausweisen.

Auf über 2000 Idiome wird das Sprachenspektrum im vorspanischen Peru und Alto Peru (heute Bolivien) geschätzt. In der Tat gab es hier nie eine übergreifende Hochsprache, und auch die von den Inka in den kaum hundert Jahren ihrer Herrschaft systematisch betriebene Quechuisierung vermochte nicht, die autochthonen regionalen *lenguas* (wörtlich: Zungen) auszulöschen. Im Gegenteil ist die Superstratsprache (die des Herrschervolkes) von den Substratsprachen (denen der unterworfenen Ethnien) auf die vielfältigste Weise eingefärbt worden. Die unser Geschichtsbild der Zentralanden stets monopolisierenden Inka waren keineswegs die Schöpfer der Staatssprache Quechua, die bald von den Spaniern als *Lengua general del Inga* gefördert und zur Missionssprache wurde. Der polyglotte Schweizer Forscher Johann Jakob von Tschudi kam bereits Ende des 19. Jh. bei seinen komparativen Studien zu dem Ergebnis, dass lange vor dem Inkareich ein Proto-Quechua gesprochen worden sein muss.

Toponymische Besonderheiten, wie Ortsnamen mit der Endsilbe *-marca* (eine typische Aymara-Wortbildung), die man heute noch bis weit nach Westargentinien hinein finden kann (Beispiel: Catamarca), legen nahe, dass das Aymara-Verbreitungsgebiet einmal wesentlich größer war als heute und dass dieses jetzt noch vorwiegend im Altiplano heimische Hochlandidiom auf weiten Strecken dem Quechua als Verkehrs- und Fernhandelssprache weichen musste. Beiden Sprachenfamilien sind agglutinierende, d. h. Wortreihen und Gedankengänge zusammenziehende, adverbiale Redewendungen eigen (wie im Deutschen etwa ›Infragestellenmüssen‹ oder ›Überhandnehmenkönnen‹). Eine Richtung der modernen Sprachforschung hat, sich auf morphologische Ähnlichkeiten stützend, beide Idiome unter dem Makrobegriff Quechumara zusammenzufassen versucht. Das ist jedoch bei den meisten Linguisten auf Kritik gestoßen: das Kernvokabular weist zu viele Unterschiede auf.

Da die Völker Altperus keine auf phonetischen Zeichen beruhende Schrift kannten, mussten die ersten Niederschriften des Quechua – kolonialzeitliche Chroniken, Katastereintragungen, Rechtsprotokolle, Predigten u. ä. – in den lautwertähnlichsten Buchstaben des spanischen Alphabets (das heißt aber auch: klangverändernd) wiedergegeben werden. Auf diese Weise hat schon Garcilaso de la Vega (›Comentarios Reales‹) frühe Quechua-Lyrik im Originaltext festgehalten. Die noch immer unentschlüsselte Knotenschrift *(quipu)* der Inka in Form geknüpfter Schnurreihen konserviert keinen Text, sondern offenbar nur Merkhilfen zu statistischen Zwecken.

Ob gewissen Wiederholungen von bildähnlichen Mustern (*kilka*) in Textilien oder auf Keru-Bechern, eine Schriftzeichenfunktion zuerkannt werden kann (die schrittweise Verwandlung von Bildern in phonetische Zeichen lässt sich an chinesischen Texten noch sehr gut demonstrieren), steht dahin. Wahrscheinlich ist aber, dass die *kilka*, hätte die Konquista nicht das Kontinuum der altperuanischen Kulturentwicklung unterbrochen, zu einer Buchstabenschrift ausgereift wären. Über achtzig verschiedene Zeichen hat man bisher auf inkaischen Gewändern typifiziert. Eine »Kilka der Bärtigen« (also der Spanier) hatte der Inka Atawallpa die Bibel genannt. Einen lesenden Geistlichen betrachtend meinte er: »Schweigend spricht er mit den weißen Tüchern.«

## Musik aus Steinen

Wenn man den Beginn der menschlichen Sprachfähigkeit einer 40 000–50 000 Jahre zurückliegenden Entwicklungsstufe zurechnet, dann haben sich bereits die Paläoindianer einer Wortwurzelsprache bedient, deren phonetischer Ursprung in der Imitation von Naturlauten vermutet werden darf. Eine äußerst scharfe sinnliche Wahrnehmung, wie sie etwa Eskimos befähigt, 32 Schneearten nach Farbe und Beschaffenheit zu unterscheiden, erlaubt es den Indianern, Klangfarben zu memorieren. Ihre vokalreichen, von onomatopoetischen (lautmalerischen) Wortschöpfungen durchsetzten Sprachen offenbaren eine Musikalität, die dem Wind, fließendem Wasser, Vogelstimmen und Klangsteinen abgelauscht zu sein scheint. Steine boten das erste Material zum Instrumentenbau, ja man könnte die frühesten Stufen der indianischen Musikgeschichte ›Steinzeit‹ und

*Noch heute blasen die Musikanten auf Meerschneckenhörnern (hier bei einer Prozession in Cusco)*

›Muschel- und Knochenzeit‹ nennen. Plattenförmige Klangsteine (Phonolithen), in kleinerer Form als Pektorale getragen, waren in der freien Natur zu finden; auf ausgebohrten Rundsteinen, wie sie die Grundform für die späteren Gefäßflöten und Okarinen bildeten, ließen sich Töne blasen; Steintäfelchen mit eingedrillten Röhren gaben die ersten Panflöten her; Meerschneckenhörnern – in einer späteren, keramischen Periode exakt aus Ton nachgebaut – konnte man Trompetenklänge entlocken; und auf Hohlknochen (das durfte auch mal der Armknochen eines erlegten Feindes sein) ließ sich, wenn man die Grifflöcher geschickt bediente, die menschliche Stimme nachahmen. Noch heute vertrauen die Jünglinge dem Nachfolgemodell, der ebenfalls längs gespielten *kena*, inzwischen eine Rohr- oder Holzflöte, ihre Liebesklage an.

*Panflötenspieler. Nasca-Keramik*

Das indianische Klangrepertoire, an dem in vorspanischer Zeit, man glaubt es kaum, nie ein Saiteninstrument beteiligt war, lebte von und aus der Luft: Die mächtigen Schwungfederkiele des Kondors lieferten vorzügliche Pfeifen für die Panflöte, deren Töne durch Luftsäulen erzeugt werden. Fellbespannte Gefäßtrommeln dienten als Rhythmusinstrumente. Membranophone, also Trommeln, besaßen wohl wegen ihres aufwühlenden, Tod und Leben verheißenden Klangs einen kultischen Beiwert, waren daher oft mit Dämonenköpfen verziert und wurden vorzugsweise von unheilgeplagten Menschen, wie Verstümmelten oder Gefangenen, gespielt; das verraten uns Figurengefäße der Mochica. Die keramische Kunst Altperus hat die Musikarchäologie mit besonders schönen Tonschöpfungen beschenkt. Sie schuf das raffiniert gebaute ›Pfeifgefäß‹, in dessen bauchigem Körper durch Luftverdrängung (oder auch durch Anblasen der engen Ausgussöffnung) ein oboenartiger Ton entsteht, dessen Höhe man durch die Variation des Flüssigkeitsspiegels verändern kann.

Eine regelrechte Pioniertat aber eilte der europäischen Verfahrenstechnik um fast 2000 Jahre voraus: Bei einem (heute Slip-casting) genannten Schlämmungsguss füllte man einen gebrannten Lehmzylinder mit Tonschlamm, dessen Wasser allmählich durch den porösen Außenmantel entwich, während sich die Tonpartikelchen, eine durchgehende dünne Schicht bildend, an der Innenseite anlagerten. Diese formten nun ihrerseits eine Röhre, die beim Austrocknen so weit schrumpfte, dass man sie aus dem Mantel schütteln konnte. Das Verfahren erlaubte die Herstellung von Panflötenpfeifen in beliebigen Größen und Klangqualitäten: ein wichtiger Schritt in der langen Entwicklungsgeschichte dieses Instrumentes. Als älteste Flöte des Kontinents gilt eine über 6000 Jahre alte beinerne Längsflöte, die bei Chilca an der Zentralküste Perus gefunden wurde.

Auch die Spielkunst der Flötisten erstaunte die Europäer. So wurde die zweireihige *sikuri* (eine diatonisch gestimmte, d. h. mit einer 7-stufigen Dur-Moll-Tonleiter ausgestatteten Panflöte, die auf die Mochica-Kultur zurückgeht) zu zweit gespielt: Der *arca* (Führende) und der *ira* (Geführte) bliesen abwechselnd auf dem gleichen

*Chimú-Flöte (Antara)*

Instrument, sodass die beim Solospiel notwendigen Atempausen überspielt wurden und durchgehenden Tonfolgen wichen.

Von der Keramiktrompete über den Flötensatz bis zum Muschelhorn waren die Melodieträger der altperuanischen Musik ausschließlich Blasinstrumente. Den Rhythmus besorgten mit Lama- oder Andenhirschleder (mitunter auch Menschenhaut) bespannte Fellpauken, Tamburine, mit Steinchen gefüllte Rasselstäbe, gestrichene Schrapstöcke sowie die um Fußknöchel und Waden der Tänzer geschlungenen Kupferschellen und Rasselbänder aus Schneckengehäusen und Samen. Musik, Tanz und Kulthandlung waren eng miteinander verschränkt, wobei gewünschte Ereignisse – gute Ernten zum Beispiel – mehr theaterhaft dargestellt wurden, während andere Riten, wie die Brandkennzeichnung von Tieren oder der erste Haarschnitt eines Kindes, rein zeremoniellen Charakter besaßen.

Mit der Einführung neuer Instrumente durch die Spanier – der Geige, der Gitarre und vor allem des *charango* (einer Mandoline mit Gürteltierpanzer als Klangkörper) – ist die Andenmusik polyphoner geworden, doch die lyrischen Stimmen ›sprechender Flöten‹, wie die Indianer gerne sagen, bestimmen noch immer den Diskant. Und wer ein Pfeifgefäß anbläst, wird noch einmal die Urlaute von Wind, Wasser und Nachtvögeln, die schon die ersten Steinflöten beseelten, aus dem irdenen Bauch dringen hören, Töne, die wie leise Rufe, Seufzer oder Klagen klingen: sie könnten der Rohrflöte entfahren sein, die eine in der Atacamawüste (bei Séquitar) geborgene Mumie mit beiden Händen am Mund hält.

## Textilkunst: Von der Steinschleuder zum Papageienfedermantel

Wer heute in einer der Cambio-Stuben von Limas Jirón Ocoña an der Plaza San Martín Geld wechselt, wird dort nicht nur Kurstafeln für Devisen, Gold und Silber, sondern auch Preisofferten für eine Ware finden, die sackweise abgewogen wird: getrocknete Schildläuse. Zur Zeit notiert das Kilo – das sind etwa 100 000 Tiere – mit 20 US$. Den aus der gemahlenen Schildlaus gewonnenen Farbstoff Koschenille hat die moderne Kosmetikindustrie wiederentdeckt; ein rotes Pulver, das schon vor weit über tausend Jahren Gewebe zum Leuchten brachte, in einer Farbenpracht, die bis heute nicht erloschen ist. Schildlaus und Purpurschnecke lieferten die Rottöne, Ockererden bestritten die Gelb-Gamme, Blau wurde aus Indigo oder – ein erster synthetischer Prozess – durch Brennen von Kupfererz, Sand und Kalk gewonnen.

Ein glücklicher Fund wie der 1847 in Frankreich gemachte, wo man in einem römischen Grab achtzig Gefäße mit Farbproben – praktisch den kompletten Malkasten der Antike – erbeutete, war der Archäometrie in Südamerika bisher nicht beschieden. Messen lässt sich lediglich das chromatische Farbenspiel, das altperuanische

Koloristen in die Stoffe zauberten: dabei wurden von Fachleuten rund 190 Nuancen (davon 22 auf einem einzigen Stück der Paracas-Nekropolis-Kultur) unterschieden. Um solch abgestufte Wirkungen zu crziclen, musste das Ausgangsmaterial so weiß wie möglich sein. Diese Eigenschaft erfüllte vor allem die Hals- und Bauchwolle von Vicuñas und Guanakos, bevor es gelang, rein weiße Alpakas zu züchten. Den edelsten Vlies lieferten die Vicuñas, die als freilebende, nicht zähmbare Tiere Zeit ihres Lebens (ca. 25 Jahre) geschützt blieben. Sie wurden eingefangen, in Korralen geschoren und wieder freigelassen. Von einer Vicuña gewann man, wegen der unerhörten Feinheit des Fells (rund 100 Härchen pro mm$^2$), kaum 700 g Wolle, doch daraus ließen sich fast 3 m$^2$ Stoff hergestellt. Die Spanier hielten das zartschimmernde Gewebe anfänglich für Seide. Ein Irrtum, Seide war in Altperu unbekannt.

*Noch heute ist der Hüftgurtwebstuhl in den Puna-Dörfern zu sehen.*

Dennoch ist die Zentralandenregion wie keine andere Gegend der Welt reich an vorgeschichtlichen Textilien. Die allerersten Knüpfarbeiten aus wilder Baumwolle und anderen Pflanzenfibern entsprechen einer Kulturphase, in der die Töpferei noch völlig unbekannt war. Die frühen Jäger benutzten ihre handgeflochtenen Steinschleudern bei Wind und Wetter als Stirnbinden und schufen damit das Vorbild für die Wollmützen mit Ohrenklappen. Auf 3000 Jahre v. Chr. datierte Funde förderten Webstoffe zutage, die bereits alle drei Grund-Bindungsarten (Leinen-, Köper-, Atlasbindung) aufweisen. Um diese Zeit wurde auch in Mesopotamien und Ägypten schon Leinen gewebt. Die klassische und bis heute in den Puna-Dörfern zu sehende Webvorrichtung ist der waagerechte Hüftgurtwebstuhl, ein

*Gewebe der Paracas-Nekropolis-Kultur. Dargestellt sind fliegende Geistwesen mit Zeptern; vgl. auch die sehr ähnliche Detailabbildung auf S. 24*

einfaches Rückenbandwebgerät. Es besteht aus zwei parallelen Webbäumen, zwischen denen die Kette gespannt ist. Der hintere Baum wird an einer Wand oder an einem Pfahl befestigt, den vorderen bindet sich die auf der Erde oder einem niedrigen Hocker sitzende Weberin selbst mit einem Gurt um die Taille. Durch Vorbeugen oder Zurücklehnen des Körpers reguliert sie die Spannung der Kettfäden und kann das auf einem Eintragsstab oder einer Spindel aufgewickelte Schussmaterial wunschgemäß einführen. Die Webstücke sind zwangsläufig rechteckig. Um die Tuchbahn der Körperform anzupassen (etwa zur Verbreiterung der Schulterpartie für ein Hemd), können die Kettstränge stellenweise gespreizt und in die Lücken zusätzliche Fäden gespannt werden; umgekehrt entfernt man Kettfäden da, wo die Bahn sich verschmälern soll.

Eine Besonderheit der altperuanischen Textilkunst stellen die Partialgewebe dar. Bei ihnen ließ man die Kett- oder Schussfäden nur über eine Teilstrecke laufen und an der Mustergrenze umkehren. Andere Effekte wurden durch die Reserveverfahren *ikat* und *planghi* beim Kolorieren erzielt: man band vor dem Weben Partien von Kettfäden *(ikat)* oder nach dem Weben eingerollte Tuchbündel *(planghi)* so ab, dass sie vom Farbbad unberührt blieben.

Hatte der Raster von Kette und Schuss zunächst lineare Webmuster erzwungen, so erlaubte die Erfindung von Rollsiegeln mit eingravierten Mustern eine wesentlich freiere Bildgestaltung. Die tönernen Rollen wurden mit Farbe benetzt und wie eine Teigrolle über die Stoffbahn geführt. Vollends löste sich die Ikonographie mit dem Aufkommen der Stickerei von den Zwängen der Webtechnik und entfaltete eine Dynamik, bei der die Künstler die Nadel benutzten wie Maler den Pinsel. Gewebe der Spät-Paracas-Phase übertreffen die feinsten europäischen Gobelins. Die Pracht der aus den Grabkammern geborgenen *mantos*, der Totenmäntel, demonstriert die Hingebung an den Ahnenkult besser als jede Begräbniszeremonie: an manchen dieser Stücke, so schätzt man, wurde zwei Jahre lang gearbeitet.

*Weber, einen Unku mit geometrischem Muster vorzeigend. Mochica-Keramik. Der Unku, ein aus zwei rechteckigen Webstücken zusammengenähtes Gewand, war die übliche Kleidung der Indianer vor der Konquista.*

Applikationen, Einknüpfungen, Durchbrucharbeiten und schließlich sogar noch eingezogene Silberfäden schmückten auch die Gebrauchstextilien. In grenzenloser Formenvielfalt verzierte man Leibröcke, Wickelröcke, Lendenschurze, Zipfelmützen, Hauben, Turbane, Schutzhelme, Mokassins, Gurte, Gürtel, Schnüre, Schultertücher für Lasten und Babys, Tragetaschen für Kokablätter, Amulette, Werkzeug und Proviant. Der *unku*, das der altrömischen Tunika ähnelnde Wollhemd mit Längsschlitz für den Hals, wurde zum Kleidungsstück par excellence. Aus zwei deckungsgleichen Plaids für Brust und Rücken gewebt, nähte man die Teile an Schultern und Seiten zusammen und versah sie später auch mit langen Ärmeln. (Der Poncho als einteiliger geschlitzter Überwurf ohne Körperform kam erst mit den Spaniern auf.)

Zu einem Superlativ steigerte sich die Textilkunst mit der Schöpfung der farbenfrohen Federgewebe, für die die amazonische Vogelwelt (vorwiegend Papageien und Kolibris) das Ausgangsmaterial lieferte. Man knotete Federn mit dem Kiel an Fäden und nähte diese auf ein Baumwolltuch auf und zwar in so dichten Reihen, dass eine durchgehende seidenweiche Schicht von Federn entstand, die wie Dachziegel übereinander lagen.

Das zunehmende Raffinement in der indianischen Kleiderordnung greift schließlich auf die Accessoires über: es entstehen kunstvolle Hüte aus Fledermausfell oder Menschenhaar; man trägt Gewandnadeln mit Einlegearbeiten, und die noble Welt schmückt sich mit türkis- und muschelverzierten Ohrpflöcken (was ihren Trägern später den spanischen Spitznamen *orejones*, Großohren, einbringen sollte). Ob es Zeitmoden gab? Der Wandel der Haartrachten – mal Zopfgeflechte, mal langes, mal gestutztes Haar – lässt darauf schließen. Auch der an der Schnur um den Hals getragene Barthaarzupfer (den Indianern wuchs allenfalls ein zarter Flaum) verrät pflegerische Eitelkeit. Das Haar scheitelte man mit Kämmen, deren Stacheln vom gleichen Charakterbaum kamen, der die altperuanische Anwendungstechnik auch mit Näh- und Stricknadeln, mit dem Holz für die Webrahmen und die auf ihm lebenden Schildläuse mit Saft versorgte und immer noch versorgt – dem Riesenkaktus. In Perus Opuntienplantagen werden heute wieder 50 t Koschenille jährlich erzeugt.

## Schweißperlen der Sonne und Tränen des Mondes: die Verarbeitung von Gold und Silber

*»Gold ist das köstlichste aller Dinge… Wer Gold besitzt, kann alles, was er in dieser Welt begehrt, erlangen. Ja, für Gold kann er die armen Seelen ins Paradies bringen.«*

*(Kolumbus in einem Brief vom 7. Juli 1503 an die Katholischen Könige Ferdinand und Isabella von Spanien)*

Frühestes Schmuckmaterial der Indianer waren Samen, Fruchtkerne und Muschelschalen, später auch Tonperlen. Dann fand man in Flusssänden und Geschiebelagen gelbglänzende Körner und Klümpchen einer gediegenen Masse, die sich durch Schlagen leicht kalt verformen ließ. Den Goldfunden fehlte jeglicher Beiwert von Seltenheit, der eine Gier, wie sie die Spanier später entfachten, hätte begründen können.

Kolumbus, geblendet von einer wahren Flut »linsengroßer Goldkörner«, träumte auf der Insel Hispaniola (Haiti) sogar davon, die Schätze zur Rückeroberung Jerusalems einzusetzen. Jahrtausende zuvor aber war Gold ein Gebrauchsmetall. – für so manches Kulturvolk das erste. Es scheint, als habe das Periodensystem auf die einfachsten Elemente am längsten warten müssen. Das Grab des Tutanch-Amun strotzte vor Gold, doch das Amulett des toten Pharao war – aus Eisen!

Zunächst bearbeiteten die Indianer das Gold durch Hämmern und Treiben auf ambossförmigen Steinen. Das älteste in Südperu zu Blechen und Folien (von einer Feinheit bis zu 0,04 mm Dicke) ausgeschlagene Gold datiert rund 2000 Jahre v. Chr. Ein ganzes Jahrtausend früher hatten an den Großen Seen Nordamerikas zur Old Copper Culture gehörende Indianer reines Kupfer ausgehämmert, doch blieb die Bearbeitung bis zur Entdeckung Amerikas auf dieser Stufe stehen; nie lernte man, Metalle zu schmelzen, obwohl später auch Silber und Meteoreisen hinzukamen. Zur Ironie der Geschichte gehört ferner, dass die klassischen Maya ganz ohne Metall lebten – Steinzeitmenschen, die gleichwohl Planetenumläufe registrierten und die Zahl Null erfanden.

In der mystischen Wertschätzung der Altperuaner kam das Gold auch in seinen besten Zeiten nicht über den allegorischen Rang von ›Schweißperlen der Sonne‹ hinaus, während es bei den Azteken, die der zentralandinen Metalltechnik um 2000 Jahre hinterherhinkten, zum ›Götterkot‹ *(teocuitlatl)* avancierte. Nicht lange nachdem man des Goldes Nützlichkeit erkannt hatte, schürfte man in Altperu auch Kupfer sowie ›Tränen des Mondes‹ – Silber. Die Beobachtung, dass erwärmtes Metall erweicht und sich dann leichter bearbeiten lässt (was die Idee zum Schmelzen eingab), war ebenso für die nun rasch aufeinander folgenden Technologiesprünge verantwortlich wie das natürliche Vorkommen dieser Metalle in vermischter Form (das regte die Herstellung von Legierungen an).

Die ersten Schmelzöfen – man kann solche noch heute in Bergschluchten bei Copiapó in Nordchile bestaunen – waren Felsnischen mit Erosionslöchern, durch die der Wind pfiff. Diese archaischen Brennkammern wurden sandwichartig mit Holzkohle und Erzschichten beschickt. Wie modern dagegen nahm sich die Gießerei

*Zeichnerische Rekonstruktion eines keramischen Windofens (Guayra). Nach Emmerich, 1965*

des griechischen Schmiedegottes Hephaistos aus, wie sie uns Homer beschrieben hat! Die Indianer, die doch den aufblasbaren Schwimmkörper aus Robbenhaut (und damit das Schlauchboot) erfunden hatten, kannten nicht einmal den Blasebalg. Also mussten sie, als sie dann keramische Windöfen *(guayras)* bauten, diese auf zugigen Berghöhen platzieren oder aber lungenstarke Männer mit Blasrohren an die Schmelztiegel stellen. Und doch brachten sie Wunderwerke hervor und ersannen Techniken wie das Sintern, das man erst im Europa des 19. Jh. zu beherrschen lernte. Durch die austarierte Legierung von Metallen senkte man die Schmelztemperaturen, wie sie sonst den Einzelkomponenten zu eigen sind, und gewann gleichzeitig härtere Gießlinge. Gold wurde mit Platin oder Silber (zu ›Elektron‹) gemischt, besonders gerne aber mit Kupfer (zu Tumbaga), denn der Schmelzpunkt von Gold, der bei 1063 °C liegt, sinkt bei einer aus 60 Teilen Gold und 40 Teilen Kupfer bestehenden Legierung auf 778 °C. Der warme, rötliche Farbton des Tumbaga schmeichelte den Feinmetallkünstlern, doch konnte man das Gussstück auch wie reines Gold erscheinen lassen. Dazu wurde es in ein Bad aus oxalsauren Pflanzensäften getaucht, die das Kupfer an der Oberfläche anlösten, und anschließend poliert.

*Mumienmasken aus Tumbaga, einer Gold-Kupfer-Legierung (oben: Wari, unten Mochica). Durch die Mischung von Gold mit anderen Metallen gelang es den Indianern, die Schmelztemperatur zu senken.*

Wie so oft bei nachweislich unabhängigen Parallelentwicklungen in der Welt fragt man sich, welche Kräfte des Zufalls oder Geistes die Menschen Kleinasiens und Südamerikas beinahe gleichzeitig eine so ausgetüftelte Gussmethode wie das Wachsausschmelzverfahren erfinden ließen. Als der griechische Architekt und Goldschmied Theodoros den ›Guss in der verlorenen Form‹ (à cire perdue) um 530 v. Chr. als Gastgeschenk von Mesopotamien nach Samos mitbrachte, bastelten auch die Formenbauer Altperus an der Vervollkommnung dieses Verfahrens. Sie ersannen ein System von Einfüllund Entlüftungskanälen, Stützen und Stegen und machten damit sowohl den Massiv- als auch den Hohlguss aller geläufigen Metalle und ihrer Legierungen möglich.

Beim Massivguss wird zunächst ein Wachsmodell des gewünschten Objekts hergestellt, mit Holzkohlepulver bestäubt und mit einem Tonmantel umgeben. Brennt man die Tonform, so schmilzt der Wachskern aus und macht dem einzugießenden flüssigen Metall Platz, das einen massiven Gießling ergibt. Ist dieser erkaltet, wird die Tonform zerschlagen. Nach den Berichten spanischer Chronisten fanden die Eroberer massive Goldgussstücke, die bis zu 23 kg wogen.

Beim Hohlguss wird zunächst ein grober Kern (der spätere ›Innenraum‹) aus einem Ton-Holzkohle-Gemisch geformt, über dem man das gewünschte Objekt aus Wachs modelliert. Dieses wiederum wird mit einem Formmantel aus Ton umgeben. Auch hier schmilzt das Wachs beim Brennen aus, hinterlässt aber einen Hohlraum für das einzugießende Metall. Nach dessen Erstarrung zerstört man den Tonmantel und kratzt den im Gießling enthaltenen Tonkern durch kleine Öffnungen heraus. Alle solcherart in Altperu gewonnenen Stücke waren also Unikate – und besonders wertvoll.

Lange Zeit blieben die Rotmetalle Kupfer und Gold das dominante Gussmaterial. Die Bronzezeit erreichte erst zweitausend Jahre nachdem sie sich im Alten Orient etabliert hatte (ca. 2500 v. Chr.), auch die Zentralanden. Dazu mussten vor allem die Zinngruben im Hochland von Bolivien entdeckt werden, etwa das Bergwerk von Carabuco in der Titicaca-Region, das noch unter den Inka ausgebeutet wurde. Ihre Blütezeit jedoch hatte die indianische Edelmetallkunst bereits mit den von den Inka unterworfenen Chimú hinter sich gelassen. Nicht nur alle Verbindungstechniken, vom Löten (mit einer Mischung aus Kautschuk und Kupfersalzen) bis zum Schweißen und Nieten, beherrschte man bereits, auch das Juwelierhandwerk feierte Triumphe. Ein regelrechtes Goldschmiedezentrum richteten die Inka in Cusco mit nach dort verpflanzten Chimú-Künstlern ein. Und wiederum waren es die Toten, die mit den erlesensten Kostbarkeiten ausgestattet wurden: Kupfersandalen, Tumbaga-Masken, Goldhandschuhen, ja sogar aufgesetzten goldenen Fingernägeln.

Über ihren künstlerisch-ästhetischen Wert hinaus sind solche geborgenen Goldaltertümer stets auch Leitobjekte zur Erschließung der Gedankenwelt ihrer Schöpfer. Doch nicht daran und nicht einmal als Symbol staatstragender Herrschaft war das Spanien des Goldenen Zeitalters am Gold interessiert: allein seiner Rarität wegen wurde es geraubt (im Durchschnitt enthält die Erdkruste nur fünf Tausendstel Gramm Gold pro Tonne). Einen Monat lang sollen auf den Berghöhen um Cajamarca die Feuer unter den Schmelztiegeln gewütet haben, als die Konquistadoren Atawallpas Lösegeld-Schatz und das Beutemetall von der Plünderung Cuscos in Barren umgossen, handliche, handelbare, geldwerte Gewichte – rund 8 t Gold und 60 t Silber.

*Vierzig Kartoffelsorten gibt es in den Zentralandenländern. Letztlich war alles, was die Alte Welt ›den Amerikas‹ nahm, weniger kostbar als das, was diese ihr freiwillig schenkten: Allein der Wert der europäischen Kartoffelernten von 150 Jahren, so hat man errechnet, übertraf die Erträge aus den in einer dreimal längeren Zeit abtransportierten Edelmetallen!*

# *Horizonte und Kulturkreise der Vor-Inkazeit*

## Ecuador: Wiege der Andenhochkulturen

Der *aequator* (›Gleichmacher‹), der Ecuador seinen Namen lieh, teilt unseren Planeten nicht nur geografisch in zwei Hälften; auch kulturhistorisch hat er in den Anden, keiner weiß warum, wie eine Demarkationslinie mit breiten Niemandslandstreifen gewirkt. Zwischen den archäologischen Vorzugszonen Mexiko/Guatemala (auch ein wenig Kolumbien) und Peru/Bolivien mit ihren spektakulären Grabungskampagnen blieb Ecuador auf der Landkarte der Altamerikaforschung ein weißer Fleck. Dies änderte sich erst 1956, als der emsige Archäologe Emilio Estrada aus Guayaquil seine Heimat als Wiege der panamerikanischen Töpferkunst vorstellte. Die bis auf 3500 v. Chr. zurückdatierten Terrakotta-Funde von Valdivia gelten unterdessen als die ältesten Keramikbelege des ganzen amerikanischen Kontinents.

Ein im Guayas-Becken geborgener Schädel ist 7000 Jahre, das bei El Inga an den Flanken des Vulkans Ilaló gefundene Basaltwerkzeug 9000 Jahre alt. Nur zehn Jahre nach Estradas Offenbarungen legte die nordamerikanische Archäologin Betty Meggers mit ›Ecuador‹ das erste wissenschaftliche, im Ausland erschienene Werk über die Region vor. Sie wies Ecuador als eine kulturelle Pufferzone aus, die im Fadenkreuz frühester Fernhandelswege lag. Die gleichen mit Lateinersegel geriggten Balsaflöße, die der spanische Steuermann Bartolomé Ruiz später vor der Esmeralda-Mündung kreuzen sah, müssen lange Zeit zuvor die Gestade Mesoamerikas erreicht haben; zu auffällig sind die Ähnlichkeiten zwischen der Keramik Ecuadors und der gleichzeitigen Töpferware an der Westküste Guatemalas, zu erstaunlich die Gemeinsamkeiten mit olmekischen Terrakotten. Eine Kette von Keramikfunden, die vom Kulturkeis der Olmeken bei Veracruz in Mexiko über Honduras und Ecuador bis nach Peru hinunter reicht und sich gliedweise, wenn auch bisher nur bruchstückhaft, in Formen und Mustern wiederholt, zeichnet Nord-Süd-Verbindungslinien nach, die auch auf der Äquatorachse selbst in Ost-West-Richtung ihre Entsprechung hatten.

Ebenhier, wo der kalte, an wüstenhaften Küsten entlangziehende Humboldtstrom nach Westen abdreht, regnet es endlich auch wieder, und die üppige Äquatorialvegetation des Amazonasurwalds dringt bis zu den Mangrovendschungeln der Pazifikküste vor. Auf dieser tropischen Klimaschiene, die im äußersten Osten Brasiliens beginnt und im Westen Ecuadors endet, siedeln seit Urzeiten mehr Kulturen, als sich die Archäologie je träumen ließ. Und auch hier wieder eine ganze Interaktionskette: Von der in der Amazonasmündung liegenden Insel Marajó bis ins ecuadorianische Küstenland hinein zitieren

*Die Kulturen der Zentralanden vor der Ankunft der Spanier*

| | NÖRDLICHE ANDEN | | MITTL... | | |
|---|---|---|---|---|---|
| | ECUADOR | | ... | | |
| | Küste | Hochland | Nordküste | Zentralküste | Nördliches Hochland |
| 1500 | | Inka | Inka | Inka | Inka |
| | Atacames | Milagro-Quevedo | Chimú | Chancay | Revash   Kuélap |
| 1000 | Manteña | Cañari | Wari | Wari-Pachacámac | Wari |
| 500 | | | Mochica | | Cajamarca |
| | | | Vicús | Lima | Recuay |
| 0 | La Tolita | Tuncahuán | | (Playa-Grande) | |
| | Bahía | | Virú | | Huaras |
| 500 | | | Salinar | | |
| 1000 | Chorrera | (Cerro Narrío) | Cupisnique | Ancón | Chavín (Opfergaben-Phase) |
| | | | | | (Urrabarriu-Phase) |
| 1500 | | | | Colinas de Ancón | Kotosh (Wayra-Jirca-Phase) |
| 2000 | | | | | |
| 2500 | Valdivia | | Huaca Prieta | | Kotosh (Mito-Phase) |
| 3000 | Loma Alta | | | | |
| 3500 | San Pedro | | | | |
| 4000 | | | | | |

mehr als 5000 Jahre alte Steinwerkzeuge (die einzigen Artefakte, die nicht verrotteten) und gelegentlich auch ebenso alte Keramik aus über hunderten von Flussuferkulturen am Strom und seinen Nebenflüssen vier chronologische Horizonte (der letzte um 1000 n. Chr.), deren Wechselbeziehung zu Protosprachfamilien man nachzuweisen versucht.

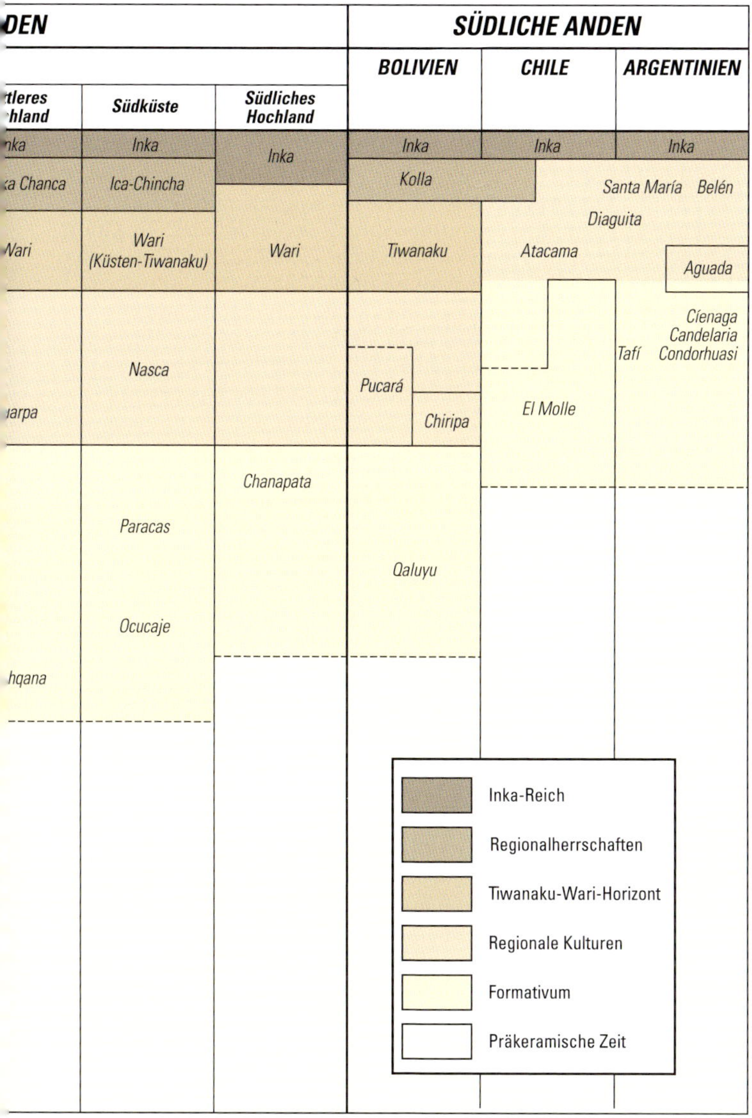

| ...DEN | | | SÜDLICHE ANDEN | | |
| --- | --- | --- | --- | --- | --- |
| | | | BOLIVIEN | CHILE | ARGENTINIEN |
| *...tleres Hochland* | *Südküste* | *Südliches Hochland* | | | |
| Inka | Inka | Inka | Inka | Inka | Inka |
| ...ka Chanca | Ica-Chincha | | Kolla | | Santa María   Belén |
| | | | | Diaguita | |
| ...Wari | Wari (Küsten-Tiwanaku) | Wari | Tiwanaku | Atacama | Aguada |
| | | | | | Cienaga Candelaria Condorhuasi |
| | | | | Tafí | |
| | Nasca | | Pucará | El Molle | |
| ...arpa | | | Chiripa | | |
| | | Chanapata | | | |
| | Paracas | | Qaluyu | | |
| | Ocucaje | | | | |
| ...hqana | | | | | |

**Legende:**

- Inka-Reich
- Regionalherrschaften
- Tiwanaku-Wari-Horizont
- Regionale Kulturen
- Formativum
- Präkeramische Zeit

Erweiterte Bezugsgrößen sind hier schon deshalb erforderlich, weil viele der Flussanlieger-Ethnien, die die Orellana-Expedition von 1542 – die erste, die den Subkontinent von den Amazonasquellen bis zum Atlantik in voller Breite durchquerte – registriert hatte, inzwischen ausgestorben sind. Jedenfalls weiß man heute, dass es sich nicht, wie ursprünglich angenommen, ausschließlich um Stam-

*Das begehrteste Tauschobjekt In Altperu war die Spondylus-Muschel. Ihre Schale diente für magische Zeremonien, wurde aber auch zu Schmuck verarbeitet; hier eine Kette (Lima, Archäologisches Museum).*

mesgesellschaften und Wildbeuter handelte, sondern vorwiegend um komplexe Gemeinwesen, die Wanderfeldbau betrieben, eine geradezu barocke Keramik hervorbrachten und fleißig Tauschhandel trieben. So wie Koka von den Anden hinunter weit ins östliche Flachland gelangte, wanderten zum Fischfang eingesetzte Lianengifte flussauf. Von den wenigen bisher im ›Oriente‹ Ecuadors erkundeten Frühkulturen hat die nach dem gleichnamigen Fluss benannte Napo-Kultur aus zwei Gründen Aufsehen erregt: zum einen schuf sie die schönsten bemalten Graburnen ihrer Zeit (ca. 500–1000 n. Chr.), und zum anderen fand man fast identische Gefäße dieses Typs in den Nekropolen der 3000 km entfernten Insel Marajó.

Als wohl begehrtestes Tauschobjekt dokumentiert die in den warmen Küstengewässern Nordecuadors erbeutete und von Nordchile bis Mexiko gehandelte Spondylus-Muschel die Durchlässigkeit der Kulturgrenzen. Diese perlmutt- und purpurfarbene (später im Quechua als *mullu* bezeichnete) Stachelauster war weit mehr als Schmuckmaterial. Galt das Muschelfleisch selbst als Speise der Götter, so war die irisierende Schale noch bei den Inka unverzichtbar für magisch-religiöse Zeremonien und Orakelbefragungen. In ausgedehnten Trockenzeiten wurde mit Spondylus Regen beschworen.

Vier ecuadorianische Frühkulturen haben sich in der formativen Periode besonders profiliert: Über die südliche Trockenküste Ecuadors war die **Valdivia-Kultur** verbreitet (ca. 3500–1800 v. Chr.), ein Komplex von Fischern, Molluskensammlern und stellenweise auch Bauern, die schon Mais, Kürbis und Baumwolle anpflanzten. Sie brachte als typischste, symbolisch-zeremonielle Kunstäußerung jene amulettartigen, massiven, handmodellierten Frauenfigürchen hervor, die als Prototyp Venus von Valdivia genannt werden. Die nur fingerlangen, rotbraun engobierten Terrakotta-Statuetten, mit prallen Brüsten und häufig in schwangerem Zustand dargestellt, werden mit Fruchtbarkeitsritualen und einer möglicherweise matriarchalischen Sozialstruktur in Verbindung gebracht. In bis zu 9 m hohen Muschelschalenhaufen – Küchenabfällen der Valdivia-Indianer – fand man, zwischen steinernen Netzgewichten, Perlmuttangelhaken und Mahlsteinen, tausende von Venusfigürchen – fast durchweg zerbrochen und zwar offenkundig absichtlich. Darin sah Betty Meggers eine mögliche Analogie zum Ritus von Schamanen im kolumbischen Raum, die als Votivobjekte benutzte Holzpuppen nur einmal verwenden und anschließend wegwerfen. In der vergleichenden Archäologie hat die Valdivia-Keramik wegen ihrer überraschenden formalen Übereinstimmungen mit der japanischen Jōmon-Kultur (Kotosh-Ware) Furore gemacht. Fischer von den 11 000 km entfernten Inseln Jōmon und Kyushu könnten mit der Ostdrift (dem Äquatorialgegenstrom) bis zur ecuadorianischen Küste gelangt sein.

Auf die Valdivia-Phase folgte die **Chorrera-Kultur** (um 1700–500 v. Chr.). Sie hatte ihr Zentrum im Überschwemmungsgebiet des Guayas-Beckens und leitete die erste Hochblüte der formativen Keramik Ecuadors ein. Bis zu 40 cm hohe anthropomorphe Gefäße, dünnwandig, hochpoliert und mit an Tätowierungen erinnernden Ornamenten geschmückt, sind repräsentativ für das Chorrera-Areal, das geistig und stilbildend bis zum zeitgleichen Chavín-Horizont Perus – und im Norden vielleicht bis Mexiko? – ausstrahlte. Die formale Konvergenz mit den olmekischen ›Babyfaces‹, den sanftgesichtigen Steinköpfen von La Venta, gilt jedenfalls im südamerikanischen Raum als einmalig. Ob die an der Río Guayas-Mündung gefundenen Pfeifgefäße der Chorrera zuerst hier entstanden und dann von den Chavín-Töpfern kopiert wurden oder umgekehrt, ist eine von vielen ungeklärten Fragen.

Der Chorrera-Phase folgten zwei gleichzeitige Regionalkulturen, Bahía und La Tolita (500 v.–500 n. Chr.). Mit ihrem aus Muschelkalk, Perlmutt und Korallen geschnitzten Schmuck weisen sich die Menschen der **Bahía-Kultur** als Fischervolk aus. Ihre handmodellierten weiblichen Los Esteros-Figürchen, vermutlich ebenfalls Fruchtbarkeitssymbole, erinnern an die Valdivia-Figurinen, sind aber, im Gegensatz zu jenen, nicht rituell zerbrochen worden. Eine Besonderheit der Bahía-Töpferei sind die menschenförmigen, mit vier Grifflöchern versehenen Okarinen, die verlorene, tierstimmenähnliche Töne von sich geben.

Die **La Tolita-Kultur** ist auf der gleichnamigen Insel vor der Nordküste angesiedelt, wo man die größte je in Ecuador gefundene Nekropole ausgegraben hat. Hier ist eine fantastische Formenwelt wiederauferstanden, beherrscht von Mischwesen aus Menschen und Tieren (vorwiegend Jaguar und das mit der Erdgöttin identifizierte Krokodil). Aufgrund ihres unübersehbaren mesoamerikanischen Einflusses bezeichnet man diese Formen als mayoid. Eine besondere Ausprägung hat die La Tolita-Geisteswelt im so genannten Alter-Ego-Motiv erfahren: da ragt etwa aus dem Haupt eines Mannes ein Raubvogelkopf hervor. Tierahne, Sippensymbol oder Zauberidol? Die meisten Metaphern werden für immer rätselhaft bleiben, wie auch der Jaguarkult an einer Küste, zu der nie eine Großkatze gekommen ist.

*Das Alter-ego-Motiv, hier ein Frosch mit Menschenkopf. Wari-Keramik*

Wer würde ausgerechnet in diesem verlorenen Eiland den ersten Ort der Welt vermuten, an dem Platin verarbeitet wurde! Den unerreichbaren Schmelzpunkt von 1770 °C überlisteten die Insulaner, indem sie das Platin mit geschmolzenem Gold amalgamierten und es dann, in erweichtem Zustand, hämmerten, schmiedeten und als Legierung in Formen gossen. Der spanische Seefahrer Antonio de Ulloa, Entdecker der Insel und staunender Gasthörer der ›Primitiven‹, brachte die Kunde nach Europa, wo man, rund 2000 Jahre nach den La Tolita-Indianern, das noch kaum ergründete Schmuckmetall im 18. Jh. zum ersten Mal in Augenschein nahm.

# Chavín – die Klassiker Altperus

Man hat die Inka die Römer Altamerikas genannt, doch dieser Vergleich zweier grandioser Leistungen vernachlässigt nicht nur die

*Klassische Keramik der Chavín-Kultur: ein schwarzfarbiges spiegelglänzendes Steigbügelgefäß, hier mit Monstermotiv*

Chronologie: In der Zeit, in der sich das römische Weltreich entfaltete, blühte in Altperu eine Kultur, die ein mehr als tausendjähriges geistiges Vermächtnis hinterlassen sollte. Perus Mutterkultur Chavín füllte fast den gesamten Frühen Horizont aus (900–200 v. Chr.) und gilt unumstritten als die erste, viele kleinräumige Traditionen bündelnde panperuanische Kulturphase.

Als die dorischen Tempel zu ihrer endgültigen Form fanden und Rom seine ersten steinernen Brücken über den Tiber schlug (um 600 v. Chr. den Pons Salarius), entstand auch in den nördlichen Anden Perus der zentrale Tempel von Chavín de Huántar. Gleich den Kulturen des Mittelmeers war die Chavín-Kunst dem Wasser nahe und auf Stein gebaut. Die granitene Zeremonialstätte von Huántar liegt am Schnittpunkt zweier Flüsschen, um, einer geläufigen Vorstellung folgend, das Wasser durch die unterirdischen Galerien und Stollen leiten und dabei sein Rauschen orakelhaft modulieren zu können. Aus Stein sind auch über und über reliefierte, bis zu viereinhalb Meter hohe Idolstelen, deren berühmteste, die Raimondi-Stele, heute in Limas Museo Nacional de Arqueología y Antropología steht.

Die verwirrende Bilderwelt der Flachreliefs von Chavín de Huántar wird von einer Raubkatzengottheit beherrscht, die in mancherlei Abwandlungen im gesamten Einflussbereich des Chavín-Kults wiederkehrt. Viele tiergestaltige Metaphern umgeben die Gottheit – Kraftträger wie Raubvögel und Schlangen vor allem. Aber auch das Krokodilmotiv taucht als Kraft und Fruchtbarkeit spendendes Gottesmachtsymbol wieder auf. Ein von Julio César Tello in Chavín de Huántar geborgener Kultstein (zehn andere Stelen wurden ihm bei der Ausgrabung gestohlen), der Tello-Obelisk, zeigt ein Herrscherwesen, das insbesondere Rowe als Kaiman interpretiert hat (s. S. 218f.).

In der zu Chavín kontemporären Chorrera-Kultur (Ecuador), deren Kunst gleichfalls tief aus Ursprungslegende und Kosmologie schöpft, stellte man sich das Universum als Kaiman in einem unendlichen Meer vor: eine schöne, primitive Phantasmagorie, möchte man meinen. Aber wie sah damals das Weltbild der griechischen Denker aus? 547 v. Chr. beschrieb der weitgereiste Naturphilosoph und Astronom Thales von Milet die Erde als eine auf einem grenzenlosen Ozean schwimmende Scheibe.

Nicht Eroberungskriege haben wohl den Chavín-Horizont in seiner ganzen Ausdehnung entstehen lassen, sondern eine kraftvolle Religion, deren Inhalte in Form leicht transportabler und ikonographisch deutbarer Objekte (Textilien idealerweise) – wir würden sie heute Medien oder Werbeträger nennen – Verbreitung fand. Chavín war kein Reich, sondern eine expansive Kultur – ihre Träger entsprachen vielleicht nicht einmal der Modellvorstellung von einem Schöpfervolk. Der Chavín-Ursprung, meinte vor allem Tello, könnte im Amazonastiefland gelegen haben. Andere Forscher sehen die Wurzeln sogar im fernen Mexiko – eine Lieblingshypothese der Mesoamerikanisten.

# Grabräuber heben den Frías-Goldschatz

Zwischen Furcht und Hoffnung pendeln die Gefühle, welche die Geistwesen des Chavín-Bilderrepertoires im Betrachter ansprechen. Am Rande des pazifischen Feuergürtels – im Schatten drohender Vulkane – und über einem bebenden Tiefseegraben haben die Menschen stets auf schwankendem Boden gelebt. Katastrophen sind hier häufig, doch Mitte des 20. Jh. gab es eine, die einigen wenigen buchstäblich eine Goldgrube bescherte: 1956 warf in Nordperu ein Erdrutsch den Brüdern Castillo den größten Goldschatz vor die Füße, der je in Altamerika entdeckt wurde.

Seit Generationen hatte die im Gebirgsnest Frías ansässige Grabräuberfamilie Castillo die Gräberfelder auf der Hacienda Callingara am Cerro Cadrillo durchkämmt und die Fundstücke zum Rohmetallpreis an Händler gegeben, die ihrerseits private Sammler versorgten. Auf diese Weise wurden – keineswegs unkundige – Hüter geheimer Kollektionen zu Entdeckern unbekannter Kulturen, vorauswissende Privatgelehrte sozusagen, während die Fachwelt noch über lückenhaften Periodisierungssystemen grübeln mochte, in denen eben jene Kulturen fehlten. Von der **Vicús-Kultur** (benannt nach einem Berg in Nordperu), der auch der Schatz von Frías zugerechnet wird, war bis zu den 1960er Jahren nichts bekannt. Raubgräber haben das archäologische Archiv ergänzt.

Als die Schatzsucher Castillo an einem Routinetag des Jahres 1956 bei ihrem Wünschelrutengang die Rutschbahn einer frischen Erdlawine untersuchten, entdeckten sie in einer aufgeschürften Stelle von knapp einem Meter Tiefe Teile einer Schilfrohrmatte. Sie stiegen hinunter, räumten die Schlammkruste zur Seite und stellten fest: die ›Schilfmatte‹ war ein Dach. Ein Dach unter der Erde konnte nur das Dach eines Totenhauses sein. Mit fiebrigen Händen rissen sie das Rohrgeflecht auseinander und schauten durch die Öffnung nach unten. Das Herz blieb ihnen stehen! In einer Wandnische saß ein Toter; seine leeren Augenhöhlen starrten auf ein Feuerwerk von blinkenden Goldschalen, Silberbechern, kupfernen Pektoralen, Kronen, Statuetten, Nasenringen, Ohrpflöcken... Nie zuvor hatten Menschen in nachinkaischer Zeit solchen Reichtum auf so kleinem Raum versammelt gesehen. Über und über war der fast 20 m² große Boden des Prunkgrabs (genauer: was die Räuber zunächst für einen Boden hielten – es war der Tisch, den zu betrachten der tote Fürst in die Nische gesetzt worden war) mit Pretiosen besetzt.

Noch am gleichen Abend wurde die ganze Familie auf die Geheimhaltung dieser ungeheuren Entdeckung eingeschworen. Fortan plünderten die Castillos, mit Leitern und Lampen bewaffnet, die Goldgrube bei Nacht. Doch die sackweise abtransportierten Stücke an ihre gewohnten Mittelsleute abzugeben, trauten sie sich wegen des Umfangs der Beute nicht, und so begingen sie den größten Frevel: gleich den Schergen Pizarros schmolzen sie die Kostbarkeiten ein und verkauften die schimmernden Batzen sogar noch unter ihrem Metallwert. Obwohl die meisten Objekte dünnwandig und leicht waren, haben die Grabschänder selbst den Umfang des Diebesgutes später auf 80 kg geschätzt!

Das Grabräubermetier ist so alt wie die Mumifizierungskunst. Tutanch-Amun ruhte noch keine fünfzehn Jahre in seiner Goldkammer, als die ersten Diebe einbrachen. In Ägypten waren die Beutegänger zeitweise in Gremien organisiert. Zu Beginn des Neuen Reiches gab es kaum noch ein Königsgrab, das nicht geplündert worden war. Hätten sich die glücklichen Finder von Frías mit anderen Grabräuberfamilien ihres Dorfes zusammengetan oder ihren Schatz, ihn über Jahre und nach und nach aushebend, wie ein mumifiziertes Rentenkonto behandelt, von dem man unbesorgt leben kann, vielleicht wäre die archäologische Wissenschaft für alle Zeiten um einen wertvollen Baustein ärmer geblieben. Ihre Gier aber machte sie verschwenderisch, und neidische Nachbarn denunzierten den Clan. Zwei in letzter Sekunde aus dem Frías-Schatz gerettete und inzwischen weltbekannte Goldfiguren sind noch im Museum Brüning von Lambayeque zu sehen; außerdem Schmelzklumpen der Castillos: Zeitzeugen einer unsinnigen Zerstörung.

Die vor zwei Generationen aus der Nacht des Unwissens aufgetauchte Vicús-Kultur haben überwiegend Grabräuber beerbt. Als Hans-Dietrich Disselhoff im Juli 1966 das zum Vicús-Kreis gehörende Areal von Loma Negra inspizierte, um Altersbestimmungsdaten zu gewinnen (sie ergaben eine Kulturspanne von 150 bis 600 n. Chr.), glich das von Hundertschaften passionierter Fundsucher ramponierte Gräberfeld schon einer Vulkanlandschaft. Mehr Erkenntnisse über das Vicús-Phänomen gewann der engagierte Berliner Archäologe dann, als er Zugang zu zwei Vicús-Sammlungen in den USA erhielt. Sie erwiesen sich als wahre Trouvaille.

Herausragendes Element der Vicús-Kultur ist die Metallkunst, und zwar mit so einmaligen Techniken wie der Versilberung von Kupfer. Aus solchem Material bestehen beispielsweise aus Blech geschnittene Kriegerfiguren (die alleine in sich bereits wieder fünf verschiedene Stilgruppen erkennen lassen!). Alle Vicús-Schöpfungen jedoch zeigen, rückwärts schauend, deutliche Anklänge an Chavín und vorwärts blickend, unübersehbare Bezüge zum heraufdämmernden Mochica. Vicús, die »nebulöse Kultur«, wie sie der Archäologe Hans Horkheimer nannte, huldigte dem Mond – das belegen der Sichelmondschmuck von Loma Negra und die Mondwesen in den Vasenmalereien. Dabei ist die virtuelle Vicús-Realität mit ihren auf dem Mond stattfindenden Kopulationen unserer Astronautenwirklichkeit noch immer voraus.

Loma Negra wird heute bewacht. Zu spät, um die alten Schätze zu hüten. Die Aufmerksamkeit gilt auch nicht mehr dem Fundgut, sondern der Sicherheit der *huaqueros*, der Grabräuber, selbst. Nur noch rohe Holzkreuze erinnern an die tödlichen ›Berufsunfälle‹ der bei ihrer Maulwurfsarbeit Verschütteten.

# Der unterirdische Basar von Paracas

Als gewaltiges Dünenfeld ragt die Halbinsel Paracas ins Meer. Tausende von Sandhügeln bilden ihre Oberfläche, unter der sich 2000 Jahre lang eines der reichsten Gewandhäuser der Welt verbarg. 1923 wurde es entdeckt. So trocken, so salzig, so keimfrei ist diese von der Sonne kalzinierte und vom Wind skulptierte Höckerwüste, dass sie die feinsten Buntgewebe konserviert hat, als seien sie eben vom Webrahmen abgenommen. Indianische Plastiken stellen Einäugige und Blinde dar, denen ein Sandstrahl das Augenlicht gelöscht hat – sie erzählen vom Lebenskampf einer Kultur, die, wie in der wissenschaftlichen Nomenklatur üblich, posthum die Bezeichnung ihres Fundorts erhielt. Aber hier erzählt auch der Ortsname eine Geschichte. Paracas bedeutet ›Es regnet Sand‹ und bezieht sich auf ein Phänomen, das sich jeden Nachmittag wiederholt: Wenn die aufgeheizte Wüstenluft mit der vom Humboldtstrom transportierten Kaltluft kollidiert, peitschen Windhosen und Wirbel den Sand wie Nadeln über die Halbinsel.

*Paracas-Mumie, mit einem Kopfband geschmückt*

Hier, wo sich noch keine Grabräuberdynastien gebildet hatten, konnte der von Fischern auf erste Zufallsfunde gelenkte Julio César Tello von 1923 bis 1925 in Ruhe systematisch graben. Dabei entdeckte er einen unterirdischen Basar von fabulösen Ausmaßen, einen ausgedehnten Wohnkomplex mit Aufenthaltsräumen, Küchen, Vorratskammern und Höfen. Vor allem Grabgelege fand er, doch waren diese der Anlage nicht beigeordnet, wie man hätte vermuten können – das Gegenteil war der Fall. Sobald der Zugang zu den großen Leichenkammern freigelegt war, wurde angesichts der reichgeschmückten Mumien und der vielen Feuerstellen klar, dass der Wohnteil gegenüber den Grabräumen von untergeordneter Bedeutung war. Sehr schnell erkannte Tello zwei unterschiedliche (und deshalb auch verschiedenen Perioden zuzuordnende) Bestattungssitten. Einen Teil der Toten hatte man in tiefen, birnenförmig ausgekehlten Felskavernen (mit bis zu 55 Menschen pro Grabgewölbe) beigesetzt, die anderen in ausgedehnten Flächengräbern. Da zudem der Dekor der keramischen und textilen Grabeigaben stilistisch deutlich voneinander abwich, schloss Tello auf zwei einander folgende Kulturphasen, deren vermutlich erste (diese Einschätzung wurde später bestätigt) er Paracas-Cavernas und deren zweite er Paracas-Nekropolis nannte.

*Zeichnerischer Querschnitt durch eine Paracas-Kaverne*

In der (chavinoiden) Frühphase sind die Gewebemuster noch auf den geometrischen Rapport von Kette und Schuss abgestimmt, die keramischen Gefäße indessen schon mit kühneren Motiven in (nach dem Brand aufgetragenen) zunehmend leuchtenderen Harzfarben ornamentiert. In der Spätphase dreht sich das Verhältnis um – nun schwelgt die Textilkunst in einem unerhörten Farbenrausch, während sich die Töpferei auf monochrome Macharten zurückzieht. Diese Bewertung stellt allerdings die einfachste Art dar, die in Wirklichkeit vielstufige Genealogie der Paracas-Kunst wiederzugeben. Inzwischen werden, was die Keramik anbelangt, anhand gestreuter Fundstellen zehn Stilphasen unterschieden, zugleich ein Indiz für künstlerische Individualität in einem vermutlich noch weitgehend theokratisch geprägten Sozialgefüge ohne große Klassenunterschiede; darauf deutet jedenfalls die relativ gleichartige Ausstattung der Gräber hin.

Der Paracas-Horizont darf als Schulbeispiel für Traditionsfluss und Kulturdiffusion in Altperu gelten, wobei die Verschränkung weit über die Kriterien von Stil und Form hinausgeht. Stand die ganze – inzwischen noch weiter in die Vergangenheit zurückverwiesene – Paracas-Frühphase im Zeichen der von Chavín überkommenen Raubkatzengottheiten, deren Varianten die gesamte Ikonographie durchziehen, so verblasst der (von Norden eingeströmte) Jaguarkult später, während von Süden her, aus den Nasca-Tälern langsam der Schädel- und Trophäenkopfkult ins religiöse Bewusstsein des Paracas-Menschen vordringt. So wandelt sich, ohne markante Zäsur, die Paracas-Kultur im 2. Jh. v. Chr. zur Nasca-Kultur. Die Erkenntnis, eine differenziertere Chronologie sei von Nöten, hob zugleich Tellos erste zweiteilige Paracas-Periodisierung auf und ergab folgende gegenwärtig gültige Phaseneinteilung:

| | |
|---|---|
| Chavinoid-Paracas | 1100–700 v. Chr. |
| Früh-Paracas | 700–500 v. Chr. |
| Mittel-Paracas | 500–300 v. Chr. |
| Spät-Paracas | 300–200 v. Chr. |
| Proto-Nasca | 200–100 v. Chr. |

Immerhin wurde der Altvater der peruanischen Feldforschung, sieht man einmal von den Frías-Schatzräubern ab, mit dem wohl schönsten Entdeckungsgeschenk auf dem Boden seiner Heimat belohnt, als er am Cerro Colorado von Paracas 429 Mumien barg: die Toten hatten prachtvolle Stoffe neben sich liegen, sauber gefaltet und aufgeschichtet. Ihre Schönheit stellte alle vergleichbaren Funde der altamerikanischen Welt in den Schatten.

*Beliebte Motive der Nasca-Ikonographie: Gefleckte Katze, Harpyie, Zackenschlange, Orca (Killerwal) und Schreckensvogel. Die beiden letzteren halten hier Trophäenköpfe.*

## Im Farbenrausch der Nasca-Töpferei

Hätte der spanische Chronist Cieza de León die babylonischen Siegelzylinder gekannt, auf denen als Fische verkleidete Priester Fruchtbarkeitsbeschwörungen vornehmen, er wäre weniger erstaunt gewesen, als er in Perus südlichen Küstentälern Indianer sah, die beim

Einstecken von Maiskolben Sardinen mit in die Erde senkten. Die als Fischdüngung bekannt gewordene Form des Pflanzens war in Wirklichkeit auch immer zugleich eine kultische Handlung. Da wo der Río Grande de Nasca sich fächerförmig verbreitert, lebte eine schon fast städtisch organisierte Bevölkerung, deren wichtigste Kulturpflanze der Mais war. Ihre Gefäßmalerei beherrschte eine ganze Hierarchie von Fruchtbarkeitsdämonen und -gottheiten in einer kaum zu entwirrenden Bilderwelt.

Das Aufkommen polychrom gebrannter Keramik (um 300 v. Chr.) signalisiert den Beginn der der Paracas-Tradition entsprungenen Nasca-Kultur. Neun Stilphasen, in deren Verlauf sich der anfangs naturalistische zum geometrischen Kanon wandelt, haben Amerikanisten der Berkeley Universität unterschieden. Dennoch bleibt, ungeachtet des wilden Aufschreis der Farben, ein durchgehender Duktus erhalten: der Vorrang der Zeichnung vor der Malerei. Keine Farbfläche entrinnt dem zugewiesenen Feld; harte schwarze, gelegentlich auch weiße Umrisslinien konturieren die Motive – vielleicht in Ablösung der alten Ritzmuster. Großkatzen mit Schnurrhaaren (und heraushängender Zunge) bieten Feldfrüchte dar: sie sind leicht als Fruchtbarkeit verheißende ›Nahrungsbringer‹ zu deuten. Orcas (Killerwale) könnten Wehrhaftigkeit und Kampfkraft verkörpern. Allerdings war die Nasca-Kultur dem Oasenfeldbau verhaftet und hat, nach allem, was man weiß, nie Eroberungsgelüste entwickelt.

Dennoch verlangte ein die ganze Glaubenswelt durchdringender Trophäenkopf-Kult nach Opfern. Man könnte daher, das wäre am leichtesten denkbar, beim lebenswichtigen Kampf um Wasser Stammesfehden provoziert und so die nötigen Häupter erbeutet haben. Denn abgeschlagene Köpfe sind, zwischen Zackenschlangendämonen und Federstabtänzern, keineswegs nur zauberischer Zierrat im Figurenkabinett der Gefäßkoloristen. Trophäenköpfe stellen, wie die Schädelbeigaben in vielen Nasca-Gräbern offenbaren, auch immer ein wichtiges Totem im Jenseitsreisegepäck der Verstorbenen dar.

Als Küsten- und Oasenbewohner waren die Nasca-Leute dem Wasser- und dem Mondkult ergeben. Wie die Assyrer und Babylonier (deren Gestirnreligionen später auch die griechische und römische Weltsicht durchdrangen) verehrten die Nasca-Menschen die Sterne, deren Formationen sie zu Bildern fügten und ihnen bestimmte Tiergattungen zuordneten. In den berühmten zoomorphen Scharrbildern der Nasca-Wüste, zu astronomischen Zwecken angelegt, ist die Götterwelt gleichsam auf die Erde projiziert.

*Mit Nasca verbunden ist der Schädel- und Trophäenkopfkult. (Trophäenköpfe sind auch das häufigste Motiv der Nasca-Keramik.) Die Bezeichnung leitet sich von der Annahme ab, es handele sich bei diesen Häuptern um die Schädel getöteter Feinde, deren Kräfte auf den Sieger übergingen (Aneignungszauber). Dass Trophäenköpfe als Amulett am Gürtel getragen wurden, belegen die Löcher in der Stirn, durch die man eine Schnur ziehen konnte. Viele der gefundenen Köpfe stammen jedoch von Frauen und Kindern, so dass man dem Nasca-Schädelkult heute vor allem rituelle Bedeutung beimisst: Der Kopf galt als Symbol wiederkehrender Fruchtbarkeit und Bewirker neuen Lebens.*

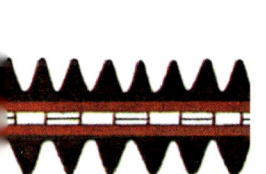

# Das keramische Bilderbuch der Mochica

Spätestens als das Prunkgrab des Herrn von Sipán entdeckt wurde, die am verschwenderischsten ausgestattete Totenkammer der westlichen Hemisphäre, stand fest, dass die Mochica-Töpferei die schöpfungsreichste plastische Kunstäußerung Altamerikas war. Als man 1987 im nordperuanischen Lambayeque-Tal die Mumie des gottgleich bestatteten unbekannten Noblen ans Tageslicht hob, gelang es auch, die ihm beigestellte Bibliothek von über tausend Keramiken zu sichern. Zwar hatten wiederum *huaqueros* als erste das Fürstengrab erkundet. Aber an der Sipán-Pyramide war glücklicherweise der Archäologe Walter Ava vom Museum Brüning so rechtzeitig zur Stelle, dass das Grabinventar komplett geborgen werden konnte.

Zusammen mit der 1990 von der Limaner Stiftung Wiese freigelegten Opfertempelstätte El Brujo (Der Hexer) und dem Grabmal der Sacerdotisa (Priesterin) von San José de Moro, die unter anderem von einer Opferblutschale begleitet war, lieferte der Sipán-Fund den Schlüssel zu einer erstaunlichen Erkenntnis: Obwohl die rund tausend Jahre während Mochica-Kultur mit ihren monumentalen Sakralbauten ein sichtbar theokratisches Fundament besaß (im Mittelpunkt stehen eine Sonnen- und eine Mondpyramide), wurden die offenbar als gottähnlich betrachteten Priesterfürsten mehr verherrlicht als die Götter selbst. Zentrale Kulthandlung in der Mochica-Liturgie war die rituelle Opferung von Feinden. Über die Murale von El Brujo sieht man eine Prozession gefesselter Gefangener ziehen, die von ihren *decapitadores* (Enthauptern) begleitet werden. Der mit Schild und Keule bewaffnete Mochica-Krieger gehört zu den beliebtesten Motiven der Bildner, woraus man auf häufige Kämpfe – möglicherweise um Wasser oder Oasen – schließen darf. Neben den Priestern haben wohl die Krieger zur herrschenden Schicht der straff organisierten Gesellschaft gehört. Dennoch handelte es sich eher um eine Föderation von Talgemeinschaften als einen Staat.

Die peruanische Archäologie sieht, nach dem Quellenstudium von 17 Fundplätzen, die Mochica-Kultur heute als zweiteiliges und über getrennte Räume verteiltes Sozialgefüge. Danach verbreitete sich Nordmochica über die Täler Piura, Lambayeque und Jequetepeque, knüpfte schöpferisch an den Spätstil von Chavín an und entwickelte auch Mischformen mit der östlich benachbarten Sierra-Kultur von Recuay. Südmochica, in den Talregionen von Chicama, Moche und Virú zu Hause, überschnitt sich mit den regionalen Kulturkreisen von Salinar, Virú und vor allem Vicús. Man hat den etwa mit dem Beginn der Nasca-Phase gleichzusetzenden Aufbruch der gesamten Mochica-Kultur ins zweite vorchristliche Jahrhundert zurückverlegt und lässt sie im Endstadium um 800 n. Chr. fast übergangslos im Chimú-Horizont aufgehen. Trotz großer schöpferischer Geschicklichkeit in Architektur, Wasserbau, Töpferei, Metallverarbeitung, Textilkunst und Holzschnitzerei blieb das Kerngebiet des

Mochica-Komplexes auf 300 km in Nord-Süd- und 50 km in Ost-West-Richtung beschränkt.

Die Keramik macht rund 90 % der Funde aus. Sie spricht wahrhaft Bände, denn was wir über die Mochica (oder: Moche bzw. Muchik) wissen, haben wir den zweifarbigen Vasenmalereien (Ziegelrot oder Rostbraun und Elfenbein- oder Cremeweiß) entnommen, mehr aber noch der wimmelnden Welt vollplastischer Darstellungen, die den Mochica-Alltag bis in die letzten Ecken ausleuchten und sich deshalb den Ruf einer keramischen Bibliothek erwarben.

Waren die Nasca-Leute die ›Fauves‹ unter den Koloristen Altamerikas und vernachlässigten sie vergleichsweise die Form, so beschränkten die Moche-Töpfer ihre Palette auf den Rot-Beige-Kontrast, entfalteten aber einen unbändigen Gestaltungstrieb. Man könnte den Formwillen, der sich vor allem am bauchigen Steigbügelgefäß erprobte, volkstümlich nennen – ausgerechnet hier, in der statusbedachten Mochica-Klassengesellschaft, wird zum ersten Mal die Welt des kleinen Mannes herausmodelliert: der Musikant, der Blinde, der Händler, der Chicha-selige Betrunkene, der Kranke am Krückstock, der neugierige Nachbar, der erschöpfte Fußgänger – ein Kaleidoskop anekdotenhafter Augenblicksszenen.

Daneben waren die Moche-Künstler hervorragende Interpreten des menschlichen Gesichtsausdrucks. Mit Hingabe schufen sie Idealporträts, die an Vollkommenheit in der Kunst Lateinamerikas ihresgleichen suchen. In der Mochica-Hochphase manifestiert sich hier schon ein Proto-Chimú-Stil, dessen klassische Schönheit dem Chimú-Reich mit zu dem Kompliment verhelfen sollte, das ›Griechenland Altamerikas‹ gewesen zu sein. Und schließlich scheuten sich die Moche-Töpfer nicht, die intimsten Szenen in Ton nachzubilden – auch diese ein Spiegelbild des Alltags und deshalb manchmal sogar in der Manier des amüsierten Voyeurs dargestellt. Noch vor der Blütezeit Roms und Jahrhunderte, bevor die Inder ihre Tempel mit erotischen Verschlingungen zierten, präsentierten die Moche-Realisten Paarungsszenen, Fellatio und Masturbation. In diesem gleichsam entblößenden Kunstschaffen glauben einige Peruanisten, vielleicht aus einem abendländischen Untergangsgefühl heraus, eine Dekadenz reflektiert zu sehen, die ab dem 7. Jh. n. Chr. das Ende der Moche-Kultur heraufbeschwor.

*Idealporträts der Mochica*

# Die Pan-Horizonte von Tiwanaku und Wari

Wenn das gerade 3 m hohe Sonnentor von Tiwanaku (Bolivien) in der neuweltlichen Kulturgeschichte den gleichen Rang einnimmt wie der himmelstürmende Maya-Tempel von Palenque oder die toltekischen Pyramiden von Chichén-Itzá (beide auf Mexikos Yucatán-Halbinsel), dann liegt das daran, dass der 10 t schwere, hufeisenförmige Andesit-Monolith zwölfhundert Jahre lang ein Kraftfeld gebildet hatte, dessen Linien von den Hochanden bis zur Küste, bis

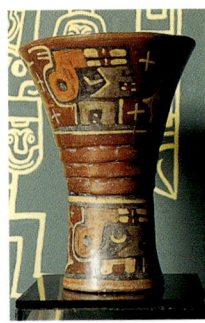

*Kero-Becher, Tiwanaku. Die mittlere (klassische) Tiwanaku-Phase war die große Zeit der Keros. Sie waren polychrom bemalt und zeigten mit ihren scharf in Schwarz oder Weiß konturierten Mustern den Einfluss von Nasca. Ihr Figurenrepertoire verweist auf die Skulpturen des Sonnentores.*

*Zeremonialgefäß der Wari-Kultur (auch: Küsten-Tiwanaku)*

zum heutigen Nordwestargentinien und im Norden bis nach Trujillo wanderten.

Die Tiwanaku-Kultur schälte sich um 250 v. Chr. aus der am heiligen Titicacasee eingewurzelten Pucará-Tradition (etwa 400–100 v. Chr.) heraus und erstarkte zum Zweiten Panperuanischen Horizont (nach dem Chavín-Reich). Es war dieses kompakte, mit numinosen Figuren und Zeichen besetzte Sonnentor, dessen ikonographisches Vokabular sich dem Kulturgut aller Regionen mitteilte, freilich ohne die Glaubensinhalte der überlieferten Lokalreligionen ganz auszulöschen.

Träger der Tiwanaku-Kultur war ein im rauen Klima des 4000 m hohen Altiplano lebender Menschenschlag, dessen bodenständige Verschlossenheit jeder militärischen ›Vorwärtsverteidigung‹ abhold war, genauer gesagt, sie auch nicht nötig hatte: der Titicacasee war damals wesentlich größer (heute liegen die Tempel von Tiwanaku 20 km vom Ufer entfernt) und speiste ein schachbrettartiges Pflanzareal von 81 km² Fläche, das 30 000–40 000 Menschen ernähren konnte. Auf diesen Umfang schätzt man auch die Bevölkerung der Hochlandmetropole. Den archäologischen Zitaten nach zu urteilen, gab es eine dreistufige Klassengesellschaft, in der politische und religiöse Würdenträger den obersten Rang einnahmen, Kunsthandwerker den mittleren und Bauern, Hirten und Fischer den untersten. Der äußerste Ausdruck imperialen Gehabes dürfte bei dieser stationären Gesellschaft politischer Druck auf Nachbarvölker gewesen sein.

Die Macht Tiwanakus beruhte auf seinem religiösen Weltbild, das vom Geiste der ›Stabgottheit‹ (Wiraqocha?) – der zentralen Inkunabel des Sonnentors – durchdrungen war. Das Tempelheiligtum muss ein geradezu missionarischer Wallfahrtsort gewesen sein; umgekehrt reisten die religiösen Ideen auch mit den Lamakarawanen über die gut ausgebauten Fernhandelswege in alle Himmelsrichtungen. Die Hauptverkehrsachse verband die Titicacazone mit Wari (spanisch: Huari), einer im zentralperuanischen Bergland (bei Ayacucho) gelegenen Tempel- und Stadtsiedlung, in der einmal 20 000 Menschen gelebt haben könnten und wo das Credo von Tiwanaku nicht nur auf fruchtbaren Boden fiel, sondern auch weitergetragen wurde, diesmal unter dem Schirm militärischer Operationen.

Um 800 n. Chr. besaß die Wari-Kultur mit der Zeremonialstätte Pachacámac an der mittleren Küste (südlich von Lima) ein zweites Zentrum. Dieser Brückenschlag zum Meer, bei dem man auch das unten anschließende Nasca-Gebiet einverleibte, brachte der – stilistisch und formal mit der Tiwanaku-Kunst weitgehend kongruenten – Wari-Kunst auch die Bezeichnung ›Küsten-Tiwanaku‹ ein. In der politischen Organisation gab es zwischen den beiden Kulturkreisen jedoch weder eine Hegemonialstruktur noch eine Verschmelzung. Im übrigen erstreckte sich der Tiwanaku-Horizont über einen ungleich längeren Zeitraum, nämlich von 250 v. Chr. bis 1000 n. Chr., die Wari-Kultur nur von 600 bis 800 n. Chr.

Beide Reiche haben das Inka-Imperium vormodelliert: Tiwanaku mit seiner Mythologie, der Monumentalarchitektur und vermutlich auch dem *mitmac* genannten System der Zwangsumsiedlung von Bauernfamilien; Wari mit seiner zentralgesteuerten politischen Organisation, den militärischen Kampagnen und ihrer Logistik, der Anlage von Städten als Machtsymbolen, der Trapezform als Stilelement der Baukunst und – der Knotenschrift. Denn wie so viele mutmaßlich inkaische Errungenschaften waren auch die *quipu* keine Erfindung der Sonnenkinder, sondern das Erbe einer erloschenen Vorkultur.

## Im Reich der Chimú

Bei der archäologischen Rekonstruktion der vorinkaischen Kulturgeschichte hat keine Leitmaterie so viele Informationen geliefert wie der gestaltete Ton. Keramische Stücke sind, mit ihrer grenzenlosen Plastizität und in ihrer Eigenschaft als Bildträger (und mitunter, in Form von Pfeifgefäßen, sogar als Tonträger) die Denksteine im Fluss der altperuanischen Entwicklungsgeschichte. Nicht einmal die Eigennamen der Kulturen, die sie hervorgebracht haben, wissen wir aufzusagen.

Erst mit dem Chimú-Reich beginnt eine noch erinnerte und von Chronisten aufzeichenbare Vergangenheit. Nach Bartolomé de las Casas bewahrte das Volksgedächtnis an der Küste die Erinnerung an eine Kulturperiode von 500–600 Jahren, in der das ganze Gebiet in eine große Anzahl von Regionalherrschaften aufgeteilt war. Die ersten Fürsten oder Kaziken, welche es über eine bloß lokale Regentschaft (wie die zeitweise phasengleichen Kulturen Chincha und Chancay) hinausbrachten, so hat uns der Augustinische Historiograf Antonio de la Calancha in seiner ›Corónica Moralizada‹ von 1638 berichtet, nannten sich *chimú* und das habe, so fügt Calancha ausdrücklich hinzu, so viel bedeutet wie in Ägypten Pharao. Der Herkunftslegende nach kam der erste *chimú*, König Naymlap, mit seinen Mannen auf einem Balkenfloß von »allende los mares« (jenseits der Meere) und setzte sich im Chicama-Tal fest, das er, so will es die Sage, nach seiner Gattin Chacma benannte. Eine gewaltige Herrscherpersönlichkeit, der Große Chimú, soll dann schon zu Beginn des 6. Jh. alle Täler bis zum unteren Santa-Tal unter seine Botmäßigkeit gebracht und die neuen Vasallen zu Tributen gezwungen haben.

Ein so früher (und neuerdings von peruanischen Chronologien gestützter) Zeitansatz gesteht der Chimú-Kultur eine erste Blütezeit bereits vor der Überformung durch den Tiwanaku-Wari-Komplex im 8. Jh. zu. In diesem Alten Reich von Chimor entstand ein noch der Moche-Tradition verpflichteter Frühstil mit einer Porträtkeramik, die im Gegensatz zur späteren Massenproduktion sorgfältig gearbeitet war. Aber erst mit dem Niedergang der binnenländischen Megakulturen des Zweiten Panperuanischen Horizonts gerieten die Küs-

Relief in Chan Chan. Die Ikonographie weist die Chimú als ein Volk aus, das dem Meer und damit dem Mond huldigte.

Säugende Hündin, Gefäß der Chimú. Den ›peruanischen Hund‹, fast haarlos, dunkelviolett und den ägyptischen Hunden ähnlich, gibt es seit 2000 Jahren. Die Chimú assoziierten ihn mit dem Mond. Als Totenwächter findet er sich auch in vielen Gräbern.

tenvölker wieder in Aufbruchstimmung. Im Neuen Reich formierte sich Chimor zu einem wohlgegliederten Feudalstaat und erreichte zwischen 1000 und 1400 n. Chr. die Höhe seines Glanzes. Vom Golf von Guayaquil im Norden bis zur südlichen Grenzfestung Paramonga im Fortaleza-Tal zog sich ein 1200 km langes Band von chimú-hörigen Regionaldynastien hin, die gleichwohl ihre eigenen Sitten und Dialekte beibehielten. Verkehrssprache war jedoch das von den Moche-Leuten übernommene *muchic*.

In seiner Spätblüte zählte das Reich von Chimor etwa eine halbe Million Einwohner. Immense, großenteils von den Mochica übernommene und weiter ausgebaute Bewässerungsanlagen tränkten die Terrassenkulturen, die vor allem Mais, Bohnen, Erdnüsse, Chili-Pfeffer, Baumwolle und Baumfrüchte, wie Avocados und Pflaumen, lieferten. In einer derart vom Wasser abhängigen Oasenkultur mussten die obersten Gottheiten Wasserspender sein. Die Chimú hoben denn auch die Mondgöttin Si aufs oberste Himmelspodest – das samtene Nachtgestirn versprach Regen und benetzte, im Gegensatz zur alles versengenden Sonne, die Felder mit Morgentau. Aber sie beteten auch das Meer Ni an. Nicht anders als in Altmexiko waren die Kaniden (die hundeartigen Tiere) eng mit dem Mondkult assoziiert. Blieben in Tlaxcala etwa die Sommerregen aus, dann trieb man eine Anzahl Hunde zusammen und opferte sie, Blitz- und Donnerzeichen erwartend, im Tempel Xoloteopan. Der bei den Chimú als Mondtier, Seelenbegleiter und Wächter im Jenseits geachtete Hund begleitete seinen toten Herrn – wie dieser als Mumie hergerichtet – ins reich dotierte Grab.

Der Ahnenkult war oberstes sittliches Gebot. Er wurzelte in der Vorstellung vom Fortbestand der Sippengemeinschaft über den Tod hinaus – die Gestorbenen bildeten gleichsam den unsichtbaren Teil der ständig nachwachsenden Familie. Der Tod als Ereignis markierte lediglich die Schwelle zwischen dieser und einer anderen Welt, von der aus die Ahnen wirkmächtig blieben: sie konnten den Lebenden Heil bringen oder auch Unheil stiften. Reiche Grabbeigaben waren daher nicht nur ein Zeichen der Reverenz und Vorsorge, sondern auch Spenden. Es galt, sich mit den Ahnen – die, je weiter sie in die Vergangenheit entrückten, desto gottähnlicher wurden – gut zu stellen. Ihre Geister wachten, so stellte man sich vor, unausgesetzt über die Nachfahren.

Angesichts der Vorläufigkeit des Todes also sah man die Mumien als Übergangshüllen, als Seelengefäße an, die bei festlichen Anlässen aus ihren Wohnstätten geholt wurden, um sie mit Speisen, Schmückung und Musik zu verwöhnen. Dabei kamen die von der Wüstenluft gedörrten Trockenmumien der Vorstellung der Chimú von der Konstanz des Da-Seins, in welcher Form auch immer, entgegen. Masken aus Tumbaga oder Holz hatten das Gesicht zu erhalten, ja mitunter wurden eingetrocknete Augen durch die Augen von Tintenfischen ersetzt: Dem Tod musste die Aura der Endgültigkeit genommen werden, die dieser bekundete, indem er die Menschen entstellte.

Als organisatorisch begabtes Kulturvolk unsterblich gemacht aber haben sich die Chimú mit ihrer großartigen Hauptstadt Chan Chan im Herzland der Mochica. Diese war mit fast 20 km² Fläche die größte Metropole der Neuen Welt und umfasste Tempel, Paläste, Wohnstätten, Werkstätten, Depots und Esplanaden sowie ein System von Höfen, Straßen und Kanälen, die die Zisternen miteinander verbanden. Die Schätzungen über die Einwohnerzahl schwanken von 30 000 bis weit über 100 000. Chan Chan lag im Zentrum eines das ganze Reich überziehenden Straßennetzes – ein den mobilen Inka willkommenes strategisches Geschenk, als diese 1465 die Chimú, die ›Griechen der Neuen Welt‹, unterwarfen.

*Holzidol der Chimú mit Augen aus Muschelplättchen*

# Das Inkareich Tawantinsuyu

## Ursprungssagen und Geschichte

Über kaum ein anderes Kulturvolk ist so viel fabuliert worden wie über die Inka. Historiker und Anthropologen, Utopisten und Schwarzmaler haben die Söhne der Sonne mal als Halbgötter, mal als Barbaren geschildert und ihren Staat abwechselnd mit Altägypten, dem römischen Reich, einem Tyrannenregime oder auch einem Südseeparadies verglichen. Zwar hatten die frühesten ›Augenzeugen‹ noch die Alte Welt im Kopf (die peruanische Küste nannten sie ›Levante‹ und eine inkaische Frauenstatue mit Kind hoffnungsvoll ›Maria Mexia‹), doch waren sie beim Betreten der Neuen Welt schon auf alles gefasst, was noch über die Ausschmückungen Marco Polos hinausgehen mochte. Sie träumten davon, durch die verwunschenen

Zimtwälder zu jenem sagenhaft reichen Priesterkönig zu gelangen, dem es gefiel, sich mit purem Gold einzupudern (er – nicht ein Land – war El Dorado, ›Der Vergoldete‹, woraus dann Eldorado wurde).

Schwärmerische Reiseberichte schürten die Fantasie europäischer Leser, darunter die ›Handschrift von Simancas‹ (jahrhundertelang verschollen und heute literarischer Schatz des Museums für Völkerkunde in Wien). Diese Chronik stammte von einem Augustinermönch, der sich dem Konquistador Pizarro als ›Heidenbekehrer‹ angeschlossen hatte. Auch Karl V. mochte darin mit Wohlgefallen vom wunderbaren Landgang des Eroberers Pedro de Candia bei Tumbes an der nordperuanischen Küste gelesen haben: Der mit einer Hakenbüchse bewaffnete Hidalgo Candia, wie alle Weißen zunächst als überirdisches Wesen betrachtet, besuchte den aus goldenen und silbernen Pflanzen, Früchten und Blumen bestehenden Tempelgarten eines *curaca* (Häuptlings) und sah mit zu, wie gerade goldene Bananen angefertigt wurden. »Der Curaca«, so notiert der Verfasser, »war der einzige, der bezweifelte, dass die Fremden höhere Wesen waren. Deshalb ließ er einen Jaguar, der in der Festung in einem Käfig saß, auf Pedro de Candia los. Dieser war nun ein guter Christ und legte das Kreuz, das er an einem Kettchen um den Hals trug, sanft auf den Rücken des Jaguars, der sich sofort nach der Berührung, seine wilde Natur vergessend, zu Füßen des Ritters zu krümmen begann. Nun bezweifelte auch der Curaca nicht mehr, dass die Fremden Götter waren.«

Die Mär, die Indianer hätten zu ihrer Belustigung wilde Tiere gehalten, geht auf die spanische Unkenntnis totemistischer Bräuche zurück. Tatsächlich leiteten indianische Geschlechter häufig ihre

Namen von Tieren her – und nannten auch ihre Behausungen so: doch in einem *cuntur cancha* (Kondorplatz) lauerten keine Andengeier und im *puma cancha* (Pumaplatz) lag keine Großkatze an der Kette.

Als die Spanier später – der Ruf ihrer Gottähnlichkeit war längst verflogen – den letzten Inkakönig Atawallpa hinrichteten, wurde diese Untat in etwa so vielen Versionen geschildert, wie es Berichterstatter gab. Es ist daher erlaubt, erst recht der Authentizität von Herkunftslegenden zu misstrauen, deren viele sind. Hören wir uns also die schönste an: Manco Capac, Urvater aller Inka und *intip churin* (Sohn der Sonne), entstieg dem Titicacasee, um die Menschen zu zivilisieren und sie die Verehrung seines Vaters, des Sonnengottes Inti, zu lehren. Bei Manco Capacs göttlicher Sendung stand ihm seine Frau und Schwester, Mama Ocllo, zur Seite. (Die in der Literatur oft erwähnte Schwesternheirat unter vornehmen Indianern wird häufig falsch interpretiert: es handelt sich nicht um leibliche Schwestern – wie bei den Römern war das Einheiraten in die eigene Gens verboten –, sondern um Frauen der gleichen Generation, die zum selben Stamm gehörten.)

Auf Manco Capac, der Cusco eroberte, sollen bis zum Kontakt mit den Spaniern zwölf Herrscher gefolgt sein. In dieser Spanne wandeln sich die mythischen Schöpfungsereignisse allmählich zur aufzeichenbaren Chronologie, aber erst mit dem neunten Inka – die Bezeichnung steht zunächst für den König allein –, mit Yupanqui, beginnt die Periode absoluter Datierungen: der legendären Phase folgt die historische. Unter dem Inka Yupanqui (reg. 1438–71), der sich mit dem Beinamen Pachacútec (Verwandler der Erde oder:

Reformator der Welt) schmückte, begann das zunächst kleine Reich, von Cusco aus das Hochland bis zum Titicacasee unter seine Kontrolle zu bringen. Der Nachfolger Topa Inca (reg. 1471–93) setzte die Eroberungspolitik fort, bezwang die gesamte Küstenregion – und damit auch das Oasenreich Chimor, dem er buchstäblich das Wasser abdrehte – und stieß in Eilmärschen bis zum heutigen Nordchile und Nordwestargentinien vor.

Die nördlichen Regionen einschließlich des Hochlandes von Ecuador bis zum südlichen Kolumbien schließlich verleibte Wayna Capac (reg. 1493–1525) dem Inka-Imperium ein. Zwischen seinen beiden Söhnen – Wáscar in Cusco und Atawallpa in Quito – kam es infolge von Erbstreitigkeiten zu einem Bürgerkrieg, aus dem, nach der entscheidenden Schlacht am Apurímac, Atawallpa als Sieger hervorging.

Unter seiner Führerschaft, so sagte man, hatten sich selbst Steine in Kampfgenossen verwandelt. In Cusco wurde noch zum Rhythmus der Pinto-Trommel getanzt (sie war mit der Haut des hingerichteten Inka-Widersachers Pinto bespannt), als sich, umgekehrt, Atawallpas Gesicht versteinerte. Ein Bote hatte ihm eine Nachricht nach Cajamarca gebracht: die bärtigen weißen Männer waren mit außerordentlich seltsamen Tieren (Pferden) bei Tumbes gelandet.

## Großohren im Dienst der Sonnenkönige: Staat und Gesellschaft

Die Inka waren nicht die erste expansionistische Indianerkultur Altamerikas, wohl aber die militanteste. Hinter ihrer Eroberungspolitik stand keine religiöse Idee, sondern der Großmachtanspruch von tüchtigen, sendungsbewussten und sich überlegen fühlenden Pragmatikern – Machern, würden wir heute sagen. Ihr Legat war die dem Herrschertitel Inka inhärente Gottkönigsidee, übertragen vom Vater Sonne auf die Dynastie seiner Nachfolgerkinder. Nur die entschlossen kämpfenden Mapuche (Araukaner) konnten den Rammstoß der Inka im Süden am Río Maipo (auf der Höhe des heutigen Santiago de Chile) abfangen; im Osten geboten der Amazonasurwald und die Hinterhalte der Pfeilgiftindianer den inkaischen Legionen Einhalt. Aber während die ersten spanischen Ankömmlinge in nie gesehene Weiten taumelten und improvisierte Landkarten auf großen, am Boden ausgebreiteten Stoffstücken entwarfen, hatten die Inka schon die Daten ihres Riesenreichs in Knotenschnüre eingespeist. Der Eroberungsstaat war über 4000 km lang, im Mittel 500 km breit und beherbergte schätzungsweise acht Millionen Menschen.

Wie hatten die Inka, ohne Bündnispartner, eine solche Massierung zustande gebracht? Etwas modellhaft, aber als Grundmuster ihrer Unterwerfungsstrategie plausibel erscheint ein Zwei-Phasen-Schema: Danach machten die Heerführer den Oberhäuptern

›besuchter‹ neuer Gebiete ihre Aufwartung und verwöhnten oder versöhnten sie mit wertvollen Geschenken, was nach dem altindianischen Brauch der Reziprozität mit Gegengeschenken erwidert wurde. Diese Kompensationsgeste aber deuteten die Inka in ihrem Sinne um, verstanden Gegengaben als Zeichen unterwürfigen Einverständnisses und versuchten, solche Leistungen in Form von Tributen zu perpetuieren. Dagegen erhob sich der Widerstand der unfreiwilligen Partner, Strafaktionen gegen die Widerspenstigen folgten, und schließlich wurden diese niedergerungen. Völker, die sich jedoch dem Willen der neuen Machthaber beugten, neutralisierte man einfach – unter Beibehaltung ihrer Stammesfürsten und deren lokaler Autorität – durch Eingliederung in das Großreich. Eine dritte Stufe der Herrschaftssicherung konnte die ›Befriedung‹ besetzter Gebiete durch die Zwangsumsiedlung *(mitmac)* – divide et impera! – unbequemer Familien oder ganzer Stämme sein. Und schließlich bedeutete auch die Einführung der Reichssprache Runasimi (Ur-Quechua) und des Sonnenkults als Staatsreligion systematische Inkaisierung von Vasallenregionen – allerdings ohne dass Regionalsprachen oder die Verehrung lokaler Gottheiten gänzlich unterdrückt worden wären.

Die auf uns überkommenen Zeugen inkaischer Leistungen, vor allem in Form einer beispiellosen Monumentalarchitektur, haben teilweise den kritischen Blick auf einen unbeständigen Vielvölkerstaat verstellt, dessen Idealisierung als wohlfunktionierendes, eini-

*Dreifach gestaffelt umgaben zyklopische Mauerwälle die Festung Saqsaywaman.*

63

KOLUMBIEN

VENEZUELA

GUYANA

Pasto
Huaca
Caranqui (Ibarra)
Quito
ECUADOR
Hatun Cañar (Ingapirca)
Tumbes
Tumipampa (Cuenca)

BRASILIEN

Huancabamba
Cochabamba
Cajamarca
Marcahuamachuco
Chan Chan
PERU
Huánuco Pampa
Pumpu (Bombón)
Tarma
Jauja
Pachacámac
Inkahuasi
Huaitará
Cusco
Tambo Colorado
Vilcashuamán
Hatun Cana
BOLIVIEN
Chata
Hatun Colla
Titicacasee
Chúcuito
Chuquiabo (La Paz)
Cochabamba
Inkallaqta
Tacna
Paria

Tarapacá
Porco
Pica
Tupiza
PARAGUAY

Pazifischer
Ozean
Humahuaca
Catarpe
Tilcara
CHILE
La Paya (Chicoana)
Copiapó
Pucará de
Andagalá
Chilecito
URUGUAY
ARGENTINIEN
Ranchillos

N
0        400 km

—— Inkastraßen
—— Ausdehnung des Reiches
Tawantinsuyu

ges Reich vor allem die Informanten der ersten Stunde betrieben: das waren die hohen Inka-Würdenträger selbst, die gerne den staunenden Eroberern ihre Errungenschaften vorsagten. Inzwischen hat vor allem die Ethnohistorie viel Breitenarbeit geleistet und aufgrund von ereignisgeschichtlichem Archivmaterial aus Nebenquellen ein realistischeres Bild vom Reich der ›Römer Altamerikas‹ nachgezeichnet.

In der inkaischen Hauptstadt Cusco, dem ›Nabel der Welt‹, kreuzten sich zwei imaginäre Linien, die das Tawantinsuyu (›die vier miteinander verbundenen Regionen‹) genannte Imperium in vier *suyus* teilten: *chinchasuyu* im Norden, *collasuyu* im Süden, *antisuyu* im Osten und *contisuyu* im Westen. Vier Verwandte des Inka, die als Minister eine Art Kronrat bildeten, steuerten die Geschicke der vier Reichsteile. Unter ihnen nahmen Mitglieder der *panaca* (Familienverbände früherer Inkaherrscher) die obersten Verwaltungsstellen ein. Sie trugen zum Zeichen ihrer Würde – die Trennung von Volk und Adel war uraltes Gesellschaftsmodell – eine Schmuckscheibe am Ohrläppchen, was ihnen seitens der Spanier den Spitznamen *orejones* (Großohren) einbrachte.

Mit der Ausdehnung des Reiches verlangte der Staatsdienst jedoch nach zusätzlichen Führungskräften, und es entsprach durchaus der Logik inkaischer Realpolitik, aus dem Reservoir Cusconaher Ethnien Nachwuchstalente zu rekrutieren und sie kurzerhand zu Inka zu ernennen. Diese eine Eliteschule durchlaufenden ›Beute-Inka‹ bildeten gewöhnlich das mittlere Management in einem sagenhaften, wenngleich hierarchisch durch und durch organisierten Beamtenapparat: allein 1300 Prüfer im Außendienst kontrollierten je 10 000 Staatsbürger!

Kleinste soziale Einheit oberhalb der Familie war das *ayllu*, eine Art Großfamilie gemeinsamer Abstammung, das von einem *curaca* (Häuptling) angeführt wurde. Mehrere *ayllu* konnten einen Ort bilden. Das Nutzland wurde den *ayllu* periodisch zur Bearbeitung zugeteilt, die Belehnung mündete jedoch nie in ein Eigentumsrecht. Dieser Umstand, ebenso wie die Pflicht der Bauern und Handwerker, alle Erzeugnisse zur Umverteilung an die staatlichen Lagerhäuser abzuliefern, unterschied das inkaische vom aztekischen Wirtschaftssystem. Unter den Sonnenkönigen Altperus gab es keinen Markt (und bei so viel Aufsicht wohl nicht einmal einen Schwarzen Markt), nur eine fabelhafte Planwirtschaft.

## Agavenseilbrücken und Inkastraßen

Fast ein halbes Jahrtausend wiegte sich die von Thornton Wilder in seinem gleichnamigen Roman verewigte ›Brücke von San Luis Rey‹ im Wind der Apurímac-Schlucht, bevor sie 1880 ins Flussbett stürzte. Ein solcher Unfall – durch Materialermüdung – wäre den indianischen Brückenbauingenieuren in voreuropäischer Zeit nicht

*Ausdehnung des Inkareiches zur* ◁ *Zeit der Konquista*

passiert. Die aus den fleischigen Fasern der Agave gedrehten Seile wurden damals alle zwei Jahre erneuert, ja zwischen Nasca und Palpa soll es eine zentrale Seildreherei gegeben haben: keine allzu verwegene Vorstellung bei vierzig großen und etwa hundert kleinen Hängebrücken, die die geografischen Tücken Altperus überwanden und die es galt, in verkehrssicherem Zustand zu halten.

Verbindungslinien bis in die letzten Ecken des Reiches – und das hieß: über eine Längsstreckung, die der Entfernung vom Nordkap bis zur Sahara entsprach – waren Tawantinsuyus Lebensadern und die federnden Brücken die Gelenke, über die sie liefen. Mal steif und gerade wie eine Stahlschiene, mal in wilden Krümmungen an einen Berg gekrallt, durchmaß der Camino Real de la Sierra (Königliche Gebirgsstraße), von zahlreichen Seilbrücken über die Abgründe gehoben, rund 6000 km in Nord-Süd-Richtung. Parallel zu dieser Binnenachse und auf Dämmen über sumpfige Niederungen gleitend, folgte der Camino Real de la Costa (Königliche Küstenstraße) der geschwungenen Linie des Pazifikufers und überwand dabei eine Entfernung von sage und schreibe 10 000 km. Als Alexander von Humboldt und sein Gefolge um 1800 mühsam ihre Maultiere durch solche Sümpfe zerrten, gestand der weltkundige Berliner: »Was ich an römischen Kunststraßen in Italien, dem südlichen Frankreich und Spanien gesehen, war nicht imposanter als diese Werke der alten Peruaner.«

Das Prinzip der Hängebrücke ist so alt wie das Zopfflechten in China und in Altperu. Die Seiler der Anden drehten die Agavefiber zu so genannten Litzen (Kabel der geringsten Stärke) und flochten diese durch Übereinanderschlagen zu endlos langen Zöpfen, die, gereckt, wiederum als Kabel für noch dickere Zöpfe dienten. Litzenbahnen konnten 5 oder 6 km lang sein. Das war erforderlich, weil man zum Bau einer Hängebrücke ungefähr das 200-fache ihrer Spannweite an einfachen Seilen benötigte und ein Übergang wie der von San Luis Rey fast 50 m maß. Die tragenden Hauptseile hatten die Dicke eines Menschenkörpers und mussten von mehreren starken Männern geflochten werden. Damit ein durch Gewichtsbelastung, Windzerrung und Fasertrocknung gedehntes Seilsystem nicht zu weit durchhängen und von Hochwasser weggerissen werden konnte, wurden alle Zopfbahnen vor dem Gebrauch mehrmals gereckt und, mittels steinerner Zuggewichte, nachgereckt.

Aus Stein waren auch die Tragtürme *(oroyas)* an beiden Ufern. Der Brückenboden bestand aus parallelen Strängen von armdicken Seilen, die von einer teppichartigen Lauffläche aus Zweigen und Tierhäuten bedeckt waren, sodass auch die als Lasttiere eingesetzten schmalhufigen Lamas die Brücke passieren konnten. Ob man den Langhälsen Scheuklappen anlegte? Die seitlichen Flechtgeländer waren nur einen Meter hoch.

Die legendäre Brücke über den Apurímac lebte noch achtzig Jahre, nachdem Alexander von Humboldts Augen »ununterbrochen auf die großartigen Reste der 20 Fuß breiten Inkastraße gerichtet waren«. Hinsichtlich der Straßen- und Brückenbautechnik hatten die Inka viel von den Völkern früherer Epochen, besonders aber von den Chimú gelernt, deren Hauptstadt Chan Chan bereits lange zuvor zum Bauch einer vielbeinigen Wegspinne geworden war. Als später Vater der panperuanischen Tiefbautechnik aber erwies sich dann Pachacútec, der – welch passender Name! – Erdbeweger, der im 15. Jh. das Straßen- und Brückennetz erdachte, von dem Cieza de León zu sagen wagte: »Kaiser Karl V. mit all seiner Herrlichkeit wäre nicht imstande, ein solches Werk zu schaffen.« Er hatte Recht, denn in Europa veröffentlichte der dalmatinische Geistliche Faustus Vrancic (Verantius) in seinem um 1600 in Venedig erschienenen Werk ›Machinae Novae‹ erstmals einen Entwurf von einer Hängebrücke. Und auch danach entstanden nur vereinzelt behelfsmäßige Konstruktionen, bevor man 1741 Europas erste (und nur für Fußgänger benutzbare) Kettenbrücke über den Tees River in Nordengland spannte. Hanfseile wurden zu dieser Zeit in der Alten Welt nicht anders gedreht, geflochten und gereckt als die Agavenfaserkabel am Apurímac. Erst 1775 erfand der Engländer Richard Marsh eine Drallmaschine.

Die Baustoffexperten Altperus haben uns ihre Geheimnisse nicht verraten. Der von Steinmauern ummantelte Unterbau der 6–9 m breiten Verkehrswege (später Inkastraßen genannt) enthält ein Bindemittel, welches die Schotterpackung derart erstarren ließ, dass man ihr selbst heute nur mit der Spitzhacke beikommen kann. Da darf es nicht verwundern, wenn noch immer, 400 Jahre nach dem Einklopfen der Straßendecke, Lastwagen über die schwarzbraunen Pflastersteine aus Trapp-Porphyr rollen. In inkaischen Zeiten sah man nicht nur Transportkarawanen auf diesen Routen; das Straßennetz war auch ein Nachrichtennetz, über das Stafettenläufer Botschaften beförderten. Die Entfernung Quito-Cusco und zurück (ca. 4500 km) soll von diesen *chasquis* in zwölf Tagen überwunden worden sein. Aber da gab es – eine frühe Form des Morsens – auch noch die Eilzustellung per Fackeltelegraphie, wobei man von Berghöhe zu Berghöhe Rauchzeichen weitergab. So wie es Agamemnon 1184 v. Chr. gelang (wenn der Überlieferung stimmt), seiner Gemahlin Klytämnestra die Kunde vom Fall Trojas auf dem heißen Wege von neun Signalfeuern zu übermitteln, so schafften es die Inka (immer nach Garcilaso de la Vega), eine Eilmeldung in 2–3 Stunden 2500–3000 km weit durchzufunken.

Die Stafettenläufer lösten sich alle 2–3 km ab und fanden, ebenso wie die Karawanen, im Abstand von 25–30 km Rasthäuser *(tambos)*, wo man Schlafplätze, Wasser und Wegzehrung, Bekleidung und Schuhe bereithielt. Lange bevor Sportschuh-Designer mit computergestützten Querschnittsmodellen die Idealsohle für jeden Fuß und jede Lauffläche schufen, nahmen sich die Hochlandindianer die elastischen Polster unter den Kameltierhufen zum Vorbild. Bei der Materialwahl waren sie nicht bescheiden. Gutes Schuhwerk bestand aus Lama-Harnblasenleder.

# Höhlen, Waqa, Heilige

Näher, ›er-greifender‹ und damit als Anbetungsgegenstand faszinierender als transzendente Gottheiten waren den Menschen immer heilbringende Mittler von weltlicher Gestalt. Hinter Maria als erhörender Gottesmutter oder dem Heiligen Antonius als im Auftrag des Allmächtigen handelnder Wundertäter rückt das Gottvaterbild in konturlose Fernen. Aber auch ein Reliquien bergender Altar, ein Tabernakel, eine Monstranz oder ein anderes liturgisches Behältnis, in dem ›Gott wohnt‹, berührt die Herzen der Gläubigen unmittelbarer als der alttestamentarische Weltenbauer. Dass es den Indianern in ihrer Religionspraxis nicht anders erging als den Christen, haben die Eroberer nie begriffen. Die Wilden beten Steine an, berichteten sie fassungslos dem spanischen Hof, ohne zu wissen, dass in den Steinen, nach der Überzeugung ihrer Apologeten, gottgleiche Ahnen ›wohnten‹. Solche Steine hießen bei den Chimú *alec pong*, wobei das erste Wort soviel wie ›Nobler‹, das zweite aber sowohl ›Stein‹ wie auch ›Geist‹ bedeutet. Die Fetischisierung von Naturobjekten kennzeichnet die Urphase aller Religionen, soweit sie nicht auf der Offenbarung eines Stifters beruhen, der mit Heilsversprechen unter die Menschen trat.

Um das allen Wesen eigene Schutzbedürfnis zu befriedigen, die Beschirmung durch eine übergeordnete Instanz zu erreichen, musste der archaische Mensch von sich aus auf Gottsuche gehen. Christus vollbrachte die wunderbare Brotvermehrung, als germanische Bauern noch vor Donar-Eichen knieten, um die Abwendung von Unwettern und oder reiche Ernten zu erflehen. Was ihnen und den Kelten die dunklen ›heiligen‹ Eichenhaine waren, bedeuteten den Indianern Höhlen und Verstecke, dann aber auch alles Ungewöhnliche in der Natur: eine bizarre Bergformation, eine sich plötzlich auftuende Erdspalte, ein aus dem Fels springender Quell. Das alles war geheimnisvoll (das Wort ›Geheimnis‹ durchzieht auch die ganze christliche Glaubenslehre). Aber dann auch: eine Zwillingsgeburt, ein missgestalteter Mensch, kurzum rätselhafte Kreationen und Kreaturen, in denen überirdische Geistwesen hausen mussten.

Der dem Quechua entstammende Begriff *waqa* (spanisch: *huaca*), den Garcilaso de la Vega auf alles anwandte, was Gegenstand religiöser Reverenz war, bedeutet so viel wie heilig (wörtlich: ›Ich von her‹, also dem Ahnenkult verpflichtet) und bezeichnete zur Zeit der Konquista schon lange nicht mehr nur das Numinose in der Natur (allein im Raum von Bolivien gab es 300 ausgemalte Höhlen, die *waqa* waren), sondern alle kultischen Orte, wie Pyramiden, Mausoleen, Tempel und schließlich auch Gottheiten abbildende Kanopen, deren Verehrung und Anrufung allerdings nur im Kreise der Familie geschah und die vergleichbar sind mit den als Schutzgöttern in altrömischen Haushalten aufbewahrten Laren und Penaten.

*Der Halbgott Tunupa, Sohn Wiraqochas, hier mit einer Muschel in der Hand. Steinidol, Sonneninsel, fünfte Tiwanaku-Epoche (bis 1200 n. Chr.)*

Mit welcher Pietät noch immer die einfache Landbevölkerung den als *waqa* mystifizierten Stätten begegnet, sollte in den 1990er Jahren ein Berliner Archäologen-Team erfahren, das bei Oruro (Bolivien) Mumien aus einem Grabturm bergen wollte. Der Turm war, wie sich herausstellte, als *waqa* tabuisiert: die angeheuerten Indianer weigerten sich, eine Schaufel in die Hand zu nehmen und ergriffen die Flucht.

Bei solch ›kontagiöser Magie‹ von heiligen Orten blieb schon den spanischen Glaubensboten des 16. Jh. keine andere Wahl als synkretistische Verwandlungskunst. Den Berg Kilima bei Pintatani am Titicacasee bewohnte, nach dem Glauben der Altiplano-Indianer, der vom Schöpfergott Wiraqocha ausgesandte Halbgott Tunupa. Zunächst versuchten es die Christen, nach abendländischer Manier, mit dem Teufel, doch als die Dämonisierung des Bergheiligtums nicht gelang, kürten sie Tunupa zum Apostel und nannten ihn fortan Santo Tomás (heiliger Thomas).

## Knotenschnüre als Datenspeicher

So wie die Spanier bei ihren mexikanischen Feldzügen die auf kalkbeschichtetem Hirschleder oder Agavenbast illuminierten Bilderhandschriften vor den entsetzten Augen der ›Wilden‹ als Werke des Teufels verbrannten, so legten sie bei der Eroberung Cuscos das ›Bildarchiv‹ Puqincancha in Schutt und Asche. Es bestand aus magisch-religiösen Ideogrammen, die wohl Hymnen und Gebete, Anrufungen und Danksagungen enthielten. Wie die mosaikartigen, an die Ikonographie Paul Klees erinnernden Bildzeichen *(tocapus)*, die in den Vernichtungsfeuern aufgingen, ausgesehen haben könnten, hat uns schon der inkaische Chronist Felipe Guaman Poman de Ayala in seinem über tausendseitigen Werk ›Nueva Corónica y Buen Gobierno‹ illustriert. (Erst 1908 wurde das unveröffentlichte Manuskript in Kopenhagen wiederentdeckt.) Bildträger für die Ideogramme waren Stoffe, von denen die Zeichensprache erst viel später auf die Keramik übersprang.

Nur dem Inka selbst und seinen ›Schriftgelehrten‹, den *amautas*, erschlossen sich die rebusartig zusammengesetzten Ornamente. Obwohl der Entdecker von Machu Picchu, Hiram Bingham, den altperuanischen Symbolen bereits den Rang einer Schrift zumaß und der Archäologe Rafael Larco Hoyle auf der Halbinsel Paracas keramische Bohnenmuster ausmachte, die er als Anfänge einer Schreibschrift deutete, gelten, im Gegensatz zu Mexiko mit seiner eindeutig Silben und Worte ausdrückenden Maya-Schrift, die mittleren Anden als ein bis zur Konquista schriftloses Terrain.

Die gewollten Bemühungen, erläuternden bildlichen Darstellungen Textfähigkeit zuzuerkennen, hängen gewiss auch mit dem zivilisatorischen Unwillen zusammen, sich so hoch entwickelte Völker wie die Inka und deren vorausgegangene Kulturbringer als ›Analphabeten‹ vorzustellen. Andererseits aber die Frage: Hätten Menschen, deren Erzählgut in den lebendigsten mündlichen Überlieferungen fortlebte, einer lautgetreuen demotischen Schrift bedurft? Spanische Berichterstatter der ersten Stunde haben bekundet, dass Indianer, nur auf piktographische Zeichen gestützt, lückenlose Erzählfäden spannen, die sich erstmals 1534 in kastilisch niedergeschriebene Chroniken verwandelten.

Die gewebten Ornamentbänder besaßen, wie die berühmten inkaischen Knotenschnüre *(quipu)*, grundsätzlich mnemotechnischen Charakter. Allenfalls lassen sie sich als hieratische Schrift – als nur von Priestern und Gelehrten entschlüsselbare Deutezeichen – typisieren. Geschulte ›Leser‹ oder ›Zähler‹ waren es auch, die als *quipucamayoc*, als quipu-kundige reisende Buchhalter und Rechnungsprüfer, das fast eine Million Quadratkilometer große Inkareich logistisch erfassten und verwalteten. (Und erinnert nicht auch das deutsche Verb ›er-zählen‹, das französische ›ra-conter‹ oder gar das spanische ›contar‹ – das sowohl zählen wie erzählen bedeutet – an den algebraischen Ursprung aller Wortfolgen!)

Jenseits der kalendarisch-augurischen Inhalte von gewebten Bildzeichen hat der schwedische Peruforscher Erland Nordenskiöld sogar die geknoteten und geschürzten, nach Gestalt und Farbe differenzierten *quipu* als Signalgeber für die Astrologie ausgemacht. Hieroglyphische Hinweise auf Himmelsereignisse sind uns schon von den Ägyptern her bekannt, bei denen z. B. mit dem Aufgang des Sirius das Neujahr begann. Die Inka läuteten das neue Jahr mit dem Beginn des im Dezember niedergehenden Sierra-Regens ein, wobei das Knotensystem zum Programmgeber für Aussaaten, Bewässerungsfolgen und Ernten, damit zugleich zum Festkalender – für die Sommersonnenwende *capac raimi* im Dezember, für die Wintersonnenwende *inti raimi* im Juni – und schließlich zum alles erfassenden Datenträger für die Statistik wurde: Vorratshaltung und Reichweiten, Überschüsse oder Fehlmengen, landesweite Bedarfsdeckung, Transporterfordernisse, Arbeitskräfteanforderungen, Tributlisten, Kataster – der Informationsbedarf im straff organisierten Großreich war enorm. Eine Mess- und Regeltechnik mit Bindfäden.

Dabei machte die frühe Einführung der Dezimalstruktur die Logistik außerordentlich transparent und mobil. Auf einem Knotenvorhang verschiedenfarbiger Nebenschnüre wurden Mengen in Einern, Zehnern, Hundertern und Tausendern festgehalten. Kleinste demographische Rechnungseinheit war der als *pisca* bezeichnete, aus fünf Familien bestehende Verband, dem als nächstgrößere Gruppe die *chunca* (zehn Familien) und dann die *pisca chunca* (50 Familien) folgte, bis der Aufbau bei der 10 000 Familien umfassenden *huni* endete. In solchen Gliederungsprinzipien – und den sich daraus ableitenden Befehlsketten – spiegelte sich der Ordnungswille eines imperialen Staatswesens wider, das sich in der Hierarchie der Gestirngötter präformiert sah.

*Bestandskontrolle mit Quipuschnüren vor den Lagerhäusern. Zeichnung von Poman de Ayala, vor 1610*

## Eine auf Stein gebaute Kultur: Architektur und Kunsthandwerk

Von den granitgrauen Monumentalbauten im Hochland über das so genannte Weltei von Saywite bis zur geschnitzten Kleinkunst bildete der Stein das Urmaterial der Inka. Kein anderer Grundstoff war so schwer, so wuchtig und von so großer Dichte wie der gewachsene Stein – geballte Masse, Macht und Beharrung symbolisierend. Denn nicht mehr religiöse Durchdringung, wie in den früheren Hochkulturen, sondern die dem gewandelten Ideengut eines hoch entwickelten Zentralstaates gehorchende gebieterische Strenge bildete sich in der Formenwelt der Inka ab. Ungleich den später einfallenden Christen, die sich nur als Ebenbild Gottes verstanden, waren die Kinder der Sonne Nachkommen des Schöpfergottes selbst und hatten, in seinem Auftrag, dessen Werk fortzusetzen.

*»Die materielle Abhängigkeit von natürlichen Gesetzen und Bedingungen, welche überall und zu allen Zeiten dieselben bleiben…, lässt die Werke der Architektur bis zu einem gewissen Grade als Werke der Natur selbst erscheinen.«*

*(Gottfr. Semper, 1854)*

So quellen denn gleichsam die inkaischen Tempelbauten und Hochburgen aus den Felsen empor, schwelgen mit ihren schwarzen Basalt-, den grünen Porphyr- und roten Rhyolith-Blöcken in allen Erdfarben und organisieren ihre Massen zu imposanten Steinsetzungen mit vollendet geschliffenen Oberflächen. Wo besser als hier hätte Architektur – die griechischen Wortwurzeln *arch* (beginnen, unternehmen) und *tekton* (hervorbringen, formen) sagen es – den Erschaffungsauftrag der Baukunst anschaulicher machen können! Das Zyklopenmauerwerk inkaischer Tempelfestungen im Cusco- und Urubamba-Tal scheint für weitere Ewigkeiten errichtet zu sein. Und als habe Sisyphos – den Albert Camus als glücklichen Menschen sich vorzustellen empfahl – hier ein letztes Zeugnis der Unverzagtheit hinterlassen, liegen zwischen den Steinbrüchen von Cachicata und den bis zu 10 km entfernten Baustellen halbbearbeitete Megalithe herum, wie von unbekannten Riesen in einer Arbeitspause hinterlassen.

Die Kolossalbauten von Saqsaywaman, Ollantaytambo und Machu Picchu, die heute emblematisch für die Inka-Architektur stehen, konzentrieren den Peru-Tourismus auf die Cusco-Region und haben die anderen bedeutenden Tempelfesten, die das ›Reich der

*Inkaisches Stützmauerwerk (Terrassen) in verschiedenen Ausführungen: es wurde immer mit dem gebaut, was an Ort und Stelle zu finden war.*

vier Weltgegenden‹ an seinen Grenzen abstecken, fast vergessen gemacht. Weit im Osten des Imperiums (beim heutigen Cochabamba, Bolivien) thronen die Vorposten von Inkaraqay und Inkallaqta – letzterer der größte ungegliederte Sakralbau des präkolumbischen Amerika. Ebenso wie die von der Hauptstadt Cusco 1600 km nach Norden vorgeschobene Tempelfestung Ingapirca (bei Cuenca, Ecuador) signalisieren sie schon mit ihrem Namen inkaische Präsenz in Frontlage.

Den Zusammenhalt des Reiches sicherten aber nicht nur Wunderwerke aus gewachsenem Fels. An der Küste, wo der Gluthauch der Wüste die gewaltigen, aus dem Schlamm der Oasenflüsse erstandenen Lehmpyramiden und Adobesiedlungen vorangegangener Kulturen anwehte, überformten die kolonisierenden Inka mit den gleichen Materialien die bestehenden Strukturen. Und überall lernten sie hinzu. Im Hochland hatten sie, nach der Eroberung des Altiplano durch Pachacútec, von den Kolla als Zwischenkultur die in Tiwanaku ausgereiften Fertigkeiten des Steinhauens und des Mauerverbundes übernommen. Diese wiederum basierten auf den architektonischen Künsten der Pyramiden- und Tempelbauer des fast 2000 Jahre vorher über ganz Altperu ausstrahlenden Chavín-Horizonts. In der pazifischen Randzone, wo die Inka die Chimú-Bollwerke von Paramonga und Chan Chan überrannten und die Lehmziegelpyramiden der Mochica und den Orakelkomplex von Pachacámac bestaunten, kopierten sie die Anlage rechteckiger, in Funktionsbereiche gegliederter Städte, deren Grundmuster mit Begrenzungsmauern, Toren, Gängen, Hausnischen, Kultstätten und Magazinen dann in den gesamten mittleren Anden Verbreitung fand.

Zu neuen Formen fanden die Inka kaum, doch luden sie das vorgefundene Repertoire mit neuen Bedeutungen auf. Als Bewahrer und Weiterentwickler eines multikulturellen Erbes waren sie keine Epigonen, sondern Treuhänder. Sie pflegten die von der Mochica auf die Chimú überkommene Wasserbaukunst, sie übernahmen das Vermächtnis der Nasca-Weber, die Techniken der Goldschmiede von Chimor, aber sie trieben auch die Bergwerkstollen tiefer in die Erde vor, perfektionierten die Metallwaschanlagen und die Schmelzöfen – und erfanden das Ziehen von Kupferrohren.

Ein außerordentlich synkretistischer Geist beherrschte das Kunstschaffen, wobei die systematische Hinführung zur Massenproduktion, zum Reichsstil, auch das Abstreifen ästhetischer Zierrats zur Folge hatte. Fand schon die Architektur, auf Skulpturen und Ritzzeichnungen verzichtend, zu einer neuen Sachlichkeit, so ließ die ihr verwandte Keramik die verschwenderische Typenvielfalt auf etwa ein Dutzend standardisierter Formen zusammenschrumpfen. Nicht für Kunden arbeiteten die Handwerker, sondern für einen Staat, dessen Ordnungs- und Kaderdenken sich bis ins repetitive Dekor fortsetzte: geometrische Muster, Rauten, Würfel, Schachbrettgitter. Pflanzen und Tiere sind selten als Ornament, und – nie ist der Mensch abgebildet.

Schlichtheit und Eleganz sind die Attribute, die den Begriff ›inkaisch‹ zum Schmuckwort der Kunstgeschichte Altamerikas werden ließen. Doch viele der Errungenschaften, die dieser glanzvollsten aller voreuropäischen Kulturen zugeschrieben werden, waren Gastgeschenke abgegangener Generationen: Die ›typische‹ Trapezform ist keine Erfindung der Inka-Architektur, sondern ein vom Wari-Kreis übernommenes Stilelement. Im hölzernen, polychrom bemalten ›inkaischen‹ *keru* lebt lediglich die 400 Jahre lang verschüttete Tradition des tönernen Zeremonialbechers der Tiwanaku-Leute wieder auf; und die als Leitform der Inkakeramik gepriesenen amphorenförmigen *aríbalos* (oder: *aryballos*) stellen in Wirklichkeit eine Schöpfung der Chimú dar.

Als kurzlebiges (etwa 1476–1534), den Späten Horizont prägendes Phänomen war das Inkareich der zivilisatorische Abglanz vieler kultureller Vergangenheiten. So hat denn auch Arnold Joseph Toynbee in seinem 21 Kulturkreise der Welt unterscheidenden Werk ›A Study of History‹ (1934–54) zwar die Maya als originäres Kulturvolk aufgeführt, die Inka jedoch lässt er in der Kollektivbezeichnung ›Kulturen der Anden‹ aufgehen. Mit der Ankunft der Spanier wurde Tawantinsuyu zur geköpften Kultur, einer abgeschlagenen Tempelsäule gleich.

# Konquista und Kolonialzeit

## Das abendländische Weltbild

Die Vorstellung vom runden Erdball, der, wie der Dotter im Eiweiß, im Weltmeer schwimmt, prägte in der Spätantike das Herrschaftszeichen des Reichsapfels vor, den die Kaiser seit dem 9. Jh. als Machtsymbol übernahmen. War es daher verwunderlich, dass der Nürnberger Patriziersohn und spätere portugiesische Ritter Martin Behaim (1459–1507) seinen Globus von 1492 Erdapfel nannte? (Die älteste erhaltene Darstellung der Erde in Kugelform befindet sich heute im Germanischen Nationalmuseum der Stadt.)

Das Weltbild des Behaim-Globus steht in der kosmografischen Tradition von Claudius Ptolemäus. Es spiegelt den Wissensstand des 15. Jh. wider und löst endgültig die von der christlichen Heilslehre bestimmten allegorischen Vorstellungen vom menschlichen Dasein ab. Bis dahin hatte Jerusalem den Mittelpunkt einer anthropozentrischen Welt gebildet, deren Paradies, der Garten Eden, als real existierender *locus amoenus* irgendwo im Orient und dort so hoch liegen sollte, dass ihm die Sintflut nichts anhaben konnte. Bei den mittelalterlichen Darstellungen der Welt hatten alle irdischen Erscheinungen im Dienste der Gotteserkenntnis gestanden – so etwa wurden die auf der unteren Hälfte der Erde vermuteten Antipoden

(Gegenfüßler) allein durch ›gotis craft‹ (Gottes Kraft) daran gehindert, in kosmische Abgründe zu fallen. Nun zitierte Behaims Erdapfel, fern aller christlichen Erbauung, ganz nüchtern das Weltwissen um 1500.

Jahrhundertelang hatte sich die ptolemäische Vorstellung vom Indischen Ozean als – durch eine weit im Süden liegende Landbrücke zwischen Afrika und Asien abgeschlossenes – Binnenmeer unangefochten erhalten. Doch diese Rezeption musste endgültig aufgegeben werden, als der Portugiese Bartolomeo Dias 1487 die Südspitze Afrikas erreichte. Der Nürnberger Formschneider Georg Glockendon, der die 24 Segmente des Behaim-Erdapfels bemalte, übertrug die neuen Einsichten sogleich auf die Kartographie, schleppte allerdings das alte verzerrte Asienbild (den überdehnten ›Drachenschwanz‹ am Ostende des eurasischen Kontinents) in seinen Zeichnungen weiter mit. In gewisser Weise verdrängte dieser Landkeil das noch unbekannte Amerika, denn der Behaim-Globus zeigt zwischen Europa und Ostasien ein einziges großes, aber maßstäblich viel zu schmal geratenes Weltmeer – ohne den amerikanischen Doppelkontinent. Zwischen Lissabon und Zipangu (Japan) sowie Cathay (China) lag nur Wasser! Viel zu wenig, wie wir inzwischen wissen, denn Martin Behaim hatte von Ptolemäus auch dessen (auf den falschen Berechnungen des Poseidonius beruhenden) Angaben über den Erdumfang übernommen: 32 000 km statt 40 000 km. Die mutmaßlich kurze Distanz zur Ostküste Indiens wurde zu einem der Hauptanreize für die Fahrt des Kolumbus.

Dass Martin Behaim selbst zum Entdecker Amerikas hätte werden können, mutet heute wie eine Kapriole an. Allein, man erinnere sich der jahrelangen vergeblichen Bittgänge (seit 1484) des Christoph Kolumbus an den Höfen Portugals und Spaniens, um für sein Unternehmen zu werben, unterdes in Nürnberg ein rühriger humanistischer Zirkel, zu dem auch der Stadtarzt Hieronymus Münzer gehörte, die weißen Flecken auf der Weltkarte zu tilgen sich anschickte. Fast gleichzeitig mit Kolumbus' erster Rückreise von der Entdeckung, im Frühjahr 1493 und offenbar in deren Unkenntnis, wandte sich Münzer an König Johann II. von Portugal, um – unter Hinweis auf die kurze Entfernung nach China – eine Behaim-Expedition anzuregen.

Dem gleichen Kreis von aufgeklärten Humanisten gehörte der Arzt Hartmann Schedel an, dem wir die ›Schedel'sche Weltchronik‹ verdanken, eine Erdbeschreibung mit Abbildungen zahlreicher Ungeheuer. Hundsköpfige, Kopflose und Vieräugige geisterten über die Atlanten, und der gerne verschlungene ›Alexanderroman‹ – eine zur Abenteuergeschichte aufbereitete Chronik vom Kriegszug Alexanders des Großen durch Asien – entführte die Menschen aus ihrer mittelalterlichen Enge in fantastische Welten: Sie endeten schon nicht mehr an den ›Säulen des Herkules‹ oder im ›Amazonenmeer‹. Giordano Bruno glaubte noch im 17. Jh. die Planeten seien bewohnt. Johannes Kepler deutete die Ringgebirge auf dem Mond

*Meerbischof (oben) und Fischmönch (Enea Vico, aus: ›Recueil de la diversité des habits‹, Paris 1562). Vom Heiligen Augustus bis zu Jorge Luis Borges hat die Literatur Fabelwesen hervorgebracht, denen sie spezifische Bedeutungen unterlegte. Seeungeheuer symbolisierten die Gefährlichkeit des Seewegs nach Indien; Landschrecken belegten die Barbarei der Neuen Welt – und rechtfertigten die zivilisatorische Erlösungskampagne.*

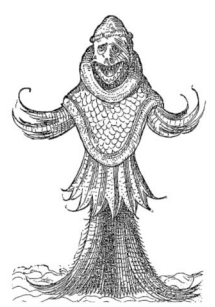

*Menschen fressende Mantikora (aus: T. Muffet, ›The History of the Four-footed Beast and Serpentes‹, London 1607)*

als Schutzbauten intelligenter Astralwesen. Und Filme wie ›Star Wars‹ sorgen bis heute dafür, dass die dunkle Sehnsucht nach der Begegnung mit Außerirdischen anhält.

## Die spanische Eroberung Amerikas

*»Montag, den 10. September. Da die Angst immer größer werden wird, je mehr wir uns von der Heimat entfernen, werde ich dabei bleiben, zwei Logberechnungen zu führen. Die eine, die richtige, werde ich sorgsam verschließen und nur für die Majestäten und mich behalten, die andere wird offen zur Einsicht für jedermann ausliegen. Dass ich hier weniger eintragen werde, versteht sich.«*

*(Aus dem Bordbuch des Christoph Kolumbus)*

Das Entdeckungszeitalter lässt die Geschichtsschreibung gerne mit der Eroberung der nordafrikanischen Hafenstadt Ceuta durch die Portugiesen (1415) beginnen. Nicht zufällig leitete der kleine lusitanische Staat am Atlantik die europäische Expansion nach Übersee ein: Mit seinem von der Krone geförderten Schiffsbau war Portugal für die Seefahrt und den Fernhandel prädestiniert. Hatte Heinrich der Seefahrer (1385–1460) – der, ungeachtet seines verwegenen Namens, nie an einer Entdeckungsfahrt teilnahm – die Exploration der afrikanischen Westküste zunächst noch im Geiste der Rekonquista als Vorstoß gegen die Mauren betrieben (und aus den Archen des Christusordens finanziert), so gewannen die Portugiesen bald Geschmack am Handel mit Gold, Elfenbein und Sklaven und legten an Afrikas Gestaden einen blühenden Kranz von Handelsniederlassungen an.

Die Entwicklung eines neuen Schiffstyps, der schlanken, mit drei Masten bestückten Karavelle, die gegen den Wind kreuzen konnte, bedeutete den Aufbruch ins offene Meer. 1419 erreicht man die Madeira-Gruppe, 1429 die Azoren, 1456 die östlichen Kapverden. 1482 segelt der genuesische Webersohn Cristoforo Colombo in portugiesischem Auftrag zur Festung São Jorge da Minha an der bereits verheißungsvoll Goldküste genannten Westspitze Afrikas. Genial und hochmütig, schwärmerisch und von einer unbezähmbaren Weltneugier getrieben, wird der von der Lektüre Marco Polos und Pierre d'Aillys ›Imago Mundi‹ inspirierte Kolumbus von da an seinen Plan vorantreiben, auf dem westlichen Seeweg in das goldstrotzende Reich des Groß-Khans zu gelangen.

Aber erst nach jahrelanger demütigender Springprozession von Königshof zu Königshof gelingt dem zum ›Großadmiral des Ozeans‹ geadelten Kolumbus der Abschluss von Entdeckerverträgen *(capitulaciones)* mit Königin Isabella von Kastilien (1474–1504). Granada ist gerade gefallen (2. Januar 1492), eine neue Welle des Kreuzzugsfiebers erfasst die christliche Welt, und der sendungsbewusste junge Genuese hat nicht weniger vor als, nach dem Erreichen Indiens, mit den gewonnenen Schätzen Jerusalem (das 1099 schon einmal, unter dem Verlust von 40 000 Menschenleben, gestürmt worden war) für die Katholischen Könige zurückzuerobern. Der von Papst Urban II. 1095 auf dem Konzil von Clermont-Ferrand ausgestoßene Schlachtruf »Gott will es so!« – eine frühe Legitimation des ›gerechten Krieges‹ – hing noch in der Luft, als die Passatwinde die kolumbische Expedition übers Meer trieben.

Am 3. August 1492 sticht der Genuese mit den drei Karavellen Niña, Pinta und Santa María vom andalusischen Hafen Palos aus in See, muss auf einer verzehrenden Reise von fünf Wochen die fast meuternden Besatzungen durch Logbuchfälschungen über die wahren Entfernungen hinwegtäuschen und stößt am 12. Oktober endlich auf Land: die Bahama-Insel Guanahani (San Salvador, jetzt Watling Island genannt), auf der bereits am nächsten Tag eine fieberhafte Goldsuche beginnt. Bis zu seinem Tod (1506) glaubt der später von Jacob Wassermann als Quichote der Weltmeere apostrophierte Kolumbus, eine Inselwelt am Ostrand Asiens erreicht zu haben. *Mundus novus* (Neue Welt) nennt der florentinische Südamerika-Erkunder Amerigo Vespucci (1451–1512) den erstmals von den Europäern entdeckten Erdteil – und nach seinem Vornamen wird er ›Amerika‹ getauft, eine Bezeichnung, die zunächst in den Kartenwerken des deutschen Gelehrten Martin Waldseemüller auftaucht, um sich dann im 16. Jh. durchzusetzen.

Mit den vier Kolumbusfahrten setzten die Landnahmen in Mittelamerika an. Sie leiteten zu den fabulösen spanischen Eroberungszügen über, deren tollwütigster und farbigster zunächst die Mexiko-Expedition des Abenteurers Hernán Cortés war. *Hidalgos* und Mönche zogen aus, denn es galt nicht nur, die Schatzkammern des Neuen Kontinents aufzubrechen, sondern auch, mit dem Feuer des Glaubens einen Flächenbrand anzufachen – wohl 40 Millionen heidnische Seelen waren in Amerika zu gewinnen. Für die Katholischen Könige Isabella und Ferdinand, für Karl V., dann für den Papst (Alexander VI.), der 1493 mit einem schnurgeraden Federstrich die Welt zwischen Spanien und Portugal aufgeteilt hatte (Vertrag von Tordesillas), fuhren die Glücksritter übers Meer, mit Schiffen von einer Größe, wie sie heute als Ausflugsdampfer über Binnenseen gondeln.

Ungeheure Triebkräfte warfen diese Menschen an fernes Neuland‹. Während Cortés die Schiffe hinter sich verbrennen ließ, stieg ein pathetischer Vasco Nuñez de Balboa auf der Pazifikseite mit voller

*»Palmsonntag, den 31. März. Gestern traf ich in Sevilla ein. Die Straßen, die Fenster und die Balkone waren schwarz von Menschen, die mir zujubelten. Blumen wurden gestreut, und immer wieder musste ich anhalten, um der Menge Gelegenheit zu geben, die Indianer zu bestaunen, die hinter mir schritten und Käfige mit Papageien in der Hand hielten. Die Menschen schienen zu glauben, ich hätte die Bewohner eines anderen Sterns mitgebracht.«*

*(Aus dem Bordbuch des Christoph Kolumbus)*

*»Ich bin ein Untertan des größten und mächtigsten Fürsten der Welt und bin hierhergekommen, um die Ansprüche meines Gebieters auf dieses Land Peru geltend zu machen. Zugleich bin ich zu euch gekommen, um die Bewohner Perus von der Finsternis des Unglaubens zu befreien. Nicht länger sollt ihr einen bösen Geist anbeten, ich will euch vielmehr lehren, dass der einzig wahre Gott Jesus Christus ist.«*

*(Pizarros Ansprache an den ersten Inkafürsten, dem er bei der Landung in Tumbes begegnete. Augenzeugenbericht des Gaspar de Carvajal)*

Rüstung ins Meer, um es ›für alle Zeiten‹ für Spanien in Besitz zu nehmen. Was heute zur stummen Kulisse von Ruinen geworden ist, erlebten die Eroberer als Welttheater: Die leibhaftige Begegnung zwischen dem ehemaligen Advokatenaspiranten Cortés und dem Aztekenherrscher Montezuma war ein Schauspiel, über dem die Chronisten Ströme von Galläpfeltinte vergossen. ›Globalisierung‹, wie wir sie als universellen Schleifprozess erleben, bedeutete zur Zeit der Konquista das frontale Aufeinanderprallen von zwei Kulturhemisphären.

Bis 1558 schwärmten über fünfzig notorisch berühmte *adelantados* (heute würde man sagen: Pioniere) mit Schwert und Kreuz über den amerikanischen Subkontinent aus. Unter ihnen waren Francisco Pizarro und Diego de Almagro, zwei Hauptleute, die sich erboten hatten, von Panama aus die ›Levanteküste‹ (die Westküste Südamerikas) auf eigene Kosten zu erschließen. Am 10. März 1526 vereinbarten sie, zusammen mit dem Schulmeister Ehrwürden Pater Don Hernando de Luque, einen der seltsamsten Territorialverträge: Sie besiegelten mit ihrer – von schreibkundigen Dritten geleisteten – Unterschrift die Aufteilung eines Landes unter sich, von dem sie nicht einmal genau wussten, wo es lag. Aber es ging wohl mehr um die Beute, die jenes in ›Perú‹ versteckte Reich Ophir, das von allen gesuchten Eldorado, verhieß und das über Jahrhunderte ungebrochen den Mythos seiner verborgenen Existenz aufrechterhielt. (Noch im 19. Jh. beteiligte sich Alexander von Humboldt an Spekulationen über den damals im kolumbianischen Guatavita-See vermuteten Eldorado-Schatz.)

Als Pizarro dann schon beim ersten Landgang sogar einen Feuerhaken aus purem Gold aufspürte, war man sicher, auf dem Weg nach Ophir zu sein. Unter der Leitung des erfahrenen Lotsen Bartolomé de Ruiz tastete sich die Expedition über die Inseln Gorgona und Gallo an der Küste entlang und gelangte unter entsetzlichen Strapazen bis auf die Höhe von Tumbes (Nordperu). Viele Männer erlagen den Indianerpfeilen, Diego de Almagro verlor ein Auge, und vor Hunger, so berichtete der Fahrensmann Gaspar de Carvajal, »irrten die kühnen Helden, die das Land Ophir hatten erobern wollen, auf der Suche nach Muscheln und Krebsen halbnackt und dem Wahnsinn nahe die Strände entlang«.

Doch Pizarro hatte geschworen, lieber zu sterben als umzukehren – und da tauchte, wie eine Fata Morgana, an der Küste vor Tumbes das Traumschiff auf: eine 30 t schwere, als Rohrfloß mit riesigen Baumwollsegeln und Henequén-Tauen getakelte Pracht-Balsa, beladen mit Tauschgütern, kunstvoll gewebten und mit bunten Vogel-, Fisch- und Pflanzenmustern bestickten Gewändern aus feinstem Tuch, mit silbernen und goldenen Gürteln, Armreifen, Brustschilden, Diademen, Kronen, Bechern, Pinzetten, Spiegeln, roter Schminke… Die schatztrunkenen Spanier kaperten das ›tumbesische Floß‹, landeten in der benachbarten Bucht und begannen von hier aus ihren Siegeszug ins Inkareich.

# Goldene Trophäen und Schwarze Legenden

Die Bilddevise »Plus Ultra« (Noch weiter), mit der Kaiser Karl V. seinen Adelsschild schmückte und die bis heute das spanische Staatswappen ziert, schwebte den Eroberern wie ein himmlisches Flammenzeichen vor, als sie in das Innere von Peru vordrangen, um die Indianer zu »freien Vasallen der Krone von Kastilien« (Isabella die Katholische) zu machen. Der rasche Vorstoß ins Kerngebiet des Inkareiches war, strategisch gesehen, vor allem der von Hernando de Soto angeführten Reiterei zuzuschreiben, ebenso der Ausstattung der Kämpfer mit Eisenrüstungen und Toledo-Schwertern aus gehärtetem Stahl und auch der – wenn mehr akustischen als artilleristischen – Feuerkraft von Feldschlangen und Arkebusen. Allerdings konnte den in ihren Panzern arg schwitzenden Kriegern ein entschlossenes Heer von Pfeilschützen gelegentlich überlegen sein. Die Spanier hatten jedoch aus den Rekonquista-Begegnungen mit den Mauren Kampftricks gelernt, die nach indianischen Kriegsregeln unzulässig waren. Dazu gehörten etwa nächtliche Stoßtrupps oder blitzschnelle Überrumpelungen in Condottieri-Manier. So nahmen sie, nachdem sie sich von der Küste aus wie ein Lindwurm ins Gebirge hochgewunden hatten, Atawallpas Regierungssitz Caxamalca (Cajamarca) im Handstreich.

Der Rest des spanischen Peru-Feldzugs ist rasch nacherzählt. Atawallpa (der seinen rivalisierenden Bruder Wáscar hatte ertränken lassen) wird gefangengenommen, trotz der Zahlung eines immensen Lösegeldes – rund einhundert Kubikmeter Goldutensilien, dazu zwei Kammern voll Silber – wegen Brudermords, »göttlicher Anmaßung«, Verschwendungssucht und Verschwörung gegen die Spanier zum Tode verurteilt und durch die Garotte (nach anderen Chroniken mit dem Schwert) hingerichtet. Die Eroberer setzen Wáscars Bruder Manco als opportunistischen Dekorationskönig des Inkareiches ein. Dieser taucht jedoch im Urubamba-Tal unter, organisiert eine hunderttausend Mann starke Streitmacht und umzingelt das von den Invasoren im August 1533 kampflos besetzte Cusco. Die von flammenden Indianerpfeilen in Brand geschossene und von eingeleitetem Stauwasser überschwemmte Stadt befreit sich erst mit Diego de Almagros Hilfe aus der Umklammerung. Diego, von einer enttäuschenden Chile-Expedition zurückgekehrt und mit einer königlichen Rechtsurkunde ausgestattet, klagt die Regierungsgewalt über die Inkametropole ein. Dagegen sträuben sich die Pizarro-Brüder Gonzalo und Hernando; in der darauffolgenden Schlacht vom April 1538 wird Almagro von den Gefolgsleuten des Pizarro-Clans geschlagen, gefangengenommen und später hingerichtet. Für diesen Mord muss Hernando in einem spanischen Gefängnis büßen, Francisco fällt 1541 einem Attentat almagristischer Rächer zum Opfer. Nur fünfzehn Jahre nach Beginn ihres Unternehmens haben sich Perus Konquistadoren selbst ausgelöscht.

*Atawallpas Hinrich-
tung und die Inthroni-
sierung Manco Incas.
Zeichnungen von
Poman de Ayala, vor
1610*

*Atawallpas Hinrich-
tung und die Inthroni-
sierung Manco Incas.
Zeichnungen von
Poman de Ayala, vor
1610*

Diese von spanischen Chronisten und Hofkosmographen aufge-
zeichneten Vorgänge vermitteln freilich nur Zustandsbilder ohne
zeitliche Tiefe. Zudem haben zu ihrem eigenen Vergnügen schrei-
bende Kriegsberichterstatter die militärische Memoirenliteratur mit
zahlreichen Anekdoten ausgeschmückt. Zu diesen zählt etwa die
Schilderung einer zur Einschüchterung der Indianer gedachten
Galoppvorführung de Sotos, bei der dieser seinen Gaul so dicht vor
dem Inkaherrscher gebremst haben soll, dass der Schaum vom Maul
des Tieres auf dessen Gewand tropfte – worauf Atawallpa nur unbe-
wegten Gesichtes diejenigen seiner Landsleute hinrichten ließ, die
gezuckt hatten.

Er war nicht zimperlich, der Sohn der Sonne. Das erste, was die
Spanier beim Anrücken auf Caxamalca erblickt hatten, waren
gehenkte Indianer, die ihrer Tributpflicht nicht nachgekommen
waren. Atawallpas draufgängerischen Ruf stützt auch jene Episode,
in der Pizarros Beichtvater, der Dominikanermönch Vicente de Valverde, den Inka über die Weltherrschaft des Papstes belehrt und ihn
auffordert, seinem heidnischen Irrglauben abzuschwören. Atawallpa
reißt dem Mönch die Bibel aus der Hand und schmettert sie zu
Boden – »wie ein Grobschmied«, berichtet der Augenzeuge Diego de
Trujillo, dessen Kriegstagebuch erst 1934 wieder in der Bibliothek
des Palacio Real in Madrid aufgefunden wurde.

Ereignisgeschichtlich interessanter sind Schlüsselszenen wie die,
bei der Pizarro zu Beginn seines Abenteuers mit dem Schwert einen
von Osten nach Westen verlaufenden Strich in den Sand zieht und
seine Begleiter auffordert, sich auf die eine oder die andere Seite zu
stellen: Ihr könnt wählen, Freunde«, sagt er. »Auf der einen Seite
Hunger, Stürme, Gefahren, der Tod. Auf der anderen Seite Peru mit

seinen Schätzen… Ich gehe nach Süden.« Nur 13 Mann folgen ihm. Und auch wenn er später fallweise Verstärkungen erhält, so leitet doch diese kleine Begebenheit unmittelbar zu der Frage über: Wie war es möglich, dass es diesem einfachen Mann gelang, mit einer Handvoll Gefolgsleuten das größte Reich des amerikanischen Kontinents zu unterwerfen?

Erst allmählich löst sich die Geschichtsforschung von Quellen, die einseitig und in den Spaniern gefälliger Weise die ›wunderbare‹ Eroberung festschrieben. Tatsache ist, dass sich schon sehr frühzeitig Tausende von Indianern – sei es, weil sie sich von der Inkaherrschaft befreien wollten, sei es, dass sie unter dem Regime der mächtigen Fremden eine bevorzugte Stellung zu erlangen hofften – auf die Seite der ›Bärtigen‹ schlugen und sie auf ihren Kriegszügen begleiteten. Als gar Atawallpa in Caxamalca in die Gewalt Pizarros geriet, traten so viele *indios amigos* – Kollaborateure würde man sie heute nennen – zu den Spaniern über, dass diese von da an ständig über einheimische Hilfstruppen verfügten. Insofern darf der indianische Beitrag zur Errichtung des spanischen Imperiums in den Mittelanden nicht unterschätzt werden; er setzte sich sogar noch fort, als die inzwischen kreolische Hispanidad sich in der Unabhängigkeitsbewegung vom Mutterland abnabelte.

Deshalb ist auch das von ebensoviel Tadel wie Neid eingefärbte Schrifttum, das die über Jahrhunderte genährte *leyenda negra* (Schwarze Legende) von der grausamen Eroberung Amerikas durch sadistische Tyrannen begründete, mit kritischem Abstand zu betrachten. (Die wirkliche Zeit der Qual kam für die Indianer erst mit der zweiten spanischen Invasionswelle: mit den Minenmagnaten und Latifundisten, die die koloniale Ausbeutung einleiteten.)

Zwei fast gleichzeitige Anlässe waren der böse Samen für verderbliche Lesefrüchte: In Florida hatten lutherische Franzosen eine koloniale Niederlassung begründet (1562–65). Die Spanier überfielen die Enklave und richteten ein Massaker unter den Gefangenen an, was in Europa eine heftige antikatholische Kampagne auslöste. Im selben Jahr 1565 veröffentlichte der italienische Abenteurer Girolamo Benzoni seinen zum Standardwerk für die Verbreitung von *leyendas negras* gewordenen Erlebnisbericht ›Historia del Mondo Nuovo‹, der dann auch den Resonanzboden für die Schriften des Bartolomé de las Casas bildete (Hauptwerk: ›Brevíssima relación de la destruyción de las Indias‹, Kurzbericht über die Zerstörung der Indien, 1552).

Der Dominikanerpater und spätere Bischof Las Casas verfasste seine Schriften vor allem zur Apostrophierung der 1542 von Karl V. erlassenen Indianerschutzgesetze. Sie sind engagierte Dokumente der Menschlichkeit, gelten jedoch mit ihren teilweise fantastischen Angaben als polemische Übertreibungen eines christlichen Fanatikers. Zum Schutz der Indianer förderte Las Casas den – von den Portugiesen bereits im 15. Jh. begonnenen und ab 1521 als Vertrags-

*»Erstlich hab ich gesehen / und offtmals erfahren / daß die angeregte Indianer in Peru ein willfertig Volck ist / als eines seyn mag / freundlich und gegen den Hispaniern überflüssig Gold / Silber und Edelgestein / und alles was sie nur gefordert und begehret haben / mitgetheilet / dazu ihnen auf das fleissigste gedienet. Sie haben auch nichts feindliches fürgenommen / biß so lang sie durch die Hispanier Boßheit / Tyranney und Bedrohung zu der Gegenwehr aufgebracht / und genöthiget worden sind.«*

*(Bartolomé de las Casas: ›Brevissima relación de la destruyción de las Indias‹, in einer deutschen Übersetzung von 1665)*

partner der spanischen Krone durch ›Einfuhrlizenzen‹ legitimierten – Sklavenhandel mit Afrikanern, euphemistisch ›Zwangseinwanderung nach Amerika‹ genannt. Den Reformatoren diente die ›Brevissima Relación‹ lange Zeit als willkommene Quelle für Angriffe auf das vom Papst gehätschelte Spanien und dessen als zivilisatorische Tat verbrämte Eroberungspolitik. Aber auch kurzlebigere Kolonialexperimente wie das der schwäbischen Welser in Venezuela – von Karl V. großzügig genehmigt, weil die reichen Kaufleute seine Wahl finanziert hatten – verliefen keineswegs weniger brutal oder blutig.

Als große Medienerfolge bei der Verarbeitung antispanischer Ressentiments erwiesen sich die Illustrationen des Dürer-Schülers und Kupferstechers Theodore de Bry. Von seiner Frankfurter Werkstatt aus ließ er – gestützt auf angelesene Berichte, Aquarellskizzen und Holzschnitte Benzonis – seine Fantasie in die amerikanische Ferne schweifen und kreierte Giganten, Amazonen und seine Version von ›Häuserkämpfen‹, etwa in Cusco, wobei grundsätzlich nobel gekleidete Spanier auf nackte, am Boden liegende Indianer einstechen.

Unbestritten jedoch ist die unersättliche Goldgier der extremadurischen Glücksritter. Über Caxamalca verwandelten sich die himmlischen Flammenzeichen in rötlichen Widerschein, als die Spanier 34 Tage und Nächte lang Atawallpas Lösegeld – darunter, als schönstes Stück, einen goldenen Springbrunnen, auf dessen Rand silberne Vögel saßen – von den gleichen Goldschmieden, die die Kunstwerke hergestellt hatten, einschmelzen ließen (reiner Metallwert nach heutigen Maßstäben: 40 Mio. DM). Lediglich der an den spanischen Hof abzuliefernde Teil blieb von dieser Barbarei verschont – Kulturbeute wie die vier byzantinischen Bronzepferde über dem Mittelporttal der Markus-Kirche von Venedig, die wir so gerne bewundern. Sie entstammen der Plünderung Konstantinopels im April 1204: räuberische Krönung eines christlichen Kreuzzugs, der die spanische Konquista vorprägte.

*»Der Indianer ist nicht habsüchtig, der Spanier ja; der Indio ist phlegmatisch, der Spanier leicht entzündbar; der Indio ist bescheiden, der Spanier anmaßend; der Indio überlegt, was er tut, der Spanier ist bei allem, was er will, ungeduldig.«*

*(Der spanische Chronist Miguel de Agia, um 1590)*

## »Ohne Indios kein Indien«: Die Inwertsetzung des eroberten Gebietes

Pizarros rascher Vorstoß ins Hinterland von Peru war nicht die forsche Idee eines Alleingängers, sondern entsprach den raumgreifenden Plänen der spanischen Krone. Kaum hatte er den Fuß an Land gesetzt, etablierte sich in Sevilla der Consejo de Indias, der Indienrat (1526) – moderner ausgedrückt: das Kolonialministerium – als oberste Instanz für die noch in *statu nascendi* befindlichen Überseegebiete. Und als der ›Schweinehirt aus Extremadura‹ (in dessen trüffelreichen Eichenwäldern die Sauhaltung damals eher ein Zeichen von gutem Geschmack war) die erste Stadt (San Miguel de Piura) gründete, erkundeten seine Landsleute hoch im Norden des Kontinents den Mississippi und entdeckten in den Weiten des Indischen Ozeans die Karolinen.

Hier zeigte sich der grundsätzliche Unterschied zwischen dem portugiesischen und dem spanischen Kolonisationsmodell: Die lusitanische Expansion hatte überwiegend kommerziellen Charakter, erfasste fast nur die Küstengebiete und war von den dort gegründeten Niederlassungen aus auf den Handel mit Gold, Elfenbein, Gewürzen, Edelhölzern und Sklaven gerichtet. Die spanische Eroberungspolitik hingegen zielte auf Territorialgewinn ab, auf Inwertsetzung einverleibter Gebiete und auf Glaubensverbreitung. Sich in fremdem Boden einzupflanzen, war der erste Schritt.

Die Konquistadoren gründeten Städte, wie man Nägel einschlägt. Ihre Spur zeichnen die rasch aufeinander folgenden *fundaciones* nach: Trujillo (1535), Chachapoyas (1538), Ayacucho (1539), Huánuco (1539), Arequipa (1540); davor lagen die christlichen Neugründungen von Cajamarca und Cusco (beide 1534). Dabei fiel die Standortwahl nicht automatisch auf bereits indianisch besiedelte Plätze.

Was Einheimische oder Fremdlinge unter Gunst- und Ungunsträumen verstanden, konnte durchaus verschieden sein. Bis heute leben 40 % der Bevölkerung im andinen Bergland Perus (das ein Drittel der Landesoberfläche ausmacht, aber nur 5 % von dessen agrarischer Nutzfläche bietet). Klimatische Bedingungen und Holzvorkommen waren für die Spanier Hauptorientierungskriterien – hingegen irrelevant für die Autochthonen, die in Lehmstroh bauten und mit Lamadung heizten. Zu den Kapriolen der Eroberungsgeschichte gehört daher auch die Platzwahl für die Hauptstadt des künftigen Vizekönigreichs: Cusco, meinte man, liege in einem zu unwirtlichen Gebiet; im folglich erkorenen Jauja aber vertrugen die aus dem Mutterland mitgebrachten Hühner das Höhenklima nicht (!). So rutschte die Metropole in spe 1535 wahrhaftig dahin, wo sich heute die 10-Million-Stadt Lima ausbreitet.

Dem praktischen Schachbrettmuster römischer Feldlager folgend, aber auch bereits von der Renaissance inspiriert, nutzten die Gründungsväter die geradezu utopische Gelegenheit, die ›ideale Stadt‹ herauszumodellieren. Denker und Schöngeister wie Thomas von Aquin und Francesco Eiximenis setzten den verwinkelten und schrägbegrenzten Wucherstädten des Mittelalters die geplante Ordnung schnurgerader Häuserfluchten, gleichgroßer Straßenblöcke und quadratischer Plätze entgegen. Hatte das römische Imperium 800 Jahre gebraucht, um sich an den Mittelmeerrändern auszusäen, so zauberten die Spanier in kaum einem Jahrhundert tausend urbane Zentren, von San Francisco bis Südchile, hervor, eine gewaltige zivilisatorische Leistung.

Wie aber reagierte die gewachsene ökopolitische Ordnung der Indianer auf den Druck des neuen Siedlungs- und Verwaltungssystems? Kurz gesagt: in Form (erzwungener) geoökonomischer Neuordnungen; durch Interpretation und Anpassung; mit soziokulturellen Auflösungserscheinungen und schließlich Rebellion. Zunächst lag es im weltlichen wie im missionarischen Interesse, die Bevölkerung aus

»*Ich kan sagen / welches ich selbst von den Indianern gehört / das noch viel mehr Goldes verborgen ligt / als in diesen Ländern jemals ist gesehen worden / welches die Indianer wegen der Hispanier Tyranney und Unbillichkeit nicht haben offenbahren wollen / werden es auch nimmermehr offenbahren / so lang sie übel gehalten werden / leiden viel ehe den Todt drüber / wie dann auch die andern gethan.*«

*(Miguel de Agia, um 1590)*

ihren Schwarmsiedlungen in kompakte Großdörfer (Munizipien) zu überführen, um die Tributeintreibung und die religiöse Indoktrinierung an wenigen Stellen zu konzentrieren. Das bedeutete für viele, nach der Zwangsumsiedelung (*mitmac*) durch die Inka, eine zweite Entwurzelung. Einen weiteren Schock erlitten die Familienverbände durch den Entzug männlicher Arbeitskräfte, die den *encomenderos* überstellt werden mussten. Kommendeninhaber waren Spanier, die für ihre Verdienste das Recht erhielten, männliche Indianer im Alter von 18 bis 50 Jahren zur Arbeit in Bergwerken, Textilmanufakturen oder Hazienden (später zu Privatsteuerabgaben) heranzuziehen. In der Nutzung der einheimischen Arbeitskraft bestand die eigentliche Inwertsetzung der Kolonie:»Sin indios no hay Indias« (Ohne Indios kein Indien) wurde zur zeitgenössischen Sentenz.

Mit der List des Eroberers machten sich die Spanier die noch intakte Befehlsstruktur ihrer Vasallen zu Nutze und versicherten sich durch Privilegiengewährung der Zuarbeit der von allen Indianern seit jeher respektierten Kaziken. Diese ungekrönten Häuptlinge (von deren Gewalt-Aura noch etwas in der heutigen Wortbedeutung von ›Bonze‹ für *cacique* fortlebt) wählten die Männer für die *mita* (Zwangsarbeit) aus, teilten der Landbevölkerung Felder zu und trieben die Kopfsteuer ein – von der sie einen Teil behalten durften.

In den Munizipien wurden Kaziken als *alcaldes mayores* (Oberbürgermeister) eingesetzt, übten die Jurisdiktion über Orts- bzw. Gebietsverbände aus und gönnten ihren Söhnen auf Kazikenschulen (in Lima und Cusco) eine gehobene Ausbildung. In der gereiften Meritokratie späterer Generationen empfingen sie sogar Wappen und Adelstitel von der spanischen Krone.

Diese Transkulturation der indianischen Herrschaftsschicht war entscheidend für das Funktionieren der Kolonialbürokratie, die allerdings durch Korruptionsaffären, Ämterkauf und die Manipulationen der *corregidores* (Landvögte) das Reformwerk der ›Ordenanzas‹ (1573) Philipps II. provozierte: von da an sozusagen die ›Magna Charta‹ der spanischen Überseepolitik. Zu sozialen Verwerfungen in der indianischen Basisbevölkerung kam es vor allem durch die rasante Verstädterung, maßgeblich infolge des massiven (und oft unlauteren) Bodenerwerbs durch spanische Spekulanten und die dadurch ausgelöste Landflucht. Indianische Handwerker fanden in den eitlen neuen Städten ein Auskommen (70 Jahre nachdem Lima aus Lehm geboren war, gab es dort über 300 Schneider). Aber man sah auch immer mehr *vagamundos*, besitzlose, umherstreifende Menschen. Einen guten Teil der heute im Indienarchiv von Sevilla dahinwelkenden 80 Millionen Manuskriptbogen aus drei Jahrhunderten füllen die Beschwerden und Eingaben betrogener ›Wilder‹.

Aus diesem Reservoir, aus Entrechteten und Abhängigen (z. B. durch den als *reparto de efectos* ab 1751 legalisierten Zwangshandel) oder auch der Inkazeit nachträumenden ›Nativisten‹ rekrutierten sich die Rebellen, die 1780–83 unter Führung von Tupac Amaru II. bedeutende Teile des Hochlandes von Peru und Oberperu (heute

Bolivien) in ihre Gewalt brachten, Cusco und La Paz belagerten und schließlich – wiederum nur dank der Hilfe regierungstreuer Kaziken – bezwungen wurden.

Die koloniale Gesellschaftsordnung ist in vielen Schichtmodellen dargestellt, aber nie mehr so pikaresk wie von dem Bildchronisten Poman de Ayala – wohl dem ersten Tierfabeldichter Südamerikas – parodiert worden. In seiner um 1600 verfassten ›Nueva Corónica‹ lässt er die ›Quälgeister‹, unter denen die Indianer zu leiden haben, in dieser Rangordnung und Gestalt auftreten: den *corregidor* als Drachen zu alleroberst, den *encomendero* als Puma auf der nächsten Stufe, gefolgt vom hörigen Kaziken als Ratte. Auf der untersten Ebene steht der Pfarrer als Fuchs – das List und Verschlagenheit symbolisierende Geschöpf, an dem ein halbes Jahrhundert später La Fontaine so viel Gefallen finden sollte.

*Der Rebellenführer Tupac Amaru II.*

# Von der Waqa zum Taufbecken: Missionierung und Götzenjagd

Als im Jahr 1493 die päpstliche Bulle Alexanders VI. den Katholischen Königen das Recht verlieh, den gerade entdeckten *mundus novus* zu erobern, war damit die Auflage der christlichen Glaubensverbreitung unmissverständlich verbunden. Das moraltheoretische Glied, das die militärische Aktion mit dem Missionsauftrag verkettete, bildete die vom Naturrecht abgeleitete Legitimation der Europäer (!), Fernreisen zu unternehmen, unbeschränkt Handel zu treiben und »Völker unter ihren Schutz zu nehmen, die zur Gründung eines humanen und zivilisierten Staates nicht fähig sind«.

Diese von dem angesehenen Theologen und Juristen der Universität Salamanca, Francisco de Vitoria, formulierte und an Thomas von Aquins Naturrechtslehre angelehnte These war der entscheidende geistige Brückenschlag zur Verbindung ambivalenter Eroberungsziele. Vitoria, der die grausamen Seiten der Peru-Feldzüge verabscheute, verneinte die theokratische Idee von der universellen Macht des Papstes über die *comunitas orbis,* die irdische Gemeinschaft. Christen, Heiden und Ungläubige, so sagte er, haben vergleichbare, auf dem Naturrecht beruhende Rechte und Pflichten, und wie diese beschaffen sind, sagt ihnen das Licht des Verstandes, das Gut und Böse auseinander hält. Rechte und Pflichten gebieten es aber auch den Getauften, die Frohe Botschaft zu lehren. Um die ›gerechten Ansprüche‹ *(justos títulos)* auf Evangelisierung abzusichern, überbaut Vitoria seine Leitgedanken mit dem Postulat, Papst und Kirche hätten darüber zu wachen, dass die institutionellen Gegebenheiten den Menschen erlaubten, ihre geistigen Ziele zu verwirklichen. Wo das nicht zutreffe, sei die Durchsetzung der gerechten Ansprüche auch mit weltlicher Macht erlaubt.

Diese etwas sophistische Logik bot einen missionarisch wie kolonialpolitisch gangbaren Mittelweg, den dann auch die Kirche guten

*Der Heilige Jakob, der bereits beim Sieg über die Araber gute Dienste als Santiago Matamoros (Jakob der Mohrentöter) geleistet hatte, verwandelte sich während der Konquista zum Indianertöter (Santiago Mataindios). Hier eine Federzeichnung von Poman de Ayala*

Gewissens beschritt, zumal der sonst gemäßigte Jesuit José de Acosta (›De procuranda indorum salute‹, 1588) ihn selbst in seinen eigennützigsten Formen noch als »Weg des kleineren Übels« pries. An einen Augustus-Text anknüpfend, verwies der pragmatische Acosta auf die Tatsache, dass Gottes Wort sich ebenso durch Nächstenliebe wie infolge geschäftlicher Interessen verbreitet habe. Nun sei also »das Land Peru von der Vorsehung mit unerhörten Bodenschätzen gesegnet und daher von habgierigen Spaniern in Besitz genommen« worden, aber indem sich diese in dem »fernen und unwirtlichen Land« niederließen, trügen sie auch zu dessen Christianisierung bei. Mit seiner handfesten Gebrauchstheologie ging Acosta so weit, die Zwangsrekrutierung indianischer Arbeitskräfte zu billigen.

Hatten Pizarros Soldaten mit der Hymne ›Ex surge, Domine, et judicam causam tuam‹ die erste, noch ungehört verhallende christliche Losung ausgegeben, so folgten ihnen bald Glaubensboten, die der Landessprachen Quechua und Aymara mächtig waren und die Heilslehre über Gesten und kleine Zeremonien – Kreuzeszeichen, Niederknien, segnende Handbewegungen – vermittelten. Es zeigte sich jedoch, dass die Indianer die Riten bereitwilliger übernahmen als die abstrakten Glaubensinhalte. Erbsünde – was war das? Die erste Diözese Perus hatte man schon 1538 (mit Pizarros kontroversem Kampfgefährten Valverde als Bischof) in Cusco eingerichtet, aber noch dreißig Jahre später berichtete der nach Sevilla zurückkehrende Pater Pedro de Quiroga, man habe die Indianer zwar getauft, aber nicht bekehrt.

Kein Wunder: Was sie anzunehmen genötigt wurden, war das Glaubensbekenntnis der Sieger. Sie lernten Gebete auswendig und huldigten doch weiter ihren *waqas* und *apus*. Die dogmatisch aufgeladene Heilslehre und ihre Frömmigkeitsmuster waren ihrer Gefühlswelt fremd. Die Andenvölker hatten viel realere Bezüge zu der Welt, in der sie lebten. Die auf ein inneres Sündenempfinden gegründete Moral leuchtete ihnen nicht ein, da man doch Unmoral einfach als sichtbares Vergehen wahrnahm. So wurde die heimlich weitergeübte Idolatrie zum Albtraum der Missionare, und als Spione geschulte Katecheten machten sich auf die Suche nach verborgenen Kultstätten und ›Götzenbildern‹. Doch ein Substrat von indianischem Unglauben blieb bis heute erhalten und schlüpfte in vielförmigen synkretistischen Verwandlungen den katholischen Heiligen unter die Haut.

Zur ersten *santa* Perus und zugleich zur Schutzpatronin *del Nuevo Mundo y Filipinas,* also der gesamten spanischen Überseebesitzungen, wurde Rosa de Lima, bürgerlich: Isabel Flores de Oliva. Schon 1670, kaum mehr als fünfzig Jahre nach ihrem Tod, sprach man sie heilig (eine Rekordzeit für eine Kanonisierung). Von Zurbarán gemalt, in über 400 Biographien verewigt und seit der Jahrtausendwende die neuen 200-Sol-Scheine schmückend, nimmt die Heilige (der Grabräuber 1997 die Goldkrone vom Kopf nahmen) bis heute Huldigungen und Danksagungen, Bittgesuche und Geständnisse aus aller Welt – auch über Internet – durch einen 20 m tiefen Brunnenschacht entgegen. Zur Lebenszeit der Heiligen (1586–1617) war jeder neunte Einwohner Limas ein Ordensgeistlicher. Heute, da die Klöster leer und die Beichtstühle verwaist sind, müssen Santa Rosa und andere vier kolonialzeitliche Heilige Lebenshilfe spenden.

Populistische Franziskaner (die ersten schon 1600), zehn Jahre später gefolgt von mehr scholastischen Dominikanern, bildeten die Vorhut der Ordensgeistlichkeit, die die Hauptlast der Missionsarbeit trug. In Wellen kamen Augustiner, Mercedarier und vor allem Jesuiten nach, die bis tief nach Oberperu hinein (heute Ostbolivien) Indianerreduktionen einrichteten, um die Ureinwohner vor der Ausbeutung durch *encomenderos* zu schützen. Bis zur Vertreibung der Jesuiten 1767 erreichte kein anderer Orden die geistige und künstlerische Ausstrahlung der ›Compañía‹ (Gesellschaft Jesu): von der ersten Quechua-Grammatik (Diego Gonzáles Holguín, 1607) und dem ersten Aymara-Wörterbuch (Ludovico Bertonio, 1612) über Dichterwettbewerbe und Theateraufführungen bis zum Jesuitenbarock. Die jesuitische *ratio studiorum* war, ganz anders als der schwärmerische Trübsinn der ersten Missionare, zweckdienlich und leistungsorientiert. Ihr religiöses Lehrgebäude bildete ein auf die autochthone Gefühlswelt abgestimmtes, modifiziertes Evangelium (›Indianische Glaubenslehre‹).

Erst das Konzil von Trient (1545–63) mit seiner Normenstrenge und die danach einsetzende massenhafte Einschleusung von Weltpriestern – rasch entstand mit Arequipa (1607), Trujillo (1609) und Huamanga (1614) eine neue Diözesangeographie – sorgten für die Klerikalisierung der Geistlichkeit, die nun zunehmend ›römische‹ Attribute annahm. Als habe diese Ausrichtung auf eine höchste Instanz bis in die Heiligenverehrung hineingewirkt, gibt es heute in Peru – vom Señor del Mar (Herr des Meeres) in Callao bis zum Señor

*Die erste Heilige Perus: Rosa de Lima. Heute schmückt sie den 200-Sol-Schein.*

*Die Orden trugen die Hauptlast der Missionsarbeit, doch war man einander nicht grün. Das Bild ›Begegnung mit den Zisterziensern‹ aus dem Limaer Kloster Santo Domingo zeigt die Dominikaner – die ein Leben in Armut predigen – als Fußgänger bei ihrer Begegnung mit hoch zu Pferd daherkommenden Zisterziensern. (Diego de Aguilera, ca. 1665)*

de los Temblores (Herr der Erdbeben) in Cusco, plus zwölf andere lokale Heilande – mehr patronisierende Christusfiguren als in jedem anderen Land des Subkontinents.

## Adobe-Architektur und ›Indianerbarock‹

Die Idee von der Errichtung des christlichen Lehrgebäudes auf geschleiften heidnischen Fundamenten setzten die Dominikaner in Qorikancha (Cusco) in emblematischer Weise architektonisch um: Auf der Ruine des von den Pizarro-Brüdern niedergerissenen und geplünderten inkaischen Sonnentempels – der ihnen mit seinen gleißenden Goldverblendungen, den rätselhaft lächelnden Idolen und den sitzenden Königsmumien als Inbegriff des Götzentums erschien – bauten sie in feierlichem Trotz das Kloster Santo Domingo. Die auf den Bogen der Grundmauer postierte und deren Krümmung nachvollziehende Apsis der Klosterkirche wollte späteren Betrachtern freilich mehr als Symbol zweier inzwischen miteinander verwachsener Kulturen erscheinen.

Sich in der amerikanischen Fremde an etwas Vorhandenes zu klammern, hatte auch mit der Beklemmung zu tun, die Spaniens Pioniere angesichts der ungeheueren Dimensionen dieses Kontinents überkam. Nicht zuletzt aus diesem Gefühl heraus griff man beim Städtebau gerne nach den vertrauten heimischen Vorlagen, die Sevilla ausgearbeitet und standardisiert hatte. Das anwendungsfreundliche Schachbrettmuster bestimmte die Gliederung für neuweltliche Siedlungskerne, die Umgebung lieferte das Baumaterial, und den Mut, mit diesem umzugehen, schöpften die Initiatoren aus dem Beispiel des italienischen Goldschmiedes Filippo Brunelleschi (1377–1446), der, ohne Baumeister zu sein, die bis dahin größte Domkuppel, die von Florenz, hochgezogen hatte – in revolutionärer Stütztechnik, ohne Lehrgerüst.

Mehr als die Idealmaße einer Stilepoche bestimmten in Peru und Oberperu die Eigenschaften verfügbarer Stoffe und deren Erdbebenfestigkeit die Form der Baukörper. An der Küste lieferten die Flussoasen Lehm, Schilf und Huarango-Holz für den Adobe-Bau (wobei allerdings Limas aus Trockenlehm gefügte Stadtmauer mehrfach unter dem Gewicht der Kanonen einbrach); in der Sierra boten sich Fluss- und Lesesteine sowie stellenweise Baumkakteenholz als Primärmaterial an; in Vulkannähe erwies sich die poröse Lava (relativ elastisch und daher schwingfreudig bei Erdbeben) als idealer Baustoff. Der nougathelle Tuffstein *sillar* prägte das Stadtbild Arequipas (ebenso wie der rotschwarze Tuffstein *tezontle* das historische Zentrum von Mexiko-Stadt).

Eine solch naturstoffabhängige, ›gewachsene‹ Architektur konnte nicht genormt sein. Wandabstände, Achsmaße oder Säulenhöhen wurden durch das Modul bestimmt, das sich aus dem größten gemeinsamen Maß von Holzstämmen ergab. Seismische Beanspruchungen forderten den Baukörpern eigene, nicht von spanischen oder italienischen Traktaten übernehmbare Ausdrucksformen ab: Kirchtürme ließen sich als massive Vierkanter fast bis auf Fassadenhöhe hinab, Gewölbe engten ihre Spannweite ein, Säulen rückten dichter zusammen.

In die notwendigerweise dicken (erdbebenfesten) Mauern waren schachtartige, meist kleine und sehr hoch sitzende Fenster eingelassen. Daraus ergab sich eine sparsame Lichtführung, die in den Kirchen der Glanz festlicher Silberaltäre ausglich. Im Widerspiel lastender Kräfte und schmückender Dekoration übernahmen es die Frontfassaden, sich theatral herauszuputzen. Dieser an den Sakralbauten erprobte Kodex ging auf die Profanarchitektur über und charakterisierte auch die Stadtpaläste der ersten Neureichen – das waren vorwiegend *encomenderos,* die von den nie besessenen Prachtvillen Südspaniens träumten.

In einer neugegründeten Stadt besetzten die Bürgerhäuser die Planquadrate um eine zentrale Plaza Mayor (oder Plaza de Armas) herum, an die die Kathedrale, die *alcaldía* (Bürgermeisterei) und die *audiencia* (Gerichtshof) unmittelbar und die Ordensklöster unweit angelagert waren. Während die Portugiesen im benachbarten Brasilien ihre Häuser vor allem durch hohe, schmale Fenster öffneten, wie sie sie im tropischen Südostasien kennengelernt hatten, orientierten sich die Neubürger Perus an der andalusischen Bauweise, schufen schattige Patios, behängten die Außenwände mit Balkonen und schürzten die weit herunter gezogenen Fenster mit geschmiedeten Gittern, die als Ballast der auf Westkurs leerfahrenden Silberflotte nach Amerika gelangten. Den bis heute erhaltenen (und denkmalgeschützten) Schatz Limas an geschnitzten Balkonen übertrifft nur die kolumbianische Hafenstadt Cartagena.

Die Rhetorik der verkündenden Kirche verkörpern noch immer am eindringlichsten die im ›Indianerbarock‹ gestalteten Altarportale der altperuanischen Kolonialkirchen. In dieser von den Jesuiten inspirierten und von unzähligen anonymen einheimischen Skulpteuren zu höchster Vollendung gebrachten Steinschnittkunst artikuliert sich ein mythisches Naturempfinden. Hier war der ›weltnachschaffende‹ Künstler am Werk, der das vollendet, was die Natur begonnen hat – und eine Halbweltlänge von Florenz entfernt und ganz unakademisch das Kunstideal des Quattrocento verwirklichte.

*Vizekönig Toledo*

Vom Naturalismus der Frührenaissance (ab 1420) bis zum Neoklassizismus (ab 1790) hat die Architektur der Mittelanden alle europäischen Stilimpulse um so leichter aufgenommen, als die periodischen Erdbeben beinahe regelmäßig ganze Epochen einstürzen ließen. Von den ersten in gotisch-maurischer Manier hochgezogenen langschiffigen Missionskirchen mit Strohdach und gedübeltem Gebälk sind kaum noch Exemplare vorhanden. Das vielleicht schönste Ensemble kolonialzeitlicher Gotteshäuser des 16. und 17. Jh. hat sich im südperuanischen Colca-Tal erhalten und geht auf den Missionsbefehl des ersten Vizekönigs, Francisco de Toledo (1569–81) zurück. Allerdings, so meinten die katholischen Orden damals, hätte er der Evangelisierung des Landes mit der Begnadigung des Guerillaführers Tupac Amaru, der der spanischen Besatzungsmacht jahrelang zu schaffen gemacht hatte, einen größeren Dienst erwiesen. Sie hätten den jungen Inkafürsten, der unterdessen getauft worden war, gerne als Leitfigur für eine große Bekehrungskampagne benutzt.

Doch ungeachtet der Überredungskünste der Geistlichkeit ließ Toledo den Aufrührer im September 1572 auf der Plaza de Armas von Cusco vor den ungläubigen Augen des dort versammelten Volkes hinrichten. Der auf einen Pfahl gespießte Kopf wurde sogleich zum Gegenstand bewegendster Huldigungen: er war zur *waqa* geworden.

## Die neuweltliche Malkunst

»Quien no ha visto Sevilla, no ha visto maravilla« (Wer Sevilla nicht gesehen hat, hat noch kein Wunder gesehen), deklamierte man im ›Siglo de Oro‹, dem 140 Jahre währenden Goldenen Zeitalter, das vom Regierungsbeginn Karls V. (1519) bis zum Abschluss des spanisch-französischen Pyrenäenvertrags (1659) dauerte. Das Tor zur Neuen Welt zu sein, dessen rühmte sich die ganze Hafenstadt selbst, nachdem sie ihre Puerta de Triana in einen Triumphbogen verwandelt sah: Durch ihn rumpelten nach jeder Landung der Silberflotte rund tausend mit Gold und Silber beladene Ochsenkarren zur Casa de Contratación, der (1503 eingerichteten) Monopolbehörde für den Überseehandel. Von Lope de Vega in seiner Komödie ›El Arenal de Sevilla‹ mit allem burlesken Lokalkolorit parodiert, aber auch vom Mäzenatentum reich gewordener Kaufleute zur Kulturmetropole veredelt, wird Sevilla zum Parnass der hinfort als Bildungserlebnis geschätzten Spanienreise, die noch Alexandre Dumas und Théophile Gautier im 19. Jh. als literarischen Topos verarbeiten werden.

Das ›Neue Rom‹ des 17. Jh. ist größer und gestaltgebender als das königliche Madrid. Hier entstehen die ersten (von Francisco Pacheco, Velázquez' Lehrer, verfassten) Malereitraktate, die die Ikonographie der religiösen Kunst festschreiben und im gegenreformatorischen Geiste des Tridentinischen Konzils (1545–63) jeden Anflug von lutheranischer Häresie zensieren. Die Hermandad (Bruderschaft) de San Luca, die Sevillaner Malerzunft, orientiert sich an flämischen Kupferstichen, italienischen Kopien – aber auch des abends in der Lonja, der Handelsbörse, an lebenden Modellen. Ihre Elite bilden Diego Velázquez (1599–1660) und sein Zeitgenosse Francisco Zurbarán (1598–1664). Eine Generation später werden Bartolomé Esteban Murillo (1617–82) und der Gesamtkünstler Alonso Cano (1601–67), der auch die Fassade der Kathedrale von Granada gestaltet, an die Zyklen der vor allem von den katholischen Orden in Auftrag gegebenen religiösen Monumentalgemälde anknüpfen. Bei ihnen löst sich allerdings das ursprünglich von Caravaggio und den

›Christus auf dem Weg zum Kalvarienberg‹, Gemälde von Bernardo Bitti. Beachtenswert ist der abgeknickte Kopf Jesu. Bitti gehörte zu den reisenden Malern. Von Kloster zu Kloster eilend, hatte keine Zeit, seine Bilder zu Ende zu malen. Statt dessen porträtierte er, wie hier, oft nur den Kopf der Hauptperson und ließ seine Schüler das Werk vollenden.

venezianischen Koloristen übernommene, kontrastreiche Chiaroscuro (Helldunkelmalerei) schon in weichere Tonwerte auf.

Ganze Konvolute von – zum Überlandtransport auf Lasttierrücken – einrollbaren Gemälden mit biblischen Szenen und Heiligenporträts waren schon mit den ersten Karavellen von der Guadalquivir-Mündung aus zu den amerikanischen Missionsgebieten gesegelt, wo sie großes Aufsehen erregten. Beobachter wie Manco Inca machte es sprachlos, die Spanier »bemalte Leinwände anbeten« zu sehen, auf denen Wiraqocha dargestellt sein sollte. Für die Indianer wohnte das Göttliche in den *waqas* und war nicht gegenständlich abbildbar. Und doch hatten die Eroberer – durch das päpstliche Mandat von 1496 zur Evangelisierung verpflichtetet – im schriftlosen Peru keine andere Wahl, als die neue Heilslehre visuell zu vermitteln. Ein regelrechter Export von religiösen Bildern kennzeichnet diese erste Periode des Kunsttransfers: Allein die im Auftrag der spanischen Krone (mit 73 Handwerkern) arbeitende Antwerpener Kupferstecherei und Druckerei Plantín-Moretus liefert tausende von legendenbesetzten Gravüren in die südamerikanische Kolonie.

Doch noch ehe dort die ersten Mestizen nach europäischer Manier zu malen lernen, bringen die Orden ihre eigenen Künstler ins Land. Der berühmteste von ihnen, der noch von der gebärdenreichen Bildsprache Raffaels inspirierte umbrische Jesuitenpater Bernardo Bitti (1547–1610), lässt den Spätstil der um 1600 ausklingenden italienischen Renaissance, die allmählich in den gedrechselten, die Figuren überdehnenden Manierismus übergeht, noch einmal in Oberperu aufblühen. An seinem Werk und an den Vorlagen der Sevillaner Schule misst sich einer der ersten einheimischen Künstler, der Inkanachfahre Diego Quispe Tito (ca. 1611–80), der zum einflussreichsten Maler Perus im 17. Jh. avancieren wird.

Als großer Wegbereiter erweist sich auch Bittis Zeitgenosse Mateo Pérez de Alesio (ca. 1547–1607), ein noch in der Tradition Michelangelos stehender Manierist, der sich durch seine Restaurationsarbeiten in der Sixtinischen Kapelle einen Namen gemacht hat. In Peru wird er alsbald berühmt durch seine avantgardistische ›Virgen de la Leche‹, eine Gottesmutter, die dem Jesuskind die Brust gibt. Dieses emblematische Motiv regt während der ganzen Kolonialzeit zu immer neuen Kopien an. Es berührt die indianische Gefühlswelt unmittelbar. Aus dem Leben gegriffene, erzählende Bildinhalte sprechen die plötzlich mit einer Heerschar von Engeln und Heiligen konfrontierte Urbevölkerung mehr an als die medaillenüberladenen, gerade in Mode kommenden Stammbäume der religiösen Orden oder gar eine aus drei gleichen Gesichtern bestehende Allegorie von der Dreifaltigkeit – dies, weil die Eiferer gegen die Idolatrie jegliche Tierdarstellung, und also auch die Symbolisierung des Heiligen Geistes durch eine Taube, verboten.

*Darstellung der Dreifaltigkeit. Um die Götzenverehrung zu unterbinden, wurde die Darstellung jeglichen Tieres verboten – damit auch der Taube, die den Heiligen Geist symbolisiert.*

Die in den ersten Malerschulen von Cusco, Lima, La Paz und Potosí ausgebildeten Indianer und Mestizen griffen denn auch gerne auf die realistischen Sevillaner Themen Zurbaráns zurück und siedelten biblische Szenen, gleich selbst beobachteten Ereignissen, in heimischen Landschaften und zeitgenössischer Ausstattung an. Melchor Pérez Holguín (ca. 1660–1733), der wohl eigenwilligste und volksnaheste unter den autochthonen Künstlern Oberperus, zeigt uns in einer Rastszene der 14-teiligen ›Flucht aus Ägypten‹ eine Windel waschende Maria in Poncho und Kolla-Hut, hinter der der Heilige Josef mit Hilfe eines Engelchens die nasse Wäsche auswringt. Wenn wir von hunderten anderer indianischer Künstler allenfalls die Signaturen kennen, so hat sich Holguín – nicht anders als etwa Velázquez in den ›Meninas‹ – mehrfach wortwörtlich ins Bild gesetzt. In seinem Gemälde ›Einzug des Vizekönigs Morcillo in Potosí‹ (heute im Madrider Museo de América) stellt er sich größer als den Vizekönig selbst im Zentrum des Bildes vor: ein dunkelhäutiger Mestize mit Adlernase und schwarzem, glatt herunter hängendem Haar.

Aus dem Potosiner Künstlerkreis um Holguín geht Gaspar Miguel de Berrío (ca. 1706–61) als begabtester Schüler und profilierter Vertreter der sich auch in Cusco und Quito verbreitenden Mestizenmalerei hervor. Dieser flächige, auf jegliche perspektivische Tiefenwirkung verzichtende und die leuchtenden Farbfelder scharf konturierende Stil, der nun schon die Epoche des europäischen Hochbarock begleitet, übernimmt nur noch dessen Thematik und triumphalen Geist, nicht mehr die Technik: er steigert sich zu der vor allem für die Cusco-Schule charakteristisch werdenden ›Brokatmalerei‹. Mit ihren verschwenderisch aufgesetzten Glanzlichtern, die die Überhöhung der dargestellten Figuren – zumal der mit der Erdmutter Pachamama identifizierten Himmelskönigin Maria – ins Göttliche symbolisieren sollen, verstrahlt diese Malweise eine geradezu byzantinische Pracht. Sie hält sich auch dann noch – und zwar bis heute – als eigenständiger, quasi-paralleler ›Mestizenbarock‹, nachdem die Aufklärung und der sie begleitende Neoklassizismus (ab etwa 1750, also während der Regierungszeit Karls III.) das überschwängliche Kunstgebaren des Barock auszunüchtern beginnt.

Die neuen Idealisierungstendenzen, im Strom der amerikanischen Unabhängigkeitsbewegungen noch zusätzlich nationalistisch aufgeladen, ›verschönern‹ und stereotypisieren die Kunst zugleich. Auf einem Reitergemälde (Mitte 18. Jh., anonym, Museo Nacional de Arte, La Paz) sehen wir den nunmehr geschmähten Philipp V. von Spanien zu einem allgefälligen Heiligen Jakob umgedeutet – mittels nachträglich aufgemaltem Hut, Bart und die heraldischen Wappen tilgenden Wolken.

## Märtyrer aus Agaven-Maché: Die plastische Kunst

Den einrollbaren bemalten Leinwänden, die zur Indoktrination der Indianer wie Moritatenblätter über Land transportiert wurden, entsprachen die durch Aushöhlung leicht gemachten *chuletas* (›Schummler‹): aus Zedern- oder Zypressenholz geschnitzte, polychromierte Heiligenfiguren mit offener Rückseite, wie man sie noch heute in alten Kolonialkirchen finden kann. Schon um die Mitte des 16. Jh. gelangten, wiederum von Sevilla und Granada aus, die ersten größeren Partien von bemalten Holzskulpturen nach Lima und von da aus ins andine Hochland. Formal verrieten sie vor allem die manieristischen Züge der Schöpfungen des spanischen Bildhauers Alonso de Berruguete (Hofmaler Karls V.; 1486?–1561), der sich bei einem Italienbesuch 1504 an Michelangelos Werken orientiert hatte, um dann, bei immer profuser werdender Ornamentik, zum Avantgardisten eines in der Spätphase schon vom Barock angehauchten Platereskenstils zu werden.

Zu den ersten selbst nach Amerika auswandernden spanischen Bildhauern gehören Diego de Robles, der sich im kunstfreudigen, durch die Franziskaner vergeistigten Quito niederlässt, sowie Diego Ortiz, in dessen Werkstatt in Potosí sich schon ab 1570 eine kleine Dynastie von Inka-Skulpteuren heranzubilden beginnt: Francisco Tito Yupanqui lässt dort aus Agavenfaserpaste eine Madonna von so ergreifender Spiritualität entstehen, dass ihr bald überirdische Kräfte zugesprochen werden. Als Virgen de Copacabana (dem Heimatort Titos am Titicacasee) konzipiert – und noch heute unter diesem segensreichen Namen vielerorts präsent –, wird die wundertätige Jungfrau bald von Gemeinden im ganzen Vizekönigtum angefordert und wandert, in Form getreuer Kopien, in die Kathedralen von La Paz, Ayacucho und Lima sowie auf die Altäre ländlicher Wallfahrtskirchen. Als der Ruf der Madonna gar bis nach Spanien dringt, stellt noch Titos Schüler, Sebastián Acostopa Inca, eine Virgen de Copacabana eigens für das Kloster Madre de Dios in Sevilla her.

Zum weichen Zedernholz, dem bevorzugten Material, traten in den Kolonien auch Pinie und Mahagoni sowie aus deren Fasern mit Gips und Leim angeteigter Holzbrei und, auf präkolumbische Formtechniken zurückgreifend, der geschmeidige Ton. Marmor und Alabaster hingegen fanden fast nur zur Gestaltung massiver Objekte – etwa Taufbecken –, nicht aber zum Skulptieren menschlicher Figuren Verwendung. Die Hautpartien einer *talla*, wie Hände, Füße, Kopf und Hals, überpinselte der Künstler mit einer Lösung aus Bleiweiß und Gips, während die als Bekleidung gedachten Oberflächen mit einem Bolus aus geschlämmten Ton bestrichen wurden. Sodann trug man (aus kastilischen Dublonen von 23 Karat gewonnene) Goldplättchen *(pan de oro)* oder hauchdünne Silberfolie auf die gewünschten Stellen auf, bemalte diese (was man *estofado*, Herausputzen, nannte) und verlieh den Gewändern mittels Griffeln und Sticheln die – vorwiegend floralen – Prunkeffekte von Damast- oder Brokatstoffen.

Thematisch überwogen in der plastischen religiösen Kunst die mit der Noblesse der Renaissance, mit manieristischer Finure oder in barockem Jubel darstellbaren Marien- und Engelsstatuen, die als Schmuckfiguren auch bald in die Andachtsnischen der Patrizierhäuser einzogen. Eine vorwiegend dem Ästhetischen ergebene Verehrung ließ mitunter sogar namenlose weibliche Heilige entstehen. Infolge der steigenden Nachfrage gingen viele Ateliers mit Beginn des 17. Jh. zur Herstellung sogenannter Standleuchter-Skulpturen über: Dabei bildete man nur noch Kopf und Hände aus und verhüllte den Corpus mit edlen Textilien.

Neben diesen *maniquíes* (Puppen) hat gerade der Barock Werke von beschwörender Kraft hervorgebracht. Im 18. Jh. erproben die Künstler vor allem an Passionsszenen und Märtyrerdarstellungen einen Expressionismus, dem die Formfreudigkeit des Agaven-Maché entgegenkommt, das vor allem im waldarmen Oberperu fast vollständig das Holz als Gestaltungsmaterial verdrängt. Der außerordentlichen Formbarkeit dieser wachshaltigen Naturfaserpaste verdankt die Kolonialkunst jener Epoche einige der ausdrucksstärksten plastischen Schöpfungen.

Im Tiefland erfolgen die Anstöße zu einem neuen Realismus unterdessen von außen: Nicht nur schaut man den in Mode kommenden neapolitanischen Krippenfiguren so naturalistische Attribute wie das Glasauge ab, man findet auch Gefallen an den extremen Posen überschlanker Statuetten, die uns heute an Giacomettis drahtige Gestalten denken lassen. Zum Hauptvertreter dieses asketischen Stils wird der Limaner Baltazar Gavilán. Sein bekanntestes Erbe ist eine schaurige Alegoría de la Muerte (heute im Augustinermuseum von Lima) – ein überlebensgroßer Todesbote, skelettartig, seinen Pfeil gegen den Betrachter gezückt. Diesem Menetekel aller Karfreitagsprozessionen hat der peruanische Dichter Ricardo Palma (1833–1919) eine ganze Legendensammlung gewidmet.

## Möbel vom Silberschmied

Es waren die spanischen Silberschmiede *(plateros)*, die mit ihren ausufernd filigranen Formen im 16. Jh. den später von der Architektur übernommenen Platereskenstil schufen. Sie versorgten bereits die ersten neuweltlichen Klöster mit Deckenlampen, Kandelabern und Prozessionssänften für Heiligenfiguren. Die ältesten in Potosí erhaltenen Stücke (von 1587 bzw. 1616), zu denen auch ein großer Silbertabernakel gehört, bezeugen die Kunst eines Juan Ballesteros Narváez und eines Juan Rodríguez Terrio, den großen spanischen Meistern der frühen Kolonialzeit. Der Zunftbrauch, Urhebername und Herstellungsjahr in die Objekte einzustanzen, wurde auch vom ersten Silberschmiedezentrum (den *platerías*) übernommen, das bereits Ende des 16. Jh. bei Llave am Westufer des Titicacasees entstand und durchweg ›Kolonialsilber‹ mit einem Reinheitsgrad von 925 (75/1000 waren Kupfer) verarbeitete. Drei Minen in Oberperu lieferten die schmiedbaren Barren: der Cerro Rico (Reicher Berg) von Potosí, die Gruben von Pie de Gallo (Hahnenfuß) bei Oruro und die unweit von La Paz gelegenen Bergwerke von Berenguela.

Eine erhaltene Produktionsliste von 1603 zeigt, dass die Silberschmiede des Vizekönigtums Peru rund 30 t Feinsilber pro Jahr verarbeiteten – fast so viel, wie die staatliche Münze ausprägte. Dieses erstaunliche Quantum wird verständlich beim Studium von Testamenten des 17. Jh., deren Nachlässe serienweise massive Silbermöbel, wie Schreibtische oder *bargueños* – Fächerkommoden im Stil der in Bargas (Provinz Toledo) gefertigten Sekretäre –, verzeichnen. Zu dieser Zeit, als der Klerus schon nicht mehr der Hauptkunde der Zunft war, arbeiteten allein in Potosí mehr als zweihundert, ganze Dynastien bildende indianische und mestizische Silberschmiede für einen Markt, der von der Barbierschale bis zum Pferdegeschirr, vom Räucherfass bis zur Badewanne alles aufnahm, was gieß- und hämmerbar war.

Aber auch vorkolumbische Kultobjekte, wie Zeremonialbecher für Riten zu Ehren der Erdmutter oder der Berggötter, Masken für den Abwehrzauber und – mit Opfergaben zu füllende – zoomorphe Kanopen (Deckelkrüge), deren Gestalt sich allerdings in der Kolonialzeit von Lamas oder Vögeln in Ochsen(!) verwandelte, kamen weiter aus den oberperuanischen Silberschmieden. Sie erkoren sich, unabhängig vom epochenweisen Stilwandel, der auch im Feinmetallhandwerk bis zur einfachen strengen Formgebung des Neoklassizismus führte, den ›Mestizenbarock‹ zum bleibenden Kunstideal. Seine figurenreichste Gestaltung zeigte das Silber in den unterirdischen Stollen, aus denen man das Erz schöpfte: Die (Ende des 16. Jh. eingeführten) ölgespeisten Grubenlampen, den Wandbeleuchtungen der Kirchen nachempfunden und nun an den Bauchgurten der Bergleute hängend, besaßen angeschweißte Griffe, auf denen das komplette Repertoire Schutz und Heil versprechender Symbole aller Glaubensvorstellungen vertreten war – die Jungfrau von Copacabana, der Gekreuzigte, Engel, Sirenen, Kondore und Teufelsfratzen.

## Seit der Konquista: Zeittafel

| | |
|---|---|
| **1492** | Reconquista von Granada, der letzten maurischen Bastion in Spanien<br>Vertreibung der Juden aus Spanien.<br>Veröffentlichung einer kastilischen Grammatik, der ersten in einer europäischen Hochsprache.<br>Der Nürnberger Kosmograf Martin Behaim stellt seinen weltberühmten Globus vor.<br>Kolumbus sticht von Palos (Südspanien) aus in See und stößt am 12. Oktober in der Karibik zum ersten Mal auf Land. |
| 1494 | Vertrag von Tordesillas: Spanien und Portugal vereinbaren eine 370 Seemeilen westlich der Kapverden in Nord-Süd-Richtung verlaufende Trennungslinie zur Abgrenzung ihrer Einflussgebiete. |
| 1504 | Tod Isabellas der Katholischen und testamentarische Verfügung über die gute Behandlung der indianischen Bevölkerung. |
| 1508 | Papst Julius II. verleiht der kastilischen Krone die Patronatsrechte über die in Amerika entstehende Kirchenorganisation. |
| **1519–1521** | Wahl Karls V. zum Kaiser des Heiligen Römischen Reiches. Er vergibt die erste Lizenz zur Verbringung schwarzafrikanischer Sklaven nach Amerika.<br>Eroberung Mexikos durch Hernán Cortés. |
| **1531** | Die Brüder Pizarro und Diego de Almagro gehen mit ihrer Gefolgschaft in Tumbes (Nordperu) an Land. Eroberungszug nach Cajamarca, wo der Inkaherrscher Atawallpa im November 1532 gefangengenommen und nach einem Schauprozess wenige Monate später hingerichtet wird. |

**1532** Die Dominikaner beginnen als erster Orden ihre Missionstätigkeit in Peru.

**1533** Einnahme Cuscos durch Pizarro, Zerstörung der indianischen Kultstätten und Wiederaufbau als spanische Kolonialstadt.

*Belagerung von Cusco durch Manco Inca. Gemälde von Pieter van der Aa, 1706*

**1535** Die Städte Lima und Trujillo (nach dem extremadurischen Geburtsort der Pizarros benannt) werden gegründet.

**1536** Inka-Aufstand und Belagerung Cuscos durch Manco Inca.

**1538** Streitigkeiten um Herrschaftsansprüche und Beuteverteilung zwischen Francisco Pizarro und Diego de Almagro enden mit dessen Hinrichtung.

**1540** Gründung von Arequipa.
Pedro de Valdivia beginnt die Eroberung Chiles.

**1541** Ermordung Francisco Pizarros.

**1543** Gründung des Vizekönigreichs Peru, das zunächst, mit Ausnahme von Venezuela (›Klein-Venedig‹), alle von den Spaniern eroberten Gebiete Südamerikas umfasst.

**1544–1548** Gonzalo Pizarro erhebt sich, an der Spitze revoltierender spanischer Kommendeninhaber, gegen die Krone (›Dritter peruanischer Bürgerkrieg‹), wird bezwungen und hingerichtet.

**1545** Entdeckung der Silberschätze des Cerro Rico von Potosí.

**1548** Gründung von La Paz.

| | |
|---|---|
| **1551** | Gründung der Universität von Lima, der damals bedeutendsten Hispanoamerikas. |
| **1566** | Ankunft des Jesuitenordens in Spanisch-Amerika. |
| **1568** | Francisco de Toledo wird zum Vizekönig von Peru ernannt und erhält den Auftrag zur endgültigen ›Befriedung‹ der Indianer. |
| **1570** | Einrichtung des Inquisitionstribunals von Lima. Gründung von Cochabamba. |
| **1571** | Indianeraufstände. Der Anführer Tupac Amaru wird, gegen den Willen der Kirche und der spanischen Krone, hingerichtet. |
| **1590** | In Sevilla erscheint das die Zwangsbekehrung der Indianer rechtfertigende Traktat ›Historia natural y moral de las Indias‹ von José de Acosta. |
| **1609** | ›El Inca‹ Garcilaso de la Vega, Sohn einer inkaischen Prinzessin und eines Konquistadors, veröffentlicht seine ›Comentarios Reales‹ (und 1617 eine erste ›Historia del Perú‹). |
| **ab 1623** | Blutige Indianeraufstände in La Paz. 1661 wird der spanische Stadtvogt ermordet, 1781 der Rebellenführer Tupac Katari verraten und hingerichtet. Das gleiche Schicksal widerfährt in Cusco dem sich gegen die Fremdherrschaft auflehnenden Tupac Amaru II. Doch die Zeichen zur Erlangung der Freiheit sind gesetzt. |
| **1767** | Vertreibung der Jesuiten aus Hispanoamerika. |
| **ab 1809** | Unter Führung des argentinischen Generals José de San Martín sowie der Venezolaner Simón Bolívar und Antonio José de Sucre kommt die südamerikanische Unabhängigkeitsbewegung in Gang. In Bolivien ruft der Freiheitskämpfer Pedro Murillo die Unabhängigkeit aus, wird jedoch als Verschwörer von den Royalisten hingerichtet, bevor das Land (1825) zur Republik wird. Peru hat bereits vier Jahre zuvor endgültig die spanische Herrschaft abgeschüttelt. |
| **1836–1839** | Eine gewaltsam eingeleitete politische Union zwischen Peru und Bolivien zerbricht an beidseitigen nationalen Interessen. |
| **1879–1884** | Salpeterkrieg gegen Chile. Bolivien büßt die Atacama-Region ein und verliert damit seinen Zugang zum Meer. Peru muss seine südlichen Küstenprovinzen an Chile abtreten und erhält später (1929) nur Tacna zurück. |
| **1932–1935** | Im Chaco-Krieg gegen Paraguay gehen Bolivien seine südlichen Territorien verloren. |
| **1967** | Der argentinische Arzt und Revolutionär Ernesto ›Che‹ Guevara, ehemaliger Kampfgenosse Fidel Castros, wird im bolivianischen Urwald gefasst und erschossen. |

*Der Rebellenführer Tupac Katari*

| | |
|---|---|
| **1952–1989** | In dieser Zeitspanne wird Victor Paz Estenssoro viermal zum Präsidenten Boliviens gewählt. In der Spätphase seiner Regierungszeit gerät die Nation – als Rohstofflieferant (vorwiegend Zinngewinnung), wie auch Peru der Willkür der Welthandelspreise ausgeliefert – zum chronischen Schuldnerland. Gleichzeitig entwickelt sich der Drogenhandel zum Millionengeschäft – nicht nur für die im Dschungel operierenden Guerilla-Verbände, sondern auch für hochgestellte Militärs. Der vom Ausland finanzierte Kampf gegen den Koka-Anbau bleibt, im Ganzen betrachtet, eine Farce. |
| **ab 1990** | In Peru gewinnt der japanischstämmige Agraringenieur Alberto Fujimori die Stichwahl gegen den ebenfalls kandidierenden Schriftsteller Mario Vargas Llosa. Nach anfänglichen Erfolgen im Kampf gegen Inflation und Terrorismus demontiert Fujimori schrittweise die demokratischen Institutionen. Als dem Volke wohlgesonnener Autokrat auftretend, bedient er sich seines Beraters (und früheren Geheimdienstchefs) Vladimiro Montesinos zur Durchführung dunkelster Machenschaften. Im Oktober 2000 wird ›Vladi‹ Montesinos als Krimineller ersten Ranges entlarvt. Geldwäsche im Verbund mit Drogen- und Waffenhandel, Bestechung, Erpressung, Folter und illegale Bereicherung stehen auf der Liste begangener Verbrechen. Der ›schwarze Mönch‹ flüchtet ins Ausland, wird später verhaftet, verurteilt und hütet seitdem das Hochsicherheitsgefängnis der Marinebasis Callao – wo auch die Chefs der Guerilla-Organisationen *Sendero Luminoso* (›Leuchtender Pfad‹) und Tupac Amaru einsitzen. Fujimori selbst wird, als er sich unter beschämenden Umständen nach Japan absetzt und dort Asyl nimmt, wegen ›moralischer Unzulänglichkeit‹ abgesetzt. |
| **1997** | In Bolivien wird der Ex-Diktator (1971–1978) Hugo Banzer Suárez zum Präsidenten gewählt. Der ehemalige General und Putschist wird dieses Mal durch die aufsässige Landbevölkerung zur Beschwichtigungspolitik getrieben. Als er 2001 krebskrank zurücktritt, bittet er wegen aller seinem früheren Gewaltregime zugeschriebenen Todesopfer um Entschuldigung. Aus den Augustwahlen 2002 geht der orthodx-liberale Minenmillionär Gonzalo Sánchez de Lozada (mit weniger als einem Viertel der Stimmen) als neuer Präsident hervor. Der Washington genehme, doch bei den autochthonen Bolivianern (45 % der Bevölkerung) unbeliebte ›Goni‹, der 1985 als Wirtschaftsminister unter Paz Estenssoro 30 000 Bergarbeiter arbeitslos gemacht (und damit ihre Verwandlung in |

Kokabauern gefördert) hatte, stößt nun bei der systematischen Vernichtung von Kokapflanzungen durch das Militär auf heftigsten Widerstand. Bei Streiks und Straßenblockaden werden 80 Menschen getötet. Sánchez de Lozada flieht im Oktober 2003 nach Miami. Vizepräsident Carlos Mesa, ein angesehener Journalist und Historiker, übernimmt sein Amt.

**2005** Unter dem Druck der eingeborenen Bevölkerung, die Boliviens enorme Erdgasvorkommen als letzte – ›dem Volk gehörende‹ – Bödenschätze betrachtet, verabschiedet die Regierung im Mai 2005 das ›Kohlenwasserstoffgesetz‹ *(Ley de Hidrocarburos)*. Damit erhöhen sich die von den rund 20 bolivianisches Erdgas und Petroleum ausbeutenden Gesellschaften an den Staat abzuführenden Royalties von 18 % auf 50 %. Doch die radikalen Indigenisten verlangen nicht weniger als die Expropriation der Bohrfirmen. So kommt es auch unter der maßvollen Regie des Interimspräsidenten Mesa zu bürgerkriegsähnlichen Zuständen. Der linke Oppositionelle und Anführer der Kokapflanzer *(cocaleros)* Evo Morales reduziert das Drogenproblem auf diese Formel:»Sobald es keine Nachfrage nach Kokain und keinen Import der zu seiner Herstellung benötigten Chemikalien mehr gibt, ist das Problem gelöst.« Unterdessen existieren in den Yungas und im tropischen Cochabamba (Chapare) 12 000 ha an legalen und 26 000 ha an illegalen Kokaplantagen. Inmitten eines Chaos von Protestmärschen und Belagerungen tritt Carlos Mesa im Juni 2005 zurück. Der Präsident des Obersten Gerichtshofs, Eduardo Rodríguez, übernimmt die Regierungsgeschäfte. Aus den von ihm angesetzten Neuwahlen am 18. Dezember 2005 geht Evo Morales als erster indigener Präsident Boliviens hervor.

**bis 2006** In Peru übernimmt im Juli 2001 der 55-jährige Wirtschaftsexperte Alejandro Toledo – als erster indianischstämmiger Präsident Lateinamerikas – die Regierung. Bei seiner Amtseinführung in Machu Picchu die Inkagötter beschwörend, nennt er sich selbst Pachacútec (›Welterneuerer‹) und sagt der Armut (sieben seiner eigenen 15 Geschwister starben an Unterernährung) den Kampf an. Seine Popularität sinkt jedoch von 60 auf 10 %, als sich alle großen Versprechungen in Luft auflösen. Der Unmut des Volkes entlädt sich in Rebellionen, denen der geschwächte Volksheld nur durch die Verhängung des Ausnahmezustandes zu begegnen weiß. Nun erwartet man ungeduldig das Ende seiner 2006 ablaufenden Regierungszeit.

# Peru und Bolivien bis heute: Die republikanische Epoche

## Auf der Suche nach Identität

Dem Diktum von Völkern ohne Geschichte unterlagen die aus Altperu hervorgegangenen Nationalstaaten nicht nur wegen der Schriftlosigkeit der präkolumbischen Mittelandenkulturen, sondern auch infolge einer später stark chronistisch geprägten Historiographie. Die Geschichte ›Lateinamerikas‹ – dieser Begriff entstand erst um die Mitte des 19. Jh., bezeichnenderweise in der Alten Welt – wird daher gerne als transatlantische Verlängerung der europäischen Geschichte gesehen.

Tatsächlich aber ist auch nach der Unabhängigkeit Boliviens und Perus selbst in dieser Teilregion noch keine soziokulturelle Fusion zu Stande gekommen, die es erlaubt, von einer einheitlichen Landesgeschichte zu sprechen. Altperu hat uns nur archäologische Kulturen hinterlassen, die nichts mit Sprachräumen oder Ethnien zu tun haben. Auch die kolonialspanischen Vizekönigtümer besaßen keinen überregionalen Zusammenhalt, sondern blieben, jedes für sich, auf das Mutterland fixiert. Stammesfürsten, Kaziken, Eroberer, Vizekönige, Revolutionäre und Diktatoren haben die Geschichte Boliviens und Perus geprägt. Von *caudillos* regiert zu werden, daran ist man nicht nur gewöhnt – man ruft nach ihnen. Doch weder ein vier Tage währender Nationalfeiertag, noch die vielbeschworene *peruanidad* können eine volkhafte Identität vermitteln. Zu groß sind die gesellschaftlichen Disparitäten, die kulturellen Idiosynkrasien, die geografischen Abstände.

*Indianerin im Tal von Huaraz*

Wer sind wir eigentlich? fragen sich die Menschen. Die Medien – vom Fernsehen mit seinen grundsätzlich blonden (oder blond gefärbten) Talk-Show-Animateuren bis zum Werbeposter, auf dem elfenbeinhäutige Babys Butterkekse essen – liefern vorzugsweise artfremde Leitbilder. 72 % der Bevölkerung sind davon überzeugt, dass Weiße besser behandelt werden als Farbige. Der Psychologe Marco Aurelio Denegri spricht von »kulturellem Rassismus« und verweist in diesem Zusammenhang auch auf die läppische Mode, seine Kinder mit englischen Vornamen zu schmücken.

Gleichzeitig wächst jedoch das Unbehagen an der schleichenden Verfremdung. Die neue indianistische Kulturbewegung versucht sich vor allem gegen die angelsächsisch-protestantischen Einflüsse in ihrer nordamerikanischen Ausprägung abzugrenzen und greift, die Kolonialzeit überspringend, auf vorspanische Wertkategorien zurück. Doch: Wie diese in eine Gesellschaft einpflanzen, deren dramatische Verstädterung der radikalste Ausdruck der Entwurzelung ist! Siebzig Prozent der Gemeinden Boliviens waren im Jahre 2005 dabei, sich zu entvölkern, während ein Ballungsraum wie der von El Alto, vor wenigen Jahren noch eine indianische Satellitensiedlung, schon bald seine eine Million Einwohner zählende ›Mutterstadt‹ La Paz überflügelt haben wird. Was aber kann einem neuen Asphaltproletariat die zum nationalen Symbol erhobene inkaische Charakterblume *qantu* noch bedeuten – oder selbst der Altiplano-Bevölkerung, für die die Urwaldpflanze ein botanischer Fremdling ist?

*Qantu, die heilige Blume der Inka*

In einer Gesellschaft, in der der Unterschied zwischen Arm und Reich von Jahr zu Jahr größer wird – das oberste Fünftel der Bevölkerung absorbiert 55 %, das unterste 4 % der Wertschöpfung – schrumpft die Mittelklasse unaufhörlich dahin. Doch gerade sie wäre die Basis für solide politische Parteien. Denn die Verquickung der Oberschicht mit den höchsten Regierungsrängen hat strategischen Charakter. Deshalb fühlt sich die Unterschicht auch machtlos, ›vom Spiel ausgeschlossen‹, und radikalisiert sich.

Ursächlich wird die spanische Überformung für den Identitätsverlust verantwortlich gemacht. Deshalb ist die alljährlich beim Yawar-Fest geübte Praxis, einen lebenden Kondor (*den* Indianer symbolisierend) auf den Rücken eines Stiers (Symbol der Hispanität) zu binden, auf dass dieser auf und davon renne, mehr als eine Volksbelustigung: sie ist die Metapher für einen – allerdings vergeblichen – Protest gegen den vorletzten, den europäischen Kulturbringer.

## Instrumentalisierte Kunst: Das 19. Jahrhundert

Die zu Beginn des 19. Jh. sowohl Spanien als auch die Überseegebiete erschütternden geopolitischen Umwälzungen führten zu einer tiefen Zäsur im Kulturschaffen beiderseits des Atlantiks. Spanien, das 1800 Louisiana an Frankreich verlor (und damit der nordamerikanischen Go-West-Expansion den Weg bahnte), wehrte sich gegen die napoleonische Invasion (1808) mit einer Heftigkeit, die Anklänge an die Rekonquista hatte.

Vor dem Hintergrund dieses Ringens im Mutterland mochte der Verkauf Floridas an die USA (1819) unbedeutend erscheinen, doch die selbstbewusst gewordenen Kreolen in den hispanoamerikanischen Besitzungen interpretierten schon den geringen dafür geforderten Preis (5 Millionen Dollar) – und auch dieses Sümmchen wurde noch einbehalten, um es gegen von Spanien geforderte Entschädigungen aufzurechnen – als Zeichen imperialer Schwäche und Verdrossenheit.

Nichts hatte dem von Revolutionsängsten getriebenen Karl III. das Presseverbot von 1789 genutzt, das die Verbreitung der französischen Menschenrechtserklärung in Spanien verhindern sollte. Die Ideale der Aufklärung rüttelten auch, von Mexiko bis Feuerland, an den Fundamenten der antiquierten Kolonialbürokratie. Ein ganzer Kontinent rang um die Loslösung vom Mutterland. Simón Bolívar, der seit 1807 – mit Hilfe Englands – in Venezuela konspiriert hatte, führte das Land schon vier Jahre später, Oberperu (Charcas), das ihm zu Ehren den Namen Bolivien annehmen sollte, 1825 in die Unabhängigkeit. Er machte auch mit dem Sieg von Junín (1824) über die Royalisten endgültig den Weg für Peru – die letzte spanische Bastion – frei, wo der argentinische Libertador General José de San Martín bereits am 28. Juli 1821 die Unabhängigkeit ausgerufen hatte.

*Die Büste Simón Bolívars in Lima*

War die Kulturentwicklung im mittleren Andenraum schon durch die jahrzehntelangen Freiheitskämpfe behindert worden, so brach sie in den Wirren der anschließenden republikanischen Epoche vollends zusammen. Bereits 1829 löst sich Peru von Bolívars Großkolumbien, verbindet sich – die Wiedergeburt eines Inkareiches modellhaft vor Augen – erneut zu einer Konföderation, welche abermals verfällt; Diktatoren, Anarchisten, *caudillos* und Wirtschaftsabenteurer lösen einander ab und ruinieren die beiden Länder; im Salpeterkrieg (1879–83) verliert Peru seine südlichen Provinzen, Bolivien die Atacamaregion (und damit den Zugang zum Pazifik) an Chile, auch muss Bolivien das amazonische Kautschukgebiet von Acre an Brasilien abtreten.

Die Zeit der Wirtschaftskriege um die Rohstoffe der Welt ist angebrochen, und Peru und Bolivien, verschmäht von der industriellen Revolution und ihren kreativen Impulsen, geraten als schlafende (Edelmetall-)Riesen unter den beherrschenden Einfluss britischer und nordamerikanischer Minenausbeuter. Wo ist, in diesem geistigen Niemandsland, Isaac Newtons göttlicher Uhrmacher geblieben, der die Schöpfung in Gang hält? Wo blieb die Kunst? Wir finden nichts als Instrumentalisierungen im Dienste der Politik.

Im gebeutelten Europa hatte unterdessen der geniale Historienmaler Francisco de Goya (1746–1828) ›Die Schrecken des Krieges‹ in einer phantasmagorischen Bilderchronik eingefangen. Sein französischer Zeitgenosse Théodore Géricault (1791–1824) schuf mit seinen erregenden Wiedergaben eines im Kartätschenfeuer zitternden Kavallerieoffiziers sowie einem Kürassiers, der sich verletzt aus dem Schlachtengetümmel zurückzieht (beide Gemälde heute im Louvre) sogar den Typus des Antihelden – eine völlig fremde Kunstfigur in jenem heroischen Zeitalter. (Beethovens ›Eroica‹ bejubelte 1804 die Kaiserkrönung Napoleons, und bald darauf würde Giuseppe Verdi die historischen Helden Schillers, Shakespeares und Byrons auf die Opernbühne heben.)

Die künstlerischen Freiheiten provokativer Spanier und Franzosen durften sich die Maler der jungen Südamerika-Republiken nicht erlauben. Als Auftragsmaler hatten sie den Allüren des Zeitgeistes zu folgen und dessen launische Triumphe zu feiern. Amtsantritte und Proklamationen, feierliche Vertragsunterzeichnungen und Halbporträts im Gladiatorenstil waren bevorzugte Sujets. Und indem die bildenden Künste alle existenziellen Ängste aus ihren Darstellungen verbannten und damit unwillkürlich den ästhetischen Vorgaben Friedrich Wilhelm Hegels (1770–1831) – »Die ideale Kunstgestalt ... wie ein seliger Gott« – genügten, gaben sie sich der Romantisierung einer der konfliktreichsten Periodcn Hispanoamerikas hin.

Im ersten Abschnitt dieser Epoche – etwa bis zur Jahrhundertmitte – waren die Maler noch vorwiegend Autodidakten und schulten sich, in Ermangelung eines Besseren, an botanischen Skizzen. Solche stammten etwa von dem österreichischen Naturforscher Thaddaeus Peregrinus Haenke (auf ihn geht die industrielle Herstellung von ›Chile-Salpeter‹ zurück), einem Mitglied der spanischen Südsee-Expedition (1789–94) unter Alessandro Malaspina; oder auch von dem Augsburger Studiosus Johann Moritz Rugendas, der um 1820 Pflanzen für Alexander von Humboldt zeichnete. Zu erstem Ruhm brachte es der Mulatte José Gil de Castro y Morales (1783–1841), ehemals Kartograf in der Befreiungsarmee, als er Doña Joaquina Costa, Bolívars flüchtige Geliebte von Potosí, auf die Leinwand bannte, mit Zierlocke, Fächer und Aufsteckkamm.

In geschmeidigen Salonporträts übten sich auch der an Rembrandt-Kopien orientierte Ignacio Merino (1817–76) und vor allem, nun schon in der nächsten Generation, Daniel Hernández (1856–1932). Künstler dieser zweiten Periode bildeten sich wiederum in Paris und Rom heran, folgten aber bei ihrer Porträt- und Milieumalerei durchaus verschiedenen historischen Stilen. Dabei griff Carlos Baca Flor (der auch den nordamerikanischen Eisenbahnmagnaten John Pierpont Morgan malte) auf die italienischen Koloristen des 17. Jh. zurück; Teófilo Castillo (1857–1922) stimmte sich auf die leuchtkräftigen Spontangemälde des marokkobegeisterten Katalanen Mariano Fortuny (1838–74) ein; Daniel Hernández folgte dem schwungvollen Pinselstrich und dem vibrierenden Farbenspiel von Eugène Delacroix (1798–1863).

Nach dieser Huldigung an den pathetischen Historismus werden Persönlichkeitskult und Zeremonialmalerei allmählich von einer die allgemeinen Kräfte des Wandels dokumentierenden Bildthematik abgelöst. Es ist die Zeit, da sich die Bauernschaft gegen den reaktionären Landadel auflehnt und die Strömung des *indigenismo* auch auf die Kunst übergreift. Man huldigt wieder alten Werten und lässt verschüttete Traditionen aufleben. In Peru wird Mario Urteaga (1875–1957) zum Vater dieser dritten Malergeneration, die sich, in der Technik schon impressionistisch eingestimmt, den heimatlichen Landschaften und unzähligen indianischen Genreszenen widmet. (In Paris zeigen die von der offiziellen Kunstkritik geächteten französischen Impressionisten ihre ›entfremdeten‹ Genrebilder, darunter Claude Monets ›Frühstück im Freien‹, zum ersten Mal 1863 in einem getrennten ›Salon des Refusés‹.)

In diesem für die Andenländer künstlerisch insgesamt wenig innovativen 19. Jh. stand die Plastik ganz im Dienst der Städtearchitektur und schwärmte über Alleen und Plätze aus: Wo bisher Prozessionsfiguren nur flüchtige Vorstellungen gegeben hatten, etablierten sich Reiterstandbilder, allegorische Brunnen und Obelisken mit Siegesengeln wie für die Ewigkeit. Die republikanische Elite verneigte sich vor ihren neuen Patrioten und, stilistisch, vor dem (stets staatskonformen) europäischen Akademismus. Eingesetzt hatte der Niedergang eigenschöpferischen plastischen Kunstschaffens bereits mit der Jesuitenvertreibung (1767), deren Motive Karl III. »in der königlichen Brust bewahrte«.

Einen weiteren Abriss in der Kulturentwicklung bedeutete die Abkopplung der Charcas-Region (das spätere Bolivien) von Peru und seine Eingliederung in einen soziokulturell völlig verschiedenen Raum, nämlich das Vizekönigtum La Plata (1776). Das geschah, um das von Potosí abfließende Silber auf dem kürzesten Wege, also über Buenos Aires, nach Spanien zu bringen.

Ausgerechnet die Kirche, die noch weitere hundert Jahre das Bildungsmonopol und mit den verbliebenen Klosterwerkstätten die einzigen Ausbildungszentren behalten sollte, erlitt den größten Aderlass an Kulturschätzen. Zu Beginn der Befreiungskriege hatte das Militär noch Zinkbleche mit aufgemalten Muttergottesbildern – populäre Kleinkunst in chaotischer Zeit – an die Fahnenstange geheftet (die Virgen de la Merced, die Gnadenjungfrau, ist bis heute die Schutzpatronin des Heeres). Bald schon jedoch räumten Royalisten wie Rebellen abwechselnd die Tempel aus, um ganze Heiligenfiguren auf den Feldzügen mitzuführen, die sie ihrerseits mit erpresstem Kirchensilber finanzierten.

Die erste staatliche Kunst- und Handwerksschule entstand 1864 in den Räumen des San-Felipe-Gymnasiums zu Lima, überlebte jedoch nur die kurze Zeitspanne bis zum Ausbruch des Salpeterkrieges (1879) und formierte sich erst wieder 1918 unter der Regie des Malerfürsten Daniel Hernández. Indessen: Die von der republikanischen Herrscherklasse geforderten Monumentalplastiken konfrontierten die einheimische Künstlerschaft mit völlig neuen Materialien und Verfahren – wie Marmor oder Bronzeguss –, mit denen umzugehen man erst lernen musste. So schmückten sich denn auch die in der Jahrhundertmitte als Flanierschneisen durch die Städte gezogenen *alamedas* (Pappelalleen) ausschließlich mit Personendenkmälern, die der Hand europäischer, vorwiegend italienischer Künstler entstammten. Die 1859 auf der Plaza de la Inquisición von Lima aufgestellte Kolossalskulptur des Befreiungshelden Bolívar und Salvatore Revellis Kolumbusstatue von 1860 (heute auf dem Paseo Colón), ein Musterbeispiel für den gefälligen Akademismus, charakterisieren diese pathetische Epoche erster nationaler Identitätsfindung.

Auch die Architektur verharrte in der Retrospektive – sie huldigte dem Historismus – und bediente sich bei den städtischen Repräsentationsbauten eines Stilpluralismus, der beinahe nichts ausließ. In ihrem vom Geldsegen des Guano-Booms (ab 1850) verwöhnten Schönheitsdrang zitierte die Baukunst alle Epochen und brachte, Indiz eines wachsenden Selbstbewusstseins oder Profilierungszwanges, sogar eine ›neoperuanische‹ Renaissance hervor. Auf diesen antikisierenden Kanon verpflichtete man den 1872 in Lima errichteten Palacio de la Exposición und umgab ihn noch mit Gärten voller architektonischer Stilblüten: Brunnen, Triumphbögen und Pavillons nach venezianischer, byzantinischer und maurischer Façon. In dieser Periode eklektischer Exzesse entstand auch das beziehungsreich Panóptico genannte Gefängnis von Lima (1860). Gleichzeitig warfen die Kirchen von La Paz ihre barocken Gewänder ab und kleideten sich neugotisch und neuklassizistisch ein.

Erst als sich auch die Baukunst an neuartigen Stoffen erproben musste – vielleicht dauerte die Konstruktion der Limaner Hauptpost mit dem bis dahin unbekannten Portlandzement deshalb so lange (1876–97) – setzte mit den Beaux Arts wieder ein prägender Stilwandel ein. Ab Mitte der zwanziger Jahre ließ dann der Modernismus auch in den Metropolen der Andenländer die fassadenglättenden vielstöckigen Beton- und Glaskuben entstehen, in deren Spiegel sich die denkmalgeschützten Relikte aus lustvolleren Zeiten heute nachdenklich betrachten.

Seitdem hat der Drang, etwas vom *indigenismo* anderer Kunstgattungen auch in die Architektur hinüberzuretten, zu den abartigsten Ideen geführt. Das in ›neo-inkaischer‹ Manier gestaltete Portal des Limaner Museo Nacional de la Cultura mit seinen – in Beton gegossenen – Pfeilerfiguren und Reliefimitationen der Tiwanaku-Kultur wäre eher einem nordamerikanischen Themen-Park angemessen. Und im Miraflores-Viertel konnte es sich sogar der Doyen der peruanischen Archäologie, Julio C. Tello, nicht verkneifen, den Dachfirst seines Hauses mit einem Drachenkamm von nachgemachten Mochica-Applikationen zu hörnen.

## Zeitgenössische Malerei

Die rationelle Schönheit und hochgesinnte Schlichtheit des von Europa und Nordamerika geborgten Modernismus undefinierbaren lokalen Kulturströmungen untergemengt zu haben, warf man den Ländern Lateinamerikas im 20. Jh. gerne vor.

Hinter dieser Kritik verbirgt sich nicht nur Perplexität gegenüber einem unübersehbaren Kulturmosaik, sondern auch der Zweifel abendländischer Puristen am Kreativvermögen einer so hybriden Gesellschaft. In der Tat ist ›Lateinamerika‹ mit seiner Viertelmilliarde Menschen – hervorgegangen aus Kreuzungen von Spaniern, Portugiesen, Indianern, Schwarzen, Japanern, Chinesen (aber auch Millionen von Europäern aller Nationen) – der Großraum mit der stärksten Ethnienvermischung der Welt. Aber nicht nur als Schmelztiegel hat dieser Subkontinent gewirkt, sondern auch als Gärbottich, der Vitalität und Originalität verbürgte und wo die Fähigkeit zum Staunen – Hefe aller Kreativität – erhalten blieb. Paradoxerweise war es gerade die Unstabilität der politischen Institutionen Lateinamerikas, die der Kunst zur Selbstfindung verhalf und damit zu jener Autonomie, aus der heraus sie kritisieren durfte, denunzieren, ja »wehtun musste«, wie es später Theodor W. Adorno (›Ästhetische Theorie‹) forderte.

Als Wächter über die gesellschaftlichen Zustände, als ›Gewissen der Nation‹ haben sich Literatur und bildende Künste Lateinamerikas nachhaltigen Respekt verschafft. Kein europäischer Modernist, Picasso eingeschlossen, hat als engagierter Künstler eine so breitgestreute Glaubwürdigkeit erzielt wie beispielsweise die mexikanischen Muralisten (Rivera, Orozco, Siqueiros), die nach der mexikanischen Revolution (1910–20) etwas zu einseitig auf die Stilrichtung des Sozi-

*Familienporträts; links ein Ehepaar der limenischen Kolonial-aristokratie; rechts ein älteres Werk, das einen Spanier mit Mulattin und Terzeron zeigt. Dieses Bild gehört zu einem Zyklus von 20 Werken, die Karl III. von Spanien 1770 in Auftrag gab, um den Fortschritt der ›Rassenvermischung‹ in Spanisch-Amerika zu demonstrieren.*

alistischen Realismus festgelegt wurden. Wenn Unversöhnlichkeit mit der Realität eine Forderung Adornos an die Kunst werden sollte, dann hatte José Clemente Orozco (1883–1949) schon ein halbes Jahrhundert zuvor gegen diese Devise verstoßen. Seine 1927 entstandene Wandmalerei ›Cortés y Malinche‹ (an der Escuela Nacional Preparatoria, Mexiko-Stadt) zeigt den Eroberer Mexikos, nackt und Hand in Hand mit seiner indianischen Geliebten (und Übersetzerin), die ihm und der Neuen Welt einen der ersten Mestizen schenkte.

Dass die bald über den ganzen Kontinent ausfächernde Wandmalerei – in den USA folgte ihr der Regionalist Thomas Hart Benton (1889–1975), bei dem dann Jackson Pollock als abstrakter Expressionist in die Lehre ging – zum bevorzugten piktorischen Mittel der Sozialkritik wurde, lag gewiss auch an der plakativen, blickfängerischen Wirkung dieser Straßenkunst. Seine Nachblüte erlebte der *muralismo* Lateinamerikas vor allem in den Ländern mit einem hohen indianischen Bevölkerungsanteil und ging daher mit dem Indigenismus eine enge ideologische Verbindung ein.

Wie in Mexiko projizierte auch in Bolivien eine sozialistische Revolution (1952) ihr Fanal an die Wände, doch während etwa Orozco – vor allem unter dem Einfluss von Picassos ›Guérnica‹ – seine Figurationen mehr und mehr brutalisierte, nahm die bolivianische Mauermalerei die Bildsprache mythischer Szenen an. Der führende bolivianische Muralist Miguel Alandia Pantoja (gest. 1975) schuf mit seinen Ensembles von Schamanen, Schlangen und metaphysischen Landschaften Bildwerke von surrealistischer Symbolhaftigkeit.

Doch der Indigenismus war keine Erfindung der Malerei. Als der mit dieser Kunstgattung zuerst identifizierte Peruaner Mario Urteaga (1875–1957) auf seinen Leinwänden der indianischen Vergangenheit nachspürte, gab es den Begriff noch gar nicht. Geprägt hat ihn, wie so viele andere geistige Orientierungen, die Literatur. Die zum ersten Mal 1900 von dem uruguayischen Essayisten José Enrique Rodó formulierten antimaterialistischen, Altruismus und Solidarität reklamierenden Thesen des Indigenismus fokussierte der peruanische Schriftsteller José Carlos Mariátegui 1928 in seinen ›Siete ensayos de interpretación de la realidad peruana‹ (›Sieben Versuche, die peruanische Wirklichkeit zu verstehen‹) auf die gesellschaftlichen Verhältnisse im Mittelandenraum. Seine sozialutopischen, an das inkaische Erbe anknüpfenden Entwürfe zu einer wirtschaftlichen und kulturellen Neuordnung fanden, besonders im westlichen Südamerika, einen enormen Widerhall und bilden bis heute die ideologische Plattform der in den Waldgebieten Ostperus operierenden Guerillas des Sendero Luminoso (Leuchtender Pfad).

Auf die Malerei, und da nun wirklich ›Schule machend‹, springt der Indigenismus mit José Sabogal (1888–1956) über, der die Schriften Mariáteguis verschlingt und im Jahr 1920 als Lehrer an die erst zwei Jahre bestehende Escuela Nacional de Bellas Artes in Lima kommt. In Mexiko zutiefst beeindruckt von den Muralisten, in Moskau und Petersburg gebannt von den archetypischen Figuren der dem Panslavismus anhängenden Ethnosymbolisten, wird der Maler Sabogal zur Leitfigur des Nuevo Movimiento in Peru und Bolivien: Verdrängung alles Anekdotischen und porträthafte Profilierung des Einzelmenschen – stolz, würdig, ja geradezu majestätisch im stummen Protest gegenüber einem Schicksal, das man nur aus seinen Augen liest. Sabogals Schüler, unter ihnen Enrique Camino Brent (1909–60) und Camilo Blas (1903–85), folgen dem Meister thematisch noch, machen sich aber kompositorisch und technisch von ihm frei. Solches gelingt vor allem auch Julia Codesido (1892–1979) und etwas später Ugarte Eléspuru (geb. 1911) mit einer emotionsgeladenen, explosiven Malerei in einer Epoche (1930–50), die man heute als Goldenes Zeitalter bezeichnet.

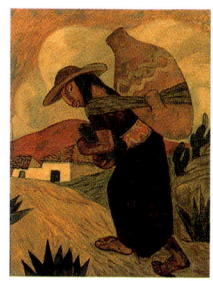

›India Huanca‹, Gemälde der indigenistischen Künstlerin Julia Codesido (1932)

Bei gleicher Weltsicht, doch in anderer Interpretation schildern die bolivianischen Indigenisten die kollektive Tradition. Der aus Cochabamba stammende Restaurator Jorge de la Reza (1901–58), zeitweise Direktor der Escuela de Bellas Artes von La Paz, artikuliert sich in seinen pastellfarbenen Temperagemälden im Stil der englischen Symbolisten; Cecilio Guzmán de Rojas (1900–50), in Potosí geboren und in Madrid ausgebildet, verleiht seinem Symbolismus die verträumten, idealisierenden Züge des Jugendstils.

Die schon in den 1920er Jahren in der peruanisch-bolivianischen Kunstdiskussion aufgekommene – und bis heute währende – Dialektik zwischen (indigenistisch eingegrenztem) *localismo* und (europäischen und nordamerikanischen Richtungswechseln folgendem) *universalismo* überbrückten zwei Genies, herausragende Vertreter der südamerikanischen Gegenwartskunst: Die Bolivianerin María Luisa Pacheco (1919–82), Guzmán de Rojas' Schülerin, bildete sich in Madrid weiter (und illustrierte dort auch für die Zeitung ›La Razón‹). Dann kehrte sie nach La Paz zurück und ging 1956 nach New York, wo sich ihre bis dahin figurative Malerei in abstrakte dynamische Konturen auflöste, die indessen stets die Formen und Farben der bolivianischen Sierra beibehielten. Der entscheidende Brückenschlag Fernando de Szyszlos (geb. 1925), der heute als Exponent der Nueva Escuela Peruana (Neue Peruanische Schule) gilt, führte 1949 nach Paris, wo er das Licht der französischen Impressionisten in seine informale Malkunst aufnahm. Stilistisch gehören seine Werke dem abstrakten Expressionismus an, spirituell sind sie, mit ihren sphärisch-kosmischen Körpern und den an präkolumbischen Textilien orientierten Farben – im archaischsten Sinne – indigenistisch: Die gleichsam schwebenden Konfigurationen der 1968 gemalten Serie ›Puka Huamani‹, perfekt im Gleichgewicht wie stellare Systeme, missachten alle Grenzen von Zeit und Raum. Seine bisher bedeutendste Ausstellung ›Mitos y Colores de mi Tierra‹ (Mythen und Farben meiner Heimat) zeigte De Szyszlo im Juni 2005 im Kunstzentrum Stazione Leopolda von Florenz.

An all diesen Strömungen sind die Springprozessionen nordamerikanischer Kunstmoden, von der Pop-Art bis zum ›Neo-Dada‹, fast

spurlos vorübergegangen. Dass eine von Jasper Johns in verfremden-
den Farben gemalte amerikanische Flagge einen Preis von 17 Millionen Dollar erzielen konnte, hält Szyszlo für den Auswuchs eines von
der Jagd nach Statussymbolen verzerrten Kunstbetriebs. Insofern hat
die rückhaltlose Förderung des ecuadorianischen Malers Oswaldo
Guayasamín (1919–99) durch Nelson Rockefeller in der Kulturszene
der Vereinigten Staaten jenem eher geschadet. Seine Schaffenswut,
in deren Mittelpunkt die Serie ›La Edad de la Ira‹ (Das Zeitalter des
Zorns) steht, gebar, neben unzähligen Muralen und Zeichnungen,
rund 8000 Ölbilder. Heute ist der Bolivianer Roberto Mamani (geb.
1962), der mythischen Ausdruckskraft des Mexikaners Rufino
Tamayo verpflichtet, zum Exponenten eines neuen andinen Symbolismus geworden. In einer extrem einfachen ›Teppichmalerei‹ mit
scharfen Umrißlinien und von farbensprühender Flächigkeit beschwört er die archaischen Landschaften, Menschentypen und religiösen Idole seiner Heimat.

So hat sich die indigenistische Malerei in den Mittelanden ein
breites Spektrum von Ausdrucksformen geschaffen. Parallel dazu
aber halten sich, und zwar durchaus erfolgreich, europäische Maltra-
ditionen der verschiedensten Richtungen. Die in Paris bei John Fritlainder ausgebildete Bolivianerin Graciela Rodo Boulanger (geb.
1935) bewegt sich mit ihren Motiven in der infantil-zirzensischen
Welt von Picassos Harlekinen und Gauklern. In Peru wurden Sérvulo Gutiérrez (1914–61) – unter dem Einfluss des argentinischen
Spätkubisten Emilio Pettoruti (1892–1971) und Giorgio de Chiricos
(1888–1978) halluzinatorischen Stadtlandschaften – sowie der
›visionäre‹ Ramiro Llona (geb. 1947) zu Hauptvertretern der Pittura
Metafisica Südamerikas.

In Amsterdam und Rom schulte sich der Peruaner Carlos Revilla
(geb. 1940). Er war lange mit Salvador Dalí befreundet, in dessen
Fischerdorf Cadaqués er auch die verwegenen Ideen Marcel Duchamps' und den provokanten Symbolismus René Magrittes rezipierte.
Unterdessen bewegt er sich weiterhin in den paranoischen Szenerien
seines katalanischen Vorbildes: Als »häretischen Surrealisten« bezeichnet sich der Künstler selbst. Mit der technischen Präzision der
alten flämischen Meister erschafft er eine Welt von erotisch aufgela-
denen »Traum-Fotografien«, in der die Zeit stillzustehen scheint.
Bisher dreimal hat Revilla auf der Biennale von Venedig ausgestellt.

## Indigenismus, Modernismus, Neorealismus: Die Literatur

Keiner der Chronisten, deren Tagebücher und Reisenotizen die erste
Neugier über *las indias* im Mutterland zu befriedigen hatten, wäre
auf die Idee gekommen, dass seine Schriften später Kolonialliteratur
genannt würden. Die ebenso detailreich wie unsystematisch aneinander gereihten Aufzeichnungen jener Zeit gehörten den Dokumen-

tationsgattungen Militärmemoiren, Klostergeschichte oder Informationserhebung an. Die von den spanischen Berichterstattern Piedro Cieza de León (1520?–1554) und Agustín de Zárate (gest. 1560?) zusammengetragenen Skizzen geben überwiegend das Erzählgut inkaischer Informanten wieder und sind daher – möglicherweise geschöntes – Sekundärmaterial.

Zur Kategorie reiner ›Chronistik‹ zählen auch noch die zu Beginn des 17. Jh., nun allerdings schon durch indianische oder mestizische Hand, entstandenen Kompilationen ›Relación de antiguedades deste reyno del Pirú‹ (Bericht über die Vorgeschichte dieses Königreichs Peru) von Juan de Santa Cruz Pachacuti Yamqui und ›Nueva Coró-nica y buen gobierno‹ (Neue Chronik und gute Regierungsführung) von Felipe Guaman Poman de Ayala (1535?–1615?), eine in Spanisch und Quechua betextete Bilddokumentation von hohem Aussagewert – mangels vergleichbarer Originalquellen, sollte man hinzufügen.

Das erste im heutigen Sinne als Literatur ansprechbare Geschichtswerk bilden die ›Comentarios reales que tratan del origen de los Incas‹ (Königliche Kommentare, die von der Herkunft der Inka handeln) des hochgebildeten Mestizen Garcilaso de la Vega (1539–1616). Der in Cusco als Sohn eines kastilischen Adligen und einer inkaischen Fürstentochter geborene Autor, kurz El Inca genannt, war, als er Geschichte und Legenden, Religion und Kulte seiner indianischen Vorfahren schilderte, offenbar von den gottesstaatlichen Ideen Platons und des Heiligen Augustinus beseelt.

Aber hatte er sich auch, was man hätte vermuten können, in die (erst 1905 in der Göttinger Universitätsbibliothek wiederentdeckte) ›Historia general llamada indica‹ (Allgemeine Geschichte, die indische genannt) eingelesen, die der Seefahrer und Abenteurer Pedro Sarmiento de Gamboa im Auftrag des siebten Vizekönigs von Peru, Francisco de Toledo (reg. 1569–80), als Tendenzschrift zur Rechtfertigung der spanischen Kolonisierung verfasste? Seltsamerweise war dem Glücksritter Gamboa ein geschichtlicher Abriss gelungen, bei dem die mythische Welt der Inka beinahe konfliktlos in der gottgewollten christlichen Herrschaft aufging. Die Versöhnung der heidnischen Vergangenheit mit dem Heilsplan der Eroberer brachte der – heute literaturgeschichtlich als *post-toledano* eingestufte – Garcilaso zustande, indem er auf die Abschaffung der präinkaischen Vielgötterreligionen durch seine Vorfahren und die Einführung des Sonnenkultes verwies – ein nur monotheismus, bei dem nur noch der indianische Schöpfergott gegen den christlichen auszutauschen war.

Jenseits der philosophischen Spannweite dieses Geschichtswerks, dessen zweiter Teil erst posthum (1617) und unter dem von der Zensur gestutzten Titel ›Historia general del Perú‹ erschien, bestechen aber der überragende Stil und die metaphorische Fabulierkunst des Autors. Doch eben gerade diese missfiel später der Kolonialbürokratie: man witterte naturreligiöses Gedankengut. In Garcilasos Überhöhung der Inka schienen sich bereits die Ideen des 18. Jh. vom edlen Wilden anzukündigen.

*Der Chronist und Dichter Garcilaso de la Vega (1539–1616), abgebildet auf dem 1000-Inti-Schein*

*Markt in Pisac*

Was aber brachte das Vizekönigreich Peru in der Zwischenzeit an Literatur hervor? Außer der »unerträglichen Gefälligkeit gedrechselter Alexandriner« nichts, was man eine bedeutende Versdichtung oder einen Roman hätte nennen können, meinte der Literaturhistoriker Raúl Porras Barrenechea in einer Rückschau von 1924; und das »wegen des dreifachen Absolutismus von König, Inquisition und Góngora«. Der barocke Dichter Luis de Góngora, Pfründeninhaber des Domkapitels zu Sevilla und Erzfeind Lope de Vegas, war der Urheber jener *culturanismo* genannten, schwülstigen Kunstsprache, die sich in den Kolonien in Form von Palastreden und pompösen Traktaten des Klerus niederschlug.

In Spaniens Goldenem Zeitalter hat die vizekönigliche Gesellschaft Literatur fast nur importiert. Sobald man aber die Fesseln des Mutterlands abgestreift hatte, um 1820, kündigte sich ein zunächst patriotisch hoch gestimmter *costumbrismo* als erste eigenständige Literaturgattung an. Er färbte sich jedoch, unter dem Eindruck des komödienhaften politischen Spektakels der ersten Jahrzehnte der Unabhängigkeit, bald zu einem ›satirischen Kostumbrismus‹ um, der eine Unzahl von volkstümlichen Spottgedichten und pikaresker Kurzprosa hervorbrachte – ein willkommenes Fressen für die sprichwörtlich werdende *chismografia limeña,* die limenische Klatschsucht.

Die korrosive Trivialliteratur dieser Epoche war indessen nicht ohne Esprit und erzeugte einen Funkenregen, der noch bis in die Romantik hinüberwehte: Deren herausragender hispanoamerikanischer Literat Ricardo Palma (1833–1919) – zeitkritisch, spöttisch, kultiviert und »satirischer als alle Satiriker« – gilt bis heute als Stammvater einer autonomen peruanischen Literatur. Es fällt nicht ganz leicht, sich den seriösen Lyriker, Dramatiker, Philosophen, Heine-Übersetzer und Direktor der Staatsbibliothek als *burlón,* als Spaßvogel vorzustellen, und doch hat er, gleich Anatole France, respektlos Heilige und Narren, Jungfrauen, Märtyrer und Spitzbuben in seinen Fantasie und Wirklichkeit verschränkenden Geschichten und Sittenbildern in Szene gesetzt. Ein Blick in das Meisterwerk dieses Romanciers – ›Tradiciones Peruanas‹, eine Sammlung von über 500 Erzählungen – genügt, um sich von der brillanten Feder Palmas zu überzeugen. Darüber hinaus schlug sich die Romantik vor allem in der Lyrik und da in der französisierenden Manier nieder, der auch die bollvianischen *bohemios* Ricardo José Bustamante (1821–86) und Nataniel Aguirre (1843-88) erlagen.

Aus ihrer emotionalen Phase löste sich die hispanoamerikanische Literatur mit dem Erscheinen der großen Romane Balzacs, Zolás, Flauberts, Tolstois, die ihre Figuren mit dem realistischen Abstand von Fotografen positionierten (in Europa waren seit 1839 Daguerreotypien patentiert). Erstaunlich – oder auch nicht –, dass die Avantgarde dieses hellsichtigen Realismus in Peru vom ausschließlich weiblichen Literarischen Zirkel gebildet wurde, dessen herausragende Protagonistin, Clorinda Matto de Turner (1854–1909), mit dem Werk ›Aves sin nido‹ (Vögel ohne Nest) die sozialkritisch-indigenistische Literaturtradition ihrer Heimat einleitete. Der Roman leuchtet das Schicksal der Hochlandindianer aus, emblematisch, anklagend und antiklerikal. Er errang internationale Anerkennung und ebnete den Werken des Bolivianers Alcides Arguedas (1879–1946) den Weg, in denen sich soziale Anklage mit beschwörenden Landschaftsschilderungen verbindet. Sein trotziger Roman ›Raza de Bronce‹ (deutscher Titel: ›Menschen aus Erz‹) wurde zum Paradigma realistisch-naturalistischer Dramendichtung.

Die erste originär lateinamerikanische Kunstrichtung in der Literatur schenkte der Nicaraguaner Rubén Darío (1867–1916) dem Kontinent: Mit dem experimentierfreudigen, ästhetisierenden *modernismo*, der sogar noch in der Dichtkunst Pablo Nerudas nachhallt, wird die Sprache zum Klangkörper. Formal haben sich vor allem der Bolivianer Ricardo Jaimes Freyre (1868–1933) und der Peruaner José Santos Chocano (1875–1934) in ihrer Lyrik und Kurzprosa von Daríos kapriziöser Wortarchitektur (Hauptwerk: ›Azul‹ – Blau) beeinflussen lassen, sich aber später, und darin dem spanischen Lyriker Antonio Machado (1875–1939) folgend, vom modernistischen Modevokabular freigemacht.

Insofern muss auch der ›ikonoklastische‹ peruanische Dichter Abraham Valdelomar (1888–1919), der auf seinem Weg vom Karikaturisten zum Literaten alles Modellhafte aus dem Weg räumte, bereits den Postmodernisten zugerechnet werden. Valdelomars 1916 erschienenes Literaturmagazin ›Colónida‹, kosmopolitisch und reformfreudig, fängt die von den französischen Surrealisten in Gang gesetzte avantgardistische Erneuerung auf und gibt sie vor allem an die bolivianisch-peruanische Lyrik weiter. In ihrer neutralsten Ausformung brachte diese die *poesía pura* hervor, die reine – in synkopisch-rhythmischen Kadenzen gesetzte – Poesie. Sie prägt bis heute das Werk des 1911 geborenen Emilio Adolfo Westphalen, der 1999 von der San-Marcos-Universität mit dem Ehrendoktortitel ausgezeichnet wurde.

Eine zweite, ›tellurische‹ Avantgarde verschrieb sich dem indigenistisch ausgerichteten *nativismo* und dem das (typischerweise bolivianische) Mestizentum adelnden *cholismo* (*cholo* = populär für: Mestize).

Die avantgardistische Hauptströmung jedoch riss mit ihrer *poesía social* alle modernistische Künstelei mit sich fort und griff, durch Fabriken und Minen, Hospitäler, Asyle und Kneipen stürmend, in lautmalerischen Sprachgebärden bis auf die archaischsten Wurzeln der Indianeridiome zurück. In seiner vom Leid dieser Unrechtswelt erfüllten Dichtung attackiert der Peruaner César Vallejo (1892–1938), der während des spanischen Bürgerkriegs (1936–39) selbst im (Pariser) Elend lebte, die sozialpolitischen Zustände seiner Zeit und hinterlässt mit der aufwühlenden Anthologie ›Trilce‹ eine der kühnsten Sprachschöpfungen Lateinamerikas.

In Bolivien löst fast um die gleiche Zeit der gegen Paraguay geführte Chaco-Krieg (1932–35) eine anti-imperialistische Welle von literarischen Protesten aus, für die vor allem Augusto Céspedes stellvertretend steht. Seine Romane ›El metal del diablo‹ (Teufelsmetall) und ›Socavones de angustia‹ (Stollen der Angst) dokumentieren die Ausbeutung der Arbeiter in den Zinnminen.

In den folgenden Jahrzehnten bleiben Poesie und Prosa der Mittellanden, in abwechselnder Folge oder auch sich thematisch verknotend, sowohl dem kulturellen Erbe wie dem sozialen Engagement verpflichtet. Für die regionalistisch-indigenen Tendenzen sind bis zu den 1960er Jahren die peruanischen Urwaldromane ›La serpiente de oro‹ (Die goldene Schlange) von Ciro Alegría (1900–67) und ›Los ríos profundos‹ (Die tiefen Flüsse) von José María Arguedas (1911–69) sowie die erdverbundene Lyrik des Bolivianers Octavio Campero Echazú (1900–70) richtungsweisend.

Noch immer das mythische Reservoir der Vergangenheit ausschöpfend, sucht sich auch der um die Jahrhundertmitte heranreifende Neorealismus seine Romanschauplätze im andinen Hinterland – ›País de Jauja‹ (Jauja-Land) aus der Feder des peruanischen Literaturdozenten Edgardo Rivera Martínez (geb. 1933) ist das modernste und erfolgreichste Beispiel –, erobert sich aber zugleich die zwielichtig schillernden Metropolen und schlägt sich hier als *realismo urbano* nieder. In dieser psychologisch verdichteten Literaturgattung gilt der Peruaner Julio Ramón Ribeyro als Meister der lateinamerikanischen Kurzgeschichte. Die besseren Seiten von Limas Großstadtmilieu hat der Autor Alfredo Bryce Echenique (geb. 1939) mit köstlicher Ironie nachgezeichnet. Erst 1999 kehrte er nach 30-jährigem freiwilligem Exil (in Frankreich und Spanien) wieder in seine Heimat zurück. In seinem Schlüsselwerk ›Un mundo para Julius‹ (Eine Welt für Julius) nimmt er das arrivierte Kommerzbürgertum des verwöhnten Vororts Miraflores mit triefendem Spott, aber zugleich auch schalkhaft menschlichem Verständnis aufs Korn. Mit ironischen Pointen, Anekdoten und vorstädtischem Lokalkolorit aufgeladen sind auch seine ›Antimemoiren‹, deren zweiter Band 2005 erschien.

*Mario Vargas Llosa bei der Verleihung des Friedenspreises des Deutschen Buchhandels in Frankfurt (1996)*

Mit dem Anspruch, den im Balzac'schen Sinne totalen Roman zu komponieren, betrat der peruanische Journalist Mario Vargas Llosa (geb. 1936) Anfang der 1960er Jahre die literarische Bühne. Schon in seinem Frühwerk ›La casa verde‹ (Das grüne Haus) – ein Bordell in der nordperuanischen Oasenstadt Piura – lässt er mit Joyce'scher Virtuosität und allen Kunstgriffen des Nouveau Roman eine Unzahl von Handlungssträngen und Zeitebenen in- und übereinander laufen. »Der Roman ist die private Geschichte der ganzen Nation«. Im sozialkritischen Desillusionsroman ›Conversación en la Catedral‹ (Gespräch in der Kathedrale), auch dieser ein Kaleidoskop der unterschiedlichsten, zum Scheitern verurteilten Menschentypen, treten nicht weniger als siebzig Personen auf. Sein Amazonas-Roman ›Pantaleón y las visitadoras‹ (Pantaleón und die Besucherinnen), der die militärische Perfektion auf die charmanteste Weise verhöhnt, kam 1999 auf die Leinwand. Im Jahr 2000 erschien ›La Fiesta del Chivo‹ (Das Fest des Ziegenbocks) – gemeint ist der dominikanische Diktator Leónidas Trujillo, der 1961 von seinen eigenen Konfidenten ermordet wurde. Hier rechnet Vargas Llosa mit einem der neronischsten Gewaltregimes Lateinamerikas ab. In seinem 2004 vorgelegten Band ›La tentación de lo imposible‹ (Die Verlockung des Unmöglichen) unternimmt der (heute in Spanien lebende) Dichter den Versuch, den Schriftsteller Victor Hugo (einen ›Ozean‹!) anhand seines titanischen Romanwerks ›Les miserables‹ in seiner ganzen Vielgestaltigkeit zu entschlüsseln.

# Bedeutende Persönlichkeiten

## Tadeo (Thaddäus) Haenke (1761–1817)

Jahre bevor der in Böhmen geborene Naturfreund den Chimborazo (Ecuador) besteigen würde, trieb ihn seine biologische Neugier schon ins Riesengebirge und in die österreichischen Alpen. Er studierte in Prag Philosophie, wandte sich aber dann der Pflanzenkunde zu und sammelte Material für das Kaiserliche Museum in Wien.

Als Naturwissenschaftler 1790 in die Forschergruppe der Malaspina-Expedition (Weltumrundung) aufgenommen, verpasst er in Cádiz das Schiff, besteigt einen Frachtensegler nach Montevideo, überquert die Anden und holt die Expedition in Valparaiso ein. Nach drei Jahren Forschungsreisen entlang der amerikanischen Pazifikküste muss Haenke, an Skorbut erkrankt, in Callao (Peru) an Land gehen. Sein umfangreiches Herbarium, vierzig Kisten füllend, sendet er zur wissenschaftlichen Auswertung nach Madrid. Vielleicht verdankt er die Auffindung der Heilquellen von Yura (Arequipa) und die Erkennung von Medizinpflanzen seinem Gesundheitszustand, aber er entdeckte auch so herrliche Gewächse wie die Riesenbromelie *Puya raimondii* – siebzig Jahre bevor der Namensgeber Antonio Raimondi sie fand – und die *Victoria regia,* lange ehe der französische Biologe Aimé Bonpland diese größte aller Seerosen beschrieb. Thaddäus Haenke, der unermüdliche Sammler und Zeichner von Pflanzen, ließ sich schließlich in Cochabamba (Bolivien) nieder, wo er auch starb. Der Titel des bald nach seinem Tod erschienenen Werks ›Reliquiae haenkeana‹ (von Carl Presl) spricht für sich selbst.

## Antonio Raimondi (1826–1890)

In Mailand zu einer Zeit geboren, als die Lombardei von politischen Unruhen erschüttert wurde, zog es den jungen Studiosus der Naturwissenschaften schon bald in die Ferne. Er verschlang die Reiseberichte Cooks, Humboldts, Bougainvilles und wählte sich das am wenigsten erforschte Land der Neuen Welt zum Ziel: Peru.

Hier legte er – zu Fuß, auf dem Maultierrücken oder im Einbaum, monatelang unter Eingeborenen lebend – in 19 Jahren 45 000 km zurück. Die erste zuverlässige Landkarte der Region, der 1865 entstandene ›Atlas geográfico del Perú‹, trägt seine Handschrift. Als

Chemiedozent hatte er bereits zuvor die Salpeter- und Boraxlager in der Wüste von Tarapacá aufgespürt. Er analysierte Guano, Mineralien, Thermalwässer, Meeresströmungen, das Klimageschehen und beschrieb 1873 erstmals die nach ihm benannte Chavín-Stele. Von dem überbordenden Wissensdrang des Pioniers zeugen mehr als fünfzig Fachpublikationen. Antonio Raimondis Hauptwerk ›El Perú‹ (1874) weist ihn als den bedeutendsten Universalgelehrten der Anden im 19. Jh. aus. Eine seltene Spezies durch die Lupe betrachtend, so begegnen wir ihm auch heute noch in Form des 1910 am Santa-Ana-Plätzchen von Lima (heute Plaza Italia) aufgestellten Denkmals, einem Werk des italienischen Bildhauers Tancredi Pozzi.

### Ricardo Palma (1833–1919)

Lebensschule und Parkett dieses in Lima geborenen ›peruanischen Mark Twain‹ waren Seefahrt und Schiffsplanken. Als junger Zahlmeister heuerte er auf dem Schoner ›Libertad‹ an, fand während langer Kabotagefahrten Muße zum Lesen und hütete in seiner Backskiste stapelweise spanische Klassiker. Mit 25 Jahren schrieb er die ersten eigenen Texte, wobei er in seinem Milieu genügend Episoden fand. Der Marine blieb er auch dann noch treu, als er bei einem Schiffsuntergang beinahe ums Leben gekommen wäre.

Sein kaleidoskopisch angelegtes Leben lieferte ihm die Eindrücke, die sein späteres literarisches Œuvre so reich und schillernd machte. In eine Verschwörung verwickelt, die die Entführung des Staatspräsidenten Ramón Castilla zum Ziel hatte (1860), wurde Palma des Landes verwiesen, bereiste Europa und die Vereinigten Staaten, war aber bereits wieder auf einem peruanischen Kriegsschiff zu finden, als das spanische Pazifikgeschwader 1866 Callao angriff. Als skeptischer Beobachter und geistvoller Liberaler gab er 1867 die Zeitschrift ›La Campana‹ (Die Glocke) heraus, in der er ein wahres satirisches Feuerwerk abbrannte. Später karikierte er in der Gazette ›La Broma‹ (Der Ulk) mit spitzer Feder das Zeitgeschehen.

Seine lokalgeschichtlich und anekdotisch eingefärbten Texte reiften aber auch zu größeren Werken aus. Er gilt heute als Nestor der peruanischen Literatur. Fast zwanzig Jahre lang war Ricardo Palma Direktor der Staatsbibliothek. Weil er sich für diese von seinen Freunden Bücher schenken ließ, bezeichnete er sich gerne als »bettelnden Bibliothekar«. Der einer einfachen Familie entstammende literarische Aristokrat (»Ich preise mich glücklich, weder blaublütig noch Doktor zu sein«) liebte es zeitlebens, mit seiner Bescheidenheit zu tändeln. Sein Haus im Limaner Vorort Miraflores ist heute ein kleines Privatmuseum (siehe auch S. 114).

### José Carlos Mariátegui (1894–1930)

Der Sozialtheoretiker und Schriftsteller wurde in eine Zeit hineingeboren, in der die Feudalherren und Fabrikbesitzer mit ihrem zunehmenden *gamonalismo* (Kazikentum, Bonzenwirtschaft) gesellschaftliche Unruhen auslösten. In der Puna-Region wurden Indianer gezwungen, unentgeltlich für die Viehzüchter zu arbeiten, an der Küste kämpften Hafen- und Textilarbeiter um den Acht-Stunden-Tag. 1901 wurde der erste Arbeiterkongress Perus einberufen. Es gab Streiks und Aussperrungen. Vor diesem Hintergrund entstanden Mariáteguis sozialkritische Ideen, die sich später in seinem Hauptwerk ›Siete ensayos de interpretación de la realidad peruana‹ (Sieben Versuche zum Verständnis der peruanischen Wirklichkeit) niederschlugen. Die fortschrittsgläubige Verschuldungspolitik des zweimaligen Staatspräsidenten Augusto Bernardino Leguía – eine frühe Form des Keynes'schen »deficit spending« – brachte Peru damals in eine fast bedingungslose Abhängigkeit von den nordamerikanischen Kreditgebern. Dieses elf Jahre (›Oncenio‹) währende Szenarium ließ Mariátegui den Begriff Semi-Kolonisation prägen.

Dass er nach einer Beinverletzung (und späteren Amputation) an den Rollstuhl gefesselt war, mag seine theoretische Arbeit an der Entwicklung marxistischer Aktionsmodelle begünstigt haben. Mariáteguis an frühere indianische Gesellschaftsformen (Boden als Gemeingut, Verteilungswirtschaft usw.) anknüpfende Ideologie strahlte auch über andere Andenländer aus. In Europa hatte er sich an dem Italiener Antonio Gramsci und der russischen Intelligenzija geschult. 1928 gründete er die Sozialistische Partei Perus. Die von ihm herausgegebene Zeitschrift ›Amauta‹, ein Forum für Kunst, Literatur und Soziologie, hat bis heute nicht ihresgleichen gefunden.

### Javier Pérez de Cuéllar (geb. 1920)

Der in Lima geborene Diplomat studierte in seiner Heimatstadt Jura und promovierte mit einer Dissertation über Staatsrecht. Das zeichnete seine Karriere vor, die ihn 1944 ins peruanische Außenministerium führte. Nach Jahren der Praxis in Bolivien, Brasilien und Großbritannien wurde Pérez de Cuéllar 1962 Botschafter, zunächst in der Schweiz, dann in Moskau (1969). Bei Spezialmissionen in China, Japan, Südkorea und den Philippinen übte sich der besonnene Peruaner in der Kunst des Verhandelns und des Ausgleichs.

1975 bestellten ihn die Vereinten Nationen zum Sonderbeauftragten für Zypern. Von da an wurden Konfliktzonen (Naher Osten, Sahara, Falklandinseln) und brisante Themen wie Apartheid oder Kolonialismus zu seinem speziellen Arbeitsfeld. Nach erneuten Botschaftertätigkeiten in Venezuela und Brasilien krönten die Nationen der Welt die Diplomatenlaufbahn Pérez de Cuéllars mit der Wahl zum UN-Generalsekretär. Diesen Posten füllte er zehn Jahre lang aus (1981–91). In Peru denunzierte er die telefonischen Bespitzelungen durch den Geheimdienst während des Fujimori-Regimes.

Nach der Absetzung des desavouierten Staatschefs übernahm Javier Pérez de Cuéllar im November 2000 den Präsidentensitz im Ministerrat der Übergangsregierung.

*Lima, Klosterkirche San Francisco zu Beginn des 19. Jh. aus: M. Vaillant, ›Voyage autour du monde‹* ▷

# Unterwegs
# in Peru und
# Bolivien

Lima als
Theatrum Mundi

Zum Kreuzritterdenkmal erstarrt, sitzt Francisco Pizarro auf seinem Ross und weist mit dem Degen auf Limas Plaza de Armas, deren quadratischen Grundriss er am 18. Januar 1535 mit der Schneide seiner Waffe und dem eigenen Blute in den Wüstensand gezeichnet hatte – und wo man ihn nur sechs Jahre später erdolchte. Kaum eine Dekade zuvor hatte der Generalkapitän seiner katholischen Majestäten schon einmal mit der Klinge eine Linie gezogen; damals galt es, die Getreuen von den Furchtsamen – also nach Mexiko Zurückkehrenden – zu scheiden. Jetzt also ritzte er den Gründungskern Limas in den Sand, den zukünftigen Mittelpunkt eines gewaltigen Reiches, des Vizekönigtums Peru, das sich von Nicaragua bis Feuerland erstreckte. Heute ist Lima eine 10-Millionen-Stadt.

Man muss sich den Rausch der extremadurischen Eroberer im räuberischen Zeitgeist des 16. Jh. vorstellen. Erst 1527 war Rom von den Truppen Karls V. geplündert worden (›Il sacco di Roma‹), die Engländer adelten ihre kapernden Seefahrer, und noch Quevedo rühmte das Waffenhandwerk als einzig nobles Metier. Der nach späteren Wertmaßstäben gerne als Analphabet abqualifizierte Haudegen Pizarro galt auch illustren Spaniern eher als hehre Gegenfigur zu den ungeliebten jüdischen Intellektuellen (die man zusammen mit den Mauren von der Halbinsel vertrieben hatte). Noch Lope de Vega setzte ruhmvollen *hidalgos*, die nicht lesen und schreiben konnten, Lorbeerkränze auf. Und Cervantes, dem der Posten eines Vizekönigs von Peru geschmeichelt hätte – das höchste Amt, das im Reich zu vergeben war –, ließ in seinen Werken die Illiteraten gerne die Wissenschaften verhöhnen.

Die drei großen Protagonisten des spanischen Dramas des 16. Jh. – Gott, König und Volk – machte Pizarro an diesem Paradeplatz Limas in Form von Kathedrale, Regierungspalast und *cabildo* für alle Zeiten präsent und schuf sogar, absichtsvoll oder nicht, ein kulturhistorisches Kontinuum: denn vermutlich ruht der Dombau auf den Fundamenten des alten Puma-Inti-Tempels und der Regierungstrakt auf den Mauerresten des Palastes von Taulichusco, dem hier herrschenden Inkafürsten.

Stadt der Könige nannte sich das am Tag des Dreikönigsfestes gegründete Lima von der ersten Stunde an und schenkte sich ein mit drei Kronen geschmücktes Wappen, dessen blauer Grund das nahe Meer symbolisiert. An der Mündung des Río Rímac lag die gleichnamige Indianersiedlung, in der Pizarro sein Feldlager aufschlug. Doch missverstanden die endsilbenverschluckenden und das harte arabische ›r‹ gewöhnten Südspanier die Ortsbezeichnung und so wurde aus Rímac ›Lima‹: nur der Fluss behielt seinen Namen.

Aus seinem Uferlehm entstanden die ersten Bauten und später, nach Überfällen britischer (Francis Drake 1579) und holländischer Korsaren, auch bald eine 12 km lange Adobe-Ringmauer – auf alten Stichen rührend anzusehen mit der Maisstroh-Armierung ihrer 34 Bollwerke. Bei der Errichtung der ersten, noch dorfkirchenartigen Kathedrale (aus Lehm), die bereits 1540 eingeweiht werden konnte,

**Lima** ☆☆
**Besonders sehenswert:**
**Plaza de Armas mit Kathedrale;**
**Kloster Santo Domingo;**
**Kloster San Francisco;**
**Kirche San Pedro;**
**Kirche und Kloster La Merced;**
**Casa Aliaga;**
**Palacio de Osambela;**
**Casona Torre Tagle;**
**Museo Oro del Perú;**
**Museo Nacional de Arqueología, Antropología e Historia del Perú;**
**Museo Arqueológico Rafael Larco Herrera;**
**Museo de la Nación**

›Der Treueid bei der Unabhängigkeitserklärung‹. Gemälde von Juan B. Lipiani (Ausschnitt). Das Bild zeigt den argentinischen Befreier General José de San Martin an der Plaza de Armas ◁ von Lima.

schleppte Pizarro eigenhändig Mangrovenholzbalken für das Dachgerüst. Der ›Muy Magnífico Señor Gobernador‹ wies sich selbst das zwischen der Plaza und dem Flussufer gelegene Grundstück zu (auf dem bis heute der Regierungspalast steht). Dort ließ er ein großzügiges, zweistöckiges Wohnhaus errichten, das, vielfach erweitert und modifiziert, auch den nachfolgenden Vizekönigen als Amtssitz diente. Bis 1566 beherbergte die Residenz gleichfalls den *cabildo* und weit bis ins 17. Jh. hinein die eigenartige Funktionsgemeinschaft von Königlicher Audienz, Gefängnis und Schatzamt. Ein in die heutige Seitenstraße Palacio mündendes Ehrenportal, hohen Würdenträgern vorbehalten, geht noch auf den ersten Entwurf Pizarros zurück, doch dass der Konquistador den Feigenbaum gepflanzt haben soll, der noch immer den Patio ziert, ist, so der Historiker Raúl Porras Barrenechea, eine Erfindung.

Die Fantasie des Besuchers fordert die postkartenschöne Plaza de Armas, einer der schmucksten Plätze Hispanoamerikas, gleichwohl heraus, auch wenn sich so manche Episode (wie die von Pizarros Gebeinen in der Kathedrale) als Mär und die im freundlichsten Schönbrunnergelb leuchtenden Gebäudefassaden als Zementguss erweisen. Tatsächlich ist an diesem feierlichen Platz vor allem eines ursprünglich und echt, und das geht zwischen Passanten, Taubenschwärmen und Standfotografen nahezu unter: der grazile Bronzebrunnen von 1651, ein Schmuckstück aus der Gießerei des Spaniers Antonio Rivas und aufgestellt unter der Obhut des Vizekönigs García Sarmiento de Sotomayor y Luna, Graf von Salvatierra (reg. 1648–54) – einem der rund fünfzig Vizekönige, die bis zur Unabhängigkeit das Kolonialreich Peru regierten. Wie diese bewegte Zeit schildern, die eines mit tausend Rollen besetzten Mysterienspiels von Calderón de la Barca würdig wäre: ein Welttheater!

## Eine barocke Geschichte

In einem Kulturraum, dessen Patrimonium jahrhundertelang von Erdbeben zerstört, von Museen und Sammlern verschleppt, Grabräubern geplündert, geschmäcklerischen Vizekönigen umgemodelt und zuletzt modernistischen Bürgermeistern ›macdonaldisiert‹ wurde, kann man dem historischen Substanzverlust nur die Kraft der Fantasie entgegensetzen. Keine geeignetere Stelle als Limas Plaza de Armas, um sich auf dieser Illusionsbühne die Hauptakte der Stadtgeschichte vorzustellen:

Am 26. Juni 1541, einem Sonntag, drängt eine Horde Menschen durch die Kreuzgasse zum Regierungspalast vor. Es sind Almagristen, die ›Conjurados (Verschworenen) de la Capa‹, die den Mord an ihrem Heerführer rächen wollen. Sie überwältigen die Wache und erstechen den Gouverneur Francisco Pizarro. Das nächste Gruselstück erlebt der Platz bald darauf, als Rebellen den Kopf von Franciscos ermordetem Bruder Gonzalo auf den Schandpfahl (am Stand-

ort des heutigen Brunnens) aufspießen, den der Konquistador selbst dort zu errichten befohlen hatte. Von da an geben sich Vizekönige und Erzbischöfe, Auditoren und Alkalden, Prälate, Priore und Magnifizenzen die Bronzeklinken der Dom- und Palastportale in die Hand. In ihrer Begierde, zum Sevilla der Neuen Welt zu werden, wirft sich die Stadt in immer neue Posen, und die Plaza de Armas wird zum Schauplatz von Prunkparaden, Krönungsfeiern und gloriosen Prozessionen zwischen schließlich fünfzig Kirchen: Nur hundert Jahre nach seiner Gründung hat Lima die Namenstage von 35 Lokalheiligen zu feiern.

*Plaza de Armas mit Kathedrale und Erzbischöflichem Palais*

Auch *ferias* und Stierkämpfe finden hier statt – und mit Ochsenblut färbt man den Lehm ein, der Patrizierhäusern und Landsitzen jenes Kolorit verleiht, das sich unter dem Namen Kolonialrosa über ganz Hispanoamerika verbreiten wird. Denn ungleich der heutigen Innenstadt mit ihrem verräucherten Grau wehrt sich das vizekönigliche Lima gegen den jährlich achtmonatigen Küstennebel (ein Effekt des kalten Humboldtstroms) mit farbigen Häuserfronten, deren Balkone sich – komplementär zu den roten Mauern – typischerweise dunkelgrün herausputzen: Die tönerne und eintönige Primärsiedlung ist zum *hortus clausum* der spanischen Besitzungen geworden. Hier erblüht mit San Marcos Amerikas erste Universität (1551), und als man 1610 den Puente de Piedra, die bis heute erhaltene Steinbrücke, über den Río Rímac und die Trasse der ersten Alameda (1611) zieht, hat Lima bereits 10 000 weiße und zweimal so

125

viele farbige Einwohner, deren größtes Kontingent zeitweise die vom Sklavenhandelszentrum Cartagena gelieferten Schwarzen bilden.

Aus den schwarzen Sklaven – *zambo* genannt – und der auf die Reduktion Santiago del Cercado konzentrierten indianischen Bevölkerung rekrutiert sich der *de sol a sol* (von Sonnenaufgang bis Sonnenuntergang) arbeitende Handwerkerstand, dessen Fleiß die Wohlstandsklasse wie auf einer Sänfte trägt – konkreter gesagt: sie in 6000 Kaleschen spazieren fährt. Kaum kann sich Paris in dieser Zeit mit Lima messen, dessen nach Innungen benannte Straßen überquellen vor Tuchen und Lederartikeln, Keramik und Silber, Salben, Heilpflanzen und *dulces limeños,* Limas köstlichen Süßspeisen. Und wenn die routinemäßig von den Philippinen kommende ›Manila-Galeone‹ im Hafen von Callao festmacht, regnet es Perlen, Seide und Gewürze.

Wie konnte sich die eitle Polis solchen Luxus leisten? Nun, Lima lag im Schnittpunkt der zwei wichtigsten Kolonialachsen Südamerikas: Die (terrestrische) Querachse bündelte die aus dem Binnenraum an die Küste führenden Wirtschaftswege, wobei die Hauptstränge die von La Paz und Potosí kommenden Silberstraßen waren; auf der (maritimen) Nord-Süd-Achse, die von Acapulco und Portobelo (an der Panama-Landenge) bis zum chilenischen Hafen Concepción hinunterlief, entwickelte sich Callao zum Umschlagplatz für die ersten Welthandelsgüter (zu denen nicht nur Edelmetalle gehörten, sondern auch schon chilenischer Weizen). Der Spruch »Vale un Perú« (das ist ein ›Peru‹ wert) wurde damals im spanischen Mutterland zum Prädikat für alles Schätzenswerte.

Berühmt war Lima aber auch – die kleine Abschweifung sei erlaubt – wegen der Schönheit seiner Frauen. Wenn heute die *limeños* sagen: In unserer Stadt schläft man immer mit einem offenen Auge, so weiß man: sie sind erdbebengeplagt. Ein Auge unbedeckt zu halten und das übrige Gesicht zu verschleiern, gehörte im vizeköniglichen Lima jedoch zum galanten Versteckspiel des schönen Geschlechts. So verhext fühlte sich die Männerwelt von den halben Versprechungen der zimthäutigen Kreolinnen, dass die *tapada* von der Obrigkeit zeitweise verboten werden musste. Die kecken Damen hielten mitunter sogar die Tribünen des Kongresses besetzt und brachten mit ihrer Spitzzüngigkeit die Redner aus dem Konzept.

*Micaela Villegas, genannt La Perricholi*

Das berühmteste Opfer dieser Amazonen war der Vizekönig Manuel de Amat, der im Alter von mehr als sechzig Jahren dem Charme einer mestizischen Komödiantin erlag und nach einem allerdings im besten Versailler Stil genossenen Interregnum nach Spanien zurückbeordert wurde. Der alternde Galan soll seine junge Geliebte einmal als *perra chola,* windige Hündin, bezeichnet, die Injurie aber so undeutlich durch seine lückenhaften Zähne gestoßen haben, dass daraus *perri choli* wurde.

›La Perricholi‹ aber nahm amüsiert diesen Künstlernamen an, ging als Ahnfrau aller koketten Limeñas in die Stadtgeschichte ein und erhielt in der Figur der treulosen Schauspielerin Camila Perichole in Thornton Wilders Roman ›Die Brücke von San Luis Rey‹ ein literarisches Denkmal.

Als der 25. Vizekönig, Don Melchor de Navarro y Rocafull, Graf von Palata (reg. 1681–89), die erste amtliche Volkszählung vornahm, hatte Lima 36 558 Einwohner – von denen jeder Neunte Mönch oder Nonne war, sich aber selbst im Kloster noch Bedienstete leisten konnte. Pedro de Peralta y Barnuevo, der mitten in die Bonanza hineingeborene kreolische Dichter mythologischer Komödien (1663–1743), feierte zwar noch Limas barockes Lebensgefühl auf der Bühne, deutete aber die pathetische Ergebenheit gegenüber Kirche und Staat bald in lebenspraktisch-moralische Normen um und prangerte die ineffiziente und marode Kolonialverwaltung öffentlich bei der Krone an.

Lima war, wie andere neuamerikanische Metropolen, ein Monstrum mit zwei Gesichtern. Sein Reichtum übertraf den europäischer Städte, aber wenn es dort schon eine schonungslose Ausbeutung unterer Schichten gab, dann war diese in Peru noch durch ein besonderes Stigma gekennzeichnet: Für die Erbnehmer der Eroberer kamen Indianer und Sklaven bereits mit dem untilgbaren Makel von Nachgeborenen Unterworfener auf die Welt.

## Stadt der Holzbalkone

Nach dem Erreichen der Unabhängigkeit wird 1839 die bis heute bedeutendste peruanische Tageszeitung, ›El Comercio‹, gegründet. Dies ist der Auftakt einer ganzen Serie von Entfesselungskünsten: Sklavenbefreiung; Abschaffung des Indianertributs (Kopfsteuer); nationalstaatliche Pionierleistungen, wie der Telegrafen- und Eisenbahnbau, den man aus der Guanogewinnung finanziert.

Zentrum des wirtschaftlichen Impulses ist Lima, das in progressistischer Unrast seine kolonialen Mauern einreißt (ab 1868) und, dem Pariser Beispiel des Barons Haussmann folgend, gewaltige, durch Sternplätze und Radialstraßen verbundene Verkehrsschneisen in den Häuserwald schlägt. Mit den Avenidas Tacna und Abancay gewinnt die Stadt zwar zwei gewaltige Fahrrinnen, aber heute auch Abgaswerte, die (bei 60 000 durchs Mikrozentrum kurbelnden Kraftfahrzeugen, von denen 22 000 älter als zwanzig Jahre sind) die Toleranzgrenze der Weltgesundheitsorganisation um mehr als das Doppelte überschreiten. Die Raumordnungswut der Erneuerer ist im Falle der Abancay so geradlinig starr, dass man der Trasse keine einzige Biegung gönnt. So fallen denn ein Drittel des San-Francisco-Klosters und das gesamte Santa-Teresa-Konvent mit Kirche – wertvollstes barockes Architekturzeugnis Lateinamerikas – der Demolierungsbirne zum Opfer.

Im übrigen hat sich die ›Stadt der Könige‹ seit ihrer Belle Epoque und der ›aristokratischen Republik‹ des ausgehenden 20. Jh. wie ein

Lima   1 Kathedrale   2 Casa del Oidor   3 Kloster Santo Domingo   4 Casa de la Inquisición
5 Kloster San Francisco   6 Kloster San Pedro   7 Kirche La Merced   8 Kloster und Kirche San Agustín
9 Plaza San Martín   10 Klosterkirche Jesús, María y José   11 Kirche San Marcelo   12 Klosterkirche
Las Nazarenas   13 Palacio de Torre Tagle   14 Casa de Pilatos   15 Casa de Goyeneche   16 Casona
Las Trece Monedas   17 Casa Aliaga   18 Palacio de Osambela   19 Casa Riva-Agüero   20 Casa
O'Higgins (Museo Josefina Ramos de Cox)   21 Casa Villegas   22 Agua Viva

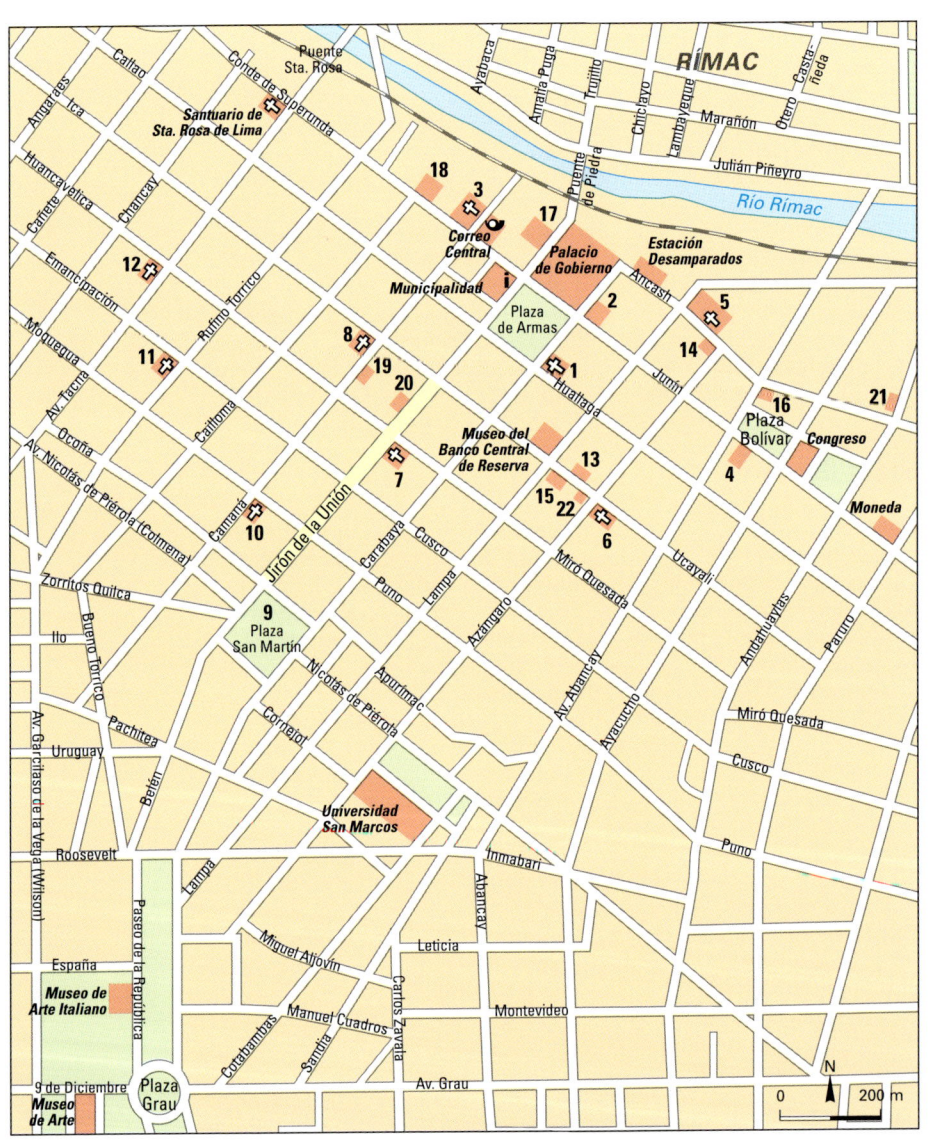

Konfettiregen in die noblen Vororte San Isidro und Miraflores sowie den (heute bohèmehaften) Badeort Chorrillos ausgebreitet. In diesem Pastiche von eklektizistischen Gefälligkeitsbauten gibt es nur mehr zwei graue Flecken: das präinkaische Ruinenoval der Huaca, in dem noch ständig bis zu 1700 Jahre alte Mumien ausgegraben werden, und das Areal der ehemaligen japanischen Botschafterresidenz, die 1997 mehr als hundert Tage lang Schauplatz einer spektakulären Guerillabesetzung war. Was sich in dem noch immer Damero de Pizarro (Damespielbrett des Pizarro – seines quadratischen Rasters wegen) genannten und zum Weltkulturerbe erklärten urbanen Innenraum erhalten hat, sind rund 600 denkmalgeschützte Gebäude und 300 geschnitzte Holzbalkone.

Limas Balkone sind ein Markenzeichen der Stadt. Lange bevor es im Fadenkreuz südostpazifischer Flugrouten lag, hatte Lima seine ›Luftstraßen‹ im historischen Viertel. So jedenfalls nannte der Augustinermönch Antonio de la Calancha 1639 die langen Balkonreihen, die, gleichsam schwebend, zwischen Himmel und Erde an den Häusern entliefen. Sie als Zierrat andalusischer Feudalarchitektur auf das Herkunftsgebiet der ersten Baumeister festzulegen, die mit ihren Musterbüchern in die Neue Welt reisten, hieße jedoch ihre asiatische Vorvergangenheit ignorieren. Denn ihre Ursprünge liegen, wie die neuere Architekturforschung bewies, in Izmir, Damaskus und Kairo. Und wenn sich in Lima bis heute mehr Zeugnisse arabischer Balkonschnitzerei erhalten haben als in Südspanien, dann auch wegen der Ächtung des maurischen Kulturerbes durch die Katholischen Könige.

Wie alle Bausubstanz haben Limas Balkone viele Stilepochen durchlaufen. Die ersten eingedeckten Veranden von 1555 waren noch mit Jalousien versehen. Im nächsten Jahrhundert machte wuchernder Barock sie kleinfenstrig wie Beichtstühle. Dann nahmen sie, mit Säulchen und geometrischen Mustern, die feierlichen Gesten des französischen Neoklassizismus an. Im 19. Jh. schließlich wurden sie ›imperial‹, schmückten sich mit Pilastern und verglasten Rundbogenfenstern und besetzten als *esquineros* gerne die Hausecken. Kultfassade oder Beobachtungsstand, Prozessionstribüne oder Klatschstübchen, Barbiersalon, Schlafkammer, Liebeslaube oder Balustrade, von der aus man ungestraft den Karnevalisten Wasser (oder Farbe) auf die Köpfe schütten konnte – kein Familienmöbel war so vielseitig wie der Balkon.

Dreihundert denkmalgeschützte Balkone, die ältesten noch aus dem 17. Jh., haben in Limas Altstadt überlebt. Der längste hängende Korridor misst 60 m. Studenten der Ingenieurhochschule untersuchten das Repertoire Stück für Stück und legten ein Kataster an. Zwischen 2000 und 20 000 Euro kostet die Renovierung pro Exemplar. Mit der Aktion ›Adoptieren Sie einen Balkon‹ hat die Stadtverwaltung erfolgreich Sponsoren mobil gemacht. Viele der Schmuckkästen sind inzwischen vergeben. Aber noch immer werden Mäzene gesucht.

Die Casa del Oidor mit Limas ältestem Balkon; im Hintergrund die Kathedrale

Größtes Problem der Stadtkern-Hüter ist die *tugurización:* der fortschreitende Verfall von Altbauten, in denen arme Familien (mit 5 m² Wohnfläche pro Kopf) hausen und für deren Renovierung das Geld fehlt. 5000 Häuser befinden sich in einem desolaten Erhaltungszustand. Unterdessen strömen unaufhörlich Zuwanderer aus anderen Regionen nach Groß-Lima und säen an den staubigen Hängen der Peripherie ihre heiklen Hüttensiedlungen aus, die amtssprachlich tapfer *pueblos jóvenes* (junge Dörfer) genannt werden. 29 % von Perus Bevölkerung wohnt oder vegetiert bereits in der

Hauptstadt, doch tröstet man sich damit, dass es in Chile schon 33 % sind.

Der renommierte Stadtplaner und Konservator des Limaner Kulturvermächtnisses Juan Günther Doering, der die Verhältnisse in der Innenstadt mit denen im London von Charles Dickens um 1850 vergleicht, sähe die informellen Landbesetzungen durch Lima-Immigranten (160 000 pro Jahr) gerne in planvolle Siedlungsprojekte umgelenkt. Als Lima-naher Gunstraum mit entsprechenden Ressourcen gilt etwa das Jicamarca-Tal, das zweieinhalb Millionen Menschen aufnehmen könnte. Visionen dieser Art erinnern unwillkürlich an das inkaische Mitmac-System. Die Zwangsumsiedlung ganzer Bevölkerungsgruppen, die man den Inkaherrschern oft als autoritäre Willkür anlastet, hatte nicht grundsätzlich repressiven Charakter. Die sinnvolle Verteilung von Menschen auf nutzbare Ökosysteme verhinderte jedenfalls die Entstehung einer Elendsschicht, die im heutigen Peru rund 5 Millionen Arme ausmacht.

In der früheren Klosterbäckerei der Franziskaner aus dem 16. Jh. (gegenüber der Kirche San Francisco) – im Jahr 2005 restauriert und jetzt *Casa de las Trece Puertas* (›Haus der dreizehn Türen‹) genannt – logieren heute die Konservatoren der Altstadt von Lima. Diesen historischen Kern von 64 *manzanas* (Häuserblocks) nicht zur musealen Kulisse erstarren, sondern sanieren und von 50 000 Familien bewohnen zu lassen, war einmal das Planziel der Stadtväter. Doch diese haben im Moment andere Sorgen mit der urbanen Hygiene. Lima muß von Abgasen entlastet, neu zoniert und trassiert werden. Vor allem ist der Río Rímac zu klären, dessen von Industrieanrainern verseuchtes (dann aufbereitetes) Wasser den Durst von 7,5 Millionen Limanern stillt. Allein die Anlage eines stark erweiterten, abwässerfreien Versorgungsnetzes wird 700 Millionen Dollar verschlingen. Angesichts dieses Aufgabenkatalogs wirkt das Denkmal für Caesar Vallejo (gegenüber vom *Teatro Principal*, Jr. Huanvelica) wie eine Orakelstätte: Sich leicht verneigend, scheint der Dichter im Vorhangschlitz des Welttheaters zu stehen und seine auf dem Sockel eingravierten Worte zu rezitieren: »Hay, hermanos, muchisimo que hacer« – Brüder, es gibt noch unendlich viel zu tun.

# Kirchen, Klöster, Ketzergericht

Vom Nullpunkt aller in Peru gemessenen Entfernungen, dem Posaunenengel-Brunnen auf der **Plaza de Armas,** liegt die **Kathedrale** (1) nur wenige Meter entfernt. Auf einer Stufenplattform thront die gestreckte Doppelturmfassade. Sie suggeriert Volumen und dominiert die südöstliche Plaza-Seite (Pizarros ›Schachbrett‹-Stadt ist über Eck angelegt, um stets eine Straßenfront beschattet zu halten). Tatsächlich sitzen die beiden (unvollendeten) neoklassizistischen Türme außerhalb der Längsachsen der beiden Seitenschiffe und stellen, wie der ganze – auch von romanischen, gotischen und barocken

*»Die Seele unserer Stadt ist eine klösterliche Seele.«*

*José de la Riva-Agüero y Osma*

Elementen durchdrungene – Tempel, die dritte Version in einer äußerst bewegten Baugeschichte dar.

Nach den ersten, einschiffigen Ausführungen will die Königliche Audienz 1564 hier nicht weniger als eine zweite Kathedrale von Sevilla errichtet sehen. Doch aus Geldmangel wird der halbfertige Steinbau wieder abgerissen und der extremadurische Architekt Francisco Becerra 1584 mit einer dreischiffigen, an den platteresken Domen von Jaén und Granada orientierten Konstruktion beauftragt (der Grundriss hat sich bis heute erhalten). Mehrere Erdbeben im 17. und 18. Jh. verwüsten die Halle, lassen die Türme einstürzen und zwingen zu einer gedrungeneren Bauweise mit schwingungsfähigerem Material. Das gelingt dem österreichischen Jesuiten Johannes Rehr zwischen 1751 und 1778 mit Hilfe elastischer Armierungen: Pfeilerkernen aus Bündeln von jeweils acht Eichenpfählen und Gewölbedecken (insgesamt 24, auf drei Schiffe verteilt) aus Holz, Rohrgeflecht und Gips. 1805 werden die neuen Türme eingeweiht, doch kaum zehn Jahre später um die Glocke Cantabria beraubt, die revolutionsängstliche Royalisten zu Kanonen umgießen. Das letzte schwere Erdbeben von 1940 demaskiert die mit Barockimitationen verunzierten Frontseiten der Kathedrale und der flankierenden Sakramentskirche (Iglesia Parroquial del Sagrario) – was dem konservativen Architekten Emilio Harth-Teré Gelegenheit gibt, die ursprünglichen (steinernen) Altarportale wieder ans Licht zu bringen.

Im Innern der Kathedrale empfängt den Besucher zunächst die Seitenkapelle mit Pizarros gläsernem Sarg, auf dem der Totenwächter, ein Löwe, als wisse er um den zweifelhaften Inhalt des gehüteten Schreins, in aller Ruhe auf dem Bauch liegt und schläft. Die Nische, die dem touristischen Wallfahrtsort gegenüberliegt, präsentiert sechs farbig gefasste (z. T. schlecht übermalte) Holzreliefs des 17. Jh., biblische Szenen darstellend. Authentischer ist das Wandrelief ›Anbetung der Hirten‹ (Mitte des 16. Jh., im Durchgang zur Sakristei). Es wird Alonso Gómez, einem nur zweitrangigen Künstler, zugesprochen, verrät aber noch etwas von dem primitiven Naturalismus des spanischen Frühbarock, der in der Bildnerei die manieristische Romanik der Italiener ablöste.

Zum wertvollsten Inventar der Kathedrale gehört der **San Juan Bautista** (Johannes der Täufer) gewidmete Seitenaltar (der zweite rechts) von 1603, ein Werk des berühmten sevillanischen Bildhauers Juan Martínez Montañés (1568–1649). Das Kruzifix mit dem »noch lebendigen, scheinbar sprechenden« Erlöser (wie der Auftrag an den Künstler lautete), prägte den nach 1605 entstandenen **Cristo de la Clemencia** vor (heute in der Sakristei der Kathedrale von Sevilla).

An Martínez Montañés schulten sich die Skulpteure Pedro Muñoz de Alvarado (Arbeiten am Hauptaltar) und Pedro de Noguera, der 27-jährig von Barcelona nach Lima kam und zwischen 1628 und 1632 das superbe, mit Renaissancefiguren geschmückte Chorgestühl aus Nicaragua-Zeder schnitt, das heute das Presbyterium einfasst. Noguera vollendete auch in 17-jähriger Arbeit das Altarportal der Kathedrale. Er war, wie andere Bildhauer seiner Zeit, Universalkünstler. Die Eigentümer der Seitenkapellen – reiche Familien oder Handwerkergremien – ließen jene nicht nur die Altäre schnitzen, sondern auch die gewaltigen Abschlussgitter aus Holz drechseln und zwar in Form (gotisch-isabellinisch) und Farbe von Metallstäben (die in Lima nicht zu beschaffen waren). Komplett erhalten ist nur noch das 370 Jahre alte Altargitter der Santa-Ana-Apside (vorn rechts), in deren filigranem Bogenabschluss die beiden Wappen der Eigentümer eingesetzt sind.

*Renaissancefiguren schmücken das aus Nicaragua-Zeder geschnitzte Chorgestühl der Kathedrale.*

Dass auch alle angesehenen Innungen (Schneider, Schuster, Schreiner usw.) ihre eigenen Altarnischen besaßen, erklärt sich aus deren zusätzlicher Funktion als Krypten für die Zunftgenossen. Es gab noch keine öffentlichen Friedhöfe. Viele der Nischen weisen reichen Wandkachelschmuck auf, wobei man erst 1999 (an der Seitenkapelle der Schreiner, hinten links) unter abblätterndem Gips ein Stück prächtige Außenkachelung entdeckte.

Die schmückendste und auch wertvollste Altarnische (vorn links) ist Nuestra Señora de la Evangelización (früher: de la Concepción) gewidmet. Sie birgt eine der wenigen in barocker Freude (in Gold und Himmelblau) leuchtenden Retabel des 17. Jh., die die Reformwut des Neoklassizismus überlebten. Die erste hier patronisierende Madonnenfigur stammte noch aus Sevilla und war der dortigen Virgen de la Misericordia in einer Zeit nachgebildet, als der gegenreformatorische Marienkult seinen Höhepunkt hatte (*ma donna* = meine Herrin). Diese Figur platzierte man später im Hauptaltar und ersetzte sie durch die heute zu sehende Skulptur, die Pizarros Tochter Francisca schon 1551 in Trujillo erworben und zum Begräbnis ihres Vaters gestiftet haben soll.

Auf dem Weg zum Kapitelsaal, der mit 32 Porträts und ihren Legenden die Geschichte aller Erzbischöfe Limas memoriert, begegnet uns die gekachelte Fuente de la Purificación (Anfang 17. Jh.), in deren Huamanga-Steinbecken sich die Priester vor dem Gottesdienst die Hände wuschen. Ebenso sehenswert ist die Truhenbank, die Juan Martínez de Arrona (er zeichnete die Urskizze der Kathedrale) aus Zedernholz schnitzte (1608). Auf den 15 Dorsalen stellen sich u. a. die zwölf Apostel in archaischen Posen und Gewändern mit klassischem Faltenwurf vor. Diese *cajonería* (mit Schubladen versehene Holzschreine zur Aufbewahrung von Messgewändern) gehört zu den vollendetsten plastischen Werken der hispanoamerikanischen Kolonialkunst.

Als einziger Bauteil der Kathedrale überstand die Sakristei kraft ihrer einen *estado* (1,95 m) dicken Wände das verheerendste aller Erdbeben, das von 1746. Dieser Resistenz verdanken wir die Erhaltung des noch im Geist der Renaissance gestalteten Portals. Ein Kleinod der Sakristei (auf Ausstellungsreisen mit 300 000 US-Dollar gewiss noch unterversichert) ist der gemalte Herrscherstammbaum

133

*Herrscherstammbaum mit Inka und spanischen Königen in der Sakristei der Kathedrale. Ein unbekannter Meister schuf das kostbare Gemälde nach einer Gravüre von Alonso de la Cueva, um 1728.*

des 18. Jh. – von einem unbekannten Meister, aber nach einer Gravüre von Alonso de la Cueva, um 1728. Vom ersten Inka bis zum letzten spanischen König zeichnet er bruchlos die dynastische Folge im Großraum Peru nach. Dieser außerordentlich originelle Medaillenspiegel zeigt zuoberst Christus als Gottvater, flankiert von den Wappen Kastiliens & Leóns und dem der Inka (ein Puma, zwei sich mit einem Regenbogen zu einem Kreis schließende Schlangen, obenauf die *maskapaicha*, das inkaische Stirnband). Auf fast gleicher Höhe sieht man links und rechts außen Manco Capac als Urvater und Mama Ocllo als Urmutter; ihnen folgen 14 Inka und, durchlaufend, acht spanische Könige, von Karl V. bis Philipp V. (reg. bis 1724). Dessen Sukzession erlebte der Maler offenbar nicht mehr, sodass das letzte Oval der Bildtafel freiblieb.

Das an die Kathedrale angelehnte **Erzbischöfliche Palais** und der schräg gegenüberliegende **Regierungspalast** (zu besichtigen) sind Kulissenbauten der Moderne und ohne kunstgeschichtlichen Wert. Dazwischen liegt der lang gestreckte resedagrüne Eckbalkon (Junín/Carabaya) an der **Casa del Oidor** (2), dem ehemaligen Sitz des Auditors – und dieser erweist sich, aller Eintönigkeit zum Trotz, als historische Reliquie aus der Mitte des 17. Jh. Chronologisch den Fußstapfen der Geschichte folgend, wird der Besucher, am Pizarro-Denkmal vorbei, zum Kloster Santo Domingo als nächstem Ziel gelenkt. Unterwegs lässt ein kurzer Blick auf den **Puente de Piedra** nicht erkennen, dass die fast 400 Jahre alte (inzwischen verbreiterte) Brücke den periodischen Sturzfluten des Río Rímac vor allem deshalb trotzte, weil findige Ingenieure des Lehmzeitalters den Tonmörtel der Pfeiler mit dem verfestigten, was gerade zur Hand war – hier mit dem Eiweiß von tausenden von Hühnereiern. (Dicht an der Brücke die Casa Aliaga, s. S. 150.)

Nach einem kurzen Schlendergang durch die glasüberdachte Galerie des **Correo Central** (Hauptpost mit Philatelie-Museum) steht man am Fuß des Klosterturms von **Santo Domingo** (3). Im kolonialzeitlichen Lima war er der höchste Turm und das nicht ganz zufällig. So wie die Patrizierfamilien im mittelalterlichen Europa (etwa im toskanischen San Gimignano) mit immer höheren Geschlechtertürmen ihr Prestige steigern wollten, so wetteiferten in der Neuen Welt die monastischen Familien, auch wenn sie sich Bettelorden nannten, um die Rangordnung in der Kongregationshierarchie. Pizarros Beichtvater Fray Vicente de Valverde (der die Ermordung des Bibelverächters Atawallpa mitbetrieben hatte) war Dominikaner, und so erhielt sein Orden noch am Tag der Stadtgründung Limas ein gewaltiges Plaza-nahes Grundstück zugeteilt.

Im Gegensatz zu Orden, die sich der Meditation hingaben und für ihre Klöster ländliche Lagen bevorzugten, siedelten sich die der Seelsorge verpflichteten dominikanischen Prediger gerne in städtischen Zentren an. In Lima begannen die Padres unverzüglich mit dem Bau eines Konvents (Convento del Santisimo Rosario), das zu einer ummauerten Stadt in der Stadt anwuchs und im 17. Jh. zwölf Kreuzgänge und Patios umschloss. Seine alhambrischen Gärten wurden vom Fluss gespeist. (Heute hängt Lima am Tropf von zwanzig Andenlagunen, von denen drei bereits östlich des Kordillerenkamms liegen.)

Die umgebenden Baukörper, in Stein gesetzte Glaubenssymbole, sollten den aufstrebenden Geist der Gotik atmen, aber nicht den himmelstürmenden der europäischen Kathedralen (Chartres, Reims, Paris), sondern den, den lichtdurchflutete Höfe und heitere Arkaden mit spiegelnder Kachelung in die Räume trugen. In Santo Domingo löst sich die Schwungkraft der Säulen nach oben hin in die Anmut maurischen Bogenwerks auf und verschmilzt zu der inspirierenden Schönheit, die Thomas von Aquin (um 1224–74) – Dominikaner wie sein Lehrer Albertus Magnus – der »Harmonisierung divergierender Elemente« zuschrieb.

Achtzehn Gemälde (der Cusco-Schule) mit Szenen aus dem Leben des Heiligen Thomas zieren den Kapitelsaal, der, ungeachtet seiner räumlichen Dichte (Länge: nur 22 m) perfekte Konvergenz von Architektur, Mobiliar und Wandschmuck demonstriert. Die kontrapunktische Anordnung der wunderschönen Barockschnitzereien (Churriguera-Stil) – Lesetribüne, Sitz des *refutador* (des das Gehörte ›Widerlegenden‹: im allgemeinen der Prior als *magister generalis)*, Logenkanzel für einen Ehrengast (oft der Vizekönig selbst) – wirkt wie eine Verkörperung des Wechselspiels von These, Antithese und Synthese. Dieser Kapitelsaal, in dem man das Echo der Redner zu hören vermeint, das von den Muschellaibungen der Türen und Fenster wie von Schalldeckeln zurückgeworfen wurde, war rund zwanzig Jahre lang (ab 1548, bis zur Gründung der San Marcos Universität) die Wiege aller *Almae Mater* Amerikas und geistiges Zentrum des ganzen Kontinents.

Was den Besucher – nach Bewunderung der Ende des 16. Jh. aus Nicaragua-Zeder geschnittenen Kassettendecke (rund 3000 Kastenfelder) im Empfangsraum – am meisten gefangen hält, sind die beiden heute noch erhaltenen ›andalusischen‹ Kreuzgänge, deren größerer mit 41 umlaufenden Kachelpaneelen ausgekleidet ist. Die ersten, bei Hernando de Valladares in Sevilla gebrannten und über den Isthmus von Panama und Portobelo nach Callao transportierten Scherben wurden zwischen 1604 und 1606 gesetzt. Später kam auch Keramik aus Talavera und Toledo hinzu, vor allem aber aus örtlicher Produktion, die sich teilweise durch das Signum »me fecit Garrido« ausweist. Die wandteppichartigen Kachelfelder mit ihren verschiedenen geometrischen Mustern werden von Figurenfriesen abgelöst, die konzertierende Engel, Heilige, Schlangen, Vögel, Blumen, Amphoren und (von den Ordensbrüdern nachträglich aufgemalte) Dominikaner beleben. Die Ecknischen dieses ersten Kreuzgangs halten vier polychromierte Prozessionsretabel besetzt.

Für die sevillanische Malerschule war das weiße Habit der Dominikaner schon früh eine piktorische Herausforderung. Die Luminiszenz der flächigen Gewänder einzufangen und mit dem Pinsel in die richtigen Farbwerte umzusetzen gelang, noch vor Francisco Zurbarán (1598–1664), zweien seiner Zeitgenossen, den Meistern Miguel Güelles und Domingo Carro, bei deren Werkstätten denn auch das Kloster Santo Domingo den ersten Bilderzyklus mit Szenen aus dem Leben ihres Ordenspatrons in Auftrag gab. Der Rest der 33 Gemälde, die heute die Arkaden des ersten Kreuzgangs auskleiden, stammt von dem Kreolen Diego de Aguilera (1619–76) und einigen anonymen Künstlern der Lima-Schule.

Drei dieser Bilder sind – aus sehr verschiedenen Gründen – besonders interessant: Gleich rechts neben dem Eingang die Wiegenszene mit dem kleinen Dominikus (von Miguel Güelles), weil sie nicht nur den Raum (Bildtiefe nach dem Kanon des venezianischen *rinascimento*), sondern auch zwei Zeitebenen ausschöpft: der gleiche Knabe wird vorn in der Krippe und, schon etwas älter, hinten bußfertig auf dem Boden schlafend gezeigt. Links in der Ecke sieht man das Bild ›La Virgen María protege la orden de los predicadores‹ (Die Jungfrau Maria schützt den Predigerorden, gleichfalls von Güemes gemalt), das nicht nur bemerkenswert ist, weil die Dominikaner hier als Bevorzugte unter dem ausgebreiteten Mantel Mariens erscheinen (der Heilige hatte den Alptraum, im Himmel alle Orden außer dem seinigen zu sehen), sondern auch wegen der rechts abgebildeten Santa Rosa (flankiert von Katharina von Siena und Elisabeth von Ungarn), der man erst nach ihrer Kanonisierung (1670) das Rosengebinde auf den Kopf malte. Diese in realistischer Manier wiedergegebene Marienanekdote antizipiert übrigens ein zum gleichen Thema 1633 von Zurbarán für den Kartäuserorden ausgeführtes Bild, heute im Museo de Bellas Artes, Sevilla.

Das dritte interessante Bild (s. Abb. S. 87) des ersten Kreuzgangs ist die Leinwand an der Außenwand des Kapitelsaals. Es zeigt die

Dominikaner – die ein Leben in Armut predigen – als Fußgänger bei ihrer Begegnung mit hoch zu Pferd daherkommenden Zisterziensern (›El encuentro con los cistercienses‹, Diego de Aguilera, ca. 1665). In der mystisch-entrückten Wiedergabe des Heiligen Dominikus mit einer Stirn so weiß wie Skapulier und Gewand, mit liliengleichen langen Händen (sein Attribut ist der Lilienstengel) und in einer verschwimmenden, farblosen Landschaft kündigen sich die Abkehr vom Naturalismus der Renaissance und der neue Kodex der Lima-Schule an (um 1700 abgelöst von der Cusco-Malerei).

Vermitteln im ersten Klosterhof die mit dunkelfarbigen Holzarkaden eingedeckten Galerien des Obergeschosses maurisches Flair, so sind es im zweiten die lichten, von schlanken toskanischen Säulen getragenen Dreipassbögen, die das Stützwerk von Moscheen imitieren. Florentinisch eingestimmt ist die zwischen den beiden Kreuzgängen eingebettete Sakristei mit ihren eleganten Möbeln, Spiegeln und Triptychons. Im ehemaligen Refektorium hütet die Klosterbibliothek unter der schönen alten Eichenholzdecke rund 25 000 Bücher.

Vom Atrium der Südecke aus bewacht ein Turm das Kloster. Er wurde um 1764 nach dem Geschmack des Vizekönigs Amat im Stil des österreichischen Rokoko erbaut. Gefällig, wie eine riesige Elfenbeinstatue, schließt er das linke Seitenschiff der Basilika ab. Über deren Vierung erhebt sich, ein architektonisches Meisterwerk, die 26 m hohe, schon 1678 von Diego Maroto ingeniös konstruierte Laternenkuppel, deren zwölf Segmente Dominikanerheilige mit ihren Schutzengeln schmücken. Wie bei allen Kirchen Limas sind das Tonnengewölbe des Mittelschiffs und die Kuppeln über den Seitenjochen zum Schutz gegen Erdbeben mit einem dichten Netz von Rippen überzogen.

Zwei Heilige, deren Ruf weit über die Landesgrenzen hinausgeht, fanden im Santo-Domingo-Kloster ihre letzte Ruhe: Rosa de Lima und der Dominikanermönch Martín de Porras (dieser – vermutlich, weil er Mulatte war – erst 1962 kanonisiert und inzwischen, wie auch der Schädel der Heiligen, in den Reliquienaltar überführt). Zeitgemäß ist San Martín de Porras, früher Zunftpatron der Barbiere, nun auch der Schutzheilige der Schönheitssalons und der kosmetischen Chirurgie. Zu den zahllosen Legenden, die sich um den selbstlosen Heiligen (Attribut: ein Strohbesen) ranken, gehört auch die von drei flüchtigen Räubern, die sich unter der Hülle seines Mantels in brave Haustiere verwandelten. Solche Wunderkräfte wären heute, da es von Kirchenräubern wimmelt, unbezahlbar: Selbst der kleine Holzsplitter, der vom Kreuz Christi stammen soll und stets in einer Seitenkapelle von Santo Domingo gehütet wurde, ruht mittlerweile in einem Banktresor.

Auf ein kleines Kuriosum trifft der Besucher beim Verlassen von Santo Domingo: das Denkmal für den Schuhputzerjungen auf der *plazoleta* (Plätzchen) direkt gegenüber. Und in der gleichen Straße (Jirón Conde de Superunda) an den Klosterkomplex anschließend, lockt der veilchenblaue Stadtpalast Osambela mit seinem *mirador* (Aussichtsturm) und vier schönen Balkonen zu einem Abstecher.

Die **Casa de la Inquisición** (4) an der Plaza Bolívar gehört zwar nur bedingt zur lokalen Kulturgeschichte, unbedingt aber noch in die Geschichte der Dominikaner: Der Orden war schon Mitte des 13. Jh. von Rom zur Verfolgung von Häretikern bestimmt worden und zog in Lima 1570 in den Justizpalast ein, den Vizekönig Francisco de Toledo im Autrag Philipps II. zu diesem Zwecke hatte errichten lassen (ein zweites Inquisitionstribunal etablierte sich im gleichen Jahr in Mexiko, ein drittes 1610 in Cartagena). Die dorisch-romanische Tempelimitation, die wir hier heute antreffen, wurde 1896 zunächst als Senatsgebäude errichtet. Sie hat sich lediglich auf den Gefängnisruinen (Verliese mit nachgestellten Folterszenen sind zu besichtigen) des alten Inquisitionspalastes niedergelassen und bewahrt nur noch einige Originalstücke aus der Zeit des Heiligen Offiziums in ihren Mauern. Unter diesen befindet sich allerdings ein prachtvoller Artesonado im Stil des Mudéjar-Barock, dessen 34 000 Inkrustationselemente Gefangene des Tribunals Anfang des 18. Jh. nach einer Zeichnung des Mosaizisten Cristóbal de Vega in vierzigjähriger Handarbeit eingelegt haben sollen. Diese Täfeldecke gilt als die möglicherweise kunstvollste Spanisch-Amerikas.

Auf dem Sündenverzeichnis der Dominikaner standen Irrglaube, Blasphemie, Zauberei, mangelnde Devotion (vor Christus und den Heiligen), vor allem aber die Heuchelei »falscher Konvertiten«, womit getaufte Juden gemeint waren. Das Procedere verlief grundsätzlich so, dass man Verdächtigten zunächst, ohne sie mit Beweismitteln zu konfrontieren, freiwillige Geständnisse zu entlocken suchte. Wurden Zeugen gehört, dann blieben diese unsichtbar; stattdessen nickte eine lebensgroße Christusfigur, mittels eines Zugseils betätigt, zu Aussagen oder Urteilen mit dem Kopf. Hartnäckige

*Artesonado im Inquisitionspalast (Detail). Die Täfeldecke im Stil des Mudéjar-Barock gilt als die möglicherweise kunstvollste Spanisch-Amerikas.*

Leugner hatten Foltern (Gliederverdrehung, Strecken, Eintrichterung von Wasser) zu bestehen – in Lima maximal eine Dreiviertelstunde. In schweren Fällen wurde das Urteil *(auto de fé)* öffentlich, gewöhnlich sonntags, mit Pomp verkündet, bei entsprechendem Volksauflauf, wenn es zur Ketzerverbrennung kam. Man muss jedoch seine Fantasie zügeln, wenn es an die Gesamtschadensbemessung von 250 Jahren (bis zur Verfassung von Cádiz 1812) Hexenjagd geht: In dieser Zeit gab es in Lima 32 Hinrichtungen, erlitten von 2,4 Prozent aller Angeklagten. Nie kam im übrigen ein Ureinwohner vor das Inquisitionstribunal; Indianer unterstanden der Gerichtsbarkeit regionaler Auditoren.

Und doch trug die Inquisition im spanischen Teil Amerikas weit verbissenere Züge als im – gleichermaßen katholischen – portugiesischen Osten, dem heutigen Brasilien. Beispielsweise schickten die Spanier zwei (von Piratenschiffen geholte) protestantische Seeleute in den Tod, weil sie ihrem Glauben nicht abschwören wollten. Ein Einzelfall? – jedenfalls mit enormen Auswirkungen. Lateinamerika blieb katholisch. So weit man weiß, hat nie ein Geistlicher der reformierten Kirche versucht, sich in hispanoamerikanischen Besitzungen niederzulassen, um hier eine protestantische Gemeinde zu gründen.

Warum die Gottesmutter 1746 »das nämliche Manöver« von 1630 nicht wiederholt habe, fragen sich, mehr spaßig als wundergläubig, manche Jünger des Heiligen Franz noch heute. Während des ersten Erdbebens soll sich das Madonnenbild in der franziskanischen Capilla de los Milagros mit gefalteten Händen gegen den Hauptaltar gewendet und erfolgreich Gnade für das Kloster erfleht haben. Als sich aber mehr als hundert Jahre später erneut die Erde auftat (und in Lima und Callao 6000 Menschen getötet wurden), blieb auch das **Kloster San Francisco** (5) nicht verschont. Vor der Gefährdung der Statik durch das Ausheben von Gräbern bis dicht an tragende Säulen heran hatten Ordensarchitekten schon Jahrzehnte zuvor gewarnt. (Bis zur Anlage des ersten limenischen Friedhofs Presbítero Maestro 1808 war es üblich, alle bürgerlichen Toten in den Kirchen beizusetzen.) Dennoch überstand das in stolzer Übertreibung manchmal ›Escorial von Amerika‹ genannte Franziskanerkonvent dank seiner Massivbauweise und den von dem portugiesischen Architekten Constantino de Vasconcelos verwandten elastischen Materialien (ausschließlich Rohrgeflecht und Lehm) das Beben besser als alle anderen Sakralbauten der Stadt.

In gewisser Weise schien die nüchterne und anpackende Art der Männer in den braunen Kutten, die jeder gotischen Theatralik abhold waren und sich in ihrer Baugesinnung eher an Profanem orientierten, auch ihren Werken Halt zu geben. Hatte sich der leidende Franz von Assisi (1181–1226) einst in der Nachfolge des Gekreuzigten gesehen, so fühlten sich, das Beispiel der Urkirche vor Augen, die ersten zwölf Franziskaner, die 1624 in Mexiko an Land gingen, als Apostelnachfolger und Straßenprediger. Der ausladende

Platz vor der Klosterkirche in Lima zeugt noch heute von den öffentlichen Verkündigungen ihrer *teología indiana,* eines vereinfachten Evangeliums, das die Vorstellungskraft der noch ihren eigenen Religionen verhafteten Eingeborenen nicht überforderte. 1536, als der Inkahäuptling Quizo Yupanqui mit seinen Truppen Lima einkreiste (und Pizarro alle vor Callao liegenden Schiffe die Anker lichten ließ, um seine Gefolgsleute an der Flucht zu hindern), setzte sich die franziskanische Vorhut nach Quito ab, war aber zehn Jahre später wieder zur Stelle. Pizarro soll den Brüdern damals so viel Gelände überlassen haben, wie sie in einer Nacht abzustecken in der Lage waren. In der Tat bildet das San-Francisco-Kloster, trotz des Straßendurchbruchs für die Avenida Abancay, bis heute Limas größtes sakrales Bauensemble.

Dominante des Monumentalwerks ist die Frontseite der zwei- (ehemals drei-) türmigen Basilika, deren monstranzartiges Altarportal frohe Botschaften zu verheißen scheint. Dieses in Stein gehauene Juwel ist, wie das gesamte zwischen 1659 und 1674 entstandene, von Polsterquadern überzogene Mauerwerk, eine Schöpfung des limenischen Baumeisters Manuel de Escobar, der zunächst Vasconcelos assistiert hatte. Der damals als Neue Limenische Schule bekannt werdende Stil, typisiert durch sein überreiches Bossenwerk, beherrschte die Architektur der Stadt noch bis zum Ende des 18. Jh. und kennzeichnet bis heute viele Bauwerke.

Im Gliederungsprinzip der Fassade übernehmen die quergesetzten Wulststeine, zusammen mit einer die Türme umgürtenden Holzbalustrade, die Aufgabe, der Vertikalität des 20 m hohen Altarportals horizontal entgegenzuwirken. Das dreistufige, von zwei gesprengten Segmentgiebeln nach oben geöffnete Portal fassen zwei Säulen ein, von korinthischen Kapitellen gekrönt. In den Ornamentfeldern darüber verbinden sich so gegensätzliche Elemente wie orientalische Laternen, geflügelte Köpfe und (über dem Türsturz) das päpstliche Wappen – Tiara und zwei gekreuzte Schlüssel –, das Clemens X. zum Zeichen seiner Inbesitznahme einzugravieren befohlen hatte.

Mittelpunkt des sich gleichsam auf Schwingen erhebenden Steinportals ist die überlebensgroße Marienfigur Inmaculada Concepción (Unbefleckte Empfängnis), flankiert von den anbetenden Heiligen Dominikus und Franziskus.

Man betrifft den Klosterbau durch ein schmuckes, dreiteiliges Portal. Innen empfängt den Besucher die breite Haupttreppe, über der sich eine imposante, auf vier Hängezwickeln ruhende Mudéjar-Kuppel wölbt. Der Franziskanermönch Miguel de Huerta hat sie 1625 aus Nicaragua-Zeder geschnitten; beim Erdbeben von 1940 stürzte sie ein und wurde restauriert. Mehr als jede Jahreszahl auf einem Kunstwerk es vermöchte, entführen einen die abgetretenen flachen Stufen in eine Vergangenheit, die noch immer Geheimnisse preiszugeben hat. Erst 1974, als man die über dem rundum laufenden Kachelband des großen Kreuzgangs hängenden Gemälde mit den Szenen aus dem Leben des Heiligen Franz abhob, um sie zu restau-

*Altarportal der Klosterkirche San Francisco. Altarportale sollten die heiligen Handlungen im Inneren der Kirche zur Straße hin verkünden und übernahmen daher gern das Bildprogramm der Altäre. Das schlanke franziskanische Säulenportal von San Francisco mit seinen rhythmisch aufsteigenden Segmentgiebeln wurde ab 1660 zum Vorbild für alle Klöster Limas.*

*Abendmahlbild im Refektorium des Klosters San Francisco.*

rieren, entdeckte man darunter Originalmurale, von denen niemand mehr zu erzählen weiß. Allerorten in diesem Klaustrum berichten ernstgestimmte Bildlegenden von Heiligen und Märtyrern des Ordens, hier aber offenbart sich eine (in Teilen erhaltene) mitunter sogar heitere Genremalerei mit durchaus weltlichen Motiven.

Die Sakristei wurde 1723 rekonstruiert. Über den mit Pflanzen- und Schlangenmustern geschmückten Zedernholzschatullen thronen 35 prachtvoll polychromierte und vergoldete Figurenreliefs (um 1670) von franziskanischen Märtyrern und Heiligen. Dass die Gemälde der zwölf Apostel von keinem Geringeren als Zurbarán stammen, entdeckte man erst Mitte des 20. Jh. Der Fund, bei dem der aus Spanien angereiste Marqués de Loyzola als versierter Kunsthistoriker im vergöttlichenden Porträttypus des *retrato a lo divino* die Hand des sevillanischen Meisters wiedererkannte, wiegt um so mehr, als ein von Zurbarán für ein Nonnenkloster in Lima gemalter Zyklus von 24 stehenden Jungfrauen verschollen ist.

Unmöglich, auf alle Schätze dieses Klosters einzugehen, das übrigens bis zu den ovalen Galerieöffnungen der Kreuzgang-Empore dem Convento de Santo Domingo nachempfunden ist. Auch seine von 1620 stammende Wandkacheltafeln *(zócalos)* sind kaum jünger als die des konkurrierenden Predigerordens. Allein 23 Altäre bergen seine Konchen, und auch in dieser altehrwürdigen Bibliothek ruhen 25 000 Bände. Als Leckerbissen *sui generis* nicht entgehen lassen sollte man sich, seiner Originalität wegen, das wandfüllende Abendmahlbild an der Stirnseite des Refektoriums.

Eine Besonderheit des San-Francisco-Klosters ist das Katakomben genannte Gruftlabyrinth. Man betritt es durch die Vorsakristei (kunstvoll gearbeitete oktonale Stuck-Kuppel im Mudéjar-Stil). In der Gruft liegen die Gebeine von 25 000 (nach anderen Aussagen: 70 000) Toten. Ob diese (erst 1947 geöffneten) unterirdischen Galerien einmal mit dem Regierungspalast und der alten Eisenbahnstation Desamparados verbunden waren, gehört auch noch zu den ungelüfteten Geheimnissen dieses Klosters. Man sieht Berge modriger Schädel und Knochen (die Verstorbenen wurden, aus sanitären Gründen, in ungelöschten Kalk gebettet), doch interessanter sind hier die bis zu 10 m tiefen brunnenartigen Schächte, die helfen sollten, seismische Erschütterungen abzufangen.

Wer dem Totenkult Altlimas auf kunstsinnigere Weise nachspüren will, besuche den **Friedhof Presbítero Maestro** mit seinen 800 denkmalgeschützten Mausoleen und deren verbliebenem allegorischen Figurenschmuck. (Zwischen 1993 und 1997 wurden achtzig Skulpturen entwendet und in den Kunstmarkt eingeschleust.)

Vom Franziskanerkloster (und der **Casa de Pilatos**, direkt gegenüber) ist die Kirche der Jesuiten nur drei Straßenblocks entfernt. Im Jirón Ucayali, und damit am Wege, liegen die Patrizierhäuser **Torre Tagle** und **Casa de Goyeneche** sowie das Museum des **Banco Central de Reserva**.

Der Jesuitenkomplex **San Pedro** (6) – seit 1770 dem Heiligen Petrus geweiht – besteht aus Kirche und Kloster. Als sich die ersten sieben Jesuiten im März 1568 in Callao ausschifften, waren die Dominikaner und Franziskaner schon geübte Täufer. Das focht jedoch die Brüder des Heiligen Ignatius, die zunächst im Santo-Domingo-Kloster als Gäste unterschlüpften, nicht an. Als leistungsorientierte Organisation mit neuartigen Lehrmethoden aufwartend und wegen ihrer Ergebenheit vom Papst gefördert, strebte die Gesellschaft Jesu in Lima rasch eine privilegierte Stellung an. Kein geringeres Bauwerk als die (im gleichen Jahr ihrer amerikanischen Ankunft, also 1568) in Rom von den Architekten Vignola und Porta begonnene Mutterkirche Il Gesù lieferte den Entwurf für den ersten jesuitischen Wandpfeilertempel Perus, an den sich, kaum errichtet, eine zweite Hallenkirche anlehnte, bis (1624–36) die dritte Version in Form der heutigen, auf uns gekommenen Basilika (zunächst dem Heiligen Paulus geweiht) entstand.

Mit ihrer schlichten Fassade im schmuckarmen Desornamentado-Stil verkörperte sie schon in vizeköniglicher Zeit jene hochgespannte Mischung aus weltläufiger Bescheidenheit und geistigem Hochmut, die man als Wesensmerkmal des Ordens auszumachen glaubte. Warum etwa fügten die Jesuiten in ihre scheinbar modeste Kirchenfront gleich drei Portale ein? – nur der Kathedrale stand dieses Privileg zu (weshalb die unerlaubten Flankenportale denn auch ein Jahrhundert lang geschlossen bleiben mussten). Und war es ein Zufall, dass die goldbeladene Jesuitenkirche von der limenischen Kolonialaristokratie zu ihrem Lieblingstempel erkoren wurde (und man die Beichtstühle mit Kniepolstern ausstaffierte)? »Si cum jesuitas itis, nunquam cum Jesus itis« (Wenn du mit den Jesuiten gehst, gehst du nimmer mit Jesus), ließen die Dominikaner (als Bettelorden ihrerseits rasch zu zinsträchtigen Grundherrschaften gekommen) verlauten. Worauf *La Compañía* den ihres Inquisitionseifers wegen ›Hunde des Herrn‹ gescholtenen Dominikanern diesen Knittelvers widmete: »Si cum dominicanis canis, nunquam cum Domino canis«

(Wenn du mit den Dominikanern singst, singst du nimmer mit Gott). Im kulturellen Leben des Vizekönigreichs Peru bildeten die Jesuiten zweifellos die Avantgarde. Bereits 1584 arbeitete in ihrem noch primitiven Konvent die erste Druckerpresse Südamerikas: Primärwerke waren ein christlicher Kalender namens ›Pragmática‹ und die dreisprachige ›Doctrina Cristiana‹ (in Spanisch, Quechua, Aymara).

Die sich mit einem Prediger-Vorplatz Raum schaffende Kirche zeigt in ihrer Front typisch jesuitische Züge (Betonung der Mittelachse durch zwei Dreiecksgiebel und übereinander gesetzte Figurennischen), erinnert aber ansonsten nur noch mit ihren Doppelpilastern und dem zentralen Dachgiebel an die Fassadengliederung der römischen Gesù. Deren frühbarocken Pathos holt die San-Pedro-Kirche im Innern ausgiebig nach. Die Flankenkapellen des römischen Vorbilds haben sich hier in Seitenschiffe verwandelt, deren goldstrotzende churriguereske Altäre, alle Kalotten übersteigend, die acht Kuppeln zu durchstoßen scheinen. Die Joche sind unter einem wahren *horror vacui* mit Azulejos, goldgerahmten Gemälden und feuervergoldetem Schweifwerk auf rotem Grund austapeziert. Hier feiern die dreistöckigen Seitenaltäre, deren Repertoire an salomonischen (gewundenen) Säulen die Modellierungskünste der Schaftschnitzerei in allen Varianten zeigt, ihre Heiligen. San Francisco de Borja geweiht ist der dritte Altar rechts, dessen Devotionsfigur Monstranz und Totenkopf hält. Sie stammt vom sevillanischen Meister Juan Martínez Montañés. Dem gleichen Künstler wird die Skulptur des San Francisco Javier im dritten Seitenaltar links zugeschrieben, an dessen vielstufigen Säulen Vögel, Laubwerk, Engelchen, Weinranken und Früchte emporklettern.

Die erste Nische rechts mit dem Retabel der ›Virgen de la O‹ (anonym, 1663) erinnert an die gleichnamige opulente Kongregation von begüterten Kaufleuten, Minen- und Haziendenbesitzern aus Limas besten Zeiten, die in San Pablo bzw. San Pedro ihren Hausschrein hatte. Erbötigkeit gegenüber der gunstbeweisenden Madonna, aber auch das dünkelhafte Amüsement, naive Indianer eingeübte Litaneien herunter leiern zu hören, gaben ihnen die Bezeichnung für ihre Loge ein – ›Kongregation der Jungfrau mit dem O‹: Denn die Indianer hatten von den Patres, die die Gebetseinsätze dirigierten, gerlernt, allen Heiligenanrufungen ein lautes ›O‹ voranzusetzen (›O, Maria,…‹, etc.).

Mittel- und Querschiff der San-Pedro-Kirche, beide von Tonnengewölben überspannt, bilden ein lateinisches Kreuz, dessen Schnittfeld von einer Vierungskuppel gekrönt wird. Die beiden Querhausarme beherrschen imposante, aus dunklen Hölzern geschnitzte Altäre. Sie fangen ein wenig von der goldenen Pracht ab, welche der neoklassizistische, leider die barocke Originalfassung ersetzende Hauptaltar (von Matías Maestro) noch einmal aufnimmt. Ihn flankieren schmucke Wandbalkone, die hohen Würdenträgern vorbehalten waren.

Zeitweise einsehbar, mit Genehmigung des diensttuenden Geistlichen, ist die Sakristei. Hier setzt sich das Dorado-Gepränge mit einer den Ordensveteranen gewidmeten Gemäldegalerie im Quito- und Cusco-Stil fort. Die Bildfelder der flachen, einen Artesonado imitierenden Holzdecke füllen Szenen aus dem Leben des Heiligen Ignatius. Glanzstück der Sakristei ist die Leinwand ›Krönung der Jungfrau‹ vom italienischen Jesuiten Bernardo Bitti, den man, seiner manieristisch gelängten Figuren wegen, auch noch als Autor anderer Gemälde in benachbarten Räumen erkennt.

Die Büßerkapelle (Capilla de la Penitenciaria), deren Hauptaltar eine Kopie der ›Aufrichtung des Kreuzes‹ von Pieter Paul Rubens zeigt – eine der Inkunabeln des flämischen Barock –, und die gegen- überliegende Capilla de Nuestra Señora de la O der bereits erwähn- ten Laienkongregation gehören zum Klosterbereich von San Pedro. Die Andachtsstätte der Loge dominiert das Aníbal Carracci zuge- schriebene Monumentalbild ›Extase des San Felipe Neri‹, das die Oratorianer, die nach der Vertreibung der Jesuiten (1767) das Kloster verwalteten, dort ihrem Ordenspatron weihten.

Aus der Basilika ins Freie tretend und noch von ihren Tempel- schätzen geblendet, erlebt man den großen Klosterhof als ebenso nacktes wie rhythmisch elegantes zweigeschossiges Arkadengeviert. Abweichend vom Kanon anderer limenischer Kreuzgänge sind die Galerien der Flügel mit der doppelten Anzahl von Pfeilern und Rundbögen besetzt wie der untere Umlauf und verweisen damit auf eine beliebte Säulenordnung der cusquenischen Klosterarchitektur.

In der Regel nicht zugänglich, weil von Ordensgeistlichen bewohnt, sind leider die schönen Klaustren der Mercedarier und Augustiner. Dafür aber entschädigen deren Kirchen mit stets zu bewundernden Altarportalen. Die **Iglesia de la Merced** (7) verschmerzt zwar nur langsam und in phasenweisen Restaurierungen die beim Erdbeben von 1940 erlittenen Turmschäden, verdankt dem seismischen

*Die Gemälde im Großen Kreuzgang der Kirche La Merced gelten dem Ordens- gründer, San Pedro Nolasco. Entstanden in den Jahren 1766–92, kündigen sie in ihrer Farbsensibilität be- reits das Rokoko an.*

Schock allerdings auch die Wiedergeburt ihres ursprünglichen Hauptportals, von dessen edlem rosa und grauem Granitantlitz die neoklassizistische Gipsmaske (überformt durch französisierende Puristen) abfiel.

Die erste Version dieses Sakralbaus soll eine Eremitenklause aus Lehmbatzen gewesen sein. Mercedarier, die den Eroberer Francisco Pizarro begleitet hatten, errichteten sie schon vor der Gründung Limas. Die Klause verwandelte sich im Jahr der Ermordung des Konquistadors (1541) in eine einschiffige Kapelle im gotisch-isabellinischen Stil, verbreiterte ihre Basis 1611 zur dreischiffigen Basilika und integrierte sich in das Mitte des 17. Jh. in seiner heutigen Gestalt entstandene Klaustrum: zwei durch einen majestätischen Treppenaufgang verbundene Kreuzgänge mit Rundbogenarkaden und Mudéjar-Galerie.

Die von der Ordenspatronin (und Marschällin) Virgen de la Merced präsidierte Kirchenfront wurde zwischen 1697 und 1704 aus zweifarbigem Panama-Granit skulptiert, der als Schiffsballast nach Lima gelangte. Risalitartig aus der schlichten Bossenwand hervortretend und diese mit dem obersten Gesprenge noch übersteigend, bildet das im Churriguera-Stil gestaltete Altarportal das harmonischste architektonische Zeugnis des limenischen Spätbarock. Drei geometrische Gurtgesimse, die unteren beiden treppenförmig, bremsen die sich in den Himmel bohrende Kraft von acht spiralig gedrehten Doppelsäulen, von Voluten und Helmbekrönungen und begleiten gleichsam die beruhigenden Armbewegungen der Madonna, die, anmutig den Kopf geneigt, in der zentralen Balkonnische ihren Mantel ausschwingt. Beliebtestes Dekorelement in dieser Fassadenwand sind wiederum geflügelte Engelsköpfe, wie sie auch als Agraffen die Archivolte des Portals halten, unter dessen Muschel-Laibung man die Kirche betritt.

*Juan Martínez Montañés schuf das Kruzifix ›Cristo del Auxilio‹ (1603) im Seitenaltar von La Merced.*

Wertvollstes Inventar in der mit Wulstquadern ausgepolsterten Kirche sind der Hochchor, dessen im 17. Jh. von unbekannten limenischen Künstlern geschnitztes Gestühl farbig gefasste Figuren von singenden Engeln beleben: Die himmlische Heerschar, so die liebenswerte Legende, soll einmal für die während der Messe eingeschlafenen Mönche eingesprungen sein und den Chorgesang angestimmt haben; sodann der vor Rocaille-Ornamenten überbordende Barockaltar der Jungfrau von Lourdes (Mitte 18. Jh.) und das von Juan Martínez Montañés geschaffene Kruzifix ›Cristo del Auxilio‹ (1603), heute leider mit neoklassizistischem Dekor profaniert. In der von einer Hängekuppel überwölbten Sakristei besticht das reich geschnitzte Rokoko-Mobiliar (1776), an dem Flammenzungen, einem Abwehrzauber gleich, den alles einäschernden Brand von 1775 memorieren.

Von La Merced (und den benachbarten Kolonialpalästen O'Higgins und Riva-Agüero) liegen Kirche und Kloster **San Agustín** (8) nur einen Straßenblock entfernt. Kein anderes Bauwerk der limenischen

Kolonialarchitektur hat unter Erdbeben, Kriegswirren und Stilwilderei so leiden müssen wie der Augustiner-Komplex. Zu den letzten Schrecknissen des schon im 16. Jh. begonnenen Bauwerks, von dem heute nur noch die Seitenmauern und die Barockfassade (zum größten Teil jedenfalls) erhalten sind, gehörten nicht nur der Artilleriebeschuss während der Revolution von 1895, der die Kirche ihren einzigen Turm einbüßen ließ, sondern auch die – wie es der Kunsthistoriker Riva-Agüero nannte – »pseudoromanische Elefantiasis« einer die Innenräume verunstaltenden Restauration und das Einsetzen eines runden Portalfensters, das eher zu einem Belle-Epoque-Bahnhof passen würde.

Der Zerstörung entgangen ist der große Kreuzgang von San Agustín mit seinen ›tanzenden‹, weil in wechselnden Abständen gesetzten Galeriesäulen und dem auf und ab ›hüpfenden‹ Bogenreigen eine Meisterleistung schwereloser Architektur. An Kunstschätzen gerettet wurden: der farbige, mit drei Motivfeldern spielende Artesonado der Vorsakristei (Diego de Medina, 1643); die Rocaille-Schnitzerei der Sakristeimöbel, in deren Figurennischen noch einige *tallas* ebenjenes Diego de Medina zu finden sind, die das Erdbebendesaster von 1746 überlebten; mehrere polychromierte Holzstatuen, als berühmteste ein ›Ecce Homo‹ und ›Der Tod‹, beide von dem namhaften limenischen Bildhauer Baltazar Gavilán.

Ein weiterer geretteter Kunstschatz ist das Altarportal, das zwischen 1710 und 1720 entstand und den ›Mestizenbarock‹ in seiner exaltiertesten Form zeigt. An seiner sich gleichsam selbst verschlingenden Dekorationsfülle übte sich eine auf die Steinbildnerei übertragene Ziselierkunst, die in dem einst von Diego de Aguirre geschnitzten Hochaltar (heute verschwunden) ihr Vorbild, im Holz aber auch das werkgerechtere Material hatte. Auf der ruhelosen filigranen Schmuckfassade erscheinen die zehn Nebenfiguren nurmehr wie Komparsen zwischen Brokatvorhängen. Dominante Gestalt ist der in einer von Archivolten, Muschelkanneluren und Blattranken durchsetzten Mittelkonche stehende Heilige Augustus, der, fratzenhafte Ketzer zu Boden tretend, seine Attribute hoch hält: ein flammendes Herz und ein aufgeschlagenes Buch. Der wie so oft im Bischofsornat dargestellte Kirchenvater erscheint hier, anders als die mystisch verklärten Ordensstifter anderer Kongregationen, als lebenserfahrener weltlicher Lehrer, als dozierender Philosoph, als der Rhetor, der er einmal (in Mailand) wirklich war. Man könnte ihn, wie er den Mund halb geöffnet hält, beinahe seine ›Bekenntnisse‹ vortragen hören. Lächelt er nicht sogar? Dass die Augustiner, ungleich den Dominikanern und Mercedariern, nicht schon die spanischen Eroberer auf ihren wilden Kriegszügen begleiteten, sondern ähnlich wie die Jesuiten, erst später, mehr vermittelnd als indoktrinierend, in Amerika einsickerten, war wohl kein reiner Zufall.

Wer sich im Richtungssinne dieser Kurzbeschreibungen durch die Altstadt bewegt, gerät unwillkürlich in die Nähe der **Plaza San Martín** (9), wo ein Blick in das Gran Hotel Bolívar noch etwas vom

Splendeur des Lima der 1920er Jahre einfangen kann. In diesem Traditionshaus, das Gäste von Charles de Gaulle (für ihn musste ein Bett in Sonderlänge angefertigt werden) bis Orson Welles beherbergte und Ava Gardner als erste Besucherin der English Bar begrüßte, lässt sich auf der kleinen Terrasse auch angenehm (und mit einem Menü preiswert) zu Mittag speisen.

Die Besichtigung der Sakralbauten kann um weitere Ziele ergänzt werden, bei denen jedoch meist nur Einzelobjekte Aufmerksamkeit verdienen: das sind etwa in der kleinen Klosterkirche **Jesús, María y José** (10) die von dem mestizischen Skulpteur José de Castilla um 1708 geschaffenen Churriguera-Altäre und die Kanzel; in der Kirche **San Marcelo** (11) der Hochaltar von 1761, als letztes Limaner Barockschnitzwerk dieser Art; in der Klosterkirche **Las Nazarenas** (12) der Rokoko-Altar; und im nördlich des Río Rímac im San-Lázaro-Viertel liegenden Konvent der Barfüßermönche, **Los Descalzos**, eine Gemäldegalerie mit Werken von Diego Quispe Tito, Leonardo Jaramillo und Hell-Dunkel-Kompositionen aus Murillos Sevillaner Atelier.

## Die Stadtpaläste des Patriziats

In den ersten Jahrzehnten nach der Konquista, berichten die Chronisten, hätten die Gründerfamilien fast nur von Mais und Lamafleisch gelebt. Davon zeugten der obligate *zango,* die primitive Maismühle, und das mit Lederriemen verbundene Gebälk der Patrizierhäuser auch noch, als deren Lehmwände sich außen mit Balkons und innen mit Seidentapeten schmückten. Tonschlamm war der erdbebenbeständigste Baustoff für die typischerweise zweistöckigen Stadtvillen, deren Fundamente aus Flusssteinen gelegt wurden. Darauf ruhten, die Mauern des Erdgeschosses bildend, genau 24 Lagen Adobe-Ziegel; die Wände der oberen Etage, noch leichter und schwingfähiger, bestanden aus *quincho,* also Rohrgeflecht mit Lehmbewurf. Der Grundriss des Hauses folgte, was die Ausstattung mit zwei Innenhöfen *(patios)* anbetraf, dem andalusischen Modell, jedoch waren diese nicht nach maurischer Art in ein geschlossenes Raumgeviert eingebettet (wie heute noch im Santa-Cruz-Viertel von Sevilla zu sehen), sondern durch einen herrschaftlichen *zaguán* (Torhof) mit der Straße verbunden. Herrschaftlich, weil dessen Bogenhöhe es einem Reiter – später einer stolzen Kalesche – erlauben musste, in voller Höhe mit Elan zu passieren.

Um den ersten (größeren) Patio gruppierten sich Empfangsraum, Herrenzimmer, Speisesaal und Salon mit Hausaltar. Darüber, im oberen Stockwerk, lagen die von *ventanas teatinas* (haubenförmigen Dachfenstern nach Art der Theatinermönche) erhellten Schlafgemächer. Den zweiten, hinteren Innenhof *(patio doméstico)* umschlossen die Unterkünfte der Bediensteten, Wirtschaftsräume, Stallungen und Remisen für die Kaleschen. Plätscherte im ersten Hof

*»Greises Kolonialhaus, so christlich wie maurisch… / melancholisch lässt du uns nur noch deine stolze Verachtung spüren. / Du bist die Enkelin des Escorial und der Alhambra… / vielleicht also war / deine Mutter eine Odaliske, / dein Vater jedenfalls gewiss ein König!«*

*José Santos Chocano*

*Innenhof der Casa
Riva-Agüero (1760)*

ein Brunnen, dann schwelgte der zweite in blühenden Geranien. Und wie ein reich dotiertes Wappenschild bewehrte der von Steinmetzen und Stuckateuren skulptierte Portalrahmen, dessen Ausstattung mit Pilastern, Säulen, Giebeln und Schmuckwerk dem jeweiligen architektonischen Zeitgeschmack folgte, den Haupteingang.

Das Prestigebedürfnis eines arrivierten Patriziats und seine Repräsentationswünsche rangen der Baukunst noch andere Renommierstücke ab: Unter britischem Einfluss wurde der Tea Room, unter französischem der von schweren Kristall-Lüstern und goldgerahmten Spiegeln illuminierte *salón dorado* zur Kultstätte des Gesellschaftslebens. Sogar die Außenarchitektur hatte den Eitelkeiten der Hausherren zu dienen. Als würdevollen Gastgebern gefiel es diesen, Besucher von der Galerie des ersten Patio aus wie von einer Tribüne herunter zu begrüßen, um dann über eine – eben vom Architekten zu ersinnende – breite Treppe herabzuschreiten.

Zu welcher Fortune es Limas Großbürgertum bis zur republikanischen Epoche brachte, davon berichtet eine im 19. Jh. in der **Torre Tagle** (13), der wohl prunkvollsten Stadtvilla Limas, angelegte Inventarliste. In ihr sind über 800 wertvolle Gemälde (darunter solche von Leonardo da Vinci, Tizian und Mantegna) aufgeführt, die die Eigentümerfamilie einst – als Bezahlung von Spielschulden – von einem englischen Lord erworben und dann im ganzen Haus aufgehängt hatte. (Ein Teil dieser Bilder wurde später an die National Gallery in London verkauft.)

Von den etwa 15 im historischen Kern Limas erhaltenen *casonas* (kolonialen Stadtpalästen) können leider nur wenige besichtigt werden. Die genannte Torre Tagle ist vom Außenministerium besetzt; in der **Casa de Pilatos** (14), deren erste Konstruktion von 1590 datiert, residiert das Verfassungsgericht; die luxuriös ausgestattete **Casa de Goyeneche** (15) von 1771 ist Schutzobjekt des Banco de Crédito del Perú, die **Casona Las Trece Monedas** (16) Hort des mathematischen Zweigs der Universität. Den anschaulichsten Eindruck von einem pfleglich konservierten Kolonialpalast gewinnt der Besucher bei einer Besichtigung der **Casa Aliaga** (17). Sie wird bis heute von Nachkommen des Gründers bewohnt, der auf Pizarros zweiter Reise nach Lima gelangte.

Zugänglich sind im übrigen der **Palacio de Osambela** (18) mit seinen vier schönen Holzbalkonen und einem originellen Türmchen, das dem reichen Kaufmann Martín de Osambela bei der Ankunft seiner Schiffe als Ausguck gedient haben soll (der Palast ist heute Sitz des Kulturzentrums Inca Garcilaso de la Vega); weiter die **Casa Riva-Agüero** (19) von 1760 mit wertvollem historischem Archiv und kunsthandwerklichen Ausstellungen sowie die zur gleichen Häuserflucht gehörende, aber vom Jirón de la Unión aus zugängliche **Casa O'Higgins** (20), letzter Wohnsitz des gleichnamigen, hier 1842 verstorbenen chilenischen Freiheitshelden, heute das kleine archäologische Museum Josefina Ramos de Cox beherbergend, das vor allem Stücke der Lima-Kultur aus dem Rímac-Tal zeigt; schließlich die **Casa**

**Villegas** (21), einst Residenz prominenter Familien, dann der Botschaften von Großbritannien und Chile und heute Heimstatt der Akademie der Schönen Künste. Mit einem imposanten treppengeschmückten Vestibül wartet das im 19. Jh. reformierte Patrizierhaus **Agua Viva** (22) auf, das von einem französischen Nonnenorden gepflegt wird. (Hier kann man mittags im klostereigenen Restaurant ›L'Eau Vive‹ speisen.)

*Vestibül der Casona Agua Viva*

## Geborgene Schätze – Limas Museumslandschaft

Die Museumsgeschichte der Stadt beginnt bereits 1822 mit der Gründung des Museo Nacional durch Bernardo de Torre Tagle und dokumentiert heute in annähernd fünfzig öffentlichen und privaten Sammlungen die außerordentlich differenzierte Kulturfolge der Mittelanden. Der an präkolumbischen Kollektionen interessierte europäische Besucher findet seine Ziele an sehr verschiedenen und oft weit auseinander liegenden Stellen der Flächenstadt Lima.

Zur Orientierung seien hier die wichtigsten Sammlungen und ihre herausragenden Exponate vorgestellt; die Besichtigungsmerkmale finden sich im Infoteil.

Dieser Präsentation muß allerdings ein Geständnis vorausgeschickt werden: Das berühmte ›Goldmuseum‹ von Lima, an gehüteten Schätzen scheinbar nur von Bogotás Museo de Oro übertroffen,

*Tipp:*
*Die Museumsbesuche lassen sich nicht in einen Stadtrundgang einbauen. Sie müssen, je nach Öffnungszeiten und Verweildauer, individuell geplant werden. Mitunter benötigt man auch eine Voranmeldung.*

*Zeremonialmesser
(Tumi). Exponat
des Goldmuseums
von Lima*

beinhaltet – wahrscheinlich immer noch – vorwiegend Repliken. Erst 2001 wurde, damals ein Skandal, eine unbekannte Anzahl von Objekten als gefälscht erkannt. Dennoch stellen auch diese Elaborate, ihrer handwerklichen Qualität wegen, sehenswerte Schaustücke dar. Immerhin sollte der Betrachter wissen, daß der Echtheit vieler Exponate zu mißtrauen ist.

Das **Museo Oro del Perú y Armas del Mundo** (›Goldmuseum‹ und internationale Waffensammlung), liegt im peripheren Stadtteil Monterrico (Avenida Alonso de Molina 1100). Vorbei an den waffenstarrenden Parterreräumen (20 000 Objekte) führt der Weg ins Untergeschoss, wo die Kunstwerke der Metallverarbeitung ausgebreitet sind. Das am häufigsten verarbeitete Metall Altperus war effektiv Kupfer, gefolgt von Gold und, erst an dritter Stelle, Silber. Eisen kannte man nur in seiner meteoritischen Form, vorwiegend als Hämatit (Blutstein). Zum Bronzeguss fanden die Indianer erst in der Tiwanaku-Periode. Da die Spanier alles bei ihrer Ankunft angetroffene Gebrauchs- und Schmuckgold (das für die Altamerikaner nie geldwerte Eigenschaften besessen hatte) einschmolzen, stammen die meisten Exponate aus später gefundenen Gräbern. Dass sie vorwiegend aus Gold bestehen, erklärt sich aus dessen Haltbarkeit: Kupfer korrodierte oft zu Grünspan, Silber kalzinierte leicht zu einer schwarzen, brüchigen Materie. (Zur Metallurgie in Altamerika s. S. 40ff.)

Im **Saal 1** (Sala Principal) sind die über und über geometrisch und figurativ ornamentierten, bis zu den Ellbogen reichenden Goldhandschuhe einer Lambayeque-Mumie das herausragende Prunkstück. Die Mittelvitrinen zeigen Fürstenmumien und Repräsentationsfiguren des Nasca-, des Paracas- und Chimú-Reiches in voller Tracht. Zu den eindrucksvollsten Stücken der metallstrotzenden Wandschaukästen gehört ein Goldschuppen-Manto, von dessen zentralem Sonnenschild acht stilisierte Schlangen ausstrahlen (Vitrine 24).

Blickfang in **Saal 2** (Sala de recipientes – Gefäßsaal) sind vor allem die ca. fünfzig Kero-artigen Zeremonialbecher, zum Teil als Kopfgefäße ausgebildet, zum Teil profus gemustert und mit Türkisen besetzt. In **Raum 3,** dem Mumiensaal, begegnen wir Trockenmumien in Hockstellung und geschnürten Mumienbündeln, reich geschmückt mit Metall-, Knochen-, Vogelfeder- und Textilapplikationen. Das ist überhaupt eine der Attraktionen dieses Museums: dass es nicht nur Einzelstücke, wie Pektorale und Masken, zeigt, sondern viele Kultobjekte in ihrem Zusammenhang vermittelt.

Großformatige Metall-Mantos des Moche- und Chimú-Horizonts (Mittelvitrinen) leiten zu einem imposanten Wandbehang aus gehämmerten Goldpaletten im Eingang zu **Raum 4** (Sala de las literas – Saal der Sänften) über. Der Name verweist auf die beherrschenden beiden Tragen aus Huaranga-Holz (eine Johannisbrotbaumart), an deren Rücklehnen die Dekorwirkung des Goldes in Kombination mit anderen Schmuckelementen, wie Federn, Farbfeldern und Edelsteinen, exemplifiziert wird. In Geschmeiden verarbeiteter Rosenquarz, Bergkristall, Perlmutt, Lapislazuli und Amethyst erzählen von einem interregionalen Tauschhandel über tausende von Kilometern. Der **Raum 5** (Sala de cobre – Kupfersaal) zeigt vor allem kupfernes Ackergerät, Beile und Harpunen, hält aber auch noch andere Überraschungen bereit: eine Kollektion von Obsidianspiegeln und zwei prachtvolle Muscheln mit Mosaikeinlagen und eingeschnittenen Figuren.

Die im **Obergeschoss** des Museums unter farbenschonendem Filterlicht ausgebreitete Sammlung von Textilien der Paracas-, der Nasca- und Wari-Kultur beschreiben zu wollen, würde jeden Versuch einer einigermaßen angemessenen Würdigung sprengen (siehe auch ›Textilkunst‹, S.36ff.). Man wandle und staune! Die unglaublich vielfältigen Stielstich- und Verschlingungsstickereien auf vorwiegend leinenbindigen Baumwollgrundgeweben (Paracas) und die großbahnigen Mischgewebe (Kette: Baumwolle, Schuss: Alpaka) und Wirkereien der Wari-Epoche verzaubern den Betrachter einfach und entführen ihn mit ihrem zunehmend abstrahierten Figurenreichtum – am Ende bleibt nur das Flügelauge mit der Tränenspur – in eine rätselhafte mythologische Welt. Auf der gleichen Etage drängt sich in den Vitrinen Gefäßkeramik, die unter anderem auf realistische Weise die unbefangene Erotik der Nasca- und Mochica-Menschen belegt.

Auf chronologisch konzise und zweifellos sehr didaktische Weise (Beschriftungen – allerdings nur in Spanisch, Großmodelle, Phasendiagramme, Richtungspfeile) geleitet das archäologische und ethnografische **Museo de la Nación** (Avenida Javier Prado Este 2465, San Borja, Zeitaufwand: 2–3 Stunden) den Besucher nahtlos durch die präkolumbische Kulturgeschichte. Und doch bleibt in diesem amusischen riesigen Betonbunker (ehemals Sitz der Nationalbank) mit seiner kalkulierten Kühle das emotionale Museumserlebnis aus. Es mangelt an integrierenden Bezügen. Die Wanderung durch die Zeit erfolgt linear, fast ausschließlich anhand der Leitformen keramischer Objekte. Der akademische Lehrpfad beginnt im Parterre mit dem Höhlenmenschen Hombre de Paiján (vor 14 000 Jahren) und endet auf der 3. Etage mit dem Inkareich. Am originellsten noch ist die nach Themenkreisen geordnete Keramikschau (Nasca und Mochica): Fauna, Agrikultur, Jagd und Fischfang, Mythologie, Erotik, Porträts etc.

Als besucherfreundlichstes und mit zwei archäologischen Pretiosen – dem Tello-Obelisken und der Raimondi-Stele (s. S. 218f.) – aufwartendes Museum für altperuanische Kunst erweist sich das **Museo Nacional de Arqueología, Antropología e Historia del Perú**, das drei schmucke Arkadenhöfe umschließt (Plaza Bolívar, Pueblo Libre, beliebige Verweildauer, Zeitaufwand: 1–2 Stunden). Die um 1820 entstandene Anlage diente den Befreiungskämpfern José de San Martín und Simón Bolívar als – damals weit außerhalb der Bebauungszone liegendes – Landhaus (Quinta de los Libertadores) und beherbergt heute deshalb auch das kleine Historische Museum mit seinen ereignisgeschichtlichen Gemälden, Porträts und

*Das Hauptmotiv der Raimondi-Stele ist eine Stabgottheit mit Raubtierkopf. (Museum für altamerikanische Kunst)*

Memorabilia. Die Altamerika-Kunst, vor allem Keramiken und Textilien, wird zum großen Teil in Vitrinen gezeigt, die in den Umgängen aufgestellt sind (was das Fotografieren bei Tageslicht, also weitgehend ohne störende Reflexe, mit natürlicher Farbwiedergabe erlaubt).

Als thematischer Schwerpunkt interessant ist die Paläopathologie, der ein kleiner Pavillon (zwischen den beiden großen Patios) gewidmet ist. Hier sieht man künstliche Schädeldeformierungen, Trepanationen, aber auch krankheitsbedingte Verkrüppelungen, zum Teil in der Nasca- und Mochica-Gefäßkeramik wiedergegeben. Die Paläopathologie wurde in Peru von Pedro Weiss (1893–1985), einem Schüler Julio C. Tellos, begründete. Eine recht anschauliche Darstellung der Metallverarbeitung mit dazugehörigen Werkzeugen und Schmelzofenmodellen findet der Besucher in der rechten hinteren Ecke des zweiten Hofes.

Von der Wertigkeit der Exponate her, ihrer Präsentation, der hilfreichen dreisprachigen Beschriftung (Spanisch, Englisch, Französisch) und der Qualität wahlweiser Führungen gehört das (private) **Museo Arqueológico Rafael Larco Herrera** (Avenida Bolívar 1515, Pueblo Libre, unbegrenzte Verweildauer, Sitzgelegenheiten, Führungen von jeweils 30, 60 oder 90 Min. auf Wunsch) zu den attraktivsten Altamerika-Museen Perus. Es ist in einem Hacienda-Herrenhaus untergebracht. Ein Blick ins – hier ausnahmsweise einzusehende – Archiv (links vom Vestibül) vermittelt einen Eindruck von handgefertigter keramischer Massenproduktion in einem Kulturraum, den bei der Ankunft der Spanier vielleicht acht Millionen Menschen bewohnten.

Die in diesem Museum verwahrten und von dem Sohn des Sammlers, dem namhaften Archäologen Rafael Larco Hoyle, periodisierten Objekte der Moche-, Lambayeque-, Vicús-, Chavín-, Chimú-, Nasca- und Paracas-Kultur entstammen vorwiegend den Funden auf Larco Herreras Zuckerrohrfarm von Chiclín (Nordperu). Zu den Glanzlichtern der Kollektion zählen goldene Mumienmasken und Paracas-Gewebe (bis zu einer Feinheit von 398 Fäden pro Quadratzoll). Das museumseigene Ensemble von präkolumbischen *huacos* mit erotischen Konfigurationen gilt als das kompletteste Perus.

Eine äußerst wertvolle (private) Kollektion von Edeltextilien birgt das hauptsächlich auf den Chancay-Kulturkeis hin orientierte **Museo Amano** (Calle Retiro 160, Miraflores, Besuch nur nach Voranmeldung und zu festgelegter Zeit, geführte Besichtigungen von ca. 30–40 Min. Dauer pro Gruppe). Die Ausstellung umfasst ausgewählte Töpfereien aus etwa zwanzig Stilepochen, Metallutensilien (Ohrpflöcke, Angelhaken, Bartschaber, Zeremonialmesser), textile Mumienmasken, Schmuck (darunter ein unglaublich feinröhriges Spondylus-Armband), Papageienfederstoffe und – in Schubfachtruhen verwahrte – kostbarste Feingewebe. Die in komplizierten Verschlingungstechniken gearbeiteten Flore zeigen Katzen-, Fisch-, Vogel- und Schlangenmotive als Mustereinträge. Besonders originell sind die vielfarbigen aneinander genähten Stoffmuster (bis zu neunzig pro Bahn), welche die Weber ihren Auftraggebern vorlegten – eine frühe Form des Bestellkatalogs.

Die (private) **Colección Enrico Poli** (Jirón Lord Cochrane 466, Miraflores, nur nach Voranmeldung zur festgesetzten Besuchszeit) wartet mit wertvollen altperuanischen Keramiken, Textilien und Metallobjekten (darunter auch Grabschätze von Sipán), aber ebenso kolonialer und republikanischer Kunst (Möbel, Goldschmiedearbeiten, Huamanga-Skulpturen, Gemälde der Cusco-Schule) auf. Ikonographische Nobeltextilie ist der farbenreich bestickte *uncu* eines der letzten Inkaherrscher.

Besonders den zeitknappen Lima-Besuchern bietet das nur zwei Hausecken von der Plaza de Armas entfernte **Museo del Banco Central de Reserva** (Jirón Ucayali 299, beliebige Verweilzeit) einen konzentrierten Überblick über das vorspanische Kulturschaffen (mit Betonung der nördlichen Regionen, besonders Vicús). Eine ansehnliche numismatische Kollektion (Schwerpunkt: republikanische Epoche) und eine kleine Gemäldeschau (Werke des 19. und 20. Jh.) runden das Angebot ab.

Der Kreis der archäologischen Museen lässt sich erweitern um die **Museos de Sitio,** die den limanahen Fundstätten angegliedert sind (Puruchuco, Pachacámac, Huaca Pucllana u. a.). Ihre Objekte, meist Mumien und Scherben, wechseln jedoch mit den Grabungserfolgen und sind daher in erster Linie für Fachleute interessant.

Dreitausend Jahre Kulturgeschichte präsentiert das **Museo de Arte** (Paseo Colón 125). Es befindet sich im ehemaligen Ausstellungspalast von 1872, einer im klassizistischen Kanon vorgefertigten Eisenkonstruktion mit Neorenaissance-Dekoration (1999 renoviert). Die gezeigten Exponate dokumentieren bildende Kunst aus vorspanischer Vergangenheit (beachtenswert: Paracas-Mantos und Nasca-Töpferei) bis hin zur Gegenwartskunst (s. S. 107ff.).

Nur wenige Schritte von diesem Palast der Schönen Künste entfernt lädt das freskengeschmückte **Museo de Arte Italiano** von 1923 (Paseo de la República, cuadra 2) zu einem Besuch ein. Dieses Geschenk der italienischen Kolonie zum hundertjährigen Jubiläum der peruanischen Unabhängigkeit feiert mit seiner impressionistisch eingestimmten Pinakothek und den Skulpturen, die dem Akademismus der 1920er Jahre verpflichtet sind, Künstler wie Mancini, Malerba und Passaglia.

Unter den Sammlungen, die das postkolumbische Kunstschaffen belegen, ragen außerdem heraus: das **Museo de Arte Colonial Pedro de Osma** (Gemälde, Plastiken, Silberschmiedearbeiten und Möbel aus vizeköniglicher Zeit, Avenida Pedro de Osma 423, Barranco); das **Museo de Cultura Peruana** (Avenida Alfonso Ugarte 650) mit seiner aus dem ganzen Land zusammengetragenen Volkskunst; und nicht zuletzt die sehr beachtliche **Colección de Máscaras Jiménez Borja** (Avenida Bertoloto 264, nach Vereinbarung) als kompletteste Epochen überschreitende Maskensammlung der Mittelanden.

# Grotten, Gräber, Geoglyphen: Die Südküste

# Das Orakel von Pachacámac

Etwa um die Zeit, da Heinrich Schliemann Homers Troja ausgrub, lichtete Max Uhle (1856–1944) in Peru die sandverwehte Tempelstadt Pachacámac. Doch während Schliemanns »erfahrener Spaten« Schätze zutage förderte, die der reiche Weltbürger (und Ehrenbürger der Londoner Society of Antiquaries) heimlich aus der Türkei herausschmuggelte, musste der gesponserte Dresdner Gelehrte seine Funde an Museen und Sammler abliefern, um die Grabungen finanzieren zu können. Max Uhle, der Entdecker von Pachacámac (1896), wird heute als Pionier der peruanischen Archäologie gefeiert.

23 km südlich von Lima liegt der Tempelkomplex unweit der Küste am rechten Lurín-Ufer. Schon mit seinem Namen (Pacha Camay = Weltschöpfer) gibt er sich als göttlicher Sitz und als Heiligtum zu erkennen und wird daher auch gerne Mekka von Peru genannt. Als Hauptstadt des kleinen Küstenreiches Cuismanco im 9. Jh. entstanden, entwickelt sich der Ort bald zum damals möglicherweise bedeutendsten Zeremonialzentrum Altperus. Pachacámacs erste Phase begleitet noch die (relativ unbedeutende) Limakultur, dann assimiliert es expandierendes Wari (das Tiwanaku- und Nasca-Elemente mittransportiert) und wird schließlich im 15. Jh. von den Inka überformt.

Aus diesen Kulturverwandlungen ging eine polyvalente Stil-Rhetorik hervor. Grundmotive im typischen Entrelazado- (ineinander verschlungenen) Dekor von Pachacámac blieben jedoch Schlange und Zackenfisch – Symbole einer Sierra und Meer verbindenden Orakel- und Wallfahrtsstätte. Der im Credo wechselnder Pilgerscharen zeitweise von der Gottheit Ichma verdrängte Schöpfergott Pachacámac wurde von den Inka wieder eingesetzt, ja sie ließen sogar die Tributleistungen weiter an den Pachacámac-Tempel entrichten und nicht an den nach 1450 erbauten Sonnentempel, der das ganze Kulturareal überragt.

Der sich dem Relief der wogenden Wüste anpassende Pachacámac-Komplex, von unregelmäßig schrägen und 1–2 km langen Seitenlinien begrenzt, beherbergt 15 Erdpyramiden und vier natürliche Vorsprünge mit felsigem Untergrund. Auf dem höchsten dieser *promontorios* (120 m) ruht der fünfstufige gewaltige **Templo del Sol** (Sonnentempel), von dessen oberster Plattform aus man die gesamte Anlage zwischen der Lurín-Oase und dem Meer überschaut. In der ockerfarbenen Monochromie der Wüste vermählen sich Ruinen und Sand. Doch die noch überall abzulesenden Mauergrundrisse addieren sich zu einer architektonischen Komposition, die souveräne Raumbeherrschung verrät.

Gebaut wurde mit Lehmziegeln – handgeformt, rundkantig, ungebrannt. Man kann die alten ›Lebkuchenmauern‹ noch bewundern, auch wenn der farbig bemalte feine Schlammverputz längst von den Wänden gefallen ist. Stark (und vielleicht etwas zu perfekt) restau-

Pachacámac
**Besonders sehenswert:** Sonnentempel; Mondtempel (Acllahuasi)

*Petroglyphen im Locumba-Tal. Der Ausschnitt zeigt einige der Ritz- und Schabzeichnungen; unten: ein Kanufahrer.*

riert wurde das (von Max Uhle Mondtempel genannte) **Acllahuasi**, das ›Haus, wo die Frauen gebären sollen‹. Fantasievolle Spanier vermuteten hier die Sonnenjungfrauen der Inka, verborgene Goldschätze und luxuriöse Bäder. Vor den Tempelplünderern retten konnte sich immerhin ein 2 m langer Idol-Stab (heute im kleinen Museum am Eingang zu sehen). Das rundum beschnitzte Holztotem, dessen Spitze eine janusköpfige Wesenheit (Pachacámac?) bildet, scheint die Fruchtbarkeit von Scholle und Meer beschwören zu wollen. Bei den noch fortdauernden Ausgrabungen wurden im Mai 2005 wieder 63 Gräber mit Mumienbündeln *(fardos)* freigelegt. Da die Toten familienweise bestattet wurden, handelt es sich wahrscheinlich um Opfer von Epidemien.

Dem Auge des Besuchers verborgen bleibt das Maßwerk des **Sonnen-Observatoriums** neben dem Alten Tempel. Die Konstruktionslinien seiner Mauern und die Positionierung der Pfosten lassen Azimutwinkel und Sichtachsen entstehen, die genau mit dem Sonnenuntergang bei der sommerlichen Wende (hier: 20.–23. Dezember) und dem Aufgang bei der Wintersonnenwende, dem *inti raymi* (20.–23. Juni) übereinstimmen. Die Existenz dieser Beobachtungsstation verweist auf die wissenschaftlich-pragmatische Seite des Tempelkults.

Noch unter den Inka wurde das Orakel von Pachacámac befragt. Doch die Götter halfen, auch damals schon, nur denjenigen, die sich selbst zu helfen wussten.

# Tambo Colorado

*Tambo Colorado Inkazentrum in dominanter Lage im Pisco-Tal*

Mehr als zweihundert Wüstenkilometer, bei denen vorerst nur die Baumwollfelder in den Mündungsoasen von Cañete und Chincha die südlicher gelegenen Zentren der altamerikanischen Haute Couture ankündigen, trennen Pachacámac von Tambo Colorado. Bei km 227 der Panamericana (4 km nördlich der Einfahrt nach Pisco) nach Osten auf die Straße nach Ayacucho einschwenkend, stößt man (nach 28 km) an der engsten Stelle des Río-Pisco-Tals auf die Lehmfeste am rechten Uferhang.

Tambo Colorado (Rotes Rasthaus) liegt an einem von der Inkastraße (bei Vilcashuamán) zur Küste laufenden Stichweg. Dieser dominierenden strategischen Platzierung und dem trapezoiden Grundriss verdankt die Anlage die voreilige Bezeichnung als Inkagarnison. Einer solchen, aufs rein Militärische fixierten Anmutung widersprechen jedoch die Ergebnisse späterer Ausgrabungen. Der Talabschnitt war mindestens seit 300 v. Chr. bewohnt und dieser von den Inka *puka tampu* genannte Komplex erwuchs – vermutlich Ende des 15. Jh. – aus den Fundamenten einer bereits vorhandenen Chincha-Niederlassung. An Waffen fand man nur Keulenreste, hin-

gegen eine Vielfalt von weiblichen Utensilien, wie Diademe und Kämme, sowie Gerätschaften für die Textilverarbeitung.

Seit der Erkenntnis, dass die Paracas-Kultur ihren Lebensnerv nicht auf jener wüstenhaften Halbinsel (die ihren Namen trägt), sondern in der umliegenden Oasenregion hatte, wird auch Tambo Colorado zu den Verwaltungs- und Zeremonialschwerpunkten im Siedlungsgesprenge einer Agrarregion gerechnet, in der man seit 5000 Jahren Baumwolle anbaut. Nur von Indien her ist Gleichartiges bekannt. In der Río-Pisco-Oase wird inzwischen wieder mit Sorten in den ursprünglichen Naturfarben – weiß, gelb, karamel, braun, grün, blau, schwarz – experimentiert. Nur vier von gegenwärtig achtzig baumwollerzeugenden Ländern – die USA, Israel, Bolivien und Peru – kultivieren farbige Varianten; sie werden am Weltmarkt drei- bis viermal höher notiert als handelsübliche Baumwolle.

In dieser Schwemmlandzone waren selbst die inkaischen Steinbaumeister auf Lehm angewiesen. So präsentiert sich Tambo Colorado heute als übrigens erstaunlich gut erhaltener Adobe-Komplex, dessen 70 cm dicke Mauern, ein vielfältiges Raster von Zellen bildend, den weitläufigen Zeremonialplatz umschließen. Von den sechs Gebäudegruppen ist eine als Palast, eine andere – mit Tauchbecken, Einstiegstreppe und Wasserzulauf – als Bad des Inka definiert. Mehrere kleine Höfe belüften den ehemals überdachten Teil der 2 ha großen Anlage. Waren die bogenförmigen Mauernischen Vorratskammern oder dienten sie zur Aufstellung von Idolen? Wir wissen es nicht. Mit seinen diagonal gesetzten Lehmziegeln und der karminroten, gelben und weißen Bemalung der Putzflächen (nur noch Spuren davon sind erhalten) gehört Tambo Colorado zu den originellsten Monumenten Altperus.

# Paracas-Nekropolen

**Paracas**
**Museo de Sitio Julio**
**C. Tello**

Vielleicht hätte einer der Plünderer, die das Lokalmuseum von Tambo Colorado so leer ausgehen ließen, das Geheimnis dieser Stätte lüften helfen können. In Paracas war es jedenfalls ein *huaquero*, der die Archäologen Lothrop, Mejía und Tello die unterirdischen Schatzkammern der Halbinsel entdecken ließ. José Quintana, Werkspolizist der Guanogewinnungsgesellschaft La Puntilla, führte die drei Gelehrten im Jahr 1925 zum erstenmal an eine Cerro Colorado (Roter Berg) genannte Erhebung, die zum Inbegriff der Paracas-Cavernas-Kultur werden sollte. Mit einer Eisensonde lotete Quintana so geschickt das Gelände aus, dass er zwischen ›armen‹ – dort war der Boden locker – und ›reichen‹ Gräbern mit gemauerten Wänden und Rohrabdeckung unterscheiden konnte.

Die viereckigen Steinschächte von Cerro Colorado, deren Mauerverbund aus Algen, Asche und Maschengewebe bestand, gehörten zu den Nekropolen der – man kann es wörtlich nehmen – gut Betuchten. Doch nicht die ans Licht gehobenen brüchigen Prachtgewänder, sondern die wild herumliegenden deformierten Schädel mit ihren enormen Trepanationsöffnungen versetzten Doktor Tello in Begeisterung. Wie aber konnte man diese von allen Grabräubern verschmähte paläopathologische Beute in Sicherheit bringen? Das Auto war, mit vier Mann und Ausrüstung, mehr als voll, da blieben nur die Außenseiten. Wie die illustren Diebe dann ihre Säcke mit Totenköpfen füllten, jene ans Auto hängten, das schmalrädrige Gefährt durch Sand, Salz und Sumpflachen schoben und schließlich, im Schutz der Nacht allen Kontrollen ausweichend, ihre makabre Fracht nach Lima schaukelten, das hat Samuel Kirkland Lothrop 1947 in einem Brief geschildert.

*Die von der Chavin-Religion überkommene Stabgottheit verliert im Paracas-Kulturkreis ihren Schrecken und wandelt sich zum freundlichen Schutzgeist (hier zeichnerische Umsetzung des Motivs auf einem Gewebe von ca. 200 v. Chr.).*

Man sollte sich solcher Abenteuer erinnern, wenn man zum erstenmal die weltberühmte Halbinsel ansteuert (von km 246 der Panamericana aus, 14 km südlich der Abfahrt nach Pisco). Nicht einmal die Kartographen kannten 1925 den Namen Paracas. Und erst als man den ›Menschen von Santo Domingo‹ (benannt nach dem Fundort an der Küste nördlich der Halbinsel) ausgrub, dessen von Sonne, Sand und Wind gegerbten Reste im Museo de Sitio (Museum ›vor Ort‹) zu sehen sind, wurde erkennbar, dass man auf eine 9000 Jahre alte Kultur gestoßen war. Es dauerte bis 1955, ehe Paracas als archäologisches Reservat erfasst und systematisch untersucht wurde. (Dabei traten erhebliche Zweifel an der Authentizität des an der Nordküste sichtbaren ›Kandelaber‹-Scharrbilds auf, bei dem es sich um die epigonale Schöpfung von Land-Art-Künstlern handeln könnte.)

Der Schweizer Archäologe Frédéric Engel bewirkte 1960 die Gründung des **Parque Prehistórico Nacional de Paracas** und richtete 1964 das Lokalmuseum Julio C. Tello ein (2 km hinter der Nationalpark-Einfahrt). Seitdem erkennt man immer stärker die überragende

Bedeutung des Doppelphänomens Paracas (Cavernas: 700 bis 450 v. Chr.; Nekropolis: 450 v. Chr. bis zum Aufgehen im Nasca-Kreis), das die Spätphase und die Halbinsel selbst in Randlage rückt (siehe auch S. 51f.), ohne dass der letzte Wissensstand schon erreicht wäre.

Zur zeitlichen Auslotung der Kulturentwicklung hat vor allem die Entdeckung neuer Fundorte beigetragen. Bei **Otuma** (südlich der Halbinsel), wo heute noch Meersalz gewonnen wird, wurden 31 *montículos* (Erd- bzw. Muschelschalenhaufen) aufgespürt. Sie zeugten von einer alten Lagune, die noch bis 1650 v. Chr. von den Uferbewohnern abgeerntet wurde. Bis 7000 v. Chr., also weit in die präkeramische Periode, reichen die Funde (Steinwerkzeuge) dieser in kleinen Gruppen siedelnden Fischer- und Sammlerkultur zurück. Sie kannte noch keinen Webstuhl, schuf aber schon sehr hochwertige Pflanzenfasertextilien und den ältesten gefundenen Stoff, handgeflochten, aus reiner Baumwolle. (Das Rohmaterial muss im Tauschhandel von den Oasenwirtschaften gekommen sein.)

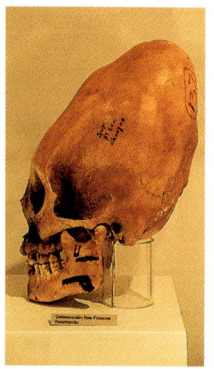

*Künstlich gelängter Schädel, gefunden in einer Paracas-Nekropole. Die von vielen Ethnien Altamerikas geübte Praxis der Schädelumformung diente der lebenslangen Bekundung einer Stammeszugehörigkeit. Dabei wurde der Kopf des Kleinkindes schrittweise mittels Kissen und Brettchen deformiert. Kein Volk hat die Technik der Längung so perfektioniert wie die Paracas-Kultur. Es gab sogar drei Grundformen: beidseitig abgeplattet, konisch und zylindrisch. Ursprünglich war die Sitte mythisch begründet, doch scheint sie später eine ästhetische Qualität angenommen zu haben. Schädellängungen, meint heute die Medizin, hätten keine gesundheitliche Belastung bedeutet, könnten aber den Wahrnehmungssinn verändert haben.*

Weiter in die Vergangenheit eingetaucht ist die Forschung auch durch den Friedhof **Cabeza Larga** (Langschädel), der unmittelbar an der Paracas-Nekropolis-Fundstätte entdeckt wurde. Die *fardos* (Mumienbündel) dieser präkeramischen Kultur sind 5000 Jahre alt und bestehen aus nicht weniger als neun Wickellagen mit Geweben aus Schilf, Bast und Kaktusfasern sowie Kameltierhaut. In einer Grabkammer waren einige der 66 Toten mit Rundhölzern an die Erde geklemmt oder von Mahlsteinen beschwert. Wollte man die Körper davor bewahren, bei einem Seebeben weggeschwemmt zu werden? (1960 invadierte das Meer, hier nur 3 km seewärts schon 5 km tief, weite Flächen der Halbinsel.) Das spräche für die These einer Zweitbestattung nach dem Hochbringen der Bündel von der Küste zum Cabeza-Larga-Hügel, zumal die dortigen Erdbauten keine Grabkammern, sondern die verlassenen Wohnstätten einer Vorkultur waren.

Wie diese Stämme in der trostlosen Küstenwüste, wo sie auf unterirdische *napas* (Süßwassereinschlüsse) angewiesen waren, ausharren konnten, dazu sind viele Vorstellungen entwickelt worden. Zum Beispiel war der Fischreichtum enorm – sogar die Kondore segelten von der Kordillere herab, um sich hier satt zu fressen. Doch hatten diese Siedler, so weit man weiß, keine Boote. Vermutlich aber waren sie geschickt genug, um in den dichten Fischschwärmen ihre Beute mit der Hand zu fangen. (Noch die Nasca-Keramik zeigt Schwimmende mit vollen Handnetzen.) Für diese Annahme sprechen jedenfalls die an männlichen Mumien festgestellten Knochenschäden im äußeren Gehörgang, die auf Wasserdruck beim Tauchen zurückgeführt werden.

Dass im Rahmen des Paracas-Horizonts als küstenbeherrschender Hochkultur die Wüstenhalbinsel nur ein Bestattungsort war, beweist sowohl die Fremdnutzung der dort vorgefundenen subterranen

161

**Tipp:**
**Was Paracas- und**
**Nasca-Textilien be-**
**trifft, so bietet das**
**Goldmuseum von Lima**
**(siehe S. 152f.)**
**die bei weitem voll-**
**ständigste und kunst-**
**vollste Schau.**

*Weiblicher Trophäen-*
*kopf (Nasca 3). Der*
*Mund ist mit Kaktus-*
*stacheln verschlos-*
*sen; durch ein Loch*
*in der Stirn ist die*
*Schnur gezogen,*
*an der die Trophäe*
*getragen wird.*

**Ica**
**Museo Regional**
**de Ica mit einer**
**Spezialabteilung für**
**Bioanthropologie**

Wohnanlagen als Grabkammern als auch die prachtvolle, für ressourcenarme Fischervölker völlig ungewöhnliche Ausstattung der Toten. »Die späteren Nekropolis-Benutzer bedienten sich des Mauerwerks primitiver untergegangener Völkerschaften«, konstatierte Tello selbst, nachdem er die räumliche Dimension der Paracas-Kultur erkannt hatte, die sich mindestens von der Chincha-Oase bis zum Río Grande de Nasca ausdehnte. Erst 1941, als Paul Truel ihm auf der Hacienda Ocucaje (50 km südlich von Ica) seine durch Zufallsfunde bei Feldarbeiten zusammengekommene Keramikkollektion zeigte, wurde er auf die vielen bereits vorhandenen Privatsammlungen mit Paracas-Töpferei aufmerksam.

Im gleichen Jahr und im gleichen Tal entdeckten Tello und Mejía dann einen riesigen Komplex von Adobe-Plattformen, Wohnanlagen, Werkstätten, Depots und Gräbern. Die Stätte, seitdem **Ánimas Altas** (Noble Seelen) genannt, gilt heute als Kulturzentrum von Paracas (Phase Cavernas). In einer Ecke des 100 ha überspannenden Areals entdeckte man eine nur 25 × 40 m große Adobe-Terrasse, deren U-förmige, erst 1982 freigelegte Fassade mit Ritzzeichnungen von elf mythologischen Wesen geschmückt ist: die einzige bekannte Kunstäußerung von Paracas-Cavernas in der Architektur. Die Gravüren müssen in den noch feuchten Ton eingetragen worden sein, was dem Künstler – vielleicht von Kartons (kleinen Skizzenvorlagen) unterstützt – rasche Arbeit abforderte. Das Bildprogramm wiederholt das der Totentücher, weshalb dieser Plattform religiöse Bedeutung zugesprochen wird. Für Riten, aber auch für die Schönen Künste blieben den Oasenmenschen der ›Hochwasser-Kulturen‹ Zeit: 150 Tage im Jahr wurde (z. B. Mais) kultiviert, 200 Tage schenkten ihnen die Musen.

Das **Museo de Sitio Julio C. Tello** auf der Paracas-Halbinsel informiert mit einem Ensemble ausgewählter (und von früheren Diebstählen übriggebliebener) Stücke. (siehe auch S. 36ff.) Eindrucksvollstes Exponat ist ein 7 m² großer Cavernas-Manto aus bemalter Baumwolle, der die Lokalgottheit Ser Oculado (Augenwesen) – mit Obsidianmesser und Kopftrophäe – zeigt. Das Ser Oculado war eine an der Südküste verehrte, mit dem Meer assoziierte mythologische Gestalt der Frühphase von Paracas (auch Puerto Nuevo genannt; 700–500 v. Chr.). Die Gottheit verwandelte sich im Proto-Nasca (200–100 v. Chr.) zum Katzendämon.

Weit besser dotiert mit Zeugnissen der Paracas-Kultur (doch im Oktober 2004 um unersetzliche Stücke beraubt) ist das **Museo Regional de Ica** (Avenida Ayabaca). Ein der Bioanthropologie gewidmeter Saal führt hier auch in das faszinierende Gebiet der Schädeltransformationen, Trepanationstechniken und an Mumien vorgenommenen Krankheitsdiagnosen ein. (Im Dünndarm einer 1100 Jahre alten Ica-Mumie etwa fand man Würmer – lange also bevor Parasiten von Europa eingeschleppt wurden.) In der Pathologie Altamerikas genossen die *curanderos* (Heilkünstler) von Paracas und Nasca als Kopfchirurgen einen besonderen Ruf.

# Die Rätsel von Nasca

Nicht das schönste, wohl aber das dramatisch größte Textilstück Altperus grub der Archäologe William Duncan Strong 1953 in **Cahuachi** aus, dem Zeremonialzentrum der Nasca-Kultur. Das im Großen Tempel aus dem Sand geschälte weiße Tuch, akkordeonartig in Falten gelegt, maß von Webkante zu Webkante 7 m und war fast 60 m lang. Solche Dimensionen schienen dem 24 km² großen Komplex genügen zu wollen, der sich südlich des Ortes Nasca und unweit der berühmten Erdzeichnungen an einem Nebenflüsschen des Río Grande ausbreitet (8 km südlich der Stadtausfahrt von der Panamericana nach Westen ab und auf eine durch weiße Pfähle mit gelben Köpfen gekennzeichnete, 16 km lange Sandpiste).

Der Hang zum Monumentalen kontrastiert hier freilich auf liebenswerte Weise mit einer Charakteristik der Nasca-Keramik: Kleinlebewesen und Pflanzen aus der direkten Umgebung – ›wie gesehen‹ – auf den Gefäßen darzustellen. Von dieser Unmittelbarkeit bezieht dieser Ort einen Teil seiner Magie. Wie verzaubert betrachteten die hier grabenden Forscher vom ›Centro Italiano Studi e Ricerche Archeologiche Precolombiane‹ (CISRAP) die freigelegten Scherben, auf denen die gleichen Kreaturen erscheinen, die auch heute noch, 6000 Jahre später, die Oase beim Zeltlager der Archäologen bevölkern: Kröten, Schlangen, Eidechsen und jene grünen Würmer, die die Johannisbrotbäume befallen und deren Gespinste abends ins Camp wehen. Sogar ein akustisches Erlebnis verschafften sich die Gelehrten, indem sie die Klangbilder von in Cahuachi gefundenen

*Nasca* ☆
*Besonders sehenswert:*
*Erdzeichen (aus der Luft);*
*Nekropole Chauchilla (Mumien);*
*Cahuachi (Ausgrabungen);*
*Museo Didáctico Antonini*

*Nur aus der Luft sind die Konfigurationen der Nasca-Linien wirklich zu erkennen.*

163

*antaras* (mit einer Pfeifenlänge von bis zu 1,10 m) per Computer elektronisch reproduzieren ließen und dabei, wie sie sagen, überirdische Töne vernahmen. Man muss wohl, fern aller Museen, eine solche Grabungskampagne miterleben, um Feldarchäologie als lebendige Wissenschaft zu verstehen.

Die namenlose Prä-Nasca-Kultur von Cahuachi wird auf 4282 v. Chr. zurückdatiert und übertrifft also mit ihren Lehmstufentempeln das Alter der berühmten Olmeken-Pyramiden von La Venta (Mexiko). Dem sorgfältig dokumentierten heutigen Wissensstand zufolge durchlief der Cahuachi-Komplex fünf Konstruktionsphasen. Jede große Remodellierung war, wie die Schichtfolgen erkennen lassen, von einem rituellen Massenopfer begleitet. Zeremonien wie die, bei der 64 Lamas (alle nach Osten ausgerichtet) dargebracht wurden, erinnern an die altgriechischen Hekatomben mit jeweils hundert (daher der Name) getöteten Schafen. Was aber hatten die in Kalebassen gefundenen Rattenköpfe zu bedeuten? Zwischen 330 und 350 n. Chr. deckte diese rätselhafte Theokratie ihre Vergangenheit mit dem Mantel des Schweigens zu. Das mutmaßliche Pilgerzentrum von Cahuachi wurde ›versiegelt‹. Entweder hatte sich eine Naturkatastrophe ereignet oder – und vielleicht orakeln wir dabei selbst – ein Glaubenseinbruch! Jedenfalls lassen verbrannte Holzsäulen auf einen dramatischen Abgang schließen.

Zu den Bestattungsbräuchen von Cahuachi gehörte es, die Toten durch langsames Räuchern in Trockenmumien zu verwandeln, die dann, so schließt der Archäologe Strong, durch die großen Pampas zur Paracas-Halbinsel transportiert wurden. In den berühmten Scharrbildern dieser endlosen Flachwüste mit ihren 10 000 Linien eine riesige, von Cahuachi-Priestern auszudeutende Orakelstätte zu sehen, gehört zu den vielen Hypothesen, die das Rätsel um dieses »größte Astronomiebuch der Welt« (Paul Kosok) zu lösen versuchen. Kosoks Sichtweise machte sich die deutsche Mathematikerin Maria Reiche zu eigen, die dem Studium der **Nasca-Linien** fünfzig Jahre Feldarbeit widmete. Das bescheidene Lehmhaus der 1999 gestorbenen Forscherin, ca. 25 km nördlich der Stadt Nasca direkt an der Panamericana, ist heute ein Museum. Winkelmesser und Bandmaße, eine Vrede-Box-Kamera und verblichene Fotos eines alten VW-Käfers mit Klappzelt erzählen heute, da das 500 km$^2$ große ›Observatorium‹ in über tausend Computer-Hologrammen dreidimensional erfasst ist, eine wahrhafte Pioniergeschichte. Noch in ihrem letzten Werk (›Contribuciones a la Geometría y Astronomía en el Antiguo Perú‹. 1993) versuchte Maria Reiche, ihre Theorie vom größten Bauernkalender aller Zeiten zu erhärten. Die zwischen 300 v. Chr. und 700 n. Chr. entstandenen Bodenzeichnungen, meinte sie, repräsentieren Sternbilder und erlaubten die Bestimmung von Sonnwenden und anderen für den Ackerbau wichtigen Daten.

Als Messlatten für die Sonnenzyklen wird von einigen Archäologen auch die **Estaquería** genannte Pfahlordnung von Schattenstäben aus Huarangaholz angesehen, die ca. 10 km westlich von Cahuachi

*Die Wissenschaftlerin Maria Reiche*

zu sehen ist. Dass die Beobachtung des Naturgeschehens und die Vorausbestimmung des Wetters für die als Bewässerungskünstler (unterirdische Zisternen) und Sortenveredler (Erdnüsse, Baumwolle in zwölf Farbnuancen) bekannten Nasca-Agronomen lebenswichtig waren, steht außer Zweifel. Auch wenn die Ergebnisse der Studien nie zu mathematischen Formeln verdichtet werden konnten, so besteht auch bei den Forschern, die die mythisch-religiöse Komponente des Phänomens betonen, über die meteorologische Bedeutung – hier auf dem Umweg über die Beschwörung der Wasser spendenden Berggötter – des Nasca-Geoglyphen Einigkeit. Manche Linien der siebzig Großfiguren oder die offenen ›Eingänge‹ von einigen (Affe, Vogel, Spinne) könnten zu Kultstätten geführt haben. Die Spiralen sind leicht als Wassersymbole zu deuten, der Kolibri sowie die vergrößerten Geschlechtsteile von Spinne, Affe und Fuchs (oder Hund?) als Zeichen für Fruchtbarkeit.

Nur aus der Luft erkennt man die Konfigurationen wirklich. Vom Flugplatz (km 447 der Panamericana) am südlichen Ortsrand aus sind die Nasca-Linien mit anmietbaren Propellermaschinen zu erkunden. Nördlich der Stadt (bei km 425) erlauben ein Hügel und ein kleiner Aussichtsturm einen – sehr eingeschränkten – Blick auf Teile der Erdzeichnungen. Sie sind Weltkulturerbe der UNESCO, vor allem aber Weltwunder – und werden ihre letzten Geheimnisse nie preisgeben.

Großes Lob und die strikte Empfehlung, es zu besuchen, verdient das 1999 eingeweihte **Museo Didáctico Antonini** (in Nasca, Avenida de la Cultura 600), das vor allem die Funde von Cahuachi hütet. In systematischen Themengruppen werden die Nasca-Kulturfolgen anhand von Keramiken, Webereien, Schmuck, Blasinstrumenten und Holzwerkzeugen belegt (siehe auch S. 52f.). Trophäenschädel und Amulette führen den Besucher in die Nasca-Glaubenswelt ein. Im Freien sind Grabkammertypen (als Repliken) und ein Bewässerungskanal (im Original) zu besichtigen.

Auf Grabkammern *in situ* stößt der Reisende auf dem riesigen, ca. 10 km² großen Wüstenfriedhof von **Chauchilla (**20 km südlich von Nasca; ab Panamericana 7 km lange Sandpiste nach Osten). Die Lokalkultur Poroma gehört zum Nasca-Kreis. Inmitten der sandverwehten Nekropole ist ein Ensemble von ovalen, runden und ein- oder mehrkammerigen Grabkammern zu sehen; immer noch unbewacht und durch keinerlei Abdeckungen geschützt. In den rechteckigen, mit großen Trockenlehmblöcken ausgemauerten Grüften kauern (inzwischen fast schmucklose) Mumien in Fötusstellung. Ihre posthume, an den zyklischen Verlauf alles Vergänglichen und die ewige Wiederkehr gemahnende Ergebenheitsgeste wurde durch Brechung des Rückgrats erreicht.

Das Gräberfeld von Chauchilla hat 1901 Max Uhle entdeckt, aber noch vor den *huaqueros*, die die Wertsachen abräumten, wurde es von Studenten der Zahnmedizin geplündert, welche die (von keinerlei Süßspeisen geschädigten, nur durch Maisgenuss stumpfgekauten)

*Mumiengrab im Wüstenfriedhof von Chauchilla*

Gebisse der Mumien auf die Essensgewohnheiten der Oasenbevölkerung hin untersuchten. Zu den interessantesten Beobachtungen an dieser Stelle gehören: die Umwicklung von toten Stammesfürsten (*kuraqa*; span.: *curaca*) mit bis zu 2 m langen Haarsträhnen (geopfert von Jungfrauen, die sich zum Zeichen der Trauer den Kopf schoren); die Trepanationsöffnungen an auffallend vielen Schädeln (nach Tello überlebten sechzig Prozent der Behandelten den Eingriff); schließlich die zahlreichen, vielfach als Schlangenmotive erkennbaren Tätowierungen in Rot (Koschenille) oder Grün (Pflanzensud).

Als sich um 700 n. Chr. das Wari-Reich (Ursprungsgebiet: um das heutige Ayacucho), wahrscheinlich mit militärischem Druck, zur Küste hin auszubreiten begann, ging die Nasca-Kultur und mit ihr auch die Poroma-Gesellschaft unter.

## ▌*Fünftausend Zaubersteine*

*Toro Muerto* ☆
*Felszeichnungen in der Tuffstein-Pampa*

Ihre eindrucksvollste Manifestation hinterließ die Wari-Kultur (als regionale Variante auch als Küsten-Tiwanaku bezeichnet) in den Pampas de Majes mit den über 5000 ritz- und schabgezeichneten Zaubersteinen von **Toro Muerto.** (60 km hinter Caimaná nach links, also Nordwesten, ab bis Corire und dort zum Westrand der Oase.)

Das 4 km lange und bis zu 800 m breite Petroglyphenfeld gilt als komplexestes Felsbilderkonglomerat der Welt. Es wurde von dem Arequipener Geschichtsprofessor Eloy Linares Málaga entdeckt und 1954 von Hans Dietrich Disselhoff, dem Direktor des Berliner Museums für Völkerkunde, näher beschrieben. Angesichts der für

Felszeichnungen ungewöhnlichen Anzahl szenischer Darstellungen – Reigentänze, Füchse im Zweikampf, säugende Lamas, rennende Menschen – nannte er die von 60 000 Piktogrammen belebte weiße Pampa von Toro Muerto ein steinernes Bilderbuch.

Wer mit Muße zwischen den mannshohen Tuffsteinblöcken umherwandert (kaum mehr als 500 Besucher pro Jahr finden bisher hierher), wird jedoch auch auf eine Unmenge von abstrakten Zeichen stoßen, die nur als Symbole zu deuten sind. Zickzacklinien scheinen Blitze, Tränenspuren Regen, Mäander Bewässerungsfurchen zu suggerieren – der ewige Durst eines Wüstenvolkes. Andere Zeichen (wie auf der Spitze stehende Rhomben mit Punkten) sind stilistisch so weit verdichtet, dass sie – Anfänge einer Schrift? – in die Nähe von Logogrammen rücken. Immerhin sind diese Felsbilder erst in einer Spätphase (750–1150 n. Chr.), der so genannten panperuanischen Stilperiode, entstanden. (Wer hinter Corire auf schmaler Schotterstraße weiter flussauf fährt, gelangt nach 75 km nach Chuquibamba – in der Nähe die Nekropolis von Chucu – und nach weiteren 145 km nach Cotohuasi ins **Tal der Vulkane** mit seiner 60 km langen Kraterkette.)

Nicht ganz so leicht zu finden sind die Bildersteine im **Locumba-Tal**, deren imposantester und motivreichster ein mit Schabzeichnungen übersäter, eirunder Granitblock ist. (Die 13 km lange Abzweigung von der Panamericana nach Locumba erreicht man ca. 70 km südlich von Moquegua.) Vom Wallfahrtsort Locumba aus gesehen, liegen die Findlinge jenseits des Flusses an der Hochuferböschung und weiter flussaufwärts wild verstreut; manche werden sogar zur Einfassung von Schweinepferchen genutzt! Die Steine zeigen durchweg bukolische Bilder einer offenbar bodenständigen Gesellschaft – Flötenspieler, Kanufahrer (Abb. S. 156), Lamahirte. Ihre Entstehung ist spät anzusetzen; sie könnte der regionalen Chiribaya-Kultur zugeschrieben werden, die um 1350 n. Chr. als Folge einer, so vermutet man, Klimakatastrophe unterging. Zeugnisse dieses und des lokalen Estuquiña-Kulturkreises werden in den nahen Museen aufbewahrt: Im **Museo Contisuyo** von Moquegua und im **Museo Algarrobal** der Hafenstadt Ilo.

*Ins »Steinerne Bilderbuch« (H. D. Disselhoff) von Toro Muerto haben sich mindestens drei Kulturen eingetragen: Wari, Chuquibamba (eine Lokalkultur) und Inka. Entsprechend vielfältig sind die Stilisierungen. Als Motive kehren am häufigsten anthropomorphe Figuren wieder; sie erscheinen hier nicht mehr als dämonische Gestalten mit Raubkatzenzügen, sondern als heitere, oft tanzende Wesen, manche mit ›Sonnenköpfen‹. In der Spätphase von Toro Muerto verwandeln sie sich in Maskentänzer. Einige der Bildersteine sind mit bis zu 150 Zeichnungen bedeckt.*

# In den Höhlen von Sumbay und Toquepala

*Sumbay*
*Besonders sehenswert:*
*Schluchtlage der*
*Höhlen*

Nur wenige Tagesreisen von der Küste entfernt, doch schon in mehr als 2700 m Höhe liegend, boten sich die Naturhöhlen von Südperu im Holozän den Nomaden als ideale Schlupfwinkel zwischen Anden und Meer an. Aus Muscheln geschnitzte Angelhaken fand man hier, die Wandmalereien aber erzählen von der Kameltierjagd in der Puna. Den kleinen Andenstrauß *ñandú* im Bestiarium dieser Felszeichenkunst anzutreffen, gehört allerdings zu den Überraschungen der mit hunderten von Figuren ausgestatteten Höhlen von **Sumbay**. (Zur Bahnstation Sumbay gelangt man über einen 4 km langen Stichweg, der auf der Höhe der die Straße Arequipa – Chivay kreuzenden Schienen nach Osten abgeht; Gitterschlüssel an der Bahnstation und von dort zu Fuß, dem Schienenstrang folgend, in ca. 20 Minuten zu den Höhlen.) Die naturalistischen und halbnaturalistischen Tiermotive (im Profil) von Sumbay ähneln denen Zentralperus, sind jedoch in pastösem Weiß gemalt und werden von späteren Figuren in Ocker und Rot überlagert. Die stärker stilisierten Menschensilhouetten sind tanzend oder mit Speerschleuder wiedergegeben.

*Toquepala*
*Cueva del Albergo*

Die szenische Dynamik dieser Felskunst wiederholt sich in den erst 1960 beim Verlegen einer Hochspannungsleitung entdeckten Tuffsteinhöhlen von **Toquepala**. Dort wird sie aber noch weiter

*Toquepala, gemalte*
*Felsbilder in Höhle 1*
*(vgl. Abb. S. 15)*

anekdotisch ausgeschmückt: Man sieht sowohl Einzelverfolgungen von Tieren (Kameltieren und Hirschen) durch Jäger als auch Treibjagden mittels Aufscheuchens und Einkreisens der Beute. Die ältesten der in sieben Farbtönen gemalten Darstellungen sind dunkelrot, wurden aber später (meist schwarz) mit anderen Motiven (Gürteltier, Reptilien?) übermalt (siehe auch S. 14ff.).

Die bildliche Aussage der Szenen von Toquepala ist simpel, die magische Bedeutung jedoch verschlüsselt: Männer mit Tiermasken, verletzt am Boden liegende oder von einem Pfeil angeschossene, fliehende Tiere könnten auf Sühneriten hindeuten. Diese Tiere wurden, meint der Amerikanist Jorge Muelle, nicht im ästhetischen Sinne dargestellt, sondern galten als lebende Wesen, die auf magische Weise zum Opfer werden.

An mehreren Malereien sind sogar Spuren von Hieben mit einem spitzen Gegenstand zu erkennen. Sie erinnern an die (durch pfeilförmige Zeichen) angedeuteten Verwundungen bei den Wisenten in der Bilderhöhle von Niaux (französische Pyrenäen). Auch bei diesen 14 000 Jahre alten Zeichnungen wird der Wille erkennbar, das Tier auf zauberische Weise zu schwächen, um seiner leichter habhaft zu werden. Diese so genannte Jagdmagie sollte die Beutezüge erfolgreicher machen: je naturalistischer die Tiere aussahen (wobei die Ausnutzung erhabener Wandstellen die Plastizität steigerte), desto wirksamer waren die Riten. Die Höhlenkunst war also absolut zweckgerichtet – eine Erkenntnis, die der Forscher Salomon Reinach Anfang des 20. Jh. formulierte. Henri Béguén (›La Magie aux Temps Préhistoriques‹, 1924) hat sie zur allgemeinen These erweitert. »Alle primitiven Völker«, so schreibt er, »stellten sich ein dargestelltes Lebewesen als Daseinsform oder Emanation eben dieses Wesens vor. Indem der Mensch das Bild besaß, hatte er auch eine gewisse Macht über die Kreatur selbst erlangt. Deshalb empfinden viele Wilde effektiv Angst, wenn man sie fotografiert oder eine Zeichnung von ihnen anfertigt...«

Die Entdeckung der Jagdmagie als beschwörerisches Phänomen räumte auf mit der Idee vom ›guten Wilden‹, dessen Kunst aus der Muße des unbeschwerten Lebens entstanden sei. Die Tatsache, dass in der paläolithischen Wandkunst fast nie andere greifbare Motive aus der Umgebung der Jagdtiere – also Bäume, Berge, Flüsse, Zelte, Feuerstellen, usw. – abgebildet worden sind, sowie das Fehlen von Bodenlinien und der Verzicht auf Maßstäblichkeit: all dies macht diese Schöpfungen zu Kraftträgern *sui generis,* die, indem sie entstehen, bereits ihre Bannung erfahren.

Die beiden Höhlen von Toquepala – Cueva del Albergo und Cueva del Diablo – liegen auf dem Gelände der Kupfermine Southern Peru, die auch die Schlüssel zu den Gittern verwahrt. Die Anfahrt erfolgt, knapp 70 km südlich von Moquegua, von der Panamericana aus über eine 50 km lange Erdstraße. 5 km vor dem Eingang zum Werksgelände biegt man links ab auf eine Schotterstraße und nach 800 m noch einmal nach links auf den 500 m langen Zufahrtsweg.

# Aus Lavaschaum geboren: Die Weiße Stadt Arequipa

Drei schneegekrönte Vulkane – der Misti (5821 m), der Chachani (6075 m) und der Pichu Pichu (5425 m) – bewachen die ›Stadt des ewigen Frühlings‹, die sich mit ihren 700 000 Einwohnern an den Ufern des von Schmelzwassern genährten Río Chili sonnt.

Als der Franziskanerpater Álvaro Meléndez 1677 das erste Gipfelkreuz auf den Misti schleppte, gab er dem schönen Berg viele Namen. An seinem Fuß stehend, nannte er das konische Massiv feierlich Olymp, beim mühsamen Durchsteigen der Schneebarriere respektvoll Ätna und im Angesicht des Kraters erschauernd Vesuv. Ihr eigenes Pompeji hatte die Region ein Menschenalter zuvor beim Ausbruch des Feuer speienden Huaynaputina erlebt, der die Hochtäler unter einem Leichentuch bleicher Asche begrub. Damals wurde Sankt Genaro, der sich am Golf von Neapel als Vesuv-Besänftiger bewährt hatte, zum Schutzpatron Arequipas bestellt. Doch bei durchschnittlich zwei Heimsuchungen pro Jahrhundert – mal vulkanisch, mal seismisch – meldete die gemarterte Stadt ihr Schutzbedürfnis bald an höherer Stelle an. Seitdem wacht der Señor de los Temblores, der Herr über die irdischen Beben, den die Malerschule von Cusco in Gestalt des still triumphierenden Gekreuzigten ersann, über Arequipas Schicksal.

Wo immer das Gnadenbild die Gewölbe beseelt, verschmilzt christlicher Erhörungsglaube mit dem atavistischen Abwehrzauber, der dem Mauerwerk seit je anhaftet. Denn das Urmaterial, aus dem die Weiße Stadt erbaut und nach jeder Zerstörung (zuletzt stürzten im Juli 2001 beide Türme der Kathedrale ein) wiedererbaut wurde, der mandelweiße Sillar, ist nichts anderes als der zu Stein erstarrte Lavaschaum selbst. Gleich einem Beute-Amulett, das Abwehrkraft besitzt, so wohnt nach dem Volksglauben auch dem vulkanischen Tuffstein eine Unheil bannende Macht inne.

Die Namenslegende von der schaumgeborenen Weißen Stadt, wie sie immer noch durch manche Reisechronik geistert, ist allerdings eine Mär. Denn dieser in fast zweieinhalbtausend Meter Höhe liegende Ort war schon ›weiß‹, als er 1540 als ›Stadt unserer Frau der Himmelfahrt vom schönen Arequipa-Tal‹ gegründet wurde. Das lag am frühen Zustrom von metropolitanen Spaniern – Weißen also – zu einer Zeit, da im vizeköniglichen Lima zwei Drittel der Bevölkerung aus Indianern und afrikanischen Sklaven (um 1625: 18 000) bestanden. Arequipa, die vor lauter Europäern weiße Stadt, blühte bald dank ihrer günstigen Lage an der Verkehrsachse zwischen der Silberstadt Potosí und dem Pazifikhafen Mollendo zum wichtigsten Markt Südperus auf und versorgte die Lamakarawanen, die Silberbarren, Alpakawolle, Guano, Trockenfleisch, Ölkrüge und Grubenkerzen transportierten, mit Frischkost aus ihrer Oasenwirtschaft.

Zum Garten gewandelt hatten sich die Lavafelder der nur 70 km vom Meer entfernten Hochoase indessen schon im Climaticum Optimum vor über 6000 Jahren, als die Höhlenbewohner der Region (es gibt rund 200 Fundstellen mit Felszeichnungen) ihre Verstecke verließen und den Terrassenfeldbau einleiteten, den später die Wari-

*Arequipa* ☆☆
*Besonders sehenswert:*
*Plaza de Armas;*
*Kirche La Compañia;*
*Kirche San Agustín;*
*Kloster Santa Catalina;*
*Kloster La Recoleta;*
*Casa del Moral;*
*Casona Arróspide;*
*Museo Arqueológico Universidad de San Agustín,*
*Museo de Arqueología de la Universidad Católica de Santa María*

*Arequipa,*
*Plaza de Armas*
◁ *mit Kathedrale*

und Tiwanaku-Menschen und schließlich die Inka übernahmen. Das Quechua-Toponym *are-que-pay* (es ist gut, bleibe hier), das Arequipa den Namen gab, kann durchaus als Omen für eine gesegnete Ackerbaukultur gelesen werden. Noch immer ist der ehemalige Marktflecken eine Tauschzentrale von Subsistenzwirtschaften. Papaya und Lamafett, Weihrauch und Granatäpfel, Kaktusfrüchte, Rosenkränze, Sandelholz, Kutteln, Schmucksteine und Fisch, handgeknetete Petersilienseife und vierzig Sorten Erdäpfel von der Eigelb- bis zur Blauauge-Kartoffel wandern hier über Theken und Kistenränder.

Arequipa ist ein großer, multikultureller Basar. Eine sonderbarerweise Muttergottes der Kümmernis genannte Votivfigur beobachtet in der San-Camilo-Markthalle die merkantile Geschäftigkeit, bei der freilich auch immer noch mit getrockneten Lamaföten gehandelt wird, die man der die Scholle befruchtenden Erdmutter Pachamama als Opfergabe darbringt. Kameltierfleisch wird auch verspeist: (cholesterinfreie) Alpaka-Filets werden heute auf allen Speisekarten angeboten. Leittier der arequipenischen Gastronomie aber blieb das im Quechua *cuy* genannte Meerschweinchen, das wie vor 4000 Jahren unter einem heißen Stein geröstet – und am besten mit den Fingern gegessen wird.

Von unten, in den gassenengen schmucken Straßen, wirkt Arequipa wie hingeschüttet: ein Tuffsteinbruch, der sich mit einem Schachbrettmuster eine urbane Ordnung gab. Hierin folgte die Stadt dem Muster für alle kolonialspanischen Siedlungen (seit 1521 die ›Königliche Generalinstruktion‹, die zwei Jahre später in die ›Leyes de Indias‹ einging). Aus dem planen, eine schräge Ebene hinuntergleitenden Stadtbild ragen auch die Türme der Kirchen nur als viereckige Bauklötze heraus. Man muss schon in den modernen Vorort Yanahuara hinauffahren, um der Vedute ein Profil abzugewinnen.

Nur noch das Kloster Santa Catalina und einige (inzwischen meist zu schnuckligen Hotels umgewandelte) Stadtpaläste der vorrepublikanischen Zeit haben sich die heitere Note farbiger Fassaden bewahrt, die die Kolonialbourgeoisie so liebte. Darüber hinaus ist Arequipa wirklich gebleicht. Dass der poröse, leicht federnde und daher relativ bebensichere Sillar zum gestaltgebenden Bauelement vor allem von Kirchen und Patriziervillen wurde, hing zunächst mit der guten Schnitzbarkeit des weichen Gesteins, später aber vor allem mit seiner Elastizität zusammen. Unter den 325 erhaltenen Kolonialbauten bilden die Ordenskirchen mit ihren in üppigen Ornamenten schwelgenden Portalen die ältesten Zeugen barocker Formgebung. Allein an der im platereksen Stil des 16. Jh. gestalteten Fassade der Jesuitenkirche arbeiteten die einheimischen Steinmetze mehr als ein Jahrhundert lang. Als habe man es für die Ewigkeit gemeißelt, überstand dieses Bildwerk auch das legendäre Erdbeben von 1868, bei dem mehr als zweitausend Gebäude zerstört wurden. »In zehn Minuten«, schrieb die Zeitung ›La Bolsa‹ damals, »stürzten drei Jahrhunderte ein.« Von da an wurde eine stämmige Flachbauweise

*»Rund um die Plaza… sollten Kolonnaden angelegt werden wegen des grossen Vorteils, den sie den Kaufleuten bieten, die sich hier zu versammeln pflegen.«*

*(Philipp II. in einer den Vizekönigen von Peru erteilten Generalinstruktion zum Städtebau)*

*»Die Grösse der Plaza soll der Einwohnerzahl im Hinblick darauf entsprechen, dass die Städte in Indien noch neu sind und wachsen werden.«*

*(dito)*

mit wuchtigen Stützmauern und enggeführten Tonnengewölben zum endgültigen Baukanon Arequipas.

Die Unverdrossenheit aber, mit der die kreolischen Handwerker, jeder ein Sisyphos, immer wieder Stein auf Stein setzten, war auch eine Frucht jesuitischer Lehrstücke (›Jesuitendramen‹) zur Bewältigung des Lebens: Aus der *conditio humana* mit all ihrer Unbill, so lautete die Sentenz, gibt es auch stets einen Ausweg, einen Neubeginn, wenn der Mensch nur dazu willens ist. Die verheerendsten Erdbeben und Vulkanausbrüche wurden deswegen hier nie als Gottesurteile gewertet. Ein Naturereignis war keine Apokalypse. So hat diese Gründung, in der Stein aus Stein wuchs, viele Wiedergeburten erlebt, ist zu einer der schönsten Kolonialstädte Hispanoamerikas geworden und glänzt seit November 2000 als Weltkulturerbe auf der UNESCO-Liste.

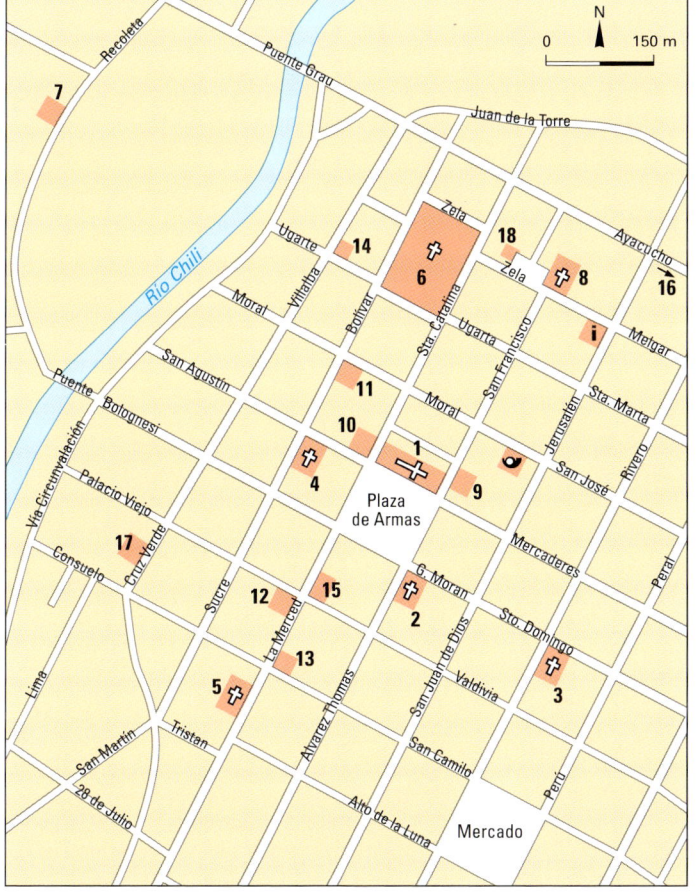

Arequipa
 1 Kathedrale
 2 Jesuitenkirche
   La Compañia
 3 Kirche
   Santo Domingo
 4 Kirche San Agustin
 5 Kirche La Merced
 6 Kloster Santa
   Catalina
 7 Franziskaner-
   kloster La Recoleta
 8 Kirche und Kloster
   San Francisco
 9 Casa Tristán del
   Pozo
10 Casa Arróspide
11 Casa del Moral
   (Museum)
12 Casa Goyeneche
13 Casona Arango
14 Casa de Quiroz
15 Museo Santuarios
   Andinos
16 Museo Arqueológi-
   co Universidad de
   San Agustin
17 Museo de Arqueo-
   logia de la Univer-
   sidad Católica de
   Santa Maria
18 Museo Municipal

## Triumph des ›Mestizenbarock‹

»Die Fassade der Kirche La Compañía ist überladen mit architektonischen Ornamenten, doch verraten die Formen weder guten Geschmack, noch sind sie gut gearbeitet, denn der weisse vulkanische Sillar, der beim Bau aller Gebäude eingesetzt wird, eignet sich nicht für die feine Bildhauerei.«

*(Der deutsche Amerikanist Ernst W. Middendorf nach seinem Arequipa-Besuch 1870)*

Augenfälligstes Juwel dieser zugleich bewahrenden und experimentierenden Stadtkultur ist die von doppelstöckigen Arkadenlauben eingefasste **Plaza de Armas**, auf deren ›Bühnenseite‹ – mit den vulkanischen Hausbergen als dramatische Kulisse – die **Kathedrale** (1) die ganze Nordfront einnimmt. Ihre ungewöhnliche Imponierposition (sie wendet dem Platz nicht die Stirnseite, sondern die Flanke zu) nahm Arequipas Hauptkirche schon 1657 ein, als sich die Stadt, durch eine päpstliche Bulle vom geschmähten Cusco gelöst und zur selbstständigen Diözese erhoben, stolz zu spreizen begann. In der Rekordzeit von weniger als vier Jahren wurde der Dom hochgezogen. Was diesen Feuereifer mit angefacht hatte, berichtete der *corregidor* (Bürgermeister) damals dem Stadtrat: 3000 Flaschen Wein, die dem Bischof für eine rasche Fertigstellung versprochen worden waren. Ein anderes, ein verheerendes Feuer ließ dann das Gotteshaus 1844 allerdings total ausbrennen, wobei sämtliche Holzkunstwerke zerstört wurden.

In der nach vielen Erdbeben akademistisch verjüngten und nun von Gelb- und Weißtönungen aufgehellten Halle sind nur noch die französische Kanzel (in Lille geschnitzt) und die belgische Orgel (auf der Pariser Weltausstellung eingespielt) sehenswert. Mit einem Aufgebot von rund hundert überschlanken Säulen, deren korinthische Volutenkapitelle den einzigen Zierrat in der ansonsten glatten Außenwand bilden, versucht die Kathedrale der ›geköpften Stadt‹ vergebens, Vertikalität zu suggerieren.

So präsentiert sich auch, gleichsam mit eingezogenem Haupt, der massive Vierkantturm, der ab 1595 unter Leitung des Ordensarchitekten Diego Felipe entstandenen Jesuitenkirche **La Compañía** (2), die die Südostecke der Plaza berührt. Kaum übersteigt der Turm die herrliche Prunkfassade des **Hauptportals,** das sich an ihn schmiegt. Dieses filigran beschnitzte Werk aus Sillarstein, an dem bis Ende des 17. Jh. gearbeitet wurde, gilt als Arequipas wertvollste Kunstäußerung der Kolonialzeit. Hier feiert der ›Mestizenbarock‹ eine artenreiche Ernte an Symbolen der Bauplastik: Akanthusblätter, Wappenvögel, Cherubine, Christusmonogramme, Maiskolben, Maskenköpfe, Zöpfe, Blattkronen, tausendfüßige Raubkatzen aus der Titicaca-Mythologie, dem Nasca-Repertoire entnommene Monsterprofile mit Schlangenzungen und abstrakte Schmuckfelder, die syrische oder koptische Vorbilder zu zitieren scheinen. Sieht man von den nackten Oberteilen der zwölf Säulenschäfte ab, die ihre Blöße nur ihrer Gliederungsfunktion verdanken, so blieb an dieser Portalfront kein Quadratzentimeter unziseliert. Es ist, als sei einer noch frischen Gipsfassade eine riesige Brokatstickerei aufgedrückt worden.

Dabei haben die unbekannten Meister, wie vorwärts träumend und ins Gelingen verliebt, ihre Fabulierkunst auch an der Technik selbst erprobt. Denn die Inzisionen, welche die Figuren konturieren, sind hier besonders tief und die Kanten an bestimmten Stellen leicht

*Das filigran beschnitzte Sillarstein-Portal der Jesuitenkirche La Compañía gilt als wertvollstes Kunstwerk Arequipas aus der Kolonialzeit.*

angeschliffen, um im Sonnenlicht kontrastreiche Helldunkeleffekte zu erzeugen – das ins Plastische übertragene indianische Prinzip der Dualität. Die bidimensionale Sichtweise der indianischen Künstler dokumentieren auch die nicht wirklich gerundeten, sondern, bei genauerem Hinschauen, wie zweiseitig plan angeschliffen wirkenden Skulpturen. Lesbar in unserem Sinne sind in diesem Bildprogramm – außer dem im Segmentgiebel stehenden, von Engeln flankierten Heiligen Michael und den vom Rankenwerk nahezu erdrückten Habsburger Doppeladlern (beiderseits der Mittelkonche) – vor allem die Prägungen ›El Año‹ (links) und ›De 1698‹ (rechts), die das Geburtsjahr des Portals bezeichnen. Im Mäanderband des Frieses erkennt man, zwischen geometrischen Rosetten und Engeln mit Blumen, die Buchstabenpaare SD – SF – SI – MN. Sie stehen für den Sinnspruch »Sanctus deus, sanctus fortis, sanctus immortalis, miserere nobis«.

Das beträchtlich später (1654) von dem Gewölbebaumeister Simón de Barrientos in Angriff genommene **Seitenportal** der Kirche La Compañía, weniger fantasiereich gestaltet, huldigt Santiago Matamoros – dem Heiligen Jakob bei seiner Schwertarbeit als Mohrentöter (in der Neuen Welt wurde er zum Santiago Mataindios). Seine Reitergestalt beherrscht den Tympanon; sie ist nach ägypti-

175

scher Manier, also nach der Art von Pharaonenreliefs, in Pose gesetzt: Das im Profil wiedergegebene Pferd wendet den Kopf dem Betrachter zu, ebenso wie der seitlich aufsitzende Glaubensstreiter (unter dem Gaul ist das Gewimmel der Mohren an den Turbanen zu erkennen) uns frontal begegnet. Der Geschmack der kreolischen Künstler am Archaischen zeigt sich auch am geschlängelten Pferdeschwanz (man wird an Chavín-Stilisierungen, etwa auf der Raimondi-Stele, erinnert) und der muschelförmig gestalteten Mandorla. Unter dem Santiago-Relief halten zwei Sirenen mit wappenförmigen Flügeln (ein beliebtes Renaissance-Motiv) ›Schildwache‹. Die – hier dem Titicacasee zugeschriebenen – Wassernixen, die, gleich ihren griechischen Vorgängerinnen, die Fischer verzauberten, verwandelten sich, so stellte man sich vor, als christianisierte Seejungfern in Engel.

In dem von drei durchgehenden Klosterhöfen (zwischen den Straßen Morán und Palacio Viejo) hinterfangenen La-Compañia-Komplex nehmen die Arkaden des großen **Kreuzgangs** die emblematischsten Muster der Portale noch einmal auf. Alle vier Seiten der 32 quadratischen Säulen sowie die Hofseiten der Ecksäulen zieren das gleiche senkrechte Ornamentband: Cherubkopf, Traube, Papaya, Muschel, Rosette, Akanthus und Kletterpflanze (von oben nach unten gelesen). Die Schlusssteine der Bögen schmücken von jeweils drei breiten Indianerfedern gekrönte Rosetten, ein Zitat der Puno-Region. In den Bogenzwickeln wiederholt sich, eine charakteristische Zutat jesuitischer Bauplastik, das Monogramm der Heiligen Familie. Als einzige Figurenporträts in diesem fast orientalisch anmutenden Hof sind der Heilige Ignatius, San Francisco Javier, zwei Engel und die als Pumaköpfe ausgebildeten Wasserspeier auszumachen. Die aus Sillarquadern gefügten Säulen (0,80 × 0,80 m), der – wie bei allen Klaustren Arequipas – nur einstöckige Kreuzgang sowie die von hier aus sichtbaren mächtigen Stützmauern an den Seitenwänden der Kirche, in die bei Erdbeben auftretende Scherkräfte abfließen sollen, zeigen den grundlegenden Unterschied der hiesigen Massivbauweise zur limenischen Leichtbauarchitektur, die seismische Schwingungen vorzugsweise mit vergipstem Rohr- und Flechtwerk abzufedern versucht.

Im Innern der Basilika prangen herrliche Barockaltäre zwischen ionischen Halbsäulen. Sie sind von üppigem Figurenschmuck verwöhnt und, ebenso wie die Kanzel aus dem 17. Jh., reich mit Blattgold überzogen. Bei so viel Glanz verblasst das von Bernardo Bitti stammende und bereits 1575 nach Peru gelangte Gemälde ›Jungfrau mit Kind‹ beinahe auf dem Retabel des prächtigen Hauptaltars.

In eine bunte exotische Welt entführt die **Sakristei** den Besucher. Das Dekor ihrer mächtigen, in allen Schmetterlingsfarben leuchtenden Kuppel, wo Papageien, Früchte und Blumen über den gelben Grund segeln, erinnert an eine mexikanische Rindenbastmalerei. (In den Hängezwickeln über dem quadratischen Sockel medaillenförmige Gemälde der vier Evangelisten.) Diese tropische Voliere, deren

mit Lamafett angeteigte Farben in 300 Jahren nichts von ihrer bengalischen Leuchtkraft verloren haben, erklärt sich aus ihrer einstigen Bestimmung als Lehrraum eines Kollegs, in dem junge Priester auf den Missionsdienst in den Wäldern Amazoniens vorbereitet wurden. Recht wundersam nehmen sich die ein *aguamanil* (Handwaschbecken) aus Huamanga-Alabaster flankierenden Säulenreliefs aus: ihre Schäfte sind als Menschenbeine ausgebildet und gehen unmittelbar in Köpfe über. Offenbar war den Jesuiten nichts fremd genug, um nicht gemacht zu werden, lange bevor René Magrittes surrealistischer Symbolismus mit der Anatomie zu experimentieren begann (Die Sakristeikuppel wurde 2004/2005 restauriert).

Nur ein Häuserblock trennt die Jesuitenkirche von der – zwischen schauerlichen Konstrukten der Jetztzeit überlebenden – Kirche **Santo Domingo** (3), deren gedrungener oktonaler, von quadratischen Wulststeinen aus Sillar besetzter Turm auch hier kaum die Portalhöhen übersteigt. Das nüchterne, entschlossen aus der glatten Sillarwand hervortretende Hauptportal, von vier dorischen Säulen beherrscht, bekennt sich nur mit wenigen halbabstrakten Ornamenten zum mestizischen Lokalstil und wird zögernd auf 1677–80 datiert. Wesentlich origineller ist das der gleichen Entstehungszeit zugerechnete Seitenportal, in dem der Heilige Paulus präsidiert, von einer elliptischen Mandorla umrahmt. Hier haben Steinmetze wieder ein Bildprogramm von synkretistischer Intensität geschaffen: mit Fruchtgehängen, Masken, Renaissance-Putten und Maiskolben, mit Hornbläsern und der den Inka heiligen *qantu*-Blüte.

In der künstlerischen Rangfolge der arequipenischen Altarportale rangiert nach der Compañía das Sillarportal der Kirche **San Agustín** (4) an zweiter Stelle. Dieses wahrscheinlich erst im frühen 18. Jh. entstandene Bildwerk weist in seiner streng zweistufigen Komposition und der Breite heischenden, symmetrischen Horizontalordnung – betont noch durch die lastende Kraft des schmucklosen Flachgiebels – europäische Züge auf. Das Dekor hingegen schöpft wieder rastlos aus dem Repertoire des ›Mestizenbarock‹, steht aber ikonographisch den Altarportalen von Yanahuara und Cayma näher als dem der Jesuitenkirche. Als Meisterwerk der Mestizenarchitekur gilt die Sakristei von San Agustín – auch unter statischen Gesichtspunkten, denn der von acht ionischen Pilastern gestützte Kuppelbau (Bogendurchmesser an der Basis: 7,60 m) überstand als einzige Bauzelle von San-Agustín das verheerende Erdbeben von 1868. Die Gewölbefelder dieses kleinen Sillardoms füllen stark geometrisierte florale Muster, denen die mystische Qantu-Blüte wieder einen indianischen Akzent verleiht. Drei Klosterhöfe lehnen sich an die Kirche an; rund herum gruppieren sich heute Lehrgebäude der Universidad Nacional de San Agustín.

Enttäuschend wirkt die modernisierte Fassade von **La Merced** (65), doch wartet der schon 1657 im gleichen Kanon wie La Compañía entstandene Baukomplex in seinem Kapitelsaal (heute ein Depot) mit einer Reliquie des spanischen Mittelalters auf: einem spätgotischen Gewölbe mit Kleeblattrippung. Die schmucke Deckenfiguration ist das einzige Zeugnis der Gotik des 17. Jh., das die chronischen Erdbeben Arequipas überlebt hat.

In vorortlicher Stille zeigen die Kolonialkirchen von **Yanahuara** und **Cayma** ihre – fast identischen – Barockfassaden aus dem 18. Jh. vor. Hier wird, vor gelb ausgemaltem Grund, die Plastizität der Steinschnitzereien vom Licht noch stärker herausmodelliert. Auch sind diese Altarportale, trotz gleicher floraler Ornamentfülle, deutlich stärker mit Figuren besetzt als die der anderen Kirchen. Dabei springen die die Türen flankierenden Halbporträts mit ihren bedeckten Köpfen ins Auge. Offenbar huldigten die Künstler einem Zeitgeschmack. Denn der gleichen ›Hutmode‹ begegnen wir am Titicacasee beim Habit der Engel von San Juan Bautista in Julí (S. 264f.).

Altstar unter den Klöstern Arequipas ist **Santa Catalina** (6) nicht nur, weil diese über 20 000 m² große *ciudadela* (Zitadelle) im festungsähnlichen griechisch-orthodoxen Katharinenkloster auf der Halbinsel Sinai bereits im 8. Jh. n. Chr. eine Vorläuferin hatte, sondern weil sich dieses eitelste aller Klaustren 400 Jahre lang ungeschminkt erhalten konnte. Rund eine Viertelmillion Besucher jährlich durchschwärmt dieses fotogene Klein-Andalusien, das freilich mehr seiner Postkartenmotive und Anekdoten wegen als durch seine Kunstwerke zu locken vermag.

Die Entstehung dieser triumphalen Klosterburg ist im zeitgeschichtlichen Zusammenhang mit den Vorgängen in Europa auszudeuten: Philipp II., El Religioso, noch trunken vom Sieg über die Franzosen bei Saint Quentin und nun Gottvater als den »höchsten Architekten« anrufend, hatte gerade Spaniens Bauwerk aller Zeiten, den Escorial (1563–84) in Auftrag gegeben. In diese Zeit der euphorischen Aufbruchstimmung, die sich bis in die Kolonien ausbreitete,

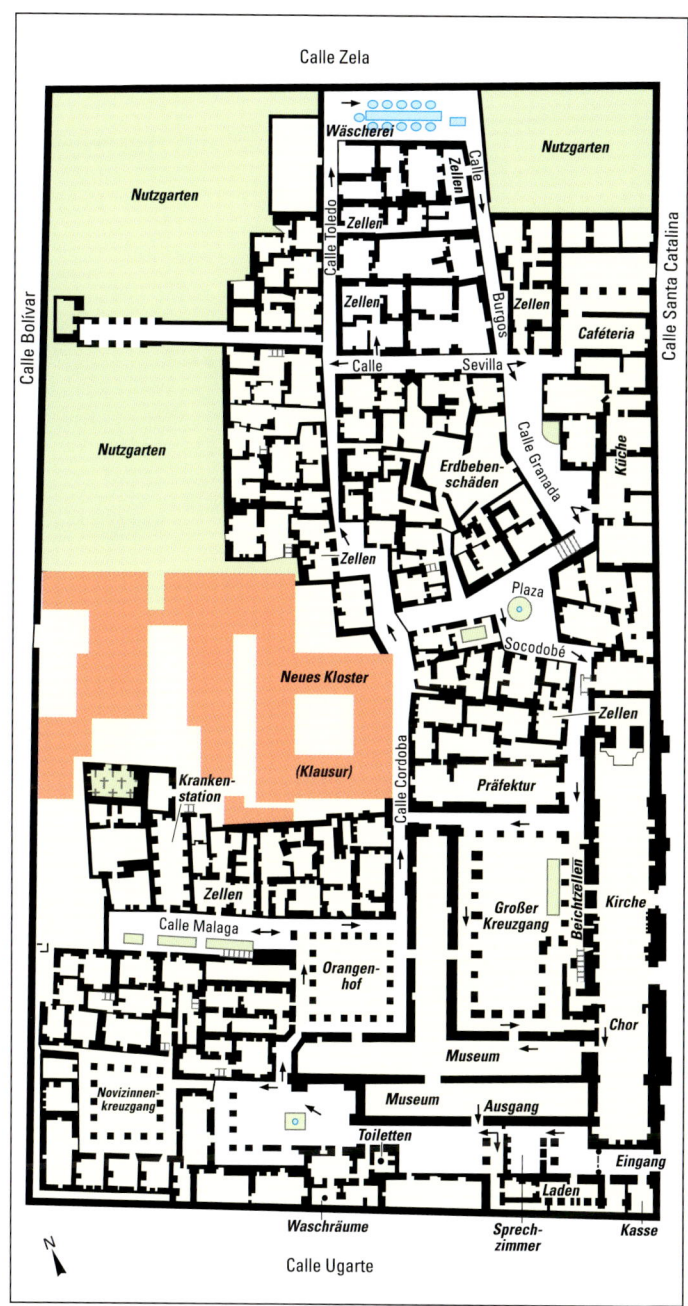

*Arequipa, Grund-riss des Klosters Santa Catalina*

*Indigoblau leuch-
tet der Orangenhof
des Klosters Santa
Catalina.*

fiel auch das Geburtsjahr (1579) von Santa Catalina. Zitadelle nannte man das Monumentalwerk, weil es seit seiner Gründung bis zum 15. August 1970 nahezu hermetisch abgeschlossen war.

Zunächst aus Almosensammlungen hervorgegangen, entwickelte sich das Refugium dank töchterreicher Großgrundbesitzer bald zum goldenen Käfig für begüterte Weltflüchtige. Viele Mädchen, die nicht mit einer standesgemäßen Heirat rechnen konnten, mussten sich in den andalusischen Höfen von Santa Catalina mit Christus vermählen, und das war ihren Vätern beträchtliche Summen wert. Im Alter von zwei Jahren und von acht schwarzen Dienerinnen eskortiert, die sie lebenslang zu betreuen hatten, verschwand zum Beispiel die Tochter eines bolivianischen Zinnmagnaten hinter den Klostermauern, wo die hierarchische Ordnung der Kolonialgesellschaft allerdings ihre Fortsetzung fand. Nonnen höheren Standes verfügten über größere Gelasse, manche mit Teppich und blumengeschmückten Konsolen, vielleicht auch mit kleiner Küche, einem Meerschweinchenkäfig oder sogar einem Weindepot.

Wer hingegen als Waisenkind in die Ordenstracht hineinwuchs, hatte schon als Neugeborenes die Welt in einer Schublade verlassen, die an einer einsamen Stelle durch die 70 cm dicke Mauer geschoben wurde. Zur Selbstkasteiung gab es mit Stroh, Asche, Steinen oder Stacheln gefüllte Matratzen.

Aber weder die stummen Mahnungen von Sanduhr und Totenkopf noch die von Ignatius von Loyola erdachten (und die Wandelgänge als allegorische Gemälde schmückenden) geistigen Übungen konnten die mundane Neugier der Nonnen unterdrücken. Zur Kontrolle von Glocken oder Klosteruhr drängten sich die Insassinnen förmlich, nur um einen Blick über die Mauer werfen zu können. Was sich im Kloster an weltlicher Wissbegierde aufstaute, hat die libertine Pariserin Flora Tristan, die 1833 in Santa Catalina zu Gast war, in ›Pérégrination d'une Paria‹ spitzzüngig geschildert. Eine ausgelassene Schwesternschar entriss ihr den Hut, zupfte an ihren modischen Puffärmeln und hob eines der Schnürstiefelchen an, um auch einmal ihre französische Unterhose zu sehen.

In rund anderthalb Stunden (Führung auf Wunsch) erwandert sich der Besucher über geraniengeschmückte Sträßchen, lauschige Arkadenhöfe und das brunnenbewehrte Zocodober-Plätzchen alle Ecken und Winkel dieser labyrinthischen Anlage. Augenweiden sind insbesondere die ›andalusischen‹ Straßen Córdoba, Toledo und Granada, der indigoblaue Orangenhof (mit rudimentär restaurierten Bildern zum Leben des Ignatius von Loyola), das Novizinnenklaustrum (Gemäldezyklus ›Lauretanische Litaneien‹) und der große Kreuzgang mit den umliegenden Beichtzellen. Unter den rund achtzig Leinwänden der Pinakothek sind etliche besondere Werke: die von unbekannten Meistern stammenden Szenen aus dem Leben der Heiligen Katharina von Siena; Gemälde von Diego Quispe Tito (1611?–1680?), ein Erzengel Michael (1664) von Zurbarán und die Bilder ›San Juan‹ und ›San Lorenzo‹ des italienischen Manieristen Angelino Medoro (1547–1628).

Weit weniger spektakulär, doch auf seine leise Weise pittoresk ist das schon durch seine verschwiegene Lage jenseits des Flusses zum Refugium bestimmte Franziskanerkloster **La Recoleta** (7) mit seinen herrlichen Kreuzgängen und einer 20 000 Bände hütenden wahren Schatzkammer von Bibliothek (*recoleta* = beschaulich). Schon im Kakteenhof bei der Pforte begegnet man der ältesten, mit dem Jahr 1550 gezeichneten *chomba* Perus, einem gewaltigen Tonkrug, in dem Wein und Olivenöl aufbewahrt wurde.

Der große, bereits 1651 entstandene Kreuzgang, das heiter-majestätische Claustro de San Francisco, folgt in seiner Baugestalt einem ungeschriebenen franziskanischen Kodex: Einfachheit ohne Strenge, Harmonie ohne übertriebene Ästhetisierung. Geradezu pflanzenhaft wächst das weiße Sillarbogenwerk aus den hellgrau-beige-altrosa-farbenen Säulenschäften hervor. Die lichten Schatten, der Brunnen, die Zypressen sind wie Allegorien mönchischer Anrufungen in den Chorälen: ›Bruder Sonne‹, ›Schwester Wasser‹, ›Mutter Erde‹.

Wie sehr sich franziskanisches Naturgefühl selbst in ländlicher *Profan*architektur artikulieren durfte, zeigt der hintere, der Ritter- und Ordenstradition der spanischen Stadt Alcántara huldigende Kreuzgang, der Claustro Alcantarino. Hier ist die Entäußerung, der Verzicht auf alles ›Wirksame‹, bis zur letzten, reinen Form vorgestoßen. In seiner anmutigen Urtümlichkeit, mit seinen altersgewellten

Tonpfannendächern, den mit Lederriemen abgebundenen Schilf-rohrdecken in den Umgängen, den knochigen, ja arthritisch ausge-laugten Säulenschäften wirkt dieses *claustrum minus* wie eine Her-berge aus biblischer Zeit. In keinem anderen Baukunstwerk Arequipas verbinden sich Strenge und Grazie in so inniger Weise.

In den anekdotischen Bereich der Klostergeschichte gehört ein Bild des Heiligen Franziskus mit drei Händen (zu entdecken in der Pinakothek). Die wunderbare Gliedvermehrung erklärt sich daraus, dass der Maler die linke Hand des berühmten Mönchs in Schoßhöhe platzierte – was einem Propst unschicklich erschien. Also wurde die Linke, nun als erhobene Hand, neu gemalt und die alte überpinselt. Mangelhaft, wie man sieht, denn im Lauf der Zeit kam sie an der alten Stelle wieder zum Vorschein.

In alter Frische überlebt haben auch die Inkunabeln der Biblio-thek im Obergeschoss, die noch immer ihren Atem von Holz und Leder verströmen. Ein in Schafpergament gebundenes Exemplar des ›Don Quijote‹ von 1616 gehört zu den Kleinodien der Sammlung. Kein Geringerer als Cervantes selbst war es, der in seinem Erstling, dem Hirtenroman ›Galathea‹ bereits dreißig Jahre zuvor die Parole »In Arequipa, ewiger Frühling« geprägt hatte. Er rief sie dem in Spa-nien geborenen und dann in der Weißen Stadt heimisch gewordenen Dichter Diego Martínez de Ribera nach, der zusammen mit Cieza de León und Agustín de Zárate eine lange literarische Lokaltradition begründen sollte. Mario Vargas Llosa ist der jüngste Lorbeer tra-gende Sohn der Stadt.

Das baumbestandene Plätzchen vor Arequipas Kunstgewerbezen-trum umschließen L-förmig Kloster und Kirche von **San Francisco** (8). Nach dem letzten schweren Erdbeben von 1960 präsentieren sie sich in neuem Gewand. Schon 1553 entstand der Kern der weitläu-figen Anlage, wo 1 × 1 m dicke Sillarsäulen wenigstens den Unterbau der drei Kreuzgänge über die Jahrhunderte retteten. Die schmucklo-sen Klaustren – nach der Dreifaltigkeit ›Vater‹, ›Sohn‹ und ›Heiliger Geist‹ benannt – verklammern die Kirche (deren beim Erdbeben von 1958 eingestürztes Sillartonnengewölbe durch eine Ziegelfassung ersetzt wurde) mit den Klostersälen. Hier befinden sich die Gemäl-desammlungen.

Das eindrucksvollste Werk, die genealogische Tafel ›Die franziska-nische Familie‹ (17. Jh.), umfasst 16 Figurenreihen. Es füllt eine ganze Frontwand des Kapitelsaals, dessen hohes Tonnengewölbe seit 1761 (die Jahreszahl ist an der Decke abzulesen) alle seismi-schen Katastrophen überstand. In dem Kolossalgemälde sieht man als Schlüsselfiguren den Ordensstifter Franz von Assisi (unten in der Mitte), den Heiligen Antonius von Padua mit dem Jesuskind (im Zentrum), die Heilige Klara (auf der siebten Stufe) – sie begründete mit den Klarissen den weiblichen Zweig der franziskanischen Gemeinschaft – sowie sechs Päpste, von Kardinälen umrahmt.

Interessant ist im gleichen Saal das vom Original Leonardo da Vincis kopierte ›Abendmahl‹ (anonym) mit seinen kostumbristi-

20 000 Bände hütet
die Bibliothek des
Franziskanerklosters
La Recoleta.

schen Zutaten: das Geschirr auf dem Tisch besteht aus peruani-
schem Kolonialsilber; durch das Fenster im Hintergrund blickt man
auf die einheimische Sierra. Die Seitenwände der Pinakothek füllen
eine mit den fahlen Tonwerten und manieristischen Längungen
Zurbaráns gemalte Apostel-Serie (anonym) sowie acht Szenen aus
dem Leben Mariae (Cusco-Schule, 18. Jh., anonym). Eine Kollektion von reichbestickten, mit Silberapplikationen besetzten Messgewändern (das älteste vom Ende des 17. Jh.) rundet die kleine Klos-
tersammlung ab.

## Mansionen und Hausmuseen

Als sich das wirtschaftlich erstarkende Arequipa in der zweiten
Hälfte des 18. Jh. von der Hegemonie Cuscos löste, legten sich die
Häuser der Reichen barocken Brustschmuck zu, den sie den Kir-
chenportalen abschauten. Bogen- und Giebelfenster über den Türen,
Fensterstürze und Wasserspeier boten sich als wirkungsvollste Blick-
fänge zur Ornamentierung an, indes die übrigen Fassaden der durchweg aus Sillarblöcken – dem einzigen Baumaterial bis zur Mitte des
19. Jh. – gefügten Stadtpaläste plan blieben. Charakteristisch für die
Lokalarchitektur waren die konsolartig, manchmal einen halben
Meter, über die Falllinie des Portals auskragenden Segmentgiebel.
    Einzigartig aber blieb die ›neoindianische‹ Hybridisierung der
Schmucksymbole, vom Puma und der inkaischen Qantu-Blüte bis zu
eingemeißelten christlichen Segenssprüchen. Hier, in der *campiña*
zwischen Anden und Meer, wo spanische Glücksritter und in ›Frei-
vasallenschaft‹ lebende Indianer eine heterogene Kulturkonjugation

eingingen, entstand, so meinen heutige Denkmalpfleger, die originellste Profanarchitektur Südamerikas.

Den Prototyp des arequipenischen Patrizierhauses stellt die 1738 zunächst als Seminar errichtete, später von der Familie Ugarteche bewohnte Residenz **Tristán del Pozo** (9) dar. Vom Sockel bis zum Gesims maßhaltig und harmonisch durchkomponiert, empfängt uns diese (heute vom Banco Continental behütete) *casona* mit einer überaus eleganten Portalfront. Die viereckige Türöffnung fassen sehr eigenwillige Pilaster ein: sie haben tiefe Auskehlungen, in die komplette Rundsäulen eingelassen sind. Für diese gotisch anmutende Modalität lassen sich auch im spanischen Mutterland Beispiele finden. Das generöse Tympanon füllt ein von Blattwerk, Blumenkelchen und christlichen Initialen gebildeter Stammbaum.

Mit einem in den Sillar geschnitzten Sinnspruch begrüßt die tiefgestaffelte **Casa Arróspide** (10) den Besucher im ersten von sechs Höfen: »Esta casa se yso el año 1743 por Dyos le pido al que vibyere en ella un Padre y un Ave« (Dieses Haus wurde im Jahre 1743 erbaut; zur Ehre Gottes bitte ich den, der darin wohnt, um ein Vaterunser und ein Ave Maria). Ursprünglich bewohnte die baskische Familie Iriberry das Anwesen, das heute die juristische Fakultät der San-Augustín-Universität beherbergt. Mit seinen besonders massiven Mauern, seinen zugigen Tordurchlässen *(chiflanes)*, den Arkaden und der Außentreppe wirkt es wie eine Burg. Zeichen und Buchstabenfolgen durchsetzen den Portalschmuck: eine Herausforderung für Dechiffrierkünstler.

Das Portal an der **Casa del Moral** (11), dem Haus des Maulbeerbaums, erinnert an die Tristán del Pozo-Fassade, wenngleich es im Unterbau schlichter ist. Es geleitet zu dem namengebenden hundertjährigen Baum in einem mit Flusssteinen gepflasterten Innenhof. Das Domizil wurde zu Beginn des 18. Jh. von dem spanischen *corre-*

*Arequipa, Grundriss der Casa del Moral (Haus des Maulbeerbaums). Die Anfang des 18. Jh. erbaute Mansion gehörte dem Stadtvogt Manuel Santos de Pedro, Caballero des Calatrava-Ordens. Sie beherbergt erlesene Gemälde der Cusco-Schule, Karten aus dem 17. Jh. und Kolonialmöbel. In Architektur, Ausstattung und Funktionsvielfalt bildet dieses Patrizierhaus Zeitgeschmack und Wohnstil des arequipenischen Großbürgertums ab.*
*1 Diele*
*2 Salon*
*3 Schneiderei*
*4 Speisezimmer*
*5 Kartenzimmer*
*6 Schlafraum*
*7 Hauskapelle*
*8 Säulengang*
*9 Ziergarten*
*10 Kräutergarten*
*11 Badezimmer*
*12 Bibliothek*
*13 Kleiner Salon*
*14 Pinakothek*

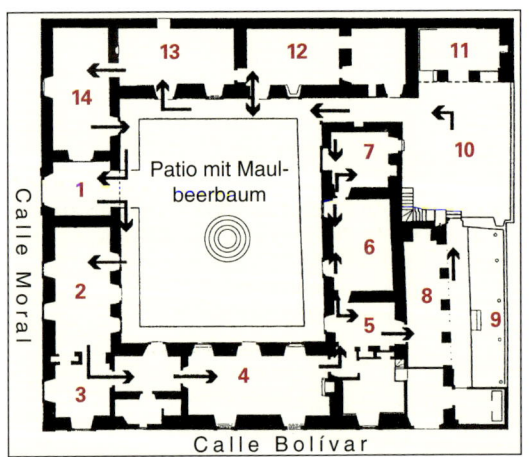

*Zwölf prächtige Gemälde der Cusco-Schule gehören zu den Schätzen der Pinakothek in der Casa Goyeneche.*

*gidor* Don Manuel Santos de San Pedro angelegt und ist heute als schmuckes Museum ausdekoriert. Von der Nähstube bis zur Hausbibliothek zeigt es in exemplarischer Weise Kultur- und Funktionsbereiche eines arequipenischen Patrizierhauses der Kolonialzeit.

Auf die kastilische Herkunft des Erstbesitzers verweisen im Tympanon heraldische Zeichen von Turm und Löwe. Gekreuzte Schlüssel und Hahn künden von der Devotion gegenüber dem Papst. (Don Manuel gehörte dem Calatrava-Orden an.) Dass sich zu diesen altweltlichen Bekenntnissen unverwechselbare Paracas-Figuren und möglicherweise indo-asiatische (durch von den Philippinen zurückkehrende Missionare inspirierte?) Symbole gesellen, gehört wiederum zu den ebenso bizarren wie versöhnlichen Zügen der Bildsprache des ›Mestizenbarock‹. Architektonisch bemerkenswert an der Casa del Moral ist die differenzierte Behandlung der Dekorationen über den Fensterstürzen, um Niveauunterschiede (die Flure im Haus liegen tiefer als die Straße) optisch auszugleichen.

Die gleichermaßen wie in die Erde eingesunkene **Casa Goyeneche** (12) beherrscht eine ganze Straßenecke. Sie ist heute Sitz des Banco Central de Reserva, kann aber von Kunstfreunden auf Anfrage besichtigt werden. Bereits 1558 in seiner ersten Version errichtet, doch erst im 19. Jh. in die heutige Dimension hineinwachsend, wurde das Anwesen vom Bischof von Arequipa, Don José Sebastián Goyeneche y Barrera, 1840 zum Stadtpalast ausgebaut. Zwölf prächtige Gemälde der Cusco-Schule sowie die Skulpturen ›Ecce Homo‹ und ›Dolorosa‹ sind die herausragenden Schätze der Hauspinakothek.

Eine ganze Sequenz von Stilideen floss in die Gestaltung der **Casona Arango** (13) ein, die im späten 17. Jh. in barocker Manier begonnen, ab 1740 modifiziert und im 19. Jh. klassizistisch überformt wurde. Dennoch mauserte sich das Bauwerk, um den rotwandigen Patio mit seinen weißen Fenstereinfassungen herum, zu einer der anmutigsten Residenzen der Stadt. Weniger gut überstanden hat die **Casa de Quiroz** (14) die vielen ihr zugemuteten Verwandlungen; die ausgedehnten Fluchten, einst Heimstatt der Grafen von Quiroz und während der peruanisch-bolivianischen Föderation (1836–38) kurz Sitz der staatlichen Münze, sind heute vernachlässigt. Einzig das filigran geschnitzte Sillarportal, das mit der Inschrift »Año 1794« das Geburtsjahr des Hauses memoriert, erinnert noch an würdigere Zeiten.

All diese heiteren Villen sind nur Gehminuten voneinander entfernt und vergegenwärtigen die außerordentliche kulturelle Dichte dieser Oasenstadt, die, obgleich zweitbedeutendstes urbanes Zentrum Perus, von ihrer Fläche her ohne weiteres in einer mittleren Hacienda Platz hätte.

## Eismumien und die tödliche Zeremonie Capac Cocha: Arequipas spannendste Museen

Wenn Arequipa, den tellurischen Launen der Berggötter ausgesetzt, sich vornahm, sich immer wieder selbst zu erneuern, dann war die Stadt, umgekehrt, nicht weniger entschlossen, ihrer indianischen Vergangenheit in eben jener Gipfelwelt nachzuspüren, die so viel Glut und Asche über sie gestreut hatte. Von den bisher 14 auf den Vulkanen Perus geborgenen Inka-Mumien, die uns helfen, den naturreligiösen Kontext ritueller Tötungen zu verstehen, stammt die besterhaltene, die Eisjungfrau ›Juanita‹, aus der arequipenischen Gebirgsregion.

Die in den Vulkanen wohnenden Götter *(apu)* günstig zu stimmen, damit sie die Wut der Krater bändigten, aber auch Leben spendendes Wasser in die Oase fließen ließen: dazu brachten die Inka Menschenopfer auf den höchsten Gipfeln der Anden dar. Doch gerade einem Vulkanausbruch verdanken wir die Gewinnung der am besten konservierten Mumie der Welt, der Dama del Ampato, die 1995 am gleichnamigen, 6310 m hohen Nevado (Schneegipfel) geborgen wurde.

Jahrelang (1990–94) hatte der Nachbarvulkan Sabancaya (5976m) Tephra ausgestoßen und mit seinem heißen Aschenregen den Eispanzer des Ampato angeschmolzen. Krusten brachen auf, Lavaschutt rutschte ab – und damit glitt auch die Mumie eines Inkamädchens nach 500 Jahren aus ihrem Grab. 130 m unterhalb ihrer Ruhestätte entdeckte sie am Nachmittag des 8. September 1995 der Arequipener Andinist Miguel Zárate, als er einen rötlichen Federbausch aus dem Geröll ragen sah. Er signalisierte den Fund durch Handzeichen dem begleitenden Archäologen Johan Reinhard, und die beiden Männer schafften die 32 kg schwere Eisprinzessin etappenweise nach Arequipa, wo sie, nach kurzer Verwahrung in Zárates

Kühlschrank, der Universidad Católica de Santa María übergeben wurde. Man nannte sie, im Anklang an Johan Reinhards Vornamen, Juanita.

Miguel Zárate (›Miki‹) hatte bereits 1989 am Ampato in 5000 m Höhe eine Zeremonialplattform ausgemacht und 1991, mit einer deutschen Seilschaft eine neue Route erschließend, an einem 5800 m hohen Andachtsplatz (zur Sonnenverehrung?) Keramikfragmente gesichert. (Es wurden Gipfelmumien mit bis zu 48 bemalten Tongefäßen als Begleitutensilien gefunden. Andererseits stieß man auch auf lose Stücke – wie eine im August 1996 auf dem Pichu Pichu geborgene, mit 200 Silberscheiben behängte Tunika –, ohne bisher die Trägerin entdeckt zu haben.)

Eines aber macht die prachtvolle Ausstattung aller Inka-Mumien klar: Die rituell getöteten Jungfrauen und Jünglinge, viele vornehmen Familien entstammend und von diesen sogar freiwillig dargeboten, sollten als irdische Sendboten im nobelsten Tenue bei den Göttern ankommen.

Die neuere Forschung wehrt sich denn auch entschieden gegen die Bezeichnung *sacrificio* (Opfer) für das im Quechua Capac Cocha genannte Tötungszeremoniell und verwendet dafür ausschließlich die Ergebenheitsformel *ofrenda* (Gabe). Haben die zum Ehrentod Ausersehenen unter ihrem Schicksal gelitten? Alle das Ritual vorbereitenden Umstände – und die über ein halbes Jahrtausend mit wundersam friedlichen Zügen erhaltenen Gesichter – sprechen dagegen. Sicher ist, dass diese mit dem letzten Segen ihrer Sippe Geadelten von der dünnen Höhenluft benommen, von Koka berauscht und durch *chicha* (Maisbier) halb betäubt, die ersehnte Reise in die Welt der Götter relativ schmerzlos antraten. ›Juanita‹ starb durch einen einzigen Keulenschlag an die Schläfe, an den Llullaillaco-Mumien wurden keinerlei Zeichen von Gewalteinwirkung entdeckt.

Ob die Menschen von heute das Recht haben, die mit solcher Würde Verschiedenen einer Hochkultur an ihren Heiligtümern (daher der Museumsname: Santuarios Andinos!) auszuscharren und in Glaskästen zur Schau zu stellen, diese Frage hat nicht wenige Polemiken ausgelöst und selbst der beflissene Mumienentdecker Reinhard kann seine Skrupel nur knapp mit dem Argument besiegen, das noch größere Übel wäre, die Toten und ihr Geschmeide den Grabräubern zu überlassen. Andererseits ist der Dame vom Ampato – als einziger Mumie der Welt und ungeachtet des Protestes namhafter Wissenschaftler, die peruanische Anthropologin María Rostworowski unter ihnen – nicht das Schicksal publizitätsheischender Fernreisen erspart geblieben: Mit 10 Millionen Dollar versichert, wurde die Inkaprinzessin per Kühlvitrine erst in die USA und dann nach Japan geflogen.

›Juanita‹ gehört heute zum archäologischen Fundus des **Museums Santuarios Andinos** (Andine Heiligtümer; 15), das den Besucher mit einem 20-Minuten-Video und einer Vitrinenschau durch vier

Räume in die inkaische Glaubenswelt und die tödliche Zeremonie des Capac Cocha einführt.

Im ersten Raum zeigt ein Gemälde ein für die Reise zu den Göttern auserwähltes Inkamädchen in ihrem festlichen letzten Ornat: mit *aksu* (Kleid), *lliclla* (Umhang), *chumpí* (Stoffgürtel), *tupu* (Spange) und *polkos* (Schuhen). Zu den Accessoires der reichbestickten Garnitur gehörten als Kopfschmuck die *maskapaicha* (Stirnband) und fächerförmig gesteckte Suri-Federn (*suri* = in der Puna lebende Straußenart), sodann Nähutensilien, Kokabeutel oder ein Kästchen für Halluzinogene, bei ›Juanita‹ auch ein Säckchen mit Trockenfleisch (Raum 2). Leitsymbolisch erschließen die dualistischen Muster der Begleitkeramik das interaktive, reziproke Weltbild der Altamerikaner. Besonders an den Gefäßhälsen der kleinen *makka* (Amphoren) lassen sich farbliche und geometrische Gegensatzpaare gut ausmachen.

Saal 3 zeigt figürliche Totenbegleiter in Gestalt von Lama-Miniaturen aus Gold, Silber und Kupfer, einer (bei ›Juanita‹ gefundenen) Spondylus-Statuette und einem aus einer Silberlegierung gegossenen adligen Inka. In Kühlvitrinen (bei –15 bis –20 °C) werden in Raum 4 mehrere Mumien aufbewahrt, darunter die auf dem Vulkan Sara Sara gefundene ›Sarita‹, ein 15-jähriges Mädchen in der Lotosblüten-Position genannten Hockstellung. Kulturanthropologisch interessanter als die zum Teil schwarz gewordenen Mumien selbst (›Mumie 3‹, ein Knabe, wurde durch Blitzschlag karbonisiert, weil er Metallstücke bei sich trug) sind die Auswertungen der hier gezeigten Diagramme von Thorax- und Schädeltomographien. Bei der Mumie ›Juanita‹ – einem zu Lebzeiten etwa 1,50 m großen, 50 kg wiegenden Mädchen – ließ der hohe Mineralgehalt der Knochen auf gesunde Essgewohnheiten schließen. (Hervorragende Indikatoren der Lebensweise sind auch die Haare. Hier hat man allerdings bei 1200 Jahre alten Mumien auch bis zu 13-mal höhere Blei- und Kadmiumkonzentrationen gefunden, als heute für akzeptabel erachtet werden – vermutlich Vergiftungen von Töpfern beim Umgang mit Mineralfarben.)

Wesentlich ›ansehnlichere‹ Trockenmumien sind im **Museo Arqueológico Universidad de San Agustín** (16) zu sehen. Die außerdem Keramik und Textilien (vor allem aus Nasca- und Paracas-Provenienz) sowie sehr interessante Petroglyphen in Form von »Schrifttafeln« umfassende Sammlung, reich bestückt und didaktisch sehr übersichtlich präsentiert, lohnt einen Besuch. Das **Museo de Arqueología de la Universidad Católica de Santa María** (17) birgt Funde, die das Kulturgeschehen der Zeitspanne von 12 000 v. Chr. bis zur Kolonialepoche zitieren (Nasca, Tiwanaku, Wari, Acarí, Aruni, Churajón und Inka) sowie die bei den jüngsten Grabungen von La Chimba (Colca-Schlucht) gewonnenen Stücke. Arequipas Stadtgeschichte dokumentiert das **Museo Municipal** (18) mit Gemälden, Fotografien, Karten und Urkunden.

# Die Missionskirchen im Colca-Tal

Die vulkanische Allgegenwart hat schon früh die mythischen Vorstellungen der unter den Bergkegeln wohnenden Menschen geprägt. Im Colca-Tal verlängerten die Collagua-Indianer die Köpfe der Neugeborenen, um damit anzuzeigen, dass sie den Kaminen der Vulkane entstiegen waren.

Gewaltige Ketten dieser (gewöhnlich nichtrauchenden) Naturschornsteine bewundern kann der von Arequipa nach Chivay (150 km) Reisende vom Mirador des 4800 m hoch gelegenen Patapampa-Passes aus: Im Süden recken sich Uginas, Misti und Chachani gen Himmel, im Norden thront das Chila-Massiv (Ampato, Sabancaya, Hualca Hualca und Mismi). Die beiderseits der Route sich wellenden Hochebenen Pampa Cañahuas und Aguada Blanca (Naturreservat) sind die Heimat der extrem feinhaarigen Vicuñas – von Wilddieben in der menschenleeren Puna heute auch schon mit Helikoptern gejagt. (In Lima kostet der laufende Meter Vicuña-Stoff US$ 2800.)

Die Panoramafahrt endet in dem sympathischen Marktflecken **Chivay** (3600 m), wo *mamachas* in bunten Brokatröcken (bis zu vier übereinander) und mit bordürengeschmückten weißen Hüten Straßen und Stände bevölkern. (Hier ist auch das gegen Höhenkrankheit und Magenkoliken wirksame Heilkraut *chachacoma* zu erwerben.)

Als präinkaische Stammbewohner des Colca-Tals lebten die Aymara sprechenden Collagua an den Bergflanken, die (Quechua sprechenden) Cabanas – diese durch künstlich abgeplattete Schädel von ersteren unterschieden – in den Talzonen. Im frühen 16. Jh. gerieten die Colca-Ethnien unter die Herrschaft der Inka, aber bereits 1540 unter die Knute der Spanier. Ihre Terrassenkulturen wurden zur Getreidekammer für Potosí; die männlichen Bewohner zog man – besonders nach der Entdeckung der Silberminen von

**Colca-Tal** ☆
**Besonders sehenswert:**
**Flusslandschaft mit**
**Terrassenkulturen;**
**Missionskirchen;**
**Cruz del Cóndor**

*Das Colca-Tal*

Caylloma (1626) – zur *mita* heran. Die Restbevölkerung der Streusiedlungen ließ der starrsinnige Vizekönig Toledo auf 24 nach spanischem Muster angelegte Taldörfer konzentrieren (von denen 14 noch erhalten sind), die Missionierung übernahmen die Franziskaner. Von den bei der Konquista registrierten 60 000 Colca-Bewohnern waren im 18. Jh. nur noch 6000 übrig.

Alle Reiseagenturen Arequipas animieren die Touristen dazu, einen Blick in die ›tiefste Schlucht der Welt‹ (nur bei Heranrückung abseitiger Gipfel) zu werfen. Doch fast alle, die dann am Mirador Cruz del Cóndor das Auge in die Tiefe stürzen lassen, werden an den schönsten Juwelen des **Valle del Colca** vorbeigesteuert, und dazu gehören vor allem die denkmalgeschützten Missionskirchen. Von Chivay aus erschließt sich das malerische Tal auf drei Routen:

Jenseits der Flussbrücke auf die Schotterstraße nach Westen einschwenkend, erreicht man schon nach 6 km im Dörfchen **Coporaque** die älteste Kirche im Tal. Gleich allen anderen erhebt sie sich in blendendweißer Pracht monstranzartig über die niedrigen (heute leider meist wellblechgedeckten) Lehmstrohhäuser. Ihre von Konchen, Pilastern und kannelierten Säulen reichgegliederte Renaissance-Fassade wirkt, über der breiten dunklen Lavasteintreppe, wie nachträglich in die beiden schlichten Türme eingehakt. (Der vergoldete Original-Altar von 1545 wird z. Z. restauriert.)

Bei km 13 (ab Flussbrücke Chivay) wartet die zweitürmige Kirche von **Ichupampa** mit einem von schmucklosen Segmentbögen aus Sillar gestirnten Gewölbeportal auf. Die beiderseits der Pfosten noch erhaltenen salomonischen Säulen und der darüber sichtbare Wandschmuck lassen vermuten, dass diese Johannes dem Täufer geweihte Predigerkirche früher innen mit Muralen ausgemalt war.

Weiter folgt die Straße den Windungen des Río Colca, an dessen Ufern endlose Feldterrassen aufsteigen, bis felsige Steilwände ihnen Einhalt gebieten. Moscheenhaft und überdimensional in dem flachgeduckten Tausendseelendorf taucht der Tempel von **Lari** nach 25 km aus Grasnarben und Mauergerippen auf. Diese imposanteste aller Sillarsteinkirchen des Colca-Tals besitzt mächtige Stützmauern gegen Erdbeben. Sie schluckt ihr vergleichsweise winziges Portal wie der Berg ein Tunnelloch. Wertvolle barocke Wandgemälde – mit den bei den Franziskanern so beliebten illusorischen Theatervorhängen – schmücken die Halle, die zur Jahrtausendwende durch die Agencia Española de Cooperación Internacional restauriert wurde; die AECI hat sich der Rettung aller Gotteshäuser im Colca-Tal verschrieben.

Am Talende steht klotzig die kleine, aus Sillar und Lava komponierte Kirche von **Madrigal.** Ihre renaissanceartige Fassade, von einem Wellblechdach verunziert, zeigt ein Bild des ›Mohrentöters‹ (des Heiligen Jacob).

*Landschaft*
*im Colca-Tal*  ▷

Auf der gleichen, der nördlichen Flussseite führt (wieder von der Chivay-Brücke aus) eine – hier steppenhaftere – Route nach Osten

*Die Kirche von Ichu-pampa*

und berührt nach 20 km **Tuti** mit seiner Santa-Cruz-Kirche. Ihr gedrungener, sich an nur einen Eckturm klammernder Korpus wirkt unsymmetrisch und lässt auf einen ursprünglich zweitürmigen Bau schließen. Ein Gemeindehaus von erlesener Hässlichkeit beleidigt die Stätte, die man durch schöne alte Sillarsteintore betritt. Der Río Colca, der am Unterlauf Felder mit Kartoffeln, Getreide und *olluco-* (eine Knollenfrucht) bewässert, ist in diesen höheren Lagen noch ungezähmt und wird von langen Sand- und Geröllschleppen begleitet. Immerhin gedeihen hier Opuntien und liefern, als Wirtspflanze der Schildläuse, 20 % der peruanischen Koschenille-Produktion.

Nach 31 km wird **Sibayo** mit seiner malerisch im Tal schlummernden Täuferkirche (1692) erreicht. Weit ausholend, von bekrönten Toren besetzt, umarmt das Außenmauerwerk dieses Gotteshauses zugleich mit dem ›Atrium‹ die ganze Landschaft. Der wüstenhafte Kirchhof und der schweigende blaue Himmel über den mit Lehmmatten und Ichu-Gras gedeckten Flusssteinhäusern verleiht diesem Ort eine weltentrückte Gelassenheit. Seine zweitürmige Kirche ist vollendet harmonisch proportioniert. Sie birgt einige originale Leinwände (Motive von Petrus, Paulus und anderen Heiligen), die von lokalen Künstlern stammen und sich mit ihrer archaischeren Malweise deutlich vom Cusco-Stil unterscheiden. Letztes Etappenziel auf dieser Route ist das jenseits des Flusses (4 km weiter) liegende Kirche von **Callalli,** die mit ihrem profilierten einfachen Bogenwerk die Grundzüge der Kirche von Ichupampa nachzeichnet.

Einem dritten Strang von Missionskirchen folgt die auf der südlichen Flussseite nach Cabanaconde laufende Straße, die nach 7 km auf

*Die Täuferkirche
von Sibayo (1692)*

den monumentalen Tempel von **Yanque** stößt, das wohl erhabenste
Beispiel lokaler Sakralarchitektur. Diese Ende des 16. Jh. begonnene
und 1702 in ihrer heutigen Form modellierte Kirche wartet mit
einem vollendet geschnitzten Sillarbogenfeld auf, in dessen Rankenwerk die Reitergestalt des Bischofs Antonio de León (bei einer Visi-
tationsreise durch die Diözese) als patronisierender Kirchenvater die
oberste Stelle einnimmt. Traditionsbewahrende Nachfahren der Collagua, die einst dieses Gotteshaus erbauten, haben 1999 auf der
gegenüberliegenden Platzseite ein sich harmonisch einfügendes
Gemeindehaus aus Sillar errichtet.

In der Sankt-Anna-Kirche in **Maca,** bei km 22, hatte 1991 ein Erdbeben die Bronzeglocke des Nordturms aus ihrer Verankerung geris-
sen und dabei einen gewaltigen Teil des Mauerwerks zerstört. Der
auch an der Halle stark beschädigte Bau, der mit einer sehr schön
komponierten Arkaden-Fassade aufwartet, wurde inzwischen meisterhaft restauriert.

Am **Cruz del Cóndor** lässt sich frühmorgens der majestätische
Flug der von den Inka *kúndur* genannten Riesenvögel (Spannweite
3 m; Gewicht bis zu 14 kg) beobachten. Hier vorbei führt die Straße
nach **Cabanaconde**, das, 75 km von Chivay entfernt, auf einem 3300
m hohen Talsattel ruht. Die nach einem Erdbeben von 1784 neuer-
baute Peterskirche des Ortes hat ihre zweitürmige rustikale Urform
bewahrt, die Frontseite jedoch mit einigen neoklassizistischen Zutaten verjüngt.

Für die Rückkehr muss nicht der gleiche Weg genommen werden;
eine kurvenreiche, 165 km lange Gebirgspiste führt über Huambo
und Huacán nach Süden und erreicht bei Alto Siguas die Panamericana.

# Über die Küste der Pyramiden zu den Amazonasquellen

# Paramonga – Wasserburg in der Wüste

Ein Traumland sei die Küste für den Archäologen, meinte der deutsche Forscher Heinrich Ubbelohde-Doering, und es kenne eigentlich nur einen Rivalen: Ägypten. Ein hyperarider Boden, der fast nie Regen empfängt und mit der nordperuanischen Sechura-Wüste das größte vorandine Sandplateau bildet, hat wie in isolierten Klimakammern alles bewahrt, was Menschen vor 1000 oder 2000 Jahren in Gräbern einschlossen oder zusammenfallende Lehmziegelmonumente unter sich begruben. Gold, Silber, Kupfer, Bronze, Holz, Keramik, aber auch Feldfrüchte und feine Gewebe überlebten hier – bis die modernen Horden der Grabräuber über die Nekropolen herfielen. Der Reichtum dieser unterirdischen Schatzkammern erzählt von Oasenvölkern, die mit ihren meterologischen Kenntnissen und raffinierten Bewässerungstechniken über doppelt so große Anbauflächen wie heute verfügten.

Wasser war Lebenssaft, die Reservoire zu verteidigen, Existenzzwang. Nicht zuletzt deshalb entstanden, vor allem in der von der Mochica- und der Chimú-Kultur geformten 600 km langen Kernzone mit ihren 15 Flussoasen, wehrhafte Stufentempel, die nicht nur zeremoniellen Zwecken gedient haben können. Mit ihrer imponierenden Gestalt (manche besitzen nur noch ein Drittel ihrer ursprünglichen Masse) erinnern sie an Niltalpyramiden oder mesopotamische Zikkurats; mit ihren Schikaneneingängen und den rhombenförmigen Eckbollwerken (Paramonga-Pyramide) an die Entwürfe des französischen Festungsbaumeisters Vauban. Die Inka waren nur die letzten Erben dieser Architektur- und anderer Kulturschöpfungen, die von Reich zu Reich, von Oasenherrschaft zu Oasenherrschaft weitergegeben und überformt wurden.

Ihre glanzvollste Entfaltung erlebten die hochentwickelten Regionalstrukturen der nördlichen Küstenwüste um das 5. Jh. n. Chr. Damals entstanden, während der Einfluss der Chavín-Religion verblasste, die Kulturen von Salinar und Virú, die dann von der komplexeren Vicús-Kultur überlagert und abgelöst wurden. Als berühmteste Hochkultur bildete sich schließlich die Mochica- (oder: Moche-) Tradition heraus (etwa zeitgleich mit Nasca im Süden), auf der wiederum, nach einer Wari-Zwischenphase, das Chimú-Reich aufbaute, letzter formativer Schritt vor dem Inka-Imperium.

Im archäologisch weniger erschlossenen Hochland stoßen wir auf die Spuren nur kleiner soziopolitischer Einheiten, besonders in den Regionen von Recuay und Cajamarca. Es war deren Wechselbeziehung mit den Kultur- und Produktionszentren der Küste und die daraus resultierende interregionale Verschmelzung, die im 7. Jh. n. Chr. die allintegrierende Wari-Herrschaft vorbereiteten.

An der Zentralküste Perus löste Wari die relativ unbedeutende Lima-Kultur ab (lediglich der Landeshauptstadt zu Gefallen so ◁

*Paramonga*
*Besonders sehenswert:*
*Landschafts-*
*bild mit Festung*

*Landschaft in der*
*Weißen Kordillere.*
*Hier wächst die*
*kerzenförmige,*
*bis zu 5 m hohe*
*Puya raimondii,*
*eine Bromelienart*
*(Ananasgewächse).*

benannt). Ihre schlichte Keramik fand man vorwiegend am Fuß kegelstumpfförmiger Adobe-Pyramiden – den so genannten Tempeln von Cerro Trinidad (Chancay-Tal), Cerro Culebras (Chillón-Tal) und im berühmten Zeremonialzentrum Pachacámac (Lurín-Tal). Die erste Phase der Lima-Kultur heißt Playa Grande und hat ihren Ursprung in Ancón. Von der Archäologie wird die Bezeichnung Ancón-Kultur für einen schon auf 1200 Jahre v. Chr. zurückdatierbaren Keramik-Stil als unglücklich empfunden, weil dieser Begriff am zufälligen Fundort, dem ehemaligen Fischerdorf Ancón, festgemacht ist und das Material einen so überzeugenden Chavín-Kanon zeigt, dass es diesem bedeutenden Kulturkreis zugeschrieben werden muss. Bei Ancón wurden kilometerlange Grabfelder entdeckt, die man geplündert hat wie keine andere Nekropole des Kontinents. Noch in den 1970er Jahren war es ein Sonntagssport der *limeños*, die nur 45 km entfernte Schädelstatt nach Stofffetzen und Scherben durchzufleddern.

Ist man an Ancón und am ebenfalls geplünderten **Chancay** vorbei, dann schiebt sich (nach rund 200 km ab Lima) am Nordrand einer von den Flüssen Pativilca und Fortaleza durcheilten, deltaförmigen Talausweitung der 50 m hohe Burgberg **Paramonga** ins Blickfeld. Der Pativilca, der in präkolumbischer Zeit – seines ungestüm dahinjagenden Laufes wegen – den schönen Namen *waman* (Falke) trug, lehrte schon die ersten Spanier das Gruseln, als diese im Januar 1533 die wütenden, vom Regen angeschwollenen Fluten durchschwimmen mussten. Der kleinere und zahmere der beiden Flüsse lieh sich seinen Namen von der mächtigen Festung *(fortaleza)*. Beide Ströme aber könnten, so vermutet man, von den Wasserbaukünstlern der Chimú benutzt worden sein, um das ganze Tal zu überschwemmen, wenn Feinde im Anmarsch waren. Denn Paramonga bezeichnete die südliche Grenze des mächtigen Reiches Chimor, das dennoch – und paradoxerweise auf trockene Art – unterging, als die Inka unter Tupac Yupanqui den Küstenstädten das Wasser abdrehten.

Cieza de León, der im 16. Jh. in dieser Lehmburg nächtigte, lobte die bis zu den höchsten Punkten führenden Wasserleitungen, die geometrisch in drei Farben bemalten Wälle und Mauern und verlieh Paramonga das Prädikat »Schmucke Festung«. Zu beiden Seiten des Haupttores hätten »Tiger gethront«, staunten andere Chronisten, aber es werden wohl einfach die steinernen Kaniden der Wari gewesen sein, die vor den Chimú hier residierten. Der schöne Putz ist fast ab von dieser stolzen Sandburg, doch auch als betagte Bastei gibt das Bollwerk noch seine beherrschende Kraft und die List seiner Erbauer zu erkennen. Ein Tempel krönt die vierstufige Pyramide. Zu jeder Terrasse konnte der Zugang unübersteigbar verbarrikadiert werden, wie man noch heute an den tiefen Einschnitten im Mauerwerk erkennt. Die Laufgänge hatten keine Verbindung untereinander und endeten oft blind, so dass ein Eindringling sich verheddern musste. Indessen gelangte man auf der Rückseite der Zitadelle durch einen nur scheinbar als Sackgasse ausgebildeten 40 m langen Gang, und zwar mittels einer versteckten kleinen Pforte, durch ein letztes kleines Irrsystem endlich zum meerseitigen Aussichtspunkt.

Genial konstruiert sind auch die beiden Vorwerke, die ungleichseitige Fünfecke bilden. Sie waren durch enge, leicht zu verteidigende Gänge mit der Terrasse des Hauptbaus verbunden und trugen eigene Wachtürme. Mit seinem System von Brustwehren, Kasematten, Wirtschaftsgebäuden und ›Fürstengemächern‹ war Paramonga zu seiner Zeit gewiss ein Wunderwerk.

# Cerro Sechín –
# Massaker oder Schöpfungsritual?

Wer von Paramonga aus nicht dem Río Fortaleza flussauf folgt, um jenseits der Cordillera Blanca die Tempelstätte von Chavín de Huántar (siehe S. 218f.) anzusteuern, sondern auf der Küstenstraße bleibt, gelangt nach 165 Wüstenkilometern zur Baumwolloase **Casma.** Sie bildet den Ausgangspunkt zum Besuch des (5 km entfernten) **Cerro Sechín,** einem Kultzentrum, das um die Mitte des zweiten Jahrtausends v. Chr. entstand und deutliche (Vor-) Chavín-Züge aufweist. Die hier vorgenommenen Messungen liegen zwischen 1700 und 1300 v. Chr. und damit zeitlich früher als die Kernphase von Chavín (1300–500 v. Chr.).

*Cerro Sechín* ☆
*Besonders sehenswert:*
*Die reliefierte*
*Tempelmauer*

*Cerro Sechín, ein Priester (?) und abgeschlagene Köpfe auf einem Relief an der Tempelmauer*

Mit annähernd vierhundert skulptierten Granitblöcken stellt Cerro Sechín das stärkste Konzentrat an altperuanischer Steinornamentik dar. Dioritmonolithe, eingebettet in eine Masse aus Lehm und Flusskieseln, bilden die Außenmauern einer rechteckigen Tempelanlage, die auf einer niedrigen Plattform ruht. Eine flache, breite Treppe führt durch den einzigen Eingang zu dem Gebäude aus Adobeziegeln (das offensichtlich früher als die Mauer entstanden ist. Seine mit glattgestrichenem Lehm überzogenen Wände zeigen Freskenspuren und Halbreliefs; vorwiegend wurde das Raubkatzenmotiv verwendet. Das wirklich überwältigende Bildwerk dieser Zeremonialstätte sind jedoch die linienreich in den harten Granit eingetragenen Figurenprozessionen, die sich von beiden Seiten auf den Eingang zubewegen. Die Künstler hätten den Stein als Malgrund benutzt, schwärmen manche Betrachter. Zwei der gravierten Monolithe sind 4 m hoch, einige 3 m, der Rest 85 cm bei 70 cm Breite.

Die Szenographie von Cerro Sechín ist ebenso packend wie abschreckend und bleibt, bei aller ›Lesbarkeit‹, rätselhaft. Kolonnen von merkwürdig gekleideten, martialischen Priestern(?) geistern über diese Mauern, ein Massaker unter ihren Opfern anrichtend. Abgetrennte Köpfe mit wehendem Schopf, zerstückelte Gliedmaßen und Rumpfteile mit hervorquellenden Eingeweiden markieren ihren Weg: Sechín – das Horrorkabinett Altamerikas. So haben es viele gesehen. Doch: Sollte diese künstlerisch hochstehende Gesellschaft wirklich eine elitäre, Menschen schlachtende Priesterkaste gewesen sein? Immer mehr Forscher sind von einer apokalyptischen Deutung der Schreckensbilder abgerückt. Es könnte sich um die mythenhafte Darstellung einer von den Ahnen siegreich bestandenen Schlacht handeln, so meinen heute einige Amerikanisten.

Noch weiter abstrahierend, hat der peruanische Kulturanthropologe Fernando Llosa Porras das scheinbar blutrünstige Schauspiel als, im Gegenteil, Metapher eines Schöpfungsrituals interpretiert: Ein abgeschlagener Kopf, sagt er, symbolisiert das keimende Maiskorn, und zwar bei allen dieser Mutterpflanze verpflichteten Kulturen des Kontinents. Llosa Porras beruft sich insbesondere auf das in der Mayasprache Quiché abgefasste ›Buch des guten Rates‹, das ›Popol Vuh‹ Altmexikos, das die Erschaffung des Menschen aus Mais besingt.

Diese vielleicht etwas allzu gefällige Auslegung der Bilderrätsel von Cerro Sechín betrifft auch nur die Köpfe selbst. Zwischen jeweils sechs abgetrennten Häuptern sieht man ›Opferpriester‹ stehen, die mit der einen Hand zur Oberwelt, mit der anderen zur Unterwelt weisen. Das scheint auf ein komplizierteres numinoses Beziehungsgeflecht hinzudeuten. Die Gunst der Numina, der Sonnenlenker oder Götter sich durch Darbringungen (Opfer) zu erhalten, entsprach dem auch auf der Erde, von Mexiko bis Feuerland, geübten Grundmodell der Reziprozität: für jede Gabe erhielt man eine Gegenleistung.

# *Die tönerne Weltstadt Chan Chan*

Wie aus der Wüste selbst gewachsen stehen die goldbraunen Lehmfestungen und -tempel im Wüstensand Nordperus. Das liegt nicht nur an der Winderosion, die sie zu faltenreichen Stümpfen abgeschliffen hat, sondern auch daran, dass sie nur aus Masse bestehen.

Die Zeremonialmonumente der Mochica sind keine Grabmale. Sie krönen keinen Raum, wie etwa ein Spitzturm es tut, sondern schleppen sich, Stufe um Stufe, zu einer Tempelplattform hoch, die stets mehr der Erde verbunden bleibt, als dem Himmel nahe zu kommen. Mit ihrem fehlenden Innenleben und dem betonten Außenschmuck sind diese Pyramiden eher Bildwerke als Bauwerke zu nennen. Wie im Kulturbereich des Islam und in der griechischen und etruskischen Frühzeit verschwisterte sich, in Gestalt des plastischen Bauzierrats, der Ton mit der Architektur. Die Mochica folgten – in der Töpferei und in der Baukunst – nicht dem textilen Vorbild (wie die Nasca), also dem farbenprächtigen Programm flacher Bildträger, sondern modellierten den Ton vollplastisch heraus und ordneten die Chromatik der Form unter.

Mindestens fünf aufeinander folgende Kulturen haben, wie wir heute wissen, stets die letzte vorhandene Plattform versiegelnd, Terrasse auf Terrasse geschichtet und so die Stufenpyramiden hochgezogen. Ihr stratigrafisch unterscheidbarer Aufbau hat es Max Uhle (›Las ruínas de Moche‹, 1913) zum ersten Mal erlaubt, Mochica und Chimú als getrennte Kulturkreise herauszuarbeiten. Kein Volk war

*Chan Chan* ☆☆
*Besonders sehenswert:*
*Lage der*
*Stadt am Meer;*
*Tschudi-Palast;*
*Museo de Sitio*

*Die großen Palast-*
*viertel von Chan Chan*
*1 Chayhuac*
*2 Tschudi*
*3 Rivero*
*4 Max Uhle*
*5 Bandelier*
*6 Labyrinth*
*7 Gran Chimú*
*8 Squier*
*9 Velarde*

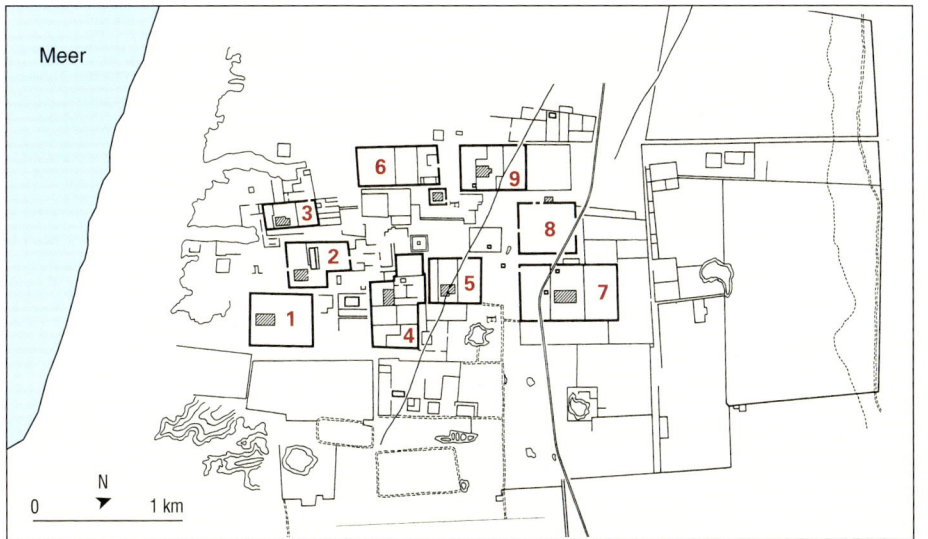

*Huaca del Sol*
*Besonders sehenswert:*
*Landschaft;*
*Lehmziegelbau-*
*weise mit wechselnder*
*Struktur*

so bauwütig wie die Moche-Leute. Antonio de Calanchas Sensationsmeldung (so würde man sie heute nennen), die **Huaca del Sol** (Sonnenpyramide) – übrigens ein aus der Luft gegriffener Name, wie der der Mondpyramide – sei in wenigen Tagen von 200 000 Menschen hochgezogen worden (!), spricht, mehr noch als für einen Irrtum, für die verständliche Faszination des Chronisten: der Koloss besteht aus 140 Millionen Adobeziegeln.

Die Huaca del Sol setzt sich aus fünf übereinander gelagerten Plattformen und vertikal ineinander gefügten Stützmauern zusammen und misst heute an ihrer Basis 288 auf 136 m (ursprünglich 345 auf 160 m). Auch von ihrer erhabenen Höhe von 48 m hat sie in tausend Jahren so viel eingebüßt, dass sie uns im Ganzen nur noch mit einem Drittel ihres einstigen Volumens begegnet. Wie ein Schiffsbug schwingt sie sich nach Süden hin zu ihrer höchsten Erhebung auf. Hier, wo die Erdstraße vorbeiführt, zeigt das gewaffelte Mauerwerk am deutlichsten seine Struktur aus flachen kubischen, in Modeln geformten Ziegeln.

Die Mochica-Bauweise kannte keine Säulen. Ihre statische Festigkeit erhielten die Erdpyramiden unter anderem durch einen verschachtelten Lagewechsel der Ziegel: mal quer-, mal hochgestellt. Die Lehmbatzen sehr außerdem sehr verschiedene Formen und wurden von den herstellenden Dorfgemeinschaften mit Ursprungsmarkierungen versehen, um die vorgeschriebenen Ablieferungsquoten kontrollieren zu können. Bisher kennt man 68 Erzeugersiegel; das einfachste: ein immer gleicher Fußabdruck. Eine Auswahl an Markierungen ist an der Mondpyramide zu sehen.

*Huaca de la Luna* ☆
*Besonders sehenswert:*
*Wandschmuck*
*im Innern;*
*Grabungsschichten*
*(Kulturfolgen)*

Die Moche-Pyramiden verkörperten Heiligtümer, Observatorien und Machtzentren, von denen aus Wirtschaft, Gesellschaft und Religion über ein weites Territorium gesteuert wurden. Sie paarweise zu errichten, wie die Huaca del Sol und die **Huaca de la Luna** (Mondpyramide) oder die Huaca Cao Viejo und die Huaca Cortada (im El Brujo-Komplex; siehe S. 204), entsprach dem immerwährenden Prinzip der Dualität.

Zwischen Sonnen- und Mondpyramide bezeugt ein Fundamentgitter von bis zu 2 m dicken Lehmmauern eine alte Siedlung. Hier lebten Töpferbauern. Sie huldigten dem Gott Aia-Paec, der die Sonne lenkte, Regen schickte und die Landwirtschaft mit reichen Ernten segnete. Sein dämonisches Antlitz mit den wulstigen Augenbrauen und den gebleckten Fangzähnen, bereits Bildformel der Chavín-Kultur, taucht in der Keramik und Architektur der Moche auf Schritt und Tritt auf und beherrscht auch die farbigen Murale der Mondpyramide.

Hier gehen die Grabungen in Richtung auf den vom Flugsand bedeckten Cerro Blanco unentwegt weiter; noch zwanzig weitere Entdeckungsjahre glauben die Archäologen vor sich zu haben. Der figürlichste und zugleich geheimnisvollste Fund, ein Wandschmuck, wurde im Jahr 2000 auf der Ostseite des Tempels freigelegt: vierfarbige, fast lebensgroße *personalidades* (wer würde es ernsthaft

wagen, sie zu identifizieren?), denen jeweils vier Schlangen mit Kondorköpfen aus Schultern und Hüften wachsen.

Dem Moche-Komplex, der am Südufer des gleichnamigen Flusses in der *campiña* rund 7 km südlich von Trujillo liegt, entsprechen die Chimú-Bauwerke nördlich der Stadt. Dort weist das **Museo de Sitio** mit Modellen und Fundstücken in das weitläufige Ruinenfeld von Chan Chan (siehe S. 199f.) ein, dessen Name nach Ernst Wilhelm Middendorf Sonne-Sonne, nach einer anderen Auslegung Haus der Schlangen bedeutet. (Im Mexikanischen hießen Schlangen *chan*.)

Es ist ratsam, von der Panamericana aus gleich über die Stichstraße Richtung Meer den Tschudi-Palast als anschaulichsten Teil der Anlage anzusteuern (mit dem Taxi oder zu Fuß). Man durchquert dabei ein Trümmerareal, dessen vom Wind geschliffene Mauern noch immer die Konturen einer aus Lehm gebauten Weltstadt nachzeichnen. Dass alle Grundmauern parallel oder im rechten Winkel zum Meer verlaufen, weist Chan Chan als versandete Hafenstadt aus.

Mindestens acht Erdbeben, ebenso viele Überschwemmungen und die Regenstürze von 1925 haben die Metropole seit ihrer Entstehung (Mitte des 13. Jh.) demoliert. Nur noch umrisshaft sind die zehn als *ciudadelas* (Zitadellen) bezeichneten – und inzwischen vorwiegend nach Forschern (Uhle, Squier, Bandelier, Tello, Tschudi, usw.) benannten – Stadtbezirke am Verlauf ihrer einst 9 m hohen und an der Basis 4 m dicken Wallmauern zu erkennen. Ob sie Klans

*Chan Chan, Blick über den Tschudi-Palast und das Tempelviertel*

und Stämmen als Wohnsitz oder Handwerkern und Künstlern als Ateliers dienten, bleibt ein Rätsel.

Mit dem **Tschudi**-Palast erreicht man jedenfalls den besterhaltenen (und inzwischen partieweise restaurierten) Teil der Anlage. Hier lässt sich die Struktur des Mauerwerks an offenen Querschnitten studieren. Die luftgetrockneten Adobeziegel bestehen aus *tapia*, einer zementähnlich abbindenden Masse von tonhaltigem Lehm, Kieseln und gehäckseltem Stroh. Innen sind die Raumwände mit feingeschlämmtem Lehm verputzt und mit flachreliefierten Friesen geschmückt, deren Figuren in Modeln gegossen und auf den noch frischen Strich aufgebracht wurden. Die überaus lebhaft stilisierten Motive sind geometrisch oder präsentieren – mit einem Anflug von Humor, so scheint es – Fische, Meernutrias und schreitende Seevögel.

Ein labyrinthisches Gangsystem geleitet den Besucher von der weit geöffneten **Plaza Principal** aus durch das filigrane Mauerwerk des Tempelviertels zu den **Floßbeeten** *(pukios)*. Diese abgesenkten, vor der Windausdörrung geschützten Schlammflächen nähren sich vom Grundwasser und ließen alle Feldfrüchte gedeihen. Hier, im Westen der Ruinenstadt, erklimmt man den Aussichtsturm, und da erblickt man es auch endlich: das unaufhörlich anbrandende Meer, dessen stöhnender Wind durch tausend Tonwaben irrt – die toten Zellen eines gewaltigen Fossils. Chan Chan, auch wenn es nur noch als Fata Morgana durch die Erinnerung weht, wird man so schnell nicht vergessen.

*Huaca El Dragón* ☆
*Besonders sehenswert:*
*Baukörpergliederung;*
*Flachreliefs mit*
*mythischen Inhalten*

Den Rautenornamenten und Paraden von stolzierenden Vögeln begegnet man auch im Wandschmuck der (3,5 km von Trujillo entfernten) **Huaca El Dragón.** Die Drachenpyramide (ohne Drachen) wird wegen des Vier-Bogen-Motivs, das sich auf ihren Wänden wiederholt, auch Huaca Arco Iris genannt – Regenbogenpyramide. Den einzigen Eingang in der Umfassungsmauer durchschreitend, steht man vor einem zweistufigen, oben abgestumpften Baukörper. Auf dem rechteckigen, 4 m hohen Sockel erhebt sich eine zweite Plattform von 3 m Höhe, zu der eine Rampe hochführt. Die Wände sind leicht gebőscht und zeigen auf aneinander gereihten Tafeln ein kompliziert aufgebautes, stets gleiches Figurenprogramm: Über einem Opferaltar halten zwei pflanzenhafte Wesen ein *tumi* (Zeremonialmesser); darüber begegnet sich ein Seepferdchenpaar; eine doppelköpfige Schlange (der ›Regenbogen‹) umfängt die Mittelszene und verschlingt, zu beiden Seiten, Homunculi; mehr doppelköpfige Schlangen, Pumas und katzenhafte Vögel sowie eine Schmuckleiste mit tanzenden Kriegern vervollständigen das Repertoire. Diese eindrucksvollen Lehmreliefs wurden 1963 (vielleicht etwas zu perfekt) restauriert. Auf der obersten Plattform sind 14 Speicherkuben installiert; sie dienten zur Einlagerung der Opfergaben – von Idol-Statuetten bis zu lebenden Schnecken – für den Tempel.

*Lehmrelief an der Huaca El Dragón*

Dem Chan-Chan-Komplex benachbart ist die **Huaca La Esmeralda.** Ihr Name – Smaragdpyramide – leitet sich von dem dortigen Landgut ab. Sie besitzt ähnliche Abmessungen wie die Drachenpyramide, doch einen trapezförmigen Grundriss und eine andere Gliederung der Baumasse. Ihre Lehmornamente wiederholen (auf der Nordseite) die Rautenmuster von Chan Chan und ergänzen das maritime Figurenaufgebot des Tschudi-Palastes noch um Sirenen und menschengestaltige Seeottern.

*Huaca La Esmeralda*
*Besonders sehenswert:*
*Baukörper*
*und Rampen;*
*Lehmornamente*

In alle vier *suyus* verweht sind die Schätze von Chan Chan. Als die Bewohner vor den anrückenden Inka flohen, gaben sie ihre prächtige Stadt wahrscheinlich der Plünderung preis. Eine märchenhafte Beute an Gold- und Silberschmuck, an Spondylus und Halbedelsteinen soll nach Cusco geschleppt worden sein. Aber schließlich waren es die Spanier, die auch noch die Gräber erbrachen (notorisch war die Aushebung der Huaca Toledo), um den Raubzug zu vollenden. Der Gesamtwert der hier gehobenen Schätze lässt sich heute auf 70 Mio. Euro veranschlagen.

Eine Preziose ganz anderer Art, ebenso unscheinbar wie wissenschaftlich sensationell, wurde 1946 im Chicama-Tal, 65 km nördlich

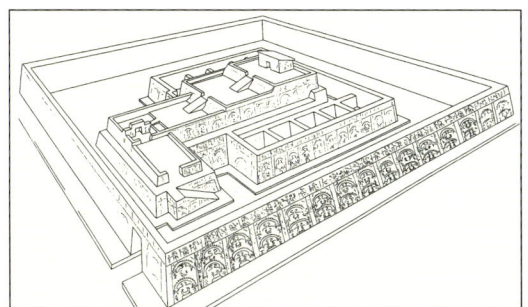

*El Dragón, Axiometrie der Tempelpyramide. Die Wiederholung des immergleichen Lehmmodel-Motivs (hier: ein Regenbogen) ist typischer Chimú-Kanon – darauf angelegt, den monumentalen Charakter eines Bauwerks zu betonen.*

von Trujillo, erbeutet. Dort schürfte der nordamerikanische Archäologe Junius Bird an dem Küstenberg, der heute als **Huaca Prieta** bekannt ist, und förderte dabei einen 4500 Jahre alten, mit Ritzmustern verzierten *mate* (ein Kürbisgefäß) zutage – womit die peruanische Archäologie einen Satz von 1500 Jahren zurück in die Vergangenheit machte.

Bis dahin hatte man die Zeittafel im Formativum bei 1000 v. Chr. beginnen lassen, also mit der so genannten Opfergaben-Phase der ›Mutterkultur‹ Chavín. Die Kalebasse von Huaca Prieta aber war der erste präkeramische Fund und bestätigte gewissermaßen selbst ihr eigenes Alter; denn das auf ihr eingeschnittene vierkantige Menschengesicht erscheint fast identisch auf Scherben der zeitgleichen, doch dort früher ins Formativum eintretenden Valdivia-Kultur Ecuadors. Auch eine zweite in Huaca Prieta entdeckte Trophäe – ein in ein Baumwollstück eingewebter Kondor, in dessen Magen sich eine Schlange ringelt – erwies sich als wegweisend. Dieses Raubvogel-Thema, auch ins südöstliche Gesims des Neuen Tempels von Chavín de Huántar eingemeißelt, hat als kulturüberschreitende Ikone die ganze spätere Bildtradition der Mittelanden vorgeprägt.

Heute bildet Huaca Prieta nur noch einen Teil des 1990 unter dem Namen **El Brujo** bekannt gewordenen archäologischen Komplexes (5 km von Magdalena de Cao). Wiederum leistete ein Grabräuber die Pionierarbeit. Auf Beutesuche stieß er an der **Huaca Cao Viejo** mit der Sonde auf eine bemalte Wand und – alarmierte die Fachwelt. Die Grabungen erlaubten schon bald die zeichnerische Rekonstruktion einer 8-stufigen Tempelpyramide, die schrittweise im 5.–7. Jh. entstanden war, also im ausklingenden Moche-Horizont.

Kernstück der bisherigen Freilegungen ist der Große Zeremonialplatz (154 × 75 m) mit einer bewegenden Gefangenenszene, die in der überaus realistischen Form des farbigen Hochreliefs die gesamte

*El Brujo* ☆
*Schmuckfriese mit*
*Gefangenen und Opfer-*
*priestern*

*El Brujo, Huaca Cao Viejo. Ein farbiges Hochrelief nimmt die gesamte Stirnwand des Großen Zeremonialplatzes ein. Dargestellt ist eine bewegende Gefangenenszene.*

Stirnwand einnimmt. Man hat die Figuren der zum Thema gehörenden *sacerdotes oficiantes* (Opferpriester) nachgemessen und festgestellt, dass ihre Größe (1,63 m) wahrscheinlich der damaligen Statur der Küstenindianer entsprach. Der annähernd dreieckige Kulturkomplex zeichnet die Konturen Südamerikas nach. Hier könnten einmal 2000 Menschen gelebt haben. Den Namen erhielt die Stätte von einer dritten bergförmigen *waqa*, eben El Brujo (der Hexer), weil man in deren südlichem Einschnitt (daher auch die andere Bezeichnung als Huaca Cortada) eine Schamanen-Höhle vermutete.

Im gut bestückten **Museo Arqueológico** der Universität von **Trujillo** lässt sich viel von dem, was es im Umfeld zu besichtigen gibt, dokumentarisch untermauern. Die schon 1536 von Francisco Pizarro gegründete und auf den Namen seines extremadurischen Geburtsortes getaufte Stadt (800 000 Einwohner) ist Start und Ziel für Kurzreisen in die Chimú- und Moche-Vergangenheit. Aber nicht nur das: Mit einigen schönen Kirchen (Kathedrale, San Agustín, Santa Clara), den farbenfrohen Fassaden portalgeschmückter Bürgerhäuser und ihren besonders freundlichen Menschen hat sie sich auch einen Hauch von kolonialer Grandezza bewahrt.

*Trujillo*
*Besonders sehenswert:*
*Koloniales Stadtbild;*
*Museo Arqueológico*

## Schatzhebungen im Lambayeque-Tal

Chan Chan war eine genuine Flächenstadt; nicht nur, weil sie sich kilometerweit über die Strandplatte ausdehnte, sondern auch in dem Sinne, dass sie nicht auf den Fundamenten einer Vorkultur ruhte. Überall sonst im Reich Chimor überbaute man aus der Mochica- oder der Wari-Zeit stammende Konstruktionen und gewann so ein Städteband, das sich von Oase zu Oase an der Küste entlangzog.

Im Sand verschüttet sind heute diese Orte, geblieben aber sind ihre Tempel. Auf einem Uferplateau an der Mündung des Río Jequetepeque (rund 130 km nördlich von Chan Chan) zählte Heinrich Ubbelohde-Doering Mitte des 20. Jh. vom Flugzeug aus 57 vierkantige, abgestumpfte Pyramiden, deren größte an der Basis 60 m maß. Fast nur noch aus der Luft ist das Grundraster dieses **Pacatnamú** genannten Komplexes zu erkennen; eine einzige der im Trümmerschutt ertrinkenden Erdplattformen erreicht noch knapp 20 m Höhe. Sie halten unter sich die Schichtfolgen von fünf Kulturen verborgen. Reste von Friesbändern lassen noch die gleichen Muster von sich überschlagenden Wellen erkennen, wie sie in Chan Chan zu sehen sind.

Pacatnamú zu besuchen (vom nahen Örtchen Pacasmayo aus) lohnt sich nur mehr für Forschungsbeflissene. Andere Reisende seien anhand dieses Beispiels darauf vorbereitet, sich auch unter dem Tal der Pyramiden von **Túcume** (noch einmal 130 km weiter im

*Pacatnamú*
*Besonders sehenswert:*
*Landschaftsbild*

*Túcume*
*Besonders sehenswert:*
*Pyramidenstümpfe;*
*Huaca Larga (Blick von*
*der Aussichtsplattform)*

Norden) nicht zu viel vorzustellen, selbst wenn die hier versammelten 26 Pyramidenstümpfe möglicherweise den größten Komplex dieser Art in Amerika darstellen.

Wiederum zitieren diese Bauten vorangegangene Kulturen. Belegt sind Mochica-Zeugnisse in Form von Mauerresten. Dann, zwischen 1100 und 1350 n. Chr., war Túcume die politische Hauptstadt des Lambayeque-Königreichs, nachdem dessen Machtzentrum vom 10 km entfernten Sicán hierher verlegt worden war. Als letzte Regenten vor den Inka setzten sich die Chimú in Túcume fest. Wie die vom Aushub von Salpeterlagern oder Kupferminen gebildeten ›Torten‹ liegen die verwitterten Lehmtafeln heute am Rand der Río-La-Leche-Oase.

Am besten zu überschauen ist das 220 ha große Areal noch von einer Aussichtsplattform *(mirador)* inmitten des von Erdterrassen, Galerien und Esplanaden skulptierten Geländes. Blickfang ist die halb rechts sich hinstreckende **Huaca Larga** (450 m lang, 120 m breit, aber nur noch 30 m hoch), die als das massigste Adobebauwerk der Welt gilt. Ein kleines Informationszentrum am Eingang unterstützt die Fantasie des Betrachters mit Modellen und Fundstücken.

*Lambayeque ☆*
*Besonders sehenswert:*
*Museo Brüning;*
*Museo del Señor de*
*Sipán*

Der Ort **Lambayeque,** der heute (zusammen mit der Nachbarstadt **Chiclayo**) den Ausgangspunkt für alle Exkursionen bildet, verdankt, ebenso wie der homonyme Kulturkreis, seinen Namen einem Mythos. ›Lambayeque‹ leitet sich von ›Yampallec‹ ab, und das war die originäre Bezeichnung für den später Naylamp genannten gottgleichen Stammvater und Kulturbringer. König Naylamp, so geht die Sage, kam eines Tages mit einer riesigen Balsa-Flotte übers Meer, ging mit Kriegern, Frauen und Dienern an Land und gründete das Königreich Lambayeque. Naylamp lebte sehr lange, und als er starb, wuchsen dem Toten Flügel, auf dass er sich in die Lüfte erhebe und der irdischen Vergänglichkeit entkomme. Als *hombre pájaro* (Vogelmensch) beherrscht das Abbild dieser Gottheit die gesamte Ikonographie der Lambayeque-Kultur.

Seine reifsten handwerklichen Leistungen offenbarte der theokratische Agrarstaat in der Edelmetallverarbeitung. Prächtige Mumienmasken und mit Türkisen besetzte *tumi* (Zeremonialmesser) sind deren schönstes Legat. Gerade auf den Griffen dieser Halbmond-Messer kehrt Naylamp – mit ›geflügelten Augen‹ oder angewachsenen Schwingen – immer wieder. Das herrlichste aller bisher geborgenen Zeremonialmesser, das *tumi* von Illimo, fast 50 cm lang, aus reinem Gold und 1 kg schwer, ist allerdings verschwunden. Es wurde 1981, man glaubt es kaum, aus dem peruanischen Nationalmuseum für Archäologie geraubt.

Das *tumi* von Illimo entstammte dem berühmten Batán-Grande-Schatz, der 1936–38 entdeckt, aber zum größten Teil in den Kunsthandel eingeschleust wurde. Am gleichen Fundort und zwar zu Füßen der **Huaca Loro** (Papageienpyramide), gelang es jedoch 1991 einem Archäologen-Team, allen Grabräubern zuvorkommend, aus 12 m Tiefe das unversehrte Schachtgrab des Señor de Sicán auszuräumen. Die Kammer des vor tausend Jahren hier prunkvoll bestatteten Regionalfürsten enthielt Grabbeigaben (meist edelste Metallarbeiten) im Gewicht von 1,2 t! Seit November 2000 ist der wertvollste Teil der Fundmasse im **Museo del Señor de Sicán** (18 km von Chiclayo, am Ortsrand von Ferreñafe) zu bewundern. Zu den bemerkenswertesten Stücken gehört der aus getriebenem Goldblech und Türkisen gearbeitete Kopfschmuck einschließlich der goldenen Ohrpflöcke mit stilisiertem Tierdekor.

Die Huaca Loro, heute von einem ungefälligen, aber notwendigen Wellblechdach (300 m$^2$) geschützt, ist einer von 17 stark erodierten Pyramidenstümpfen, die den Komplex von **Batán Grande** bilden. Er liegt inmitten von Zuckerrohrfeldern und Algarrobo-Wäldern und ehrt mit seinem Namen noch Lambayeques älteste kunsthandwerkliche Tradition: Batán heißt die steinerne Erzmühle, auf der man einst, durch die wiegenden Bewegungen mit einem Stößel, Goldkrumen für die Schmiede gewann. So viele *batanes* wurden an dieser Stelle gefunden, dass einige noch immer als Körnermühle ihren Dienst in Bauernküchen versehen. Das Pyramidenfeld kann besichtigt werden, bietet jedoch dem Auge nicht mehr viel. (Batán Grande ist ca. 37 km von Chiclayo entfernt. Am Eingang befindet sich ein einfaches Informationszentrum. Von dort sind es noch 6 km bis zu den Pyramiden. Es gibt keine Transportfahrzeuge, man kann aber Pferde mieten.)

Metall- oder Kunstwert geförderter Schätze mögen uns blenden; doch die jüngsten Triumphe der Archäologen von Lambayeque gründen sich auf die Sicherung von Fundzusammenhängen. Eine ganze Gruppe von intakt geborgenen Gräbern der schlicht *señores* genannten Herrscher oder Priesterfürsten half der Altamerikanistik, eine 700-jährige Kulturepoche zu erschließen. Sie begann mit der Auflösung des Moche-Komplexes und endete mit der Überformung der Regionaldynastien durch die Chimú – die Chimuisierung, wie man heute gerne sagt. Nicht nur als Schatzkammer, sondern auch als archäologisches Lesebuch erwies sich daher die Gruft des **Señor de Sipán** (nicht zu verwechseln mit Sicán), die komplett vor fremdem Zugriff gerettet werden konnte; ein wahres Schlüsselobjekt.

Sipán (›Haus des Mondes‹) liegt 25 km südöstlich von Chiclayo und führt mit seinen Zwillingspyramiden modellhaft das Dualitätsprinzip vor, das dem Menschen noch über den Tod hinaus zur Orientierung verhelfen sollte: Der Herr (auch Herrscher oder Fürst) von Sipán, am Fuße der Huaca Rajada beigesetzt, wurde nach einem strengen Ritual von reziproken kultischen Gesten zu Grabe gelegt. Sein Algarrobo-Sarg – die fast exakte Replik der Gruft ist an Ort und Stelle zu sehen – steht exakt in Nord-Süd-Richtung. Den Kopf nach Süden gebettet, hat der Señor die aufgehende Sonne zur Rechten, die untergehende zur Linken.

Die mit dieser Tag-Nacht-Polarität assoziierten Metalle bestimmen die Anordnung – und sogar die Komposition – des Schmucks.

*Señor de Sicán* ☆☆
*Museum mit wertvollsten Grabschätzen der Lambayeque-Kultur*

*Señor de Sipán* ☆☆
*Fürstengruften mit komplexer Ausstattung und Symbolik*

![Grabkammer des Señor de Sipán]

*Ein Schlüsselobjekt der Archäologie ist die Gruft des Señor de Sipán, die komplett vor fremdem Zugriff gerettet werden konnte. Die fast exakte Replik ist an Ort und Stelle zu sehen.*

*Sipán, Erdnusskette mit goldenen und silbernen Früchten*

Das zeigt sehr gut die Erdnuss-Kette aus getriebenem und gehämmertem Blech (das Original befindet sich im Museum), die den Hals des Toten schmückt: rechts, wo Morgenröte und Licht sind, die goldenen, links, wo im Dunkeln der Mond waltet, die silbernen Früchte. Acht Personen in Rohrsärgen begleiten den Señor – darunter junge Frauen, 16–22 Jahre alt, und ein Würdenträger mit Hund. Auch ihre Platzierung – nämlich paarweise in Gegenrichtung, offenbart ein binäres verrätseltes Mosaik. An der Südwand kauert ein (betender?) junger Mann in einer Nische; aus der Südwestecke ragt, diagonal und in Strecklage, ein Wächter in die 5 × 5 m große Grabkammer. Einigen Personen sind die Füße amputiert – damit sie nicht fliehen konnten, offenbar: ein starker Glaube an das Leben über den Tod hinaus. Und nichts an diesem Mausoleum ist ohne Symbolgehalt. Aus dem Opfergaben-Depot wurden 1137 Porträtkrüge geborgen, jeder einzelne ein Bedeutungsträger: Adlige oder Musiker darstellend, Diebe, Gefangene, Kokakauer, Hunde, Eulen… eine endlose Galerie.

»Keine Fundsicherung in Peru war bisher so komplex und aufschlussreich«, kommentierte der Archäologe Walter Ava die von ihm Ende der 1980er Jahre eingeleiteten Grabungen. Hier nur einige der vordergründigsten Ergebnisse: Der Señor de Sipán wurde vor ca. 1700 Jahren geboren, maß 1,66 m und starb, als Herrscher über ein etwa 550 km tiefes Gebiet, mit weniger als 45 Jahren. Zum Fundkomplex von Sipán gehören inzwischen zehn seit 1987 freigelegte und z. T. als Schaugräber hergerichtete Grüfte, indes die Grabungen auf der Südseite weitergehen. Mittlerweile gibt es auch ein in 16 Schichten aufgedecktes Grab des Alten Herrn von Sipán (El Viejo Señor de Sipán), kaum weniger symbolbeladen mit seinen absichtsvoll verbogenen Waffen zu Füßen des Toten...

Die wertvollsten aller in Sipán geborgenen Objekte hütet das neue, in Pyramdidenform erbaute **Museo Nacional Tumbas Reales de Sipán** von Lambayeque. Die Sammlung umfaßt, um nur einige Glanzstücke vorzustellen, neben der berühmten Erdnusskette den kupfernen (ebenfalls dual komponierten) Brustschild des Señor, seine Silbersandalen, das pyramidenförmige, vollbebilderte Zepter, goldene Ohrscheiben mit feinsten Türkis-Inkrustationen, aus tausenden von Spondylus-Röhrchen gefügte Pektorale und ein Kollar aus zehn goldenen Spinnen (jede mit mehr als hundert Schweißpunkten), deren Bäuche Menschenköpfe darstellen, während auf der Rückseite Schlangen und Vögel die Wassergottheit und den Wind symbolisieren.

Das benachbarte **Museo Arqueológico Nacional Brüning,** nach dem deutschen Mäzen Hans Heinrich Brüning (1875–1925) benannt, stellt auf vier Etagen vorwiegend Gold-, Silber- und Kupferarbeiten der Lambayeque-Kultur vor. Hauptattraktion des Museums sind die in der **Sala de Oro** ausgestellten Goldmasken.

Ein prächtiges, 24-karätiges weibliches Idol, die Venus von Frías, kehrte 1999 mitsamt einem Gefolge von sechzig goldenen Preziosen in seine Heimat zurück. Die Sammlung entstammt den Beutezügen der Grabräuberfamilie Castillo (siehe S. 49ff.) und wird nach ihrem Fundort als Frías-Kollektion bezeichnet. Sie bildet heute den Kronschatz des kleinen **Museo de Oro Vicús** von Piura. Die Kollektion wurde im Dezember 2000 überraschend um eine goldene Halskette und eine goldene Gewandklammer bereichert: In einem Akt später Reue hatte der im Alter von achtzig Jahren gestorbene Miguel Castillo in seinem Testament die Überstellung dieser 44 Jahre lang versteckten Schätze an das Nationale Kulturinstitut verfügt.

# Das Gold von Cajamarca

Bei den von 1988 bis 2002 dauernden Ausgrabungen in **Kuntur Wasi** (Haus des Kondors) – rund 200 km vom Meer entfernt – löste man den ältesten Goldschmuck, der je in Amerika gefunden wurde, aus dem Pyramidenschutt. Damit geriet die immer noch ungelöste Frage nach dem Grund des plötzlichen spurlosen Verschwindens großer Küstenkulturen in ein neues Licht. Denn der hier in acht Gräbern gefundene Schatz – 181 herrliche Goldkronen, Pektorale, Ohr-, Arm- und Nasenringe – war offenbar Toten fürstlichen Standes beigegeben worden, und warum sollte man gerade diese mit allem

*Kuntur Wasi*
*Besonders sehenswert:*
*Museo de Sitio*

Pomp in solcher Bergeinsamkeit bestattet haben! So erhielten Robert Mac Birds Hypothese von einem *tsunamí* (Seebeben), der zwischen 500 und 300 v. Chr. die Küste leergefegt haben könnte, und Carlos Eleras Errechnung eines Niño-Phänomens für die Zeit um 500 v. Chr. neuen Auftrieb. Beide Katastrophen datieren aus der Phase kurz vor dem Entstehen der Hochlandpyramiden im Cajamarca-Tal, von denen bisher sechs freigelegt wurden.

Anhand der Leitkeramik, die aus der stark verwitterten Tempelpyramide von Kuntur Wasi geborgen wurde, haben die dort auf der Bergkuppe La Copa (2300 m) arbeitenden Archäologen der Universität Tokio vier Kulturphasen ermittelt: Danach gehören die menschengestaltigen, mit Jaguarschnurrbart versehenen Stelen, die Chavín-Einfluss zeigen und von Julio C. Tello schon 1946 entdeckt wurden, der so genannten Idol-Phase (1100–700 v. Chr.) an. Die gleichzeitig begonnenen Bauten des Zeremonialzentrums wurden in der Kuntur-Wasi-Phase (700–450 v. Chr.), während der auch die prachtvollen Grablegungen erfolgten, vollendet. In der Copa genannten Phase (450–250 v. Chr.) nahm man größere Umbauten mit neuen Richtungsachsen vor und legte unterirdische Wasserleitungen an. Auch die Phase Sotera (250–50 v. Chr.) erlebte konstruktive Veränderungen, deren Sinn man jedoch bisher nicht deuten kann.

Zum Kuntur-Wasi-Komplex gehört ein modernes Museum mit einer Goldschmucksammlung. Außerdem sind hier Töpferwaren aus dem Cajamarca- (oder Marañón-) Kulturkreis zu sehen. Sie zeichnen sich durch ihren feinen kaolinhaltigen beigen oder ockerfarbenen Ton aus, dessen porzellanhafte Konsistenz – vielleicht nicht zufällig – der weiter nördlich, in Costa Rica und Nicaragua, gefertigten Keramik ähnelt. Das französische Forscherpaar Reichlen hat die Cajamarca-Ware fünfstufig periodisiert. In der kreativsten Phase III entstanden die für diese Kultur typischen Ringfuß- oder Dreifußschalen und jenes subtile Pinseldekor, dessen schriftähnlicher Duktus die Bezeichnung Kursivstil erhielt. Vögel, Felinen und immer wieder Schlangen dominieren im schwarz-rot-weißen Figurenrepertoire.

Hatte die unterirdische Wasserführung in diesem Zeremonialtempel auch (was einige Kulturanthropologen vermuten) symbolisch-rituelle Bedeutung? Eine geradezu liturgische Verehrung erfuhr das Leben spendende Element in Form der beschwörenden Bildtafeln an dem in den gewachsenen Fels geschnittenen Kanalsystem von **Cumbe Mayo** (22 km von der Stadt Cajamarca). Hier, an der pazifisch-atlantischen Wasserscheide in 3400 m Höhe, bauten die indianischen Priester-Ingenieure einen 9 km langen Kanal, der gleichzeitig eine Meisterleistung der Hydrotechnik, ästhetisches Kunstwerk und Naturheiligtum ist (Abb. S. 26). Wasser fasst er am Quellflüsschen Cumbe Mayo, das den Jequetepeque-Strom speist, wobei eine 1 km lange, aus dem eisenharten Fels (mit welchem Werkzeug?) gehauene Rinne den Kamm der Wasserscheide durchschneidet. Das streckenweise schnurgerade, auch einige Tunnels durchlaufende

*Cumbe Mayo ☆*
*Bizarre Felslandschaft*
*mit einmaligen Zeug-*
*nissen vorinkaischer*
*Kanalbaukunst*

Aquädukt ist so meisterhaft glattwandig und scharfkantig gearbeitet, als sei es aus Beton gegossen. Eine in Zeichen (Fisch, Schlange, Kreuz, usw.) lesbare, in ihrer Bedeutung jedoch hermetische Ikonographie hält hier Zwiesprache: Die in die obere Kanalwand eingetragenen Symbole wiederholen sich unter Wasser in erhabener Form. Stellenweise wird die Strömung, mehrfach kurz hintereinander, im scharfen rechten Winkel umgeleitet – nicht um, wie oft angenommen, ihren Lauf zu bremsen, sondern um ihr, im Gegenteil, durch diese Ellbogentechnik neue Impulse zu geben; denn das von den Kalibristen dem Fels eingeschliffene Gefälle beträgt nur ein Promille!

Im überaus kunstsinnigen Umgang mit dem Naturgestein spiegelt sich die tief eingewurzelte Ehrfurcht der Indianer vor allem Tellurischen wider: Felsen als Heiligtümer, als Götterwohnungen – und als Heimat der Verstorbenen. Seit mindestens 500 v. Chr. und dann noch bis ins Inkaikum hinein setzten die *cajamarqueños* ihre Toten Felsengräbern bei, die zu Nekropolen gruppiert sind. Ihrer fensterartigen Öffnungen wegen sind sie unter der Bezeichnung *ventanillas* bekannt geworden.

Von den zehn bisher registrierten Nischenkomplexen der Cajamarca-Region wird die 8 km von der Provinzhauptstadt entfernte Anlage von **Otuzco** am meisten besucht, ist dadurch aber auch etwas

*Die Felsgräber von Otuzco, ihrer fensterartigen Öffnungen wegen ›ventanillas‹ genannt*

211

zum touristischen Schaukasten degeneriert. Wesentlich originärer – und hehrer im Kontext mit der Natur und einem den Tod besiegenden Mumienkult – sind die in die Wildnis einer Bergflanke eingebetteten *ventanillas* von **Combayo** (von Otuzco aus 15 km weiter auf dem gleichen Fahrweg zu erreichen). Wie Kondornester sitzen die Grabkammern in den Felsen. Und erinnert man sich an Naymlap, dem nach dem Tode Flügel wuchsen, dann fällt es nicht schwer, sich diese Bergfriedhöfe als Rastplätze beim Aufstieg in eine andere Welt vorzustellen. In der Tat wurden die Toten für ihre mutmaßlichen Zweitbestattungen sauber präpariert, nachdem sie zunächst in Erdgräbern den vergänglichsten Teil ihrer Hülle zurückgelassen hatten. Die in den vulkanischen Trachyt geschlagenen Nischen sind, was ihre Belegung anbelangt, nicht ohne hierarchischen Kodex. In der Regel 80–95 cm hoch und 40–60 cm breit, fassen die Kammern entweder nur eine Person oder sind als 4–6 m tiefe Tunnels mit bis zu zwölf Seitennischen ausgebildet.

*Cajamarca*
*Besonders sehenswert:*
*Koloniales Stadtbild;*
*Kathedrale;*
*Plazoleta Belén mit*
*Kirche;*
*Felsgräber von Otuzco*
*und Combayo*

Bezugspunkt für all diese Erkundungen ist das zwischen Agaven und Kakteenhainen in sauberer Höhenluft (2750 m ü. M.) angesiedelte und von Thermalquellen (›Inkabädern‹) verwöhnte **Cajamarca**. Pizarro selbst hat den Ort, von Tumbes und Piura kommend, schon 1533 an der Stelle von Caxamalca, dem Regierungssitz der Inka, gegründet. Die heute 160 000 Einwohner starke, unter wogenden Ziegeldächern in der Sonne brütende Landmetropole ist die nach Cusco (und mit weit weniger touristischer Immanenz) am pfleglichsten konservierte Kolonialstadt Perus.

Von der anheimelnden Plazoleta Belén (Bethlehem-Plätzchen) oder der benachbarten Plaza de Armas aus erwandert man sich die architektonischen Kleinode in einem gemütlichen Stündchen: die – wie die Prachtbauten Arequipas – aus Sillar errichtete Iglesia de Belén (1677) mit ihrem feierlichen Barockportal; die Kathedrale, deren versetzte Simse in einer formenreich skulptierten Fassade von den stilistischen Verwerfungen ihrer 300-jährigen Baugeschichte erzählen; die San-Francisco-Kirche, eine der ältesten Perus und größer als die Kathedrale; und schließlich über einhundert kunstvoll behauene Steinportale an Bürgerhäusern, die ihre weißen Fronten von überkragenden, balkengestützten Dächern beschatten lassen.

Das gegenüber der Iglesia de San Francisco im Jirón Amalia Puga liegende Cuarto del Rescate, die einst bis zur Decke mit Goldgerät gefüllte ›Lösegeldkammer‹, erinnert noch an die Pflichtschuldigkeit Atawallpas, den die schurkischen Eroberer dennoch in den Tod schickten (siehe S. 79). Fluch und Segen des Goldes verfolgen Cajamarca bis heute. Das größte Goldbergwerk Amerikas, die Mine Yanacocha hoch oben in den Bergen über der Stadt, stößt monatlich nicht nur 7 t des gelben Metalls aus, sondern auch die Flotationschemikalien des modernen Gewinnungsprozesses, die, so fürchten die Bewohner, das darunter liegende Trinkwasserreservoir der Stadt vergiften könnten.

# Pirsch im Amazonasquellgebiet

Im Norden von Cajamarca schlummert noch ein Gebiet, in dem sich, wie in keinem anderen Winkel der Anden, archäologische Spurensuche, Ökotourismus, Urwaldtrekking und Serpentinenfahrten in 3000 m Höhe auf ideale Weise miteinander verbinden lassen.

Im Herzen dieser subtropischen Region, die die Flüsse Marañón und Utcubamba keilförmig umschließen, liegt **Chachapoyas,** die verträumte Hauptstadt (16 000 Einwohner) der Provinz Amazonas.

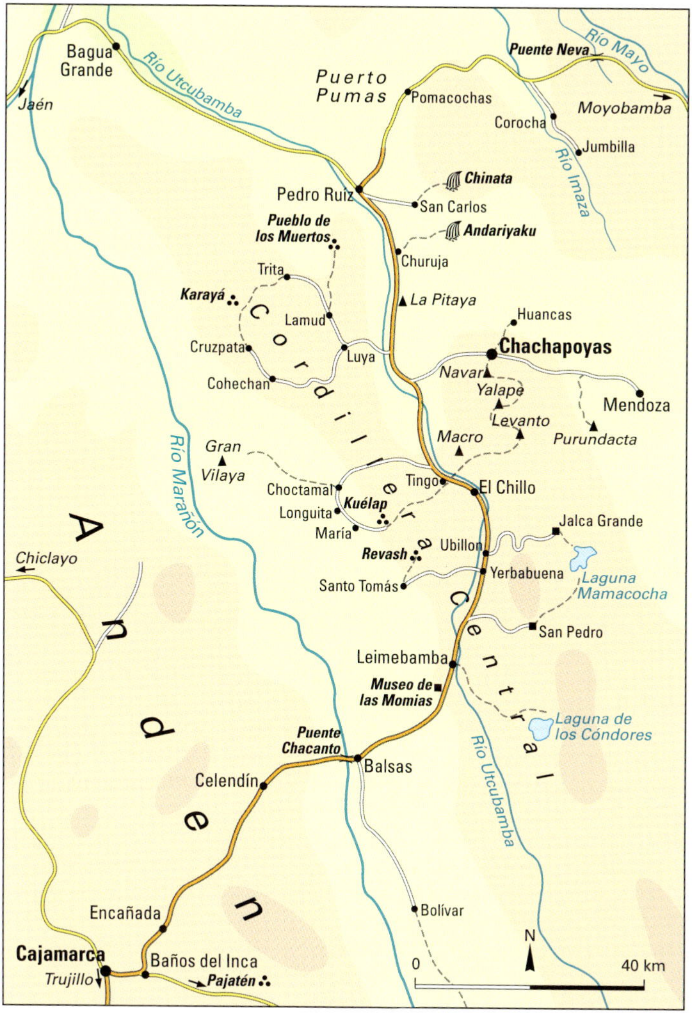

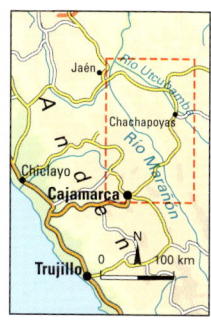

Die Chachapoyas-Region am Amazonas

213

*Anderthalb Kilometer lang ist die Ring- mauer von Kuélap.*

Ihr Name könnte sich, wie Federico Kauffmann-Doig vermutet, von *sacha-p-colla* (die Wald-Kolla) ableiten. Offenbar nämlich handelt es sich bei den Chachapoyas-Indianern um ursprünglich aus der trockenkalten Sierra in die üppigen Waldgebiete eingeströmte Aymara. Sie fanden hier neue Jagdreviere, entdeckten exotische Wildfrüchte und eroberten sich durch Brandrodung (die Erosions- schäden sind bis heute zu sehen) ein neues Siedlungsareal. Die um 700 n. Chr. beginnende Einwanderung aus der Hochwüste ist heute unter der Bezeichnung *serranización de la selva* (frei übersetzt: Aymarisierung des Waldes) bekannt.

Gleichwohl gibt es auch hier gegenläufige archäologische Modelle, die das Keimgebiet der Chachapoyas-Kultur an den Unter- lauf des Amazonas verlegen. Sie gründen sich unter anderem auf den Fund von Holzidolen, die Krokodile darstellen, sowie eine andere etymologische Auslegung: danach gibt es eine Wortwurzel *sacha- phuyu*, die so viel wie Nebelwald bedeutet.

Im Nebel der Ungewissheit verborgen liegen jedenfalls noch die letzten Wahrheiten über diese Kultur. In der Utcubamba-Schlucht wurden Spuren von 6000 Jahre alten Felsmalereien entdeckt. Von wem stammen sie? Die einzigen verlässlichen Zeugen aus der prä- keramischen Zeit sind hier heimische Lebewesen: der Brillenbär und ein Kolibri der Gattung *Loddigesia mirabilis,* der sich seiner einzig- artig langen Schwanzfedern wegen diesen Namen verdient hat.

*Kuélap* ☆☆
*Majestätische Ruinen der Chachapoyas- Kultur im Bergurwald. Besonders sehenswert: Ringmauer; Torreón; (Teilweise rekonstru- ierte) Rundbauten*

Er habe im Bergurwald einen babylonischen Turm entdeckt, mel- dete 1843 der Ortsrichter von Chachapoyas, Don Juan Crisóstomo Nieto, als er bei der Pilzsuche auf die Ringmauer von **Kuélap** stieß. Die Nachricht stachelte weltweit die archäologische Wanderlust an. Ernst Wilhelm Middendorf, Antonio Raimondi, Charles Wiener und ein Dutzend andere Gelehrte begehrten die Wunderruine zu sehen.

Doch erst zu Beginn des 20. Jh., als der Schweizer Anthropologe Adolph Bandelier einen Teil der Burg aus dem Dschungel säbelte und die erste Skizze zeichnete, kam der volle Umfang des Prachtbaus – mit 1,5 km Außenmauer – ans Licht. Weitere vom Dschungel am Utcubamba verschlungene Komplexe wurden aufgespürt, und ab 1948 gelang es Henry Reichlen, drei verschiedene Kulturkreise aus der Chachapoyas-Periode (bis zur Inka-Invasion unter Wayna Capac) herauszuarbeiten: Kuélap, Karayá (Chipurik) und Revash. Ihre Merkmale sind gewaltige Zitadellen, Rundhäuser, Felsengräber und die gezackte Schlange als allgegenwärtiges mythisches Symbol.

Eine seltsame Karawane – 224 Mumien auf Maultieren – sah man bei einer vorläufig letzten Bergungsaktion 1997 von der **Laguna de los Cóndores** in das Dorf **Leymebamba** ziehen. Sie bilden den wissenschaftlichen Fundus des der internationalen Mumienforschung gewidmeten (mit österreichischen Mitteln erbauten) **Museo Leymebamba,** das Ende 2000 eröffnet wurde. Schon dem Laien fallen an diesen Mumien, die von Menschen aller Altersstufen stammen, die makellosen Gebisse auf, Zeugnisse einer sehr gesunden Ernährung offenbar.

Nach Leymebamba gelangt man von Cajamarca aus nach einer erlebnisreichen 240-km-Fahrt (über Celendín). Unvergesslicher Höhepunkt auf dieser Route ist die Überkletterung der beiden Ufergebirge des ungestümen Río Marañon auf Zickzack-Strecken, die von Kehre zu Kehre bis zu 14 km lang sind. Als Ausgangspunkt für den Besuch von Kuélap bietet sich das Dorf **Tingo** an (280 km von Cajamarca und ca. 40 km vor Chachapoyas). Der von dort zur Ruine führende (ruppige) Fahrweg beschreibt einen 35 km langen Bogen, an den sich ein kurzer Steigpfad anschließt (20 Min. Fußmarsch – es sei denn, man trekkt auf direktem Wege, ein anstrengendes Unternehmen, nach Kuélap hoch).

Die Zitadelle, in Nord-Süd-Richtung ausgelegt, thront in einer wahren Triumphpose auf einem alles beherrschenden Felsplateau in 3000 m Höhe. Als riesiges, von einer 20 m hohen Mauer umgürtetes Oval (584 m lang und durchschnittlich 110 m breit) hält sie die gesamte Bergkuppe besetzt. Bis zu 3 t schwere Kalksteinblöcke (vor über 80 Millionen Jahren, die Anden hatten sich noch nicht erhoben, gab es hier ein Zwischenmeer) ruhen in der Außenmauer, die das Habitat von 420 Rundbauten in sanften Schwingungen umfängt. Wie ein mächtiger Magnet zieht die Steinmasse – einziges Konstrukt im Wildwuchs der Vegetation – den Beschauer an. Dass der 6 ha große Komplex von Chuchau-Bäumen beschirmt, von Schmarotzerblüten beleuchtet und Orchideen umgaukelt wird, macht nicht wenig von seinem exotischen Charme aus.

Nur drei Eingänge – 60 m lange, sich konisch verengende Gassen, die nicht mehr als jeweils einem Eindringenden den Zugang gestatten – durchschlüpfen die Mauer. Am Nordzipfel blickt der Torreón, ein 7 m hoher, auf einer Felsnadel balancierender runder Wehrturm, in schwindelnde Abgründe. 2500 Geschosse für Steinschleudern fand man in seinen Arsenalen. Das Südende der Zitadelle begrenzt ein 5,50 m hoher Rundturm, der seiner flaschenartigen Innenausformung wegen Tintero (Tintenfass) heißt. Hier wurden Knochen von Pumas, Schlangen und Menschen gefunden, was die beglückendschaurige Vorstellung auslöste, dieses Verlies könne eine Art neronischer Zwinger gewesen sein. In den Genuss der Fabulierkünste örtlicher Führer kommen allerdings bisher nur etwa 2500 Besucher jährlich – was auch einen Teil des Zaubers von Kuélap ausmacht. Wie immer, wenn sich bei Ruinen Höhenunterschiede finden, wird auch hier das dreistufige, von einer 12 m hohen Stützmauer eingefasste Pueblo Alto als Sitz der Noblen interpretiert. Von den Rundbauten der Unterstadt (einige von ihnen inzwischen nachgebessert) weisen nur sechs Schiefertafel-Friese auf. Ihr Dekor ist das Chachapoyas-typische Zickzack-Band, das als Schlangensymbol gilt und sich in allen Zitadellen dieser Kultur wiederfindet.

Der nächstgelegene Bergfried, **Jalca Grande,** weit weniger befestigt als Kuélap, liegt nur etwa 10 km Luftlinie entfernt, und man kann sich leicht eine Signalgebung durch Feuer, Rauchzeichen oder Blendspiegel von Burg zu Burg vorstellen. Ein kleiner, halboktonaler Wachturm, dessen eingesteckter Pfahl als Schattenstab für die Tageszeitmessung gedient haben könnte, krönt die in 2800 m Höhe gelegene Ruinenstadt. Ungeachtet seines Namens ist Jalca Grande wesentlich kleiner und unscheinbarer als Kuélap. Für Tarnung sorgt auch der alles verschlingende Dschungel, der die höhengestaffelte Anlage wie eine grüne Pelzkappe überzieht. Nur wenige der Rundhäuser, deren Durchmesser zwischen 7 und 12 m beträgt, sind freigelegt und zeigen ihren geometrischen Mauerzierrat.

Mehr Kulturzeugnisse gibt die – ebenfalls unbewachte und sogar von Kühen als Waldweide benutzte – Zitadelle von **San Pedro** preis, die sich etwas weiter südlich in 2900 m Höhe an einem Bergkamm entlangzieht. Von ihren schätzungsweise eintausend in Trümmern liegenden Rundbauten sind die untersten zehn am besten erhalten. Sie tragen flachreliefierte Schmuckmotive. In Ermangelung systematischer Grabungen fehlt jedoch jeder archäologische Anhalt für eine exakte Datierung.

*Pajatén*
*Urwaldruine der*
*Chachapoyas-Kultur*

**Pajatén** in 2850 m Höhe am Río Abiseo gelegen, ist die südlichste Vorhut des Chachapoyas-Areals. Hier gefundene Keramikfragmente verweisen auf zwei verschiedene Stiltraditionen, deren eine streng regional ist, während die andere schon inkaisch (15 Jh.) beeinflusst sein könnte. Die 1964 entdeckte, aus 16 Rundbauten bestehende Zitadelle von Pajatén gehört zu den eindrucksvollsten Architekturzeugnissen der östlichen Anden und lässt ahnen, was sich in den Waldgebieten der Amazonasquellen noch an Schätzen versteckt. So entdeckte im Jahr 2000 der nordamerikanische Archäologe Gene Savoy unweit des Río Huallaga – etwa auf halber Höhe zwischen Kuélap und Pajatén, aber wesentlich weiter im Osten – eine weitere Urwald-Zitadelle. Sie umfasst 150 Gebäude und wird inzwischen **Gran Saposoa** genannt.

Schätzungen – gestützt auf die Chroniken Cieza de Leóns und Blas Valeras – veranschlagen für den Kulturraum der Chachapoyas-Indianer eine Bevölkerung von fast einer halben Million Menschen. Der architektonisch artikulierten Kuélap-Tradition folgt der Chipurik-Komplex (vielleicht ab 1200 n. Chr.). Ihn charakterisieren zylinder- oder kegelförmige Grabstatuen, die sich in schwer zugänglichen Felsnischen über dem Jucusbamba-Tal verstecken. Die unter dem Namen ihres Fundorts **Karayá** bekannt gewordene ›Sarkophag‹-Stätte erobert man sich vom Dorf Trita (bis dahin Fahrweg) aus über einen abenteuerlichen Pirschpfad, der die Felswände von hinten angeht. Leider haben auch hier inzwischen Schatzsucher sechs der zwölf von einer schneeweißen Lehmschicht überzogenen anthropomorphen Gestalten zerstört. Die Indianer nennen die Wächter *purum machu* (Ahnen). Diese erreichen über 2 m Höhe, sind innen hohl und aus einer Mischung von Ton, Stroh und Kieseln über einem Holzgerüst gefertigt. In einer birnenförmigen Kammer bergen sie jeweils eine in ein Hirschfell gehüllte hockende Mumie. Manche der Statuen tragen auf ihrem helmgekrönten Haupt einen als Tierschädel ausgebildeten zweiten Kopf (das *alter ego*?). In stoischer Ruhe stehen die Gestalten die Jahrhunderte ab. Mit ihren längsovalen flachen Gesichtern und den kantigen Nasen erinnern sie an die Moai der Osterinseln.

Der dritte Komplex, **Revash**, überschreitet schon die Schwelle der Inka-Beherrschung und manifestiert sich im Santo-Tomás-Tal (4 km ab Yerbabuena) in Form von bemalten Felsmausoleen. Man erreicht die in stattlicher Höhe (500–600 m über Straßenniveau) an die Bergwände geklebten Grabhäuschen über einen gewundenen Maultierpfad in etwa anderthalb Stunden. Die meist viereckigen, auf gleicher Ebene aneinander gereihten Lehmkonstruktionen werden von T- oder kreuzförmigen Öffnungen unterbrochen. Teilweise tragen sie ein Satteldach. In ihrem rot- und ockerfarbenen Dekor fallen Lama-Silhouetten auf – ein Hinweis auf die serranische Herkunft der Revash-Ethnie oder ein Indiz für eine Handels- und Verkehrsachse, die schon durchs Utcubamba-Tal lief, bevor Pizarro 1538 Chachapoyas als Stadt zu gründen befahl.

*Karayá* ☆
*Magische Grabstatuen in einsamer Schlucht*

*Karayá: Schemazeichnung eines ›Sarkophags‹ mit Hohlraum für eine hockende Mumie*

*Revash* ☆
*Bemalte Mausoleen in hoch gelegenen Felsnischen*

*Die Felsmausoleen von Revash*

217

## Von Chavín bis Kotosh:
## Die Tempel an der Weißen Kordillere

*Chavín de Huántar* ☆☆
*Besonders sehenswert:*
*Panoramalandschaft*
*der Weißen Kordillere;*
*Tempelstätte mit*
*Ganglabyrinth;*
*Idolstele Lanzón*

*Der Lanzón, eine*
*der drei Idolstelen*
*in Chavin de Huantar.*
*Das Hauptmotiv,*
*eine Raubkatze mit*
*gebleckten Zähnen,*
*verweist auf einen*
*Jaguarkult.*

### Die rätselhaften Idole von Chavín de Huántar

Drei Idolstelen der Chavín-Kultur – der Lanzón (Riesenlanze), der Tello-Obelisk und eine von dem italienischen Forschungsreisenden Antonio Raimondi 1873 zum ersten Mal beschriebene und nach ihm benannte Granitplatte – beschäftigen die Archäologen und Anthropologen seit nunmehr achtzig Jahren. Alle drei gehören zum Tempelheiligtum von Chavín de Huántar und weisen außerordentlich komplexe, jedoch formal bis ins Letzte gebändigte Ritzzeichnungen auf. Im Mittelpunkt ihrer verwegenen Ikonographie stehen monströse Gottheiten, die von tierischen Dämonen (als Kraftträger?) und von menschengestaltigen Geistern oder Mischwesen umgeben sind.

Hauptidol des Lanzón ist eine Raubkatze mit Reißzähnen, von John Rowe der aufwärts gebogenen Mundwinkel wegen Lächelnder Gott genannt, inzwischen jedoch als drohendes Machtwesen mit gefletschten Zähnen interpretiert. Wie aber konnte sich in einer Sierra-Region ohne Großkatzen ein Jaguarkult bilden? Der peruanische Gelehrte Julio C. Tello hat den Ursprung der Chavín-Religion – lange bevor es durch Grabungen bewiesen war – in den Amazonaswäldern vermutet, denn auch der nach ihm benannte Obelisk wird von einer tropischen Bestie beherrscht, die allerdings erst der Amerikanist Donald Lathrap als liegendes Krokodil erkannte. Die Vorderpranken des Fabelwesens sind nicht wie bei einer Raubkatze nach vorn, sondern nach hinten gewandt.

Das Lanzón-Ungeheuer und das Kaiman-Monster auf dem – einige Jahrhunderte später entstandenen – Tello-Obelisken scheinen die Hauptgottheiten im Chavín-Pantheon gewesen zu sein. Aber welche Funktionen kamen ihnen und der ›Stabgottheit‹ auf der – zuletzt geschaffenen – Raimondi-Stele (Abb. S. 153) in der Hierarchie des indianischen Vielgötterhimmels zu? Oder lösten die Hochgötter, gleich Thronfolgern, einander ab? Das Zeremonialzentrum von Huántar dürfte 800 Jahre lang ein bedeutender Wallfahrtsort gewesen sein. Dabei reichte seine religiöse Ausstrahlung – hilfsweise gerne mit der von Rom oder Jerusalem verglichen – räumlich und zeitlich weit über den Chavín-Kulturkreis hinaus. In der viel späteren Paracas-Kultur finden wir auf Keramik und Textilien typisch chavinoide Raubkatzenmasken (mit viereckigen Mäulern), und sogar in der rund tausend Jahre später am Sonnentor von Tiwanaku eingemeißelten Stabgottheit erkennt man leicht den Raubkatzenkopf wieder (nur haben sich hier die Rohrbündel oder Zepter in Schlangen mit Kondorköpfen verwandelt).

Archetypische Ideen und Bildformen dauerten also fort, auch wenn sich die Chavín-Ikonographie in ein Labyrinth von surrealistischen Metaphern zu verlieren scheint. Den Bauch des Krokodils auf dem Tello-Obelisken etwa stellt ein breites Maul mit verkeilten Fangzähnen dar (und erinnern diese nicht an die Kanidenhauer des mexikanischen Regengottes Tlaloc?), die Genitalien ein monströser Raubkatzenkopf, aus dem eine achtflammige ›Zunge‹ in Gestalt eines Baums mit Augen hervortritt. John Rowe hat den chavinischen Irrgarten als Rebus-System mit höchstens zehn Grundsymbolen ausgemacht (z. B. geben Schlangen stets Kopfhaare wieder) – aber in diesem System zu lesen waren wohl auch in der Chavín-Zeit nur Eingeweihte befähigt.

So lässt sich denn am Sinngehalt der drei Stelen weiterhin nur herumrätseln. Dabei wissen wir nicht einmal, ob es sich bei dem Kopfputz des Raimondi-Idols – der mehr als die Bildhälfte einnimmt – um eine hohe Haube mit Voluten, die übereinander getürmten Häupter von Ahnen oder eine Göttergenealogie handelt. Mystiker verlockt die Vorstellung, die Chavín-Menschen könnten im Tello-Obelisken die Weltachse *(axis mundi)* gesehen haben; pragmatischer Denkende stellen sich die schlanke Säule lieber als Schattenstab einer großen Sonnenuhr *(intiwatana)* und den Lanzón als eine Art Blutablaufrinne unter den Opferschalen vor, auf denen Menschen oder Tiere den Göttern dargebracht wurden.

Indessen haben uns weder Dechiffrierungsversuche noch Spekulationen (und selbst Tello änderte mehrfach seine Meinung) die Chavín-Welt erschließen können; eher bringt uns der Rückzug auf Ganzheitsbetrachtungen ihr ein wenig näher: Die Lanzón-Figur, auf zwei verschiedenen Seiten des Monolithen im Profil abgebildet, wurde als Doppelpersönlichkeit erkannt; auf dem Tello-Obelisken erscheinen, an den Genitalien deutlich erkennbar, *zwei* Kaimane, ein männlicher und ein weiblicher. Die Raimondi-Stele schließlich offenbarte ihr *alter ego*, als man den Kopf der Katzengottheit aus einer um 180 Grad gewendeten Perspektive betrachtete und dabei ein zweites (Doppel-)Haupt entdeckte. Die Dualität des Göttlichen in allen drei Stelen scheint daher (wie Yin und Yang) das Prinzip von Polarität und Wechselspiel im Kosmos auszudrücken: Oberwelt – Unterwelt, Norden – Süden, Sonne – Mond, Tag – Nacht, weiblich – männlich.

Folgt man dem Río Marañón bis ins oberste Amazonasquellgebiet, dann entdeckt man im Mündungswinkel zwischen seinem Nebenfluss Mosna und dem diesen speisenden Huacheksa die imposante Tempelanlage von **Chavín de Huántar** (3177 m ü. M.). Obwohl sich Bebauungsspuren auf einer Fläche von 50 ha zeigen, nehmen die Monumentalbauten nur ein Kernareal von 240 × 220 m ein. Vom Fuß des leicht ansteigenden Komplexes aus erfasst man den U-förmigen, nach Osten offenen Grundriss mit einem Blick. Die vermutlich gegen Ende des zweiten Jahrtausends v. Chr. errichtete Anlage gliedert sich in drei Hauptbezirke: eine rechteckige Esplanade, in die ein quadratischer Zeremonialplatz eingelassen ist; den darüber

*Noch heute ist in den Hochanden der Glaube an die göttliche Kraft von Gegensatzpaarungen in der Natur in Form des Missa-Kults lebendig. Ein Stein, der, etwa hälftig, zwei unterschiedliche Färbungen aufweist (missa rumi), ein Lama oder Alpaka, dessen Fell oben schwarz oder braun und unten weiß oder karamelfarben – oder umgekehrt – ist (inka missa), ein Maiskolben mit verschiedenfarbigen Hälften (missa sara) sind Glücksbringer.*

(halbrechts, im Nordwesten) sich erhebenden Alten Tempel, der zangenförmig einen versenkten runden Hof umschließt; und den Neuen Tempel (fälschlich auch *castillo*, Burg, genannt), welcher sich südlich unmittelbar anschließt und unter dem vergrasten Erddach mit dem Alten Tempel verwachsen scheint.

Monumentale Treppen strukturieren die Stätte und verleihen ihr feierliche Gemessenheit. Sechs von diesen laufen zu den beiden kegelstumpfförmigen Plattformen hoch, die den Hauptplatz im Norden und Süden flankieren. In ihnen verbergen sich unterirdische Kammern, die als Opfergabendepots gedient haben könnten. Erstes betrachtenswertes Einzelobjekt der Anlage ist die in den Neuen Tempel führende (gesperrte) Portada de las Falcónidas (Falkenportal). Das skulptierte Portal, dessen monolithischer Sturz von zwei zylindrischen Säulen getragen wird, mündet in eine doppelte Treppe: eines der vielen Architekturzeugnisse von Chavín de Huántar, die das Prinzip der Dualität schon in der Steinsetzung zum Ausdruck bringen. Großformatige Quadern und Platten, wie sie auch den abgesenkten runden Zeremonialplatz einfassen, charakterisieren die Baugesinnung. In der Mitte dieser von Jaguar- und Dämonenreliefs beseelten Weihestätte stand einst als mythisch-religiöser Kräftepol der Tello-Obelisk.

Auf dieser Seite der Anlage betritt man das Labyrinth (und schon einer der ersten Stollen heißt Galería de los Laberintos), ein verwinkeltes unterirdisches Gangsystem. Es besteht aus einem mehrstöckigen Netz von Korridoren, Treppen, Kammern, Nischenreihen und Kanälen, in denen das durchgeleitete Wasser, vielsagend wie es sich für eine Orakelstätte gebührt, moduliert wurde. Dass diese Kellerverliese frei von jedem Modergeruch blieben, verdanken sie einem genialen horizontalen Belüftungssystem. Eine wirksame Ventilation war auch schon wegen der Innenbeleuchtung – immer rauchende Lamatalglichter – geboten. Die (geschickterweise sparsame) elektrische Beleuchtung, die heute den Schatten des Besuchers über die Wände wandeln lässt, setzt auch die in den Ecken platzierten *cabezas clavas* (Nagelköpfe) gestisch in Szene. Aus ihren unterkieferlosen Mäulern blecken die Reißzähne; die Pupillen weisen zur Decke. Die Schlangen, metaphorischer Haarersatz, scheinen sich zu ringeln. In ihrer modulhaften Komposition erinnern diese halbkubischen Steinhäupter an altmexikanische Schriftzeichen. Magischer Höhepunkt dieser grausen Reise durch die Unterwelt des 70 m langen Alten Tempels ist der Blick (durch ein Schutzgitter) in die kreuzförmige Krypta, wo der 4,53 m hohe Lanzón seine göttliche Raubkatzenfratze zeigt.

Vom Dach des Neuen Tempels aus steigt man in einen anderen Irrgarten von Stollengängen, deren eindrucksvollster die Galería de doble Ménsula (Doppelkonsolen-Galerie) ist. Die hier paarweise übereinander gelagerten Kragsteine wiegen bis zu 3 t. Und wiederum beschwört die Verkopplung von ›männlichen‹ und ›weiblichen‹ Quadern das Gleichnis der Dualität.

Die von dieser Tempelstätte ausstrahlenden kulturellen Impulse sind auf Entfernungen von über 1000 km Luftlinie nachzuweisen. Oder konzentrierten sich hier nur, umgekehrt, externe chavinoide Kunstäußerungen früheren Datums? Kultbauten mit unverwechselbarem Chavín-Duktus (U-Form von Tempeln, Reliefmotive) gab es bereits Jahrhunderte vor dem Lanzón, der lange Zeit als ältestes Zeugnis des Chavín-Stils galt. Auch im dritten Jahrtausend halten sich daher weiter mindestens vier Ursprungshypothesen. Die Suche hält an. Eine eigenständige Chavín-Forschung bildet inzwischen als Sonderdisziplin die tastende Vorhut. (Siehe auch S. 47f.)

Nach Chavín de Huántar (der Tempelkomplex lehnt sich an den gleichnamigen Ort an) gelangt man von dem Bergstädtchen **Huaráz** (3100 m ü. d. M.) aus. Die nach dem Erdbeben von 1970 in Spontanbauweise neu entstandene Kleinstadt (150 000 Einwohner) schmückt sich mit der prächtigen Kulisse der bis zu fast 7000 m aufsteigenden **Cordillera Blanca.** Die weiße Gipfelkette durchmisst man bei einem Tagesausflug nach Chavín (4 Std. Fahrzeit in beiden Richtungen). Oberhalb der Laguna Querococha schlüpft die Serpentinenstraße am Kawish-Pass (4200 m) durch einen Felstunnel auf die Ostseite der Kordillere. (Das Quechua-Wort *kawish* bedeutet umrühren und erinnert an ein Wasserloch, dessen durch Umrühren erzeugten Farbtonänderungen als Orakel dienten.)

*Huaráz*
*Ausgangsort für Exkursionen nach Chavín de Huántar.*
*Besonders sehenswert: Weiße Kordillere*

## Weitere Stätten an der Weißen Kordillere

Ein Modell des Chavín-Heiligtums ist im Archäologischen Museum von Huaraz zu sehen, das im übrigen anhand von Keramiken und ikonographischen Erläuterungen vor allem die **Recuay-Kultur** vorstellt. (Der namengebende Ort liegt südlich von Huaraz am gleichen, Callejón de Huaylas genannten Korridor des Río-Santa-Tals.) Als regionale Erbin des Chavín-Vermächtnisses behielt die Recuay-Tradition Raubkatze, Raubvogel und doppelköpfige Schlange als vergötterte Hauptfiguren in ihrem Bildprogramm. Darüber hinaus hat sich der Recuay-Stil vor allem an Steinskulpturen erprobt. Grob eiförmig aus gewaltigen Blöcken herausgehauene und dann als Kultobjekte in der offenen Landschaft aufgestellte Monolithe sind typisch für diese Kultur.

Welch gigantische Leistungen sie auch in der Monumentalarchitektur zu vollbringen imstande war, zeigt der herrliche Tempel **Willkawaín** (20 Autominuten von Huaraz) über dem Río-Santa-Tal. In diesem nach Chavín-Manier von Galerien (und hier 17 Kammern) ausgehöhlten Bauwerk tragen bis zu 8 m lange Steinplatten die Last der Gewölbe. So sind denn gerade die in die Wände eingelagerten Megalithe Zeugen der Recuay-Technik, während die kleinformatigen Schieferlagen als Wari-Beitrag gewertet werden. Dieser dreistöckige Palast, der dank seiner elastischen Baumasse die seismischen Er-

*Willkawaín ☆*
*Besonders sehenswert: Einziger erhaltener präinkaischer Steintempel mit Satteldach; Megalith-Architektur*

*Die Tempelstätte
von Willkawaín*

schütterungen vieler Jahrhunderte abfing, erlitt auch bei dem Erdbeben, das ganz Huaraz einstürzen ließ, nur zwei Risse. Es gibt in ganz Peru und Bolivien kein präkolumbisches Bauwerk, das bis heute gleichermaßen intakt geblieben wäre. Mit Ausnahme des steingedeckten Chavín-Tempels sind alle Konstrukte ihrer (aus Holz und Stroh bestehenden) Dächer verlustig gegangen und begegnen uns – wie auch die Stadt Machu Picchu – nur noch als entblößte Ruinen.

Willkawaín aber ist nicht nur komplett erhalten, sondern auch bautechnisch eine Sensation, denn den Tempel krönt ein Satteldach(!), das aus gewaltigen, fast unbehauenen *lajas* (glatten Steinplatten) gefügt wurde. Die bis zu 6 m langen Träger kann man im obersten Stockwerk bestaunen. An der Außenmauer sieht man zwei Porträtskulpturen; eine davon zitiert interessanterweise das Kotosh-Motiv der gekreuzten Hände. Dass der Willkawaín-Komplex einmal urbanen Charakter besaß, bezeugen die vielen *chullpas*, die oberhalb des Palastes freigelegt wurden

Den Tempel der gekreuzten Hände von Kotosh erreicht man nach einer (im Bus im ganzen 12-stündigen) unvergesslichen Panoramafahrt über die Weiße Kordillere. Felsschründe und Gletscher, Lagunen und Hochmoore – und ganze Haine der kerzenförmigen, bis zu 5 m hohen Bromelie ›Puya raimondii‹ – wandern vorbei. Am Yanashalla-Pass (4300 m) gleitet das Auge über ein wahres Nagelbett von spitzen Gipfeln, bevor man, etwa auf halber Strecke nach Huánuco, in dem Bergdorf **La Unión** (3100 m) ankommt.

*Huánuco Viejo
Besonders sehenswert:
Idealgrundriss
einer Inkastadt;
Trapezportale*

Nur 10 km von hier (im Taxi 20 Min. über einen Fahrweg) breiten sich am Westhang der 3500 m hohen Pampa die Ruinen des Inka-Komplexes **Huánuco Viejo** aus. Das Konzept dieser Anlage ist insofern modellhaft, als die Erbauer hier, wo es keine topografischen Zwänge gab (wie etwa in Machu Picchu), eine Idealstadt ›auf der grünen Wiese‹ (Umfang: 14 km) entstehen lassen und sie mit ›importierten‹ Einwohnern füllen konnten. Drei an einer langen Sichtachse aufgereihte Trapezportale – das oberste mit skulptierten Pumas geschmückt – künden noch von dem freien Umgang mit dem Raum. Die Stadtbezirke waren, vom ›Haus der Botschafter‹ über die Kommunalgebäude *(kallankas)* bis zum Opfertisch *(usnu)* auf alle Funktionen abgestimmt. Am besten konserviert ist der dem Herrscher bei seinen Besuchsreisen dienende Palast des Inka mit dem davor liegenden eingetieften Bad.

Die Stadt **Huánuco** (90 000 Einwohner) bildet den Ausgangspunkt zur Besichtigung der 6 km entfernten ältesten Zeremonialbauten Perus: eine Stätte der **Kotosh-Kultur.** Sie wurde am Hochufer des Río Higueras in präkeramischer Zeit (um 2500 v. Chr.) aus Feld- und Flusssteinen errichtet. Von der Anlage freigelegt wurden bisher der Templo de los Nichitos (Tempel der kleinen Nischen) – nicht der Weiße Tempel, wie vielfach berichtet – und der Templo de las Manos Cruzadas (Tempel der gekreuzten Hände). Die Bauten ruhen auf künstlichen Plattformen, die mit den Trümmerresten älterer Gebäude aufgeschüttet wurden. Es gibt, wie elektronische Sondierungen erwiesen, insgesamt elf Kotosh-Kulturstufen. Bisher wurden die den letzten sechs zugehörigen obersten Schichten ergraben.

Weithin die berühmteste Entdeckung sind die ›gekreuzten Hände‹ (die Originale wurden von japanischen Archäologen in Lima archiviert), die als Halbreliefs die stucküberzogenen Wände des oberen Tempels schmücken. Das zweifach ausgeführte Motiv (einmal überdeckt der rechte Unterarm den linken, einmal der linke den rechten) wird als dualistisches, im übrigen aber unentschlüsselbares Symbol verstanden. Auffallend sind die Trapezform (4000 Jahre vor den Inka!) der Wandnischen sowie die ungewöhnliche quadratische Eintiefung im Innenboden samt der zentralen Feuerstelle. Der einzige Eingang ist, wie bei allen alten Tempeln, niedrig, weil, wie die einen sagen, der Eintretende durch seine gebeugte Haltung Reverenz bekunden sollte, oder, so meinen andere, die geringe Körpergröße der damaligen Menschen das Baumaß bestimmte. Ein der Kotosh-Phase 5 (ca. 300 v. Chr.) zugeordneter Oberschenkelknochen-Fund erlaubte die Bestimmung einer Körperlänge von 1,60 m.

Überraschenderweise offenbart das ansonsten mit ausgestopften Tieren gefüllte Museo de Ciencias von Huánuco einige fabulöse Details der Kotosh-Lebenswelt. Neben steinernen Artefakten – wie sichelförmige Beilchen oder Messer, die das berühmte *tumi* der Mochica vormodellieren – sind petrifizierte Stücke zu sehen, die auf die Ernährungsweise der Kotosh-Leute schließen lassen (etwa ein Nutria-Schädel der Phase 3, zeitgleich mit der Entstehung der ›gekreuzten Hände‹). Am originellsten freilich ist ein 2400 Jahre altes Bügeleisen. Es besteht aus einem entenförmigen Tongefäß mit Henkel, das mit heißem Wasser gefüllt wurde.

Eine auf den Höhen über dem Río Higueras gefundene ca. 50 cm lange Stele mit menschengestaltiger Ritzzeichnung zeigt eindeutigen Chavín-Kanon und widerlegt die These von der kulturellen Isolation des Kotosh-Komplexes. Dass es jenseits der Zeitschwelle von 2500 v. Chr. noch viel aufzuhellen gibt, hat die Wissenschaft des Spatens mit der Benennung der bisher ältesten erkundeten 6. Phase angedeutet: Kotosh-Mito (Kotosh-Mythos).

*Kotosh* ☆
*Besonders sehenswert:*
*Flussoase mit Ruine;*
*Templo de las Manos Cruzadas;*
*Fundstücke im Museo de Ciencias (Huánuco)*

*Die ›gekreuzten Hände‹. Halbrelief im oberen Tempel der Kotosh-Stätte bei Huánuco. Dieser Komplex ist die älteste Kultstätte Perus.*

**Ins Herz des Inkareiches**

# Zum Weltei von Saywite

Vielleicht brachten schon um die Zeit, als die Punuk von Alaska Walrosszähne mit Harpunenspitzen gravierten, Waffenspitzen aus Obsidian die andinen Höhlenbewohner auf die Idee, wildwachsende Kalebassen mit Ritzmustern zu verzieren. Der Trockenkürbiss, den Junius Bird 1946 bei Trujillo im Chicama-Tal ergraben hat – erstes Zeugniss der Sesshaftigkeit –, ist mit geometrischen Mustern geschmückt und 4500 Jahre alt. So tief in der Vergangenheit wurzelt also die schöne Tradition der *mates burilados,* jener mit Schnittdekoration oder Brandmalerei überzogenen birnenförmigen Gefäße, die der Tourist am authentischsten auf dem Mercado von Ayacucho ersteht, denn von dort (aus der Gegend von Huanta) kommen die hartschaligsten Kürbisse. Der gleiche Boden, der sie wachsen lässt, lieferte schon den Töpfern der Wari-Kultur (siehe S. 56f.) jenen feinen Ton, aus dem sie nicht nur ihre reich bemalten Figurenkrüge und Zeremonialurnen, sondern auch Architekturmodelle formten – und damit die Vorläufer der tönernen Spielzeughäuser und -kirchen, die heute den Besucher zugleich entzücken und verwirren: Wie diese fragilen Souvenirs transportieren?

Der 2760 m hoch gelegene Ort **Ayacucho** wurde bereits 1539 als San Juan de la Frontera von den Spaniern gegründet, hieß in der Kolonialepoche Huamanga und bewahrt bis heute eine Art provinziellen Renaissancestils in seiner Stadtarchitektur. Anschaulichstes Erbe ist die kolonnadengesäumte Plaza de Armas, zu der hin sich die kleine, von einer Loggia geschmückte Kathedrale (1671) öffnet. Wie auch die anderen rund dreißig Gotteshäuser von Ayacucho verstrahlt sie in ihrem Inneren – hier herrliche Goldaltäre im Churriguera-Stil – mehr Glanz, als sie von außen zu erkennen gibt. Unweit der Südwestecke der Plaza steht die Jesuitenkirche La Compañía (1605) mit einem besonders schönen barocken Hochaltar. In der Klosterkirche Santa Clara besticht eine aus vergoldeten Medaillons komponierte maurische Kassettendecke.

Das gut dotierte Museo de Antropología Hipólito Unánue (Avenida Independencia) hat sich vor allem der Wari-Kultur verschrieben. Die hier ausgestellten Keramiken zeichnen sich durch ihre Feinheit und Mehrfarbigkeit sowie die Pluralität ihrer Kunststile aus. Sie künden von einer Aufbruchstimmung (um 600 n. Chr.), die die von den Tiwanaku- und Nasca-Religionen übernommenen Götter- und Dämonenbilder durch völlig neue Gottheiten ablöste.

Das Zentrum der Wari-Kultur liegt 22 km nordöstlich von Ayacucho auf einer Lavaterrasse in 3000 m Höhe. Den wirklichen Namen der Kultur kennen wir nicht; man hat ihr den Namen des Fundortes Wari gegeben. Erst 1931 hat Julio C. Tello die Stadt wiederentdeckt. Von ihrer einstigen Größe – 10 000 Menschen könnten hier gelebt

*Ayacucho*
*Besonders sehenswert:*
*Plaza de Armas mit*
*Kathedrale und*
*Patrizierhäusern;*
*Marqués de Totora*
*und Viuda de Alcalá;*
*Ruinenstadt Wari*

*Landschaft im*
*Urubamba-Tal;*
*im Hintergrund*
◁ *der Chinchero*

haben – kündet sie nur noch mittels ihrer Mauerkonturen, deren Rundformen die Bauweise der Inka bei der Errichtung ihrer zwischen Ayacucho und Cusco gelegenen Straßenfestung Vilcashuamán vorwegnahmen. Die am Camino Inca – und etwa auf halbem Wege zwischen Lima und Cusco – 1539 von den Spaniern gegründete Stadt Ayacucho, die dann lange Zeit Huamanga (Falkenstein) hieß und erst 1825, nach der Entscheidungsschlacht des Generals Sucre gegen die Royalisten, ihren autochthonen Namen zurückerhielt, erlebte in der Kolonialzeit eine architektonische Kreuzblüte. Über dreißig Kirchen, Arkadengänge und hin und wieder ein Fassaden- oder Portalrelief zitieren ›Mestizenbarock‹ und das, was man als ›provinziellen Renaissancestil‹ bezeichnet hat.

Die von Lima aus (via Huancayo oder Pisco – Huancavelica) über Ayacucho nach Cusco, also ins inkaische Kerngebiet, führende Landroute erweist sich als dankbare Fährte. Das gilt sowohl für kulturhistorische Marksteine als auch für die Landschaft. Fünfmal (ab Ayacucho) überklettert die Straße 4000-m-Pässe, bevor sie die Cordillera de Vilcabamba mit dem 6270 m hoch aufragenden Schneehorn des Salkantay, einem der schönsten Gipfel des Kontinents, unterläuft. In dieser majestätischen Gebirgswelt erhebt der Río Apurímac – der ›Große Sprecher‹ – seine donnernde Stimme.

**Saywite**
**Besonders sehenswert:**
**Gebirgslandschaft;**
**Verrätselte Granit-**
**skulptur (Weltei)**

Doch bereits 45 km hinter Abancay (und da über einen 600 m langen Fahrweg nach Süden ab) stoßen wir auf die drei Steine von **Saywite,** von denen der oberste, über und über skulptiert, unter dem skurrilen Namen Weltei bekannt geworden ist. In der Tat zeigt er auf kleinstem Raum einen ganzen Kosmos und erscheint insofern wie die plastische Umsetzung der Tolstoi'schen Idee vom Dorf, in dem sich die ganze Welt abbildet: Terrassen, Türme, Tempelchen und Treppen, Gänge, Höfe, Mauern, Nischen sind eingebettet in eine Hügel- und Tallandschaft, die von Menschen, Pumas, Lamas, Affen, Schlangen und Krebsen bevölkert und von mäanderförmigen Kanälen bewässert ist. Was wie das Modell eines Stadt- oder Gartenarchitekten aussieht, muss wohl ein Orakelstein gewesen sein. Der wundersame Granitmonolith, den man zur Nordseite hin gewälzt hat (Schatzsucher waren da am Werk) ist 4,15 m lang, 3,10 m breit und 2,40 m hoch und sieht aus wie ein großes helles Ei. Seine Figurenwelt ist teils als Hochrelief, teils in freier Plastik ausgeführt; allerdings sind viele Tierformen inzwischen beschädigt.

Doch was bedeuten diese Gestalten, an denen auffällt, dass die Fauna – mächtige Pumas, Riesenschlangen – unverhältnismäßig viel größer ist als die Menschengattung? Symbole, Geistwesen, Dämonen, Götter oder Sternzeichen mögen sich in diesem Kaleidoskop verbergen. Jedoch scheint sicher zu sein, dass die Kanäle zur Durchleitung von Trankopfern dienten, denn alle Rinnen entspringen einer Schale auf dem höchsten Punkt des Steins und münden am unteren Rand des Figurenbergs in runde Löcher. So diente offenbar die Figur, zu der die Flüssigkeit sich ihren Weg bahnte, einem Schamanen als magischer Hinweis.

Von den beiden Talsteinen, zu denen man in Richtung Fluss über einen steilen Abhang gelangt, zieht der größere (6 m breit) mit einer geradezu magnetischen Kraft die Betrachter an. Anders als das Weltei ist er, nach der Art des Kenko-Felsens von Cusco, symbolisch-geometrisch gestaltet, weist aber ebenfalls ein Rinnensystem zum Durchleiten von Trankopfern auf – Altäre unterm Hochlandhimmel!

# Das inkaische Qosqo

Die nach der Mythologie mal dem Titicacasee, mal den Höhlen um Cusco entstiegenen Inka gingen in Wirklichkeit aus dem Stamm der Ayaren hervor, dem vier legendäre Heerführer, die Brüder Ayar, ihre Namen geliehen hatten. Als die Fremdlinge Anfang des 15. Jh. im

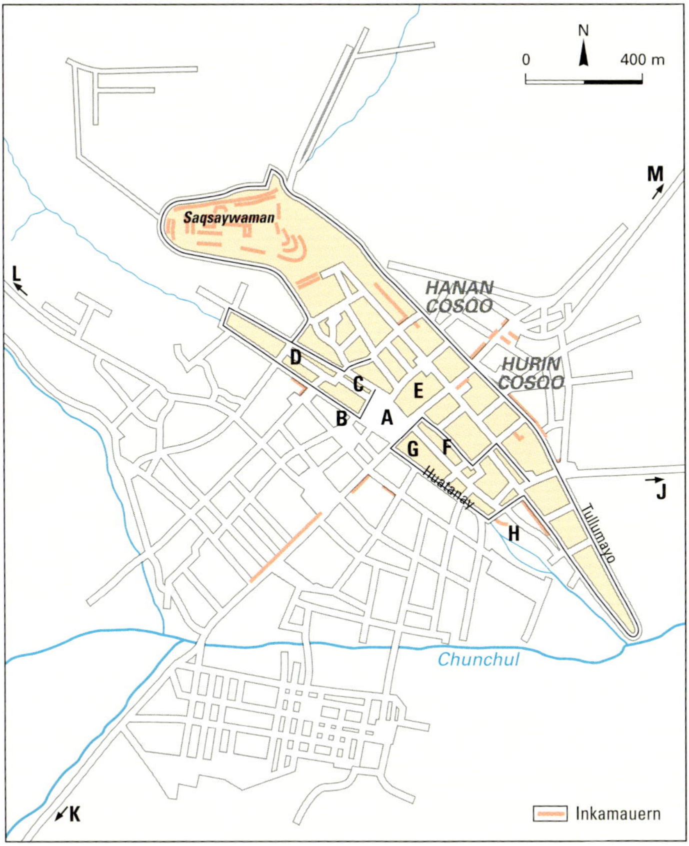

*Inkaisches Qosqo* ☆☆
*Besonders sehenswert:*
*Gründungskern (heute*
*Plaza de Armas);*
*Gassen mit Inkamauern;*
*Qorikancha (Santo-*
*Domingo-Kloster;*
*Festung Saqsaywaman;*
*Kenko-Felsen;*
*Tambo Machay*

*Grundriss des inkai-*
*schen Cosqo, nach der*
*Überlieferung den*
*Konturen eines sitzen-*
*den Pumas folgend*
*(nach John H. Rowe)*
*A Wacaypata (Haupt-*
*   platz)*
*B Palast des Pacha-*
*   cútec*
*C Inka Roqa-Palast*
*D Yachaywasi (Haus*
*   des Wissens*
*E Wiraqocha-Tempel*
*F Acllawasi*
*   (Haus der Sonnen-*
*   jungfrauen)*
*G Wayna Capac-*
*   Palast*
*H Sonnentempel*
*   Qorikancha*

*Die Straßen aus den*
*vier Weltgegenden:*
*J Collasuyu (Süden)*
*K Contisuyu (Westen)*
*L Chinchasuyu*
*   (Norden)*
*M Antisuyu (Osten)*

227

*Inkamauer in Cosqo*

Huatanay-Tal auftauchten, war Cusco ein namenloses Dorf und die Gegend von Ethnien bewohnt, die sich Waylla und Sausiray nannten. Sie bauten in den Tälern Mais und auf den Terrassen Kartoffeln an, züchteten Lamas und Alpakas und nahmen die Neuankömmlinge offenbar friedlich auf. Die Freundschaft wurde auf eine erste Probe gestellt, als Mitte des 15. Jh. die Chanka von Andahuaylas her in die fruchtbaren Täler einfielen. Den vereinten Sieg der ›Wehrbauern‹ über die Invasoren verdankt die Cusco-Region dem Inka Yupanqui Pachacútec (s. S. 61f.), der damit zum Initiator einer eigenen Eroberungspolitik und zum eigentlichen Begründer des inkaischen Reiches werden sollte.

Von Pachacútecs Hand stammt auch der Grundriss für ein neues Qosqo (›Nabel der Welt‹). Den Bauelan begleitete eine Bevölkerungsexplosion, die Qosqo schnell anschwellen und erblühen ließ. Nichts Unbändigeres als ein Puma konnte die Silhouette für diese Metropole abgeben. Ihre hochgelegene Tempelburg Saqsaywaman im Norden bezeichnete den Kopf des Tieres, während am entgegengesetzten Ende die langgestreckte Landzunge zwischen dem Río Huatanay und dem Flüsschen Tullumayo den Schwanz *(pumachupan)* bildete. In der Mitte dieser vom oberen Pol *(hanán)* bis zum unteren *(hurín)* verlaufenden ›Reichsachse‹ wurde der größte Platz angelegt, den wir aus jener Zeit kennen. Ihn umgaben die Herrscherpaläste, das Haus der Sonnenjungfrauen und die Wohnungen junger Inkafürsten.

Die über den Platz strömenden Wildwasser wurden gezähmt und in unterirdische Kanäle geleitet, die bis heute funktionieren. Der

Hauptkanal teilte den Platz in zwei gleichgroße Hälften: Waqaypata (Ort der Klage) und Kusiypata (Ort der Freude). Um dieses in vier Hauptstraßen ausstrahlende Geviert zum Symbol der ›vier Weltgegenden‹ und einer weittragenden Staatsidee werden zu lassen, konnte Pachacútec nichts Besseres einfallen, als den Platz mit Meeressand abzudecken. Zu Tausenden schleppten junge Männer von der Küste, singend und Schneckenhörner blasend, Sand in Säcken heran – und durften sich fortan rühmen, die schönste Stadt der Welt gesehen zu haben.

Wahrlich, noch wer heute durch die Gassen Cuscos streift und seine Hand über die Steinkissen der geböschten Wände gleiten lässt, wird die körperliche Energie spüren, die der gewachsene Fels ausstrahlt. Wenn die Architektur, wie Gottfried Semper später sagen wird, »eine reine Kunst der Erfindung« ist, für die es keine fertigen Prototypen in der Natur gibt, dann haben die Inka es verstanden, nicht nur die Wesenheit des wilden Gesteins (wie beim Kenko-Felsen) herauszumodellieren, sondern auch, umgekehrt, die von der Natur angebotenen Formen in das Gefüge von Kunstbauten hineinzuretten. Das macht den Reiz dieser polygonalen Zyklopenmauern aus: dass jeder Stein einmalig bleibt, während er sich der Schöpfung eines neuen Ganzen ergibt (siehe auch S. 71ff.).

Nur eine Straßenblocklänge von der heutigen **Plaza de Armas** (1) entfernt stößt man in der Gasse **Hatunrumiyoc** (Großer Stein, 2), mit den Grundmauern des Inka Roqa-Palastes (heute Erzbischöfliches Palais) auf eines der schönsten Beispiele nahtloser Verblockung von irregulären Monumentalsteinen. Hier gehört der ›Stein mit den zwölf Ecken‹ zu den Paradestücken inkaischer Steinmetzkunst (an der Rückwand des Palastes ein Stein mit 13 Ecken). Diese mineralischen Gewächse von grünem Diorit bestehen aus Quarz, Feldspat und Katzengold genanntem Glimmer. Sie wurden mittels saurer Pflanzensäfte an der Oberfläche angelöst und dann passgenau eingeschliffen. Wülste und Zapfen – einzeln als weibliche, paarweise als männliche Merkmale gedeutet (und in der Gasse Inka Roqa am Erzbischöflichen Palais besonders gut zu sehen) – dienten beim Transport zum Ansetzen von Hebebäumen.

Die wunderbare Technik inkaischer Steinmetze lässt sich auch in anderen flusssteingepflasterten Gässchen um die **Plazoleta Nazarenas** (3) und im Kunsthandwerkerviertel **San Blas** (4) bewundern, wo der Duft der Backstuben sich mit dem steinernen Atem der Wände vermengt. Unvergängliches Anschauungsmaterial bietet auch das Gässchen **Kijllu** (Sonnenstraße; 5), das sich südlich der Plaza de Armas an die inkaischen Grundmauern (ehemals Haus der Sonnenjungfrauen) des heutigen Klosters Santa Catalina schmiegt. Fast alle Kirchen und Klöster Cuscos sind Raubbauten, entstanden aus dem Abbruchmaterial von inkaischen Palästen und Tempelfestungen, die der Klerus als Steinbrüche benutzte.

Nach der Abwehr der Chanka-Aggression hatte das inkaische Qosqo in Frieden gelebt, bis im August 1533 Francisco Pizarro mit

*Die nummerierten Sehenswürdigkeiten sind in den Stadtplan des kolonialen Cusco (S. 236) integriert.*

seinen Truppen in die Stadt einzog. Sein ›Kriegsberichterstatter‹ Rodrigo de Chávez, das Bein von einer Inka-Lanze durchbohrt, fand als Genesender die Muße, die Chronik der Plünderungen aufzuzeichnen. Aus seinem Tagebuch: »In Cusco fanden wir eine Riesenmenge an Silber, aber auch viel Gold... es gab grosse Magazine mit muskeldicken Trossen zum Bewegen der Werksteine... Lager waren mit Kupferbarren, zu Stapeln von zehn mal zehn gebündelt, bis unters Dach gefüllt... Die Sonnentempel, sagte man uns, dürfe man nur in nüchternem Zustand, mit einer Last auf der Schulter und barfuss betreten, aber wir gingen da hinein, ohne uns um irgendwelche Weisungen zu kümmern.«

Doch ganz so leicht ließen sich die Schätze nicht ausheben. Zwar hatte Pizarro, als er sich nach Lima entfernte, den Inka Manco als Marionettenkönig eingesetzt, doch dieser lehnte sich im Februar 1536 gegen die Spanier auf, versammelte am inkaischen Kurort Yucay im Valle Sagrado (Heiligen Tal) 100 000 Krieger um sich und erstickte Cusco in einer fünfmonatigen Belagerung, aus der sich die Eingeschlossenen erst mit Hilfe des aus Chile zurückkehrenden Kampfgenossen Diego de Almagro befreien konnten (s. S. 79).

Aber der inkaische Reichsgedanke ist noch nicht tot: Der aufsässige Manco gründet 1537 in Vilcabamba einen neuen Inkastaat, den, nachdem heuchlerische Spanier den König 1544 ermorden, Tupac Amaru als letzter Inka weiterführt, bis auch er hingerichtet wird. Noch mehr als zweihundert Jahre später lebt sein Vermächtnis in einer letzten paninkaischen Erhebung wieder auf, die der *kondorkanqi* Tupac Amaru II 1781 in Szene setzt (s. S. 84f.). Zwei steinerne Schrifttafeln an der Plaza des Armas bekunden noch heute Beginn und Ende der inkaischen Widerstandsbewegung: An der Iglesia del Triunfo (rechts der Kathedrale) lässt sich rechts vom Portal entziffern: »An dieser Stelle, auf die die Mutter Maria ihren Fuss... und unzählige Indios in Schrecken setzte, indem sie den von diesen Barbaren verursachten Brand löschte...« (Die Inschrift wurde erst lange nach den Geschehnissen, 1664, eingemeißelt.) Und am Eingang zur Universität (rechts der zur Kirche La Compañía gehörenden Capilla de los Indios) kann man lesen: »In diesem Raum wurden José Gabriel Tupac Amaru, Micaela Bastidas, ihre Kinder, andere Verwandte und Hauptanführer gefangen gehalten. Sie wurden am 15. Mai 1781 abgeurteilt.« (s. S. 90).

Die architektonische Beute des inkaischen Qosqo verteilte Pizarro in meritokratischer Siegerlaune: Den Wiraqocha-Tempel wies er – alle Prachtgebäude zu *solares* (Grundstücken) abwertend – als Bauplatz für die Kathedrale aus; den Amaru-Kancha-Palast (Hort der Riesenschlangen) durften die Jesuiten zur Errichtung der La-Compañía-Kirche ausschlachten; die Santa-Catalina-Nonnen erhielten für ihren Klosterbau das Haus der Sonnenjungfrauen; und seinen Seelenhüter, den Dominikanerpater Vicente de Valverde, bedachte der Konquistador mit dem wertvollsten Großod: dem Sonnentempel Qorikancha mit den Goldenen Gärten. Dieses bedeutendste inkai-

*Der Sonnentempel Qorikancha (Goldene Gärten) war das bedeutendste inkaische Heiligtum Qosqos. Von den Spaniern wurde er als Steinbruch benutzt; auf seinen Fundamenten steht das Santo-Domingo-Kloster.*

sche Heiligtum Qosqos blendete die Spanier wie kein anderer ›Götzentempel‹ der Neuen Welt. Noch nie hatte man die lebendige Schöpfung, vom Schmetterling bis zum Lama, von der Maisstaude bis zur Hirtenfigur, in purem Gold nachgebildet gesehen.

Ein gedrechselter Turmaufsatz, bei dem die indianischen Steinschneider den spanischen Churriguera-Stil zum cusquenischen *crespo* (Gekräusel) steigerten, weist heute den Weg zum **Santo-Domingo-Kloster** (6), das auf den Fundamenten des von den Spaniern als Steinbruch benutzten Qorikancha (oder: Coricancha) ruht. Das wie von einem Holzschnitzer skulptierte Glockenhaus des dreistufigen Campanile bildet fast den einzigen Außenschmuck des erst 1780 vollendeten Klosterkomplexes. Nicht der Spaten des Archäologen, sondern das letzte große Erdbeben von 1950 legte einen Teil der alten Inkamauern frei, die uns jetzt allerdings, von ihrem Schmuckmantel entkleidet, nur noch kraft ihrer Monumentalität und Maßhaltigkeit imponieren.

Ein eigenartiges architektonisches Zwitterwesen begegnet dem Besucher beim Betreten des großen Klosterhofs: An den Stirnseiten des Kreuzgangs prangen die brokatenen Meisterwerke des mestizischen Malers Juan de Espinoza (Szenen aus der dominikanischen Ordensgeschichte), zu beiden Seiten schweigen die wie im Schatten einer großen Tragik erstarrten grauen Mauern. Stellen wir sie uns also noch einmal im königlichen Gewande ihrer vorspanischen Zeit vor, als die Sonne ihre gehämmerte Goldhaut, die inkrustierten Edelsteine, die farbigen Tapisserien illuminierte und dabei den Menschen so nahe kam, daß sie, die höchste Staatsgottheit, aus dem mit *chicha* gefüllten Zeremonialbecken trank. Beleben wir auch die Trapeznischen, die Garcilaso de la Vega (›Comentarios reales de los Incas‹,

231

1609), schon christlich eingestimmt, Tabernakel nannte, wieder mit reich geschmückten Mumien, die durch die Augenschlitze ihrer Goldmasken hindurch den Orakeln der Priester, den Messungen der Astronomen und den rituellen Lamaopfern folgten. Noch immer erlauben die Löcher, Zapfen, Spalte und Sichtachsen in den schwingfreudigen, allen Erdbeben trotzenden Mauern eine annähernde Rekonstruktion dieses sich einst in goldenen Wandfliesen spiegelnden Pantheons und Mausoleums. Seine Kulttradition weist weit über Chan Chan hinaus bis in die tiefste altamerikanische Vergangenheit.

Auf der linken Seite des heutigen Klosterhofs reihen sich Regenbogentempel, Opfersaal und der den Vorboten des Leben spendenden Regens geweihte Blitz- und Donnertempel aneinander. Entlang des rechten Umgangs bildet der Sternentempel den am besten erhaltenen Ruinenteil. Sterne waren die Kinder von Vater Sonne (Symbolmetall: Gold) und Mutter Mond (Symbolmetall: Silber), und als Lieblingstochter im astralen Nachwuchs galt die Venus, die als Morgenstern den Sonnenaufgang ankündigte. Genau im Mittelpunkt eines trapezförmigen Fensters (dessen Löcher den herausgebrochenen Juwelen und Goldkugeln nachtrauern) erscheint am Tag der Wintersonnwende der Glücksstern Venus. In der ›Familienordnung‹ der Gestirne fand man das eigene Sozialwesen vorgeprägt.

Von der rechten hinteren Ecke des Kreuzgangs aus kann man einen Blick auf den einst dreistufigen Hang werfen, dessen untere Plattform der von lebensgroßen Tieren, Pflanzen und Bäumen aus massivem Gold bevölkerte Paradiesgarten bildete. Die mittlere Terrasse diente dem Anbau von Heilpflanzen, die obere als Erddamm

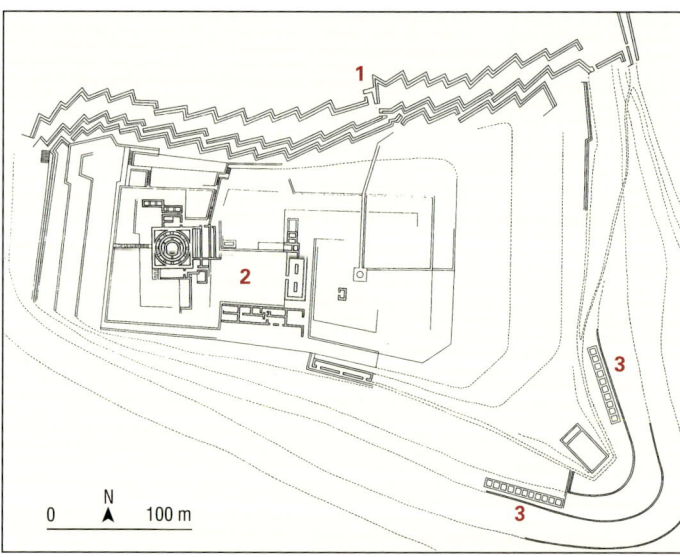

*Grundriss von Saqsaywaman. Im Süden schützt der Steilhang die Inka-Feste, auf der Nordseite eine dreistufige Zackenmauer.*
*1 Haupteingang (Tio Punku) an der Nordmauer*
*2 Komplex der Torreones*
*3 Vorrats- und Munitionsdepots*

für das Mauerwerk und als Lamafriedhof. In unfreiwillig eigenwilliger Weise stellt sich uns die Apsis der Klosterkirche dar, welche die Rundung der schräg geneigten Inkamauer nachvollzieht. Sie zeichnet nicht den Ausschnitt eines Kreises oder einer Ellipse nach, sondern beschreibt eine unregelmäßige Kurve mit linksbetonter Biegung – und gleicht darin (zufällig?) dem Mauerbogen des Turms *(torreón)* von Machu Picchu.

Umspannt hat den ›Nabel der Welt‹ immer ein Gürtel von wehrhaften Kastellen und rätselhaften Naturheiligtümern. Diese ins ewige Blau gemeißelten, von weißen Wölkchen beflaggten Bergfriede sind wahre Himmelsburgen. Mit triumphaler Geste erhebt sich der ›Kopf des Puma‹, der Felskomplex von **Saqsaywaman** – ›Falkenstein‹ in etwas freier Übersetzung –, über den Rumpf der 300 000-Einwohner-Stadt. 2,5 ha umfasst die Anlage mit ihren drei übereinander gestaffelten, 400 m langen zyklopischen Mauerwällen. Auch heute als geschleifte Festung – transportable Steine dienten vor allem Cuscos Kathedrale als Baumaterial – präsentiert sich Saqsaywaman als majestätisches Wahrzeichen inkaischer Baukunst, bei dem freilich die Chimú-Metropole Chan Chan, die Städte der Wari und Tiwanaku Pate gestanden haben. Die von Pachacútec ersonnene Tempelfeste, in Tonmodellen vorgeformt, soll von 20 000 Arbeiten in fünfzig Jahren errichtet und in der Regierungszeit von Wayna Capac (1493–1525) vollendet worden sein, also nicht lange vor der Ankunft der Spanier. Mit seinen gewaltigen Sägezähnen in Form von bastionsartigen Mauervorsprüngen, den wenigen Schikaneneingängen und den (nur noch als Fundament erhaltenen) Türmen wirkt das Kolossalwerk wie ein Verteidigungsring, doch belehrt uns der Chronist Cieza de León über den Mehrzweckcharakter – als Palast, Zeremonialstätte, Magazin und Schutzfeste – dieses »Hauses der Sonne«, wie er Saqsaywaman nennt: Hier war also der Sitz des Inka und damit gleichsam das Gehirn des Reiches.

Unweit des höchsten und schwersten Eckmonolithen (mit dem eingegrabenen Teil 9,40 m hoch, Gewicht: 128 t) betritt man durch das Tio Punku (Sandstein-Tor) die unterste der drei Stufenterrassen, welche die kosmologische Ordnung – Himmel (Symboltier: Kondor), Erde (Puma), Unterwelt (Schlange) – abbilden. In der zweiten Mauer öffnet sich das von einem 2,65 m langen Deckblock überdachte Trapeztor Ajawana Punku (nach dem gleichnamigen Architekten benannt). Mit dem Namen des dritten Tores, Wiraqocha Punku, ehrte Pachacútec seinen Vater. Ein vierter malerischer Durchgang, das Rumi Punku (Stein-Tor), weist nach Osten.

Auf der obersten Plattform zeichnet der Mauerverlauf von drei Turmbauten die Grundrisse von ehemals 17–20 m hohen Gebäuden nach. Die Basen dieser rätselhaften *torreones* hat der cusquenische Archäologe Luis Valcarcel 1934 freigelegt. Der erste (viereckige) Bau, Sayacmarca, wo man Reste von Speisen und Priestergewändern fand, mag als Magazin oder Oratorium gedient haben. In dem zweiten Kubus, dem Paucamarca (Fröhlicher Ort), könnte man eine Art Festhalle vermuten. Der dritte Körper, Muyocmarca, ein Rundbau, schweigt über seine Bestimmung.

Auf die leicht konvex behauenen Stirnseiten der Außenmauern von Saqsaywaman malt die Sonne Schattenlinien, die dazu verführen, die Fugendichte der Fassungen nachzuprüfen: aber da passt, wie auch bei den Königsbauten der unter der Hügelflanke liegenden Stadt, keine Messerklinge dazwischen. Die kissenartig vorgewölbten Steine dieser Anlage waren übrigens weniger schwer zu bearbeiten als das Diorit der Stadtpaläste. Findige Besucher können (an ganz wenigen Stellen) in den Monolithen eingelagerte Muscheln entdekken: Ja, dieses kalkhaltige Material ist maritimen Ursprungs und zeugt von der Zeit, als sich die Anden noch nicht erhoben hatten und der Pazifik bis hierher reichte (vor 90 Millionen Jahren).

Eine platzartige Esplanade *(glacis)* trennt den Kernbau Saqsaywamans von den auf der Nordseite liegenden Suchuna-Felsen, in denen der Gletscherschliff wellenförmige ›Rutschbahnen‹ *(rodaderos)* hinterlassen hat. In lapidarischer Schrift schmückten die Steinhauer die Trachytfelsen mit Stufen, Nischen, Altären und Sesseln. Der ›Thron des Inka‹ jedoch, genau nach Osten gerichtet, dürfte keine Zuschauerloge, sondern eher eine Kultstätte zur Verehrung des Sonnengottes gewesen sein. Auffällig sind mehrere zwölfstufige Treppen, die kalendarische Bedeutung zu haben scheinen. In der Nacht zum 1. Januar 2000 feierten zehntausend ergriffene Touristen in Saqsaywaman den ersten Sonnenaufgang des neuen Millenniums.

Ein inkaisches Naturheiligtum par excellence ist der **Kenko-Felsen,** wenige Kilometer hinter Saqsaywaman an der Straße nach Pisac. Hier hat die göttliche Begabung der Steinbildner (und ihre Handwerkskunst) eine szenenreiche Kultstätte entstehen lassen, deren

*Völlig mit Skulpturen bedeckt ist der Kenko-Felsen, ein inkaisches Naturheiligtum.*

Gesamtbedeutung wir noch immer kaum entschlüsseln können. Der völlig mit Skulpturen bedeckte Bildfelsen mit seinen stufenförmig ineinander geschobenen Plattformen, den Sitznischen, Lichtachsen, Altären und Opferkanälen erinnert an die Szenerie einer griechischen Tragödie – oder auch an die Sanktuarien, die Kelten, Gallier und Hethiter aus gewachsenen Naturformen herausmodellierten. So ist denn dieser vielgestaltige Fels mit seinem rückwärtigen Eingang in die Unterwelt *(ujupacha)* durchaus naturbelassen und, soweit durch seidenglatte Felsabschliffe geschönt, nur um einige raffinierte Sonneneinfallswinkel bereichert.

Im halbkreisförmigen ›Amphitheater‹ vor dem Felsen erhebt sich die Restform einer von spanischen Bilderstürmern abgesetzten Puma-Skulptur. Links davon (und getrennt) sind Fußwaschbecken aus dem Fels gehauen, mit senkrechten Auskehlungen für die Waden der Sitzenden. Das mögen Priester gewesen sein, die sich auf Opferriten vorbereiteten. Auf der Rückseite des Naturschreins entdeckt man mehrere in den Fels gehauene Thronsessel, von denen aus sich die Opferhandlungen – vorzugsweise an weißen Lamas – auf den Altären *(usnu)* beobachten ließen. Auf dem Felsdach sind die astronomischen Steine eines Sonnenobservatoriums *(intiwatana)* auszumachen. Sinnfälligstes Zeichen des Kenko-Felsens *(kenko* = das Gewundene) aber ist die von einer Opferschale in schlangenförmiger Zickzack-Bahn abwärts laufende Rinne, in der sich Blut und *chicha* zu einem mythischen Lebenssaft mischten.

*Opferrinne im Kenko-Felsen*

Weiter auf der Route nach Pisac (ca. 11 km hinter Cusco) kann die kleine Straßenfestung **Puka Pukará** besichtigt werden. Die wahrscheinlich zu strategischen Zwecken angelegte Burg diente wohl als Raststätte, Lager und auch Kontrollpunkt für den Zugang zum (nur 400 m entfernten) **Tambo Machay**, dessen Wasserläufe das enge Seitental mit dem melodischen Geräusch perlender Kaskaden erfüllen. In dem 10 m hohen Wandaufbau begegnen sich großsteiniges Regelmauerwerk mit geraden Fugen – und vier torartigen Nischen im Oberteil – und bienenwabenförmiges Blockmauerwerk, das die polygonalen Muster des Roqa-Palastes wiederholt. Ein schöner Ort zur Besinnung (wenn keine Touristen-Busse anrollen).

# Das koloniale Cusco

**Koloniales Cusco** ☆☆
**Besonders sehenswert:**
**Kathedrale;**
**Kirche La Compañia;**
**Kirche La Merced;**
**Kloster San Francisco;**
**Handwerker- und**
**Künstlerviertel San**
**Blas mit Kirche;**
**Museo de Arte Religioso**

*Cusco*
1 *Plaza de Armas*
2 *Gasse Hatunrumi-*
  *yoc (Großer Stein)*
3 *Plazoleta Nazarenas*
4 *San-Blas-Viertel*
5 *Gasse Kijllu (Loreto)*
6 *Kloster Santo*
  *Domingo*
7 *Kathedrale*
8 *Jesuitenkirche*
  *La Compañia*
9 *Klosterkirche*
  *La Merced*
10 *Kloster*
  *San Francisco*
11 *Kloster*
  *Santa Catalina*
12 *Casa Concha*
13 *Kirche San Blas*
14 *Klosterkirche*
  *San Antonio Abad*
15 *Museo de*
  *Arte Religioso*
16 *Museo de Arte*
  *Precolombino*
17 *Museo Histórico*
  *Regional*
18 *Museo Inka*
19 *Museo Municipal*

Cuscos inkaische Architekturzeugnisse gleichen den verwischten Zügen einer Urschrift, die dennoch durch alle späteren Überzeichnungen hindurchscheint. Nicht nur haben die Zyklopenmauern die seismischen Attacken vergangener Jahrhunderte überdauert, sie schrieben auch die Trassierung der großen Verkehrsachsen im Sinne des in die vier Himmelsrichtungen weisenden Tawantinsuyu für alle Zeiten fest. Noch immer folgt die Avenida Sol (Sonnenallee) der Peillinie zum Zenit, noch immer erinnert die Plaza Regocijo (Platz der Freude) an das bedeutungsgleiche inkaische *kusiypata*, und

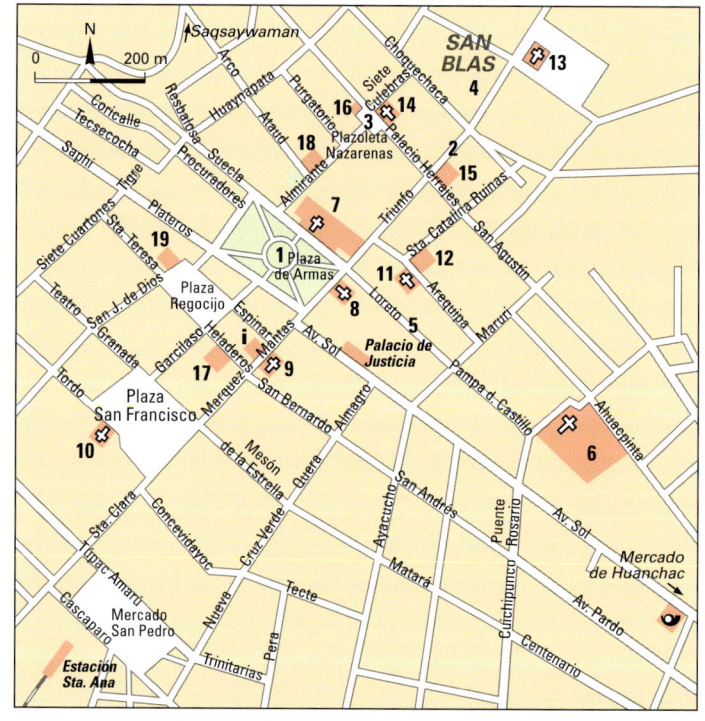

auch wenn Sträßchen wie Confitería, Harinas oder Loreto längst spanisch umgetauft sind, blieben sie in ihrer Substanz bis heute zutiefst indianisch.

Seine im ersten Jahrhundert nach der Eroberung noch improvisierte koloniale Baugestalt schüttelte Cusco im März 1650 ab, als ein Erdbeben fast alles Neue niederriss. Den nur ›drei Glaubensbekenntnisse dauernden‹ Schock überstand fast unangefochten nur die auf federndem Schwemmgrund ruhende Kathedrale, an der man damals schon neunzig Jahre gebaut hatte (sie wurde vier Jahre später eingeweiht). Seitdem ist der im ehernen Dom gehütete Señor de los Temblores (Herr über die Erdbeben) Cuscos Schutzpatron – volkstümlich *taytacha* (Papi) genannt. Alljährlich am Montag der Semana Santa wird die schwarzbraune, ans Kreuz genagelte Christusfigur im Regen von Millionen roter Qantu-Blüten durch die Straßen getragen. Die Blumenhaube, die sich dabei auf dem Haupt bildet, muss allerdings auch die juwelenbesetzte Goldkrone ersetzen, die 1984 aus dem mit sieben Schlüsseln gesicherten Sakristei-Tresor(!) gestohlen wurde.

Der Señor de los Temblores ist jedoch nicht, wie eine Legende behauptet, im 16. Jh. von Karl V. nach Peru expediert und unterwegs bereits als Sturmbezwinger auf hoher See entdeckt worden. Vielmehr wurde diese (künstlerisch nicht bedeutende) Plastik an Ort und Stelle aus Agavenfasern, Maisbrei, Kartoffelmehl, Leim und Lamapergament geformt. Bei einer Restauration fand man im Corpus sogar uralte, durch Mund und Lendenwunde eingesteckte Bittbriefe.

Cuscos koloniales Kunstschaffen, wie es uns heute begegnet, manifestierte sich zunächst in der Malerei (siehe auch S. 90ff). Die ersten europäischen Bilder, die ab 1534 die christliche Glaubenswelt vermittelten, entstammten noch der flämischen Schule Belgiens und erreichten Cusco bereits, bevor der italienische Jesuit Bernardo Bitti (ab etwa 1580) den Manierismus mit seiner artifiziellen Grazie und den überlängten Figuren einführte.

Diese Malweise, bei der Schultern, Hals und Kopf oft die Konturen schlanker Vasen annahmen, gefiel den formfühligen Indianern, deren letzte Kunstäußerung in der Inkazeit vollendet harmonische *aríbalos* (Amphoren) gewesen waren. Maltechnisch befanden sie sich noch auf dem Stand von Kero-Dekorateuren (und sollten auch später, an der Staffelei, den intensiven, flächigen Farbauftrag nie ganz verlernen). So war das 17. Jh. – vor allem die von Francisco de Zurbarán geprägte Periode des spanischen Realismus (1630–80) – für die Mestizenmalerei eine Zeit des Probierens und der Selbstfindung. Im 18. Jh. erreichte sie dann ihren Höhepunkt, vor allem in den spätbarocken Äußerungen der Cusco-Schule mit ihrer ikonenhaften Verklärung von Schutzmantelmadonnen, Heiligen und gestiefelten Erzengeln in Brokatröcken.

Die Sakralarchitektur, nach dem Erdbeben von 1650 bei vielen Bauvorhaben gleichzeitig erprobt, weist weitgehend einheitliche

*Erzengel Michael, Gemälde der Cusco-Schule*

Grundzüge auf: die von (zwei) robusten Vierecktürmen theatralisch eingerahmte Fassade, ein schmuckreiches Altarportal (das die goldenen Retabel der Kirche in Stein zitiert) und ein geräumiger Vorhof zum Predigen und Katechisieren. Mit diesen Prämissen reichlich versehen, strahlt die aus leichter Hanglage an höchster Stelle die gesamte **Plaza de Armas** (1) überragende **Kathedrale** (7) die stärkste *auctoritas ecclesiae* aus. Vom Domkapitel im Sinne des metropolitanspanischen Bauwillens *a lo romano* konzipiert, übernimmt der Kernbau die strenge, an antike Idealmaße anknüpfende Formensprache der Herrera-Architektur.

Juan de Herrera (1530–97), Hofarchitekt Philipps II. und treuer Leser der Vitruv'schen Traktatliteratur (er besaß 750 Fachbücher), ließ mit dem alle spätgotischen Elemente abschüttelnden Neubau der Kathedrale von Valladolid (nach dem Brand von 1561) eine typenbildende Mutterkirche entstehen, deren Masse und nüchterne Form auch die Kathedrale von Cusco nachvollzog. Ihre Kraftlinien entstammen dem 16. Jh., das triumphale Portalrisalit und die Turmaufsätze, später (nach dem Tod Philipps II.) entstanden, nehmen noch einmal platereske Schmuckformen auf, das Kircheninnere atmet sparsam-elegante Renaissance. An die respektable Fassade (zurückspringend) angegliedert sind die erheblich später errichteten Lateralkirchen La Sagrada Familia (linker Flügel) und Triunfo (rechter Flügel).

Das Mittelportal (Puerta del Perdón) umschließt eine in manieristischer Freizügigkeit aufgelockerte Ordnung von korinthischen Säulen. Ihre im dreistufigen Frontaufbau nach oben hin zunehmende Schlankheit entschert zugleich die Fassade und betont die Mittelachse (ein Erbe des Herrera-Stils). Das tabernakelartige Risalit schließt ein bogenförmiger Wimperg ab, auf dem Petrus und Paulus Torwache halten. Zu beiden Seiten bekrönen – die übrigen zehn Apostel symbolisierend – schachfigurenartige Fialen, teils rund, teils quadratisch, das Gebälk. Beide Seitenportale überdachen lanzettförmig zugespitzte Dreiecksgiebel, die das von zwei Vögeln (die Kondore sein können) gehaltene spanische Wappen umschließen.

Unter den 24 (gotisch und im Mudéjar-Stil) figurierten Gewölben im Inneren der Kathedrale thronen elf Kapellen und acht Altäre. Deren sehenswerteste sind:

– Die Capilla de la Inmaculada Concepción, auch *la linda*, die Hübsche, genannt (vierte Seitenkapelle links). Ihr prachtvoll geschnitzter Goldaltar, ein Musterstück des Kolonialbarock, birgt die 1,20 m hohe Madonna, deren Antlitz, mehr noch als pure Schönheit, frohgemute Offenherzigkeit ausstrahlt, betont durch die Empfangsgeste der Hände.

– Der Altar del Señor del Unupuncu (der letzte rechts, quer zum Schiff stehend; man gelangt zu ihm, indem man die vierte Seitenkapelle rechts – sie ist dem Señor de los Temblores geweiht – und die Capilla de Platería mit ihrem berühmten, über 2 m hohen Silberbal-

dachin passiert). Mehr noch als durch eine Kopie der Rubens'schen ›Kreuzabnahme‹ macht dieser Altar dank seines Namens auf sich aufmerksam: Das Quechua-Wort *unupuncu* bedeutet ›Tür zur Wasserstelle‹ – und tatsächlich erlaubt eine rechts vor dem Altar abzuhebende Bodenplatte den Zugang zu jenem unterirdischen Kanalsystem, das zu Wiraqochas Zeiten zur Drainage des Hauptplatzes von Qosqo angelegt wurde.

– Der alte Hauptaltar (in der Apsis versteckt), aus Zedernholz im Churriguera-Stil geschnitzt. Das Altarblatt zeigt die wertvolle, auf Holz gemalte ›Virgen del pajarito‹ (Jungfrau mit dem Vögelchen) von Bernardo Bitti. Das schon 1595 entstandene Bild wurde später mehrfach übermalt und fand erst bei jüngeren Restaurierungen zu seiner Urform zurück. Drei Hände mit geschweiften Fingern, nach dem Vogel – einem jungen Falken – greifend, und die etwas salbungsvolle Geziertheit der Szene verraten Bittis manieristischen Duktus. – Heute verstellt ein freistehender, aus vier durchgehenden und 16 halbhohen, schmucklosen Silbersäulen assemblierter Hauptaltar, letzter Einfall neoklassizistischer Ausnüchterung und schön wie ein Megamagazin von Geschosshülsen, den Blick auf das alte Retabel.

Rechts vom Unupuncu-Altar prangt eine gewaltige – mit Meerschweinchenbraten, Maisbrot und tropischen Früchten auf altperuanisches Lokalkolorit eingestimmte – Abendmahlszene, deren suggestivste Figur, ein seinen Geldbeutel umklammernder Judas, dem Betrachter unmittelbar ins Gesicht starrt. Marcos Zapata (eigentlich: Sapaqa), der mestizische Schöpfer dieses Gemäldes, der an seinen Ultramarin und Zinnober betonenden Farbwerten zu erkennen ist, malte die Kathedrale mit fünfzig den ›Lauretanischen Litaneien‹ entnommenen Motiven aus (in den Pendentifs und Bogenzwickeln der Gewölbe).

Tatsächlich ist die ganze Kathedrale mit ihren 365 Gemälden nicht nur eine eindrucksvolle Pinakothek, sondern auch eine wahre Aula zum Studium der alten cusquenischen Meister. Allein die 28 Vierkantsäulen (Seitenlänge: 1,41 m) sind mit Porträts von Propheten, Aposteln und Kirchenvätern behängt, die der Hand des adligen Inka Antonio Sinchi Roca (einem Zeitgenossen Diego Quispe Titos) entstammen. Tito selbst ist mit neun Leinwänden seines zwölfteiligen Zyklus ›Gleichnisse aus dem Leben Christi‹ in der Kathedrale vertreten.

Vergleichbare piktorische Qualitäten erreichte der Indianer Basilio Santa Cruz ›Pumacallo‹ (Pumazunge) im 17. Jh. Seine von starker Figurendynamik bewegten Bilder sind vor allem an den Durchgängen zu den Lateralkirchen zu bewundern (zur Iglesia de la Sagrada Familia: ›Die Ekstase des San Felipe Neri‹ und ›San Ildefonso bekommt das Messgewand angelegt‹; zur Iglesia del Triunfo: ›San Isidro und das Quellwasserwunder‹ und ›Der Heilige Christophorus‹ – mit einer Fächerpalme als Stab). Santa Cruz' größte Kompositionen bedecken die beiden äußeren Seitenwände des Chorraums. In der ›Jungfrau von Bethlehem‹ ließ sich der Auftraggeber, der Bischof Manuel de Mollinedo y Angulo, selbst als kniender Marienanbeter abbilden. Die Leinwand ›Santa María Real de la Almudena‹ folgt einer anekdotischen Vorlage und verweist auf eine Begebenheit während der Belagerung Madrids durch die Mauren: Damals soll den verhungernden Eingeschlossenen die heilige Jungfrau durch Öffnung eines versteckten Kornspeichers *(almudena)* zu Hilfe gekommen sein. Der Anatomie arabischer Wüstenpferde unkundig, malte der cusquenische Meister die Streitrösser mit schmalhalsigen, kamelartigen Köpfen und mit den breiten Hinterteilen von Ackergäulen, wie sie die Spanier ins Land gebracht hatten.

Das Chorgestühl der Kathedrale, in Ebenholz und Zeder, feiert den Naturalismus einheimischer Schnitzkunst mit solcher Eloquenz, daß man von den aus den 42 Nischen hervortretenden Figuren sagt, ihnen fehle nur die Gabe zu sprechen, um lebendig zu werden. Die schwere muschelförmige Überkrönung der Konchen nimmt ein Drittel des Reliefraumes ein. Sie wirkt wie die Last einer niedrigen Decke und nötigt den Gestalten der Heiligen die Drehbewegung des gotischen Schwungs ab. Dabei sind die waagerechten Körperachsen –

Becken, Schultern, Augenpaar – gleichsinnig verschoben (der Kopf ist also etwa der erhöhten Schulter zugeneigt). Die sich daraus ergebende ›steigende Bewegung‹ gotischen Formwillens wirkt dem horizontalen Druck entgegen. Auch die von dem indianischen Meister Juan Tomás Tuyro Tupac aus Zeder geschälte Barockkanzel ist ein Juwel der lokalen Holzschneidekunst. Ihr profuses Dekor wird an der Brüstung von sechs salomonischen Doppelsäulen gegliedert und im Gleichgewicht gehalten von einem Fuß, der in Form einer umgekehrten Kuppel den Schalldeckel kontrapunktiert.

In der zu voller Domhöhe (20 m) aufragenden Sakristei beherrscht das im Churriguera-Stil gestaltete Zedernholzretabel die Stirnseite. Das Altarblatt zeigt, in Lebensgröße, den ›Cristo Agonizante‹, der zögerlich van Dyck (1599–1641) zugesprochen wird. Das vollendet gemalte Antlitz des Gekreuzigten – mehr von göttlicher Hingabe als vom Martyrium gezeichnet – scheint einigen Sachverständigen nicht recht zum Körper zu passen. Das wird auf zweierlei Weise erklärt: Schüler des Meisters hätten das mit dem Malen des Hauptes begonnene Werk vollendet, meinen die einen; eine Frau habe dem Künstler als Modell gedient, vermuten die anderen. (Anmerkung: Die anhaltenden umfangreichen Renovierungsarbeiten in der Halle der Kathedrale werden möglicherweise bis zum Jahr 2005 fortdauern und wohl zur Umdisponierung einiger Kunstwerke führen.)

Die Lateralkirche **La Sagrada Familia** prunkt mit einem goldtriefenden Barockaltar, der im Nachmittagslicht seinen vollen Glanz versprüht. Unter den von Antonio Sinchi Roca gemalten Leinwänden besticht die Allegorie ›La Eucaristía‹ (Das Abendmahl), bei der eine strahlende Jesus-Miniatur dem von der Jungfrau Maria gereichten Kelch entsteigt. Die dem rechten Flügel der Kathedrale angegliederte **Iglesia del Triunfo** – die, mehr als 450 Jahre nach der Zerstörung Qosqos durch christliche Kreuzritter, noch das Schimpfwort ›Barbaren‹ für die Inka auf ihren Mauern duldet (siehe S. 230) – hat sich ausgerechnet das Feldzugskruzifix des Pizarro-Begleiters Vicente de Valverde zum zentralen Altarschmuck erkoren. Zu den grausamen Ironien der Konquista gehörte auch, dass der Dominikanerpater Valverde, der Atawallpa 1533 segnete, während man den Inka in der Würgeschraube erdrosselte, durch einen königlichen Erlass (Valladolid, 14. Juni 1536) zum *protector de naturales* (Beschützer der Ureinwohner) bestellt wurde. Vielleicht wird dieser Triumph-Tempel einmal in Gedächtniskirche umbenannt werden? (In der Krypta ruhen bereits die – erst in jüngerer Zeit von Spanien überführten – Reste Garcilaso de la Vegas, was als späte Dankesgeste des Klerus verstanden werden kann: Nach Garcilaso hatte der monotheistische Sonnenkult der Inka das Christentum vorbereitet.)

Wie fast überall in der Neuen Welt traten auch in Cusco die Jesuiten als ärgste Konkurrenten des Domkapitels auf. Nur 32 spanische Ellen von der Kathedrale entfernt errichteten sie ihre Kirche, mit ›gewagten Bauplänen‹ (zunächst drei Portalen!) und einer 4,5 t

*Blick von Saqsaywaman über das Zentrum von Cusco, mit Plaza de Armas und Kathedrale*

schweren Glocke. 1668 wurde **La Compañía** (8) eingeweiht. Auf den Grundmauern des Amaru-Kancha-Palastes von Wayna Capac stehend, beherrscht sie die Südseite der Plaza de Armas.

Den in Form eines lateinischen Kreuzes konzipierten prismatischen Kubus flankieren zwei massive, nur sparsam geschmückte Türme. Das obere Turmdrittel schließt ein von Kragsteinen getragenes Gurtgesims ab, doch bremst es nicht etwa die Vertikalität der Fassade, sondern erzielt zusammen mit dem schwungvollen Bogen über dem kleeblattförmigen Altarportal sogar eine optische Hebewirkung. Zwei dem Wellengiebel aufgesetzte Ziertürmchen sorgen für weiteren Auftrieb des kunstvoll geschnitzten, dreistufigen Barockportals, welches das gigantische, 21 m hohe Zedernholzretabel im Altarraum der Kirche ankündigt (Cristóbal Clemente, 1670).

Innen verstärken die im Ganzen sparsame Lichtführung und das kakaobraune Mauerwerk die Helligkeit der plötzlich aus dem Tambour der Vierungskuppel einfallenden Sonne, die den über und über vergoldeten Barockaltar (mit churriguereskem Überfeinerungen) zum Leuchten bringt. Beachtung verdienen auch die subtilen Steinschnitzereien in den Pendentifs unter der Kuppel sowie die von Marcos Zapata und seinen Schülern 1762 (auf formgleichen Leinwänden) ausgemalten Zwickel.

Ein Stück lebendiger Kolonialgeschichte vermittelt ein Gemäldeduo (anonym), das sich, gleich hinter dem Haupteingang, Wand an Wand gegenüberhängt. Besonders interessant ist das kompliziert aufgebaute linke Bild mit seinen metaphysischen Szenen und der

Verschränkung von Zeitebenen: Im Vordergrund und in voller Montur erscheint der spanische Feldherr Martín García Oñas de Loyola (Neffe des jesuitischen Ordensgründers Ignatius von Loyola) mit seiner indianischen Ehefrau Beatriz Coya (*coya* bezeichnet im Quechua einen Adelstitel, etwa Prinzessin), diese in feierlichem Inka-Ornat; die gemeinsame Tochter, Lorenza García Loyola, und ihr Mann, Juan Borja, sind das zweite Paar im Bildvordergrund; etwas weiter zurück in der Mitte sieht man zwei blutsverwandte Heilige – Ignatius von Loyola (mit einem Buch in der Hand) und Francisco de Borja; im Hintergrund leuchtet das jesuitische Ordenssignum IHS (Iesus Hominus Salvator) auf, mit einem kleinen Kreuz über dem H; links oben im Bildhintergrund sitzen Tupac Amaru, sein Bruder Sayri Tupac und die Inkaprinzessin Clara Beatriz; dahinter hält ein(e) Indianer(in) ein großes Achihua-Blatt als Schattenspender hoch; rechts oben erscheinen Lorenza und Juan Borja ein zweites Mal, hier bei der Trauung durch einen Geistlichen, während männliche und weibliche Verwandte in getrennten Gruppen herumstehen; am vorderen Bildrand links ein Indianer, der ein *pututu* bläst, eine Seeschnecken-Trompete; und schließlich am Horizont – Gebäude europäischen Stils.

Die Auflösung dieses Bilderrätsels hört sich so an: Manco Inca, der von den Spaniern 1545 in Vilcabamba ermordete Herrscherrebell, hatte die Königswürde auf seinen Sohn Sayri Tupac übertragen, der seiner versöhnenden Rolle wegen vom dritten peruanischen Vizekönig, Don Andrés Hurtado de Mendoza, reichlich mit Pfründen bedacht und 1558, zusammen mit seiner inkaischen Frau Cusi Huarcay, mit kirchlichem Pomp getauft wurde. Er starb allerdings schon zwei Jahre später und hinterließ der einzigen aus der Ehe hervorgegangenen Tochter (der später von den Spaniern Beatriz genannten Prinzessin) ein immenses Vermögen. Flugs überstellte die Obrigkeit das Mädchen dem ›Schutz‹ eines Don Arias Maldonado. Dieser verheiratete es mit seinem Bruder Cristóbal, der es bald verstieß. Stets auf materielle Vorteile bedacht, intervenierten ›Rechtspersonen‹ und annullierten die Ehe, bevor sich die Prinzessin wiederverheiratete. Doch ihr indianischer Gatte Felipe Quispe Tito, der berühmten Künstlerfamilie gleichen Namens entstammte, starb schon früh, und die junge Witwe, immer noch eine reiche Frau, wurde vom Vizekönig Toledo – in Anerkennung geleisteter *hazañas* (was im Spanischen sowohl Helden- als auch Schandtaten bedeuten kann) – jenem Martín García Oñas de Loyola zugesprochen, der sich als neuer Gemahl auf dem Bild vorstellt und kein Geringerer war als der Scherge, der den Onkel seiner Angetrauten, Tupac Amaru, in Ketten nach Cusco geführt und dort öffentlich hatte erwürgen lassen. Ungeachtet seiner Niedertracht hätte der stolze Feldmeister nie eine verstoßene und auch noch verwitwete Indianerin geehelicht, wäre Beatriz Coya nicht Herrin über die Ländereien von Maras, Urubamba, Yucay und Huayllabamba gewesen… Eine von vielen Episoden aus der Gründerzeit der Latifundien.

Zwei Lateralkapellen lehnen sich an die Flügelseiten der Jesuitenkirche an: rechts die noch an die erste Zeit der Indoktrinierung erinnernde Capilla de Indios und links die – heute als Kunstgewerbezen-
trum genutzte – Capilla de San Ignacio.

Emblematisches Zeichen cusquenischer Mestizenarchitektur ist der
prächtige Turm der Klosterkirche von **La Merced** (9). Bis zum Gurtgesims aus nacktem, glattem Stein gefügt, erblüht der Turm gleichsam an seiner Spitze zu einer architektonischen Wucherblume: Säu-
lenbündel, Arkaden, Ochsenaugen, Laternen und Rippenwerk
entfalten sich hier zu einem Pavillon. Und mit ähnlichem Gestal-
tungsluxus machten sich die Steinmetze um die gleiche Zeit (1675)
an die Ausschmückung des großen Kreuzgangs, der mit seinen herrlichen Artesonados und den dem tragenden Bogenwerk vorgesetz-
ten korinthischen Säulen »dem Hof eines Königspalastes gleicht«,
wie der visitierende Vizekönig Conde de Lemos noch während der
Bauarbeiten konstatierte. Die erst später (1763) in die Bogenseg-
mente eingesetzten Leinwände illustrieren das Leben des Ordensgründers Pedro Nolasco und sind das Werk des Malermönchs Ignacio Chacón.

Die Kunstschätze von La Merced sind auf das kleine Museum (im
großen Kreuzgang) konzentriert: Gleich an der rechten Wand wartet
Bernardo Bitti mit dem lyrisch-zarten, manieristisch verklärten
Monumentalgemälde (4 × 2 m) ›Krönung der Jungfrau Maria‹ auf.
Das gleiche Motiv (und mit ähnlicher Symbolik) hat Diego Quispe
Tito auf einem Bild an der gegenüberliegenden Wand verarbeitet.
Fünf Werke von Marcos Zapata zeigen Szenen aus dem Leben
Christi. Die Leinwand ›Die heilige Familie‹, auf der der heilige Josef
als zärtlich das Kind streichelnder Vater erscheint, wird Peter Paul
Rubens zugesprochen. Als Schöpfer des ›Christus mit den vier
Nägeln‹ – sie kommen, gleich den Fußzehen, zum Greifen nahe aus
der Hell-Dunkel-Malerei auf den Betrachter zu – vermutet man
Zurbarán. Stolzestes Museumsstück aber ist die von einer Sonne
gekrönte Monstranz (1808), in der mehr als 22 kg Gold, 1518 Dia-
manten, 615 Perlen und über eintausend Buntedelsteine verarbeitet
sind.

In der Klosterkirche von La Merced bilden das aus Nicaragua-
Zeder plateresk geschnitzte Chorpult und das um ihn geschnitzte
Gestühl (68 Sitze) ein Ensemble, das in seinem künstlerischen Rang
kaum hinter dem der Kathedrale und dem des Franziskanerklosters
zurücksteht. Dreizehn vergoldeten Altäre adeln die dreischiffige
Halle (1654). Drei davon gehören zu den bemerkenswertesten
Schöpfungen barocker Retabelschnitzerei: der von vier kannelierten
Säulen getragene und aus einem Stück gearbeitete Hauptaltar, der
Herz-Jesu-Altar (rechts, Mitte) und der Altar ›Virgen de las Merce-
des‹; er ist der Schutzpatronin geweiht (letzte Seitenkapelle links).
Die Schutzpatronin ist leider nur in Form einer lebensgroßen Puppe
im Marschallrang präsent – die echte ›Morena‹ mit dem Mestizenge-

sicht hängt als Gemälde im Museum. In den Krypten unter den Altarschreinen ruhen die Reste so berühmter Haudegen wie der ältere und der jüngere Almagro oder Gonzalo Pizarro – dieser ohne Kopf: das in Öl gesottene Haupt des Verschwörers (er hatte sich gegen die Krone aufgelehnt) wurde 1548 nach Lima geschickt.

Freunden der mestizischen Malkunst bietet sich das **Convento de San Francisco** (10) als eine der ergiebigsten Schatzkammern an. Auch dieser die Plaza de San Francisco überragende Komplex entstand aus den Werksteinen respektlos eingerissener Inkamauern und wurde von Einheimischen in unentgeltlicher Fronarbeit errichtet. Mittelpunkt der nach dem Erdbeben von 1650 erneut hochgezogenen Anlage ist der große Klosterhof, der den Geist der Hochrenaissance atmet. Dort kleiden 32 (gut erhaltene) Leinwände – mit Motiven aus dem Leben des Heiligen Franziskus – von Diego Quispe Tito, Basilio Santa Cruz und Diego de Villena den Kreuzgang aus. Die Sala profundis über den Grabkammern beherrscht ein in der Ecce-Homo-Manier El Grecos gemalter ›Cristo de la Agonía‹ (anonym).

Heiter eingestimmt ist die Paradiesgartenlandschaft der 9 × 6 m großen Leinwand ›Marias Garten‹ (Juan Espinoza de los Monteros) im großen Treppenaufgang. Eine darunter hängende Pietà wird van Dyck zugesprochen. Als Büßer im eigenen Bilde verewigt hat sich Quispe Tito: Auf dem Monumentalgemälde ›Das letzte Gericht‹ (an der Innenwand des Vestibüls zum Kapitelsaal) erscheint er (links auf halber Höhe) zwischen Himmel und Hölle, im Fegefeuer, als eine der vielen mit der Körperdynamik von Michelangelo-Figuren gedrechselten Leidensgestalten. Er ist an seinem inkaischen Stirnband *(maskapaicha)* zu erkennen.

Als wahres Studierzimmer der Mestizenmalerei erweist sich der Kapitelsaal. Auf 14 Leinwänden (Motive aus dem Leben des Heiligen Antonius von Padua) zelebriert Marcos Zapata die Kunst seiner Zeit, die aus der flämischen Schule, dem Manierismus und dem Barock schöpft. Ihre Merkmale werden hier mit akademischer Deutlichkeit sichtbar: ikonenhafte Porträtierung, flächiger Farbauftrag (›Teppichmalerei‹), unbewältigte Perspektiven und leuchtendes Kolorit, in dem das *rojo indio* – ein hellrotes Karmin – dominiert. Das erste Bild links – ›Die Eselskommunion‹ – erzählt uns eine schöne Geschichte: Der Indianer Guyar verspricht dem Heiligen Antonius, die christliche Lehre anzunehmen, wenn sein Esel nach drei Tagen ohne Futter zusammenbricht. Am dritten Tage speist der Glaubensbote das Tier mit einer Hostie – worauf es in die Knie geht und sein Herr sich taufen lässt. Der Piktorik absoluten Höhepunkt in diesem Kloster stellt das 9 × 12 m große Wandgemälde ›Die franziskanische Familie‹ dar – die flächengrößte Malerei des Kontinents und die zweitgrößte der Welt (nach Tizians venezianischem Schlachtenbild im Dogenpalast). Um dieses von 683 Porträts und 224 Wappen besetzte Werk auf sich wirken zu lassen, sollte man es vom untersten Standpunkt (der Sohle des Treppenhauses) aus betrachten. Der einheimische Künstler, Juan

Espinoza de los Monteros, könnte zwanzig Jahre lang daran gearbeitet haben. Seine Signatur und die Jahreszahl 1699 sind in der Bildmitte am unteren Rand abzulesen.

Mit dem spitzhäubigen neugotischen Hauptaltar wirkt die Klosterkirche zwar etwas fade; doch überwältigend ist der Hochchor. An plastischer Kraft – 93 lebensnahe Figuren repräsentieren die ›Märtyrer von Japan‹ – übertrifft dieses 80-sitzige Gestühl aus Nicaragua-Zeder (Luis Montes, 1632) vielleicht noch den Chorkörper der Kathedrale.

Aus dem Mauerwerk des inkaischen Hauses der Sonnenjungfrauen geht das **Monasterio de Santa Catalina** (11) hervor. Seine Entstehung verdankt es der Zerstörung des gleichnamigen, berühmteren Nonnenklosters von Arequipa beim Erdbeben von 1600. Damals flüchtete ein Teil der Dominikanerinnen nach Cusco und ließ, auch hier von den großzügigen Spenden der begüterten Kolonialaristokratie unterstützt, den Klosterkomplex (1654) errichten. Kunsthistorisch wertvolle Teile des im romanischen Stil entworfenen Konvents (Kirche mit Chor und Sakristei, Kapitelsaal, einige Umgänge und Zellen) hat das Instituto Nacional de Cultura inzwischen in ein Museum verwandelt, das mit Skulpturen, Gold- und Silberschmiedearbeiten, Tapisserien und einer (chronologisch geordneten) Gemäldesammlung der Cusco-Schule (zwischen 1600 und 1800) aufwartet.

Dem Klosterportal schräg gegenüber liegt die **Casa Concha** (12), heute ein Polizeirevier, die ihren besonders schönen Kolonialbalkon in die Calle Santa Catalina Ancha vorstreckt. Der Balkon ist hier ausnahmsweise grün; Cuscos Renommierfarbe ist sonst ein leuchtendes Blau.

Unter den überall verborgenen Kleinoden cusquenischer Holzschneidekunst nimmt die Barockkanzel der **Iglesia San Blas** (13) eine so hervorragende Stellung ein, dass sie heute als vollendetstes Schnitzwerk Perus gilt. Allein die Widmung dieses Œuvre – nämlich der ›Virgen del Buen Suceso‹ (Jungfrau des guten Gelingens) – insinuiert die völlige Hingabe des unbekannten Künstlers und seiner Gehilfen an dieses mutmaßliche Lebenswerk. Jede Pore des filigranen Bildwerks atmet die Verzückung derer, die hier Hand anlegten. Dieses Kirchenmöbel dem Churriguera-Stil zuzuordnen bedeutet wenig im Verhältnis zu seiner plastischen Rhetorik: Vom Fuß bis zur Schalldachfigur ist die Kanzel eine Allegorie des Triumphes über den Unglauben. Szenografisch sehen wir drei Ebenen: Acht nackte menschliche Büsten (sechs männliche, zwei weibliche) mit angstverzerrten Gesichtern, offenen Mündern und schmerzvoll angewinkelten Armen tragen die Last der Kanzel – was hier bedeutet: das Gewicht der kirchlichen Wahrheit; denn die gebeugten Körper sind die von weltbekannten Häretikern (Luther, Calvin, Zwingli, Heinrich VIII., Königin Elisabeth, u. a.). Über ihnen sind sieben männliche Figuren postiert, die ihre Qualen mit sarkastischem Lächeln verfolgen.

Den von 18 salomonischen Säulen (in Dreiergruppen) gegliederten mittleren Bildraum um den Kanzelkorb beherrschen die Gottesmutter als Patronin (an der Stirnseite) und die vier Evangelisten. Sie zeigen sich in den fünf Interkolumnien mit der sanften Selbstgewissheit wahrer Glaubensboten. San Blas, der Heilige Blasius, erscheint in Form eines Hochreliefs im Rücken des Predigers als dessen Ratgeber. Auf dem Schalldeckel thront der Heilige Paulus mit der Gebärde des durchgeistigten Kirchenvaters. Als Gesamtkunstwerk demonstriert diese Kanzel nicht nur die unerschöpfliche Formwilligkeit von Holz als idealem Material für hochrealistische Darstellungen (beim Umschreiten des Objekts loten Lichtkontraste dessen plastische Tiefe aus), sondern auch die ikonographischen Leitbilder gegenreformatorischer Kunst: Ketzerverdammnis, Marienkult und Autorität des Papsttums (Kirchenvater Paulus mit Stab). Insofern bildet dieser Kanzelkörper eine Bildsäule, die sich, so könnte man sagen, von der Martersäule zur Triumphsäule wandelt.

Ein strahlender Goldaltar des indianischen Schnitzers Mateo Tuiro Tupac (1676) und acht große Leinwände (anonym, ca. 1670), Szenen aus dem Leben des patronisierenden Heiligen wiedergebend, runden den Kirchenschatz von San Blas ab.

Einen Eindruck von sakraler Noblesse vermittelt die kleine Klosterkirche **San Antonio Abad** (14), die man durch das Luxushotel Monasterio (früher: Convento de las Nazarenas) betreten kann. Mit erlesenen Gemälden der Cusco-Schule (17. und 18. Jh., fast alle anonym) und feinen Möbelstücken, die im *salón dorado* zur Geltung kommen, wartet das **Museo de Arte Religioso** (15) im Erzbischöflichen Palais auf. Das eigentliche Goldstück aber ist der elegante Barockaltar in der von einem schönen Artesonado eingedeckten Kapelle. Echten Kunstgenuss vermittelt auch der Zyklus ›Corpus

Christi‹ in den beiden hinteren Sälen: von Diego Quispe Tito gemalte, wandfüllende Szenen der Karfreitagsprozession. Man studiere an den unteren Bildrändern die Gesichter des zuschauenden Volkes!

In einer Konquistadoren-Casona von 1580 überrascht das erst 2003 eingeweihte **Museo de Arte Precolombino** (16) mit einer famosen Schau altamerikanischer Kunst (vornehmlich Nasca, Mochica, Wari, Chimú, Chancay und Inka). Die ausgewählten Stücke entstammen der 45 000 Objekte umfassenden Colección Larco in Lima.

Ansonsten ist Cuscos Museumslandschaft eher dürftig zu nennen. Das **Museo Histórico Regional** (17) ist mehr in seiner Eigenschaft als ehemaliges Stadtpalais Garcilaso de la Vegas besuchswürdig als um seiner Exponate willen (Kolonialmöbel, Gobelins, Gemälde der Cusco-Schule). Im mehr als 300 Jahre alten Palacio del Almirante ist das **Museo Inka** (18) beheimatete; es bietet einen rudimentären Überblick über das Kunstschaffen präinkaischer Kulturen sowie eine Einführung in den inkaischen Lebenskreis. Die Sammlung erreicht aber bei weitem nicht die Qualität von in Lima gezeigten Kollektionen. Im **Museo Municipal** (19) sind im linken Saal einige Gemälde der Cusco-Schule (typischerweise Schutzmantelmadonnen) zu sehen; der rechte Saal ist zeitgenössischen Exponaten gewidmet.

## Im Heiligen Tal

Rund 300 km lang ist der Gebirgsgraben, den die Inka zum Heiligen Tal erkoren. Er muss den Sonnenkindern wie ein Geschenk des Weltenbauers Wiraqocha erschienen sein: fruchtbare Böden, Hochweiden, Salzpfannen, Thermalquellen, Naturheiligtümer, Felsbastionen, Steinbrüche, Wälder, natürliche Uferstraßen und ein Wildgarten von

*Cusco und das heilige Tal*

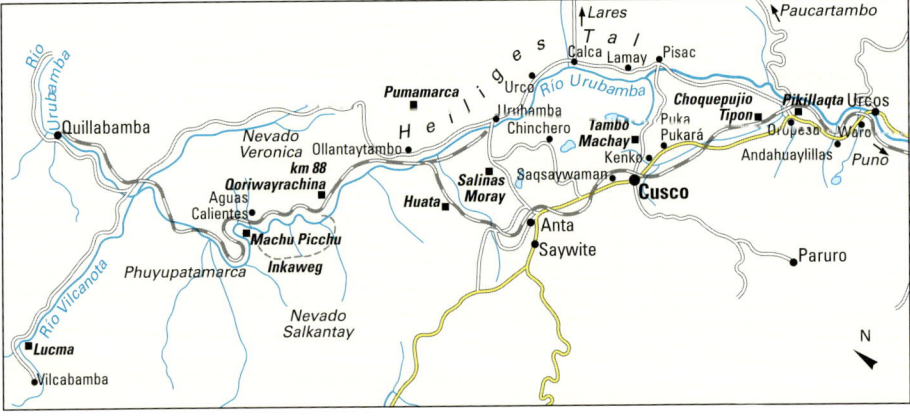

*Die Inkaburg
Ollantaytambo*

Heilpflanzen, deren bekannteste, hier *muña* genannt, noch heute die Höhenkrankheit bekämpfen hilft.

Nie versiegende Flüsse rauschten durch diese immergrüne Rinne, bevor sie ins *antisuyu* (den Osten) entschwanden. Erst seit Francisco de Orellanas unfreiwilliger Amazonasexpedition von 1541/42 – die Spanier suchten noch immer El Dorado, mussten sich aber, unfähig, gegen die Strömung anzurudern, in 18 langen Monaten flussab bis zur Mündung vortasten – weiss man, dass auch die munteren Wasser des Heiligen Tals im Atlantik enden. Der Charakterfluss Vilcanota, mit dem von Cusco kommenden Huatanay vereint, fließt als Urubamba zum Río Ucayali, der sich wiederum mit dem Marañon verbindet und im alles verschlingenden Amazonas aufgeht. Die beiden Stellen, an denen sich das Vilcanota-Tal schluchtartig verengt – und dabei natürliche strategische Schranken bildet –, bei Ollantaytambo im Norden und bei Pisac im Süden, bezeichnen die Pforten, die das Heilige Tal bewachen.

Von einem gewaltigen Felssporn aus späht die Inkaburg **Ollantaytambo** auf den malerischen gleichnamigen Ort, der 75 km von Cusco entfernt am Ufer des Nebenflüsschens Patacancha liegt. (*Tambo* oder auch *tampu* hat der deutsche Forschungsreisende Ernst Middendorf

*Ollantaytambo* ☆
*Besonders sehenswert:*
*Terrassen;*
*Monolithenwand;*
*Baño de la Ñusta*

hier mit ›Heerlager des Königs‹ übersetzt; Ollantay hieß ein inkaischer Feldherr, über dessen Liebe zu einer Prinzessin aus dem Hause Pachacútec es sogar ein Schauspiel in der Quechua-Sprache gibt.) Was an diesem so vollendet in die Natur eingefügten Kunstwerk soll man mehr bewundern: Die aufsteigende Melodie der sich den Bergformen anpassenden Terrassen, die majestätische Geste der granitgepanzerten Tempelfeste oder die marmorglatte Haut der blassrosa Monolithen, die eine schrägstehende Sonne grünlich und gelblich patiniert? Auf der obersten Plattform liegen Werkstücke, deren Kanten nach hunderten von Jahren noch so scharf sind wie eine Stahlschiene.

Die Baugeschichte von Ollantaytambo lässt sich auch heute nur annähernd skizzieren. Schon in sehr alter Zeit war der grüne Naturfelsen offenbar eine als *waqa* geheiligte Stätte mit einfachem Bruchsteinmauerwerk und kleinen Trapeznischen. Später – vielleicht schon in der ersten Inkaperiode – erhielt der Tempelhügel einen Mantel aus Granitmonolithen, wobei feststeht, dass die Frontmauer vor den Seitenwänden entstand. Die gewaltigsten Bauleistungen dürften in der Spätzeit des Inka-Imperiums erfolgt sein, als man die Megasteine von den 10 km entfernten Cachicata-Steinbrüchen (über dem jenseitigen Ufer des Urubamba) heranschaffte. Dazu mussten die wahrscheinlich über rollende Baumstämme bewegten Blöcke durch den Fluss geschleift und dann mit Menschenkraft den Steilhang hochgezogen werden. Ein gigantisches Unternehmen, das mehrere *piedras cansadas* (müde Steine) – einer davon 7 m lang – als ewige Zeugen verzweifelter Anstrengungen auf dem Transportweg hinterließ. Überhaupt wurde der Tempelbau, vermutlich durch die Konquista unterbrochen, nie abgeschlossen. Von Garcilaso de la Vega wissen wir nur, dass Ollantaytambo als Schrein für die Herzen (und die anderen Eingeweide) der toten Könige diente, deren Mumien dann im Qorikancha-Palast von Cusco gehütet wurden.

Kernstück des geplanten Tempels auf dem Hochplateau sind heute sechs Porphyr-Monolithen, die (ohne andere Bindemittel) von granitenen Fugenleisten flankiert werden. Dass höher gebaut werden sollte, geht noch aus einer Zeichnung von etwa 1850 hervor (heute in der Staatlichen Graphischen Sammlung, München), die der für Alexander von Humboldt arbeitende deutsche Maler Rugenda angefertigt hat: Sie zeigt über der Monolithenwand weitere, inzwischen offenbar herabgestürzte Kultsteine. In diesem Blockensemble, das Ollantaytambo berühmt machte, ist der Monolith VI (rechts außen) mit 4,05 m Höhe, 1,90 m Breite (oben) und 1,80 m Dicke (oben) der massivste. Geringere Dicken (bei den Monolithen III, IV und V) wurden durch Hintermauerung mit polygonalen Steinen ausgeglichen. Interessantestes Stück ist der Monolith IV (vierter von links) mit seinem auf drei Ebenen erkennbaren Stufenornament, das wiederum die dreigeteilte inkaische Kosmovision (Himmel, Erde, Unterwelt) symbolisiert. Technisch neugierige Besucher werden an herumliegenden Werkstücken Zapfen zum Ansetzen von Hebebäumen oder auch T-förmige Ausmeißelungen zur Verbindung zweier Blöcke durch Kupferklammern entdecken. Die (eisenlosen) Altamerikaner sollen es verstanden haben, Kupfer so zu härten, dass es dem besten Schmiedeeisen gleichkam.

Beim Abstieg von den Burgruinen wählt man vorzugsweise den Weg, der auf der Ostseite über eine wahre Kaskade von Terrassen zum Patacancha-Fluss hinabführt. Unten, zwischen einer Mauergruppe, plätschern Brunnen. Sie gehören zum **Baño de la Ñusta**, dem Bad der Prinzessin, doch hinter dieser Märchengestalt verbirgt sich wahrscheinlich einfach die Göttin des Wassers, das alles Leben spendet. Einen Steg überschreitend, findet der Besucher als schmuckstes Detail des heiligen Quells ein Brünnlein mit elegant konkav geschwungener Wand und einem rahmenden Stufensymbol, das den himmlischen Sinn alles Fließenden vermittelt.

Feldterrassen und Ginsterhecken, Maisäcker und Pfirsichplantagen, Adobegehöfte und rote Fähnchen an langen Stöcken (sie signalisieren, wo *chicha* ausgeschenkt wird) begleiten den Reisenden, der von Ollantaytambo aus über die Dörfer **Urubamba, Yucay** und **Calca** das Heilige Tal durchmisst. Auf seitlichen Abwegen winken **Chinchero** (bekannt durch seinen Sonntagsmarkt – doch bestehen die meisten Handstrickwaren heute aus Acryl) und die eine ganze Schlucht füllenden Salzpfannen *(salinas)* von **Moray,** die zu besuchen man nicht versäumen sollte (auch mit einem Taxi von Urubamba aus möglich).

*Moray*
*Besonders sehenswert:*
*Terrassen-Salinen;*
*Pflanzenzucht-Trichter*
*der Inka-Zeit*

Mit **Pisac** (32 km von Cusco; dienstags, donnerstags und sonntags Markt) erreicht man das südliche Tor des Heiligen Tals und jenes zweite Felsmassiv, auf dem die Inka eine – hier weiträumige – Wohnburg anlegten. Siebentausend Pflanzterrassen, gleitende Tormauern, Häuser, Lagertürme, Bastionen, ein Tempelviertel und mehr als 4500 Felsnischengräber bilden die Siedlung Pisaca, die sich in über 3000 m

*Pisac*
*Besonders sehenswert:*
*Terrassenlandschaft;*
*Intiwatana;*
*Sonntagsmarkt*

*Blick über die Ruinen*
*von Pisaca auf die Ter-*
*rassenfelder*

Höhe an die Berge krallt. Das Wort *pisaca* leitet sich von der Quechua-Bezeichnung für eine Rebhuhnart ab: schon damals eine begehrte Jagdbeute. Vier heute noch erkennbare Kernbereiche konzentrierten die Hauptfunktionen der Anlage auf sich: das (zu unterst gelegene) Agrarzentrum Pisaca, von dem aus die von Stützmauern getragenen Stufenfelder die Konturen des Gebirges wie Höhenlinien nachzeichnen; der fünfteilige Tempelverbund Intiwatana (›Ort, an dem die Sonne verankert ist‹) auf dem höher gelegenen Sattel; die Bergbauernsiedlung Qanchis Raqai (›Sieben Häuser‹) am 3300 m hohen Kamm; und die unweit davon durch eine Ringmauer gesicherte Festung Qalla Qasa (›Geteiltes Dorf‹).

Das kurz nach der Konquista von den Inka aufgegebene Pisaca, seiner abgelegenen Lage wegen von spanischen Demontagen verschont und dadurch noch gut erhalten, erreicht man vom Talort Pisac aus über einen ca. 10 km langen Fahrweg. Die Hauptattraktion, den aus herrlichem rosa Granit gefügten und seiner perfekten Steinsetzung halber an den Qorikancha erinnernden Sonnentempel, gewinnt man nach Durchschreiten des Amaru Punku (Schlangentor) in etwa 40 Steigminuten. Die kantigen Mauern, die Trapeztüren, die haarscharfen Lichtschnitte sind klassischer Inka-Kanon. Noch kann man die Sonnenuhr, die Reinigungsbäder, die Opfertische ausmachen, auf denen die Lamas dargebracht wurden. Aber wie im Qorikancha muss der Besucher sich diesen Ort als eine einst mit goldenen und silbernen Folien ausgeschlagene und von schimmernden Idolen beseelte Kultstätte vorstellen.

## Machu Picchu

*Machu Picchu ☆☆*
*Besonders sehenswert:*
*Bergpanorama über*
*dem Urubamba-Tal;*
*Szenische Einbettung der Ruinenstadt*
*(Blick vom Mirador);*
*Torreón mit*
*Königsgruppe;*
*Intiwatana;*
*Heiliger Platz mit*
*Tempeln;*
*Wayna Picchu*
*(Aufstieg)*

*In den Ruinen von*
*Machu Picchu*   ▷

Heinrich Schliemann folgte den Spuren Homers, als er 1871, mit der ›Ilias‹ in der Hand, Troja ausgrub. Luis Valcárcel legte Saqsaywaman frei, nachdem er Garcilaso de la Vega gelesen hatte. Aber der nordamerikanische Geschichtsprofessor Hiram Bingham, der zum Wiederentdecker von Machu Picchu werden sollte, wollte, als er 1908 am Ersten Panamerikanischen Wissenschaftskongress in Santiago de Chile teilnahm, eigentlich nur die Lebensstationen des Befreiungshelden Simón Bolívar besuchen. Als gebildeter ›Gringo‹ war er jedoch ein gerngesehener Gast, wurde bei einem Bankett in Abancay (Peru) neugierig auf die Inka gemacht und begann sich mit der Idee anzufreunden, deren »letzte Hauptstadt« zu suchen: das war das sagenhafte Vilcabamba, das schon durch die Chroniken des Augustinermönchs Antonio de Calancha geistert war.

Bingham beschafft also, mit Hilfe der Yale-Universität, die Mittel für eine Expedition, arbeitet sich 1911 von Ollantaytambo aus durch das Urubamba-Tal vor. Dort macht ihn ein Bauer auf eine oben im Wald eingewachsene Ruine aufmerksam, die an der *cima vieja* (dem

*Machu Picchu, Grundriss der Stadt    1 Agrarsektor mit Feldterrassen    2 Haupteingang in die Stadt    3 Alter Eingang an der Huaca Punku    4 Torreón    5 Palast der Prinzessin (Königsgruppe)    6 Brunnenstraße (Amanawasi)    7 Tempel des Kondors und Gefängnisviertel    8 Handwerkerviertel    9 Viertel der drei Türen    10 Mondtempel    11 Hauptplatz    12 Intiwatana    13 Heiliger Platz    14 Haupttempel    15 Tempel der drei Fenster    16 Steinbruch*

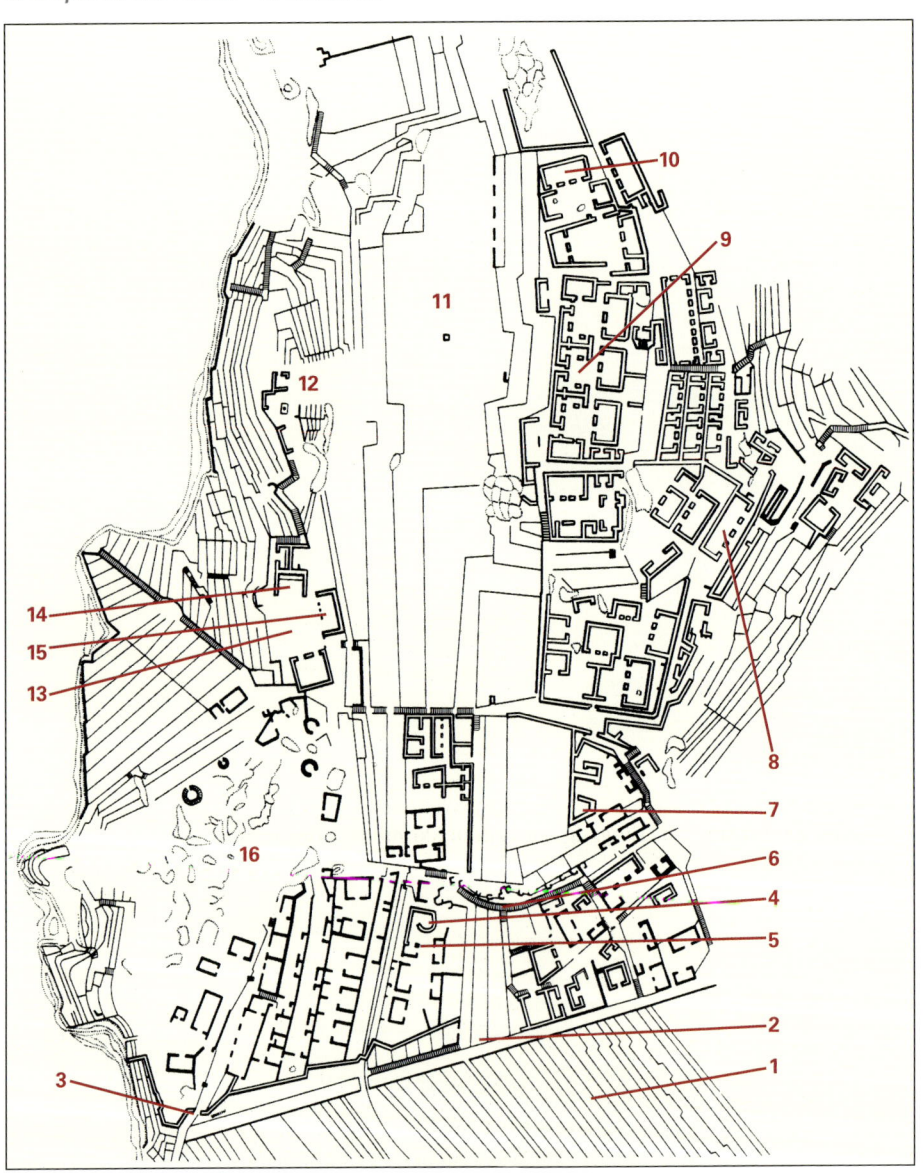

Alten Gipfel; auf Quechua: *machu picchu*) liegt. Über schmale Maultierpfade lässt sich der Trupp zu zwei Bergbauernkaten führen, neben denen ein Junge Bingham von Pflanzen überwucherte Mauerreste zeigt. Am Abend dieses Tages (24. Juli 1911) schreibt der Professor in sein Tagebuch: »Would anyone believe what I have found...?« Heute kommen Touristen aus aller Welt an den Alten Gipfel.

»Hohe Stadt der Klettersteine, hier wohnt endlich, was die Welt nicht in ihren müden Gewändern verbarg.«
(Pablo Neruda)

Wahrhaftig taucht Machu Picchu unter der Bezeichnung *picho* schon in den Wirtschaftsbüchern der Augustiner von 1568 auf, als der Orden nördlich von Ollantaytambo eine riesige Hacienda betrieb. Später bestätigten Forschungsreisende des 19. Jh., wie der Franzose Charles Wiener und der Italiener Antonio Raimondi (nach ihm ist eine berühmte Stele benannt), die Existenz dieser Ruinen, indessen ohne ihrer angesichtig zu werden. So gebührt der Ruhm, die traumhafteste *urbs* des Subkontinents dem Urwald entrissen und für die Wissenschaft entdeckt zu haben, dem eigentlich Vilcabamba suchenden Hiram Bingham. Der engagierte Forscher legte bei seinen von 1912 bis 1915 dauernden Ausgrabungen den gesamten Ruinenkomplex frei und dokumentierte das gigantische Werk anhand von 12 000 Fotos.

Den von ihm ›Mausoleum der Könige‹ genannten *torreón* (Großer Turm) soll er in geplündertem Zustand vorgefunden haben, weil der – dem Tabernakel des Qorikancha von Cusco ähnelnde – Eingang nicht mehr mit Goldblech verkleidet war. Überhaupt wurde in Machu Picchu erstaunlicherweise nirgends Gold gefunden. Waren Spanier die Räuber gewesen? – nichts deutet darauf hin, dass ihnen die Inka etwas von dieser geheimnisvollen Tempelstadt verraten hätten. Was Bingham hier, bei nicht gerade orthodoxen Bergungen, herausholte, waren jedoch nach den Angaben des peruanischen Archäologen Federico Kauffmann-Doig 220 Silber-, Kupfer- und Bronzeobjekte (vorwiegend Schmuck) sowie 550 vorzügliche Keramiken. Die Beute wurde mit Maultieren an die Küste geschafft und vom Hafen Mollendo aus heimlich nach Nordamerika verschifft. Diesen bis heute von der Yale University gehüteten Schatz fordert das peruanische Nationale Kulturinstitut nun zurück und will ihn zum Fundus eines *Museo de Sitio* (Museum vor Ort) machen, in das das Hotel de Turismo am Eingang zum Ruinenkomplex umgewandelt werden soll. Der ambitiöse Anspruch wird in einem neuen, im Juni 2005 vorgelegten ›Plan Maestro‹ zur Aufwertung des Weltkulturerbes Machu Picchu stipuliert.

Was der Nordamerikaner noch aus den Trümmern löste, waren 135 Mumien – 109 davon weiblich (eine von einer schweren Syphilis gezeichnet) –, was zu der Vermutung Anlass gab, Machu Picchu könnte, nach dem Einfall der Spanier in Cusco, eine letzte Zufluchtsstätte von ›Sonnenjungfrauen‹ gewesen sein. Aber was war diese in 2400 m Höhe über einen Bergrücken gelehnte Stadt aus weißem Granit überhaupt: Zitadelle, Tempelstätte, Bauernsiedlung? Sie bildete, nach allem was wir erkennen können, ein integrales, multifunktionelles, aus der Bergnatur herausmodelliertes ökologisches

Lebenszentrum, autark und doch über ein Wegenetz mit der Außenwelt verbunden – die inkaische Idealstadt: eine steinerne Mutter hat sie Pablo Neruda genannt.

Die Anlage von Machu Picchu breitet sich in Nord-Süd-Richtung unter dem zuckerhutförmigen Wayna Picchu (Junger Gipfel) auf einem 800 m langen und 500 m breiten Sattel aus. Sie umfasst einen landwirtschaftlichen und einen urbanen Sektor. Die von Bruchsteinmauern oder bis zu 4 m hohen Wände aus polygonalen Blöcken gehaltenen Feldterrassen der Agrarzone waren mit herangeschafftem Humus gefüllt; sie erlaubten zwei bis drei Ernten pro Jahr und konnten etwa tausend Menschen ernähren.

Hinter diesen Hängenden Gärten beginnt der städtische Sektor, bestehend aus über 200 Gebäuden. Er zieht sich in West-Ost-Richtung vom Kamm – zunächst mit fast 45° Gefälle, dann auf etwa halber Höhe von ebenerdigen Plätzen unterbrochen – bis zum Rand des Abgrunds hinunter. Ein Treppenwerk von 3000 Stufen überwindet die Steigungen und verbindet die 14 Funktionsbereiche der Ober- und Unterstadt: Palast-, Tempel-, Handwerker-, Wohn-, Speicherviertel usw. Dabei ist zu bemerken, dass alle Bezeichnungen, besonders so definitorische wie Prinzessinnen- oder Intellektuellenviertel reine Fantasie und zum Teil schon Hiram Binghams Entdeckerfreude entsprungen sind. Für Be- und Entwässerung der Anlage sorgte ein ausgeklügeltes Kanal- und Stausystem, von dem noch Teile zu sehen sind.

Die Gebäudeform ist überwiegend rechteckig und eingeschossig; nur vierzig Häuser – deshalb als Tempel oder Paläste eingestuft – weisen zwei Stockwerke auf. Häufig sind Bauten mit nur drei Außenwänden (*masma* oder *wayrana*), wie man sie am Heiligen Platz gut sehen kann. Der Aufriss von Türen, Fenstern und Idolnischen ist grundsätzlich trapezoid. Abgedeckt waren die Gebäude, je nach Standort, mit Pult- oder Satteldächern aus Holzbalken und aufgebundenem Ichu-Gras. Steinzapfen an den Quadern dienten zum Befestigen der Halteseile. Anhand von Granitblöcken, die man im nahen Steinbruch fand, kann man die Abbautechnik rekonstruieren: In reihenweise gebohrte Löcher wurden Holzkeile eingesetzt, mit Wasser getränkt und zum Quellen gebracht, bis sie den Stein sprengten. Für Regelmauerwerk vorgesehene Blöcke schliff man mit feuchtem Sand – und unendlicher Geduld – glatt.

Das klassische und schönste Panoramabild von Machu Picchu bietet sich dem Auge vom **Mirador** aus, einem Wachhäuschen mit Hausbank, zu dem man vom Eingang über einen gewundenen Treppenpfad aufsteigt. Wie ein Riff ragt am Ende des Blickfeldes der Wayna Picchu auf. Er ist vom Ruinenfeld bis zur Mauerkrone auf dem Gipfel rund 300 m hoch und lässt sich von Schwindelfreien in einer anstrengenden 60-Minuten-Partie erklimmen.

Markanteste Ruine in der gestuften Masse der Kuben ist der seines halbrunden Turms wegen **Torreón** (4) genannte Bau. Seine Mauer

*Tipp:*
*Vom Mirador aus kann man die Oberstadt durch das Steintor Huaca Punku betreten, doch gibt es kein Fließschema für die Begehung der Anlage, vielmehr wird man versuchen, den stellenweise sich häufenden Besuchergruppen auszuweichen. Am ruhigsten sind die ersten Morgenstunden.*

umfasst einen heiligen Felsen und ist mit diesem (ohne Mörtel) so fest verbunden ist, als wären beide aus einem Stück. In diesen gewachsenen Fels, dessen Körper aus der Tiefe einer Grabhöhle aufsteigt, sind kleine Opfertische eingemeißelt. Die unregelmäßige Kurvatur des Turms erinnert an die Schwunglinie des Sonnentempels Qorikancha in Cusco. Seine religiöse Bedeutung lässt die Sorgfalt der Steinbearbeitung am Turmfenster (Mauerstärke: 67 cm) erahnen. Die vier Vorsprünge an den Ecken lassen sich nicht technisch, sondern nur als Symbole erklären. Das gilt auch für die zwischen die 1,67 m hohen Nischen der Höhle eingesetzten steinernen Zapfen. Der ganze Turmfelsen mit der altararrtigen Plastik in seiner Grotte – von Bingham Mausoleum der Könige genannt – muss ein Sanktuarium gewesen sein. Neben dem Torreón sieht man die eisgraue granitene Nischenmauer, die der Forscher als schönste Mauer Amerikas bezeichnete: ein Meisterwerk inkaischer Steinmetzkunst.

An den Turm schließt sich die so genannte **Königsgruppe** an, mit einem Mauerwerk von kissenartig vorgewölbten Quadern und Trapeztoren, die sich wie in einer Schlossgalerie hintereinander öffnen. Gegenüber dem Verbindungstor zwischen Torreón und Königspalast und durch dieses hindurch sichtbar steht eine Stützmauer aus polygonalen Blöcken, die auch einem frühgriechischen Bau, wie dem Apollontempel von Delphi, angehören könnte. Über die von 16 Wasserbecken gesäumte Brunnenstraße **Amanawasi** (6) kann man von hier aus zum **Tempel des Kondors** (7) abschwenken, dem wichtigsten

*Die Mauer des Torreón genannten Bauwerks umfasst einen heiligen Felsen; sie ist mit diesem so fest verbunden, als wären beide aus einem Stück.*

*Der Felsen Intiwa-tana, ›wo die Sonne angebunden ist‹*

Trakt der Unterstadt, dem eine kondorähnliche Bodenplastik den Namen gab. Dahinter erstreckt sich das so genannte Gefängnisviertel, eine der vielen Anmutungen aus der Entdeckungszeit.

Das nach dem Torreón zweite große Kraftfeld von Machu Picchu bildet der Felsen **Intiwatana** (12) – ›wo die Sonne angebunden ist‹ – mit seinem prismatisch skulptierten Granitblock, der eine astronomische Funktion gehabt haben könnte, doch wohl eher ein *usnu* (Opferaltar) war. Zu Füßen dieser höchsten Erhebung der Ruinenstadt präsentiert sich als dritter Sakralbezirk der von drei offenen Tempeln eingefasste **Heilige Platz** (13). Der auf seiner Nordseite (zum Inti-Watana-Felsen hin) liegende **Haupttempel** (14) birgt einen riesigen Altar, bestehend aus einem 4,30 m langen und 1,50 m breiten Monolithblock, und wird deshalb auch Haus des Altars genannt. Ins Mauerwerk sind, wie auch bei dem die Ostseite des Platzes flankierenden **Tempel der drei Fenster** (15), sorgfältig bearbeitete Blockplatten von bis zu 2 m Länge eingefügt.

Der Blick aus den Tempelfenstern gehört zu den großartigsten visuellen Erlebnissen der Anden: Subtropischer Urwald und darüber die schneegekrönte Gipfelkette der über 5000 m hohen Ostkordillere. In diesen Wäldern, schwören die Archäologen, müssen noch weitere Ruinenstädte verborgen sein. Unten in der Schlucht schleift sich der Urubamba weiter in sein Granitbett. Gleich einer Riesenschlange umwindet er die Machu-Picchu-Felsen. Vielleicht erkannten die Inka, als sie diesen göttlichen Platz wählten, in der Flussschleife die mythische Schlange Amaru wieder.

Bezugsort für Machu Picchu ist **Aguas Calientes** im Urubamba-Tal. Von hier aus pendeln Busse über die Serpentinenstraße zur Ruinenstätte. Nach Aguas Calientes gelangt man vom 112 km entfernten

Cusco aus mit Zügen verschiedener Klassen oder mit dem Hubschrauber. Es verkehren auch Züge direkt ab Ollantaytambo, das von Cusco aus mit dem Bus erreicht werden kann. Inkaweg-Trekker lassen sich am km 88 der Bahnlinie absetzen. Dort beginnt die 45-km-Route nach Machu Picchu.

## Über den Camino Inka nach Machu Picchu

Machu Picchu liegt inmitten eines 325 km² großen Naturheiligtums, das ein 45 km langer Pfad durchzieht – der Camino Inka. Urwald und Inka-Ruinen, Felsabstürze, Wildwasser und schneebedeckte Sechstausender begleiten ihn. Vierhundert Jahre lang lag dieser Trail, über den einst die *chasquis* in Lamafellschuhen geeilt waren, im Dschungel begraben, ehe er wiederentdeckt und freigelegt wurde. Heute begehen ihn jedes Jahr 150 000 Trekker: es ist der aufregendste Weg zu den berühmtesten Ruinen Südamerikas.

*Camino Inca* ☆ ☆
*Besonders sehenswert:*
*Panoramen;*
*Flora und Fauna;*
*Malerische Inka-Ruinen*

Drei bis vier Tage dauert die Wanderung, die auf die schönste Weise Naturerlebnis und Entdeckerfreude, Kunstgenuss und sportliche Herausforderung vereint. Der peruanische Marathonläufer Román Tinta Naupa und andere Inkanachkommen haben die Strecke in 4 Stunden bewältigt. Aber es empfiehlt sich, langsam und, wie erfahrene Bergsteiger wissen, gleichmäßig zu gehen und das nicht nur wegen der Höhe: grandiose Ausblicke, zauberhafte Orchideen

*Auf dem Inkaweg*

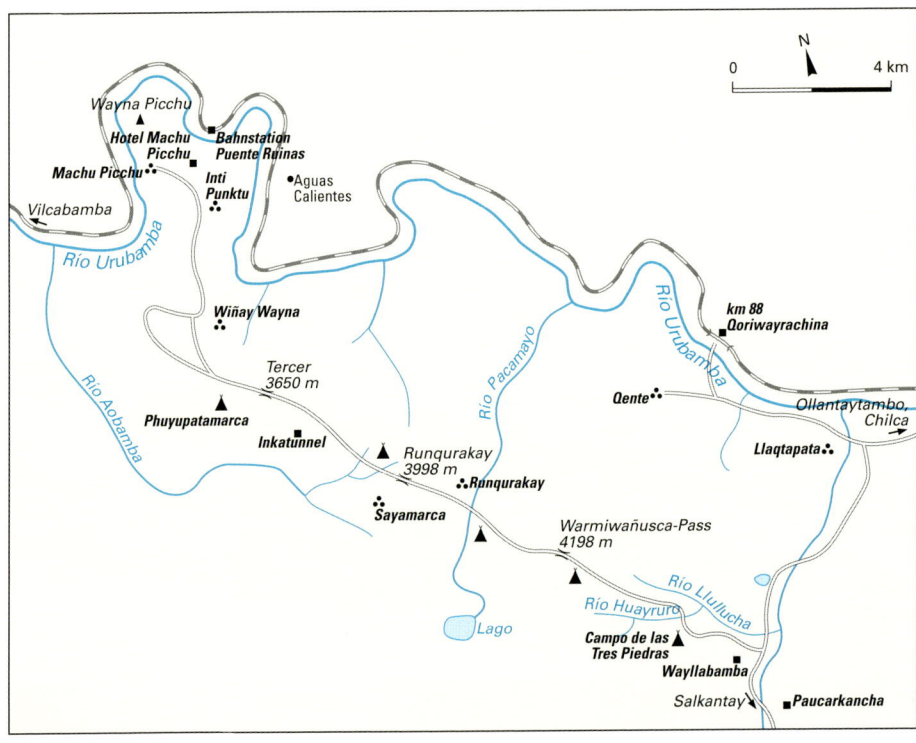

*Der Inkaweg nach Machu Picchu*

und dreihundert Schmetterlingsarten erwarten den Wanderer in diesem Biotop.

Als zeitgemäße *chasquis* nehmen heute Gepäckträger dem Touristen den Rucksack ab, bauen die Zelte zum Übernachten auf und entzünden die Lagerfeuer. Um eine umweltschonende Benutzung des Camino Inka zu gewährleisten, darf nur noch in der Gruppe und unter Leitung eines authorisierten *guía* getrekkt werden (siehe ›Von Ort zu Ort‹: Cusco). Es sind keine Athleten gefordert, aber gesunde Kondition und eine gewisse Schwindelfreiheit. Einige Steilstrecken (immer über Stufen) führen bis zu 4200 m hoch (Warmiwañusqa-Pass), doch erholsame Passagen entschädigen für die Anstrengung. Die am Wege liegenden Inka-Ruinen (Runqurakay, Phuyupatamarca, Wiñay Wayna) sind ein Traum – was man wörtlich nehmen darf, denn in ihrer Nähe wird (im Zelt) übernachtet. Bei der letzten Ruine – Inti Punku (Sonnentor) – kommt, in seiner ganzen Pracht, Machu Picchu in Sicht. Die Normalroute beginnt in Qoriwayrachina (km 88 der Eisenbahnstrecke); ehrgeizige Trekker starten bereits früher in Chilca. Wer abkürzen möchte, verlässt erst in Choquesuysuy (km 104) den Zug und steigt (steil) direkt zur Ruine Wiñay Wayna auf. Von dort sind es nur noch 5 km bis nach Machu Picchu.

# Auf der Inkastraße in den Altiplano

Von den beiden großen Nord-Süd-Strängen im Straßennetz der Inka lief der eine, von Ecuador kommend, an der Pazifikküste entlang, der andere enthielt, als Kernstück der Binnenroute, die Strecke zwischen Cusco und Titicacasee. Aber diese Teilstrecke war nicht nur eine Verkehrsachse, sondern auch ein Kulturkorridor. Durch ihn ergoss sich schon vor 3000 Jahren die Chavín-Religion bis in den Altiplano, später in umgekehrter Richtung die Tiwanaku-Kultur nach Norden und, noch vor den Inka und wiederum auf Gegenkurs, der Wari-Einfluss ins Titicaca-Becken. Die Silberkarawanen von Potosí fädelten sich durch diese Tälerkette, die Jesuiten streuten ihre Missionskirchen aus, die Eisenbahningenieure entdeckten sie als Transportschiene. Wer heute mit dem Zug von Cusco nach Puno fährt, wird allerdings an den geschichtlichen Zeugen dieses Schicksalswegs vorbeigeleitet. Folgen wir also der (gut ausgebauten) Straße.

Die ersten Spuren der Vergangenheit lassen sich schon wenige Kilometer südlich von Cusco entdecken. In **Tipón** führt ein 7,5 km langer Fahrweg (ab Kirchplatz) zu einer weiträumigen inkaischen Terrassenanlage, deren Bewässerungssystem nicht nur wegen der bis heute intakten Kanalführung, sondern auch durch ihre ästhetische Landschaftsarchitektur besticht. Schön gesetzte Trittsteine führen von Absatz zu Absatz. Runde Turmruinen könnten auf ehemalige Magazine oder Tempelbauten hindeuten.

Hingegen scheint die terrassenförmig angelegte Wari-Stadt **Pikillaqta** Befestigungscharakter besessen zu haben. Reste von bis zu 10 m hohen, lehmgefugten Feldsteinmauern, die eintausend Jahre überstanden, lassen auf wehrhafte Funktionen, mit den auf- und abschwingenden Mauerkronen aber auch auf eine nicht nur dem Nutzen ergebene Baugesinnung schließen. Heute sieht man nur noch ein vergrastes Ruinenfeld. Unweit davon zeigt auf der entgegengesetzten Straßenseite die imposante Torruine Rumicolca, wie dieses Tal einst bewacht und kontrolliert wurde.

*Pikillaqta*
*Besonders sehenswert: Landschaftsbild; Torruine Rumicolca*

In **Oropesa** nahm die Dorfkirche mit ihrem über dem Portal sitzenden Balkon bereits ein Merkmal vorweg, das alle Predigerkirchen dieses Längstals so beredt erscheinen lässt: Von diesen so genannten offenen Kapellen aus wurde den Indianern – durch Quechua sprechende Jesuiten – der katholische Glaube vermittelt. Die archaisierende Ausmalung (Frontalporträts) der Erlöserkirche von Oropesa hat durch jüngere Überpinselungen in heftigem Blau ziemlich gelitten.

Hingegen darf sich der üppig dekorierte Tempel von **Andahuaylillas** noch immer einiger Originalfresken vom Anfang des 17. Jh. rühmen. Der Gesamtkünstler Luis de Riaño, der die ›Taufe Christi‹ mit der Jahreszahl 1626 versah, liefert uns zugleich den Schlüssel zur vermutlichen – also davorliegenden – Bauphase dieser Jesuitenkirche, die im Sinne des Vizekönigs Francisco de Toledo als Propagandafide-Zentrum einer ›Indianerdoktrin‹ (Reduktion) entstand. Von

*Andahuaylillas* ☆
*Reich ausgemalte Missionskirche des 17. Jh.*

261

der Zusammenpferchung unterschiedlicher Ethnien durch die Obrigkeit zeugt noch die Puerta Pentalingue (Fünfsprachige Tür) zum Baptisterium mit Inschriften in Quechua, Aymara, Pukina (heute fast ausgestorben), Spanisch und Latein.

Das seiner heiteren Ausmalung wegen gerne Sixtinische Kapelle der Anden genannte Gotteshaus ist freilich alles andere als das. Wie der peruanische Kunsthistoriker Pablo Macera nachgewiesen hat, sind Teile der Kirche so oft und in so vielen Lokalstilen übermalt worden wie ein altes Karussellpferd. Das nimmt dem Interieur nichts von seinem Primaeffekt, aber es lohnt sich doch, etwas näher hinzuschauen. Überlagern sich schon in der Außenbemalung des Portals mindestens drei Epochen, so mischen sich in den Seitenkapellen (am meisten in der des Cristo-Asunción, der zweitletzten rechts vorm Altar) alle im Lauf der Jahrhunderte an der Kirche erprobten Stilarten.

Als einfachste (und unwerteste) Bemalung gibt sich die der Decke zu erkennen, die einen (früheren) Mudéjar-Artesonado imitiert.

*Die Deckenbemalung in der Kirche von Andahuaylillas imitiert einen (früheren) Mudéjar-Artesonado.*

Noch weitgehend original ist dagegen das die Seitenwände umlaufende, purpurgrundierte und mit Heiligenmedaillons besetzte Friesband (1618–26) von Luis de Riaño. Vom gleichen Künstler stammen die Murale, die zu beiden Seiten des Portals die Innenwände ausfüllen: ›Der Weg in die Hölle‹ (eintretend rechts) und ›Der Weg in den Himmel‹ (links). Beide gehen wahrscheinlich auf Vorlagen flämischer Gravüren zurück und verraten den Gusto der jesuitischen Auftraggeber am Manieristischen. In diesem Sinne sind jedenfalls die Stege zu deuten, die beide Bildräume diagonal durchlaufen – breit und mit Blumen garniert, in die Hölle; schmal und dornig, in den Himmel.

Der sozialkritische Diskurs der Jesuiten setzt sich im Wandschmuck der Kirche von **Huaro** fort, als deren Gesamtkünstler Tadeo Escalante (1770–1840) zeichnet: mit Fresken wie ›Der Lebensbaum‹ oder (übereinander) ›Der mildtätige Tod des Armen‹/›Das Gelage der Reichen‹. Hier nimmt das Bildvokabular auch schon heidnische Symbole auf, wie die inkaische Sonnenscheibe, die sich dann, um weitere indigene Piktogramme bereichert, in den Missionskirchen am Titicacasee wiederfinden. Blonde Engel mit andinem Kopfschmuck lugen – neben einer bis zum Hals zugeknöpften romanisch-byzantinischen Madonna, die die Augen niederschlägt – aus dem maurischen Deckendekor (19. Jh. anonym) des Adobe-Tempels von **Checacupe** hervor.

*Checacupe*
*Missionskirche mit*
*schönem Artesonado*

In den Uferstädten am Titicacasee, die ihren kolonialen Charme fast ganz verloren haben, ragen die alten Taufkirchen als einzige Relikte des Andenbarock aus dem Gewürfel der Kommerzbauten heraus. Die Kathedrale an der zentralen Plaza von **Puno** entstand aber erst 1757, weil der Ort selbst – als Spontansiedlung einer Silbermine – noch keine hundert Jahre zuvor gegründet worden war. Von den gleichen zerrupften Hügeln, die die Metallschürfer durchwühlten, stammt auch der von den Dombauern gebrochene Sandstein.

*Puno*
*Kathedrale mit indiani-*
*schen Portalskulpturen*

Die Bauzeit fiel in die letzte Phase des jesuitischen Missionierungsdrangs: zehn Jahre später wurde der Orden vertrieben. Dem späten Geburtsdatum verdankt die Kathedrale ihre dem Korpus der La Compañía-Kirche von Cusco nachempfundene Baugestalt: massive Zweiturmfassade und Altarportal mit Wellengiebel und sehr ähnlicher Säulenordnung. Nur etwas trutziger und schwerer wirkt der Rumpf durch seine ausladenden, konsolengestützten Gesimse. Im wuchernden Bildprogramm der Steinschnitzereien blühen Binsenblumen und *qantu* (die heilige Blume der Inka) zwischen den Schlingpflanzen. Und noch mehr Aquatisches hat der nahe See zur Poesie der Ziseleure beigetragen: Über die Figurennischen zu beiden Seiten des Portals gleiten *charango* spielende Sirenen mit Fischschuppenschwänzen.

*Pumakopf, Portal-*
*schmuck der Kathe-*
*drale von Puno*

Die Jesuiten waren auf die Verschmelzung der indianischen Mythologie mit den katholischen Heiligenlegenden bedacht. Nachdem sie die steifgläubigeren Dominikaner 1569 beim Katechisieren in der Titicaca-Region abgelöst hatten, förderten sie nicht nur die Bereicherung des Bildrepertoires mit tropischer Fauna und Flora (vgl. die Sakristeikuppel der Kirche La Compañía in Arequipa), um junge Missionare auf Urwaldeinsätze einzustimmen, sie duldeten sogar, dass ihr Ordensmonogramm in das inkaische Sonnensymbol eingearbeitet wurde. Aber hatten sie nicht auch in Mexiko mit schlauer Geduld die Metamorphose der Aztekengöttin Tonantzin in die Jungfrau von Guadalupe betrieben?

80 km von Puno entfernt sind im Mitteluferort **Julí** von den ehemals sechs Missionskirchen nur noch drei in besuchswürdigem Zustand erhalten. An der Plaza gibt sich der Jesuitentempel San Pedro Mártir (Ende 17. Jh.) noch unverdrossen robust, doch mussten seine aus porösem Vulkangestein errichteten Seitenwände inzwischen auch im Inneren durch Drahtseilverstrebungen gesichert werden. Mächtigstes Glied im Baukörper ist der dreistufige Turm, der sich nach oben hin (stofflich) zunehmend von der Erde löst: das untere Drittel besteht aus einfachen Lesesteinen, der Mittelteil aus Regelmauerwerk, darüber strebt ein filigran beschnitztes Glockenhaus (von der sonnenbeschienenen Nordseite aus gut zu sehen) geradezu himmelwärts. Nur noch der barocke Schwung des Gesimses, der die Fassadenkontur der römischen Mutterkirche Il Gesù nachvollzieht, bemüht sich außerdem um Auflockerung dieses kompakten Natursteinmassivs. Eintretend, findet man rechts in der Taufkapelle noch Reste ihrer floralen Wandbemalung.

Auf der gegenüberliegenden Seite der Plaza bietet die Casa de Zavala eines der ganz wenigen Beispiele regionaler Zivilarchitektur der Kolonialzeit. Hier residierte einst der *corregidor* (Stadtvogt). Das Dach des mit Totora-Schilf gedeckten Hauses ist zwar inzwischen eingeknickt, doch zwei von schönen Steinreliefs eingefasste Türen, die an den Portalschmuck der Patrizierhäuser von Arequipa erinnern, lohnen einen Blick.

Auf einer erhöhten Plattform ruhend und von einem noch teilweise erhaltenen Tor- und Mauerwerk umgürtet, kündet die lang hingestreckte Dominikanerkirche La Asunción (östlich der Plaza) von der einstigen Macht des Ordens. Der vom Blitz beschädigte Turm des 1620 errichteten Gotteshauses und das stark mitgenommene Hallengewölbe erwarten ihre Restaurierung. Leider lässt die schwache Ausleuchtung nur bedingt eine Würdigung des Bilderschmucks und der in Tempora gemalten Paneele auf einem Querschiffbogen zu.

Weit sehenswerter ist die – inzwischen als Museum deklarierte und nicht weniger imposant platzierte – Dominikanerkirche San Juan (nördlich der Plaza) mit ihren zahlreichen Zeugnissen indianischer Steinmetzkunst. Von den Portaleinfassungen über die Fensterlaibungen bis zur Rahmung der Sakristeitür führt dieser schon 1590 errichtete (später von den Jesuiten modifizierte) Tempel die Verschmelzung von andiner Symbolik und churriguresker Spielfreude vor. Pumas, Affen und Pfauen bevölkern ein mit tropischen Früchten

*Pomata, tanzende Figuren als Kuppel-schmuck in der Sakristei der Kirche*

beladenes Pflanzenparadies. Gemälde mit Szenen aus dem Leben des Kirchenpatrons, des Heiligen Johannes, beleben die Wände der einschiffigen Halle. Sie sind von überbreiten, prachtvollen Goldrahmen eingefasst, die selbst noch im diffusen Licht, das durch die Alabasterfenster fällt, leuchten. Zum Kolorit des Innenraums tragen auch die polychrom gefassten Altarfiguren bei. Mit einer einfachen Schilfauskleidung bekennen sich Decke und Viereckkuppel zum nahen Titicaca-Ufer.

Als schmuckste und am besten konservierte Seekirche blickt der rote Sandsteintempel von **Pomata** aus stolzer Höhe über den Wasserspiegel. Diese in der ersten Hälfte des 18. Jh. entstandene (und vorzüglich gepflegte) Dominikanerkirche gehört zu den Tresoren des kolonialzeitlichen Amerika. Sie wurde, wie so viele andere Verkünderkirchen in der Neuen Welt, Santiago de Compostela – dem als ›Mohrentöter‹ heroisierten Heiligen Jakob – geweiht. Die Ornamentik dieses erhabenen Tempels, die sogar noch Elemente aus dem Sonnentor von Tiwanaku – und damit der Chavín-Religion – transportiert, offenbart synkretistische Kompositionen in eindringlichster Form. Mehr noch als im Fassadenschmuck lebt die Fabulierkunst der mestizischen Steinschneider in der Gestaltung der Seitenportale, der Fensterlaibungen, der Umrahmung der Sakristeitür auf. Sind die acht Reigen tanzenden Figuren in der Kuppel »Pflanzenengel«, wie der Kunsthistoriker François Cali schwärmerisch meinte? Sind es Sirenen oder einfach *danzantes* (Tanzende), als die man heute, wohl mehr aus verlegener Unwissenheit, diese hüpfenden Gestalten bezeichnet? Auch in dieser herrlichen Kirche filtern Alabasterfenster – aus dem Vorderen Orient – das grelle Hochlandlicht und mehren den Zauber der verrätselten Bilderwelt.

*Pomata* ☆
*Schönste Missionskirche am Titicacasee mit herausragenden Steinmetzarbeiten*

**Am Titicacasee**

Unter den bildhaften Vergleichen, mit denen die Geographie so gerne spielt, ist die Bezeichnung ›Tibet der Neuen Welt‹ gewiss kein Schmeichelname. Und doch war die Hochwüste (3850 m), in die der Lago Titicaca als höchste schiffbare Wasserwanne der Erde eingelagert ist, möglicherweise das Entwicklungszentrum der amerikanischen Menschheit.

Der Anthropologe Arthur Posnansky, der das Alter der Frühkulturen im Altiplano auf fast 15 000 Jahre ansetzte, könnte sogar zu kurz gegriffen haben. Jedenfalls ist auch in der Anden-Archäologie der Mythos um den heiligen See – oder das Entstehungsrätsel um die Tiwanaku-Kultur – so lebendig wie die Ursprungslegende der Inka, deren Ahnen von der Sonneninsel gekommen sein sollen. In diesen Höhen ist die Sonne ungefiltert und macht den Titicacasee zum gewaltigen Wärmespeicher. (Der See ist fast 200 km lang und mit einer Fläche von 8000 km$^2$ zwölfmal so groß wie der Bodensee. Maximale Wassertiefe: 300 m.) Seit Jahrtausenden werden an seinen Ufern Mais, Kartoffeln, Quinoa und Bohnen angebaut. ›Volk der Sonnenkinder‹ wäre denn auch eine passende sprachliche Ausdeutung des Schrumpfwortes Tiwanaku: *ti* (abgekürzt für *inti*) bedeutet Sonne; *wawan* heißt Sohn und *hake* Volk. Aber wer war das erste Volk und woher kam es?

Der Begriff ›Tibet der Neuen Welt‹ enthält, unbeabsichtigt, eine anthropologische Konnotation: An die asiatische Urheimat der Andenindianer erinnert noch immer der Mongolenfleck bei neugeborenen Aymara-Kindern. Die Aymara bilden zusammen mit der Quechua-Bevölkerung das Gros der Hochlandstämme und bewohnen auch diesen Collao genannten Teil der Puna rund um den See (›Zirkum-Titicaca‹). Daneben aber haben sich andere Ethnien erhalten, etwa das im bolivianischen Altiplano lebende Hirtenvolk der Chipaya und dann natürlich die Uru, deren Totoraschilfboote den Titicacasee weltberühmt gemacht haben.

Die heute im Schilfgürtel *(totoral)* bei Puno auf 15 schwimmenden Inseln reitenden Indianer sind Mischlinge: Nachkommen der einst (1582) 80 000 Uru, die in zehn Siedlungskomplexen die Seen- und Salarplatte vom Lago Titicaca bis zur Salzlagune Coipasa bewohnten. Der dunkelhäutige, widerstandsfähige Menschenschlag, dessen Sprache zur Zeit der spanischen Invasion zu den (neben Quechua und Aymara) drei Hauptidiomen der Hochandenregion zählte, lebte jahrhundertelang in Spannungen mit den Aymara, deren Stammesfürsten *(mallkus)* sie wirtschaftlich zu isolieren und als zweitklassiges Volk zu diskriminieren versuchten.

Die Eigenbezeichnung der heute Uru genannten Ethnie – *kotsuñs* (Wassermenschen) – nahmen die Aymara sehr wörtlich, indem sie ihnen Niederlassungen außerhalb der Uferzonen verboten und sie als *villi villis* (Entenfresser) diffamierten. Vergeblich versuchten die Inka, als nächstes Herrschervolk, der schwimmenden Inseln habhaft zu werden. Diejenigen Uru, die sie in den Ufer-

*Blick von der Sonneninsel über den Titicaca-See; im Hintergrund die*
◁ *Königskordillere*

gebieten fassen konnten, schickten sie als *mitayos* in die königlichen Maispflanzungen im Cochabamba-Tal. Anschließend waren es die Spanier, die die amphibischen Clans aus ihren Ökosystemen lösten, um sie ›umzuschulen‹ oder, was schlimmer war, für die Silberminen von Potosí zu rekrutieren.

Das Resultat all dieser Verfolgungswellen waren Assimilierung, Identitätsverlust und Mestizisierung. Heute gibt es auf den berühmten Schilfinseln keine reinrassigen Uru mehr. Die Hälfte der 2000 Wassermenschen lebt an Land, die andere Hälfte pendelt zwischen den schwimmenden Teppichen, wo der Fototourismus inzwischen die Haupteinnahmequelle bildet, und dem Ufer hin und her. (Drei der inzwischen vom Tourismus ziemlich korrumpierten schwimmenden Postkarten-Inseln oder auch das weiter entfernte Taquile mit seinen strickenden Männern kann man von Puno aus mit dem Schiff besuchen.) Vor allem für die Fremden werden heute noch Totora-Boote gebaut. Aber wie könnte es anders sein, da ein Schilfrumpf bereits nach einem Jahr angerottet ist und alle übrige Welt in Dauerhüllen aus Kunststoff spazieren fährt!

Echte Uru haben sich nur da erhalten, wo fast kein Fremdling hinkommt und wo sich die Kotsuñs schon vor tausend Jahren – mit Staubecken und Schleusen, Kanal- und Schwemmlandsystemen – als Wasserbaukünstler bewährten. In drei Enklaven haben Uru-Ethnien überlebt: Am Río Desaguadero die Iru-Itu, am Lago Poopó die Murato und an der Coipasa-Lagune die Chipaya. An diesem Salzsee zählte der Ethnologe Alfred Metraux 1931 noch 370 Ureinwohner. Doch bis 1973 war der Stamm wieder auf 1200 Menschen angewachsen. Gegenwärtig gibt es 1800 Chipaya. Die Wassermenschen halten sich also – aller ereignisgeschichtlichen Erosionen zum Trotz – weiter über Wasser.

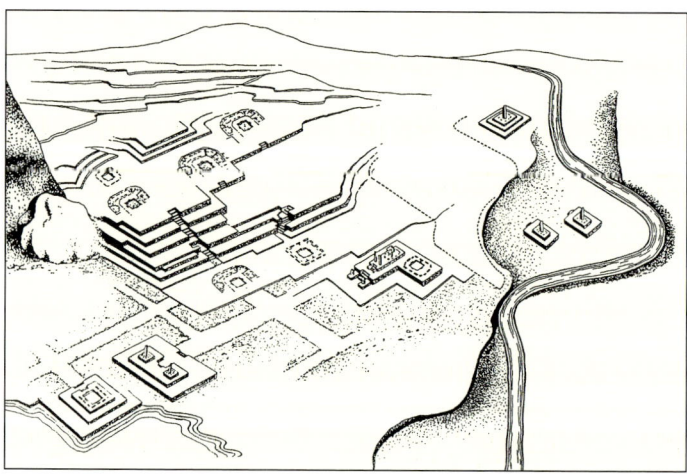

*Pucará, zeichnerische
Rekonstruktion der
Ausgrabungsstätte*

# Pucará: Vom Katzendämon zum Engel

Als erste stadtbildende Hochkultur schälte sich im Apogäum der formativen Periode das Tiwanaku-Reich aus den Titicaca-Völkerschaften heraus und expandierte im Norden bis zum 1200 km entfernten Wari-Zentrum (siehe S. 56f.). Ein noch diese Stoßrichtung anzeigender Markstein blieb in Form der auf 3500 m Höhe liegenden Tempel- und Siedlungsruine **Raqchi** an der Strecke Cusco – Puno erhalten. Die Inka haben diese Stätte dem Schöpfergott Wiraqocha geweiht; doch ist sie ist ihrer Konstruktionsweise nach (Mauerverbund, Säulenbau) präinkaisch und wird von der Archäologie heute dem Tiwanaku-Kreis zugeschrieben. Zu sehen sind noch die Reste eines 91 m langen und 25 m breiten Tempels. Seine mittlere, 12,50 m hohe Adobe-Trennwand stützte einst ein Satteldach. Beidseitig wird sie von elf Rundsäulen flankiert, die ursprünglich 6,50 m maßen.

*Raqchi*
*Präinkaische*
*Tempelruine*

Unter den Kulturen, die den geometrisierenden Tiwanaku-Stil vorprägten (die Strenglinigkeit leitete sich von der Webkunst, also den rechtwinkligen Kette-Schuss-Mustern, ab und griff erst dann auf die Steinzeichnung über), war **Pucará** im nördlichen Titicaca-Becken am stärksten stilbildend. Pucará war das Regionalzentrum einer mehrere Kulturfolgen aufweisenden Töpferbauernschaft. Erst in den 1940er Jahren wurde das Hauptbauwerk freigelegt, ein aus Hausteinen errichteter, halbkreisförmiger Tempel oder Palast. Die dabei gemachten Funde, blockartige Steinstatuen und sehr schöne, rot grundierte Keramik mit gelben und schwarzen Mustern, erwiesen sich als wahre Leitobjekte zum Nachweis weiträumigen Kulturtransfers. Hauptmotiv im Pucará-Dekor war der ›Engel mit Zepter‹ – eine Bildformel, die sich von der geflügelten (und dann schon anthropomorphen) Raubkatze des späten Chavín ableiten könnte, als unverkennbares Pucará-Symbol aber sowohl in der Wari-Ikonographie als auch im berühmten Sonnentor von Tiwanaku wiederkehrt.

*Pucará*
*Ruinenkomplex der*
*Vor-Tiwanaku-Zeit*

# Die Chullpas von Sillustani

Gemauerte Grabtürme, in der Aymara-Sprache als *chullpas* bezeichnet, finden sich an vielen Stellen der Südanden, im Collao wartet jedoch unweit von Puno auf einer Halbinsel im kleinen Umayo-See die Stätte **Sillustani** mit einem besonders eindrucksvollen Grabturm-Ensemble auf. Es handelt sich um zwölf Vulkanstein- bzw. Adobeziegel-Mausoleen. Das Alter dieser bis zu 12 m hohen, zum Teil eingefallenen Bestattungstürme ist ungewiss, aber manche sind, das weiß man inzwischen, bereits in der Vorinkazeit entstanden und könnten auf regionale Kolla-Kulturen zurückgehen.

*Dem Titicacasee entsprangen die mythologischen Kreaturen der Pucará-Kultur. Die typischste ist das Lurch-Fisch-Schlangenwesen, hier auf einer Stele, die in einem Grab der Tempelpyramide von Pucará gefunden wurde.*

*Die gemauerten Grabtürme (Chullpas) von Sillustani*

**Sillustani** ☆
**Besonders sehenswert:**
**Grabtürme auf dem Hochufer über dem Umayo-See;**
**Vollendete Steinhauerkunst**

Über einem rechteckigen oder kreisrunden Grundriss bilden die Türme kubische, pyramidale oder zylindrische Baukörper aus, wobei sich letztere teilweise nach oben erweitern, ein Kranzgesims vorspringen lassen und in einer Kuppelwölbung enden (phallische Form). Ins Innere der *chullpas* führen niedrige, nach Osten, also zur aufgehenden Sonne hin orientierte Öffnungen in Bodenhöhe. Manche der Türme sind einräumig, andere in übereinander liegende Grabkammern gegliedert, deren Zwischendecken aber nicht mehr erhalten sind. Die Mausoleen waren also wohl einzelnen hochgestellten Persönlichkeiten vorbehalten oder auch einer Kultgemeinschaft gewidmet. Bis zu zwölf Mumienbündel, alle in Hockstellung bandagiert, hat man in einem Turm gefunden.

In den *chullpas* von Sillustani spiegelt sich die auf die Inka überkommene Baukunst von Chimor und Wari wieder. Die mit Sand glatt geschmirgelten Basalt- oder Trachytblöcke sind so sauber gesetzt, dass die Fugenlinien schichtweise exakt horizontal verlaufen und (bei den zylindrischen Bauten) die Rundung der Steine nach einem berechneten Radius einfach perfekt ist.

Schönstes Beispiel ist der – wegen eines kleinen Eidechsen-Reliefs auf einem Blendstein – Chullpa del Lagarto genannte Turm, an dem man auch die Verklammerungstechnik für die Außenwände studieren kann: Die aneinander stoßenden Verblendungsblöcke sind seitlich ausgehöhlt und durch eingeklemmte Gliedsteine miteinander verbunden. Innen im Turm wurde das Mantelwerk roh belassen und mit Bruchsteinen und Stampflehm hintermauert. Steinkreise zu Füßen der *chullpas* lassen auf einen mit der Sonnenverehrung verbundenen Totenkult schließen. Ein heiliger Ernst liegt über dieser Nekropole, deren Grabmale sich feierlich vor dem stillen See verneigen.

# La Paz

Nur 50 km vom Titicacasee entfernt stürzt das Auge in einen 800 m tiefen Trichter, in dem sich die höchstgelegene Großstadt der Erde versteckt: La Paz. Vertikal betont wird die Vedute zusätzlich noch durch den unmittelbar dahinter aufragenden Schneeriesen Illimani (6400 m) und, am Boden des Kessels, die wie Stalagmiten einer Grotte sich gen Himmel reckenden Hochhäuser, die man hier schlecht Wolkenkratzer nennen könnte, denn die Luft ist fast immer blau und diaphan.

Fluggäste landen auf dem Hochplateau der Neustadt El Alto (4100 m), bewegen sich (ratsamerweise gemessenen Schrittes, obwohl in der Ankunftshalle auch Sauerstoff bereitgehalten wird) zum Bus- oder Taxistand und tauchen über eine 12 km lange Serpentinenstraße ab in die City. Wer sich dort sogleich über das verwirrende Neben- und Übereinander von Alt und Modern, von urban und zutiefst ländlich wundert, sei daran erinnert, dass diese auf eine Million Einwohner angewachsene Metropole einmal als Goldgräbernest entstand.

Choqueyapu – Goldsaat – heißt der den Talgrund durchlaufende Fluss bis heute, denn als im Jahr 1535 das erste, von Juan de Saravia geführte Fähnlein Spanier hier auftauchte, wohnten an den Ufern bereits tausend Gold waschende Indianer. Alsbald machten sich die Eroberer an die bergmännische Ausbeutung des gelben Metalls in

*La Paz* ☆☆
*Besonders sehenswert:*
*Überwältigende Hoch-*
*kessellage der Stadt*
*vor der Schneekulisse*
*des Illimani;*
*Straßenmärkte;*
*Plaza Murillo;*
*Tambo Quirquincho*
*(Museum);*
*Museos Municipales;*
*Museo Nacional*
*de Arte;*
*Museo de la Catedral;*
*Museo de*
*San Francisco;*
*Museo Nacional de*
*Etnografía y Folklore;*
*Museo Nacional de*
*Arqueología*

*La Paz, Blick*
*über die Stadt*

der nahen Kordillere und gründeten – unweit der Stelle, wo heute der Flughafen liegt – ›La Paz de Nuestra Señora‹. Doch der kalte Altiplano-Wind trieb sie in den schützenden Kessel, und hier ließen sie 1559 die übliche Schachbrettsiedlung entstehen, die den Kern aller hispanoamerikanischen Städte kennzeichnet.

Zwar versiegte das Gold schon bald, aber nun profitierte La Paz von seiner günstigen Verkehrslage im Schnittpunkt lebenswichtiger Transport- und Handelsachsen: Hier kreuzten sich die von Potosí

*La Paz   1 Plaza Murillo   2 Kirche Santo Domingo   3 Kirche San Francisco mit Museum   4 Museo Tambo Quirquincho   5 Museos Municipales   6 Museo Nacional de Arte   7 Museo de la Catedral 8 Museo Nacional de Etnografía y Folklore   9 Museo Nacional de Arqueología*

kommende Silberstraße, die Salzstraße der Salare und der Weg der Koka-Karawanen aus den Yungas. Die Verkehrslage und die Einrichtung von Textilmanufakturen (*obrajes* – so heißt bis heute ein Stadtteil von La Paz), die ab 1553 hier Puna-Wolle verarbeiteten, zog auch viele Indianer an diesen Platz. 1586 lebten 260 Spanier hier, aber bereits 6000 Aymara – allerdings nicht alle freiwillig. Verdienstvolle Konquistadoren, zu Kommendeninhabern geworden, durften sich beinahe nach Belieben einheimischer Arbeitskräfte bedienen. Deren Status war, wie man in den Chroniken nachlesen kann, je nach Autor der von Menschen, die »kaum ihre tierische Schale verlassen« hatten, oder der von »großen Kindern«.

1623 lehnten sich die Indianer zum erstenmal gegen ihre Unterdrücker auf und töteten dreißig Spanier. Dieser Aufstand sollte eine ganze Welle von späteren Rebellionen einleiten. Franziskanermönchen gelang die Befriedung, doch die Kirche als Institution blieb abweisend. Man müsse die Indianer unter dem »süßen Joch« christlicher Bekehrung aus ihrer »angeborenen Finsternis« führen, stellte die Synode von La Paz im Jahre 1638 in ihren Beschlüssen fest und verteidigte auch weiter das Encomienda-System.

Die zweite Erhebung von 1661, die zur Ermordung des Stadtvogts von La Paz führte, wurde bereits von einer Mestizenschicht getragen und erschütterte die ganze Region von Potosí bis Cusco. Zu den großen Indianerrevolutionen aber kam es erst im 18. Jh. unter Tupac Katari und Tupac Amaru. 1781 erhoben sich die Provinzen südlich von La Paz, Tupac Katari umzingelte mit 40 000 Mann die Stadt und schnürte sie 109 Tage lang von der Außenwelt ab. 10 000 Spanier fielen im Kampf oder verhungerten damals, bevor von Buenos Aires und Lima heranrückende Truppen für Entsatz sorgten. Tupac Katari wurde verraten, gefangengenommen und öffentlich geviertelt, seine Frau aufgehängt. Diesen dramatischen Ereignissen verdankt die Stadt ihr erstes, bis heute erhaltenes Bilddokument: Genau im Jahre 1781 malte Florentino Olivares seine ›Vista de la ciudad de La Paz durante el asedio de Tupac Katari‹ (Stadtansicht von La Paz während der Belagerung durch Tupac Katari). Das Gemälde hängt heute im Rathaus; es zeigt den Stadtkern aus der Vogelschau, oben den indianischen *caudillo* mit seiner Frau und unten den spanischen Stadtkommandanten Sebastián de Segurola als Verteidiger.

Ihren Namen La Paz (Der Friede) hat sich die Metropole also schlecht verdient, und als ginge sie überhaupt mit ihrer Geschichte ein wenig nachlässig um, präsentiert sie den Freiheitshelden Pedro Domingo Murillo, hoch zu Pferd, auf dem nach ihm benannten Platz (auf dem er 1810, fünfzehn Jahre vor der hart erkämpften Unabhängigkeit, auch hingerichtet wurde) womöglich in einer Gestalt, die er gar nicht besaß. Von Murillo wurde zu Lebzeiten nie ein Konterfei angefertigt und so fragen sich denn die Historiografen auch, wer wohl dem ecuadorianischen Maler Joaquin Pinto, der Bolivien nie betrat, für sein Gemälde ›Glorificación de Murillo‹ (heute im Museo Histórico) Modell gestanden haben möge.

Hier an der Plaza Murillo schlägt das Herz von La Paz. Aber wo schlägt es nicht? Die ganze Stadt befindet sich ständig in einer fließenden Bewegung, der dennoch jede Hektik fehlt. Es ist, als ob die allgegenwärtigen Marktfrauen – nie sind es Männer –, die die Trottoirs besetzt halten, nicht nur den Strom der Fußgänger bremsten, sondern auch mit ihrer sanften Geduld, den stummen Blicken, den trägen Bewegungen der Stadt den gemessenen Rhythmus eingäben. Hier wird nicht ausgerufen, angepriesen, gefeilscht. Niemand scheint auf Umsatz erpicht zu sein. Wie eingetopft sitzen die Kollas in ihren von Unterröcken gebauschten *polleras* auf dem Boden, ohne die Stunden zu zählen. Straße für Straße sieht man Buden, Klappstände und ausgelegte Ponchos, auf denen Ware feilgeboten wird. Ganz La Paz ist ein Markt, und wenn Stadtpläne besondere *mercados* kennzeichnen, dann verdichtet sich dort allenfalls das ambulante Treiben zu einem Basar, wo auch die *jampis* genannten Zaubermittel ihre stummen Versprechungen machen: Medizinpflanzen, Magnetsteine, Vogelkrallen, Lamaföten. Man sollte also La Paz nicht nach Sehenswürdigkeiten – es gibt eine Handvoll guter Museen – absuchen, sondern sich, schauend und erbauend, dem wohltuenden Fluidum seiner Lethargie ergeben.

An sichtbaren Kunstwerken hat sich auch wenig erhalten. Im 19. Jh. räumte die junge Republik mit ihrer kolonialen Vergangenheit auf und kleidete sich architektonisch neu ein. Seitdem erscheint die ganze **Plaza Murillo** (1) mit dem Präsidentenpalast und dem um 1850 erbauten Parlamentsgebäude, die gräko-romanisch ›umgestilte‹ Kathedrale ausgenommen, im neoklassizistischen Gewand. Das gilt auch für das um diese Zeit eingeweihte Stadttheater. Gleichzeitig entstanden Pfarrkirchen im neugotischen Habitus, während der schöne Barocktempel La Merced seine Façon verlor.

Einzig die (nur einen Straßenblock von der Plaza entfernte) Dominikanerkirche und die schon außerhalb des historischen Kerns liegende Franziskanerkirche konnten ihre urigen Mestizenbarockfassaden in die Gegenwart retten. Die **Iglesia de Santo Domingo** (2), 1760 im damaligen Spanier- und Kreolenviertel gebaut, wurde über hundert Jahre lang als Kathedrale genutzt. Wie aus Holz geschnitten wirkt ihr mit Pumaköpfen geschmücktes Portal, dessen Blattwerknetz dem der wenigen noch erhaltenen Bürgerpaläste (Palacio Diez de Medina und Palacio de los Marqueses de Villaverde) sehr ähnlich ist. Auch die mit ihrem fehlenden zweiten Turm eigenartig unsymmetrisch wirkende (2005 um ein eigenes Museum bereicherte) **Iglesia de San Francisco** (3), entstanden um 1750, schöpft aus dem indigenexotischen Ornamentrepertoire der Seekirchen des Titicaca-Ufers und weist in ihrer Kuppel sogar noch, wie jene, Alabasterfenster auf. Sie war früher wie heute Zentrum der Indianergemeinde.

In La Paz hat, ganz anders als etwa in Sucre und selbst in Cochabamba, im 19. Jh. der Exodus von Großbürgerfamilien in die Außenbezirke das Altstadtviertel der Anarchie einer von keinerlei Ord-

Ein einzigartiges Dokument der Stadtgeschichte ist das Gemälde ›Retrato de Martin Landaeta‹ von Diego del Carpio (spätes 18. Jh.; Museo de Catedral): Der Bildfond zeigt die Plaza Mayor von La Paz mit der nicht mehr existierenden Kathedrale. Außerdem sieht man Fußgänger mit Pelerinen, indianische Marktfrauen und, als anekdotisches Aperçu, zwei Damen, denen eine kleine Negersklavin die Schleppen trägt.

nungsplan beunruhigten Zweckarchitektur überlassen. Daher versammeln sich heute in den Straßenblocks um die Plaza Murillo tausende von Büros und neunzig Prozent aller in La Paz niedergelassenen Anwälte und Versicherungsagenturen.

Wie man dennoch punktuell Stadtgeschichte regenerieren kann, hat Boliviens führende Kunsthistorikerin Teresa Gisbert am heutigen Museumsbau **Tambo Quirquincho** (4) exemplifiziert. In der frühen Kolonialzeit, als die Spanier die Straßen um die Plaza Mayor (jetzt Plaza Murillo) herum bewohnten, gab es drei von Kaziken regierte Indianerviertel, deren eines (San Sebastián) dem Häuptling Quirquincho unterstand. Dessen Haus (Tambo Quirquincho) wurde 1781 von den Truppen Tupac Kataris angezündet (Brandspuren sind noch heute unterm Dach zu sehen); später erlitt die Ruine Materialentnahmen und Modifikationen, denen sich nur Teile des Bogenwerks im Eingang entziehen konnten. Die gelungene Restaurierungsidee bestand nun darin, im Patio einen schönen alten Kreuzgang wiederentstehen zu lassen: Dieser gehörte ursprünglich zum 1760 abgerissenen Kloster La Concepción, aus dessen Baumasse zunächst ein Kino errichtet wurde. Als dieses ebenfalls zugrunde ging, hat man vom Abbruchmaterial zwei Drittel der Klostersubstanz wiedergeborgen und dem Tambo Quirquincho einverleibt. Das jetzt hier untergebrachte städtische Museum beherbergt eine ausgezeichnete Sammlung von religiösen und zivilen Silberschmiedearbeiten aller Epochen der Kolonialzeit, eine lebendige Fotodokumentation der Stadtgeschichte, eine Maskenkollektion (Beschwörungs- und Abwehrzauber bei Volksfesten) und eine Galerie zeitgenössischer Kunst.

Eine zweite Spurensuche unternahm die Stadt nur wenige Gehminuten von der Plaza Murillo entfernt, in der Calle Jaén. In dieser in der Gaslaternenromantik ihrer Jugendzeit wiedererstandenen Gasse sind die **Museos Municipales** (5) beheimatet (Sammelkarte zum Besuch der vier kleinen Museen). Das **Museo Costumbrista** bietet kontemporane Malerei und plastisches Volkskunsthandwerk. Im **Museo del Litoral** gedenkt man der im Pazifikkrieg an Chile verlorenen Pazifikküste (Provinz Atacama). Das **Museo de Metales Preciosos Precolombinos** birgt vorwiegend Goldblecharbeiten (Diademe, Ohrschmuck, Gürtel, Pektorale) des klassischen Tiwanaku (133–724 n. Chr.).

Mit dem vierten Gebäude, dem **Museo Histórico Casa Murillo,** schließlich begegnet man dem ehemaligen Wohnhaus des gleichnamigen Befreiungshelden. Im Parterre sieht man natürliche und suggestive Mittel der Volksmedizin, vom Herbolarium bis zu Fetischen und Amuletten. Daneben werden Masken von Volksfesten (wie der ›Diablada‹ von Oruro) sowie präkolumbische und koloniale Musikinstrumente gezeigt. Interessantester Teil des Museums ist die kleine Kunstgalerie, deren bekanntestes Gemälde einen barocken ›Christus mit geschultertem Kreuz‹ (um 1700) aus Melchor Pérez Holguíns Grauer Periode darstellt.

*Schatulle, mit leuchtenden Harzfarben in Kero-Technik bemalt; Exponat des Museo Histórico Casa Murillo. Auf dieser Truhe begegnen sich spanische Möbelschreinerkunst und indianische Legendenmalerei. Dargestellt sind u. a. Szenen aus der inkaischen Eroberungsgeschichte; eine Jagdszene repräsentiert die koloniale Epoche.*

Als einmaliges Stück, bei dem sich spanische Truhenschreiner-kunst und indianische Legendenmalerei verbanden, erweist sich die 47 cm lange und 20,5 cm hohe, mit leuchtenden Harzfarben in Kero-Technik bemalte Schatulle. Auf der Oberfläche sind fünf Szenen aus der inkaischen Eroberungsgeschichte des *antisuyu*, des Südens, wiedergegeben, das verrät die tropische Flora und Fauna. Die Seiten-flächen der Miniaturtruhe zeigen eine um einen Palmstamm gerin-gelte Schlange bzw. einen Reiher. Die Durchdringung des *antisuyu* durch die Invasoren aus Cusco bildet das rückseitige Motiv; die koloniale Epoche wird anhand einer Jagdszene illustriert. Chronologisch bestimmt man das Kunstwerk anhand der Bekleidung der drei Jäger – Hüte und Halskrausen nach der Mode Philipps II. Der eine jagt einen *otoronco* (Andentiger), die anderen beiden, zu Pferde, kämpfen mit einer Schlange. Als Nebenfiguren erscheinen ein nackter Wilder und ein Cherub. Der Deckel ist mit einem deutungsreichen rituellen Motiv dekoriert, in dessen Mittelpunkt der Inka steht. Auch hier erscheint die drachenähnliche Schlange, die Teresa Gisbert für die geheiligte Schlange Amaru hält, der in Cusco ein Tempel geweiht war. (Auf seinen Grundmauern errichteten die Jesuiten ihre Kirche.)

Der umfangreichste Bildernachlass der Kolonialzeit, von dem nur ein kleiner, aber erlesener Teil gezeigt werden kann, hat sich im **Museo Nacional de Arte** (6) erhalten. Zu den Glanzstücken gehören der Evangelisten-Zyklus von Holguín und das Gregorio Gamarra zugeschriebene Gemälde ›Jesuskind mit Passionssymbolen‹ (Dornenkrone, Folterzange, Geißel, Judasgeld, krähender Hahn und Würfel, mit denen die Soldaten um Christi Kleider spielten). In der feinsinnigen Wiedergabe von Gesicht und Händen zeigt sich das Gemälde noch manieristisch, die Botschaft aber ist schon barock. Der sonst selten zu bewundernde Potosiner Maler Nicolás Ecoz, den wir nur von seinen Signaturen kennen, der aber als Holguín-Adept eingestuft wird, ist hier ebenfalls vorzüglich mit einem ›Heiligen Christophorus‹ vertreten. In einem sehr originellen Ensemble vorwiegend anonymer Meister stellen sich Erzengel mit verblüffenden Attributen (Arkebuse, Fisch, etc.) und sogar mit militärischem Rang (als Kompaniechef) vor. Erzengel spielten als Himmelsboten eine entscheidende missionarische Rolle: sie sollten bei der Indoktrinierung der Indianer deren vergöttlichten Gestirne und Naturphänomene ablösen. Komplettiert wird der Museumsbestand durch einige Skulpturen und Kolonialmöbel.

*Erzengel Raffael mit einem Fisch aus dem Titicacasee; Exponat des Museo Nacional de Arte. Ikonographisch dienten Erzengel der Missionierung: Sie sollten die vergöttlichten Naturphänomene der Indianer ablösen.*

Im benachbarten **Museo de la Catedral** (7) bestechen vor allem die prächtigen Silberarbeiten. Daneben sind einige sehr alte und noch ohne den Schmelz der gereiften Sevillaner Schule geschnitzte Skulpturen zu sehen, darunter die kantige, in fleischrosa und gold gefasste ›Nuestra Señora de la Paz‹ von Gerónimo Hernández (letztes Drittel des 16. Jh.). Die kleine Pinakothek besitzt mit dem ›Retrato de Martín Landaeta‹ von Diego del Carpio (spätes 18. Jh.; Abb. S. 275) ein einzigartiges Dokument der Stadtgeschichte, weil der Fond des Porträts die Plaza Mayor von La Paz mit der heute nicht mehr existierenden Kathedrale zeigt.

Museologisch hervorragend gelungen ist das von der Stiftung des Banco Central de Bolivia ins Leben gerufene **Museo Nacional de Etnografía y Folklore** (8), das die Kulturgeschichte zweier Ethnien – Uru und Tarabuqueño – vorstellt. Das **Museo Nacional de Arqueología** (9) verrät mit seinem volkstümlicheren Beinamen ›Museo Tiwanaku‹, auf welchen Kulturkreis es sich (im Parterre, wo auch Video-Schauen stattfinden) spezialisiert hat. Steinskulpturen, eine Kero-Kollektion aus Ton und Holz, Metallwerkzeug und Fischereiutensilien führen in die Lebensweise des verschollenen Volkes vom Titicacasee ein. Sehenswert sind auch die großen inkaischen *aríbalos* (Amphoren) im Nebensaal. Der erste Stock wartet vor allem mit Nasca- und Mochica-Keramiken auf, darunter einem sehr originellen Steigbügelgefäß (rechts) in Form einer Schlange.

## Die Ruinen von Tiwanaku

**Tiwanaku** ☆☆
**Besonders sehenswert:**
**Museo de Sitio;**
**Kantat Hallita**
**(Architekturmodell);**
**Templete subterraneo;**
**Kalasasaya-Tempel;**
**Sonnentor mit**
**Stabgottheit;**
**Ponce-Monolith;**
**El Fraile-Monolith;**
**Tempelruine Puma**
**Punku mit kunstvoll**
**bearbeiteten Megalith-**
**platten**

Das Wort Trümmertourismus kommt einem in den Sinn, wenn man vor dem 45 ha großen Ruinenareal von Tiwanaku – der größten geplünderten Kultstätte Südamerikas – steht. Max Uhle sah vor hundert Jahren Militärschützen das Sonnentor als Zielscheibe benutzen, und als Arthur Posnansky dreißig Jahre später wenigstens noch für die Archive rettete, was von der Anlage zu fotografieren blieb, war der Tempelkomplex schon zum größten Steinbruch für den Kirchen-, Profan- und Eisenbahnbau von La Paz degeneriert. Dass später Teile von Tiwanaku ebenso fantasievoll wie dilettantisch ›rekonstruiert‹ wurden, nötigt dem Besucher sogar das Bild eines Kulissenschiebers ab. Es ist daher keine schlechte Übung, seine Aufmerksamkeit auf unauffälligere Objekte zu lenken, die dennoch Authentisches auszusagen haben. So kann man im Süden der Akapana-Pyramide die Reste eines Kanals und am Puma-Punku-Komplex Steinsetzungen entdecken, die an Kaimauern erinnern – Zeugen der Hafenstadt Tiwanaku zu einer Zeit, als der Titicacasee hier sein Ufer hatte.

Die erste große stratigrafische Grabung führte 1934 der nordamerikanische Archäologe Wendell Clark Bennett durch. Stilanalysen keramischer Funde legten eine relativchronologische Dreiteilung der Tiwanaku-Kulturabfolgen – Früh, Klassisch, Spät (oder: ›dekadent‹) nahe, die dreißig Jahre darauf von dem peruanischen Forscher Luis Lumbreras bestätigt wurde. Die untersten Schichten der ersten Phase (um Christi Geburt) deuten auf eine kleine Siedlung hin, in der es als Zeremonialbezirk bereits das heute halb unterirdische Tempelchen gab, das Templete genannt wird. In der mittleren Phase wurde Tiwanaku zu einer weitläufigen Kultstätte ausgebaut, deren Hauptwerke – die Akapana-Pyramide und der Kalasasaya-Tempel –

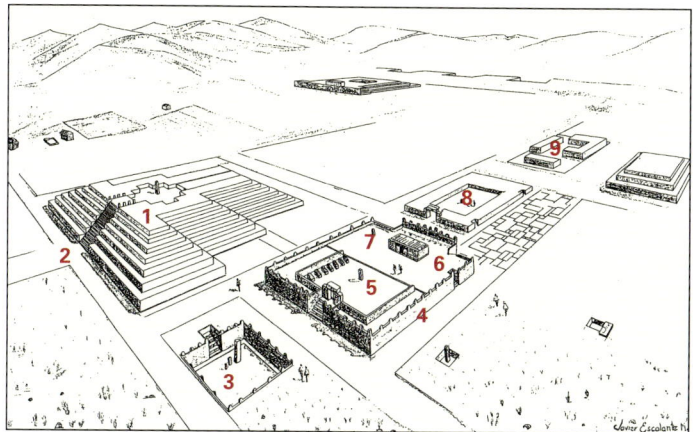

Tiwanaku, idealisie-
rende zeichnerische
Rekonstruktion des
Ruinenkomplexes
1 Akapana-Pyramide
2 Bauhütte Kantat
 Hallita
3 Templete semi-sub-
 terraneo
4 Umfassungsmauer
 des Kalasasaya-
 Tempels
5 Ponce-Monolith
6 Sonnentor
7 Monolith El Fraile
8 Putuni (Palast der
 Sarkophage)
9 Kheri-Kala

sich an einer vielleicht einen Kilometer langen Ost-West-Achse aus-
richteten. Man vermutet, dass diese Achse unterhalb des (wahrscheinlich erst in der Spätphase; 6./7. Jh. n. Chr. entstandenen)
Puma-Punku-Tempels auf eine Nord-Süd-Allee traf.

Die Leitkeramik von Tiwanaku zeigt deutliche Stilsprünge. In der
Frühphase dominieren halbkugelförmige Krüge und rundbauchige
Flaschen mit ausladendem Hals. Sie sind von geometrischen Mus-
tern überzogen oder tragen komplexe Zeichnungen, die an frühe
Paracas-Gewebe erinnern: Raubkatzen, Vögel und Fische. Die mitt-
lere (klassische) Tiwanaku-Phase ist die große Zeit der becherförmi-
gen *keros*, polychrom bemalt und mit ihren scharf in Schwarz oder
Weiß konturierten Mustern den Einfluss von Nasca zeigend. Ihr
Figurenrepertoire bestimmen Schlangen, Fische, Falken, Kopfjäger,
Enthauptete und damit auch Motive, die in den Skulpturen des Sonnentores wiederkehren. In der ›dekadenten‹ (oder: expansiven)
Spätphase gerät vor allem die Herstellung von Kero-Bechern zur
Massenproduktion und das Kolorit zieht sich auf Schwarz, Weiß
und Rot als Standardfarben zurück. Die Töpferwaren von Tiwanaku
gelangten mit Lamakarawanen weit über die Reichsgrenzen hinaus
und trugen ihre vom Relieffries des Sonnentores abgeleiteten
Embleme in jene ›panperuanische‹ Ferne, der die Titicaca-Kultur
ihre Aufwertung zum Horizont verdankt. Doch ihre bedeutendste
materielle Leistung stellte nicht die Keramik dar, sondern die monumentale Steinarchitektur.

Das Zeremonialzentrum von Tiwanaku umfasst die Hauptkom-
plexe Akapana, Kalasasaya, Puma Punku und den abgetieften Templete. Vom Eingang aus stößt man zunächst auf die **Akapana-Pyramide** (1), eine etwa 15 m hohe Erdterrasse mit gezacktem Grundriss
(180 m × 135 m). Unter der von Grabräubern profanierten Plattform
vermutet man stützende Säulen, wie auch die Baumasse wahrscheinlich einmal von einem Steinmantel umkleidet war. Mit ihrem ver-

Das Sonnentor von Tiwanaku ist das bedeutendste Kulturdenkmal der Andenwelt. Im Türsturz ist eine Stabgottheit eingemeißelt (vgl. Titelvignette, S. 1)

mutlich 7-stufigen Aufbau vollzog die Akapana-Terrasse – ein halbes Jahrtausend und ein Drittel Erdumdrehung vom Niltal entfernt – auf magische Weise das nach, was in Ägypten vom Neuen Reich an (ab 1551 v. Chr.) die Struktur der Tempelpyramiden bestimmte: in ihrer Gliederung symbolisch den Kosmos abzubilden. Diesen Gestus hat man sich bei der Akapana in der Weise vorzustellen, dass vier Stufen die vier Elemente und die anderen drei die Etagen des Weltbaus – Himmel, Erde, Unterwelt – wiedergaben. Östlich der Pyramide steigt man zum **Kantat Hallita** (2) ab, der Bauhütte von Tiwanaku, einem der anschaulichsten Plätze der Anlage, denn hier sind aus Andesit skulptierte Architekturmodelle von drei Tempeln zu bewundern. Die Tempel selbst hat man bisher nicht gefunden; vielleicht wurden sie auch nie konstruiert.

Nördlich des Akapana-Erdhügels liegt das fast quadratische (135 m × 130 m) Ruinenfeld des **Kalasasaya-Tempels** (4), innerhalb einer (pseudowissenschaftlich rekonstruierten) doppelten Umfassungsmauer. Der in der Mitte des rechteckigen, eingetieften Innenhofs wiederaufgestellte Ponce-Monolith (nach dem bolivianischen Archäologen Carlos Ponce Sanginés benannt) präsentiert sich als hieratische menschliche Statue von blockhafter Gestalt, in deren Andesithaut feine Flachreliefs eingeritzt sind. Zwei in den Händen gehaltene Kultobjekte verrätseln die Figur vollends. Ein weiterer menschengestaltiger Monolith, El Fraile (der Mönch), fand in der Südwestecke seinen Platz. Die Figur, die in der rechten Hand einen Befehlsstab, in der linken einen Kero-Becher hält, ist in Hüfthöhe von Seekrebsen gezeichnet, was auf die Ausdehnung des Pan-Horizonts von Tiwanaku bis zur Pazifikküste hindeutet.

Wahrscheinlich stand auch das vergöttlichte **Sonnentor** (6), das bedeutendste Kulturdenkmal der Andenwelt, nicht an seiner heuti-

*Tiwanaku, Templete
semisubterraneo
mit steinernen Nagel-
köpfen*

gen Stelle (auf einer Plattform in der Nordwestecke der Kalasasaya),
sondern in der Puma-Punku-Zone. Die aus einem einzigen Andesit-
block gehauene Puerta del Sol bezieht ihre Wirkung nicht aus ihren
Eigenschaften als Bauskulptur (3,80 m breit, 2,80 m hoch und etwa
70 cm dick), sondern aus ihrer Dichte als Kraftfeld und Symbolträ-
ger. Beherrschende Figur ist der im Zentrum des Türsturzes stehende Schöpfergott (Wiraqocha oder Tunupa; Abb. S. 1), dessen
Strahlenkranzhaupt und die in beiden Händen gehaltenen Zepter –
hier Schlangen mit Kondorköpfen – an die Stabgottheit von Chavín
und das Frontalbild der Raimondi-Stele erinnern (siehe S. 218f.).
Den Hochgott des Sonnentores flankieren 32 geflügelte Wesen mit
Menschenantlitz (?) und 16 mit Kondorkopf. Dabei handelt es sich
um (laufende oder kniende) ›Engel mit dem Zepter‹, jene aus der
Pucará-Ikonographie (siehe S. 269) hervorgegangene Kultfigur,
deren Bedeutung nie entschlüsselt wurde. Eine vielleicht zu gefällige
Auflösung des Bilderrätsels will in der gefriesten Tafel einen Bauernkalender erkennen: oben, in drei Reihen übereinander, je 15 Kondore links und rechts (die Tage eines Monats); im unteren Band elf
Sonnen (für elf Monate), den zwölften – der den Anbauzyklus ein-
leitende September – symbolisiert nach dieser Interpretation die
zentrale Gottheit.

Östlich vor der Erdesplanade Kalasasaya steht der **Templete semisubterraneo** (3), der halb unterirdische Tempel. Den 750 m² großen
Raum umgibt ein Blockmauerwerk mit 175 freiplastisch aus der
Wandfläche herausragenden *cabezas claves*, den steinernen ›Nagel-
köpfen‹ – auch das ein Erbe Chavíns. Sie entstammen z. T. Fundplätzen außerhalb des Tiwanaku-Komplexes und daher verschiedenen
Ethnien. Von den drei in der Hofmitte aufgestellten Stelen ist der
grob behauene ›bärtige‹ Monolith Nr. 15 unter dem Namen seines

Landschaft
im Altiplano

Entdeckers als Bennett-Stele bekannt geworden. Die hier ebenfalls ausgegrabene, 17 t schwere Stele Nr. 10 wurde im Freilichtmuseum Tiwanacu in La Paz aufgestellt.

Zu den wichtigsten Sanktuarien gehörte wahrscheinlich der in der klassischen Phase entstandene und besonders schön proportionierte (aber leider stark beschädigte) **Puma-Punku-Tempel,** das westlichste Bauwerk Tiwanakus. Erhalten sind jedoch noch riesige, bis zu 7 m lange und 4 m breite Bodenplatten mit exakt rechtwinkligen Verzahnungen – überzeugende Beispiele vorinkaischer Steinschneidekunst. Man kann auch deutlich die Nuten erkennen, in die die Baumeister formgleiche Teile aus Bronze oder (mit 2 % Arsen) gehärtetem Kupfer einlegten, um die Platten zu verklammern. Die schwerste dieser – vermutlich von Wasserkraft gekippten – Steintafeln hat ein Gewicht von 132 t.

Im Westen des Tiwanaku-Areals lassen sich die Komplexe **Putuni** (Palast der Sarkophage; 8) und **Kheri-Kala** (9) nur noch nach den Umfassungsmauern nachskizzieren. Das Mondtor ist ikonographisch uninteressant.

Im **Museo de Sitio** ist der Tiwanaku-Kulturkreis für den Betrachter mustergültig aufbereitet. Wie zu erwarten, dominieren die Exponate der Steinmetzkunst. Am Beispiel eines gewaltigen liegenden Idols, mehrfach gebrochen und verstümmelt, wird die Furie der spanischen Götzenjäger (die auch mit Schießpulver sprengten) demonstriert. Sehr repräsentativ ist die Kero-Kollektion. Ein Modell von *sukakollus,* Furchenrainen, führt die traditionelle Bewässerung auf hochandinen Feldern vor – sehr lebendig, denn noch immer werden auf dem Altiplano 15 000 ha Agrarland auf diese umweltschonende Weise benetzt.

# Copacabana

*Copacabana*
*Besonders sehenswert:*
*Wallfahrtkirche mit*
*legendärer Madonna;*
*Panoramaufer*

Mit der Aymara-typischen Vorliebe für Vokale und stakkatoartig gestaffelte Kurzsilben (*ti-wa-na-ku, ti-ti-ca-ca*) ließen sich die Altiplano-Bewohner in einer unbestimmbaren Vorzeit auch den lautmalerischen Namen einfallen, den die Halbinsel in den heiligsten aller Seen bis heute trägt: Copacabana. (Dass die *cariocas* von Rio de Janeiro das wohlklingende Toponym für den schönsten ihrer Strände übernahmen, darf daher nicht verwundern.)

*Kgopa kawana* (Seeblick) – wie es in der Urform hieß – war, lange bevor die Inka sich im *collasuyu* ausbreiteten, ein Hort von Sanktuarien, die wie Geschlechtertürme von Generation zu Generation und von Kultur zu Kultur (nachgewiesen sind Chiripa und Tiwanaku) weitergereicht wurden. Sieben der heute größtenteils verschollenen Kultstätten sind uns auf der Halbinsel noch bekannt, aber der Mangel an keramischem Leitmaterial rückt den Ursprung in eine ungewisse Vergangenheit. Bei Sampaya (an der Nordwest-spitze) gefundene Kokillen lassen erkennen, dass hier in vorinkai-scher Zeit Metall gegossen wurde und dass die Invasoren die vorge-fundenen Anlagen lediglich wiederbenutzten.

Auch die Gewohnheit der Inka, Techniken von zur Arbeit heran-gezogenen Vasallen zu übernehmen, erschwert Periodisierungen. Die Fertigkeit etwa, Decken durch Scheingewölbe *(bóvedas por avance)* zu bilden – wobei die Steine übereinander vorgeschoben werden, bis das Gewölbe im Scheitel durch zwei lange Steine geschlossen werden kann – ist Aymara-Technik. Gestufte Fassaden sind ebenfalls eine Bauform aus dem Aymara-Repertoire. Solche Besonderheiten gingen gewöhnlich im so genannten Pan-Stil der Inka unter, und als diese im 15. Jh. Copacabana und die vorgelager-ten Inseln besetzten, überformte ihre Architektur vor allem das, was sie an alten *waqa* vorfanden.

Ungleich den zyklopischen Anstrengungen im Heiligen Tal wurde hier nicht für die Ewigkeit gebaut. Auch die kleinräumigen und mit rasch vergänglichem Material gefügten Wohnstätten, von denen man (bei Sampaya und Pasankallani) noch Mauerreste findet, lassen den eher flüchtigen Charakter der Inka-Präsenz erkennen. Was heute auf der Halbinsel noch an archäologischen Zeugnissen zu sehen ist, beschränkt sich im wesentlichen auf die beiden Horca del Inca (Gal-gen des Inka) genannten Felsdolme – ein rudimentäres Sonnenob-servatorium – auf dem Niño Calvario (Kleiner Kalvarienberg), zu dem aufzusteigen sich mehr um der Aussicht willen lohnt, und die Steinplastik Inti Kala, deren Skulpturschnitte ebenfalls eine astrono-mische Bestimmung erkennen lassen.

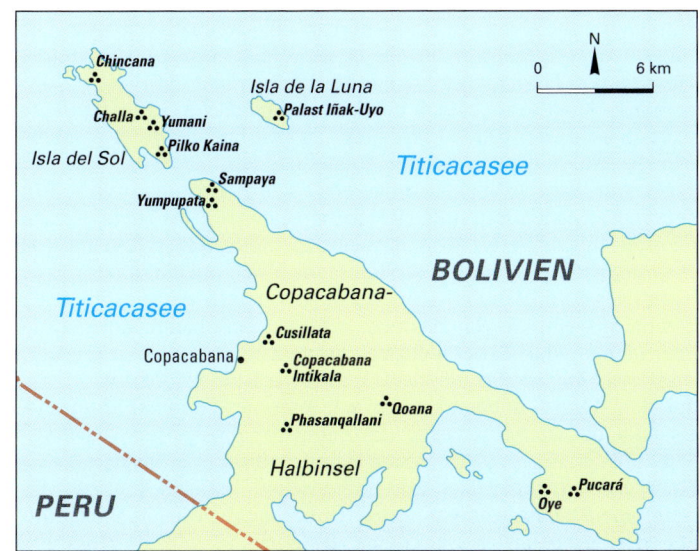

Die wichtigsten archä-ologischen Stätten auf der Copacabana-Halbinsel (mit Son-nen- und Mondinsel)

*›Jungfrau von Copaca-
bana‹, Gemälde, 1822,
anonym*

Warum Copacabana nicht mehr zu bieten hat, erklärt sich gerade aus seinem jahrtausendealten Kultplatz-Privileg: Ein Ort mit so vielen *waqa* musste bei der Missionierung zum Jagdgebiet der Götzenbekämpfer werden. Als die Augustiner hier Anfang des 17. Jh. eintrafen, pflanzten sie ihre erste Kapelle einer präinkaischen Opferstatt auf. Die Konquista war abgeschlossen und nun sollte das beginnen, was man *colonización de lo imaginario* – Kolonisierung der Vorstellungswelt – genannt hat. Doch im Gegensatz zur üblichen Indoktrinierungspraxis, bei der jede Wesenheit der andinen Kosmogonie durch eine christliche Gestalt ersetzt oder in eine solche umgewandelt wurde, verzauberten die Augustiner hier gleichsam den gesamten indianischen Olymp, indem sie ihm noch neue mythische Figuren beigesellten – die womöglich interessanter waren als die alten Götter und von diesen ablenkten.

Der einflussreiche Augustinermönch Fernando de Valverde scheute sich nicht, in seinem 1641 in Lima veröffentlichten Werk ›Santuario de Nuestra Señora de Copacabana‹ heidnische Halbgötter des römisch-griechischen Pantheons und Fabelwesen am Titicacasee auftreten zu lassen. In seiner fast 300-seitigen, homerisch inspirierten Versprosa, die er selbst als »neue Odyssee« bezeichnete, wird Copacabana zu Memphis, das Ufer bevölkern Zentauren und Schäfer, die sich von Circe umgarnen lassen, im Himmel bilden Hades als Schicksalsgötter ein Gericht (vor dem auch der Heilige Augustus erscheinen muss), und die wundertätige Madonna, deren Pupillen der Poet mit »Sirenen aus Kristall« vergleicht, bleibt im Kampf gegen die dem See entsteigenden Ungeheuer siegreich. Die unsterbliche Parabel vom Triumph des Guten über das Böse, reich ausgeschmückt, mag dem Humanisten Valverde geeigneter für die Glaubensverbreitung erschienen sein als Katechismustexte. Als Mönch des Mittelalters bewies er jedenfalls, sich auf die Helden Homers und Hesiods beziehend, unerhörten Mut mit diesem Kommentar: »Auch wenn es sich tatsächlich um falsche Götter handelte, wurden sie in der Einbildung dieser großen Dichter doch zu nichts weniger Wahrem als in unserer Vorstellung Jesus Christus.«

So war dem Evangelisierungswerk der Augustiner schon früh Erfolg beschieden. Ein Inka königlichen Geblüts, Tito Yupanqui, den Chronisten nach selbst Mönch geworden, modellierte schon um 1580 aus *maguey* (Agavenfaser) und Gips eine Madonna mit indianischem Kopf, der bald Wunderkraft zugesprochen und ein gleichnamiger Tempel geweiht wurde. Das war zunächst jene kleine Kapelle, die aber, der anschwellenden Pilgerschar wegen, stufenweise erweitert und verschönt werden musste. Copacabana wurde Wallfahrtsort, und aus dem Tempel entstand die an ein indisches Grabmal erinnernde Basilika, der wir heute begegnen. Zum Krönungsfest der Schwarzen Madonna am 5. August wird die Schutzpatronin des Titicacasees in einer von Glockengeläut und Flötenschall begleiteten Prozession durch die Straßen getragen, gefeiert und umjubelt im Rahmen eines der farbenprächtigsten religiösen Volksfeste.

# *Sonnen- und Mondinsel*

## Die Sonneninsel

Um die Sonne, die oberste Staatsgottheit der Inka, zu entthronen, ihr aber noch einen Abglanz von Göttlichkeit zu lassen, erfanden die Augustiner diese Konstellation: Gottvater, sagten sie, erleuchtet die Sonne, und diese, gleichsam als göttlicher Spiegel, gibt die reflektierten Strahlen an die Erde weiter. Als die Inka im 15. Jh. das heute Isla del Sol (Sonneninsel) genannte, 10 km lange Eiland vor der Copacabana-Halbinsel besetzten, erkannten sie, dass sie heiligen Boden betraten und machten diesen zum Geburtsort ihrer eigenen mythischen Frühgeschichte. Der Felsen **Titicala** (am Nordwestzipfel der Insel), so sponnen sie die Ursprungslegende, war in finsterer Vorzeit das Haus der Sonne, bevor diese zum Firmament aufstieg und zwei

*Isla del Sol* ☆
*Besonders sehenswert:*
*Inkatreppe (Seeblick mit Mondinsel und Königskordillere);*
*Tempelruine Pilko Kaina*

*Die Inkatreppe auf der Sonneninsel*

ihrer Kinder, Manco Capac als ersten Inka und dessen Frau Mama Ocllo, zur Erde entsandte. So wurde der Felsen, geschmückt mit Gold- und Silberfolien und eingehüllt in seidige Vicuñawolle, zum heiligen Schrein – unberührbar für alle Pilger.

Unweit dieses – heute verwitterten – roten Sandsteinfelsens liegt der archäologische Komplex **Chincana,** von dessen Entstehungszeit man nur sagen kann, dass sie aus zwei Bauperioden bestand. Das heute noch sichtbare Mauergefüge zeigt zwei durchaus verschiedene, durch einen Hof getrennte Gebäudeteile. Als Material dienten Bruchsteine, mit Lehmmörtel verfugt. Über die Funktion der Anlage gehen die Meinungen auseinander: Es könnte sich um Depots, aber auch um Wohnzellen für › Vestalinnen‹ gehandelt haben. Immerhin gab es einmal, auf dem Hügelkamm über **Challa** (an der Ostküste), einen 35 m langen, 9 m breiten Sonnentempel, dessen Ruine allerdings so stark geplündert wurde, dass sich seine Bauform nur noch erraten lässt.

Den weitaus wichtigsten zu besichtigenden Fundkomplex auf der Sonneninsel stellt heute der Palast **Pilko Kaina** auf der südlichsten Uferterrasse dar. Die rechteckige (15,5 × 13,4 m), aus unregelmäßigen Steinen gefügte Konstruktion umfasst 15 Räume von 4 m Höhe und ist – selten auf dieser Insel – zweistöckig angelegt, wobei die Decken durch Scheingewölbe gebildet wurden. Der früher von einem Satteldach gedeckte Bau trug einen feinen Verputz und war außen gelb und innen rot bemalt. Seine Errichtung wird Tupac Yupanqui zugeschrieben, doch tragen die gestuften Nischen die Handschrift von Chiripa und Tiwanaku.

Wer aus dem trapezförmigen Tor der Vorderfront über den See schaut, wird mit einem Panoramablick belohnt, der die Titicaca-Landschaft, von der dunklen Silhouette der Mondinsel bis zur Schneekrone der Königskordillere, in ihrer ganzen majestätischen Größe und Ruhe einfängt. Doch nicht ästhetischer Genuss ließ die Erbauer den Pilko Kaina in diese Richtung orientieren, sondern die Verehrung des höchsten Gipfels, des Illampu, als Götterwohnung

*Sonneninsel, Plan des Chincana-Komplexes. Der Grundriss lässt zwei durch einen Hof getrennte, sehr verschiedene Baukörper erkennen. Während die Wandfluchten des nördlichen Teils (links) eine maßhaltige, also geplante Raumgliederung zeigen, ist der südliche Komplex offenbar im Zuge fallweiser Erweiterungen improvisiert worden – das verraten Türen und Fenster, die später zugemauert wurden. Monolithische Stürze sorgten zudem für enge Korridore und verstärkten damit den labyrinthischen Charakter des Südflügels.*

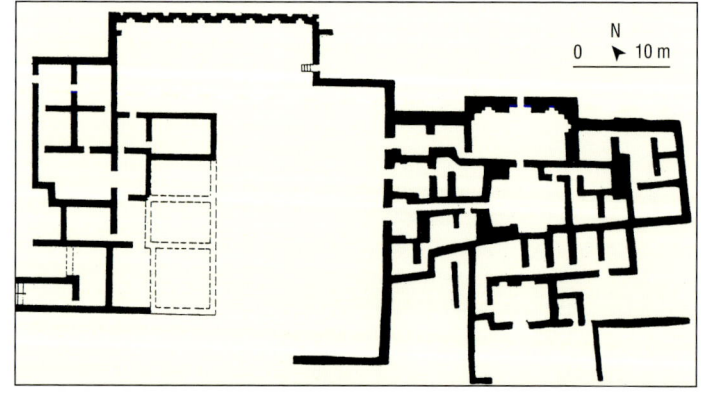

und heiliger Schrein. Wer könnte sich wundern, dass in dieser mystifizierten Welt Fischer von versunkenen Städten und abgestürzten fliegenden Untertassen fabulierten?

Als Jacques Cousteau mit seiner Mannschaft 1968 den Gerüchten buchstäblich ›auf den Grund‹ ging, fand er weder das Eine noch das Andere. Doch elf Jahre später, bei Dreharbeiten zu dem Film ›El Lago Sagrado‹ (Der heilige See), stießen Taucher nördlich der Sonneninsel auf Felssteinmauern, die sie mit Saqsaywaman verglichen. Ein Teil ihrer geborgenen Beute, Stein- und Keramikgefäße sowie einige Goldarbeiten, kann im kleinen **Museo Marka Pampa** von Challapampa angeschaut werden.

Die jüngste unterseeische Entdeckung wurde im August 2000 ein Form eines 200 m langen und 50 m breiten Tempels gemacht, dessen Alter auf 1000–1500 Jahre geschätzt wird.

*Der Palast Pilko Kaina auf der Sonneninsel; im Hintergrund Mondinsel und Königskordillere*

## Die Mondinsel

Im Gegensatz zur Sonneninsel ist die deutlich kleinere Isla de la Luna (Mondinsel) relativ flach, erfreut sich aber weiter ihrer jahrtausendealten Ackerbauterrassen, auf denen noch immer Mais kultiviert wird wie zu inkaischen Zeiten, als saisonweise ›Sonnenjungfrauen‹ zum Chicha-Brauen hierherkamen. Sie wohnten im **Iñak-Uyo-Palast** (am Nordostufer), dessen rechteckig (55 × 24 m)

*Isla de la Luna Besonders sehenswert: Palastruine Iñak Uyo*

*Mondinsel, Iñak Uyo (Tempel der Sonnen-jungfrauen). Feder-zeichnung von George Squier (1877)*

angelegtes, 35 Raumeinheiten umschließendes Regelmauerwerk man noch als Ruine sehen kann.

Der hufeisenförmige Grundriss schuf einen Zeremonialplatz, zu dessen Mitte hin sich zwei Sakralräume (je 6 × 3,60 m) öffneten. Beide sind mit Idolnischen ausgestattet und von den (niedrigeren) Nachbarzellen aus nicht zugänglich. Vermutlich war eines der Sanktuarien der Sonne geweiht und mit Gold ausgekleidet, das andere, mit Silber drapiert, dem Mond. Der Archäologe George Squier, der diese Stätte 1877 zum erstenmal vermaß und zeichnerisch rekonstruierte, hat sich den Platz als Ziel von Pilgern vorgestellt, die hier Sonne und Mond anbeteten. (George Squier: ›Peru incidents of travel and exploration in the land of the Incas‹.)

Die einfachsten und schnellsten Bootsverbindungen zu beiden Inseln bestehen von Copacabana aus. Man kann aber auch mit dem Bus bis Yampupata fahren und von dort aus die – dann kürzere – Überfahrt antreten, Hauptanlegestelle (von vier möglichen) auf der Isla del Sol ist die Escalera del Inca (Treppe des Inka) bei der Ortschaft Yumani unweit des Tempels Pilko Kaina. Ein die Insel überziehendes Wegenetz lädt dazu ein, sich die Ziele zu erwandern. Dafür sollte man aber zwei Tage Zeit mitbringen.

## Ein Trapez fiel vom Himmel

Die vor allem dem Chimú-Glauben, also dem Küstenkult, inhärente Mondverehrung fand in der lunar gelenkten Lebenswelt der Königskordillere ihr hochandines Pendant. Von den hier beheimateten präinkaischen Mollo sagte man, sie seien, im Banne des Mondscheins, regelrecht nachtaktiv, was möglicherweise auch damit zusammenhing, dass die Sonne erst gegen Mittag die Steilflanken ihrer Täler überstieg und schon bald darauf wieder versank.

Wie sich aus ihrer Beobachtung venerabler Nachtgestirne – 300 Jahre vor den Inka – möglicherweise die Trapezform als Architekturprinzip entwickelte, ergibt sich aus einer esoterisch-ästhetischen Folgerung: Die Mollo, das stets gegenwärtige ›Kreuz des Südens‹ *(katachillay)* als Modul des Weltgebäudes vor Augen, zogen Linien zwischen den vier Sternen und erkannten, die Figur etwas idealisierend – ein Trapez. Dieses schrägschenklige Viereck projizierten sie auf die Erdoberfläche.

An wohl keiner anderen Stelle Altamerikas wurde der von der Trapezform bestimmte Baukanon so konsequent realisiert wie bei der Errichtung der Mollo-Stadtfeste **Iskanwaya** im Río-Llica-Tal im Nordwesten der Königskordillere. War schon der ganze urbane Grundriss als Trapez ausgelegt, so folgte auch die Flächenprojektion der Häuser, der Patios, der Esplanaden und selbstverständlich die Kontur von Toren, Fenstern und Nischen der Trapezform. Und selbst die Wände: sie stehen zwar im Lot, sind aber an den Außenseiten um 1° geböscht. Ihrer Standfestigkeit verdanken wir, dass von dem 13,5 ha großen Ruinenkomplex, der in 1700 m Höhe an der Bergflanke über dem linken Flussufer hängt, noch so viel erhalten blieb.

Als Baumaterial verwendeten die Mollo Andesit, als Schmucksteine Schiefer, zur Verfugung Lehmmörtel, der mit Kieseln durchsetzt war. An den Innenwänden der durchweg zweiräumigen Gebäude (Wohn- und Schlafteil) haben sich unter den Kragsteinen Spuren von Verputz und roter Bemalung erhalten. Eine Eigenart der Mollo-Kultur sind die in den Boden der Vestibüle (Wohnteile) eingelassenen, mit einem runden Loch von 12–20 cm Durchmesser versehenen und von einem Steindeckel verschlossenen Kammern, in denen Mais (also Vorräte), aber auch Kameltierknochen (Opfergaben?) oder Kindermumien (beschützende Hausgeister?) gefunden wurden.

Die Mollo-Ethnie, von deren materiellen Zeugnissen man bisher nur schätzungsweise zehn Prozent ausgegraben hat, bleibt vorläufig weiterhin in Rätsel gehüllt. Immerhin weisen keramische Kopfgefäße mit Backenausbeulungen die Mollo-Leute nicht nur als Kokakonsumenten aus, sondern, da sie selbst den Narko-Strauch nicht anbauten, auch als Handelspartner der Yunga-Völker. Dass gleichzeitig zur 700 km entfernten Küste hin Kontakte bestanden, beweisen die in Gold gefassten Meeresschnecken, die man in den Metallschmieden ausgrub. Im Regionalmuseum des Bezugsortes **Aucapata** (325 km von La Paz), von dem aus man die Zitadelle Iskanwaya über einen 7 km langen Maultierpfad erreicht, sind Töpferwaren sowie Guss- und Schmiedearbeiten der maximal von 30 000 Menschen getragenen Mollo-Kultur zu sehen. Der Duktus ihrer Keramik wurde bestimmt von geometrisch und auch figurativ ornamentierten dreifarbigen (blauschwarz – zinnoberrot – weiß) Doppelgefäßen, womit sie zum weiträumigen *horizonte tricolor* gerechnet wird.

# Seelen-, Salz- und Silberstraßen

# Vulkane halten Totenwache

Der Pazifik, sagten die Aymara, ist das Reich des Todes, weil dort die Sonne untergeht. Auf welchem Schattenweg die Seelen der Toten nach ihrer Vorstellung in dieses jenseitige *upumarca* gelangten, hat der spanische Chronist Antonio de la Calancha 1638 in seiner ›Crónica Moralizada‹ beschrieben: Bei ihrer Wanderung begleiten sie schwarze Hunde über eine Flussbrücke, und an der nächtlichen Küste bringen *tumi* (Robben) sie zu einer fernen Insel namens Uano.

War mit dem Fluss der Taypi (heute: Desaguadero) oder der Río Lauca gemeint, an dem sich die meisten *chullpares* (Grabturm-Nekropolen) entlangziehen? Die Welt der Altiplano-Völker, die sich nach dem Niedergang des Tiwanaku-Imperiums (1000–1100 n. Chr.) in viele *señoríos* – Regionalherrschaften, wie Colla, Lupaca, Pacaje, Caranga, Chicha, Charca – aufsplitterten, war klein und dualistisch. Ihre kosmische Achse bildete der Wasserweg Taypi, der den Chucuito (Titicacasee) und Aullagas (Poopó-See) verband. Der gebirgige Westen war der *urcu* (Assoziation: hoch, arid, männlich), der flache Osten die *uma* (Assoziation: liegend, feucht, weiblich). Bei dieser territorialen Dichothomie fiel es nicht schwer, sich das – später von den Missionaren ausgemalte – Paradies weit im Osten (und dort ging ja auch die Sonne auf) vorzustellen – was unter anderem erklärt, warum so viel amazonische Flora und Fauna die frühkoloniale Ikonographie beseelte und mestizische Künstler ermunterte, der Gottesmutter gar Papageien beizugesellen.

Dass sich (abgesehen von wenigen Grabtürmen um den Titicacasee, wie die von Sillustani, siehe S. 269f.) hunderte von *chullpas* am Fuß der Vulkankette verstecken, die die Grenze zu Chile bildet, hat zwei durchaus verschiedene Gründe. Einmal behielten die Aymara-Stämme auch nach der Konquista ihre Beerdigungssitten bei und gruben da, wo sie zu christlichen Gruft- oder Erdbestattungen gezwungen wurden, ihre Toten wieder aus, um sie in die gemauerten Nekropolen zu schaffen. Das aber erforderte den Rückzug auf entlegene und den Spaniern schwer zugängliche Standorte, denn Vizekönig Toledo hatte mit einem Erlass von 1574 den Abriss aller Grabtürme und die Versenkung der Knochenreste in Sammelgruben angeordnet – ein den Indianern unerträglicher Gedanke.

Vor allem aber sollten die Toten auch da ruhen, wo die Götter *(apu)* wohnten, und das war in den höchsten Bergen. Am Westrand des heutigen Bolivien hat die Natur mit Gipfeln wie dem schneegekrönten Sajama (6542 m) und der größten Salztonebene der Erde eines der dramatischsten Schauspiele unseres Planeten inszeniert. Wo hätten die Verstorbenen besser aufgehoben sein können als in dieser erhabenen Landschaft! Noch vor wenigen Jahren brachten, wie die bolivianische Kulturanthropologin Teresa Gisbert über den Totenkult der Aymara berichtet, Hochlandbewohner dem Vulkan Sajama Blutopfer dar. So sind denn auch die ausgedehntesten *chullpares* zwischen der

◁ *Am Uyuni-Salar*

293

*Die Chullpas
von Kulli Kulli*

Westkordillere und der vom Uyuni-Salar, dem Lago Poopó und der Salzlagune Coipasa gebildeten Seenkette zu finden.

Von La Paz die asphaltierte Nationalstraße 1 Richtung Oruro nehmend, stößt man schon nach 125 km bei **Sica Sica** auf eine der malerischsten Turmgruppen. (Vom Dorf geht es über einen Erdweg 2 km nach Westen ab.) Die erst kürzlich archäologisch dokumentierte Nekropole umfasst rund zwanzig Adobe-Mausoleen, welche mit ihren schmalen Spitzbogeneingängen und den von der Winderosion abgeschliffenen Außenwänden wie Lehmguss-Kuben einer marokkanischen Kasbah wirken. **Kulli-Kulli** heißt die Anlage, deren Entstehung der Spätzeit des etwa von 900–1500 n. Chr. dauernden Chullpa-Kultes zugerechnet wird.

Bemalte (oder aus verschiedenen farbigen Lehmsorten zusammengesetzte) Grabtürme findet man, wenn man bereits bei Patacamaya auf die zur chilenischen Grenze (Tambo Quemado) führende Asphaltstraße (108) abbiegt. (Nach 170 km geht es über eine 40 km lange Erdpiste nach Süden.) Hier sind, zwischen der Laguna Macaya und der Laguna Sacabaya, also beiderseits des Río Lauca, sechzig *chullpas* zu erkunden, von denen 36 dekoriert sind; vorwiegend in roten und weißen Rhomben- oder Schachbrettmustern.

Die geometrischen Bemalungen, deren kunstvollste im *chullpar* **Willa-Kollu** (südlich des Río Lauca) zu sehen sind, erinnern an die gestuften Webmuster inkaischer *unkus* (Tunikahemden). Diese Übereinstimmung erklärt sich wahrscheinlich aus dem Tauschhandel zwischen Aymara und Inka (Topa Inca, der Nachfolger Pachacútecs, hatte die Eroberung des Altiplano um 1490 konsolidiert), wobei erstere vor allem aus dem Tiefland kommende Buntgewebe erwarben. Die Häuptlinge der im *collasuyu* beheimateten Regionalherrschaften hatten sich frühzeitig mit den Inka arrangiert. Sie waren es, die in den schönsten, mit Tonschlamm verputzten und dann farbig ornamentierten Mausoleen ihre letzte Ruhe fanden. Aus den Bildlegenden Poma de Ayalas, wo aus Kero-Bechern trinkende Würdenträger bei Totenfeiern vor Grabtürmen zu sehen sind, wissen wir, dass die *chullpares* auch Zeremonialstätten waren.

# Vale un Potosí!

## Die Salzseen

Sich den Vulkan als Frau vorzustellen, gehörte zu den Lieblingsmetaphern der Aymara-Mythologie. Ihre Milch, so malte das Gleichnis die Entstehungsgeschichte der Salare aus, war in die Ebene geflossen und hatte dort jene Lachen gebildet, die am Horizont verschwimmen und das Auge blenden.

Der **Uyuni-Salar,** 10 000 km² groß und durchschnittlich 5 m dick, ist die gewaltigste Salztafel der Welt. Eine der aus versteinerten Algen bestehenden Kakteeninseln inmitten der weißen Wüste anzusteuern, gehört zu den Glanzlichtern einer Bolivienreise; am bekanntesten ist die Isla Pescado. Die unerschöpfliche Uyuni-Salzpfanne, aus der auch heute noch jährlich 20 000 t des weißen Kristalls gehackt werden (man kann es in Blockform selbst auf weit ent-

*Uyuni-Salar* ☆
*Größte Salztonebene der Welt mit majestätischer Andenkulisse. Besonders sehenswert: Isla Pescado*

*Salzgewinnung auf dem Uyuni-Salar*

fernten Straßenmärkten finden), war schon Sattelplatz für Lamaka-rawanen, lange bevor in Europa die Fugger ihre Salzstraße in Betrieb nahmen. Das weiße Gold diente nicht nur als Speisewürze, sondern war auch unerlässliches Mineral für das Vieh, war Bleichmittel und Gerbstoff und machte Fisch und Trockenfleisch haltbar. Was die Inka im Heiligen Tal mühsam in Evaporationsbecken aus gestautem Quellwasser gewinnen mussten (siehe S. 251), verschenkte der Halb-gott Tunupa (Sohn des Schöpfergottes Wiraqocha) in verschwende-rischen Mengen.

Später, als die Silbergewinnung, der magerer werdenden Erze wegen, auf das (1572 eingeführte) Amalgamationsverfahren über-zugehen gezwungen war und, zusammen mit Quecksilber und Pott-asche, auch Salz im Flotationsprozess benötigt wurde, erschloss sich ein neues Anwendungsgebiet. Von Almadén in Spanien angeliefertes Quecksilber gelangte in Puerto Potosí – heute Arica (Nordchile) – an Land und wurde, in Ledersäcke eingenäht, auf dem Maultierrücken über 4700 m hohe Pässe zum Cerro Rico, dem Reichen Berg der Minenstadt Potosí, transportiert. Seitdem hat dieser metallische Kegel, der im Jahr 2000 von der UNESCO zum zweiten ›Friedensbo-ten der Menschheit‹ (nach dem Eiffelturm) geadelt wurde, der Welt 60 000 t Silber beschert. Er hat aber auch zweieinhalb Millionen (oder, nach den Schätzungen des Historiografen Eduardo Galeano, acht Millionen) indianische Zwangsarbeiter (*mitayos*) und Neger-sklaven das Leben gekostet. Insofern kommt der internationalen Ehrung dieses Schicksalsberges Mahnmalcharakter zu.

## Potosí

*Potosí* ☆
*Besonders sehenswert:*
*Casa Real de la*
*Moneda (Museum);*
*Kirche La Compañía;*
*Kirche San Lorenzo;*
*Kloster Santa Teresa;*
*Kloster San Francisco;*
*Alte Silberbergwerke*
*im Cerro Rico (geführ-*
*te Besichtigungen)*

In die 120 000 Einwohner große Grubenstadt Potosí gelangt man, von Uyuni kommend, auf einer 210 km langen schottergedeckten Gebirgsstraße. In 4050 m Höhe breitet sich der Ort zu Füßen des dachförmigen Cerro Rico – eigentlich Sumay Orcko (Schöner Hügel) – aus. Noch heute verraten einige abgeknickte Straßen seine spontane Herkunft: Die ›Ellbogen‹ entstanden, als Vizekönig Toledo der um 1545 wie aus dem Boden geschossenen Bergmannssiedlung das Schachbrettraster überstülpte, das die Sevillaner ›Ordenanzas‹ (1573) für alle kolonialen Stadtgründungen vorschrieben.

Spontan gebildet hatte sich Potosí dank eines zufälligen Silber-fundes, der die spätere unerhörte Bonanza begründete. Von mehre-ren Versionen der Ursprungslegende wird die märchenhafteste am häufigsten erzählt (und gemalt): Ein junger Indianer, Diego Walka (spanisch: Huallca) mit Namen, musste beim Lamaauftrieb die Nacht am Berghang verbringen und entfachte, um sich zu wärmen, ein Büschelgrasfeuer; als es tagte, entdeckte er zu seinen Füßen erstarr-tes Silber, das die nächtlichen Flammen zum Schmelzen gebracht hatten. Tatsache ist, dass man das erste Silber am Cerro Rico buch-stäblich vom Stein abkratzen konnte und dass Walka der Prospektor

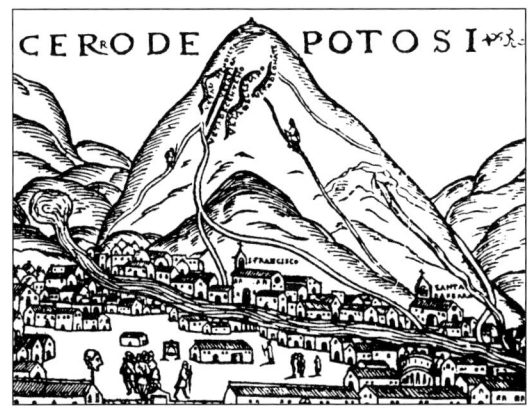

›Cerro de Potosí‹. Illustration in der ersten Ausgabe der ›Crónica del Perú‹ von Pedro de Cieza de León

war. Doch seine Fortune dauerte nur kurze Zeit. Das mit einem Freund geteilte Geheimnis wurde, nach einem Streit, dem spanischen Hauptmann Diego de Centeno hinterbracht. Dieser pflanzte alsbald am Berg sein Lilienbanner auf und nahm ihn am 1. April 1545 für seine Majestät, Kaiser Karl V., in Besitz.

Nach spanischem Recht waren alle Bodenschätze Kronregal. Schürfrechte mussten dem Hof mit einem Fünftel des Ertrags honoriert werden – eine Lappalie, als die Erze noch 50 % (!) Silber enthielten und man sich, den Metalladern folgend, auf primitivste Weise in den Gipfel bohrte. Bereits 1556 nahm die Krone jährlich Silber im Wert von 450 000 Peso ein. Der Cerro Rico glich tagsüber einem Ameisenhaufen, nachts ließ ihn der Feuerschein von 14 000 offenen Schmelzöfen *(huayras)* wie ein Sternenzelt funkeln.

Doch bereits 1570 war der Silbergehalt des Rohgesteins auf 2,5 % zurückgegangen und die Verhüttung gestaltete sich schwieriger. Kurz darauf brachte das Amalgamationsverfahren die Lösung. Nun wurde das Erz in Steinmühlen *(quimbaletes)* zu Feinsand gemahlen und mit Quecksilber vermengt, das sich an die Silberpartikel anlagerte und sie vom tauben Gestein trennte. Die damals gerade erschlossenen Gruben von Huancavelica (zwischen Huancayo und Ayacucho im heutigen Peru) lieferten das erste Quecksilber, doch erforderte der Prozess gewaltige Wassermengen, weshalb Vizekönig Toledo in der Kari-Kari-Kordillere, die dem Cerro Rico gegenüberliegt, 32 Stauseen anlegen ließ. Zur chaotischen Geschichte Potosís gehört daher auch der Dammbruch von 1626, bei dem 4000 Menschen umkamen. Dramatischer jedoch war der Aderlass in den Minen, wo die im ganzen Lande zwangsrekrutierten Indianer jeweils 36 Stunden hintereinander malochen mussten.

Unterdessen schwamm Potosí auf einer Silberwelle. Um 1650, im Zenit der Ausbeutung von Minen und Menschen, war die Stadt mit 160 000 Einwohnern größer als Paris – und lebte verschwenderischer: Zu bestimmten Festtagen wurden ganze Straßenzüge mit Silberbarren gepflastert. Rund 300 Jahre lang hing das spanische Weltreich am Tropf der potosinischen Silberadern. »Vale un Potosí!« (Das ist ein Potosí wert!) war der Ausruf maximaler Taxierung. Der ganze europäische Frühkapitalismus profitierte von der Affluenz. Noch in Boliviens republikanischer Zeit hat Potosí die Staatskasse gefüllt. Und es war der Cerro Rico, von dem aus Simón Bolívar seine panamerikanischen Thesen verkündete.

Heute ist Potosís ausgepowerter Metallkegel von etwa 1500 bis zu 2 km langen Gruben unterhöhlt. 6000 Bergleute, in 27 Genossenschaften organisiert, ringen den Stollen das letzte Erz ab (Zinn, Blei, nur noch ganz wenig Silber) und schieben auf ihren Loren täglich 1000 t Gemenge aus den Tunnels. In der Tiefe der Gänge herrscht eine Hitze von 35 °C, Schwefel- und Arsengerüche schwängern die Luft, Explosionsstaub betäubt die Nase. Ein Drittel der Kumpel leidet an Silikose. Es ist daher kein Ferienvergnügen, eine solche Mine in 4300 m Höhe zu besuchen, wohl aber ein lehrsamer Ausflug in die koloniale Vergangenheit Amerikas. (Geführte Grubenbesichtigungen unternehmen örtliche Agenturen. Das Programm dauert etwa 5 Std., davon sind 2–3 Std. Verweilzeit in der Mine. Die Ausrüstung wird gestellt.)

Potosí
1 Jesuitenkirche
  La Compañia
2 Kirche San Lorenzo
3 Kirche San
  Bernardo
4 Casa Real de la
  Moneda (Museum)
5 Kloster Santa
  Teresa
6 Kloster San
  Francisco

Die – früher steilere – Pyramide des Cerro Rico hat der mestizische Maler Gaspar Miguel Berrío 1758 auf dem idealisierenden Gemälde ›Vista de Potosí‹ verewigt (heute im Museo Universitario Charcas von Sucre). Diesem Panorama verdanken wir die Erkenntnis, dass sich seit Toledos Eingriff das Stadtbild in seinen Grundzügen kaum geändert hat: Kernraum sind immer noch etwa zwanzig die zentrale Plaza umschließende Häuserblocks. Dieser *casco colonial* ist seit 1987 Weltkulturerbe – eine Auszeichnung, mit der die Gemeinde (im Gegensatz zu Sucre) nicht sehr pfleglich umgegangen ist. Während in den Gassen südlich der Plaza noch farbige Häuserfronten und freundliche Balkone Traditionsgeist bekunden, ist der nördliche Teil des historischen Viertels mit den Fußgängerstraßen Sucre (früher ›Bulevar‹) und Bolívar im Schilderchaos von Kramläden und Imbissstuben untergetaucht. Im Rathaus bereitet man eine Säuberungsaktion vor, aber die Potosiner (kaum mehr als 10 % über fünfzig Jahre alt) sind, das liegt im Wesen dieser stigmatisierten Grubenstadt, keine überzeugten Denkmalpfleger.

*Potosí mit Blick auf den Cerro Rico*

Alle Dächer überragt das Wahrzeichen Potosís, der jubilierende Glockenturm der ehemaligen Jesuitenkirche **La Compañía** (1), der sich wie ein Triumphbogen in den Himmel reckt. 32 salomonische Säulen zieren dieses Kunstwerk aus hellrotem Sandstein. Es entstand bereits 1599 und wurde im 18. Jh. unter der Regie des Steinschnitzers Sebastián de la Cruz remodelliert (in jüngster Zeit restauriert). Der dem römischen Konstantinsbogen nachempfundene Torbau ist hier zweistufig, allseitig geöffnet und von drei Kuppeln behelmt: einer der wertvollsten architektonischen Schätze des Andenbarock

Luis Niño, ›Virgen de Sabaya‹. Exponat des Museums Casa Real de la Moneda in Potosí

(als Beschauzeichen schmückt er die 50-Bolivianos-Note). Einzig dieser Turm und die Fassade haben von der 1581–90 konstruierten Jesuitenkirche überlebt, die nach der Vertreibung des Ordens (1767) als Lebensmitteldepot und Tanzdiele profaniert wurde und jetzt einer touristischen Nutzung zugeführt werden soll.

Nicht weniger attraktiv für eine Außenbesichtigung ist die aus gelbem Sandstein errichtete Doppelturmfassade der Kirche **San Lorenzo** (2) mit ihrem filigran geschnitzten Altarportal. Das von einer Archivolte umfangene Portal, zweistufig und von salomonischen Säulen eingefasst, stellt ein von synkretistischen Symbolen verschlüsseltes Meisterstück des ›Mestizenbarock‹ dar. Erst in jüngster Zeit wird das Werk dem Gesamtkünstler Luis Niño (eigentlich: Tomasillo Inga) zugesprochen, von dem auch das Gemälde ›Virgen de Sabaya‹ (Museum der Casa Real de la Moneda, Potosí) und ein Marienretabel der Kirche La Merced (Sucre) stammen. Das Gemälde ist mit »Luis Niño *escultor*«, also Bildhauer, signiert; im Retabel erscheint Marias Anagramm mit einem von zwei Sirenen gehaltenen

Schild, auf dem Niños Name zu lesen ist. Die Autorenschaft Luis Niños auch für die Steinplastiken von San Lorenzo lässt sich aus ikonographischen Analogien ableiten, die kaum Zufälle sein können: In allen drei Werken erscheinen in vergleichbaren Posituren Sirenen, Hermen, Musikengel und ›Karyatiden‹.

Die der griechischen Bauplastik entliehenen Karyatiden (Gebälkstützen) werden in der Kulturanthropologie der Mittelanden (auf Angel Guido zurückgehend) heute gerne als *indiátides*, Indiatiden, bezeichnet. Diese spezifische Benennung – hellenische Karyatiden erscheinen in langen Gewändern und mit angelegten Armen, die Statuen Niños nackt und mit erhobenen Armen (›Virgen de Sabaya‹) oder im Schuppenrock und die Hände in die Hüften gestützt (Portal San Lorenzo) – hat nur vordergründig formale Bedeutung, in Wirklichkeit aber einen tieferen Sinn. Karyatiden waren ursprünglich in die Sklaverei geführte Frauen des Dorfes Karyai, das sich im Perserkrieg den Griechen gegenüber unloyal verhalten hatte. Seitdem wurden die Bestraften in der Architektursymbolik zu Trägerinnen von Baulasten. Analog hierzu taufte Guido in den 1930er Jahren die Pfeilerfiguren *indiátides* und deutete sie als Duldergestalten, welche die *mitayos* der potosinischen Bergwerke versinnbildlichen. Die eher selbstbewusste Pose der von Luis Niño geschaffenen Säulenengel scheint dieser These zu widersprechen, doch sind die einheimischen Kunsthistoriker zunehmend geneigt, aus frühkolonialem Figurenschmuck eine versteckte Anklage gegen die spanischen Unterdrücker herauszulesen.

Diskriminiert fühlten sich die Indianer Potosís nicht nur als *mitayos*, sondern auch wegen der offiziellen Bekundung ihrer Zweitklassigkeit. Seit Toledos urbanen Reformen war ihnen das Betreten bestimmter Straßen verboten (wie der ›Imperial‹, heute Calle Tarija), und sie mussten in getrennten Stadtteilen mit eigenen Pfarrkirchen wohnen. Einer der 15 Mitayo-Tempel Potosís, dessen Flusssteine die Gemeinde selbst zusammentrug, ist die Kirche **San Bernardo** (3), nur wenige Marktstraßen von San Lorenzo entfernt – ein burgartiger, trutziger Bau von schlichter Erhabenheit.

Von wenigen weiteren bei einem Stadtbummel zu streifenden Funden abgesehen – **Kathedrale, Casa de las Tres Portadas, Balcón del Ahorcado** (die beiden letzteren in der Calle Bolívar) –, sollte sich das Interesse des Besuchers entschieden auf Potosís famose Museen konzentrieren.

Mit 19 Galerieräumen, einer umfangreichen Münz- und Mineraliensammlung, vor allem auch den hervorragend erhaltenen Originalinstallationen seiner Geldschmiede stellt sich die **Casa Real de la Moneda** (4) als kostbarstes Museum Boliviens vor. Der 15 000 m² große Komplex mit fünf Innenhöfen entstand 1773 nach 14-jähriger Bauzeit als Nachfolgetrakt der an eben dieser Stelle errichteten Münze (1575), der dritten Prägeanstalt Hispanoamerikas (nach Mexiko, 1535, und Lima, 1565). Die Münzen von Bogotá und Santiago de Chile heute Regierungssitz) sind jüngeren Datums.

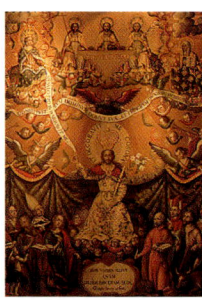

*›Der Heilige Josef als Weltpatron der katholischen Kirche‹ (Ausschnitt). Gemälde von Gaspar Miguel Berrio (Casa de la Moneda)*

Der Escorial von Amerika, wie man Potosís Casa Real stolz nennt, verwahrt über 600 Gemälde, darunter die wertvollste Bilderkollektion der Potosiner Schule. Die ältesten Leinwände stammen von anonymen Meistern und verraten ihre Entstehungszeit aufgrund der dargestellten Kleidermoden. So etwa entstand das Bild ›Die Jungfrau legt dem Heiligen Ildefons das Messgewand an‹ während ihrer Regentschaft Philipps III. (1600–20). Ein eigener Saal ist dem namhaftesten Potosiner Maler, Melchor Pérez Holguín (ca. 1660–1724) gewidmet. Seine herausragende Beherrschung von Kolorit und Technik (barocker Faltenwurf!) manifestiert sich in Gemälden wie ›Der Evangelist Johannes‹ oder ›Die Anbetung des Jesuskindes‹ (1701). Den Bildkompositionen sind jedoch flämische Gravüren als Vorlagen anzusehen, weshalb die jüngere Kunstkritik den Holguín-Schüler Gaspar Miguel Berrío (ca. 1706–61) höher einzuschätzen beginnt als den europäisierenden Meister.

Berríos Einfallsreichtum wird schon thematisch erkennbar bei dem Kolossalgemälde ›Der Heilige Josef als Weltpatron der katholischen Kirche‹, das den gewöhnlich als Nebenfigur behandelten Familienvater – im ausgebreiteten Königsmantel, mit Krone und den Trauring Marias haltend – zum zentralen Protagonisten macht. (Interessant hier wiederum die Einfügung von Sonne und Mond als Embleme der indianischen Gestirngötter sowie die Wiedergabe der Heiligen Dreifaltigkeit in Form dreier Gottvater-Gesichter: Die Darstellung von Tieren – also hier der Taube – war den Indianern verboten.) Luis Niño ist in dieser Pinakothek unter anderem mit der ›Virgen de Sabaya‹ (nach dem von den Charangas-Indianern verehrten Vulkan Sabaya benannt) vertreten. Ihm wird in auch das Portal der Potosiner Kirche San Lorenzo zugeschrieben. Von Diego Quispe Tito (ca. 1611–80) sieht man eine ›Verlobung der heiligen Jungfrau‹ im verklärenden Stil des sevillanischen Manierismus.

Das für die Geschichte Potosís selbst zweifellos bedeutendste Gemälde aber ist die ›Virgen Cerro‹. Ein unbekannter potosinischer Meister des 18. Jh. komponierte das Bild (*virgen cerro* = Bergjungfrau), in dem der dreieckige Schutzmantel der Madonna und der Kegel des Cerro Rico von Potosí zu einer motivreichen Pyramide verschmelzen. Es gilt als eine der sinnfälligsten Identifikationen der christlichen Gottesmutter mit der indianischen Erdmutter Pachamama und zugleich als Beispiel für die schöpferische Kraft des mestizischen Andenbarock.

Den um die senkrechte Mittelachse gegliederten Bildraum beherrscht das Bergmotiv, dekorativ eingefasst von Figurengruppen an den vier Ecken. Mit seiner Symmetrie, den betonten Konturen und seinen emblematisch wiedergegebenen Personen erscheint der Gemäldeaufbau ikonenhaft, doch wirken der heitere Farbauftrag in warmen Goldbraun- und Rottönen, die anmutigen Gesten und die freien, gelösten Gesichter jeder Starre entgegen. Maria (oder Pachamama) wird hier, das ist die zentrale Bildaussage, zusammen mit einem Reigen von Cherubinen (aber auch mit Sonne und Mond) von

*Die ›Virgen Cerro‹,
die Jungfrau vom Berg,
gilt als eine der sinn-
fälligsten Identifika-
tionen der christlichen
Gottesmutter mit
der indianischen Erd-
mutter Pachamama.
(Anonym, 18. Jh.; Casa
Real de la Moneda)*

der Heiligen Dreifaltigkeit gekrönt. Der Segensakt gilt zugleich dem in Gewandform dargestellten Cerro Rico, dem Reichen Berg, auf dessen Hängen episodenhafte Szenen seine Entdeckungsgeschichte zitieren und, piktorisch gesehen, zugleich als Ornamente dienen.

Am Bergfuß, links der Mitte, erscheinen der Inka Maita Kapak und der Indianer Walka, der das Silber fand, im Gespräch. (Man beachte den Größenunterschied der beiden Männer, der die hierarchische Stellung verdeutlicht.) Weiter oben, unweit der rechten Hand Marias, ist der gleiche Walka mit der Feuerstelle zu erkennen, die das erste Silber zum Schmelzen gebracht haben soll. Etwa auf der gleichen Höhe – unterhalb der beiden Hände der Madonna sowie in der Mitte zwischen diesen – hat der Künstler die ersten drei bienen-

*In der Casa de la Moneda, dem bedeutendsten Museum Boliviens, wird auch die Münzgeschichte beispielhaft dokumentiert. Hier Metallstempel zum Punzen*

korbartigen Stolleneingänge gemalt. Die kniende Figur unter dem Eingang links stellt wahrscheinlich Diego de Centeno, einen einflussreichen spanischen Kommendeninhaber, bei einem Dankgebet dar. An anderen Stellen sieht man Lamas und Metallsucher zum Berg aufsteigen. Belebt hat der Maler das Szenarium auch mit Wildenten, Vizcachas (Hasenmäusen) und Kiswara-Sträuchern. Unter den Großfiguren am unteren Bildrand kann man (rechts) Karl V. und (links) Papst Paul III. erkennen, gefolgt von einem Kardinal und einem Bischof. Die Weltkugel in der Mitte ist nicht kartographisch, sondern allegorisch bebildert: Ein Dorf vor einer Bergkulisse versinnbildlicht die Erde als Hort.

Der Malgrund besteht aus drei übereinander liegenden Gewebeschichten (eine aus Leinen, zwei aus Hanf, zusammengenäht mit Baumwollfäden). Seit seiner Entstehung hat das Werk viele Überarbeitungen und – nicht immer fachkundige – Ausbesserungen erfahren – z. B. mit etwa zwanzig Harzpflastern. Dabei ließ die intensive, staubanziehende Leinöltränkung das Bild stark nachdunkeln. Es wurde 1993 in den staatlichen Werkstätten von La Paz mit solcher Sorgfalt restauriert, dass ein eigens gebildeter Sachverständigenrat über jeden Arbeitsschritt wachte. Heute kann die Virgen Cerro wieder in ihrer ganzen Pracht im Museum der Casa Real de la Moneda bewundert werden.

Einen ganz anderen Charakter hat die in diesem Museum beispielhaft dokumentierte Münzgeschichte. Nachdem das erste ›Geld‹ Oberperus aus Silberbarren bestanden hatte, in die Pizarros Name eingraviert war, wurden in Potosí ab 1574 Schrötlinge gepunzt, d. h. mittels eines mit dem Hammer eingeschlagenen Metallstempels geprägt, und dann mit der Schere aus der (1–2 mm dicken) Silberfolie geschnitten. Diese *macuquinas* (das Quechua-Wort *makkaikuna* bedeutet ›Schlag‹), trugen die Umschrift »Phillipus D. G. (Dei Gratia – von Gottes Gnaden) Hispaniarum et Indiarum Rex«. Sie waren noch außerordentlich grob und wurden erst 1728 aufgrund einer Reform Philipps V. durch kreisrunde Münzen (Ronden) mit gerändelten Kanten ersetzt.

Um die Mitte des 18. Jh. revolutionierte ein Technologiesprung die Münzproduktion von Potosí: In Madrid werden drei riesige Walzwerke aus südspanischer *encina* (Steineiche) gebaut, in Teilen von Cadiz nach Buenos Aires verschifft, von dort auf zwölf ›Fernlastern‹ – von 87 Maultieren gezogenen Karren – in einem einjährigen Trek über 2000 km weit nach Potosí transportiert und dort wieder zusammengebaut. Die Anlage erweist sich als ingeniöses, wie eine gigantische Uhr funktionierendes Räderwerk. Pferde oder Maultiere bewegen ein Drehkreuz, dessen senkrechte Achse in der Etage darüber ein horizontales Stirnrad zirkulieren lässt, von dem wiederum die Kraft auf große senkrechte, dann kleinere gegenläufige Zahnräder und schließlich auf die Walzgerüste übertragen wird. Auf jeder der drei Maschinen erfolgen vier Durchläufe, was zwölf Arbeitsschritte nacheinander ergibt.

Die Anzahl der Streckungen hing jedoch vom Härtegrad der Werkstücke ab. Es konnten bis zu 84 Walzungen erforderlich sein, um eine Bramme auf Münzdicke zu reduzieren. Man muss sich diese ganze Apparatur bei vollem Betrieb vorstellen: das Ächzen und Stöhnen der Räder, das Knetern und Knirschen von Holz und Metall, das Quietschen der Lager, das Stöhnen der Tiere, die Schreie der Aufseher, den Geruch von Karbid, Schweiß und Lamafett – auch jeweils zwanzig Sklaven sollen manchmal in die Deichseln eingespannt worden sein: weshalb man diese Walzwerke bis heute *molinos de sangre* (Blutmühlen) nennt.

Erst 1869 wurden die von Muskelkraft bewegten Maschinen durch dampfbetriebene und jene wiederum 1905 durch elektrische Walzwerke ersetzt. Inzwischen hatten auch die Münzen mehrfach ihre Metalleigenschaften und das Prägezeichen geändert. Numismatikern erschließt das Münzkabinett des Museums mit seinen Schaukästen die ganze Landesgeschichte von der Konquista (Escudos mit den Herkulessäulen von Gibraltar und der Erobererlosung »Plus Ultra!«) bis zur industriellen Revolution (Gedenkprägung zur Ankunft der

*Walzwerk des 18. Jh. zur Herstellung von Münzrohlingen (Casa Real de la Moneda)*

*Potosí, Innenraum
der Klosterkirche
Santa Teresa*

ersten Eisenbahn in Potosí, 1912). Aber auch sprachlich lässt sich der
spanische Brückenschlag von Nordafrika nach Südamerika verfolgen, denn die Casa Real de la Moneda, in der die Söhne der Inka einst
*makkaikunas* stanzten, wird in Potosí immer noch ›La Ceca‹
genannt – und das ist Arabisch *(siccah)*. Bis weit in die republikanische Zeit setzte die Münze am Silberberg ihre Arbeit fort; das letzte
Geldstück wurde hier 1953 geprägt. Heute kommen die bolivianischen Münzen aus Deutschland, die Banknoten aus England.

Natürlich hat auch die Falschmünzerei hier Geschichte gemacht.
Dem Namen des Metallgießers Fernando de la Rocha verdankten in
Potosís eigener ›Kipper- und Wipperzeit‹ (ab 1642) jene hervorragend
gekupferten (über 50 %) Imitationen, über die Philipp IV. so staunte,
die Jargon-Bezeichnung *rochunas*. Das Stadtpalais des immens reich
gewordene Fälschers kann man noch heute in der Calle Chuquisaca
732 sehen. Nachdem Rocha jedoch sogar den vom Mutterland auf
ihn angesetzten Untersuchungsrichter hatte vergiften wollen, wurde
er allerdings in Potosí mit der Würgeschraube öffentlich hingerichtet.
Die ersten Münzfälschungen – euphemistisch ›Münzverschlechte-

rungen‹ genannt – hatte jedoch die Krone selbst betrieben, indem sie durch billigere Legierungen den Feingehalt herabsetzen und damit den wahren Metallwert des Geldes unterschreiten ließ.

Von Potosís einstigem Reichtum berichtet noch das 1692 mit 18 Kreuzgängen (!) erbaute und von den beiden Gründerehepaaren mit 20 000 Goldpeso (heute 1 Mio US$) finanzierte Kloster **Santa Teresa** (5), das unabdingbar – als Zeitzeuge wie als Kunstmuseum – in das örtliche Besuchsprogramm gehört. Was hier sehr anschaulich vermittelt wird, entspricht einem Sittengemälde des 17. Jh. Auf vier Vollporträts (ein Format, das weltlichen Personen damals noch nicht zustand) stellen sich in der Pförtnerloge die Gründer im noblen Habit ihrer Epoche vor. Im ›Spiegelsaal‹ künden die von den Novizinnen hier abgelegten Objekte der Eitelkeit von ihrem mundanen Verzicht – vermutlich aber auch von ihrer Anmut, denn im Altarraum, von dessen Seitengemach aus sie (hinter einem Vorhang versteckt) der Heiligen Messe beiwohnten, wehrten die Dornen eines Metallgitters Neugierige ab. Die Seidenkasel der Priester, die den Nonnen geläuterte Bibeltexte vortrugen (sie selbst durften die Heilige Schrift nicht im Original lesen) bestickten sie mit Gold- und Silberapplikationen, bis die Gewänder fünf Kilo wogen.

Wir sehen die Folterkammer, in der sich die Mädchen vorsorglich dreimal die Woche selbst kasteien mussten, aber auch die gut dotierte Küche (mit Kaffeeröster und zwölfflammigem Herd – aus Holzmangel grasbefeuert), wo sie ihr Naschwerk zubereiteten. Ein liliengeschmücktes Friesband im zweiten Klosterhof, Signum der hier wohnenden Aristokratinnen, erinnert an die Hierarchie einer Dreiklassengesellschaft und deren ungeschriebene Gesetze, die auch hinter diesen Mauern noch gehütet wurden: Der *erste* Sohn einer jeden Familie von Rang ›gehörte dem Staat‹, die *zweite* Tochter der Kirche. Ins Theresienkloster eintretende Karmeliterinnen mussten – nach heutigen Wertmaßstäben – 100 000 US$ mitbringen.

*›San Pedro de Alcántara mit der Heiligen Therese‹ (1715). Gemälde von Melchor Pérez Holguín im Kloster Santa Teresa*

Außer dem goldenen Altarretabel von 1610 und anderen wertvollen Kirchenmöbeln zählt der Klosterschatz von Santa Teresa über 400 Exponate, vor allem die in 14 Sälen gezeigten Gemälde der Potosí- und der Cusco-Schule. Stark vertreten ist wiederum Holguín, hier mit dem vielfach (von mindestens zwölf Malern seiner Zeit) abgehandelten Thema ›Anbetung der Hirten‹ (1699), dessen seltsam dachförmige Version auf die ursprüngliche Einfügung in einen Bogenwickel oder in ein Retabel schließen lässt. Die ausgewogene Figurenkomposition dieser Krippenszene geht (auch hier wieder Holguíns Hang zum Europäisieren) auf die Vorlage des spanischen Tenebristen Pedro de Orrente (Anfang 17. Jh.) zurück. Holguíns eigener Grauen Periode gehört das Diptychon an, dessen eine Seite den Heiligen Pedro de Alcántara und die Heilige Therese in deren Kloster in Avila zeigt (1715). Beim Essen soll sich der hungrige Gast (von dem Therese sagte, er sähe aus »wie aus Wurzeln gemacht«) entschuldigt haben, weil er so viel Suppe nahm, worauf, so die Legende, ihm Christus erschien, um ihn zu speisen. Das Motiv wurde von Holguín selbst und auch von seinen Schülern mehrfach kopiert.

Hausgemälde des Santa-Teresa-Klosters von Potosí ist die nach französischem Vorbild wie ein Medaillenteppich angelegte Stammbaumtafel ›Der Karmeliterorden‹ (in der Pförtnerloge) von Esteban Zeballos (1702), ein typisches Auftragswerk und auch so brav gemalt, aber mit den aufgehellten Farbwerten schon die lichte Malerei des 18. Jh. ankündigend.

Das Kloster **San Francisco** (6) ist mit dem Baujahr 1547 zwar das älteste Konvent von Bolivien, doch seine 1726 errichtete Basilika fiel 1810 dem neoklassizistischen Erneuerungswillen zum Opfer, vor dem sich nur das kleeblattförmige Barockportal rettete. Über 200 wertvolle Barockskulpturen verschwanden für immer aus dem alten Hauptaltar, von dem sich einzig vier polychromierte Hochreliefs in den letzten Seitenaltar (links) flüchten konnten. Doch schmücken zwei herrliche Allegorien Melchor Pérez Holguíns die Seitenwände der Apsis. ›Das letzte Gericht‹ (1708) hat einen dreistufigen Bildaufbau: Himmel, Erde, Hölle und Fegefeuer. Links vom Erzengel Michael, dem triumphalen Hauptakteur, ziehen die Ordensgeistlichen aller Kongregationen in geschlossener Formation durch das helle Himmelstor, rechts thront der Teufel, flankiert vom Tod und der Zeit in Gestalt eines alten Mannes (mit den Vergänglichkeitsattributen des Lebens: Uhr und Seifenblasen). Im Fegefeuer büßen Indianer mit ihren verbotenen Idolen (Schlange und Kröte als Fruchtbarkeitssymbole und Wasserspender), in der Hölle leiden die sieben Todsünden (Hochmut, Habsucht, Hass, Neid, Wollust, Völlerei, Müßiggang). Sich selbst hat Holguín unter dem Heiligen Michael in der Pose des Poeten eingemalt – und augenfällig hellhäutiger, als er war. Den Kopf hat er in die linke Hand gestützt, Buch und Federkiel stehen für seine Belesenheit (die meisten Menschen, auch die Künstler, waren damals Analphabeten).

Gegenüber hängt die Leinwand ›Der Triumph der Kirche‹ (1708); sie zeigt eine vom Heiligen Petrus (auf dem Laternendeck des Achterschiffs) gesteuerte Galeone, deren Mast das Kreuz mit dem Heiland bildet. Das Schiff segelt unter der Flagge des Heiligen Stuhls. Es durchpflügt die Wellen, die von ertrinkenden Häretikern (Luther, Calvin, Arius, u. a.) wimmeln und rammt ein mit Mohren besetztes Boot. Rechts oben ist die Einnahme Konstantinopels miniaturisiert, links unten Santiago (der Heilige Jakob), wiederum als Mohren- (oder Indianer-)töter.

Patron der Franziskanerkirche ist der Señor de la Vera Cruz, eine ans Kreuz genagelte Christusfigur (1550) mit indianischen Gesichtszügen. Der aus *maguey* bestehenden Plastik haftet ein Wunderglaube an: Das (echte) Haupthaar soll nachgewachsen sein! Wissenschaftler erklären das Phänomen, sollte es stattgefunden haben, mit Resten von Feuchtigkeit und Nährstoffen in der Agavenfasermasse. Das hochverehrte Idol wird nur alle fünfzig Jahre in einer festlichen Prozession (die letzte war am 14. September 2000) durch die Straßen von Potosí getragen.

Ein wahres ›Wunder‹ ereignete sich jedoch in diesem Kloster, als die Mönche 1923 beim Umgraben im Garten plötzlich Zinn auf der Schaufel hatten – mit dem sie dann die gerade in Leipzig bestellte Orgel (sie steht bis heute auf der Chorempore) bezahlen konnten. So werden Schürfer, auch wenn der Cerro Rico schon lange kein Reicher Berg mehr ist, bis in die jüngste Gegenwart fündig. Im Januar 2000 zog das Potosiner Dorf San Christóbal – samt seiner Adobeziegel für Adobeziegel abgetragenen Kolonialkirche (18. Jh.) – an eine neue, 4 km entfernte Stelle um. Am alten Standort war man auf ein Erzlager gestoßen, das 7000 t Silber und 2 Millionen t Zinn verspricht.

Von Potosí nach Sucre reist man (in 2–3 Std.) auf einer 160 km langen Asphaltstraße, die an der Provinzgrenze den Río Pilcomayo überquert (Blick und Fotomotiv: die über hundert Jahre alte Hängebrücke). Auf dieser Strecke verkehren durchgehend Busse und Sammeltaxis. Potosí selbst besitzt keinen Flughafen, Sucre aber ist in das bolivianische Luftverkehrsnetz eingebunden.

## Sucre – eine andalusische Stadt

Gleich Rom auf sieben Hügeln *(patas)* erbaut zu sein, dürfte sich Sucre rühmen. Oder, als Hausberg den Sica Sica zu besitzen, der das *divortium aquarum* der beiden größten Wassersysteme des Kontinents bildet: des Amazonas- und des La-Plata-Beckens. Als geheime Landeshauptstadt (nominell immer noch) könnte sich Sucre auch im Spiegel seiner fünf Namen betrachten, die eine stolze Geschichte

**Sucre** ☆
**Besonders sehenswert:**
**Historischer Kern um**
**die Plaza;**
**Recoleta-Kloster (Blick**
**auf die Stadt);**
**Kirche La Merced;**
**Kirche San Felipe Neri;**
**Kirche San Miguel;**
**Kirche Santo Domingo;**
**Museo Universitario**
**Charcas;**
**Museo de la Catedral;**
**Friedhof mit Mausoleen**

Sucre
1 Präfektur
2 Rathaus
3 Teatro Gran
    Mariscal
4 Rechtsfakultät
    (Universidad de
    San Francisco Xa-
    vier
5 Kirche La Merced
6 Kirche San Felipe
    Neri
7 Kathedrale
8 Santa Bárbara
    (Hospital)
9 Kirche Santa
    Mónica
10 Templo de
    San Miguel
11 Kirche San
    Francisco
12 Kirche Santo
    Domingo
13 Kloster Santa Clara
14 Konventkirche
    Santa Teresa
15 Kirche San Lázaro
16 Kloster La Recoleta
17 Museo Universita-
    rio Charcas
18 Museo de Arte
    Indigena ›Asur‹
19 Casa de la Liber-
    tad (Museum)

reflektieren: Charcas hieß die Indianersiedlung, an deren Stelle Pizarros Weggenosse Pedro Anzures schon 1538 La Plata gründete. Doch die zunächst als Versorgungszentrum der Silberminen von Porco (daher der Name) fungierende Kolonie veredelte sich mit dem steigenden Wohlstand der Spanier bald zur Ciudad Blanca, der Weißen Stadt, bevor sie sich in den Unabhängigkeitskriegen wieder ihres autochthonen Namens entsann und nun Chuquisaca (›Kopf von Charcas‹) nannte. Schließlich schenkte sie ihr bleibendes Gedenken dem in der Schlacht von Ayacucho gegen die spanischen Royalisten siegreichen Feldmarschall Antonio José Sucre.

Doch lieber als sich in geschichtlichem Ruhme zu sonnen, genießt Sucre heute seinen Ruf, die properste und bestbehütete Metropole des Landes zu sein. Mit 2300 – meist kleinen und unprätenziösen – Traditionsbauten im schmucken Altstadtviertel (das kaum mehr als fünf Prozent der Gemeindefläche einnimmt) wurde es 1992 von der UNESCO zum Weltkulturerbe erklärt. Für den bewahrenden Bürgersinn seiner Civitas spricht vielleicht am deutlichsten, dass sie sich

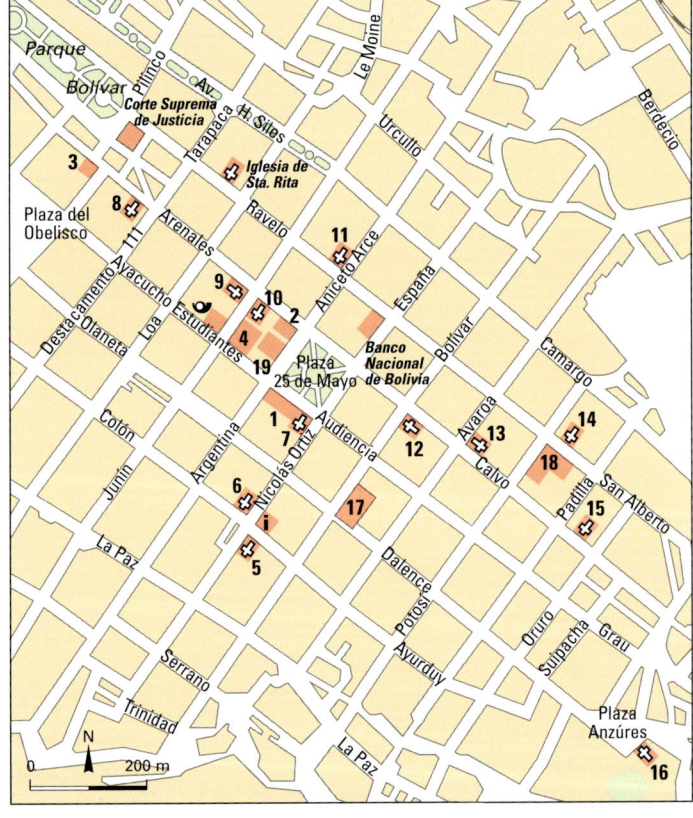

nicht, dem Trend in anderen Städten folgend, in eine schicke Suburbia absetzte, sondern dem historischen Zentrum verhaftet blieb. Hier wohnt, weiterhin, die Bevölkerungsschicht, die man ›die alten Familien‹ nennt. Ihrem urbanen Lebensgefühl verdankt Sucre, dass die koloniale Bausubstanz nicht zum Freilichtmuseum erstarrte oder von Boutiquen und Pubs verfremdet wurde. Vom Balkonschiebefenster bis zum bronzenen Türklopfer ist hier alles noch in erster Hand.

Für Umtrieb sorgen auch die 20 000 Studenten der renommierten, bereits 1624 gegründeten Universität, eine der ältesten des Kontinents: aufklärerisch, progressiv und einst geistige Wegbereiterin der Unabhängigkeit nicht nur Boliviens, sondern auch der südlichen Nachbarstaaten. Als ehemaliger Sitz der Real Audiencia de Charcas (Königlicher Gerichtshof von Charcas) mit Jurisdiktion in ganz Oberperu hat Sucre nicht nur seiner Universität die Rechtswissenschaft als Kernfakultät eingepflanzt, sondern nahm auch 1945 Boliviens Obersten Gerichtshof – in einem neuen Palast mit den feierlichen Zügen des französischen Akademismus – auf. Der Pariser Akzent in der Zivilarchitektur war bereits Ende des 18. Jh. vernehmlich, als das französische Rokoko sich bei den Gebäudeplanern arrivierter Städte, wie Lima und Sucre, einzuschmeicheln begann. Die eklektizistische Baugesinnung, die seitdem den Kanon bestimmte und auch in anderen Zentren Europas Anleihen machte, verstärkte sich in der republikanischen Epoche und trug den Stadtvätern von Sucre zeitweise den Ruf des Snobismus ein.

Doch die ›weißen Elefanten‹ aus dieser Zeit, und es sind nur wenige, nehmen sich an den öffentlichen Plätzen, wo sie ihrer Gefallsucht Luft machen können, keineswegs hässlich aus. An Sucres zentraler Plaza (25 de Mayo) steht neben der Kathedrale das schneeweiße **Präfekturgebäude** (1), Ende des 19. Jh. als Präsidentenpalast erbaut und eklektizistisch par excellence. Auch das strahlendhelle **Rathaus** (2), 1610 als *cabildo* entstanden, beleidigt keineswegs das Auge, obwohl es bei einem allzu mutwilligen Umbau 1888 sein koloniales Portal einbüßte. Ein drittes Konstrukt des Neoklassizismus ließ sich an der Plaza Libertad nieder, das **Teatro Gran Mariscal** (3). Den Namen Großmarschall-Theater trägt es zu Ehren des siegreichen Antonio Sucre. Der Bau wirkt mit seiner italianisierenden Fassade hinter den Palmen des Platzes ebenfalls nichts weniger als gefällig.

Was die Kritiker an den Epigonen in Wirklichkeit rügten, war auch weniger deren Frankophilie, sondern die eingewurzelte Abneigung gegen alles ›Amerikanische‹, also Mestizische, und damit letztlich: den so genannten Andenbarock. Als habe der Heilige Francisco Solano 1595 seine vier Kreuze – Cruz Verde, Cruz de Popayán, Cruz de San Rafael, Cruz de Tata Cajoncito (sie stehen bis heute) – nicht nur als Teufelsschreck an den Stadteingängen postiert, sondern auch zum Abwehrzauber gegen die *cholos*, blieben die Indianer vom Baukunstgeschehen isoliert. Die Residenzstadt Sucre modellierte sich

*Sucre, Blick über die Kathedrale zum Hausberg Sica Sica*

nach dem Gusto der Metropolitanspanier, und so geriet ihre Kolonialarchitektur zutiefst ländlich und andalusisch. Schmucklosigkeit konnte geradezu als Mittel zur Steigerung der Erhabenheit eingesetzt werden, wie bei dem wunderschönen Arkadenhof der **Rechtsfakultät** (4), in deren diagonalem Fluchtpunkt sich ein Turm im Herrera-Stil (Desornamentado) wie über eine Moschee erhebt. Dieser elegante Patio mit dem schlichten steinernen Brunnen gilt als eine der harmonischsten Schöpfungen der spanischen Kolonialbaukunst.

So präsentieren sich auch heute dem Besucher die meisten der etwa zwanzig Kirchen im schlichten Lehmgewand ihrer makellos weißen Mauern. Ihr Außenschmuck ist nicht ornamental, sondern kompositorisch. Verspielte Bögen umgürten ihre Atrien, Halbsäulen und gemauerte ›Laternen‹ mildern die Strenge ihrer flächigen Wände. Aus mehr als der Hälfte dieser Tempel, die wie aus Licht gebaut wirken, ragt ein einwandiger, durchbrochener Glockenturm hervor, so schmal, als könne er schwanken – und vielleicht deshalb *espadaña* (Schwertlilie) genannt.

Wie eine Kaminwand steigt der Turmbau von **La Merced** (5) auf; darunter versteckt sich eine dreischiffige Halle, die nicht nur die prächtigsten Goldaltäre der Stadt, sondern auch einen schönen Artesonado im Mudéjar-Stil (in der letzten Seitenkapelle rechts) und eine kunstvoll geschnitzte Barockkanzel birgt. Ihre Brüstung zeigt das beliebte allegorische ›Triumph-der-Kirche‹-Motiv mit den leidenden Ketzern, die die Last salomonischer Säulen und der vier ›die einzige Wahrheit‹ verkündenden Evangelisten tragen müssen. Leider ist die Baugeschichte dieser Kirche kaum dokumentiert. Die Hauptquelle stellt eine notarielle Urkunde von 1570 dar. Sie weist die spanischen Holzschnitzer Gómez und Andrés Hernández als Schöpfer des ersten Hauptaltars (heute in der letzten Seitenkapelle links) aus. Das nicht weniger festliche Goldretabel, das jetzt die Apsis schmückt, stammt von einem anonymen Meister des 18. Jh. Die figurative Auflösung ist so ausgewogen, dass sie jede Konche einen eigenen kleinen Altar bilden lässt. Über den beiden letzten Längsgurten der Seitenschiffe prangen von Goldornamenten unterfangene Gemälde Melchor Pérez Holguíns (Szenen aus dem Leben des San Pedro Nolasco, der den Orden der Mercedarier gründete), zu hoch jedoch für das Auge des Betrachters, um sie würdigen zu können. Das Interieur dieser Kirche wurde im Jahr 2000 restauriert.

Unmittelbar schräg gegenüber von La Merced taucht die Kirche **San Felipe Neri** (6) wie ein weißes Schiff aus einem Schwimmdock auf. Die 14 m hohen Wände werden von roh behauenen Sandsteinquadern gebildet, die dem nahen Cerro Churuquella entnommen sind und die Kirche wie ein Schutzmantel umgeben. Ihr enggestellter Doppelturm ist durch einen Torbogen mit frei hängender Glocke verklammert. Der an die Halle (nicht mehr zugänglich) angegliederte Klosterbau (1800) umschließt einen besonders schönen zweistöckigen Arkadenhof, der auf eindrucksvollste Weise vom gewellten Gewölbedach über der Kirche aus einzusehen ist. Von hier bietet sich auch ein herrlicher Blick über die Stadt und zu eben jenem Berg hin, von dem die Mauersteine stammen: Die Gläubigen selbst schleppten sie auf den Schultern herbei. Diese Übung und das gemeinsame Meditieren – in steinernen Sitzreihen, wie man sie auf diesem fialengekrönten Dach sieht – lassen etwas von der Glaubenspraxis der reformfreudigen Oratorianer erkennen. Ihre Kongre-

*Sucre, im Klosterhof San Felipe Neri*

313

*Sucre, Seitenportal der Kathedrale*

gation, im 16. Jh. von dem Italiener Filippo Neri gestiftet, kennt kein Ordensgelübde und setzt sich aus Weltpriestern und Laien zusammen.

Nur wenige Schritte weiter gelangt man zur **Kathedrale** (7), die sich (wie die Kathedrale von Arequipa) mit der vollen Längsseite an die Plaza anlehnt. Sechzehn lebensgroße Figuren bewachen ihren Turm: die zwölf Apostel und, zuoberst, die vier Stadtheiligen. Von der langen (1559 begonnenen) Bauzeit dieses Doms zeugt der in Renaissance-Manier gestaltete Korpus, dessen Portale – wie auch das samt Chorgestühl in Gold und Weiß gefasste Interieur – indessen schon barocke Züge aufweisen. Der Gemäldeschmuck besteht aus Wandbildern von Montúfar (Apostel- und Märtyrermotive) in den Seitenschiffen und einer Galerie von Bischofsporträts im Kapitel-saal. Von den zahlreichen Kruzifixen aus Elfenbein und Silber ist das in einen Strahlenkranz gehüllte Cruz de Carabuco (im Hauptaltar) das am meisten verehrte. Die ranghöchste religiöse Kultfigur der Stadt stellt jedoch die Virgen de Guadalupe dar, eine Glorie in Gold (1601 von Diego de Ocaña gemalt), die in der nach ihr benannten Kapelle (neben der Kathedrale) präsidiert. Festtag dieser Patronin Sucres ist der 8. September.

Außer der Kathedrale zitieren nur noch wenige Bauschöpfungen die Renaissance. Zu ihnen gehört das 1563 entstandene Portal von **Santa Bárbara** (8), hinter dem sich aber heute lediglich das gleich-namige Hospital verbirgt. Der Reigen der aus Lehm gebauten weißen Kolonialkirchen zieht sich von hier aus an den Straßenachsen Ravelo/San Alberto und Arenales/Calvo entlang. Auf dieser Fährte begegnet man zuerst der **Iglesia de Santa Mónica** (9), deren von einem Espadaña-Turm gekrönte Fassade des 16. Jh. noch die Grund-züge eines späten ›Mestizenbarock‹ nachzeichnet, allerdings ohne die handwerkliche Kleinkunst seiner Blütezeit. So tut die weiße, das Ornamentprofil verschleifende Übertünchung dem in seiner Gesamtwirkung dennoch wohltuenden Werk keinen Schaden. Das ausgenüchterte Innere ist heute nur noch Veranstaltungsort.

Unmittelbar gegenüber empfängt uns der **Templo de San Miguel** (10), eine der schmuckesten Kirchen von Sucre, mit dem imposanten Portal eines Bergfrieds. Ungewöhnlich ist seine vermutlich manieris-tisch beeinflusste Säulenordnung (dorisch unter ionisch). Im Inne-ren lässt das von Rot und Gold gesättigte Tafelwerk eines Mudéjar-Artesonado, der auch die oktonale Kuppel über der Vierung ausfüllt, die Leere der blanken Seitenwände fast vergessen. Früher hingen hier Gemälde von Bernardo Bitti, die heute im Museum der Kathe-drale aufbewahrt werden. Die Seitenaltäre schwelgen im Churri-guera- und Platero-Stil, der Hauptaltar prunkt mit einem gehämmer-ten Silbertabernakel (Josep Nicolás Martínez, 1726), dessen Beschauseite das Abendmahlmotiv zeigt.

Eine beschwingte, 14-torige Bogenmauer flankiert die noch von der Renaissance angehauchte **Iglesia de San Francisco** (11) von 1581, die durch zwei verschiedene Türme – aus unterschiedlichen

Epochen – überrascht. Im rechten hängt die Glocke, die am 25. Mai 1809 den Befreiungskampf einläutete, die Campana de la Libertad. Auch in diesem Tempel finden wir eine arabisch inspirierte Kassettendecke, ein Werk des berühmten sevillanischen Meisters Martín de Oviedo. Vom Chor bis zum Barockaltar durchlaufend, belebt sie den von glatten Adobemauern eingefassten Raum.

Wie ein weißes Wüstenfort ragt die **Iglesia de Santo Domingo** (12) auf. Sie entstand Anfang des 18. Jh. und trägt, mit dem gravitätisch gestaffelten Ensemble ihrer Baukörper, noch Züge der Spätrenaissance. Die domartige Halle ist dreischiffig und würde unter ihren hohen Kreuzgratgewölben vielleicht kahl wirken, wenn ihr nicht sieben üppig ornamentierte Barockaltäre, teils in Gold, teils naturholzbelassen, beistünden. Mittelpunkt der Andacht in dieser Kirche ist jedoch der Señor del Gran Poder im Hauptaltar, ein ursprünglich den Palacio del Gran Poder (heute Museo Universitario Charcas) patronisierendes Kruzifix. Gran Poder, Große Macht, war das Synonym für die Inquisition, deren Tribunal in jenem gleichnamigen Palast residierte. In diesem Zusammenhang gaben einige in die Sakreistei von Santo Domingo eingemauerte Mumien, die man bei Bauarbeiten fand, Rätsel auf. Handelte es sich um auf diese ungewöhnliche Weise bestattete Wohltäter des Ordens, wie manche glauben, oder um Opfer der Großen Macht? Mit der Inquisition beauftragt war in ganz Spanisch-Amerika der Dominikanerorden.

Das nur eine Straßenecke weiter liegende Kloster **Santa Clara** (13) von 1657 besitzt eine zwei Säle füllende Kunstsammlung. Diese umfasst (vorwiegend anonyme) Gemälde der Cusco-Schule, liturgisches Gerät, Kolonialmöbel und einige Barockinstrumente, darunter eine (1998 renovierte) Orgel aus dem 18. Jh. Bemerkenswert sind mehrere Bilder des nur unter dem Namen Montúfar bekannten Malers (aktiv: 1614–29), der sich mit seinen feingliedrigen, gestenreichen Figuren als Manierist zu erkennen gibt. Der aus Quito stammende Künstler, der in Oberperu von Kloster zu Kloster zog und überall seine Spuren hinterließ, gehörte zur Gattung der so genannten reisenden Maler. Dennoch sind Werke von ihm (außer beispielsweise in der Kathedrale von Sucre) heute kaum noch zu finden.

Nicht zu besichtigen ist die zum gleichnamigen, von Karmeliterinnen bewohnten Konvent gehörende **Iglesia de Santa Teresa** (14). Sie trägt aber mit ihrem 300 Jahre alten Espadaña-Türmchen, einem schmückenden *templete* (Tempelchen) im Atrium und ihrer schneeweißen Balustrade unübersehbar zur Ästhetik und zum schon beinahe dörflichen Charakter dieses oberen Stadtteils von Sucre bei. Hier träumt auch die **Iglesia de San Lázaro** (15) hinter einer stattlichen Arkadenmauer vor sich hin – oder den Zeiten nach, als sie die erste Kathedrale des damals noch La Plata genannten Örtchens war. In dem schon 1538 entstandenen, Anfang des 17. Jh. erweiterten Tempel lassen sich zwei herrlich gearbeitete Barockbeichtstühle entdecken, ein seltener Fund (im ehemaligen Baptisterium).

*Sucre, Klosterkirche Santa Teresa*

Wer die Steigung nicht scheut, gewinnt von hier aus zu Fuß die Rampe, die den schönsten Blick über die Stadt verheißt: die Esplanade El Mirador. Sie ist dem Kloster **La Recoleta** (16) vorgelagert, das sich in franziskanischer Zurückgezogenheit an den Hang des Churuquella schmiegt. Für die Bescheidenheit der Padres spricht, dass sie das 60 m hohe Wahrzeichen der Klostergärten, eine 1400 Jahre alte denkmalgeschützte Zeder (deren Stamm zu umfassen acht Personen nötig sind) einfach den Tausendjährigen Baum nennen.

Als wollten auch die Kunstschätze ihren wahren Wert verbergen, geben nur zwei der 300 hier zu sehenden Gemälde (das älteste von 1624) ihre Autorenschaft kund. Doch kann man in diesem namenlosen Kabinett der Allegorien und Symbole Stilübungen aller Art betreiben, etwa beobachten, wie indianische Künstler durchaus verschiedene Figuren einer Szene mit stets gleichen oder ähnlichen Gesichtszügen ausstatteten – weil sie oft nur ein einziges hellhäutiges Modell hatten. Das Museum zeigt außerdem Skulpturen, liturgische Objekte und eine sonst selten zu findende Kollektion von Missionskreuzen. Von den vier Kreuzgängen dieses schon im Jahre 1600 entstandenen Klosters kann man zwei besichtigen.

Die schöne zweitürmige Kirche nennt eines der wertvollsten Chorgestühle ihr eigen. Es wurde unter der Regie des spanischen

Bildners Juan Ximénez de Villarreal von einer Gruppe einheimischer Schnitzer hergestellt und 1679 dem Kloster San Francisco übergeben, von wo aus es erst zweihundert Jahre später nach La Recoleta gelangte – allerdings im unteren Teil aufgrund eines politischen Racheaktes beschädigt. Komplett erhalten ist aber noch die Reliefgalerie der franziskanischen Märtyrer von Nagasaki, die die Dorsale umläuft.

Die kostbarsten Schätze bergen die Museen im historischen Kern der Stadt. Unter dem Dach des Palacio del Gran Poder sind drei Museen vereinigt, die mit dem gemeinsamen Namen **Museo Universitario Charcas** (17) firmieren. Die kunsthistorische Kollektion wird vom **Museo Colonial** betreut und ist stark auf die Charcas-Schule (im engeren Sinne: Potosí-Schule) hin orientiert, nicht wenig stolz aber zeigt sie auch einige flämische und italienische Stücke.

Den gewichtigsten Fundus bilden, wie zu erwarten, Werke von Melchor Pérez Holguín, Gaspar Miguel de Berrío, Francisco de Padilla und López de Castro. Als exemplarische Schöpfungen Holguíns werden vorgestellt ›Die Geburt der Jungfrau‹ (aus der Mitte seiner Schaffensperiode) – eine in der realistischen Manier der Sevillaner Schule Zurbaráns gestaltete Krippenszene, bei der entmystifizierte Engel zu irdischen Helfern werden – und ›Der Evangelist Johannes‹ als manieristisches Atelierporträt: die gezierte Hand mit dem abgespreizten kleinen Finger und dem fragilen Federkiel, die Halsdrehung (Spirale!) und der verklärte Blick, die diagonale Lichtachse bis hoch zum Stirnhaar.

Von Berríos Œuvre darf das Panoramabild ›Vista de Potosí‹ mit dem Cerro Rico (siehe S. 299) als eines der originellsten Dokumente regionaler Historienmalerei gelten. Padillas Fabulierkunst zeigt sich in der ›Magdalena‹, wobei auch in diesem Museum vertretene anonyme Künstler seiner Zeit seine Vorliebe fürs Anekdotische teilen: Die ›Virgen Hilandera‹, eine kindliche Maria mit mestizischem Gesicht, dreht Wollfäden von einer Spindel; ›Die heilige Familie beim Abendessen‹ sieht man Meerschweinchen, Chilepfeffer und amazonische Früchte speisen. Über sein entdeckungsreiches piktorisches Programm hinaus wartet das Museum mit erlesenen Möbeln und Kleinkunstwerken aus den Jesuitenreduktionen im Osten Oberperus auf.

Das **Anthropologische Museum** hat das Studium von trepanierten und deformierten Schädeln zum zentralen Thema gewählt. In einer der Vitrinen wird auch eine der ganz seltenen Doppelmumien gezeigt, hier eine Frau zusammen mit ihrem Kind, die möglicherweise rituell getötet und als *ofrenda* dargebracht wurden. Waffen und Handwerkszeug aus Stein und Metall sowie keramische Funde von Regionalkulturen (Colla, Puno, Yura, Chaqui, Yampara u. a.) erhellen die Lebensweise von kleinen Volksgruppen, die teilweise die Tiwanaku-Periode überlebten. Das **Folkloristische Museum** pflegt die Erhaltung ethnischer Gebräuche und Kunstfertigkeiten

*›Martyrium des Heiligen Thomas‹. Gemälde des unter dem Namen Montúfar bekannten Künstlers (Sucre, Museo de Catedral)*

und belegt diese mit ausgewählten Exponaten. Erklärt wird auf diese Weise z. B. der Pukará-Ritus zu Ehren von Verstorbenen.

Zu den bestdotierten Kunstsammlungen Boliviens gehört das vom **Museo de la Catedral** (Nicolás Ortíz 61, gleich neben der Kathedrale) gehütete Inventar. Abgesehen von Barockgemälden flämischen, italienischen und spanischen Ursprungs (aus der Schule Estéban Murillos) präsentiert das Museum Meisterstücke der großen kolonialen Kunstströmungen (Quito, Cusco, Potosí bzw. Charcas). Als Wegbereiter ist Bernardo Bitti natürlich mit einigen hervorragenden Leinwänden vertreten. Seine ›Jungfrau mit Jesuskind und dem kleinen Heiligen Johannes‹ offenbart elegantesten Manierismus und ist zugleich in einen Halo von raffaelitischer Anmut und Verklärung eingehüllt.

Zu den Seltenheiten frühkolonialer Mestizenmalerei gehören die hier verwahrten zehn Großformate (2,12 × 1,16 m) aus dem zwölfteiligen Apostel-Zyklus von Montúfar. Die Serie wurde 1794 von einem lokalen Restaurator nachgearbeitet – in einigen Fällen allerdings zu heftig. Eines der in seiner Urfassung am besten erhaltenen Motive ist der ›Heilige Thomas‹, dessen Komposition, wie auch die der anderen Bilder der Serie, auf flämische Stiche zurückgeht. Was das Museum überdies an Sakristeischränken, Tabernakeln, Monstranzen und anderen liturgischen Kunstwerken vorzuweisen hat, ist schier unübertroffen.

Ein bewundernswertes Experiment startete das ethnohistorische **Museo del Arte Indígena ›Asur‹** (18) mit einem Programm zur Rettung der fast schon untergegangenen regionalen Textilkunst. Handwebtechniken, traditionelle Muster- und Färbetechniken wurden (mit den Schwerpunkten Tarabuco und Jalqa) wiederbelebt und 1200 Weber für die Initiative gewonnen. Einige kann man im Museum bei der Arbeit sehen. In den Ausstellungsräumen gezeigt werden sehr schöne mit Naturfarben kolorierte und in den alten Rapporten hergestellte Gewebe.

Ein Museum mit eigener Geschichte ist die **Casa de la Libertad** (19), in deren ›Unabhängigkeitssalon‹ die junge Republik Bolivien am 6. August 1825 ihre Souveränität besiegelte. Gezeigt werden Gemälde und Memorabilia aus unruhigen Zeiten. Im Salon gibt es noch eine zierreiche Chorempore, an der man die Insignia »I.H.S.« ablesen kann. War dies einmal eine Jesuitenkapelle? Keine Chronik beantwortet diese und andere Fragen. Nachdem der Bau 1624 als Universidad de San Francisco Xavier entstand, reißt die hauseigene Geschichtsschreibung ab. Das älteste authentische Zeugnis, eine Fotografie von 1852, war immerhin Anlass, dem öfter zeitmodisch umfrisierten Portal das alte Gesicht zurückzugeben. Sucre arbeitet seine koloniale Vergangenheit auf.

*Tarabuco*
*Besonders sehenswert:*
*Dorfidylle;*
*Handwebereien;*
*Sonntagsmarkt*
*(schöne Ponchos)*

Einen Eindruck von bis heute lebendiger indianischer Lebensweise vermittelt ein Ausflug zum (65 km entfernten) Dorf **Tarabuco,** wo der traditionelle Sonntagsmarkt unter anderem mit edlen handgewebten (auch schönen gebrauchten) Ponchos aufwartet.

# *Kulturgrenzen am Nebelwald*

Die faltenreiche Ostabdachung der bolivianischen Anden – ihrer Nebelwälder wegen fantasievoll Siberia (Sibirien) genannt – bildete tausende von Jahren lang eine natürliche Gunstzone, die den trockenkalten Altiplano vom feuchtheißen amazonischen Tiefland trennte. Noch heute gedeihen in diesem Vegetationsgürtel 43 verschiedene Wildfrüchte.

Entlang dieser Klimascheide verlief auch die Grenzlinie großer Kulturen. Die Expansionsgelüste der Inka endeten hier und umgekehrt, sich selbst in *pukaras* (vorgeschobene Festungen) einmauernd, trotzten die Inka wiederum den Einfällen der kriegerischen Chiriguano. Diese Ethnie gehört zu den Guaraní-Indianern – die despektierliche Bezeichnung *chiri guano,* die so viel wie kalter Mist bedeutet, erfanden die Inka. Die Chiriguano lebten von Jagd und Fischfang und betrieben kaum Ackerbau. Jahrhundertelang machten sie den sesshaften Hochlandbewohnern zu schaffen, und vergeblich versuchten auch die Franziskaner, die ihre Kirchen einschanzen und mit Palisaden schützen mussten, diese »nackten, lüsternen Noma-

*Nebelwald östlich von Cochabamba*

den« (die, ungeachtet ihrer erschreckenden Holzmasken, feinsinnige Keramiker waren) zu christianisieren. Noch im 19. Jh. schleuderten Chiriguano ihre Speere gegen die republikanischen Milizen.

In dieser geografischen Pufferzone stießen auch die ihr ›Amerika machenden‹ Kolonialmächte Spanien und Portugal aufeinander. Nicht nur gegen die Chiriguano, sondern ebenso zur Abschreckung der von São Paulo aus in den Wilden Westen Südamerikas einströmenden portugiesischen *bandeirantes,* ließ der peruanische Vizekönig Francisco Toledo eine 300 km lange Kette von Grenzstädten – darunter Tomina, Tarabuco, Villar und Presto – im heutigen Ostbolivien anlegen.

Schon um 1520 war es vier portugiesischen Abenteurern gelungen, am Río Paraguay zweitausend von Beuteversprechungen angelockte Guaraní-Indianer für eine Expedition nach Westen zu mobilisieren. Das Heer drang bis zum Río Pirai und dann in die Bergregion zwischen Tomina und Mizque vor. Der Anführer der Portugiesen, Alejo García, hatte noch eben Gelegenheit, seine Entdeckung dem Gouverneur Martín Alonso de Souza zu melden, ehe er ermordet wurde: García war in der Tat der erste Weiße, der das Inka-Imperium aufspürte – vier Jahre vor Pizarro.

## Cochabamba

Man muss erneut die klimatischen und vegetativen Vorzüge dieser Vorandenregion betonen, um sie als Konfliktstreifen zu verstehen. Erfolgten die Städtegründungen durch die Spanier grundsätzlich in der Form, dass man am Ort der Wahl den Degen in den Boden stieß, den König invozierte und eine heilige Messe las, so hatten findige Kolonisatoren bereits 1540 – also noch vor der Gründung von Potosí und La Paz – Cochabamba als spontane Bauernsiedlung entstehen lassen. Die sich heute über den Hochtalkessel von *khocha pampa* (Sumpfebene) spreizende 1,2-Millionen-Stadt Cochabamba saugt noch, wie ihre überquellenden Straßenmärkte zeigen, mächtig an ihren ländlichen Wurzeln, hat aber auch vom Silber- und Kautschuk-Boom profitiert und sich zu einem Zentrum der Leder- und Textilmanufaktur entwickelt. Von der Fortune des Zinnbarons Simón Patiño (der in den üppigen 1920er Jahren dem Staat Geld lieh – im Austausch gegen Steuervergünstigungen) zeugt der prunkvolle Palacio de los Portales. Ansonsten besitzt Cochabamba kaum eine Museumslandschaft. Und mehr als im *neoclásico cochabambino,* der uns die arkadengesäumte Plaza (1838) schenkte und an den Patio-Häusern breite Kaleschenportale hinterließ, drückt sich die Stadtkultur in der stets avantgardistischen, linksintellektuellen Gesinnung ihrer Bürger aus.

Von sozialutopischen Ideen leiten ließen sich die Jesuiten, als sie in diesem umstrittenen Grenzgebiet Indianerreduktionen anlegten, letzte Verteidigungsbastionen gegen die auf Sklavenfang ausgehenden *bandeirantes*, die man ihrer mestizischen Hautfarbe wegen Mameluken nannte. Ausgangspunkt für die Vorstöße ins Tiefland – die Regionen von Moxos und Chiquitos – war das zunächst als San Lorenzo weiter östlich gegründete Santa Cruz (1561), das inzwischen am Kordillerenrand einen höheren (420 m) und verkehrsgünstigeren Standort gefunden hatte. Von hier aus fädelten sich die Gebirgsstraßen nach Cochabamba und La Paz durch, und hier gewährte der Río Pirai Anschluss an ein gewaltiges Wassernetz mit 34 schiffbaren Flüssen.

In den sich bis Brasilien ausdehnenden *llanos* (Niederungen) lebten, nach heutigen Schätzungen, 500 000 bis eine Million Menschen auf mehr als 5000 künstlich aufgeschütteten Plattformen. (Das Gebiet wurde 1962 mittels Luftaufnahmen kartographiert.) Es gab 24 000 kanalisierte Felder. Um die Zeit der Konquista soll die Bewässerungstechnik dort höher entwickelt gewesen sein als in Europa. Was die Eroberer gerade im Gebiet von Moxos vermuteten, war das famose, Paititi genannte El Dorado. Die Jesuiten aber sahen dort ein gewaltiges Missionierungspotential. Ihre Vorhut erreichte 1587 Santa Cruz, ab 1650 etwa starteten sie, wohlvorbereitet, Expeditionen in die östlichen Savannen- und Sumpfgebiete, wo sie 38 verschiedene Ethnien antrafen: manche Padres sprachen bis zu neun Indianeridiome; *lingua franca* war Moxo.

Die Stadt **Santa Cruz,** heute 1,2 Millionen Einwohner stark und weiterhin die am schnellsten wachsende Metropole Bolivens, hat reichlich an den fruchtbaren Feuchtgebieten gesaugt. Zuckerrohr und Reis, Soja und Baumwolle, Vieh und nun auch Petroleum und Erdgas begründen ihren Wohlstand. Die Cruzeños haben das höchste Pro-Kopf-Einkommen Boliviens, und das zeigen sie auch. Wenn hier die Hälfte der Autos aus stattlichen Allrad-Fahrzeugen besteht, dann liegt das nicht nur am Geoklima. Mit ihren schattenspendenden Dachvorsprüngen und den langen, von Säulenreihen gesäumten Trottoirgalerien, hat die subtropische Flächenstadt – der man die hübschesten Frauen zu besitzen gerne zugesteht – noch viel von ihrem kolonialen Charme bewahrt.

*Santa Cruz*
*Besonders sehenswert:*
*Stadtkern mit kolonialem Flair;*
*Kolonnaden-Bürgersteige;*
*Subtropische Flora*

## Tempelfesten und Felsheiligtümer

Drei inkaische Felskomplexe bildeten die Grenzmarken des *collasuyu* und können im Raum Cochabamba – Santa Cruz heute noch besucht werden. Wenn man von Westen – aus der Richtung La Paz – über die Nationalstraße 4 kommt, ist das nächstliegende Ziel **Inkaraqay.** 12 km vor Cochabamba krallt sich die Burgruine hoch über dem Río-Rocha-Tal an die Bergflanke. (Von der Plaza des Dorfes Sipe Sipe aus auf einem stellenweise ruppigen Fahrweg nach 12,8 km zu erreichen. Der Weg führt an der – unbeschilderten – Anlage vorbei. Zu erkennen ist die Stelle nur an den bizarren Felsformationen und etwas Baumbewuchs. Talseitig geleitet ein 300 m langer Fußpfad zur Ruine.)

Der beherrschende Eindruck ist die dominante Lage dieses leider stark verfallenen Bergnestes in 3290 m Höhe. Von hier aus ließen sich alle Bodenbewegungen im Tal kontrollieren. Aber wie, aus dieser Entfernung, Eindringlinge bekämpfen? Die Antwort geben die Reste von über 2400 Rundsilos *(kollkas)*, die man um Sipe Sipe und Quillacollo herum fand und die ausschwärmenden Burgbesatzungen als Waffen- und Proviantdepots gedient haben müssen. Einst umfasste Inkaraqay mehr als zwölf Gebäude, die in unterschiedlicher Höhe in die Felsen gebaut waren. Heute ist nur noch die Hälfte am Verlauf ihrer – zum Teil mit Trapeznischen versehenen – Grundmauern zu erkennen, sodass der Besuch im wesentlichen nur für Fachkundige lohnt.

*Inkallaqta Tempelruine in einsamem Naturwald; vorinkaische Nischenwand von 84 m Länge*

Weit erlebnisreicher ist ein Pirschgang zur Tempelfestung **Inkallaqta**, zu der man 140 km östlich von Cochabamba von der alten Landstraße nach Santa Cruz (über Totora) aus gelangt. (4 km hinter Monte Punku nach rechts auf die Schotterstraße ab und nach 17,5 km, wiederum nach rechts, im spitzen Winkel auf einen Fahrweg, der nach 9,5 km vor einer Bauernkate endet. Von da aus führt ein 800 m langer, teilweise etwas abenteuerlicher Schluchtpfad zu den Ruinen.)

Belohnt wird der Besucher mit dem Anblick eines gleichsam in die Bergwildnis eingewachsenen Horstes, an drei Seiten von Wasserläufen umspült. Der 2900 m hoch liegende Komplex, der einmal rund vierzig Gebäude, ein Observatorium und einen Verteidigungswall besaß, erinnert in seiner Verschmelzung mit der Natur an Machu

*Der Große Tempel von Inkallaqta*

*Der Zeremonialfelsen von Samaipata*

Picchu, auch wenn er bedeutend kleiner ist. Eine hehre Ruhe herrscht an diesem – unbewachten – Ort, zu dem fast kein Tourist vorstößt. Mittelpunkt der Zitadelle ist ein 84 m langes und 27 m breites Mauergeviert – Rest des größten Tempelbaus von Amerika. In der aus Bruchsteinen gefügten Längswand reihen sich 44 (rechtwinklige, nicht trapezoide) Nischen aneinander. Die Form der ca. 12 m hohen Stirnmauern lässt darauf schließen, dass der Raum mit einem Satteldach (von Stroh und gestrichenem Lehm) gedeckt war. Seitlich davon zeugen Grundmauerreste von einem auf den ersten Blick runden, tatsächlich aber polygonalen Turmbau, den der argentinische Archäologe Dick Edgar Ibarra als Sonnenobservatorium erkannte. Das ergaben Lichtmessungen zu den Tagundnachtgleichen. Inkallaqta war, nach dem heutigen Wissensstand, die bedeutendste *pucara* auf der östlichen Grenzlinie des Inkareiches.

Ein grandioses und immer noch viele Geheimnisse bergendes archäologisches Juwel ist der als *fuerte* (Festung) unzutreffend stereotypisierte Zeremonialfelsen von **Samaipata**. (120 km westlich von Santa Cruz beim Ort Samaipata von der Nationalstraße 4 aus über eine 4 km lange Zufahrt zu erreichen.) Die nach Südwesten orientierte rötliche Sandsteinplatte ist um 8° geneigt, 200 m lang und im Mittel 60 m breit. Sie ist über ihre gesamte Oberfläche (12 000 m$^2$) skulptiert und stellt, mit ihren bedeutungsreichen Bebilderungen und Opferrinnen, das größte Felsenheiligtum dieser Art auf dem Kontinent dar. Zwei fast parallel längs über die Tafel laufende Kanäle von gut 27 m Länge bezeichnen den Rücken einer Klapperschlange (häufig in dieser Gegend), deren Schuppen von 262 beiderseits eingeritzten und miteinander verbundenen Rhomben gebildet werden. Am Fuß dieses Ablaufsystems fingen zwei 4 m$^3$ fassende Becken die *chicha* auf, die wie bei anderen Naturheiligtümern vermutlich der

*Samaipata* ☆
*Größtes Felsheiligtum Südamerikas mit sehenswerten Bodenskulpturen, Opferrinnen und Zeremonialnischen*

323

Pachamama geopfert wurde. Außer dem Schlangensymbol sind andere Tiermotive, darunter ein Jaguar und zwei über 2 m lange Pumas, auszumachen. An einigen Stellen findet man, dicht an dicht, Sitzreihen wie in einem Stadion in den Felsengrund eingemeißelt. Flankiert wird die Platte von mehreren Nischenreihen, deren Ursprung über die inkaische Periode hinausweisen könnte.

Man weiß heute, dass mindestens fünf präinkaische Kulturen, die ersten wohl amazonischer Herkunft, ›Sabay-pata‹ (Höhenruheort) als Zentrum eines zeitweise 40 ha großen Siedlungsareals mit etwa 3000 Bewohnern in 700 Behausungen nutzten. Die frühesten Spuren menschlichen Wirkens sind 4000 Jahre alt. Gesichert ist die Erkenntnis, dass Samaipata einmal dem Tiwanaku-Kulturkreis angehörte. Wahrscheinlich haben auch die Chiriguano den Felsen zeitweise in Besitz gehabt. Um die weitere Aufhellung der Vergangenheit dieser Kultstätte hat sich in den letzten Jahren die Deutsche Forschungsgemeinschaft verdient gemacht.

Ein Rätsel sind immer noch Funktion (oder sakrale Bedeutung?) des 500 m vom Felsen entfernten Brunnenschachtes Chincana mit seinem spiralförmigen – wiederum den Schlangenmythos evozierenden – Bohrloch. Seine Tiefe lotete der Ethnologe Baron Erland Nordenskjöld 1911 mit 15 m aus (und vergaß bei seinem Besuch auch nicht, zwei Dutzend Fundstücke mitzunehmen und außer Landes zu schmuggeln).

## Utopische Städte der Jesuiten

*Chiquitanía-*
*Missionskirchen* ☆
*Besonders sehenswert:*
*San Miguel;*
*San Javier;*
*Concepción*

Hatte der streitbare Jesuit Alonso Sánchez den Missionsgedanken so weit getrieben, dass er 1588 (im Auftrag der Spanier auf den Philippinen) König Philipp II. drängte, China mit Waffengewalt zu erobern, um es »aus der Finsternis seines Unglaubens zu reißen«, so versuchte der gemäßigtere Glaubenstheoretiker José de Acosta (vgl. S. 86), den weltweiten Evangelisierungsauftrag nach gewissen ethischen Normen auszurichten. In einer Art Schichtmodell unterschied er Barbaren verschiedener Kategorie, wobei Chinesen und Japaner die oberste, Chiriguano und Moxo – neben den »nackten, menschenfressenden Kariben« – die unterste Stufe einnahmen.

Die Jesuiten von Julí (dort war das Ausbildungszentrum) und Santa Cruz waren also auf einiges vorbereitet. Dennoch sollte es in Chiquitanía und Moxos fast einhundert Jahre länger als in Paraguay dauern, bis dort ein – wie die Feinde der Gesellschaft Jesu es nannten – Jesuitenstaat entstand. Um sich in die grenzenlose Leidensfähigkeit der Jünger des Heiligen Ignatius von Loyola (1491–1556) einzufühlen, muss man die Scharten erkennen, die das Leben dem als Iñigo López de Oñaz y Loyola und achtes von elf Kindern in einem baskischen Einödhaus geborenen Ordensgründer beigebracht hatte.

Vier seiner Brüder fielen im Kampf gegen die Muselmanen; bei der Verteidigung Pamplonas ließ er sich einen Knochen absägen, um mit dem Bein in den Stiefel zu kommen; acht Jahre verbrachte er, vorwiegend im Kloster Monserrat, mit Bußübungen und Selbstkasteiungen, fünfzehn mit den mystischen »geistigen Exerzitien«, die sein gleichnamiges Werk dann zur Märtyrerfibel für viele seiner Nachfolger machen sollte.

In härener Kutte und Sandalen, mit Machete und tragbarem Altärchen, ein langes Holzkreuz als Stock benutzend, machten sich die Missionare in die ostbolivianische Wildnis auf, wo sie Moskitoschwärme und Malaria, Schlangenbisse und Amöbenruhr sowie die amphibienartigen Fratzen von Eingeborenen erwarteten, die sich Augenbrauen und Wimpernhaare ausgerissen hatten. Diesen Sumpfnomaden, deren Nahrung aus Wurzeln, Affenfleisch und Wurmsuppe sie teilten, christliche Schuld- und Sühnethesen zu vermitteln, war unendlich schwer. Was hatten sie, meinten die Indianer, mit jenem Mord zu tun, den die Weißen in einem fernen Land an ihrem eigenen Gott begangen hatten? Und sich die Hölle als Feuerstelle vorzustellen – fanden sie eher gemütlich. Was die jesuitischen Glaubensboten in dieser Pionierzeit zu bestehen hatten, ist durch viele – und manche auch episodisch gewürzte – Chroniken belegt. Bei den Chiriguano etwa war es nicht unüblich, dem Besucher als Zeichen der Gastfreundschaft eine Frau des Hauses anzubieten. Vorbeugend bußfertige Padres sollen sich bei solchen Gelegenheiten in Ameisenhaufen geworfen haben.

*Mit einem Missionskreuz als Gehstock machten sich die Missionare auf in die Wildnis. (Das abgebildete Kreuz wird im Kloster La Recoleta in Sucre aufbewahrt.)*

Doch nach achtzig opfervollen Wanderjahren im Zeichen des Kreuzes war das Werk vollendet: 1682–1700 entstanden in Moxos westlich des Río Mamoré, zehn Indianerreduktionen, 16 weitere bis 1760 östlich des Flusses und anschließend die in Chiquitanía mit ihren prachtvollen, berühmten Missionskirchen. Diese Reduktionen (die nicht mit den nordamerikanischen Reservaten zu verwechseln sind!) waren in Form von Wehrdörfern – gegen die ›Mameluken‹ – angelegt und bildeten perfekt funktionierende Kommunen, in denen jeweils 2000–3000 Indianer verwandter Ethnien familienweise zusammenlebten. Mädchen wurden mit zwölf, Knaben mit 15 Jahren verheiratet, um jeglicher Promiskuität vorzubeugen. Zusammen wurde das Gemeindeareal bewirtschaftet. Dieses bestand aus dem Gott gewidmeten Teil, dem *tupa-mbaé*, dessen Erträge dem Gesundheits- und Sozialwesen (Waisen- und Altersversorgung) sowie dem Kirchenkult zugute kamen; der andere, *aba-mbaé* genannte Teil war parzelliertes Eigentum der Dorfbewohner und diente deren Selbstversorgung. Kultiviert wurden Zuckerrohr, Baumwolle, Reis, Mais, Yuka, Bananen und Zitrusfrüchte. Bedeutend war auch die Viehzucht – als die Jesuiten 1767 vertrieben wurden, zählte man allein in Paraguay eine Million Rinder auf den Weiden der Reduktionen.

*»Die Moxos kennen weder Regierung noch Polizei noch Gesetze. Niemand befiehlt, und niemand gehorcht.«*

*»Sie ahnen nichts von den Strafen oder Belohnungen, die sie im nächsten Leben erwarten, und deshalb machen sie sich auch keinerlei Gedanken über das, was nach dem Tode passiert.«*

*(›Lehrreiche und merkwürdige Briefe von Missionaren der Gesellschaft Jesu‹, anonym, Lima, 1755)*

Jedem Gemeinwesen standen zwei Padres vor, einer für die Seelsorge, der andere für die Verwaltung. Ein achtköpfiger Gemeinderat, durchweg Ureinwohner, (oft mit einer Jesus-Skulptur als symboli-

*Tanzender Indianer, Provinz Chiquitanía. Zeichnung von Lázaro de Rivera*

schem *alcalde*, also Bürgermeister) bildete die Exekutive. Spanisch zu sprechen, war in der gesamten Reduktion verboten. Im Laufe der Zeit richtete man Werkstätten und Ateliers ein, in denen buchstäblich jedes Handwerk – vom Kerzenziehen bis zum Instrumentenbau – ausgeübt wurde. Die Jesuiten waren also nicht nur furchtlose Gottesstreiter, sondern auch ›Sozialingenieure‹ und Förderer der Schönen Künste.

Als Vater der Musikgeschichte von Chiquitanía ist der Schweizer Missionar Martin Schmidt in die Annalen eingegangen. Aber eine unermüdliche Forschung hat unlängst bewiesen, dass bereits die ›Wilden‹ Ostboliviens komplizierte Blasinstrumente und sogar eine chromatische Tonleiter – mit 24 Stufen – hatten.

Von den erhaltenen (und, vor allem von dem deutschen Denkmalpfleger Hans Roth, liebevoll restaurierten) Missionskirchen der Chiquitanía-Reduktionen lassen sich sieben auf einer 950 km langen, halbkreisförmigen Route mit Start und Ziel Santa Cruz besichtigen. All diese Tempel sind dem tropischen Klima und der horizontlosen Landschaft angepasst: sie weisen eine flache, geduckte Holzbauweise auf, weit herunter gezogene, säulengestützte Dächer, den von der Halle abgesetzten Campanile und die pflanzenhafte, an die monochrome Rindenbastmalerei der Südsee erinnernde Außendekoration – ein Hauch von Polynesien.

Die erste Kirche, **San Javier**, erreicht man mit dem gleichnamigen, in eine rollende Hügellandschaft eingebetteten Ort nach 220 km auf der Strecke Santa Cruz – Pailón – Los Troncos – San Ramón (Asphalt, letzter Teil Schotterstraße). Das unter der Regie Martin Schmidts 1752 vollendete Gotteshaus, religiöses und musisches Zentrum des sechzig Jahre zuvor vom Pater José de Arce gegründeten San Xavier als erster Chiquitanía-Reduktion, erstrahlt nach seiner Restaurierung (1993) wieder in altem Glanz.

Für die Konstruktion dieser Kirche musste Schmidt, wie auch für die Tempel von San Rafaél und Concepción, über 2000 Bäume fällen lassen. Aus ihrem Holz gedrechselte Säulenstümpfe kann man heute noch in San Javier bewundern. Auch die Holzrahmen (nicht aber die Reliefbilder) des Hauptaltars sind erste Generation. Aufbau und Ornamentik der Frontfassade mit dem blütenförmigen Ochsenauge über dem Portal sind fast identisch mit denen von Concepción. Das Innere der Kirche, zumal Presbyterium und Sakristei, ist tapetenartige Illusionsmalerei in lichten Gelbtönen. In San Xavier hat Pater Schmidt als Instrumentenbauer, Organist und Chorleiter 37 Jahre lang gewirkt.

Die etwas größere Schwesterkirche **Concepción** liegt 70 km weiter östlich an der Plaza des gleichnamigen Landstädtchens. Der im Inneren klassizistisch komponierte Tempel ist der Madonnenverehrung geweiht und hat daher vor allem einen schönen, in Rot und Gold strahlenden Marienaltar vorzuweisen. Knapp 180 km (auf der Route 502) weiter nach Osten findet man die Kirche **San Ignacio de Velasco**, die allerdings nach dem Abbruch der 250 Jahre alten Originalkonstruktion (1974), heute nur noch wenige Relikte aus der Missionszeit – darunter einen pavillonartigen Beichtstuhl – birgt. Hauptaltar, Kanzel und die mit der bourbonischen Lilie verzierte Firstsäule sind (immerhin gelungene) Repliken.

Nur 53 km entfernt (über die 502) grüßt schon von weitem das alte Ziegeldach von **Santa Ana,** das bei schräg stehender Sonne in allen Erdfarben leuchtet. Nach den weiß und pfefferminzgrün gestrichenen Eingangssäulen versöhnt der dämmrige, rustikale Innenraum mit seinen weichen gebrochenen Farben. Zwischen dem rohen Backsteinboden und dem dunklen Schilfdach wirken die schön geschnitzte (hier ausnahmsweise nicht vergoldete) offene Kanzel und die polychromierten Kapitelle als wohltuende Zier.

Genau 20 km trennen Santa Ana von der in den 1980er Jahren total restaurierten Kirche **San Rafaél,** die rund fünfzig Jahre nach der schon 1696 hier eingerichteten Reduktion entstand und ebenfalls eine Schöpfung Martin Schmidts ist. Mit ihrem ockergelben Fassadenschmuck und den blaugrünen, gewundenen Säulen folgt sie daher dem Duktus von San Javier und Concepción, brilliert aber im Innern noch ausgiebiger mit Gold und ›Katzengold‹ (Glimmer), mit dem Altarfond und Fensterlaibungen ausgekleidet sind. Die Murale wirken, ihrer Farbstärke wegen, teilweise überrestauriert. Anmutig, wenn auch nicht original, sind die Musikantenmotive unter dem Hochchor. Erhalten (und nachgearbeitet) wurden die Figuren des Heiligen Johannes und Mariens, die das Kruzifix in der Sakristei flankieren.

Eine seitliche Straßenschleife (503) zwischen San Ignacio und San Rafaél geleitet zum Tempel von **San Miguel,** der mit Recht als prächtigstes Beispiel jesuitischer Architektur unter den ostbolivianischen Missionskirchen gilt. Das Gotteshaus ist der Reduktion von

*Sekretär mit Geheimfächern. Indianische Inkrustationsarbeit, in den Reduktionen hergestellt*

*Jesuitenreduktion
San José, Chiquitania.
Nach einer Zeichnung
von D'Orbigny*

1721 angegliedert. Es wird nicht, wie bei den anderen Kirchen, von einem offenen hölzernen Campanile bewacht, sondern von einem massiven Adobe-Glockenturm. Den Eindruck eines polynesischen Tempels verstärken hier noch die breite Podesttreppe und zwei auf der Estrade stehende Bananenbäume.

Das zugleich warm und festlich ausgeleuchtete Interieur schwelgt in Gold- und Rottönen. Eine von schlangenförmigen Strahlen umgebene rote Sonne an der Decke vor dem Hauptaltar symbolisiert Christus und dokumentiert zugleich die synkretistische Art jesuitischer Glaubensvermittlung. Seitlich davon sieht man Sankt Michael, den Schutzpatron der Kirche, gefallene Engel in die Hölle stoßen.

**San José de Chiquitos,** die letzte Missionsstation in diesem Reigen, liegt bereits wieder auf der von Santa Cruz zur brasilianischen Grenze (Puerto Suárez) führenden Straßenachse. Die Sakralbauten der 1697 formierten Reduktion – Kirche, Campanile, Totenkapelle und Pfarrhaus – beherrschen die Plaza des Ortes. Sie entstanden nacheinander um die Mitte des 18. Jh. und bilden ein besonders schönes Ensemble barocker Kolonialarchitektur. Zum malerischen Wochenmarkt (montags) von San José finden sich auch deutschstämmige Mennoniten aus den umliegenden Siedlungen ein.

Alle jesuitischen Missionskirchen von Chiquitanía wurden 1990 von der UNESCO zum Kulturerbe der Menschheit erklärt.

# *Glossar*

**Adobe:** luftgetrockneter Lehm-(ziegel)

**Agraffe:** klammerförmige → Volute zwischen Rundbogenscheitel und Gebälk

**Akanthus:** distelartige Mittelmeerpflanze mit großen, gezackten, an den Rändern eingerollten Blättern, seit der griechischen Antike beliebtes Element der Bauplastik (typischerweise beim korinthischen → Kapitell

**Alameda** (span.): Pappelallee; erste Promenierstraße bei der Gründung spanischer Kolonialstädte

**Alkalde** (span. *alcalde*): Bürgermeister (in der Kolonialzeit: mit richterlicher Befugnis)

**Alpaka** (span. *alpaca*): lamaähnliches Kameltier der Anden; meist als Haustier gehalten; geschätzt als Woll- und Fleischlieferant

**Altarportal:** im Kanon eines Altarretabels gegliedertes und skulptiertes Steinportal

**Altiplano:** bolivianisch-peruanisches Andenhochland

**anthropomorph:** menschengestaltig

**Antisuyu:** im → Tawantinsuyu der Inka die östliche Region

**Apu:** in einem Berg (vor allem einem Vulkan) wohnende Gottheit

**Architrav:** der waagerecht auf den Säulen aufliegende Balken

**Archivolte:** vom Mauerwerk abgesetzte Einfassung eines Bogens als Fortsetzung der Gewändegliederung; bei roma-

nischen und gotischen Portalen Bezeichnung der Bogenläufe im Gewände

**Aríbalo** (oder: Aryballo): für die Inka-Keramik typischer (großer) Tonkrug mit konischem Boden, hohem, schmalem Hals und zwei kleinen Seitenhenkeln

**Arkebuse:** Hakenbüchse; als Vorderlader zu bedienende Handfeuerwaffe der spanischen Eroberer

**Artesonado** (span. *artesón*, vertieftes Feld): maurische Täfeldecke aus farbigen Hölzern; Kassettendecke

**Atrium:** (nach oben geöffneter) Innenhof antiker Wohnhäuser; in der hispanoamerikanischen Sakralarchitektur der eingefasste Vorhof einer Kirche, auf dem den Indianern gepredigt wurde

**Avenida:** Allee, Flanierstraße

**Azulejo** (span. *azul*, blau; arab. *al zulaich*, kleiner Stein): hartgebrannte glasierte Tonfliese (Kachel) für den Wand- und Bodenschmuck

**Balustrade:** ein aus kleinen, gedrungenen Stützen (Balustern) gebildetes Geländer an Treppen, Balkonen oder auch als Dachabschluss

**Basilika:** drei- und mehrschiffige Kirche, deren Mittelschiff höher und breiter ist als die Seitenschiffe, so dass der durchfensterte Obergaden für Lichteinfall sorgt

**Bossen(mauer)werk:** aus kissenförmig vorgewölbten Quadern gefügte Wand

*Akanthusmotiv*

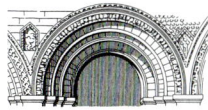

*Archivolte*

*Basilika*

329

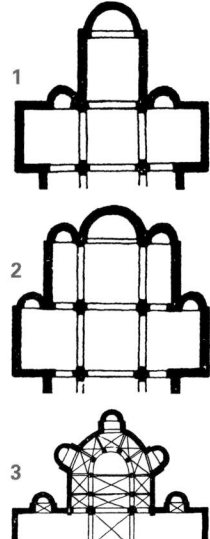

*Chor:*
*1 Langchor,*
*2 Staffelchor,*
*3 Chor mit Umgang*
*und Kapellenkranz,*

*Vierpass*

**Cabildo** (span.): Rathaus, Gemeinderat

**Campanile:** freistehender Glockenturm (meist) italienischer Kirchen

**Campiña** (span.): Feldmark, Gemeindeflur

**Capilla** (span.): Kapelle, Altarnische

**Casona** (span.): Herrenhaus, Mansion

**Caudillo** (span.): Heerführer; (charismatischer) Anführer

**Cerro** (span.): steiler Hügel, Berg

**Chasqui:** schnell laufender Bote oder Lastenträger der Inka

**Cherub:** Cherubine sind die biblischen Engel, die mit den Seraphim die Gott nächste Engelshierarchie bilden. Meist als vierflügelige, menschengesichtige Engelsgestalten dargestellt

**Chiaroscuro** (ital. Helldunkel): Farbkontraste betonende Malweise zur Steigerung der Effekte im Bildgeschehen

**Chicha:** mostartiges Maisbier von geringem Alkoholgehalt; in vielen Kulturen Altamerikas bei Trankopfern eingesetzt

**Chinchasuyu:** im → Tawantinsuyu der Inka die nördliche Region

**Chirisuya:** langrohriges, trompetenähnliches Blasinstrument

**Chor:** Hochaltarraum einer Kirche, einige Stufen höher liegend als der Gemeinderaum

**Chorgestühl:** An den Längsseiten des Chores angeordnete, meist reich verzierte Sitzreihen für die Geistlichen

**Chullpa:** Grabturm der Aymara-Indianer <im bolivianischen Hochland; eine Gruppe von Grabtürmen heißt Chullpar

**Churriguerismus:** auf José Churriguera (1650-1723) zurückgehender Dekorationsstil des spanischen Barock; gekennzeichnet durch eine alle Bauglieder überwuchernde Ornamentik und seinerseits hervorgegangen aus dem spätgotischen → Platerostil

**Cinquecento** (ital.: fünfhundert): kunsthistorische Eingrenzung der italienischen Kunst des 16. Jh.

**Collasuyu:** im → Tawantinsuyu der Inka die südliche Region

**Contisuyu:** im → Tawantinsuyu der Inka die westliche Region

**Corregidor:** kolonialzeitlicher Stadt- oder Landvogt (mit richterlichen Befugnissen)

**Costumbrismo:** Sitten und Milieus schildernde Literaturgattung; Genremalerei

**Curaca** (oder Kuraqa): Häuptling, Clanführer

**Desornamentado** (spanisch schmucklos): extrem nüchterner Architekturstil, der die Baugesinnung während der Regierungszeit Philipps II. (1556-98) beherrschte; er äußert sich in einer noch strengeren Formensprache der italienischen Renaissance und geht auf den Spanier Juan de Herrera (1530 bis 1597) zurück; deshalb wird er auch Herrera-Stil genannt

**Diptychon:** zweiflügeliges, aufklappbares Altarbild

**Dorsal** (lat. *dorsum*, Rücken): Rückenlehne eines Einzelsitzes (Stalle) im → Chorgestühl

**Dorado** (span.): (Feuer-, Blatt-) Vergoldung; Goldverzierung

**Dreipass** (auch: Kleeblatt): drei durch Nasen getrennte Segmente im Kreisbogen des gotischen Maßwerks. Es gibt darüber hinaus Vier- und Vielpass

**Ecce Homo** (lat. »Sehet, welch ein Mensch!«): künstlerische Wiedergabe Christi mit der Dornenkrone

**Eklektizismus:** epigonale Übernahe Übernahme von Stilen vergangener Epochen und deren unbefangene Vermischung

**Encomendero** (span.): Kommendeninhaber; verdienter Konquistador, der von der Krone mit Pfründen bedacht wurde (sie bestanden aus Grund und Boden und dem Recht, Indianer für sich arbeiten zu lassen)

**Encomienda-System:** Mechanismus der Kolonisation durch Pfründenvergabe an → Encomenderos: das System sicherte deren Unterhalt und hielt die Indianer unter Kontrolle

**Engobe:** keramische Überzugsmasse aus Tonschlicker, die unterschiedlich eingefärbt sein kann

**Entrelazado:** Flechtbandornamentik

**Esplanade:** künstlich eingeebnete Fläche (oft vor Bauwerken, um deren optische Wirkung zu steigern)

**Fassung:** Bemalung eines Holz- oder Steinbildwerkes

**Feria** (span.): Messe; Wochenmarkt; Volksfest

**Fiale** (griech.: Gefäß): architektonisches Zierelement der Gotik: spitz zulaufendes Ziertürmchen auf Strebepfeilern oder seitlich von Wimpergen

**Fresko:** Wandmalerei, bei der die Farbe auf den noch feuchten Putz aufgetragen wird

**Fries:** waagerechter Mauerstreifen mit ornamentalen oder mit figürlichen Darstellungen als Schmuck, Gliederung oder Abschluss einer Wand

**Fuente** (span.): Quelle, Brunnen

**Gebälk:** in der klassischen (Tempel-) Architektur oberer Teil der → Säulenordnung

**Geoglyphe:** geritzte oder geschabte Erdzeichnung

**Geschlechterturm:** Als Wahr- bzw. Herrschaftszeichen einer adeligen Familie im Bauverband mit dem Palast errichteter Turm; vor allem in oberitalienischen Städten

**Gesims:** aus der Höhe einer Mauer hervortretendes waagerechtes Bauelement zur Betonung der Horizontalen

**Gesprenge:** durchsichtige Anordnung vertikaler Zierkörper, wie mit Krabben (›Kriechblumen‹) besetzte Säulchen und → Fialen

**Gewölbeformen** – *Tonnengewölbe:* Gewölbe mit halbkreisförmigem Querschnitt (einfachste Form des G.); bei der Durchdringung zweier gleich hoher Tonnengewölbe entsteht ein *Kreuzgewölbe;* bilden sich an den Schnittpunkten der Gewölbeflächen eines Kreuzgewölbes Grate, handelt es sich um ein *Kreuzgratgewölbe;* verläuft entlang der Grate eine tragende Skelettkonstruktion spricht man von einem *Kreuzrippengewölbe*

**Giebel:** Abschlusswand an der Stirnseite eines Satteldachs; Varianten: dreieckig, segmentbogenförmig, abgetreppt oder in mehrere Winkel gebrochen; *gesprengte Giebel* sind nach oben geöffnet

**Gurtbogen:** der ein → Joch begrenzende Verstärkungsbogen, der quer zur Längsachse eines Tonnengewölbes verläuft

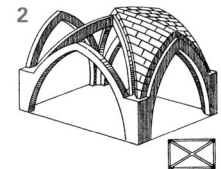

*1 Kreuzgewölbe*
*2 Kreuzrippengewölbe*

*gesprengte Giebel*

*Hallenkirche*

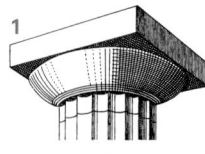

*Kapitelle*
*1 dorisch*
*2 ionisch*
*3 korinthisch*

**Hallenkirche, Hallenkrypta:** Kirche bzw. Krypta, deren Schiffe ganz oder fast gleich hoch sind

**Hängezwickel** (Pendentif): dreieckiges, auf der Spitze stehendes Segment zwischen auseinander strebenden Bogenlinien einer → Hängekuppel (s. Kuppel)

**Hazienda** (span. *hacienda*): Landgut, Farm, Plantage

**Hell-Dunkel-Malerei:** → Chiaroscuro

**hermeneutisch:** (einen Text) wissenschaftlich auslegend

**Hidalgo** (spanisch): Junker; Ritter; Edelmann (des niederen Adels)

**Historismus:** Rückgriff auf Stile vorausgegangener Epochen, besonders Anfang des 19. Jh. zwischen dem (selber historisierenden) Klassizismus und dem Jugendstil

**Huaquero:** Grabräuber

**Idol:** Götterbild (in Menschengestalt); ›Götzenbild‹

**Ikonographie:** Sinndeutung von Bildinhalten und ihren Mustern: der ›Bildsprache‹

**Inmaculada** (span. die unbefleckt Empfangene): Beiname Mariens

**Indigenismo** (span.): auf die alten (indianischen) Wurzeln und Traditionen sich rückbesinnende Kunststromung

**Inkrustation:** Verkleidung von Wänden und Fassaden mit verschiedenfarbigen Blendsteinen in geometrisch-ornamentalem Dekor

**Inkunabel:** Wiegendruck; die ältesten mit metallenen Einzellettern gedruckten Bücher oder Einblattwerke (etwa in der Zeit um 1450-1500)

**Interkolumnium:** lichte Weite zwischen zwei Säulen

**isabellinisch:** im spätgotischen spanischen ›Estilo Isabel‹ gestaltet, einem üppigen Ornamentstil, der an Spitzenklöppeleien erinnert

**Joch:** Gewölbeabschnitt in Längsrichtung

**Kalotte:** flache Kuppel; auch Bezeichnung für eine Viertelkugel als Wölbung über einer halbrunden Apsis

**Kanneluren, kanneliert:** Senkrechte konkave Rillen an Säulen-, Pfeiler- oder Pilasterschäften; im Muschelwerk der Spätrenaissance heißt die Rillung Muschelkannelur

**Kapitell:** ausladendes Kopfstück von Säule, Pfeiler oder Pilaster mit ornamentaler, figürlicher oder pflanzlicher Dekoration. *Dorisches Kapitell:* vom Holzbau abgeleitet und daher ohne mildernde Übergänge; Hauptelemente sind die Wulststeine Echinus (kreisrundes Steinkissen) und darüber Abakus (›Brett‹). *Ionisches Kapitell:* Volutenkapitell; die an der Spitze des Schafts beiderseits eingerollten Voluten werden jeweils von einem Gürtel (Balteus) gehalten und sind durch eine liegende Rinne (Kanalis) miteinander verbunden. *Korinthisches Kapitell:* Akanthus-Volutenkapitell; um einen Kelch (Kalathos) herum sind Akanthus- (oder Schilf-) Blätter aufgereiht, zu denen Ranken (Helices) aufsteigen, die sich zu Voluten aufrollen

**Kapitelsaal:** Versammlungsraum der Mönche in einem Kloster

**Kazike:** Indianerhäuptling; auch abwertend gebraucht für: Bonze, Ortstyrann

**Kero** (oder Keru; span. *quero*): hoher, leicht glockenförmiger Becher aus Holz oder Keramik (eine von den Inka übernommene Schöpfung der Tiwanaku- und Wari-Kultur

**Klaustrum:** Kreuzgang in einem (spanischen) Kloster

**Kolla:** (heute noch übliche) Gesamtbezeichnung für die Indianerstämme des Titicacabeckens

**Konche** (lat. *concha*, Muschel): halbrunde Nische mit Halbkuppel

**Konsole:** vorkragender Tragstein als Basis für Bögen, Gesimse, Skulpturen usw.

**Kostumbrismus:** → Costumbrismo

**Kragstein:** Aus der Mauer vorspringender Kraft-, Balkenoder Ankerstein

**Kreuzgang:** um den rechteckigen Innenhof eines Klosters angelegter überdachter Umgang

**Kuppel:** Gewölbe- bzw. Dachtypus, meist in Form einer Halbkugel, die runde oder mehreckige Räume überspannt; wenn die Kuppel Bogenausschnitte hat, deren Zwickel sich auf den Fußkreis der Kuppel stützen, handelt es sich um eine *Hängekuppel*

**Laterne:** lichtführender, laternenförmiger Aufsatz einer Kuppel

**Mäander:** fortlaufendes Ornament mit rechtwinkliger Richtungsänderung; nach dem windungsreichen Fluss Maiandros (Menderes; Türkei) benannt

**Mandorla:** mandelförmiger Heiligenschein meist Christus oder Maria ganzfigurig hinterfangend; in der Bauplastik mandelförmiges Dekorationselement

**Manierismus:** in Italien entstandene Stilstufe der Kunst (prägend: Tintoretto) zwischen Renaissance und Barock (etwa 1520–1620), die die klassische Ausgewogenheit durch ›Künstlichkeit‹ (Manier) ersetzt; formale Kennzeichen sind: übersteigerte Kompliziertheit von Bildkompositionen, theatralische Lichtführung, Überlängung der Figuren und anatomisch widersprüchliche Positionen. Unruhe, Inbrunst und Weltverneinung im Zuge der Gegenreformation waren die emotionalen Auslöser des Manierismus

**Manto** (span. Umhang): (besticktes) Totentuch vor allem der Paracas-Kultur

**Mitmac** (span. *mitimaes*): die Zwangsumsiedlung unterworfener Volksstämme durch die Inka zur ›Befriedung‹ annektierter Territorien

**Mohren, Mauren:** hier: Bezeichnung für Mohammedaner arabisch-berberischer Abkunft, die von 711-1492 in Spanien herrschten. Allgemeiner: Nordafrikanische Volksgruppe, entstanden aus einer Vermischung von Arabern und Berbern

**Monolith:** aus einem einzigen Steinblock gearbeitetes Werkstück

**Monstranz:** kostbares Gefäß zum Tragen und Zeigen der geweihten Hostie

**Mudéjar** (aus arab. *muddagin*, wohnen bleiben, was sich auf die Araber bezog, die nach der Rekonquista auf der iberi-

*Mäander*

schen Halbinsel blieben): spanisch-maurischer Dekorationsstil des 12.-16. Jh., der Elemente der islamischen Baukunst mit romanischen und später gotischen verbindet. Wichtigstes Erbe in Peru und Bolivien sind die Artesonados

**Mural:** Wandgemälde

**Nekropole** (griech. Gräberstadt): in der Antike größerer Friedhof außerhalb der Stadt

**Obsidian:** dunkles vulkanisches Gesteinsglas. Seit der Steinzeit zu Werkzeugen und Schmuck verarbeitet

**Oidor** (span. *auditor*): (Vernehmungs-, Untersuchungs-) Richter

**Oratorium** (lat. Betraum): Chor einer Klosterkirche; Hauskapelle

**Paläoindianer:** Indianer der Altsteinzeit (Paläolithikum); Urindianer

**Patio** (span. Hof): offener Innenhof spanischer und lateinamerikanischer Häuser

**Pektoral:** (meist aus Metallfolie geschnittener) Brustschild; aus Paletten oder Muschelröhrchen zusammengesetztes Kettengewebe, das um den Hals gelegt und auf der Brust getragen wird; beides typische Würdezeichen von Stammesfürsten Perus

**Pendentif:** s. Hängezwickel

**Petroglyphe:** Felszeichnung

**Pilaster:** der Wand oder einem anderen Bauglied vorgelegter vertikaler Mauerstreifen mit Basis und Kapitell

**Platero- oder Platareskenstil** (span. *platero*, Silberschmied): Spanischer Baustil der Spätgotik und Frührenaissance (etwa 1480-1560), der, aus der filigra-

nen Formenwelt der Silberschmiede schöpfend, verschwenderisch Ornamente einsetzt

**Plaza** (span.): Platz; als Plaza de Armas (Waffenplatz) zentraler Parade-, Renommier- und Festplatz einer Stadt

**polychrom:** mehrfarbig

**polygonal:** mehreckig

**Portal:** architektonisch und künstlerisch besonders reich ausgestalteter Eingang zu einem Gebäude

**Puna:** Hochsteppe der südamerikanischen Anden

**Qantu:** Charakterblume der Inka mit leuchtend roten, glockenförmigen Blüten

**Querhaus, Querschiff:** Zwischen Langhaus und Chor eingeschobener Querbau, durch den ein Kirchengrundriss Kreuzform erhält

**Quinoa** (Chenopodium quinoa): seit mehr als 7000 Jahren genutzte Getreidepflanze der Andenregion (ein Gänsefußgewächs)

**Quipu:** (bereits vor den Inka bekanntes) System von Knotenschnüren verschiedener Länge, Dicke und Farbe zur Mengenregistrierung (Einwohnerzahlen, Ernteerträge, Vorräte) und für die Logistik (Nachschub, Warenaustausch)

**Reduktion:** in Form einer Kommune organisierte christliche Indianersiedlung unter missionarischer Leitung; prägend: die Jesuitenreduktionen in Ostbolivien und Paraguay

**Refektorium:** Speisesaal eines Klosters

**Relief:** eine aus einer Fläche herausgearbeitete plastische Form, die jedoch stets mit dem Hintergrund (Reliefgrund) verbunden ist

**Retabel:** mit Gemälden oder Skulpturen geschmückter Altaraufsatz

**Retrato a lo divino** (span. ›Porträt nach göttlicher Art‹): die Darstellung von Heiligen mit verklärten, himmlischen Gesten und Zügen

**Risalit:** ein in ganzer Höhe eines Bauwerks vorkragender Mittelteil, der (auch als Eck- und Seitenrisalit) zur Auflockerung der Fassade beiträgt

**Rocaille:** muschelförmiges, asymmetrisches Dekorationsmotiv des Rokoko (um 1730-1770)

**Sakristei:** neben dem Chor liegender Raum zum Ankleiden des Priesters und zur Aufbewahrung des liturgischen Geräts

**Sanktuarium:** (Natur-) Heiligtum

**Säulenordnung:** Entsprechend Gestalt und Proportionierung unterscheidet man Säulen verschiedener Ordnungen; ihre Formen beziehen sich meist auf die Art ihrer Kapitelle. *Dorische Ordnung.* keine Basis, Schwellung der unteren Schafthälfte, darüber starke Verjüngung, → Dorisches Kapitell. *Ionische Ordnung.* Basis: quadratische Sockelplatte, Hohlkehle, darüber kreisförmiger Wulststein; Schaft schlanker als der dorische; meist 24 Kanneluren, → Ionisches Kapitell. *Korinthische Ordnung.* Bis auf das → Kapitell wie die ionische Ordnung.

**Salomonische Säule:** im spanischen Barock häufig vorkommende Form einer gedrehten Säule. Ihr Name geht zurück auf Säulen, die Salomons Tempel in Jerusalem schmückten und von dort nach Rom gebracht wurden, um den Baldachin am Hauptaltar Alt Sankt Peters zu tragen; Symbol der Kontinuität von Juden- und Christentum

**Schalldeckel:** der meist kunstvoll bearbeitete, baldachinartige Überbau einer Kanzel

**Schutzmantelmadonna:** Darstellung Mariens, die unter ihrem ausgebreiteten Mantel Gläubige birgt

**Segmentgiebel:** → Giebel

**Sillar:** mandelweißer, stark poröser vulkanischer Tuffstein, der sich leicht bearbeiten lässt

**Skapulier:** das überwurfartige Schulterkleid von Mönchen

**Spondylus:** purpurfarbene, an der ecuadorianischen Küste in großer Tiefe lebende Muschel; ihre außerordentlich schwierige Gewinnung (durch Taucher) begründete ihren Seltenheitswert als Schmuck- und Tauschobjekt.

**Steigbügelgefäß:** bauchige Tonflasche mit halbkreisförmigem (›Steigbügel‹), hohlem Henkel, der einen kurzhalsigen vertikalen Ausguss besitzt; der Gefäßtyp entstand zu Beginn der Chorrera-Kultur (um 1400 v. Chr. in Ecuador) und erfuhr seine stärkste Verbreitung mit der Mochica-Keramik

**Stele:** freistehende reliefierte (Stein-) Säule oder Platte

**Sturz:** oberer horizontaler Abschluss einer Tür- oder Fensteröffnung

**Suyus:** die vier ›Weltgegenden‹ des inkaischen → Tawantinsuyu

**Tabernakel:** Gehäuse zur Aufbewahrung geweihter Hostien.

*Rocaille*

In der Gotik zum Sakraments-
häuschen ausgestaltet

**Synkretismus:** Verschmelzung
oder Überlagerung ganz verschiedener religiöser Ideen
oder Symbole

**Talla** (span.): Figur; Schnitzwerk: Bildhauerarbeit

**Tambo:** Rasthaus und Depot an
Inkastraßen

**Tawantinsuyu** (quechua): das
inkaische ›Reich der vier Weltgegenden‹ mit dem ›Nabel‹
Qosqo (Cusco) als Hauptstadt

**Torreón** (span.): großer Turm

**Trepanation:** operative Schä-
delöffnung zu medizinischen
oder spirituellen Zwecken;
vollendet praktiziert von der
Paracas-Kultur

**Triptychon:** dreiteiliges Altarbild
(auch Gemälde), bestehend
aus einem Mittelbild und zwei
Seitenflügeln

**Tumbaga:** Gold-Kupfer-Legierung; das zu Blech gewalzte
oder gehämmerte Metall besaß einen warmen rötlichen
Schimmer und ließ sich leichter verarbeiten (typisch: Mumienmasken)

**Tympanon:** 1. Bogenfeld über
einem mittelalterlichen Portal, meist mit plastischem
Schmuck 2. Giebelfeld des
antiken Tempels

**Vedute:** naturgetreue Stadt- oder
Landschaftsansicht

*Wimperg*

**Vierung:** Ort der Durchdringung
von Lang- und Querhaus einer
Kirche

**Volute** (lat. *volutum,* das Ge-
rollte): schneckenförmig ein-
gerolltes Zierglied an einem
Bauwerk

**Waqa** (span. *huaca*): geheiligter
Ort, Kultplatz; oft ein Natur-
objekt (Fels, Höhle, Baum),
das man von einer Gottheit
bewohnt glaubt

**Wimperg:** giebelförmiger Aufbau
über gotischen Portalen und
Fenstern

**Wiraqocha** (span. Huiracocha):
panperuanischer Schöpfer-
gott, der später von den Inka
in deren Pantheon aufgenommen wurde; angenommener
Name des Inkaherrschers Hatun Topa

**Zitadelle:** besonders befestigte
Verteidigungsanlage einer Festung

**zoomorph:** tiergestaltig

**Zwickel:**
1. dreieckiges, manchmal
sphärisches Teilgewölbe, das
zu einer Kuppel überleitet.
2. dreieckige, manchmal
sphärische Fläche zwischen
zwei Bögen einer Arkade

**Zyklopenmauerwerk** (nach
den einäugigen Riesen der
griech. Sage): aus großen, unregelmäßigen Blöcken gefügte
Mauer

# Tipps und Adressen

## Alle wichtigen Informationen für Ihre Reiseplanung und für unterwegs

# Tipps und Adressen

## Hinweise für die Reiseplanung

Auskunft . . . . . . . . . . . . . . . . . . . . . . . . . . . 339
Routenplanung . . . . . . . . . . . . . . . . . . . . . . 339
Diplomatische Vertretungen . . . . . . . . . . . . . . . 340
Ein- und Ausreise . . . . . . . . . . . . . . . . . . . . 340
Gesundheitsvorsorge . . . . . . . . . . . . . . . . . . 341
Klima und Reisezeit . . . . . . . . . . . . . . . . . . . 341
Tipps für die Reisegestaltung . . . . . . . . . . . . . . 341

## Informationen für unterwegs – Von Ort zu Ort

Auskunft, Besuchsprogramm, Exkursionen,
Hotels und Restaurants . . . . . . . . . . . . . . . . . . 342
Die andine Küche . . . . . . . . . . . . . . . . . . . . . 363
Weine und Pisco . . . . . . . . . . . . . . . . . . . . . . 363

## Kurzinformationen von A bis Z

Aktivitäten . . . . . . . . . . . . . . . . . . . . . . . . . 364
Trekking . . . . . . . . . . . . . . . . . . . . . . . . . 364
Rafting . . . . . . . . . . . . . . . . . . . . . . . . . . 364
Apotheken . . . . . . . . . . . . . . . . . . . . . . . . . 364
Ärztliche Hilfe . . . . . . . . . . . . . . . . . . . . . . 364
Betteln . . . . . . . . . . . . . . . . . . . . . . . . . . . 365
Diplomatische Vertretungen in Peru und Bolivien . . . . . 365
Drogen . . . . . . . . . . . . . . . . . . . . . . . . . . . 366
Einkaufen . . . . . . . . . . . . . . . . . . . . . . . . . 366
Feiertage . . . . . . . . . . . . . . . . . . . . . . . . . . 367
Fotografieren . . . . . . . . . . . . . . . . . . . . . . . 367
Geld und Kreditkarten . . . . . . . . . . . . . . . . . . 367
Höhenkrankheit . . . . . . . . . . . . . . . . . . . . . . 368
Notruf und Beschwerdedienst . . . . . . . . . . . . . . 368
Öffnungszeiten . . . . . . . . . . . . . . . . . . . . . . 368
Schutz des Kulturgutes . . . . . . . . . . . . . . . . . . 368
Sicherheit . . . . . . . . . . . . . . . . . . . . . . . . . 368
Spanischer Sprachunterricht . . . . . . . . . . . . . . . 369
Telefon, Fax und Internet . . . . . . . . . . . . . . . . . 369
Trinkgeld . . . . . . . . . . . . . . . . . . . . . . . . . . 369
Unterkunft . . . . . . . . . . . . . . . . . . . . . . . . . 370
Verkehrsmittel . . . . . . . . . . . . . . . . . . . . . . . 370
Zeitungen und Bücher . . . . . . . . . . . . . . . . . . 370
Zeitunterschied . . . . . . . . . . . . . . . . . . . . . . 371

Literaturauswahl . . . . . . . . . . . . . . . . . . . . . 371
Abbildungsnachweis . . . . . . . . . . . . . . . . . . . 372
Register . . . . . . . . . . . . . . . . . . . . . . . . . . . 373

# Hinweise für die Reiseplanung

## Auskunft

### ... in Peru

### i Peru

iperu@promperu.gob.pe
(tägl. 24 Stunden)
Zusätzliche Informationen
über www.peru.org.pe
Tel./Fax 01/5 74 80 00 (auch
für Beschwerden)

i Peru unterhält in Lima drei,
in weiteren 10 Städten je ein
Informationsbüro (siehe unter den Städtenamen in der
Rubrik ›Informationen für
unterwegs – Von Ort zu Ort‹).
Gezielte Auskünfte holt man
am besten über E-mail, vorzugsweise in Spanisch oder
Englisch, direkt bei diesen
Stellen ein.

Als zuverlässige private Reiseagenturen in Lima können
empfohlen werden:

**Inka Wasi**
Tarata 265, Miraflores, Tel.
01/5 17 32 12 und 5 17 32 11,
reservasapto@inkawasi
travel.com

**Aventours**
Arequipa 4799, Miraflores,
Tel. 4 44 90 60, info@
aventours.com

**Condor Travel**
Blondet 249, San Isidro, Tel.
4 42 30 00, www.condor
travel.com.pe

Eine sehr gute Informations-
quelle für Touristen, die einen
›Aktiv-Urlaub‹ anstreben,
Abenteuerrouten begehen
oder sich mit geschichtlichen
und folkloristischen Besonderheiten ihrer Zielländer
vertraut machen wollen, bieten die **South American Ex-
plorers**. Im Clubhaus in Lima
(Piura 135, Miraflores, Fax
4 45 33 06, limaclub@saex
plorers.org) findet man eine
Fülle von Reiseliteratur, Do-
kumentation und Landkarten.

### ... in Bolivien

**Viceministerio de Turismo**
Av. Mariscal Santa Cruz,
zwischen den Querstraßen
Colombia und Almirante
Grau, im Gebäude der
Cámara Nacional de
Comercio (Handelskammer),
11. Stock (Mo–Fr 8.30–16.30
Uhr). Tel. 2 33 48 49, Fax 2
35 05 26. xvilela@turismo
bolivia.bo, www.turismobo
livia.bo

Die guten Reisebüros verstecken sich oft in Einkaufsga-
lerien und sind am besten
über die Hotelrezeption zu
erfragen.

## Routenplanung

Wer die Länder als Einzelrei-
sender besucht, sollte grenz-
überschreitend planen. Dazu
gehören zwei Prämissen:

1. genügend Zeit mitzubrin-
gen, damit sich der Fix-
kosteneinsatz (Transatlantik-
flug) lohnt;
2. auf dem Weg liegende
(oder ankoppelbare) Ziele
mitzunehmen. Die meisten
der 20 Lima ansteuernden
Fluglinien legen auf dem Weg
von und nach Europa Zwi-
schenlandungen ein (São
Paulo, Rio de Janeiro, Bogotá, Caracas, Aruba, Miami
oder Santiago de Chile) und
gewähren dort eine Unter-
brechung. An einen Peru-
Bolivien-Aufenthalt anschlie-
ßen lassen sich Ziele wie die
Galápagos-Inseln (über Ecuador); die Osterinsel (über
Chile) und weiter Tahiti und
Australien; von Santa Cruz
de la Sierra (Ostbolivien) aus
Buenos Aires (Direktflug) sowie – auf dem Landweg – der
brasilianische Pantanal, das
größte Sumpfbiotop der Erde.

Als Zielflughafen ist Lima
dem 4000 m hohen Lande-
platz La Paz vorzuziehen,
weil die peruanische Hauptstadt auf Meeresniveau liegt
und die Höhenanpassung
(Altiplano, Titicacasee) am
besten über Zwischenstatio-
nen erfolgt. Ideal hierfür sind
die Städte Arequipa und
Cusco. Man sollte also mög-
lichst in diesem Sinne reisen:
von Westen nach Osten.

Die Einreise kann auch auf
dem Landweg per Bus erfolgen: Von Chile aus am Grenz-
übergang Arica/Tacna nach

Südperu; von Argentinien aus bei La Quiaca/Villazón nach Bolivien; oder von Ecuador aus über Aguas Verdes nach Tumbes (Nordperu).

Eine besonders reizvolle Variante – für Leute mit Zeit und Muße – bildet die Anreise übers Meer. Container-Schiffe mit bis zu zwölf Passagieren bedienen die Strecke Hamburg – Callao (Peru) auf dem Weg über den Panamakanal und einige Zwischenhäfen. Reisedauer: etwa 27 Tage (Vermittlung über die Hamburg Süd Reiseagentur, Ost-West-Str. 59–61, 20457 Hamburg, Tel. 0 40/37 05 25 93, Fax 37 05 24 20, krinai@hsdgham.hamburg-sued.com, www.hamburg-sued-reiseagentur.de).

Man kann auf der gleichen Route auch nach Europa zurückreisen.

## Diplomatische Vertretungen

### ... in Deutschland

**Botschaft der Republik Peru**
Mohrenstraße 42, 10117 Berlin, Mo–Fr 9–13 Uhr, Tel. 0 30/20 64 10-3, Fax 0 30/20 64 10-77, gabinete @embaperu.de, www.botschaft-peru.de

**Botschaft der Republik Bolivien**
Wichmannstr. 6, 10787 Berlin, Mo–Do 9–12 und 14–18 Uhr Tel. 0 30/2 63 91 50, Fax 26 39 15 15, embajada.bolivia@berlin.de

### ... in Österreich

**Botschaft der Republik Peru**
Gottfried-Keller-Gasse 2, 8. Stock, 1030 Wien, Tel. 01/7 13 43 77 u. 7 15 49 39, Fax 7 12 77 04, embajada@embaperuaustria.at

**Botschaft der Republik Bolivien**
Waaggasse 10/4, 1040 Wien, Mo–Fr 9–17 Uhr, Tel. 01/5 87 46 75, Fax 5 86 68 80, embolaustria@of-vienna.at

### ... in der Schweiz

**Botschaft der Republik Peru**
Thunstr. 36, 3005 Bern, Tel. 0 31/3 51 85 55 und 3 51 85 67 (Konsularabt.), Fax 3 51 85 70, lepruberna02@bluewin.ch

**Generalkonsulate von Bolivien**
Rue de Lausanne 139, 1202 Genf, Mo–Fr 9–18 Uhr, Tel. 0 22/9 08 07 17, Fax 9 08 07 22, mission.bolivia@ties.itu.int

Sevogelplatz 2, 4052 Basel, Tel. 0 61/3 12 44 46, Fax 3 12 50 31, ccblattmann@hotmail.com

Place de la Gare 10, Lausanne, Mo–Fr 10–11.45 und 14–16 Uhr, Tel. 0 21/3 11 16 13, Fax 3 20 29 96, colivianlausanne@landchem.ch

## Ein- und Ausreise

Bei der Ankunft sollte der Reisepass noch eine Gültigkeitsdauer von mindestens sechs Monaten haben (Regel wird flexibel gehandhabt). Der Ankömmling füllt ein (bereits im Flugzeug ausgehändigtes) Einreiseformular *(Tarjeta Internacional de Embarque/Desembarque)* aus, dessen abgestempelte Kopie er bis zur Ausreise behält. Die normale Aufenthaltsdauer beträgt 90 Tage, sie kann jedoch bei der Immigrationsbehörde verlängert werden (Dirección General de Migraciones, Av. España 730, Breña, Lima 5, Tel. 01/3 30 40 20 u. 3 30 40 25). Devisen dürfen in unbegrenzter Menge eingeführt werden. Kamera-, Camping- und Trekkingausrüstung sowie eine moderate Geschenkemenge lässt der Zoll großzügig passieren. Erklärungsbedürftig (gewöhnlich nicht erlaubt) ist die Einfuhr pflanzlicher und tierischer Produkte.

Bei der Ausreise ist die Mitnahme von archäologisch

**Besonderer Hinweis:** Es wird vehement vor dem Versuch gewarnt, Drogen aus den Besuchsländern zu schmuggeln oder sich, von attraktiven Gewinnversprechungen verlockt, von anderen für solche Aktionen anwerben zu lassen. Die Kontrollen sind (unbemerkbar) scharf, die Strafen empfindlich. Über ein Dutzend deutsche Touristen büßen gegenwärtig in schauerlichen Gefängnissen für ihren Leichtsinn.

oder kunsthistorisch geschützten Objekten verboten. Wer Imitationen erworben hat, sollte darauf achten, dass diese als solche gekennzeichnet sind (bei Tongefäßen z. B. auf der Unterseite). Beim Abflug wird pro Passagier eine Flughafengebühr (in Peru US$ 28, in Bolivien US$ 25) erhoben.

Nach Brasilien Ausreisende benötigen ein Gelbfieber-Impfzeugnis.

## Gesundheitsvorsorge

Für Peru und Bolivien sind keine Impfungen vorgeschrieben. Schutzmaßnahmen bei Reisen in die Urwaldgebiete sind jedoch angeraten. Dazu gehören eine Gelbfieber-Impfung und eine Malaria-Prophylaxe beim Aufsuchen der Amazonasregion. Allgemein wichtig ist – für den Fall einer Verletzung – die Tetanus-Schutzimpfung. An Medikamenten mitzuführen braucht man nur Präparate, die für eine spezifische Behandlung erforderlich sind. Alles andere gibt es in Apotheken (s. S. 364) vor Ort. Dass man den Deckungsbereich seiner Krankenversicherung (auch bei Unfällen oder Ambulanzflügen) vor der Reise überprüft und gegebenenfalls eine Zusatzversicherung abschließt, versteht sich von selbst.

## Klima und Reisezeit

In einem Zielgebiet mit 28 Klimatypen gibt es keine allgemein gültigen Reisezeitempfehlungen. Viel hängt auch von der Kondition und (Höhen-)Belastbarkeit des Reisenden selbst ab. Hauptreisezeit ist der Südwinter (Mai–September), nicht zuletzt weil er zeitidentisch ist mit dem europäischen Sommer und dessen Ferien- und Urlaubsroutine. In der Tat ist diese Epoche die im Hochland regenärmste des Jahres (Hauptregenzeit allgemein: Dezember–Februar). Blauer Himmel und Sonne sind so gut wie garantiert. Allerdings ist das Tag-Nacht-Temperaturgefälle dann auch besonders stark. Die Küstenregion liegt im Südwinter unter einer – vom Humboldtstrom hervorgerufenen – permanenten Nebeldecke. Da Peru–Bolivien-Reisen gewöhnlich weiträumig angelegt sind, bedeutet die Wahl einer Zwischensaison (März/April oder Oktober/November) die beste Lösung. Die fallende Nachfrage wirkt sich dann auch günstig auf die Hotelpreise aus.

## Tipps für die Reisegestaltung

Peru und Bolivien warten mit einer einmaligen Mischung von dramatischen Landschaften, archäologischen Stätten, kolonialzeitlichen Schätzen und reich dotierten Museen auf. Unabhängig Reisenden ist daher nicht zu empfehlen, bereits von Europa aus ein starres Besuchsmuster mit festgelegten Verweilzeiten und Hotelreservierungen zu entwerfen. Beim Unterwegs-Sein tun sich – zuvor nicht bekannte – Nahziele auf, die zu versäumen man bereuen würde; andererseits gibt es Stätten von hohem Bekanntheitsgrad (wie die Pampas von Nasca mit den berühmten Erdlinien), die die Erwartungen erlebnismäßig eher enttäuschen. Wer sich daher – vor Ort beraten und vom eigenen Be- und Empfinden geleitet – von Ziel zu Ziel bewegt, schöpft die verfügbare Zeit sinnvoller aus. Die meisten Inlandflüge und Busfahrten lassen sich kurzfristig buchen; zu Engpässen im Hotelgewerbe kommt es nur selten. Vorreservierungen werden aber für Cusco in den Monaten Juni–September empfohlen und sind zur Begehung des Inkaweges nach Machu Picchu (siehe ›Cusco: Exkursionen‹, Seite 348) unerläßlich.

Noch wenig aufgesuchte, aber lohnenswerte Ziele sind in Nordperu die (von Cajamarca aus erreichbaren) Ruinen und Mausoleen der Chachapoyas-Kultur, insbesondere die Zitadelle Kuélap; in Südperu (von Arequipa aus) die Pampas von Toro Muerto mit ihren Petroglyphen und in Südbolivien die Kolonialstädtchen Sucre und Potosí, deren Besuch sich mit einem Ausflug zum Uyuni-Salar (und von da nach San Pedro de Atacama in Chile) kombinieren lässt.

# Informationen für unterwegs – Von Ort zu Ort

## Aguas Calientes/ Machu Picchu Pueblo (Pe)

Vorwahl 0 84

### Auskunft

Im Centro Cultural des INC (Instituto Nacional de Cultura), Büro Nr. 4, Av. Pachacútec o.N. (tägl. 9–20 Uhr), Tel. 21 11 04, iperumachu picchu@promperu.gob.pe

### Besuchsprogramm

**Ruinenstadt Machu Picchu**
tägl. 6–17 Uhr; in dieser Zeit Pendelverkehr mit Bussen über die Serpentinenauffahrt. Vgl. auch Hinweis S. 348.
**Thermalbad**
am oberen Ende der Hauptstraße Pachacútec, 5–20 Uhr. Heilanzeige: Arthritis, Rheuma, Gicht, Muskelschmerzen.

### Hotels

**Machu Picchu Pueblo**
vorm Ort am Bahngleis, Reservierung erforderlich über central@inkaterra.com bzw. das Hauptbüro in Lima (Miraflores), Andalucía 174, Tel. 01/6 10 04 00, Fax 4 22 47 01, oder das Büro in Cusco, Plaza Las Nazarenas 211, Tel. 0 84/24 53 14, Fax 24 46 69. Sehr schönes Bungalow-Hotel (Ü mit Halbpension pro Pers. im EZ US$ 335–480, im DZ 187–260).

Die vergleichsweise einfache **Machu Picchu Sanctuary Lodge** (direkt vor der Ruine) ist stark überteuert. Es wird nach dem *Plan Maestro* von 2005 in ein *Museo de Sitio* umgewandelt.

Vernünftige Mittelklasse-Hotels sind kaum vorhanden. Recht passabel sind aber:
**Presidente**
An den Bahngleisen, Tel. 21 10 34 oder in Cusco 0 84/24 45 98, presidente@terra.com. pe. Beliebtes sauberes Hostal mit geräumigen Zimmern (EZ und DZ US$ 50–60).
**La Pequeña Casita**
Hermanos Ayar 13, Tel. 21 11 53. Einfaches, gemütliches Hostal am Flußufer (EZ US$ 20, DZ US$ 30).

Billig (US$ 10–20) und hinreichend sauber kommt man in den Hostales beiderseits der Hauptstraße Pachacútec unter (oberhalb der Plaza).

## Arequipa (Pe)

Vorwahl 0 54

### Auskunft

**i Peru**
Im Flughafengebäude (tägl. 6.30–18 Uhr), Tel. 44 45 64, iperuarequipaapto@prom peru.gob.pe
**Oficina Turística Municipal**
im Rathaus (Plaza-Südseite), Tel. 20 48 01.

**Policía de Turismo**
Jerusalén 315, Tel. 20 12 58.

### Besuchsprogramm

**Jesuitenkirche La Compañía**
tägl. 9–11 und 15–18 Uhr. Die Kirchen **Santo Domingo, San Agustín** und **La Merced** sind nur während der Messen zugänglich.
**Kloster Santa Catalina**
tägl. 9–16 Uhr.
**Kloster La Recoleta**
Mo–Sa 9–12 und 15–17 Uhr.
**Kloster San Francisco**
Mo–Sa 9–12.30 und 15–17 Uhr.
**Casa del Moral**
Moral 318, Ecke Bolívar, Mo–Sa 9–17, So 9–13 Uhr.
**Casona Arróspide**
Santa Catalina s/n, Mo–Fr 9.15–15 Uhr.
**Casa Goyeneche**
La Merced 201, Ecke Palacio Vilejo, Mo–Fr nach persönlicher Anmeldung bis 15 Uhr.
**Casa Tristán del Pozo**
San Francisco 108, Ecke San José, Mo–Fr 9.15–12.45 und 16–18, Sa 9.30–12.30 Uhr.
**Casona Arango**
Ecke Consuelo/La Merced.
**Casa de Quiroz**
Ecke Ugarte/Villalba.
**Museo Santuarios Andinos**
La Merced 110.
**Museo Arqueológico Universidad de San Agustín**
Ecke Álvarez Thomas/ Palacio Viejo.

**Museo de Arqueología de la Universidad de Santa Maria**
Cruz Verde 303
**Museo Municipal**
gegenüber der Kirche San Francisco (Zela 103).

Die wechselnden Öffnungszeiten der Museen sind bei der Touristeninformation zu erfragen.

## Exkursionen

**Colca-Tal (Chivay, 150 km)** über alle örtlichen Agenturen zu buchen, die meisten davon in der Straße Jerusalén.
**La Chimba** (erst 2004 entdeckter präinkaischer Ruinenkomplex oberhalb von Madrigal im Colca-Tal) Zárate Expediciones, Sta. Catalina 115, Tel. 33 04 05, Fax 46 36 24, zarateexpedition@hotmail.com
**Petroglyphenfeld Toro Muerto (165 km)**
Zárate Expediciones, s. o.
**Höhlen von Toquepala (325 km)**
Zárate Expediciones, s. o.
**Cotahuasi-Schlucht (200 km)**
(mit über 3000 m die tiefste der Welt). Zárate Expediciones und andere Agenturen.
**Vulkanbesteigungen** (Misti 5825 m und Chachani 6075 m). Zárate Expediciones, s. o.

## Hotels

**La Posada del Monasterio**
Santa Catalina 300,
Tel. 40 57 28, Fax 20 65 65,
laposadadelmonasterio@star.com.pe.

Stilvoll-moderne Unterkunft in früherem Klosterannex.
**La Casa de mi Abuela**
Jerusalén 606,
Tel. 24 12 06, Fax 24 27 61,
lacasa@terra.com.pe.
Schöne weitläufige Anlage mit Gärten, Pool und Bergblick.
**Casa Andina**
Jerusalén 603, Tel. 20 20 70,
Fax 28 74 20, ventas@casaandina.com. Modernes, zentrales und preiswertes 3-Sterne-Hotel.
**La Hostería**
Bolívar 405, Tel. 28 92 69,
lahosteria@terra.com.pe.
Gemütliches Patio-Hotelchen in 200 Jahre altem Patrizierhaus.
**La Casa de Melgar**
Melgar 108,
Tel./Fax 22 24 59 oder
Tel. 01/4 46-93 43.
Lauschiges Patiohaus aus dem 18. Jh. mit stillen Winkeln und Gärtchen.
**Residencial Nunez**
Jerusalén 528, Tel. 21 86 48,
hostal_nunez@terra.com.pe.
Einfache, saubere Pension in denkmalgeschütztem Haus.

## Restaurants

Die Gastronomie ist auf den Tourismus abgestellt, daher relativ eintönig und, das gilt besonders für die die Plaza umgebenden Gaststätten, überteuert. Mehrere beliebte Touristenrestaurants findet man in der Calle San Francisco auf der Höhe des Häuserblocks 300. Andere Lokale, darunter zwei kleine mit Naturkost, befinden sich in

der Calle Jerusalén. Empfehlen kann man hier:
**Ary Quepay**
Jerusalén 502.
Regionale Küche, auch Meerschweinchen *(cuy)*.

## Ayacucho (Pe)

Vorwahl 0 66

## Auskunft

**i Peru**
Im Rathaus an der Plaza Mayor (Municipalidad de Huamanga), Tel./Fax 81 83 05, iperuayacucho@promperu.gob.de.
**Oficina Turística Municipal**
im Rathaus (Plaza Mayor).
**Policía de Turismo**
Dos de Mayo 103.

## Besuchsprogramm

**Kathedrale**
Mo–Sa 17.30–19 Uhr, So vormittags.
**Jesuitenkirche La Compañía**
Mo–Sa 9–12.
**Kirche Santo Domingo**
Mo–Sa 17.30–19 Uhr.
**Kirche San Francisco de Asís**
Mo–Sa 9–12 und 15–17 Uhr.
**Kirche San Cristóbal**
nach Voranmeldung.
**Kirche Santa Clara**
Mo–Sa 6–7 Uhr oder nach Voranmeldung.
**Kirche San Francisco de Paula**
Mo–Sa 9–12 und 15–18, So 8–10 Uhr.
**Universität San Cristóbal de Huamanga**
Mo–Fr 7–20 Uhr.

**Casa del Marqués de la Totora**
Portal Unión, Plaza de Armas, Mo–Sa 9–17 Uhr.
**Casa de la Viuda de Alcalá**
Portal Independencia,
Plaza Mayor,
Öffnungszeit beim Touristenbüro zu erfragen.
**Archäologisches Museum**
Av. Independencia
(gegenüber der Universität,
im Norden der Stadt),
Mo–Sa 9–13, Sa 15–17 Uhr
und So 9–13 Uhr

## Exkursionen

**Wari (25 km)**
Ruinen der zentralen Wohn-
und Zeremonialstätte der
Wari-Kultur mit Museo de
Sitio (Mo–Sa 8–12 und
13–18 Uhr).
**Vilcashuamán (110 km)**
Gut erhaltene Ruine einer
von den Inka überbauten
Zitadelle der Chancay-Kultur
sowie Kolonialkirche.

## Hotels

**Ayacucho Plaza**
9 de Diciembre 184 (Plaza de
Armas), Tel. 81 22 02,
hplaza@invertur.com.pe.
Traditionelles älteres Stadt-
hotel an der Plaza de Armas.
**Marqués de Valdelirios**
Alameda Valadelirios 720,
Tel. 31 89 44.
Ordentliches Hostal in ruhi-
ger Flussuferlage.

## Restaurants

Spezialitäten der Region
sind: *hapchi* (Kartoffelsalat

mit Quark, Paprika und
Zwiebeln); *tecte* (Saubohnen
mit Algen, Quark, Paprika,
Eiern und Knoblauch); *mondongo* (Kuttelsuppe); *adobo ayacuchano* (mit Paprika
und Kräutern gewürztes
Schmorfleisch); *cuy* (Meerschweinchen). Solche Gerichte findet man in:

**La Casona**
Bellido 463.
**Urpicha**
Londres 272.
**La Pileta**
in der Hostería Santa Rosa,
Lima 166.

# Cajamarca (Pe)

Vorwahl 0 76

## Auskunft

*Bei Fernanfragen:*
**i Peru**
Trujillo, Tel./Fax 0 44/29 45
61 (Mo–Fr 8–19 Uhr), iperu
trujillo@promperu.gob.pe
*Vor Ort:*
**Dirección Regional de Industria y Turismo**
Im Instituto Nacional de
Cultura, Belén (neben der
gleichnamigen Kirche), Tel.
82 29 03, Mo–Fr 7.30–13.30
und 15.30–17.30 Uhr.

## Besuchsprogramm

**Kathedrale**
tägl. 8–11 und 18–21 Uhr.
**Barock-Komplex Belén**
Belén/Ecke Junin,
Mo–Fr 8.30–12 und 16–18,
Sa und So 8.30–12 Uhr.

Kirche, Kulturinstitut, Pinakothek, Ethnografisches und
Archäologisches Museum.
**Kirche San Francisco**
Mo–Fr 9–12 und 16–18 Uhr.
**Kirche La Recoleta**
tägl. 8–12 und 16–20 Uhr.
**Cuarto del Rescate (Lösegeldkammer)**
Amalia Paga 750
(San Francisco gegenüber),
Mo, Di, Do, Fr 8.30–12.30 u.
14.45–17 Uhr, So 9–12 Uhr.
**Casa del Conde de Uceda**
Jirón Apurímac 719,
während der Bankzeiten.
**Casa Museo Mario Urteaga**
Dos de Mayo 777,
Mo–Fr 16–19 Uhr. Gemälde
des gleichnamigen Malers.

## Exkursionen

**Cumbe Mayo (22 km)**
tägl. 8–18 Uhr.
Präinkaische Felskanäle, Frailones (Mönchgestaltige Felsformationen).
**Ventanillas de Otuzco (8 km)**
tägl. 8–18 Uhr.
Felsnischennekropole.
**Ventanillas de Combayo (23 km)**
bei Tageslicht. Felsnischennekropole.
**Kuntur Wasi (113 km)**
Archäologischer Komplex
der Cajamarca-Kultur mit
Museo de Sitio.
Mo–Sa 8–13 und 15–18 Uhr
**Baños del Inca (6 km)**
tägl. 6–18.30 Uhr.
Thermalbäder, Besuch in den
ruhigeren Vormittagsstunden
empfohlen.
**Zitadelle Kuélap und andere Chachapoyas-Monumente (3–7-Tage-Touren)**

Agenturen:
Cajamarca Travel,
2 de Mayo 574,
Tel. 34 00 74 (Büro) und 9 96
12 86 (Mobiltel.), Fax 36 86
42, cajamarcatravel@hotmail.
com (Touren nach Kuélap,
Revash, zur Laguna de los
Cóndores u. a.).
Quriwasi Tours
2 de Mayo 458 (an der Plaza)
Tel./Fax, E-mail wie Hostal
›Casona del Inca‹ (Tagestouren zu Nahzielen sowie Rundtouren, auch nach Kuélap).

## Hotels

**Laguna Seca**
Manco Cápac 1098,
bei den Baños del Inca,
Tel. 89 46 00, Fax 89 46 46,
hotel@lagunaseca.com.pe.
Sehr gepflegtes, komfortables
Parkhotel. Alle Zimmer mit
eigenem Thermalbecken.
**El Portal del Marqués**
Jr. del Comercio 644,
Tel./Fax 82 84 64, hotel@
portaldelmarques.com. Sauber renovierte, noble Casona
der Kolonialzeit, unweit der
Plaza; zwei Innenhöfe, geräumige Zimmer.
**Hacienda Portada del Sol**
Km 6 auf dem Weg nach
Cumbe Mayo, Tel./Fax 36 33
95, portadadelsol@terra.
com.pe. Schmuckes ländliches Hostal zwischen Bäumen und Blumen.
**El Cabildo**
Jirón Junín 1062,
Tel. 82 70 25, cabildoh
@latinmail.com.
Anheimelndes koloniales
Patio-Hotel unweit der Plaza,
sehr geräumige Zimmer.

**Hostal La Casona del Inca**
2 de Mayo 458 (an der Plaza),
Tel. 36 75 24,
Fax 80 77 57,
casonadelinca.peru@hot
mail.com. Einfache, erst
kürzlich renovierte, malerische Casona, Zimmer z. T.
mit Plaza-Blick.
**Hostal Portada del Sol**
Pisagua 731,
Tel./Fax 36 33 95, portasol@
amet.com.pe.
Gepflegtes Patio-Hotel mit
kleinem Restaurant.

## Restaurants

Zu den typischen Regionalgerichten gehören *chupe*
(Suppe auf der Basis von
Milch, Ei, Trockenkartoffeln,
Frischkäse und roter Paprika), gebratenes *cuy* (Meerschweinchen) sowie *chicharrón* (Speckgrieben vom
Schwein).
**Querubino**
Amalia Puga 589 (bei der Kathedrale). Gepflegt-rustikal,
internationale Küche.
**De Buena Laya**
2 de Mayo 343 (So abends
und Mo geschl.).
Einfaches, sehr uriges Patio-Lokal mit offener Küche;
ausgezeichnete regionale Kost,
preiswert. Spezialität: *cuy al
poroporo* (Meerschweinchen
in einer Fruchtsauce).
**El Cajamarqués**
Amazonas 770. Gängige,
preiswerte Menüs, *anticucho
de corazón* (Rinderherzen
am Spieß).
**La Vaca Loca**
San Martín 330. Pizza und
Pasta.

## Camaná (Pe)

Vorwahl 0 54

## Hotels

**San Diego**
Ecke 28 de Julio/Alfonso
Ugarte,
Tel./Fax 57 28 54.
Das beste Hotel am Platz.
Modern und sauber.
**Hotel del Sur**
Av. Lima 138,
Tel. 57 11 13, Fax 57 16 08.
Älteres Hotel mit einfachem
Restaurant.

## Restaurants

Fast nur Hühnerbratereien.
Mäßig gut isst man direkt
gegenüber vom Hotel San
Diego.

## Chachapoyas (Pe)

Vorwahl 0 74

## Auskunft

**i Peru**
Ortiz Arrieta 588 (an der Plaza), Mo–Sa 8–13 und 15–19
Uhr, Tel. 77 72 92,
iperuchachapoyas@
promperu.gob.pe

## Exkursionen

**Zitadelle Kuélap (72 km)**
Über 6 verschiedene örtliche
Agenturen zu buchen.
**Sarkophage von Karayá
(48 km)**
Wie oben.

## Hotels

**Estancia Chillo**
Km 46 Carretera Chachapoyas (noch vor Tingo),
Tel./Fax 0 44/77 84 38.
Ruhiges Landhaus-Hotel
mit einfachem Restaurant.
Bester Stützpunkt für Exkursionen in die Chachapoyas-
Region.

Im Ort Chachapoyas selbst:

**Revash**
Grau 517 (an der Plaza),
Tel. 77 73 91,
revash@terra.com.
Restaurierte Casona mit tropisch bepflanztem Patio,
geräumige Zimmer.
**El Tejado**
Grau 534 (an der Plaza),
Tel. 77 76 54, sburga@eudora
mail.com. Sauberes Hostal
mit geräumigen Zimmern im
1. Stock (Patio leider nach
unten abgedeckt).
**Gran Hotel Vilaya**
Ayacucho 755, Tel. 77 76 64,
Fax 77 81 54, hotelvilaya@
viabcp.com.
Einfaches modernes Stadthotel in Plaza-Nähe.

## Restaurants

Spezialität ist *Inchik uchu*
(Maniok-Eintopf).

**La Tushpa**
Ortiz Arrieta 753. Gute
Fleischgerichte, auch cuy
(Meerschweinchen).
**Chacha**
Grau 545 (an der Plaza). Patio-Restaurant mit gängiger
regionaler Kost.

# Chiclayo (Pe)

Vorwahl 0 74

## Auskunft

**Información Turística
Regional**
Sáenz Peña 838, Mo–Fr
8–16.30 Uhr, Tel. 23 81 12.
**Información Turística
Municipal**
Am Kiosk auf der Plaza de
Armas (unregelmäßig besetzt).
**Policía de Turismo**
Sáenz Peña 830, tägl. 8–22
Uhr, Tel. 23 67 00.

## Besuchsprogramm/
Exkursionen

**Museo Nacional Tumbas
Reales de Sipán**
im 10 km entfernten Lambayeque (Pendelverkehr von
Kleinbussen und Sammeltaxis), Di–So 9–17 Uhr. Das
reich dotierte Musem birgt
alle aus dem Grab des Señor
de Sipán und 13 Nebengräbern geborgenen Schätze.
**Museo Arqueológico
Nacional Brüning**
Av. Huamachuco (Lambayeque), nur 4 Straßenblocks
vom obengenannten Museum
entfernt, tägl. 9–17 Uhr. Wertvolle Zeugnisse der Nordküsten-Kulturen (besonders
des figurenreichen Lambayeque), *Sala de Oro* mit Goldmasken und Schmuck.
**Tumbas de Sipán (25 km)**
Den südöstlich von Chiclayo
gelegenen Gräberkomplex
Huaca Rajada/Sipán erreicht
man vom Busterminal Epsel

aus mit einem Kombibus
oder Taxi. Tägl. 9–13 Uhr.
Sehr gelungene Repliken der
Fürstengräber, im Mittelpunkt die offene Gruft des
Señor de Sipán, kleines *Museo de Sitio*.
**Museo Nacional Sicán
(18 km)**
Das beim Dorf Ferrenafe
nordöstlich von Chiclayo gelegene Museum erreicht man
ebenfalls vom Terminal Epsel
aus. Einzigartige, aus dem
Grab des Señor de Sicán sowie am Batán Grande geborgene Fundstücke.
**Túcume (33 km)**
Tal der Pyramiden. Ebenfalls
ab Terminal Epsel zu erreichen. Tägl. 8–16.30 Uhr
**Batán Grande (37–50 km, je
nach Anfahrt)**
Jederzeit offenes Gelände.
Erdpyramiden im größten
Algarrobo-Wald Perus.

## Hotels

**Gran Hotel Chiclayo**
Av. Federico Villreal 115,
Tel. 23 49 11, Fax 22 39 61,
reservas@granhotelchiclayo.
com.pe. Großzügiges,
modernisiertes Hotel mit
Pool in ruhiger Außenlage.
**Inca**
Av. Luis Gonzales 622,
Tel. 23 59 31, Fax 22 76 51,
reservas@incahotel.com.
Modernes Stadthotel, klimatisiert.
**Costa del Sol**
Balta 399, Tel. 22 72 72,
ventaschiclayo1@costadel
solperu.com. Ruhiges, modernes 3-Sterne-Hotel mit
Sauna, Jacuzzi und Pool, ge-

pflegtes Restaurant ›Páprika‹, Konferenzraum.

**América**
Av. Luis Gonzales 943,
Tel. 22 93 05, Fax 27 06 64,
hotelamerica@speedy.com.pe.
Saueres preiswertes Stadt-
hotel, klimatisiert.

**Santa Rosa**
Av. Luis Gonzales 927,
Tel. 22 44 11, Fax 23 62 42.
hotelsantarosa555@hotmail.
com. Ordentliches Zwei-
Sterne-Hotel, zentrale Lage.

## Restaurants

Die örtliche Küche ist deftig:
in Bier gekochte Ente, in
Chicha gebeiztes Ziegen-
fleisch und *Mala Rabia* (pikant gewürztes Püree aus
grünen Bananen) gehören zu
den Spezialitäten. Für Süß-
mäuler: Die *King Kong*
genannten Gewürzküchlein.
Die auf Regionalkost einge-
stellten Lokale heißen *huari-
ques*. Man findet sie vorwiegend in den Avenidas La
Unión, Grau und Bolognesi.
(Empfehlenswert: **La Bar-
tola, La Colmena** und **Garza
Real.**) Empfehlenswert vom
adretten Ambiente und der
gepflegten Küche her ist das
Restaurant ›Páprika‹ (1. Stock
des Hotels Costa del Sol).

## Chivay (Pe)

Vorwahl 0 54

## Exkursionen

Der Ort ist Ausgangspunkt für
alle Ausflüge ins Colca-Tal

## Hotels mit Restaurant

**Colca Inn**
Salaverry 307, Tel. 53 10 88,
hotelcolcainn@planet.com.
pe. Modernes, gemütliches
Mittelklassehotel mit recht
gutem Restaurant.

**Posada Chivay**
Salaverry 325, Tel. 53 10 32,
posadachivay@latinmail.com.
Beliebtes ordentliches Hostal
mit Restaurant.

## Cochabamba (Bo)

Vorwahl 0 4

## Auskunft

**Oficina Regional de Turismo**
Bolívar, dicht an der Plaza
14 de Septiembre, Mo–Fr
8.30–18.30 Uhr, Tel. 4 22 33 64.

## Besuchsprogramm

**Kathedrale**
zu Zeiten der Gottesdienste.
Stilmischmasch vom so ge-
nannten Mestizenbarock bis
zur Neugotik.

**Kirche und Kloster San
Francisco**
zu Zeiten der Gottesdienste.
Erbaut 1581, Hauptaltar und
Barockkanzel in Gold.

**Palacio de Portales**
Av. Potosí 1450,
Mo–Fr 14.30–18-30,
Sa und So 10.30–12.30 Uhr.
Der ehemalige Palast des
›Zinnkönigs‹ Simón I. Patiño
(erbaut 1912–1927) zitiert in
verwegenster Weise Vorbil-
der und Stilarten: von der
maurischen Alhambra Gra-

nadas bis zu den Decken-
Fresken der Vatikan-Biblio-
thek; heute Kulturzentrum.

## Märkte

Mercado Cancha Calatayud
und Mercado Incallaqta (um
den alten Bahnhof herum und
die Avenida Aroma entlang).

## Exkursionen

**Patiños Landhaus (20 km)**
bei Villa Albina,
Mo–Fr 15–16, Sa 9–11 Uhr.
**Inka-Ruine Inkaraqay
(12 km)**
bei Sipe Sipe, jederzeit offen.

## Hotels

**Cesar's Plaza**
Ecke Bolívar/25 de Mayo,
Tel. 4 25 40 32–35, Fax 4 25
03 24, cph@entelnet.bo.
Zentrales Stadthotel der gu-
ten Mittelklasse.

**Boston**
25 de Mayo N-0167,
Tel. 4 22 44 21 und 4 22 91 14,
Fax 4 25 70 37, hboston@
supernet.com.bo. Preiswerte
Mittelklasse, zentral gelegen.

**Heroínas**
Av. Heroínas 0–239, Tel. 4 22
01 71, Fax 4 25 64 53. Einfaches, ökonomisches 2-Ster-
ne-Hotel, zentral gelegen,
Zimmer mit und ohne Bad.

## Restaurants

Cochabamba gilt als die gast-
ronomische Hauptstadt Boliviens. Eine neue Restaurant-
Zeile ist auf der anderen
Flussseite mit dem *Boulevar*

*Recoleta* entstanden: Hier empfehlen sich vor allem das beliebte Gartenlokal **Casa de Campo** (gute bolivianische Küche, große Auswahl an Cocktails), **La Estancia** (Grillfleisch und Pastas) sowie drei **Chifas** (chinesische Küche). Weitere Tipps sind: **La Suiza** Ecke Ballivián 820. Internationale Küche **Dumbo** Heroínas E–354 (1. und 2. Stock). Populäres Café-Restaurant mit preiswerten bolivianischen Gerichten.

# Cusco (Pe)

Vorwahl 0 84

## Auskunft

**i Peru** Im Flughafengebäude (tägl. 6–16 Uhr), Tel. 23 73 64, iperucuscoapto@promperu. gob.pe. Im Zentrum in den Galerías Turísticas, Av. El Sol 103, Büro 102, Tel. 23 44 98, Fax 25 29 74, iperucusco@ promperu.gob.pe, tägl. 8.30–19.30 Uhr. Hier erhält man auch die Touristenpässe (Boletos Turísticos) zum Besichtigen von Museen und archäologischen Stätten.
**Instituto Nacional de Cultura** Sa Bernardo o.N., im ersten Straßenblock ab Calle Mantas, Tel. 24 60 74, Mo–Fr 7.30–13 und 14–16.30 Uhr.
**Policía de Turismo** Tel. 24 96 54

**Estacíon Wanchaq (Bahnhof)** Av. Pachacútec o.N., Tel. 23 87 22 und 22 19 92, reservas@perurail.com, tägl. 7–13 und 14–16 Uhr. Fahrpläne und Reservierungen für Bahnfahrten nach Aguas Calientes (Machu Picchu) und Puno. (Machu-Picchu-Besuchern wird empfohlen, in der Hochsaison Juni–September ihre Reservierung mindestens einen Monat vor Reisebeginn vorzunehmen).

*Anmerkung:* Der Camino Inka (Inkaweg) nach Machu Picchu kann nur noch nach vorheriger Anmeldung (in der Hochsaison mindestens 3 Monate vorher) und in Begleitung eines autorisierten Routenführers begangen werden. Die Zahl der Benutzer einschließlich Trägern ist auf täglich 500 begrenzt. Die beim Instituto Nacional de Cultura erfolgende Anmeldung besorgen auch örtliche Veranstalter, mit denen man über Internet Kontakt aufnehmen kann. Auch über das E-mail des örtlichen Reisebüroverbandes *Asociación de Agencias de Turismo del Cusco* (aatc@terra.com.pe) sind Adressen einzuholen.

## Besuchsprogramm

**Kathedrale** Mo–Sa während der Morgenmesse 10–11.30 (außer Do) und 14–17.30 Uhr.
**Jesuitenkirche La Compañía** und **Santa Catalina** zur Zeit der Gottesdienste.

**La Merced** Kirche und Kloster: Mo–Sa 8–12 und 14–17 Uhr.
**San Antonio Abad** Kloster und Kirche beherbergen heute ein Hotel.
**Kirche Santo Domingo (Coricancha)** Mo–Sa 8.30–18.30 Uhr, So 14–17 Uhr.
**Kirche San Francisco** Mo–Fr 14–17 Uhr.
**Kirche San Blas** Mo–Mi sowie Fr u. Sa 10–11.30 Uhr, tägl. 14–17.30 Uhr.
**Museo Larco de Arte Precolombino** Plazoleta Nazarenas 231, tägl. 9–23 Uhr.
**Museo de Arte Religioso** Palacio Arzobispal, Ecke Hatun Rumiyoc/ Herrajes, Mo–Sa 8–11.30 und 15–17.30 Uhr.
**Museo Histórico Regional** Casa de Garcilaso de la Vega, Ecke Jirón Garcilaso/ Heladeros, Mo–Sa 8–17 Uhr.
**Museo de Santa Catalina** Santa Catalina Angosta o.N., tägl. 9–17 (Fr nur 15.30) Uhr.
**Museo Inka** Palacio del Almirante, Cuesta des Almirante 103, Mo–Fr 8–18, Sa und So 9–16 Uhr.
**Casa del Inca Garcilaso de la Vega** Heladeros o.N., Mo–Sa 9–17.30 Uhr.
**Casa Concha** Santa Catalina (gegenüber dem Museo de Santa Catalina).
**Museo Municipal** Mo–Sa 8–17 Uhr.

## Exkursionen

**Inka-Zitadelle Saq-
saywamán (2 km)**
**Felsenheiligtum Kenko
(4 km)**
**Puka Pukara** und **Tambo
Machay (7 km)**
Baños del Inca
**Pisac (32 km)**
Inka-Ruinen, Feldterrassen,
Dorfmarkt (Di, Do, v. a. So).
**Chinchero (28 km)**
Dorf inkaischen Ursprungs,
Sonntagsmarkt.
**Moray (70 km)**
Salzgewinnungspfannen, In-
kaische Terrassentrichter zur
Kultivierung von Pflanzen.
**Ollantaytambo (93 km)**
Inkaische Felszitadelle,
imposante Feldterrassen,
Bad der Inkaprinzessin,
malerisches Dorf.
**Urcos (48 km)**
Kolonialkirche, Sonntags-
markt.
**Aguas Calientes/Machu
Picchu (112 km)**
Den Ruinenkomplex Machu
Picchu erreicht man nur auf
dem Schienenweg (es gibt
keine durchgehende Straße)
nach Aguas Calientes (jetzt
›Machu Picchu Pueblo‹ ge-
nannt). Täglich frühmorgens
gibt es vom Bahnhof Wan-
chaq (siehe unter ›Auskunft‹)
zwei Abfahrten mit dem Aus-
sichtswagenzug *Vistadome*
(Fahrpreis hin und zurück
rd. US$ 100). In dem zu glei-
chen Zeiten startenden
*Backpacker* einfacherer Art
zahlt man ca. US$ 65. Die je-
weiligen Rückfahrten erfolgen ab 15.30 Uhr nachmit-
tags. Man kann also Machu

Picchu von Cusco aus in einem Tag besuchen. (Pendel-
busse bringen den Besucher
von der Talstation Aguas Calientes in 25 Min. zum Ruinenareal. Eintritt: US$ 30).
Der Luxuszug *Hiram
Bingham* wird wegen der
steilen Spitzkehren am
Streckenanfang erst in Poroy
(bis dahin Bus-Zubringer)
eingesetzt (US$ 476).
In allen Zügen dauert die
Reise zum Zielort 3–4 Stunden. Man kann sie in Ollantaytambo – bis wohin ab
Cusco auch Busse verkehren
– unterbrechen, um die dorti-
ge imposante Inkafeste zu
besichtigen. (Zwischen
Ollantaytambo und Aguas
Calientes pendeln dreimal
täglich Triebwagen.)

## Hotels

Die Hotelpreise in Cusco sind
generell hoch, aber außerhalb
der Hochsaison (Mitte Juni–
Ende August) verhandelbar
und im übrigen breit gefächert
(von US$ 360 für ein DZ in
einem Fünf-Sterne-Hotel bis
unter US$ 35 in einem Zwei-
Sterne-Hostal und noch weniger in einfacheren Pensionen). Cusco besitzt 280 Beherbergungsstätten, von denen
200 seriös zu nennen sind.

### Monasterio
Plazoleta Nazarenas,
Tel. 24 17 77, Fax 23 71 11,
reservas@peruorientexpress.
com, DZ US$ 360.
Traumhotel in ehemaligem
Kloster, dennoch überteuert,
Küche durchschnittlich.

### Royal Inka I
Plaza Regocijo 299 (Rathaus-
platz), Tel. 23 10 67 und
22 38 76, für Reservierungen
26 32 76, Fax 23 42 21,
royalin@terra.com.pe,
US$ 80. Schmuckes Koloni-
alhaus, Sauna und Jacuzzi.
### Cusco Plaza I
Plazoleta Nazarenas,
Tel. 24 61 61, Fax 26 38 42,
hcuscoplaza@terra.com.pe,
DZ US$ 45.
Ruhiges, freundliches Patio-
Hotel. Sehr empfehlenswert,
Reservierung angeraten.
### Cusco Plaza II
Saphy 486, Tel. 263000, Fax
262001, hcuscoplaza@terra.
com.pe, DZ US$ 50.
Sehr schmuckes Patio-Hotel
(3 Innenhöfe) in kolonialer
Casona des 18. Jh.
### Los Portales
Matará 322, Tel. 22 35 00,
Fax 22 23 91, reservas@porta
lescusco.com, DZ US$ 45.
Adrett, freundlich, sehr beliebt.

Weitere (noch preiswertere)
Hostales in schönen Koloni-
alhäusern:
**Colonial Palace,** Quera 270,
Tel. 23 21 51, Fax 23 23 29;
**Los Marqueses,** Garcilaso
256, Tel. 23 25 12, Fax 24 15
67; und die kleine Pension
**Loreto,** Loreto 115, Tel. 22 63
52, hloreto@terra.com.pe.

## Restaurants

Der Tourismus hat die regionale Küche regelrecht mund-
tot gemacht. So haben sich
die meisten Speisepläne auf
das zurückgezogen, was man
etwas hilflos ›Internationale

Küche‹ nennt. *Olluquito con charqui* (Eintopf aus der Erdknollenfrucht *olluco* und getrocknetem Lamafleisch) wird man kaum noch finden. Die meisten Imbissstuben (auch gute mit Naturkost) und Cafés haben sich in den hübschen Balkonhäusern rings um die Plaza de Armas eingenistet. Kleiner Tipp: Restaurant **El Truco** an der Plaza Regocijo 261.

# Huánuco (Pe)

Vorwahl 0 62

## Auskunft

**Dirección Regional de Turismo**
General Prado 716 (Plaza de Armas), Tel./Fax 51 29 80, huanuco@mitinci.gov.pe.

## Besuchsprogramm

**Kirche Nuestra Señora de las Mercedes**
zu den Gottesdienstzeiten. Renaissance-Altar von 1594.
**Kirche San Francisco**
zu den Zeiten der Gottesdienste. Hinter der neoklassizistischen Fassade Goldaltäre im Churriguera-Stil.
**Dominikanerkloster San Teodoro**
Mo–Fr 8–13 und 16–18 Uhr. Bibliothek mit wertvollen Büchern aus der Kolonialzeit.
**Museo de Ciencias Naturales**
General Prado 495, Mo–Sa 8–13 und 14.30–18, So 9–13 Uhr. Einige ausgefallene Fundstücke von Kotosh.

## Exkursionen

**Tempelruinen von Kotosh (4 km)**
tägl. 9–15 Uhr. 5000 Jahre alte Zeremonialstätte mit den berühmten Wandplastiken der ›Gekreuzten Hände‹.
**Tingo María (120 km)**
mit dem Sammeltaxi erreicht man den Ausgangspunkt zur Erkundung des subtropischen Nationalparks.

## Hotels

**Grand Hotel Huánuco**
Tel. 51 24 10, Fax 51 42 22, reservas@grandhotel huanuco.com.
Gemütliches älteres Touristenhotel mit großen Zimmern, Pool, Sauna, Jacuzzi.
**Real Hotel**
Tel. 51 34 11, Fax 51 27 65.
Einfache Mittelklasse, lichte Zimmer, Sauna.

# Huaraz (Pe)

Vorwahl 0 43

## Auskunft

**i Peru**
Av. Luzuriaga 734, Pasaje Atusparía, Büro 1 (Plaza de Armas), Tel. 72 88 12, iperu huaraz@promperu.gob.pe, Mo–Sa 8.30–18.30, So 8.30–14.30 Uhr.
**Dirección Regional de Industria y Turismo**
Campamento Bichi, Tel./Fax 72 15 21.
**Casa de Guías (Bergführer)**
Plaza Ginebra, Tel. 72 18 11.
**Jefatura del Parque Nacional Huascarán (Aufsichtsbehörde für den Nationalpark Huascarán)**
Av. Las Américas o/N, Tel. 72 20 86.

## Besuchsprogramm

**Museo Arqueologico de Ancash**
Av. Luzuriaga 762, Mo–Sa 9–17 Uhr, So 9–14 Uhr. Textilien, Keramiken und Steinarbeiten der Kulturen Chavín, Recuay, Huaraz, Mochica, Chimú und Wari.

## Exkursionen

**Thermalbäder von Monterrey (6 km)**
**Tempelruine Willkawaín (7 km)**
**Tempelruine Chavín de Huántar (110 km)**
**Nevado Pastoruri (96 km)**
Bergpanoramen, Lagunen, Puya-Raimondii-Haine, Felsmalereien.

## Hotels

**Andino Club Hotel**
Pedro Cochachín 357, Tel. 72 16 62, Fax 72 28 30, andino@hotelandino.com
Panoramalage, komfortabel.
**San Sebastian**
Italia 1124, Tel. 72 69 60, andeway@terra.com.pe.
Schönes, luftiges Gartenhotel im neo-kolonialen Stil.
**El Patio**
Monterrey, km 6, Tel. 72 49 65, Fax 72 69 67, elpatio@terra.com.pe.
Adrettes Kolonialstil-Hotel.

**Real Hotel Baños Monterrey**
Tel./Fax 72 17 17.
Ältere, weitläufige Anlage
mit Zimmern und Bunga-
lows. Preisgünstig. Thermal-
Pool (Arthritis, Rheuma).
**Casa de Guías**
Plaza Ginebra, Tel. 72 18 11.
Für Trekker und Bergsteiger.
Einfach und sauber.

## Restaurants

Die meisten Gäste essen im
Hotel. Exzellente Schweizer
Küche bietet das **Andino.**
Preiswerte einfache Kost findet man auf der Avenida Luzuriaga zwischen den Haus-
nummern 400 und 834 bei:
**Crêperie Patrick, Taberna
Campo Base, Chifa Jin Hua**
(chinesisch), **La Familia, Mama Mia** und **Pizzas Bruno.**

## Ica (Pe)

Vorwahl 0 56

## Auskunft

**Información Turística Muni-
cipal**
Grau 148, Tel./Fax 22 72 87,
Mo–Fr 7.30–13 und 14–18 Uhr.

## Besuchsprogramm

**Museo Regional de Ica**
Ayabaca s/n,
Mo–Sa 8–18, So 9–14 Uhr.

## Exkursionen

**Laguna Huacachina (5 km)**
Hübsche kleine Oase in der
Dünenlandschaft.

**Hacienda Tacama (11 km)**
Besichtigung des Weingutes
tägl. 9–15 Uhr.
**Hacienda Vista Alegre (3 km)**
Besichtigung des Weingutes
Mo–Fr 9–14 Uhr.
**Überfliegen der Nasca-Linien**
s. Nasca.

## Hotels

**Ocucaje Sun, Wine & Resort**
Panamericana Sur km 336,
beim Winzerort Ocucaje,
Tel. 40 80 01, Fax 40 80 03,
rubitour@terra.com.pe,
Wochenende mit Vollpen-
sion pro Person US$ 130.
Gepflegte Landhaus-Atmo-
sphäre, Pool, Tennisplatz.
**Mossone**
Huacachina-Lagune,
Tel. 21 36 30, Reservierung:
01/4 42-30 90;
reservas@detramajae.org.pe.
Vollpension pro Person US$
50. Komfortables Terrassen-
hotel am Seeufer.
**Sol de Ica**
Lima 265, Tel./Fax 23 61 68.
Sehr ordentliches Hostal mit
lauschigem Patio und klei-
nem Restaurant.
**Hostal Austria**
Angostura, cuadra 8 (unweit
des Hotels Las Dunas, Pan-
americana km 300).
Tel. 25 61 06, reservations@
hotelaustria-peru.com,
DZ US$ 20.
Preiswerte saubere Pension.

## Restaurants

Der lokale Speisezettel liebt
die hier gedeihenden Oasen-
bohnen *(pallares)*, die als
Püree *(morusa)*, in der Suppe

*(chupe)*, pikant gewürzt oder
als Süßspeise (mit Milch,
Zimt, Vanille und Sesam) ge-
reicht werden. Hausmanns-
kost findet man an den Ess-
ständen im Markt (Ecke
Tumbes/Moquegua), wo auch
Fisch und Muscheln zuberei-
tet werden. Empfehlenswerte
rustikale Restaurants: **Anita,
Plaza 125** (beide an der Plaza) und **Venezia** (gegenüber
vom Hotel ›Sol de Ica‹).

**La Cueva de Juan**
Nicolás de Ribera el Viejo s/n
(Urbanización Luren).
**El Bosque**
Panamericana Sur km 300.

## Lambayeque (Pe)

(s. Chiclayo)

## La Paz (Bo)

Vorwahl 02

## Auskunft

**Städtische Informations-
büro**
Im Eckhaus an der Plaza del
Estudiante am Ende der Ave-
nida 16 de Julio (El Prado),
Tel. 2 37 10 44.
**Dirección de Promoción
Turística Municipal de la
Paz**
Potosí 1285 (Edificio Tobia),
4. Stock, Mo–Fr 8.30-12 und
14.30–19 Uhr, Tel./Fax 2 20
05 88, jackiefaf@hotmail.com.
**Goethe-Institut**
Av. 6 de Agosto 2118,
Tel. 2 44 24 53.

## Besuchsprogramm

**Kirche San Francisco**
zu den Zeiten der Gottesdienste.
**Kirche Santo Domingo**
zu den Zeiten der Gottesdienste.
**Museo de San Francisco**
Tägl. 9–21 Uhr.
**Museos Municipales mit Casa Murillo**
Di–Fr 9.30–12.30 und 15–19, Sa und So 9–13 Uhr.
**Museo Tambo Quirquincho**
Öffnungszeiten wie die Museos Municipales.
**Museo Nacional de Arte**
Ecke Socabaya/Comercio, Di–Sa 9.30–12.30 und 15–19, So 9.30–12.30 Uhr.
**Museo de la Catedral**
Plaza Murillo,
(wird z. Z. renoviert).
**Museo Nacional de Etnografía y Folklore**
Ingavi 915, Di–Sa 9.30–12.30 und 15–19, So 9.30–12.30 Uhr.
**Museo Nacional de Arqueología**
Prado (beim Hotel Plaza), Mo–Fr 9–12.30 und 15–19, Sa 10–12.30 und 15–18.30, So 10–13 Uhr.
**Museo Semisubterraneo Tiwanacu**
am Stadion Hernando Siles, Stadtteil Miraflores. Freilichtmuseum mit Tiwanaku-Stelen.

## Exkursionen

Es wird davon abgeraten, an den Hotelrezeptionen (die dafür gerne Provisionen kassieren) blindlings Ausflüge zu buchen. Zu vielen Zielen gelangt man (ungefährlich) mit normalen Bussen weitaus billiger. Andere Fahrten (etwa nach Tiwanaku) kann man mit Taxifahrern selbst aushandeln. Zum Vergleich: Ein Tagesausflug nach Copacabana mit Sonneninsel kostet pro Person (je nach Teilnehmerzahl) mindestens US$ 70. Nimmt man ein Taxi vom Hotel zum Busabfahrtsplatz gegenüber vom Friedhof *(cementerio)*, besteigt dort einen Frühbus (Zeit erfragen) der Linie Manco Kapac nach Copacabana und da das mittags abgehende Ausflugsboot zur Sonneninsel, dann kann man abends noch mit dem letzten Bus (Fahrschein vorher kaufen) nach La Paz zurückfahren. Kosten: weniger als US$ 8!

**Ruinenkomplex Tiwanaku (70 km)**
**Ziele am/im Titicacasee**
z. B. Copacabana (160 km), Sonneninsel, Mondinsel.
**Valle de la Luna (11 km)**
Mondtal
**Ancillo Arce (10 km)**
bizarre Felsformationen und Kakteenhain.

## Hotels

**Plaza**
Av. 16 de Julio (Prado) 1789, Tel. 2 37 83 11, Fax 2 37 83 18, plaza@plazabolivia.com.bo. Im besten Teil der Stadt gelegenes 5-Sterne-Hotel mit gezügelten Preisen, Panoramarestaurant mit Illimani-Blick, Sauna.
**Gloria**
Potosí 909, Tel. 2 40 70 70, Fax 2 40 66 22, gloriatr@ceibo.entelnet.bo.
Zentrales, gepflegtes Stadthotel mit Dachrestaurant. Sehr faire Preise.
**Sucre Palace**
Av. 16 de Julio (Prado) 1636, Tel. 2 12 56 97/98, Fax 2 12 57 00, sph@kolla.net.
Mittelklassehotel in guter Lage, Restaurant.
**Copacabana**
Av. 16 de Julio (Prado) 1802, Tel. 2 35 12 40, Fax 2 31 28 34, hotelcop@ceibo.entel net.bo.
Modernes Hotel der einfachen Mittelklasse, gute Lage.
**España**
Av. 6 de Agosto 2074, Tel. 2 44 26 43 und 2 44 19 19, Fax 2 44 13 29, hespana@ceibo.entelnet.bo.
Gemütliches Patio-Hotel im Kolonialstil, dicht beim Goethe-Institut.
**Torino**
Socobaya 457, Tel. 2 40 60 03, cybertorino@yahoo.es.
Kolonialer Stadtpalast mit Charme, beliebtes einfaches Touristenhotel der 2-Sterne-Kategorie, dicht an der Plaza Murillo in der Altstadt.

## Restaurants

In der Innenstadt findet man die meisten Lokale entlang der Hauptstraße Avenida Santa Cruz – 16 de Julio (El Prado). In der Seitenstraße Campero versteckt sich im Hinterhof die Gartenkneipe **Club de Prensa,** ein Tipp für preiswerte regionale Mittagsgerichte. Billige, reichhaltige Mittagsmenüs erhält man auch in der Mezzanin-Etage des Hotels **Gloria**. La Paz hat kein Nachtleben, weshalb man gewöhnlich die Abendmahlzeit im Hotel einnimmt. Dazu eignen sich die Dachetagenrestaurants der Hotels **Plaza** und **Gloria** (Panoramablick) besonders gut. Als Traditionscafé mit nostalgischem Flair kann man das **Café Berlin** (Ecke Loayza/Mercado) empfehlen.

# Lima (Pe)

Vorwahl 01

## Auskunft

*Für ganz Peru:*
**i Peru**
Am Kiosk des Freizeitzentrums Larcomar auf dem Steilufer von Miraflores, tägl. 12–20 Uhr, Tel./Fax 4 45-94 00, iperulima@prom peru.gob.pe.
Im Bürohaus Jorge Basadre 610, San Isidro, Mo–Fr 8.30–18.30 Uhr, Tel./Fax 4 21-12 27, E-mail wie oben.
*Für Lima:*
Im Paseo de los Escribanos 145 (gegenüber vom *Correo Central*, der Hauptpost), Tel. 3 15 15 05 und 3 15 13 00.
**Goethe-Institut**
(Infozentrum/Bibliothek) Nazca 722 (Stadtteil Jesús María), Tel. 4 33 31 89 Nst. 113.

## Besuchsprogramm

Auch für einen Kurzbesuch Limas benötigt man mindestens 2–3 Tage, schon weil die Besichtigungszeiten für die Sehenswürdigkeiten sich auf wenige Stunden konzentrieren. Sachkundige Führungen unternimmt IDEAS, eine von Archäologiestudenten und Lehrpersonal gebildete Gruppe, mit der man (rechtzeitig!) über ideas-mz@amauta.rcp. net.pe oder Tel. 4 51 36 03 und 3 52 05 89 Verbindung aufnehmen kann.

**Kathedrale**
Mo–Sa 9–16.30 Uhr.
**Casa del Oidor**
Plaza de Armas.
**Palacio de Gobierno**
Plaza de Armas,
Mo–Fr 8.30–13 und 14–17 Uhr. Tägl. 11.45 Uhr Wachablösung im *Patio de Honor* (Ehrenhof).
**Kloster Santo Domingo**
Mo–Sa 9–12.30 und 15–18, So 9–13 Uhr.
**Casa de la Inquisición**
tägl. 9–17 Uhr.
**Kloster San Francisco**
tägl. 9.30–17.30 Uhr.
**Kloster San Pedro**
tägl. 9.30–11.45 und 17–18 Uhr.
**Kirche La Merced**
tägl. 8–12 und 16–20 Uhr.
**Klosterkirche Jesús, Maria y José**
zu den Gottesdienstzeiten.
**Kloster und Kirche San Agustín**
meist nur noch zu den Zeiten der Gottesdienste.
**Kirche San Marcelo**
zu den Gottesdienstzeiten.
**Klosterkirche Las Nazarenas**
tägl. 7–12 und 16–20.30 Uhr.
**Palacio de Torre Tagle**
Jirón Ucayali 363,
nur mit Sondergenehmigung.

**Casa de Pilatos**
Jirón Ancash 390,
nur mit Sondergenehmigung.
**Casa de Goyeneche,**
Jirón Urayali 358,
nur mit Sondergenehmigung.
**Casa Las Trece Monedas**
Jirón Ancash 536,
Besuchsanmeldung bei Sra. Mercedes Valderrama.
**Casa Aliaga**
Unión 224, Besichtigung (nur im Rahmen einer City Tour) zu buchen über Lima Tours, Tel. 6 19 69 00.
**Palacio de Osambela**
Conde de Superunde 298, fast immer zugänglich.
**Casa Riva-Agüero**
Jirón Camaná 457, Di–Sa 10–13 und 14–19.30 Uhr.
**Casa O'Higgins** (Museo Josefina Ramos de Cox) Unión 550,
tägl. 10.30–19.30 Uhr.
**Casa Villegas**
Ancadi 681, Mo–Fr 8–19 Uhr; in der Ferienzeit 8–15 Uhr.
**Casa Agua Viva (L'Eau Vive)**
Ucayali 370,
zu den Tischzeiten: Mo–Sa 12.30–15 und 19.30–21.30 Uhr.
**Museo Nacional de Arqueología, Antropología e Historia del Perú**
Plaza Bolivar, Pueblo Libre, Di–So 9–17 Uhr.
**Museo de la Nación**
Javier Prado Este 2466, San Borja,
Di–So 9–17 Uhr.
**Museo Arqueológico Rafael Larco Herrera**
Av. Bolívar 1515, Pueblo Libre, tägl. 9–18 Uhr.
**Museo Amano**
Retiro 160, Miraflores, nach Voranmeldung,

Tel. 4 41 29 09, 2 22 58 27,
4 42 10 07.

**Museo Oro del Perú y Armas del Mundo**
Av. de Molina 1110, Stadtteil
Santiago de Surco,
tägl. 11.30–19 Uhr.

**Colección Enrico Poli**
Lord Cochrane 466,
Miraflores, nach Voranmeldung, Tel. 4 22 24 37.

**Museo del Banco Central de Reserva**
Av. Ucayali 291, Mo–Fr 10–16.30, Sa und So 10–13 Uhr.

**Museo de Arte de Lima**
Paseo Colón 125, Do–Di
10–17 Uhr.

**Museo de Arte Italiano**
Paseo de la República 250,
Mo–Fr 10–17 Uhr.

## Exkursionen

**Huaca Pucllana (Juliana)**
Calle General Borgoño,
Miraflores. Mi–Mo 9–17 Uhr.
Ausgrabungsstätte: Ruinen
und Mumien der präinkaischen Lokalkultur Puruchuco, 1100–1400 n. Chr.

**Pachacámac (31 km).**
Präinkaisches Zeremonialzentrum, tägl. 9–17 Uhr.

**Ciudad Sagrada de Caral**
Über die Panamericana Norte bis km 184, dann über
eine 22 km lange Erdstraße
nach Osten, tägl. 9–16 Uhr.
Das erst 2004 entdeckte,
66 ha große Ruinenareal gilt
als Sitz der zwischen 2 000
und 3 000 v. Chr. hier lebenden Supe-Regionalkultur,
also etwa zeitgleich mit den
Zivilisationen Mesopotamiens, Ägyptens und Chinas.
Zu den hier gemachten Fun-

den gehören ca. 70 aus Kondor-, Pelikan- und Kamelidenknochen gefertigte Kornette und Querflöten.

**Cajamarquilla (25 km)**
am km 12,5 der Carretera
Central. Zufahrt schwierig,
unsichere Gegend. Ruinen
einer mächtigen Adobestadt
der Wari-Kultur.

## Hotels

Limas kunsthistorische Sehenswürdigkeiten konzentrieren sich auf den Altstadtkern.
Die Museen sind jedoch weit
über die Vororte verstreut.
Zumindest Besucher, die
länger als zwei Tage bleiben,
sollten sich im meeresnahen
(und weniger verpesteten)
Vorort Miraflores einquartieren. Dort spielt sich (auch
abends) das Leben ab, es gibt
Hotels und Restaurants in
Hülle und Fülle – und vor
allem mehr Sicherheit. Miraflores ist mit dem Zentrum
durch die Stadtautobahn Via
Expresa verbunden (10 Min.
Taxifahrt).

### … im Zentrum

**Gran Hotel Bolívar**
Plaza San Martin.
Tel. 6 19 77 77, Fax 6 19 77
78, reservas@granhotel
bolivar.com.
Das klassische Traditionshotel mit Flair/English Bar
und gepflegtem Terrassenrestaurant.

**Maury**
Jirón Ucayali 201,
Tel. 4 28-81 88 und 4 28-31 85,
Fax 4 26-12 73,

hotel_maury@hotmail.com.
Komplett neu entstandenes,
komfortables Traditionshotel. Stilvolles Restaurant.
Koloniale Bar mit Sabógal-Gemälden. Preiswürdig.

**Kamaná**
Camaná 547, Tel. 4 26-72 04
und 4 27-71 06; Fax 4 26-07 90,
reservas@hotelkamana.com
Ordentliches, zentral gelegen, einfache Mittelklasse.

**Hostal Bonbini**
Jirón Cailloma 209,
Tel. 4 27-64 77,
Fax 4 27-30 27, hostalbon
bini@hotmail.com.
Einfach, sauber, preiswert.

**España**
Jirón Azangaro 105,
Tel. 4 28-55 46 und 4 27-91 96,
info@hotelespanaperu.com.
Einfaches, bohemehaftes
Patio-Hotelchen am Kloster
San Francisco. Sehr beliebt
bei Rucksacktouristen.

### … in Miraflores

**Las Américas**
Av. Benavides, Ecke Larco,
Tel. 4 44-72 72 und 2 41-28 20,
Fax 4 46-03 35, www.hoteles
lasamericas.com.
Fünf-Sterne-Hotel der Spitzenklasse. Sauna, Jacuzzi,
Piano-Bar, Panorama-Restaurant im 21. Stock.

**Antara**
Alcanfores 450,
Tel. 4 44-45 05, Fax 4 44-13 70,
antarahotel@terra.com.pe.
Sehr gediegenes, ruhiges
Komforthotel mit erschwinglichen Preisen.

**Hotel Señorial**
José Gonzales 567,
Tel./Fax 4 45-29 86, -73 06,

-97 24, senorial@viabcp.com.
Adrettes Bungalowhotel mit
lichten Zimmern, Garten,
Solarium, Jacuzzi. Familien-
betrieb.

**Embajadores**
Juan Fanning 320, Tel. 2 42-
18 01 und 2 42-91 27-30,
Fax 2 42-91 31, htelembaja
dores@mixmail.com. Unweit
des Freizeitzentrums Larcomar gelegenes modernes,
freundliches und preiswertes
3-Sterne-Hotel (Best Western).

**Hostal Buena Vista**
Grimaldo del Solar 202,
Tel./Fax 4 47-31 78,
hostalbuenav@bonus.com.pe.
Sehr schmuckes rustikales
Hotelchen im Kolonialstil
mit gemütlichen Zimmern
und Leseecken.

**Bellavista de Miraflores**
Bellavista 215, Tel./Fax 4 45-
78 34, hostalbellavista@hot
mail.com. Einfache Mittelklasse im Zentrum von Miraflores. Sauber und preiswert.

**El Patio**
Diez Canseco 341-A, Tel. 4 44-
21 07, -48 84, Fax 4 44-16 63,
hostalelpatio@qnet.com.pe.
Sehr originelle kleine Pension im spanischen Kolonialstil. Gemütliche blumenge-
schmückte Oase in der
Großstadt.

## Restaurants

In Limas Innenstadt gehört
ein Besuch des ältesten Lo-
kals, der **Bar Cordano** (direkt gegenüber vom alten
Bahnhof Desamparados,
zwischen Regierungspalast
und San-Francisco-Kloster)
zum Stadtrundgang (Spezia-

lität: *choros a la chalaca* –
Miesmuscheln mit gehackten
Zwiebeln und Limonen –
und *pisco sour*). Beliebt bei
Touristen sind die Terrassen-
lokale in der Pasaje de los
Escribanos (direkt gegenüber
vom *Correo Central*, der
Hauptpost). Einfach und billig isst man im übrigen in vielen sehr kleinen Imbissstuben
in den plazanahen Straßen
Carabaya und Conde de Su-
perunda. Speziell empfohlen
werden können die Restau-
rants der Hotels **Maury** und
**Bolívar** (sehr preiswertes Mit-
tagsmenü). Bei Bankern und
Börsianern beliebt ist das
**Manhattan,** Jirón Miró Que-
sada 253 (mittags). Gute regionale Kost bietet das rustikale **La Jarrita,** Camaná 505.

Miraflores (und San Isidro)
warten mit mehr als 100 gastronomischen Betrieben aller
Art auf. Am ›Óvalo‹ (dem
Hauptplatz) von Miraflores
gibt es sogar eine Pizza-Straße
(Calle de las Pizzas). Am
oberen Ende der lukullischen
Skala rangieren die (auf Meeresfrüchte spezialisierten) See-
terrassen-Restaurants **La Rosa Nautica** und **Costa Verde**
(letzteres seines ausschwei-
fenden Büffets wegen im
Guinness Book of Records
vermerkt). Sehr komfortabel
(sonntagsmittags mit einem
preiswerten Luxus-Büffet,
Res. Tel. 2 11-90 00) isst man
im **Country Club Lima Hotel** von San Isidro, im gegenüberliegenden **Hotel Los
Delfines** bei einer Delfin-
Schau. Einige besondere
Restaurant-Empfehlungen:

**Club 21**
in der oberen Etage des
Hotels Las Américas,
Ecke Larco/Benavides.
Panoramablick bis zum Meer.
Zubereitung der Speisen am
Tisch durch Maître Rolando.
Spezialität: Tatar und flam-
bierte Gerichte. Mehrmals
wöchentlich preiswerte Mit-
tagsbüffets.

**La Trattoria di Mambrino**
Manuel Bonilla 108
(dicht am ›Óvalo‹).
Exquisite italienische Küche.
Sehr gut besucht (Res. empf.,
Tel. 4 46-70 02; Sa-mittags
und So-abends geschl.).

**La Tranquera**
Av. José Pardo 285.
Bester Grill. Argent. Rind-
fleisch. Weine überteuert.

**Café de París**
Diez Canseco 180
(am ›Óvalo‹).
Beliebtes Terrassenrestaurant
und Café. Gute Salate, leich-
te Speisen, guter *pisco sour*.

Unter den Cafés und Cock-
tail-Bars von Miraflores präsentiert sich im besten französischen Stil das Terrassencafé
**Haiti** (am ›Óvalo‹ neben
dem Kino ›El Pacífico‹). Eine
gepflegte Café-Bar (mit leich-
ten Speisen) ist das **Vivaldi**
(Ricardo Palma 258), Tag
und Nacht belebter Treff das
**Café Café** (Mártir Olaya
250). Das offene Straßencafé
**Zeta** (am Ostende des Óvalo,
Benevides 598) hält Kaffee-
und Teespezialitäten sowie
Schokoladengetränke bereit.
Frisch angemachten Obst-
salat erhält man im Café **Ma-
nolo** (Ecke Larco/Schell).

## Moquegua (Pe)

Vorwahl 0 53

### Besuchsprogramm

**Museo Contisuyo**
tägl. 8–13 und 15–20 Uhr.
Keramik, Kleidungsstücke
sowie Gold-und Silberarbeiten (Wari, Tiwanaku und Regionalkulturen Chiribaya
und Turmilaca).

### Exkursionen

**Petroglyphen im Locumba-Tal (80 km)**
Bildsteine mit ausgefallenen
Motiven.
**Höhlen von Toquepala
(125 km)**
10 000 Jahre alte Felsmalereien.

### Hotels

**Los Limoneros**
Lima 441, Tel. 76 16 49.
Sympathisches Patio-Hotel.
**Sparta**
Balta 165, Tel. 76 23 60.
Neue saubere und billige
Touristenherberge.

## Nasca (Pe)

Vorwahl 0 56

### Auskunft

**Información Turística
Municipal**
Arica 386 (Plaza de Armas),
Tel. 52 24 18, Fax 52 35 55,
Mo–Fr 7–14 Uhr.

### Besuchsprogramm

**Museo Didáctico Antonini**
Avenida de la Cultura 600
(gegenüber der Feuerwehr),
tägl. 9–19 Uhr. Reiche Zeugnisse der Nasca-Kultur sowie
andere, in Cahuachi geborgene Fundstücke.

### Exkursionen

**Nasca-Erdlinien**
zu sehen vom Aussichtsturm
bei km 425 Panamericana,
22 km nördl. der Stadt, oder
bei einem 35-Minuten-Rundflug; Start vom kleinen Flugplatz bei km 447 Panamericana, südl. der Stadt. (US$
40 pro Person).
**Cahuachi** und **La Estaquería
(24 km)**
Ausgrabungsstätte: Zwei
Adobe-Pyramiden und Tempelreste der Nasca-Kultur.
**Chauchilla (27 km)**
Nekropole der Poroma-Kultur. Offene Gruften mit
geschmückten Mumien.
**Museo Maria Reiche (25 km)**
bei km 416,5 Panamericana,
gewöhnlich tägl. 8.30–17.30
Uhr. Kleines Museum im
ehem. Heim der Forscherin.
Nebenan ihre Grabstätte.

### Hotels

**Nazca Lines Hotel**
Tel. 52 22 93, Fax 52 21 12,
DZ US$ 75. Sehr großzügige
Patio-Anlage mit Pool, komfortable Zimmer. Das mit Abstand beste Haus am Platz.
**Hotel de la Borda**
Km 448 Panamericana Sur,
Tel./Fax 52 25 76, Reserv.

01/4 40-84 30. DZ US$ 60.
Schöne ländliche Unterkunft
südlich der Stadt auf der Hacienda Majoro mit Pool.

Einfachere Mittelklasse-Hotels an der Plaza de Armas:
**Las Lineas** (Tel. 52 24 88)
und **El Mirador de Nasca**
(Tel. 52 31 21, Fax 52 37 41,
DZ US$ 30–40).

### Restaurants

Im Jirón Lima findet man die
beiden netten Fischlokale **El
Piccolo** (Nr. 188) und **La Taberna** (Nr. 321). Im übrigen
isst man eher in den Hotels.

## Ollantaytambo (Pe)

Vorwahl 0 84

### Besuchsprogramm

**Zitadelle Ollantaytambo**
Berühmte Megalithenmauer,
Feldterrassen-Landschaft,
Baños de la Ñusta (Bad der
Inkaprinzessin).

### Hotel

**Pakaritampu**
Tel./Fax 20 40 20, Reserv. 01/
9 66-87 77, Fax 01/2 42-47 72,
hotel@pakaritampu.com
(Cusco), piramide@pakaritampu.com (Lima).
Gemütliches sauberes Landhaus-Hotel (Drei-Sterne-Klasse) mit Bibliothek und
Kamin (2 Min. vom Bahnhof).
**Sauce**
Ventiderio 248, Tel. 20 40 44,
hostalsauce@viabcp.com.

Adrettes neues Hostal in erhöhter Lage (Zi. mit ›Burgblick‹).

## Oruro (Bo)

Vorwahl 02

### Auskunft

**Caseta de Información**
Am Kiosk Ecke Bolivar/Galvarro (unregelmäßige Öffnungszeiten), Tel. 52 57 88.
**Oficina Regional de Turismo**
Plaza 10 de Febrero
(im Präfekturgebäude),
Tel. 5 25 01 44 und 5 25 78 81, Fax: 5 11 35 30,
jesucito2021@hotmail.com.

### Besuchsprogramm

**Karneval von Oruro**
Sehr malerische, mythisch-folkloristische Fastnacht, von der UNESCO als Weltkulturerbe geschützt.

### Exkursionen

**Salar de Coipasa (220 km)**
Mit 2200 km$^2$ Fläche die zweitgrößte Salztonebene Südamerikas.
Auf der Ruta Intersalar zu den **Grabturm-Nekropolen** nördl. von Sabaya.
**Altiplano-Kolonialkirchen** von Sabaya, Huachacalla, Corque und Toledo (17. Jh.).

### Hotels

**International Park Hotel**
Raija Vakovic o./N. (am Busterminal), Tel. 5 27 62 27,
Fax 5 27 51 87, iparkhot@coteornet.bo. Betriebsames Großhotel der Mittelklasse. Bestes Haus am Platz.
**Samay Wasi**
Av. Brasil 232, Tel. 5 27 88 36 und 5 27 67 37, samaywa sioruro@hotmail.com. Mod., ordentliches 3-Sterne-Hotel in der Nähe des Busterminals.

### Restaurants

Unter den durchweg einfachen Lokalen ist das **Nayjama** (regionale Küche), Ecke Aldana/Pagador, eines der zuverlässigsten. Sehr billig isst man in den Garküchen der Märkte *(mercados)*.

## Paracas (Pe)

### Besuchsprogramm

**Museo de Sitio ›Julio C. Tello‹**
tägl. 9–15 Uhr,
Mumien, *mantos* und Grabmodelle der Paracas-Kultur.

### Exkursionen

**La Catedral**
Durch Winderosion entstandene Felskathedrale mit Gewölbe, Kuppel und Turm (zu Fuß 15 Min. von der Playa La Catedral aus).
**Guano-Inseln Ballestas und San Gallán**
Robben- und Seevögelkolonien. Auf dem Weg: die Erdzeichnung **El Candelabro** (Boote gehen von den Hotels in der Paracas-Bucht ab).

### Hotels

siehe Pisco

## Pisco (Pe)

Vorwahl 0 56

**Besuchsprogramm** und **Exkursionen**
s. Paracas

### Hotels

**Hotel Paracas**
Rivera del Mar s/n, Tel. 54 51 00, hparacas@terra. com.pe, DZ US$ 80–100. Von Palmen und Bougainvillea geschmücktes Bungalow-Hotel der Luxusklasse. Meeruferlage, Pool, Terrassenrestaurant mit Bar. Seiner Kategorie angemessene Preise.
**Embassy Beach Hotel**
Av. San Martín 1119, Tel./Fax 53 25 68 und 53 22 56, DZ US$ 60.
Adrettes Hotel der gehobenen Mittelklasse zwei Blocks vom Meerufer.
**Residencial San Jorge**
Juan Osores 267, Urbanización San Jorge, Tel./Fax 53 28 85, hotel_san_jorgeresidencial@hotmail.com, DZ US$ 20. Saubere ruhige Pension der einfachen Mittelklasse.
**Posada Hispana**
Bolognesi 236, Tel. 53 63 63, posadahispana@terra. com.pe, DZ US$ 18–20. Beliebte saubere Touristenherberge für Budgetbewusste.

## Restaurants

**As de Oro**
Av. San Martín 472.
Fisch und Meeresfrüchte.
**Don Manuel**
Comercio 179, Mariscos und
Regionalküche.

## Potosí (Bo)

Vorwahl 02

## Auskunft

**Oficina Regional de Turísmo**
Ecke Quijarro/Matos.
**Informations-Kiosk**
Plaza 6 de Agosto (gegenüber
Teatro Omiste).

## Besuchsprogramm

**Jesuitenkirche La Compañía**
Turm.
**Kirche San Lorenzo**
Portal.
**Kirche San Bernardo**
**Casa Real de la Moneda**
Calle Ayacucho, Di–Sa 9–
12.30, 15–19, So 9–12.30 Uhr.
**Kloster Santa Teresa**
Mo–Fr 9–12 und 15–17 Uhr.
**Kloster San Francisco**
Mo–Fr 9–11.30 und 14.30–
17.30, Sa 9–12.30 Uhr.
**Casa de Recogidas** (oder:
Casa de las tres Portadas)
und **Balcón del Ahorcado**
(Balkon des Erhängten)
Calle Bolivar, Höhe La Paz.

## Exkursionen

**Silbermine des Cerro Rico**
Agenturen direkt gegenüber
vom Eingang zur Casa Real

de la Moneda organisieren
einen Besuch.
**Kari-Kari-Lagunen (5 km)**
3-stündige Exkursion.
**Salar Uyuni (230 km)**
Die größte Salztonebene des
Kontinents.

## Hotels

**Colonial**
Hoyos 8, Tel. 6 22 48 09,
www.redboliviana.com/
hostalcolonial. Gepflegtes
Patio-Hotel in Plaza-Nähe.
Das beste im Ort.
**Hotel Jerusalén**
Oruro 143, Tel. 6 22 26 00,
hoteljer@cedro.pts.entelnet.
bo. Einfach, freundlich, zen-
tral gelegen.
**El Solar**
Alba 41, Tel. 27-9 51.
Familiäres Hostal, Zimmer
mit Bad.

## Restaurants

Die meisten kleinen Speise-
lokale und Cafés findet man
in der Fußgängerstraße Sucre. Bestes Restaurant: **El Me-
són** (Tarija/Linares, an der
Plaza). Auch empfehlenswert:
**El Fogón** (Oruro/Frías).

## Puno (Pe)

Vorwahl 0 51

## Auskunft

**i Peru**
Plaza de Armas (Ecke
Lima/Deustua), Tel./Fax 36
50 88, iperupuno@promperu.
gob.pe, tägl. 8.30–19.30 Uhr.

**Policía de Turismo**
Plaza de Armas (Ecke Deus-
tua), Tel. 35 39 88.
**Servicio de Protección al
Turista**
Arequipa 314, Tel. 35 38 04.
Touristenschutzdienst.

## Besuchsprogramm

**Kathedrale**
tägl. 7.30–12 und 15–18 Uhr.
Portalskulpturen, goldene
Barockaltäre.
**Kirche San Juan Bautista**
am Parque Pino, zur Zeit
der Gottesdienste. Marien-
skulptur Virgen de la Cande-
laria, Gemälde aus der Kolonialzeit.
**Balkon des Conde
de Lemos**
Ecke Deustua/Conde de Le-
mos. Das um 1668 gebaute
Haus (heute Sitz des Nat.
Kuturinstituts) beherbergte
einmal den spanischen Vi-
zekönig Conde de Lemos.
**Museo Municipal Dreyer**
Conde de Lemos 289, Mo–Fr
7.30–15.30 Uhr. Präinkaische
und inkaische Keramiken,
Steinskulpturen und Gold-
schmiedearbeiten. Zeugnisse
der Stadtgeschichte.

## Exkursionen

**Grabtürme von Sillustani
(34 km)**
**Schilfinseln der Uro bzw.
Aymara (2–10 km)**
**Insel Taquile (35 km)**
vierstündige Bootsfahrt.
Malerische Dörfer, Feldterrassen-Landschaft, Ruinen
der Tiwanaku-Kultur. Traditionsbewahrende Bewohner,

bei denen man für US$ 3–5 übernachten kann.
**Insel Amantaní (40 km)** viereinhalbstündige Bootsfahrt. Vergleichbar mit Taquile.

## Hotels

**Hotel Libertador Isla Esteves**
Reservierungen über das Zentralbüro in Lima:
Tel. 01/4 42-19 95/96,
Fax 4 42-29 88. hotel@liber
tador.com.pe. Stilvoll rustikales, komfortables Insel-Hotel 5 km vom Ortskern (Dammzufahrt). Seeblick.
**Sillustani**
Lambayeque 195, Tel. 35 18 81,
Fax 35 14 31, sillustani@inka
net.com.pe, DZ US$ 35.
Gute Mittelklasse, zentral.
**Colón Inn**
Tacna 290, Tel./Fax 35 14 32
und 35 70 90, colon@titicaca-peru.com. Koloniales Patio-Hotel (Best Western) unweit des Bahnhofs und der Busabfahrt nach La Paz.
**Titikaka**
La Torre 346,
Tel. 35 12 10, Fax 35 12 17.
Einfaches freundliches Hotelchen in Bahnhofsnähe.
**Hacienda**
Deustua 297, Tel. 35 61 09.
Sauberes hübsches Hostal im Kolonialstil, zentral gelegen.

## Restaurants

Zu empfehlen ist das Restaurant im Hotel **Sillustani,** am populärsten jedoch (und mit regionaler Küche zu moderaten Preisen) **Don Piero** in der Fußgängerstraße Lima (Nr. 364).

# Samaipata (Bo)

Vorwahl 03

## Besuchsprogramm

**Felsenheiligtum ›El Fuerte‹**
Präinkaische, von der UNESCO als Weltkulturerbe geschützte Zeremonialstätte, 9–17 Uhr.

## Hotels

**Cabañas de Traudi**
Tel./Fax 9 44 60 94, la_fuen
te_samaipata@hotmail.com.
Schmuckes Bungalowhotel am Ortsrand, Ferienhäuschen 2–8 Pers. sowie Gästezimmer, Schwimmbad. Man spricht Deutsch und Englisch.
**Landhaus**
Tel. 9 44 62 57, landhaus@
cotas.com.bo. Sehr gemütliches, von deutschen Eigentümern geführtes Landhotel in idyllischer Hanglage, Bungalows 2–7 Pers., Pool, Sauna.
**Finca la Víspera**
Tel./Fax 9 44 60 82, lavispe
ra@cotas.com.bo. Freundliche holländische Eigentümer, Gästehäuser für 2–12 Pers., Gartencafé, Camping, Vermietung von Pferden und Organisation von Touren.

## Restaurants

Man isst gut und gesund in den Unterkünften. Ansonsten sind zu empfehlen:

**La chakana**
An der Plaza im Ortszentrum. Vielseitige, auch vegetarische Küche, Pizza.

**Latina Café**
Bolíva 3. Panorama-Terrasse, ökol. Küche, Livemusik.

# Santa Cruz (Bo)

Vorwahl 03

## Auskunft

**Oficina de Informacíon**
Im Präfekturpalast (linker Eingang) auf der Nordseite der Plaza 24 de Septiembre, Tel. 3 36 95 95 (Nebenstelle 25), Fax 3 36 89 00, www.prefecturascz.gov.bo.

## Besuchsprogramm

**Museo Catedralicio (San-Lorenzo-Kathedrale)**
Di und Do 10–12 und 16–18, So 10–12 und 18–20 Uhr. Kirchenschätze aus der Zeit der Missionierung Ostboliviens durch die Jesuiten.
**Naturkundemuseum**
**Noel Kempff Mercado**
Irala 565, Mo–Fr 8.30–12 und 15–18.30 Uhr. Präsentation der Tier- und Pflanzenwelt Ostboliviens.

## Exkursionen

**Felsenheiligtum Samaipata (120 km)**
**Kirchen der Jesuitenreduktionen in Chiquitanía**
2–3-tägige Rundreise.
**Nationalpark Amboró**
Subandiner Regenwald mit außerordentlich vielen Ökosystemen, 2800 m Höhenunterschied, über 100 Reptil- und 800 Vogelarten.

## Hotels

**Urbarí Apartment Resort**
Igmirí 506, Barrio Urbarí,
Tel. 52 22 88, Fax 52 22 55,
grupo_urbacruz@yahoo.com.
Schöner Komplex im Koloni-
alstil. Garten und Pool, ru-
hig. Komfortable Zimmer mit
Kitchenette, faire Preise.
**Canciller**
Ayacucho 220, Tel. 3 37 25
25, Fax 3 36 17 10, info@
hotelcanciller.com. Stilvolles
4-Sterne-Hotel mit moderaten (verhandelbaren) Preisen,
in unmittelbarer Plaza-Nähe,
kleiner Pool, Restaurant.
**Libertador Simon Bolívar**
Ecke Buenos Aires/Libertad,
Tel. 3 35 12 35 und 3 35 13 76,
Fax 3 34 26 96, hlibertador@
cotas.com.bo. Mod. Stadthotel der guten Mittelklasse.
**Colonial**
Buenos Aires 57, Tel. 3 32 73
16 und 3 33 31 56, Fax 3 33
92 23. Familiäres Patio-Hotel
mit kolonialem Charme, nur
zwei Blocks von der Plaza.

## Restaurants

**Michelangelo**
Chuquisaca 502.
Schöne Bodega mit exzellen-
ter italienischer Küche.
**La Casona**
Arenales 222. Gemütliches
Bistro mit lauschigem klei-
nem Hof, deutscher Chef, Ta-
gesgerichte, vegetarische
Kost, deutsche Wurstspezia-
litäten und Delikatessen.
**Rincón Brasilero**
Libertad 358.
Churrasco (Grillfleisch) und
reiche Salatauswahl.

**Club Social**
Ecke Ayacucho/Independen-
cia (an der Plaza), nur mittags. Kolonialhaus mit säu-
lengeschmücktem, gedeck-
tem Patio, preiswerte Menüs.
Deftig und äußerst billig
isst man in den **Markthallen**
(1. Stock).

# Sucre (Bo)

Vorwahl 04

## Auskunft

Außer den Fremdenverkehrs-
büros im Flughafengebäude
und am Busterminal infor-
mieren:
**Unidad Departamental
de Turismo**
Plaza 25 de Mayo 17,
Tel. 6 45 59 83.
**Dirección Municipal
de Turismo**
Argentina 65 (bei der Plaza),
Tel. 6 45 10 83, Fax 6 45 10 74.
**Oficina Universitaria
de Turismo**
Estudiantes 35,
Tel. 6 44 76 44.

## Besuchsprogramm

**Kathedrale**
zu den Gottesdienstzeiten;
Museum: Mo–Fr 10–12 und
15–17 Uhr, Sa 10–12 Uhr.
**Casa de la Libertad**
Plaza 25 de Mayo, Di–Fr
9–11.40 und 14.30–18.10,
Sa 9.30–11.40 Uhr.
**Arkadenhof der Rechts-
fakultät**
Universidad de San Fran-
cisco Xavier.

**Kirche La Merced**
zu den Gottesdienstzeiten.
**Kirche San Felipe Neri**
Mo–Fr 16.30–17.30 Uhr; Voranmeldung im Büro der Uni-
versitaria de Turismo (s. o.).
**Plaza Libertad**
mit Teatro Gran Mariscal
und dem Portal von Santa
Bárbara.
**Plaza 25 de Mayo**
mit Präfektur und Rathaus.
**Kirche Santa Mónica**
zu den Gottesdienstzeiten.
**Templo de San Miguel**
zu den Gottesdienstzeiten.
**Kirche San Francisco**
zu den Gottesdienstzeiten.
**Kirche Santo Domingo**
zu den Gottesdienstzeiten.
**Kloster Santa Clara**
Museum: Mo–Fr 9–12 und
14–18, Sa 9–12 Uhr.
**Kirche Santa Teresa**
zu den Gottesdienstzeiten.
**Kirche San Lázaro**
zu den Gottesdienstzeiten.
**Kloster La Recoleta**
Museum: Mo–Fr 9–11.30
und 14.30–16.30 Uhr.
**Museos Universitarios
Charcas**
Bolívar 698, Mo–Sa 8.30–12
und 14.30–18 Uhr.
**Museo del Arte Indígena
›Asur‹**
San Alberto 413 (Caserón de
la Capellanía),
Mo–Fr 9.30–12 und 14.30–18,
Sa 8.30–12 Uhr.
**Cementerio**
Friedhof, mit prächtigen
Mausoleen, Epitaphen und
lauschigen Winkeln.
**Castillo de la Glorieta**
rd. 5 km vom Ortszentrum an
der Landstraße nach Potosí.
Ende des 19. Jh. von dem

Fürstenpaar Francisco Argandoña und Clotilde Urioste in überschwenglichem Eklektizismus (es mischen sich romanischer, gotischer, byzantinischer, florentinischer und holländischer Renaissance-Stil) erbauter Palast (2005 restauriert).

## Exkursionen

**Tarabuco (65 km)**
Traditionelles Adobe-Dorf mit Hauswebereien. Sonntagsmarkt.
**Incamachay und Pumamachay (25 km)**
2500 Jahre alte Felsmalereien der Regionalkulturen Sauces und Huruquilla.
**Hufabdrücke von Sauriern**
Infos über das Büro der Universitaria de Turismo (s. o.).

## Hotels

**Capital Plaza Hotel**
Tel. 6 42 29 99, cphotel@cotes.net.com. Imposantes Traditionshotel an der Plaza von Sucre. Charmantes Interieur mit Brunnen und verglasten Patios. Faire Preise.
**Su Merced**
Azurduy 16, Tel. 6 44 27 06 und 6 45 13 55, Fax 64 06 91-20 78, sumerced@mara.scr. entelnet.bo. Schmuckes, freundliches Patio-Hotel.
**Hostal Independencia**
Calvo 31, Tel. 6 44 22 56, jacosta@mara.scr.entelnet.bo. Sauberes Kolonialhotelchen.
**Recoleta Sur**
Ecke Ravelo/Loa, Tel. 64 54-7 89 und 64 46-6 03, antonio

dalenz@hotmail.com. Freundliches, preiswertes Patio-Hotel in Marktnähe.

## Restaurants

Regionale Spezialität sind *empanadas* oder *salteñas* (mit Fleisch, Gemüse, Ei und Rosinen gefüllte Teigtaschen). Man erhält sie meist in den kleineren Imbissstuben und Cafés, die in der Straße Nicolás Ortíz (Nähe Kathedrale) anzutreffen sind: **La Vieja Bodega, Arco Iris, La Repizza** und **Bibliocafé.** Am billigsten und reichlichsten isst man in den Garküchen des Mercado Central im 1. Stock (neben der San-Francisco-Kirche). Gepflegt und preiswert speisen kann man im populären Gartenrestaurant **El Huerto,** Cabrera 86, im Norden der Stadt.

## Trujillo (Pe)

Vorwahl 0 44

## Auskunft

**i Peru**
Pizarro 412, Tel. 29 45 61, Mo–Fr 9–13 und 14–17 Uhr.
**Policia de Turismo**
Independencia 630, Tel. 29 17 05 und 20 40 25, Mo–Fr 8–20 Uhr.

## Besuchsprogramm

**Kathedrale (1666) mit Museum**
Mo–Sa 7.50–9.30 und 17.30–20.30, So 7.30–13

und 17.15–19 Uhr. Murale aus dem 17. Jh.
**Kloster und Kirche El Carmen**
Mo–Sa 9–13 Uhr. Wertvolle Schnitzwerke der Quito-Schule.
**Kirche Belén**
tägl. 19–20 Uhr. Byzantinische Kuppel mit wertvollen Wandmalereien.
**Kirche La Merced**
Mo–Sa von 8–12 und 17–20 Uhr. Rokoko-Orgel und schöne Kuppelmalereien.
**Kirche Santo Domingo**
tägl. 6.30–12 und 16–20.30 Uhr. Barockretabel der Virgen del Rosario.
**Kirche Santa Clara**
tägl. 8–12 und 16–18 Uhr. Prächtiger Goldaltar und Kruzifix aus der Schule des sevillanischen Meisterschnitzers Juan Martínez Montañés.
**Kirche San Agustín**
tägl. 7–12 und 16–19.30 Uhr. Goldaltar und berühmte Rokoko-Kanzel.
**Kirche San Francisco**
Mo–Sa 6.30–8.30 und 18–20, So 7–11 und 19.30–20.30 Uhr. Hauptaltar im plateresken Stil mit herrlichem Tabernakel; von der Kanzel dieser Kirche predigte San Francisco Solano (1549–1610).
**Jesuitenkirche La Compañía de Jesús**
Mo–Fr 7.30–19 Uhr. Wertvolle Wandmalereien des 18. Jh.
**Kolonialhäuser: Casa Bracamonte**
Plaza de Armas, tägl. 7–19 Uhr. Schöne Patios, andalusische Gitterfenster.

**Casa Urquiaga (oder: Calonge)**
Plaza de Armas,
Mo–Fr 9–15 Uhr.
Heim Simón Bolívars während der Befreiungskämpfe. Mahagoni-Schreibtisch des Libertadors und Objekte aus Kolonialsilber.

**Casa del Mayorazgo de Facalá**
Ecke Pizarro/Bolognesi,
Mo–Fr 9–13 und 16.30–18.30,
Sa 9.30–12.30 Uhr. Holzsäulen mit korinthischen Kapitellen um den Großen Patio.

**Casa Ganoza Chopitea (oder: Portada de los Leones)**
Independencia 630,
Mo–Sa 8–18.30 Uhr.
Schöne Barockfassade mit Gitterfenstern und Resten von Wandmalerei.

**Palacio Iturregui**
Pizarro 688,
Mo–Fr 11–18 Uhr.
Casona im italienischen Neorenaissance-Stil. Geräumige Patios und Salons mit erlesenen Möbeln.

**Casa del Mariscal Orbegoso**
Ecke Bolívar/Orbegoso,
Mo–Sa 9–13 und 16–20 Uhr.
Wohnhaus und Ruhestätte des Befreiungshelden Marschall Luis José de Orbegoso y Moncada (1795–1847). Casona von nüchterner Eleganz, Originalmöbel.

**Casa de Madalengoitia (oder: de la Emancipación)**
Pizarro 610,
Mo–Sa von 9.15–13 und 16–18.30, Sa 9.30–13 Uhr.
Das Original der in dieser Casona unterzeichneten Unabhängigkeitserklärung wird hier aufbewahrt. Wertvolle Kollektion von Aquarellen des 18. Jh.

## Museen

**Museo Arqueológico de la Universidad de Trujillo**
Junín 682, Mo 9.30–14, Do und Fr 9.15–13 und 15–19, Sa und So 9.30–16 Uhr.
Sehr instruktive Objekt-Schau (vor allem von der Mondpyramide) in modernen Räumen.

**Museo José Cassinelli**
Ecke Av. Mansiche/Av. Víctor Raúl Haya de la Torre (unter der Tankstelle),
Mo–Sa 9.30–13 und 15–18, So 9–13 Uhr.
Wertvolle Sammlung von Keramiken der Kulturen Mochica, Chimú und Recuay.

## Exkursionen

**Chan Chan**
tägl. 9–16 Uhr.

**Mond- und Sonnenpyramide (Huacas de la Luna y del Sol)**
tägl. 9–16 Uhr.

**Huaca El Dragón (oder: Arco Iris)**
tägl. 9–16 Uhr.

**Huaca La Esmeralda**
tägl. 9–16 Uhr.

**El Brujo**
bei km 603 Panamericana ab nach Magdalena de Cao, ohne feste Zeiten.

## Hotels

**Libertador Plaza Mayor**
Independencia 485,
Tel. 23 27 41, Fax 23 56 41, trujillo@libertador.com.pe, DZ US$ 100. Vier-Sterne-Hotel an der Plaza de Armas. Pool, komfortable Zimmer, Restaurant.

**Los Conquistadores**
Diego de Almagro 586,
Tel. 24 45 05 und 20 33 51, Fax 23 59 17, losconquistadores@viabcp.com, DZ US$ 65. Freundliche Atmosphäre in gepflegtem Rahmen, zentral.

**Gran Bolívar**
Bolívar 957, Tel. 22 20 90, Fax 26 22 00, gbolivarhotel@trujillo.perured.net, DZ US$ 50. Modernes Mittelklasse-Hotel in schöner Casona.

**Continental**
Gamarra 663, Tel. 24 16 07, Fax 24 98 81, DZ US$ 30. Modernes, sauberes Haus der einfachen Mittelklasse.

**Hostal Colonial**
Independencia 618,
Tel./Fax 25 82 61, hostcolonialtruji@hotmail.com. Hübsches Kolonialhaus, zentral und sehr preiswert.

## Restaurants

Regionaltypisch ist die ›Montagssuppe‹ *shámbar,* die aus Hülsenfrüchten, Weizen, Koriander und Schweinefleisch bereitet wird; sodann das Gericht *frejoles a la trujillana* (schwarze Bohnen mit Sesam und Chili). Man versuche das Restaurant **Romano** (Pizarro 747) oder das populäre **El Mochica** (Bolívar 462). Gut italienisch speist man bei **Valentino** (Orbegoso 224). Das belebte, mit Musik beschallte **Chelsea Restaurant & Pub** (Estete 675) offeriert in mehreren Räumen Grillfleisch, *mariscos* und *pasta.*

# Die andine Küche

Die peruanisch-bolivianische Küche ist so vielseitig wie der Landschaftsraum und sein Nahrungsangebot. Schon als die ersten Spanier hier an Land gingen, aß man am Meer rohen Fisch, in der Sierra sonnengetrocknetes Lamafleisch und am Amazonas (wie heute noch in Moyobamba) geröstete Ameisen. Die Eroberer fanden hier nicht nur Gold und Silber vor, sondern auch ihnen noch völlig unbekannte Erd- und Baumfrüchte: Kartoffeln, Mais, Tomaten, Avocados, Erdnüsse und Chili-Pfeffer. Aber schon bald ließen sie aus ihrer Heimat die ureigensten Produkte Extremaduras nachkommen: Oliven, Knoblauch, Hühner und Schweine. Wo man also schon sehr früh von einer ›Begegnung zweier Kulturen‹ sprechen konnte, das war, wie so oft in der Geschichte der Menschheit, am Tisch. Dass dann noch die afrikanischen Sklaven den neu kombinierten Speisen die nötige Würze gaben, vollendete den gastronomischen Synkretismus.

Aus Respekt vor der Natur hatten die Indianer nie Vogeleier oder Milch angerührt. Nun aber reicherten die Spanier die Gemüse- und Fleischbrühen der Einheimischen mit Milch, Ei und Knoblauch an und es entstand mit dem *chupe* (*chupar* = einsaugen, lutschen) die köstlichste aller Suppen. *Chupe de camaro-nes* – aus in der Schale mitgekochten Flusskrebsen bereitet – ist bis heute die wohl schmackhafteste Variante.

Seeleute, den Skorbut durch den Genuss von Zitronen bekämpfend, kamen auf die Idee, rohen Fisch in Zitronensaft zu beizen – und so entstand der heute weltberühmte *ceviche* (oder: *cebiche*). Afrikaner hatten den verwegenen Einfall, Maisbrei mit Schweineschmalz, Oliven, Hühnerfleisch und Chili zu verkneten und in *achira*- (Blumenrohr-) Blätter zu wickeln – und schon waren die heute allgegenwärtigen *tamales* (Maispasteten) geboren. Aber wer erfand die deftigsaftigen *anticuchos* (gegrillte Rinderherzen am Spieß), die heute auf keiner andinen Speisekarte fehlen, oder den aus geschupptem Palmmark angerichteten *chonta*-Salat? Der Fantasie der Köche waren auch schon damals keine Grenzen gesetzt.

Wie überall, sind viele alte Rezepte später im Einerlei der sogenannten internationalen Küche aufgegangen. Doch eine neuerliche Rückbesinnung auf verschüttet geglaubte Traditionen hat auch die Kochkunst erfasst. Inzwischen gibt es sogar eine *cocina novoandina* (Neuandine Küche), die wieder Lamabraten, Kokaklößchen, Quinoa nach Risotto-Art und *pasta andina*, Bandnudeln mit Alpakaklopsen, auf den Tisch bringt.

## Weine und Pisco

Schon Pedro de Valdivia, der sich in den 1540er Jahren anschickte, von Peru aus Chile zu erobern, soll die ersten Rebwurzeln in amerikanischen Boden gesenkt haben. Dann wurden die Missionare zu Winzern, weil Trauben für den Messwein benötigt wurden. So hat der Weinbau in diesen Regionen eine lange Tradition. In Peru konzentriert sich die Weinerzeugung heute auf die Flussoasen um die Südküstenstadt Ica. Tabernero, Tacama und Ocucaje sind die bekanntesten Kellereien. Boliviens Weine hingegen gedeihen in 1800 m Höhe um die Winzerstadt Tarija herum. Kohlberg, Singani und Aranjuez gehören zu den ältesten Bodegas. Die mineralischen Böden Perus und Boliviens verleihen den Gewächsen ein charakteristisches, leicht metallisches Bouquet.

Eine Besonderheit der Mittelandenregion (und Chiles) ist der *pisco*, ein aus der gleichnamigen Traube gewonnener weißer Weinbrand. Als Cocktail – mit Limonensaft, Puderzucker, Eiweiß und gestoßenem Eis gemixt – ist er zum Nationalgetränk *pisco sour* geworden. Das Wort *pisco* soll von *pesqo* abgeleitet sein, was im Quechua so viel wie ›Vogel‹ bedeutet – weil, so meinen manche, dem Trinker Flügel wachsen.

# Kurzinformationen von A bis Z

## Aktivitäten

Die Mittelandenregion ist vor allem ein Paradies für Bergsteiger, Trekker und Wildwasserkanuten. Von La Paz und Huaraz (Peru) aus lassen sich Gipfel und Vulkankegel aller Schwierigkeitsgrade erklimmen. Die Touren, die vom Tagesausflug bis zur 2-wöchigen Expedition reichen können, verlangen jedoch Höhenanpassung und Kondition. Hier einige Beispiele von reizvollen Trekking- und Rafting-Routen:

## Trekking

**Valle de los Volcanes (Tal der Vulkane)**
80 km lange Vulkankette mit 80 Gipfeln, darunter der landeshöchste Coropuna (6425 m). 380 km nordöstlich von Arequipa. Bezugsort: Andagua (3600 m) mit einfachen *hostales* und Restaurants.
**Nationalpark Huascarán (Weiße Kordillere)**
Das 3400 km2 große Reservat birgt 663 Gletscher, 296 Lagunen und 41 Flussläufe. Heimat der Riesenbromelie Puya Raimondii. Durchschnittshöhe: 3800 m. Bezugsort: Huaraz.
**Kordillere von Huayhuash (südliche Weiße Kordillere)**
Eine der berauschendsten (und anstrengendsten) Trekkingrouten der Welt. Durchschnittshöhe: 4300 m. Dauer:

9–12 Tage. Ausgangspunkt: Chiquián (3200 m) mit einfachen Pensionen und Restaurants.

## Rafting

**Río Colca**
150 km nördlich von Arequipa. 9-tägige Touren (organisiert von Veranstaltern in Arequipa). Ausgangspunkt: Chivay, mit guter touristischer Infrastruktur.
**Río Apurímac**
90 km südlich von Abancay. Spektakuläre Berglandschaft. Senkrechte Felsufer. Durchschnittshöhe: 2500 m. Organisierte Trips von Cusco aus.
**Río Cotohuasi**
Durch den gleichnamigen Cañon, die tiefste Schlucht der Welt (3350 m Höhenunterschied). 375 km nordwestlich von Arequipa. Bezugsort: das Dorf Cotohuasi. In der Schlucht fast keine touristische Infrastruktur. Echter Abenteuertourismus.

## Apotheken

Apotheken (*farmacias* oder *boticas*) gibt es zuhauf und sie sind durchaus gut sortiert. Als rezeptpflichtig geführt werden nur vergleichsweise wenige Medikamente. Beratungen erfolgen unkompliziert und praxisnah. Die Preise sind moderat. Viele Apotheken sind bis Mitternacht geöffnet. Bereitschaftsapotheken geben sich durch das Schild *turno* (An-der-Reihe-Sein) zu erkennen. In Lima hat ein Dutzend Apotheken rund um die Uhr geöffnet. Zu ihnen gehören im Stadtteil Miraflores:
**InkaFarma,**
Av. Benavides 425,
Tel. 3 14-20 20
(Botenzustellung nach Anruf) und
**FASA,**
Av. Benavides 487 (im Supermarkt Santa Isabél), Tel. (kostenlos) 6 19 00 00.

In San Isidro:
**InkaFarma**
Perricholi 195 und Llano Zapata 195, Tel. siehe oben (Miraflores)
**FASA**
Conquistadores 1136 und Av. Javier Prado Oeste 1895 (in der Shell-Tankstelle), Tel. siehe oben (Miraflores)

Zu den von Touristen häufiger benötigten Pharmaka (Klima- und Kostumstellung) gehören Durchfallmittel. Bewährte Produkte sind: Diarfín, Furuxona und Nifurat.

## Ärztliche Hilfe

Im Krankheitsfall erteilen die Botschaften (sie führen Listen) oder Konsulate Auskunft über zu empfehlende (auch deutschsprechende) Fachärzte. Erste Hilfe leisten, meist erstaunlich gut, die

Regionalkrankenhäuser. Für eine Schnellaufnahme können in Lima empfohlen werden:

**Clínica Internacional,**
Washington 1471,
Tel. 4 33-43 06 und
**Clínica Angloamericana,**
Alfredo Salazar, cuadra 3,
San Isidro,
Tel. 2 21-36 56 und 7 12 30 00.

## Ambulanzen:

**Alerta Médica,**
Tel. 2 25-40 40,
**Cruz Verde,**
Tel. 3 72-60 25 oder
**Clave Médica,**
Tel. 4 37-70 71.

In La Paz:
**Hospital Arco Iris**
15 de Abril, Alto Miraflores,
Tel. 70 61 35 00 und 2 71 12 21 (Padre Neuenhofer).
**Clínica Semes**
6 de Agosto, Tel. 2 43 03 60.
Beide Krankenhäuser verfügen über eigene Ambulanzdienste.
Vertrauensarzt der Deutschen Botschaft: Dr. Fernando Arispe, Ecke 20 de Octubre/Belisario Salinas (Edificio Safiro), Tel. 77 29 16 29 und 2 42 37 08.

## Betteln

In Peru wird sehr viel, in Bolivien erst neuerdings gebettelt. Es ist nie ein Fehler, alten oder behinderten Menschen mit etwas Geld zu helfen. Man sollte aber bei Kindern zurückhaltend sein; sie werden oft von routinierten Erwachsenen ausgeschickt. Wirklich hungrigen Kindern, die in Terrassenrestaurants oder -cafés die Tische umstreichen, gibt man am besten etwas zu essen.

Am problematischsten sind die Menschen, die vom Land in die Stadt geflohen sind und hier nur unter miserabelsten Umständen ihr Leben fristen können. Sicherlich trägt man kaum zur Lösung des Landfluchtproblems bei, indem man bettelnde Indianer in Großstädten unterstützt.

## Diplomatische Vertretungen

### ... in Peru

#### Deutsche Botschaft (Embajada Alemana)
Av. Arequipa 4202, Lima 18 (Miraflores), Mo–Fr 9–12 Uhr, Telefon (dienstbereit Mo, Di, Do 7.30–16.15, Mi 7.30–16.45, Fr 7.30–13.30 Uhr) 01/2 12 50 16, Notruf 01/97 57 62 00, Fax 4 22 64 75, kanzlei@embajada-alemana.org.pe.

#### Deutsche Honorarkonsulate
*Arequipa*
Casilla 743, Tel. 0 54/23 29 21, Fax 23 41 36, Di u. Fr 11–13 Uhr im Colegio Peruano-Alemán Max Uhle, Sachaca s/n.
*Chiclayo*
José Francisco Cabrera, Cdra. 1 (Casa Comunal de la Juventud), Tel./Fax 0 74/23 74 42, privat: 98 45-29 22, abm@ddm.com.pe.
*Cusco*
San Agustín 307, Tel./Fax 0 84/23 54 59 u. 24 29 70, acupari@terra.com.pe (privat, nach 17 Uhr).
*Iquitos*
Javari 660, Tel. 0 65/24 20 56 und 9 67 52 42, Fax 24 20 56, mdruschke@terra.com.pe.
*Piura*
Las Amapolas K-6 (Urbanización Miraflores), Tel. 0 73/34 31 49 und 9 93 03 82, Fax 32 83 10, yuttamoritz@yahoo.es.

#### Österreichische Botschaft (Embajada de Austria)
Av. Central 643, 5° piso (Edificio de las Naciones), Lima 27 (San Isidro), Tel. 01/4 42 05 03, -18 07, Fax 4 42 88 51, lima-ob@bmaa.gv.at, Mo–Fr 9–12 Uhr.

#### Österreichische Honorarkonsulate
*Cusco*
Urbanización Magisterio K-1, 2ª Etapa, Tel. 0 84/22 73 39 u. 24 65 95, Mobiltelefon: 963 00 09, Fax 26 28 32, maubert@albis.com.pe.
*Trujillo*
Av. Cascanueces 120–104, Urbanización Las Palmas del Golf, Distrito Victor Larco, Tel. 26 30 17 und 26 30 34.

#### Schweizerische Botschaft (Embajada Suiza)
Av. Salaverry 3240, Lima 27 (San Isidro), Tel. 01/2 64 03 05, Fax 2 64 13 19,

vertretung@lim.rep.admin.ch, Mo–Fr 9–12 Uhr.

**Schweizerische Konsularagentur**
*Arequipa*
Av. Miguel Forga 348, Parque Industrial, Tel. 0 54/28 25 58, Fax 28 21 71, information@grupoinca.com.

### … in Bolivien

**Deutsche Botschaft (Embajada Alemana)**
Av. Arce 2395, La Paz, Tel. 02/2 44 00 66 und 2 44 00 88, Fax 2 44 14 41, info@em bajada-alemana-bolivia.org, Mo–Fr 9–12 Uhr.

**Deutsche Honorarkonsulate**
*Cochabamba*
Ecke Calle España/Heroinas (Edificio La Promotora, 6°, oficina 602), Tel. 04/4 25 40 24, privat: 4 25 58 14, Fax 4 25 40 23, zegabe1@ supernet.com.bo.
*Santa Cruz*
Ecke Libertad/Strongest, Edificio Plaza Libertad, Oficina 201, Tel. 03/3 45 39 14, Mobiltel. 70 86 25 41, Fax 3 45 39 51, privat (Tel./Fax 3 53 46 69, dconsscz@cotas.com.bo (Sekretariat), hcmibi@cotas.com.bo (Konsul).
*Sucre*
Rosendo Villa 54, Tel. 0 64/5 13 69.
*Tarija*
Campero 321, Tel 04/6 64 20 62, privat:6 64 31 26, Fax 6 63 08 26, methfess @olivo.tja.entelnet.bo.

**Österreichisches Generalkonsulat (Consulado General de Austria)**
La Paz, Montevideo 130, Mo–Fr 14.30–16 Uhr, Tel. 02/2 44 20 75 und 2 44 20 94, Fax 2 44 20 35, austroko@acelerate.com.

**Schweizerische Botschaft (Embajada Suiza)**
La Paz (Obrajes), Calle 13 Nr. 455, Ecke Av. 14 de Septiembre, Mo–Fr 9–12 Uhr, Tel. 02/2 75 10 01, Fax 2 14 08 85, vertretung@ paz.rep.admin.ch.

**Schweizerische Honorarkonsulate**
*Santa Cruz*
Los Gomeros 98 (Barrio Sirari), Mo–Fr 9-12 Uhr, Tel. 03/3 43 55 40, Fax 3 43 73 75, consuladoch@ cotas.com.bo.
*Cochabamba*
Av. Santa Cruz 1274 (Edificio Comercial Center, Oficina 12–3), Mo–Fr 9–12 Uhr. Tel./Fax 04/4 48 68 68, acscbb@entelnet.bo.

## Drogen

Frische oder getrocknete Kokablätter im Naturzustand gelten in Peru und Bolivien nicht als verbotene Droge, sondern als traditionelles Pharmakon. Koka dämpft Hungergefühle, mobilisiert Körperreserven und wirkt der Höhenkrankheit (s. S. 368) entgegen. Das grüne Kraut wird, in getrockneter Form, zum Heißgetränk *mate de coca* verarbeitet (und auch in städtischen Cafés serviert). Wie bei jedem Kräutertee überbrüht man einen Aufgussbeutel mit heißem Wasser.

Etwas ganz anderes sind aus Koka gewonnene Derivate, wie Kokain. Der Besitz, der Handel oder der Genuss dieser und anderer Drogen steht in Peru und Bolivien unter Strafe wie in jedem anderen Land (s. S. 340).

## Einkaufen

Eine breite Palette von Souvenirs verführt zum Kauf. Handeln ist Ehrensache und der gewöhnlich rasch gewährte Abschlag bereits einkalkuliert. An Textilien locken vor allem handgewebte Ponchos sowie Schals und Pullover aus Alpaka-Wolle. Sehr attraktiv sind auch Silberwaren in Form von Gefäßen, Schmuck sowie Spiegel- und Bilderrahmen. Für die Echtheit bürgt die eingestempelte Zahl 925 (= 925 Teile Reinsilber, 75 Teile Kupfer; diese weichere Legierung erlaubt eine entsprechende Bearbeitbarkeit). Die Ware wird gewöhnlich gewogen und, dem gerade gültigen Metallwert entsprechend, nach Gewicht taxiert; die Arbeit selbst spielt eine untergeordnete Rolle. Geprägte Lederobjekte, aus Holz geschnitzte Steigbügel sowie Kalebassen mit Brandmalerei *(mates burilados)* gehören ebenfalls zu den typischen kunsthandwerklichen Arbeiten der Andenregion.

All diese Artikel findet man in La Paz in den kleinen Altstadt-Läden um die Plaza Murillo, in Lima massenweise in den Boutiquenkomplexen der Straße Petit Thouars, unweit des Platzes (›Óvalo‹) von Miraflores. Hier einige gezielte Tips für Einkäufe im gleichen Stadtteil: Die Geschäfte mit Silberwaren konzentrieren sich auf der Straße La Paz (zwischen Schell und Ricardo Palma). Schöne *mates* und Webartikel findet man an der Ecke Alcanfores/Diez Canseco bei ›Agua y Tierra‹. In der Avenida Larco verraten die Geschäfte ›Alpaca‹ (Hausnr. 859) und ›Vicuna &Alpaca‹ (Hausnr. 671) mit ihren Namen, um was es geht. Die schönsten handgestrickten Pullover aus Alpaka und Baby-Alpaka entdeckt man freilich in der schmucken Galerie-Passage El Suche bei ›Royal Alpaca‹. Gleich nebenan verbirgt sich mit ›El Arcón‹ eine wahre Fundgrube an authentischen, z. T. kolonialzeitlichen Stücken (Schmuck, Masken, Silbergerät, Chicha-Gefäße, kleine Gemälde, Öl-Grubenlampen, Ponchos, u. a.).

## Feiertage

Abgesehen von den in Europa allgemein üblichen Feiertagen werden in Peru und Bolivien folgende (arbeitsfreie) Festtage begangen: Mai/Juni (Fronleichnam); 29. Juni (Peter und Paul); 28./29. Juli (Unabhängigkeitstag Peru); 6. August (Unabhängigkeitstag Bolivien); 15. August (Mariä Himmelfahrt); 30. August (Santa Rosa de Lima); 8. Oktober (Gedenktag zur Schlacht von Angamos); 1. November (Allerheiligen); 8. Dezember (Mariä Empfängnis). Darüber hinaus gibt es, von den Karnevalstagen in Oruro bis zu örtlichen Heiligen- und Ritualfesten, eine unübersehbare Anzahl regionaler Feiertage.

## Fotografieren

Wo Fotografier- oder Blitzverbot besteht, ist überall angezeigt. Manche Museen verlangen ein kleines Extrageld für die Ablichtungserlaubnis. Auf Märkten ist man inzwischen daran gewöhnt, flüchtige Kameraschüsse aus einem gewissen Abstand als touristenüblich hinzunehmen, penetrantes Draufhalten aber wird übel vermerkt. Aus den – nicht überall gleichen – Reaktionen leiten sich die jeweiligen Verhaltensregeln ab. Ein gutes Rezept ist gewöhnlich, einen Kauf mit der Fotografiererlaubnis zu verbinden (die andine ›Reziprozität‹). So gelingen oft sogar bewahrenswerte Porträtaufnahmen.

## Geld und Kreditkarten

Landeswährung ist in Peru der (Nuevo) *sol* (Sonne), in Bolivien der *boliviano*. Beide Valuta sind pro Einheit in je 100 *céntimos* (Peru) oder *centavos* (Bolivien) unterteilt und, in Form von entsprechenden Münzen, gestückelt. In allen Hotels, Geschäften, Agenturen (und in Peru auch in den Supermärkten) akzeptierte Parallelwährung ist der US-Dollar. Mit Dollar-Noten als Handgeld einzureisen, ist daher empfehlenswert.

Der Umtausch von Euro oder Schweizer Franken in Landeswährung geschieht in Wechselstuben, die sich durch das Schild ›Cambio‹ zu erkennen geben und auf Tafeln den Tageskurs anzeigen. In La Paz tauscht man korrekt und sicher in der Wechselstube gleich links vom Eingang des Hotels Gloria, in Limas Innenstadt an den Kassenhäuschen im Jirón Ocona gegenüber vom Hotel Bolívar, in Miraflores bei Perú-Express, Boulevar Tarata 248 (hier werden auch alle europäischen Banknoten eingetauscht). Im übrigen bieten an belebten Straßenecken offiziell zugelassene Geldwechsler (in Umhängen mit der Aufschrift ›Cambio‹ oder ›Euro‹) ihre Dienste an. In Kleinstädten findet man Wechselstuben im Bereich der zentralen Plaza de Armas.

Reiseschecks können auf Euro oder US-Dollar lauten. Am sichersten und einfachsten bleibt die Bezahlung mit der Kreditkarte (am meisten verbreitet: Mastercard und Visa). Alle besseren Hotels, Restaurants, Geschäfte und Agenturen erkennen sie als Zahlungsmittel an. Bei akut auftretenden Geldproblemen wende man sich (allerdings unter Inkaufnahme hoher Provisionen) an eine Filiale der Western Union Bank oder von MoneyGram (z.B. im Boulevard Tarata 299 von Miraflores, Lima).

## Höhenkrankheit

Bei Reisen in die Hochkordilleren und auf den Altiplano wirken der Höhenkrankheit *(mal de altura, soroche, apunamiento)* folgende Maßnahmen entgegen: 1. Höhengewöhnung durch einen vorgeschalteten Zwischenaufenthalt in 2000–2800 m Höhe; 2. Anreise auf dem Land-, nicht auf dem Luftweg; 3. Abbau der (meist übertriebenen) Angst; 4. Ständige Flüssigkeitsaufnahme, um die Verdickung des Blutes in der trockenen, sauerstoffärmeren Luft auszugleichen; 5. bei der Ankunft: tiefes gleichmäßiges Atmen und langsame Bewegungen; 6. Genuss von Koka-Tee *(mate de coca),* Fruchtsäften, Trockenobst und anderer leichter Kost; 7. Im Bedarfsfall die Einnahme von *Coramina Glucosa* (Indikation durch den Apotheker).

Die typischen Symptome von Unbehagen – Kopfdruck, Schlappheit, Pulsbeschleunigung, Schlafstörungen – sind, als Übergangserscheinungen, normal. Bei anhaltenden Beschwerden (Atemnot, Kreislaufstörungen) ist unverzüglich ärztliche Hilfe angezeigt.

## Notruf und Beschwerdedienst

Die Notrufnummern lauten: in Peru Tel. 1 05, in Bolivien Tel. 1 10. Bei akuten Problemen mit Agenturen oder Hotels in Peru kann man sich an die *Policía Nacional de Turismo,* die Touristenpolizei, wenden: Pasaje Tambo de Belén 106, Lima, Tel. 01/4 24 20 53. In La Paz ist die Touristenpolizei unter der Nummer 02/2 22 50 16 zu erreichen.

## Öffnungszeiten

Grundsätzlich bedienen Geschäfte, Reiseagenturen und Postämter Kunden in der Kernzeit von 10 bis 18 Uhr. Manche Dienstleister (vor allem Apotheken, s. S. 364) öffnen aber früher und/oder schließen später. Es gibt keine gesetzlichen Regelzeiten. In den Großstädten sind durchgehende Öffnungszeiten, in kleineren Orten Mittagspausen (13–15 Uhr) üblich. Es gibt in Lima Supermärkte (wie Santa Isabel in Miraflores), die das ganze Jahr über täglich – auch sonntags – 24 Stunden durchgehend geöffnet sind. Städtische Banken betreuen Kunden Mo–Fr 9–18 Uhr, Sa 9.30–12.30 Uhr.

Die Öffnungszeiten der Museen und anderer Sehenswürdigkeiten ändern sich häufig. Am besten erfragt man die Zeiten jeweils bei der Touristeninformation. Viele Kirchen sind nur während der Gottesdienste zugänglich.

## Schutz des Kulturgutes

Jahr für Jahr verschwinden aus Raubgrabungen stammende Kulturschätze aus Peru und Bolivien. Nur durch Zufall gelang es der Polizei im Juni 2005, in Arequipa eine Beute von über 300 Fundstücken (darunter die bisher älteste präinkaische Mumie) sicherzustellen. Täter und Hehler bei solchen Kunstdiebstählen sind nur auf eine schnelle ›Vermarktung‹ aus. Scheinbar wertlose Objekte werden oft zerstört, die für die archäologische Wissenschaft so wichtigen Fundzusammenhänge gehen verloren.

Bodenfunde gehören dem Staat, sie sind Teil des nationalen Kulturerbes. Deshalb dürfen Besucher niemals skrupellosen Händlern Fundstücke abkaufen. Gerade sie machen den Reichtum dessen aus, weswegen der kunstliebende Reisende in diese Länder kommt.

## Sicherheit

Grundsätzlich ist Bolivien als Reiseland sicherer als Peru. Aber auch dort sind in den letzten Jahren keine Touristen mehr Opfer terroristischer Anschläge geworden. Vorsichtshalber jedoch sollte man auf dem Landweg von Lima nach Cusco oder zum Titicacasee Abancay meiden und die neu ausgebaute Südstrecke über Arequipa – Puno (bzw. Desaguadero) wählen.

Zivile Kriminalität äußert sich in durchaus verschiedenartiger Form. Herrschen in den Städten (vor allem in der Altstadt von Lima, in wesentlich geringerem Maße in Cusco und Arequipa, neuerdings aber auch in der ostbolivianischen Metropole Santa Cruz) Taschendiebstähle und Trickräubereien vor, so sind es an einsamen Stellen in Südperu gelegentlich (meist unblutig verlaufende) Überfälle. Gegen die städtische Kleinkriminalität schützt man sich am besten, indem man sich in größeren Gruppen bewegt; im zweiten Falle aber geht man, umgekehrt, als Einzelgänger oder paarweise das geringere Risiko ein. Überfälle auf Reisegruppen sind in den letzten Jahren konkret am Nasca-Aussichtsturm, auf der Paracas-Halbinsel und in der Mumien-Nekropole Chauchilla erfolgt. Ausführende waren maskierte ›Kommandos‹, die nach Wildwest-Manier in die Luft schossen und ihre Aktionen als Beutezüge inszenierten: Den Opfern geschah nichts (es ist auch absolut davor zu warnen, Widerstand zu leisten!), es wurden ihnen aber, von der Kamera bis zur Halskette oder Kreditkarte, alles abgenommen, was sie bei sich trugen. Das sollte man wissen, wenn man im Bereich Ica-Pisco-Nasca Gruppenexkursionen unternimmt.

Ansonsten gelten die Vorsichtsmaßregeln, die heute in allen Ländern anzuraten sind: Stets auf den eigenen Pass zu achten, weil dessen Verlust problematisch sein kann. (Eine gründliche Nachforschung ist vor jeder Neuausstellung unerlässlich.) Es empfiehlt sich daher, eine beglaubigte Kopie des Passes gesondert aufzubewahren.

Große Handtaschen, Kameras oder Schmuck nicht zur Schau zu stellen.

Bei einer Kontrolle durch Uniformierte, die einen Verdacht äußern, sich nicht ohne weiteres abführen zu lassen, sondern: 1. nach dem Ausweis des Untersuchenden zu fragen und sich die Daten zu notieren; 2. die Einschaltung der Botschaft zu verlangen.

Überfreundlichen Fremden gegenüber zurückhaltend zu sein und von diesen keine Drinks (die Betäubungsmittel enthalten könnten) anzunehmen.

Sich nach Einbruch der Dunkelheit nur in Zonen zu bewegen, die das Hotelpersonal als sicher empfiehlt.

## Spanischer Sprachunterricht

In ganz Hispanoamerika wird das sauberste Spanisch in Peru gesprochen. Daher ist Lima zu einem beliebten Ziel für spanische Sprachstudien geworden.

Als Unterricht erteilende Institute können dort empfohlen werden:

**Euroidiomas**
Santa Cruz 272, Miraflores, Tel. 4 22 68 57.

**Instituto Idiomas** (Pontificia Universidad Católica del Perú) Camino Real 1037, Miraflores, Tel. 4 42 64 19 und 4 42 87 61.

**Berlitz**
Santa Cruz 236, Miraflores, Tel 4 40 76 81 und 4 40 80 77.

## Telefon, Fax und Internet

Abgesehen von überall zu findenden Münzfernsprechern gehören Telefonstuben *(locutorios)* mit Sprechkabinen und Fax-Dienst (auch für den Empfang) zu den üblichen Kommunikationseinrichtungen. Vorwahlen:

Deutschland 00 49;
Österreich 00 43;
Schweiz 00 41;
Peru 00 51;
Bolivien 00 591.
Internet-Cafés gibt es inzwischen in allen Städten.

## Trinkgeld

Die meisten Restaurant- und Caférechnungen enthalten im Endpreis 10 % für den *servicio.* Wo das nicht der Fall ist, sollte man den entsprechenden Betrag als Trinkgeld hinterlassen. Aber auch im ersteren Falle ist es üblich, noch einmal ca. 5 % der Rechnungssumme als *propina* (Trinkgeld) in bar dazuzulegen. Zimmermädchen und hilfreiches Hotelpersonal bedenkt man mit einem dezenten Obolus.

## Unterkunft

Die hier vorgestellten Beherbergungsstätten bilden eine auf persönlicher Erfahrung beruhende Auswahl. Das Schwergewicht liegt dabei auf Hotels der einfachen bis komfortablen Mittelklasse mit einem guten Preis-Leistungs-Verhältnis und – soweit vorhanden – angenehmem Wohnstil. Teurere (und auf der ganzen Welt gleiche) Häuser der internationalen Hotelketten werden ebensowenig genannt wie die ganz einfachen Herbergen für Rucksacktouristen.

Auf eine generelle (Preisstufen bezeichnende) Besternung wurde verzichtet, weil das Gefälle von Land zu Land und zwischen Groß- und Kleinstädten keine wertneutrale Klassifizierung erlaubt. (Ein Zwei-Sterne-Hostal in einem Andendorf kann besser sein als ein Drei-Sterne-Hotel in der Metropole.)

## Verkehrsmittel

### Flugzeug

Alle Mittelstädte sind durch tägliche Flüge mit einer der beiden Metropolen, Lima oder La Paz, verbunden. Eine Ausnahme machen nur Huaraz (Pe), das man von Lima aus mit dem Fernbus erreicht und Potosí (Bo), wohin man von Sucre (Flughafen) aus per Bus oder Sammeltaxi gelangt.

### Bus

Mit dem Bus erreicht man auch noch das letzte Dorf. Die größeren Städte sind in ein dichtes Fernbus-Netz eingespannt. Start und Ziel ist immer ein Busbahnhof *(terminal)*. Die wichtigsten Linien unterhalten eigene Busbahnhöfe. Busreisen sind billig. Busse auf Nebenstrecken transportieren das Gepäck auf dem Dach. (Man achte beim Hochreichen auf Gepäckstücke, die in diesem Moment neben einem stehen!)

### Sammeltaxi

*Colectivos* genannte Sammeltaxis befahren vor allem im Umfeld von Kleinstädten Routen, die zu Nahzielen führen. Diese sind auf dem Autodach angezeigt. In den Küstenstädten und in Iquitos verkehren (sehr billige) riksha-ähnliche Motorraddroschken *(motocarros)*. Man kann sich ihnen bedenkenlos anvertrauen.

### Zug

Personenzüge verkehren gegenwärtig nur noch von Cusco nach Aguas Calientes (Machu Picchu Pueblo), auf den Strecken Arequipa–Puno und Puno–Cusco sowie zwischen La Paz und der argentinischen Grenze (über Oruro–Uyuni–Tupiza nach Villazón). Das Reisen mit diesen – eigentlich nur für die einheimische Bevölkerung bestimmten – *trenes locales* ist langsam, unbequem, billig und malerisch.

### Mietwagen

Es ist ratsam, sich einer der internationalen Leihwagenfirmen zu bedienen. (Das sind in Peru vor allem: Budget, Dollar und National; in Bolivien: Localiza und National.) Dem Angebot vom Kleinwagen über den Jeep bis zum Pick-up entsprechend ist die Preisskala gefächert (von unter US$ 300 bis US$ 700 pro Woche).

Zum Mieten erforderlich sind eine Kreditkarte, der Intern. Führerschein und ein Mindestalter von 21 Jahren.

Nur die Grundstrecken des Straßennetzes sind asphaltiert. Die Höchstgeschwindigkeit beträgt 100 km/h. In Bolivien gibt es fast keine, in Peru viele (und oft versteckte) Polizeikontrollen unterwegs. In abgelegenen Provinzen (wie Amazonas) empfiehlt sich die Anmietung eines Autos mit Chauffeur. Das ist kaum teurer.

## Zeitungen und Bücher

Deutschsprachige Zeitungen sind – mit leicht überholtem Datum – fast nur in den Goethe-Instituten (in Lima: Nazca 722, Stadtteil Jesús María; in La Paz: Av. 6 de Agosto 2118) zu finden. Mit etwas Glück kann man vor dem Terrassencafé Haiti von Miraflores (Lima 18) den einzigen ambulanten Zeitungsverkäufer erwischen, der fallweise europäische Presseerzeugnisse feilbietet.

Als weitaus bestsortierte Buchhandlung ist in La Paz der Laden Los Amigos del Libro (Calle Mercado 1315) zu empfehlen. In Limas Innenstadt verfügt die *librería* El Virrey (Paseo de los Escribanos, gegenüber der Hauptpost) über ein vernünftiges, die Buchhandlung Época (Av. Comandante Espinar, am ›Óvalo‹ Gutierrez) sowie die Librería Atlántida (Av. Larco, fast Ecke Av. Benavides im Stadtteil Miraflores über das erschöpfendste Angebot. Eine Fundgrube für Literatur zu Perus Geschichte und Kultur ist der kleine (auch antiquarische) Buchladen Cultura Peruana, José Gálvez 124, unweit des Óvalo von Miraflores (culturaperuana books@hotmail.com). Wertvolle Bildbände und weiterführende Fachliteratur sind vor allem auch in den Museumsläden zu entdecken.

## Zeitunterschied

Die mitteleuropäische Zeit (MEZ) läuft der Ortszeit *(hora local)* von Bolivien um 5, der von Peru um 6 Stunden voraus. Diese Zeitdifferenz erhöht sich während der europäischen Sommerzeit um jeweils 1 Stunde.

# Literaturauswahl

### Sachbücher

Barnechea, Alfredo: La mayoría de uno, Lima 1974. La república embrujada, Lima 1995.
Blecken, Arnulf: Bergwandern und Bergsteigen in Bolivien, Book on demand 2000.
Córdoba Vargas, Juan Domingo: César Vallejo del Perú: profundo y sacrificado, Lima 1995.
Cotler, Julio/Grompone, Romeo: Ascenso y caída de un régimen autoritario, Lima 2001.
Davies, Linda: Das Sonnentor, Berlin 2000.
DeFerrari, Gabriella: Gringa Latina, München 1996.
Degregori, Iván Carlos: La década de la antipolítica, Lima 2001.
Guevara, Ernesto Che: Ausgewählte Werke in Einzelausgaben, Bonn.
Holzwarth, Werner: Ich heiße José und bin ziemlich okey, Wuppertal 1996.
Kaltmeier, Olaf: Im Widerstreit der Ordnungen, Wiesbaden 1999.
Kühlwein, Anette: Keito lebt, Book on demand 2000.
Lessmann, Robert: Drogenökonomie und internationale Politik, Frankfurt 1996.
Mariátegui, José Carlos: Siete ensayos de interpretación de la realidad peruana, Lima
Pecher, Robert/Schmiemann, Walter: Die Königskordillere, Bonn 1983.
Peters, Daniel: Der Inka, München 1997.
Rospigliosi, Fernando: Montesinos y las Fuerzas Armadas, Lima 2001.
Ruppert, Fidelis: »Mein Geliebter, die riesigen Berge«, Münsterschwarzach Abtei 1994.
Rüttermann, Victor: Traditionelle Medizin der Yura in den bolivianischen Anden, Berlin 1997.
Schimmel, Kerstin G.: Wir baden jedenfalls nicht jeden Tag in Champagner, Frankfurt 1995.
Thays, Iván: La disciplina de la vanidad, Lima 2000.
Vargas Llosa, Álvaro: En el reino del espanto, Hamburg 2000.
Viezzer, Moema: Wenn mir erlaubt ist zu sprechen ..., Göttingen 1996.

### Belletristik

Bayly, Jaime: No se lo digas a nadie, Lima 1997.

Bryce Echenique, Alfredo:
Un mundo para Julius,
Lima 1999.
Dos Señoras conversan,
Lima 1992.
No me esperen en abril,
Lima 1995.
La amigdalitis de Tarzán,
Lima 1998.
Guía triste de París, Lima
1999.
Permiso para vivir: Anti-
memorias, Lima 2000.
Céspedes, Augusto: Teufels-
metall, Göttingen 1990.
Cueto, Alonso: El tigre
blanco, Lima 1985.
El vuelo de la ceniza, Lima
1995.
Pálido cielo, Lima 1998.
Gudelius, Claudia: Das Ver-
mächtnis des Gonzalo

Porras, München 1998.
Der Schreiber, München
2000.
Palma, Ricardo: Tradiciones
Peruanas, Bd. I–III, Barce-
lona 1999.
Pausewang, Gudrun: Boliva-
nische Hochzeit, München
1994.
Ribeyro, Julio Ramón: Silvio
en el Rosedal (Erzählun-
gen), Lima 1977.
La palabra del mudo
Lima 1994.
Ríos Ramírez, Arturo: De
bellas y brujos (Urwalder-
zählungen), Lima 2000.
Rivera Martínez, Edgardo:
País de Jauja, Lima 1993.
Libro del amor y de las
profecías, Lima 1999.
Ciudad de fuego (und

andere Kurzgeschichten),
Buenos Aires 2000.
Shakespeare, Nicholas: Die
Visionen der Elena Silves,
Hamburg 1993.
Vargas Llosa, Mario: Conver-
sación en la Catedral,
Lima 1969.
Die Stadt und die Hunde,
Frankfurt 1980.
La guerra del fin del
mundo, Lima 1985.
Tante Julia und der Kunst-
schreiber, Frankfurt 1988.
Wer hat Palomino Molero
umgebracht?, Frankf. 1988.
Lituma en los Andes, Lima
1993.
Das grüne Haus, Frankfurt
1998.
La Fiesta del Chivo, Barce-
lona 2000.

## | *Abbildungsnachweis*

# Register

## Personen- und Sachregister

Acosta, José de   30, 86, 98, 324
Acostopa Inca, Sebastián   94
Adobe   88ff.
Adorno, Theodor W.   107f.
Agaven   66
Agaven-Maché   93f.
Agia, Miguel de   82
Aguilera, Diego de   136f.
Aguirre, Diego de   146
Aguirre, Nataniel   114
Aia-Paec   17, 200
Alandia Pantoja, Miguel   108
Alegría, Ciro   116
Alexander VI., Papst   77, 85
Almagro, Diego de   78f., 96f., 230, 245
Amaru   277
Amat, Manuel de   126
Andrade, Alberto   131
Anzures, Pedro   310
Arce, José de   326
Architektur   **71ff.**, 88ff., 105, 279
Arguedas, Alcides   115
Arguedas, José María   116
Atawallpa   34, 42, 61, 79ff., 96, 241
Augustiner   87, 144, 146, 255, 286f.
Augustinus   111
Ava, Walter   54, 208
Ayaren   227
Aymara   **32f.**, 87, 214, 267, 284

Baca Flor, Carlos   104
Bahía (Kultur)   47

Ballesteros Narváez, Juan   95
Bandelier, Adolph   215
Banzer Suárez, Hugo   99
Barrientos, Simón de   175
Bastidas, Micaela   230
Baumwolle   159
Becerra, Francisco   132
Béguén, Henri   169
Behaim, Martin   74f., 96
Bennett, Wendell Clark   278
Benton, Thomas Hart   108
Benzoni, Girolamo   81
Berrio, Gaspar Miguel de   92, 299, 300, 317
Berruguete, Alonso de   93
Bertonio, Ludovico   87
Bingham, Hiram   69, 252, 255
Bird, Junius   204, 225
Bitti, Bernardo   92, 144, 176, 237f., 244, 314, 318
Blas, Camilo   109
Bolívar, Simón   98, 103, 153, 252, 298
Bonpland, Aimé   117
Borja, Francisco de   243
Borja, Juan   243
Braques, George   110
Brunelleschi, Filippo   88
Brüning, Hans Heinrich   209
Bruno, Giordano   75
Bry, Theodore de   82
Bryce Echenique, Alfredo   116
Bustamante, Ricardo José   114

Cabanas   189
Calancha, Antonio de la   57, 129, 252, 293
Calatrava-Orden   185
Calderón de la Barca   124

Camino Brent, Enrique   109
Campero Echazú, Octavio   116
Candida, Pedro de   60
*capac cocha*   187
Caravaggio   90
Cardich, Augusto   15
Carpio, Diego del   277
Carracci, Aníbal   144
Carro, Domingo   136
Carvajal, Gaspar de   78f.
Castilla, José de   147
Castilla, Ramón   118
Castillo, Familie   49f., 209
Castillo, Miguel   209
Castillo, Teófilo   104
Castro y Morales, José Gil de   104
Castro, Fidel   99
Castro, López de   317
Centeno, Diego de   297, 304
Ceram, C. W.   20
Cervantes, Miguel   123, 182
Céspedes, Augusto   115
Chacma   57
Chacón, Ignacio   244
Chancay (Kultur)   19, 154
Chanka   228
Chaqui (Kultur)   317
Chávez, Rodrigo de   230
Chavín (Kultur)   18f., 24, **47ff.**, 54, 73, 154, 195, 197, 204, 218ff., 281
Chimú   17ff., 42, 54, **57ff.**, 73f., 195, 201, 207
Chipaya   267f.
Chiribaya   167
Chirico, Giorgio de   110
Chiriguano   319f., 324f.
Chorrera (Kultur)   46ff.
*chullpas*   269f., 293f.
Churriguera-Stil   147, 225, 231, 239, 241, 246, 314

Cieza de León, Piedro   17, 52, 67, 182, 196, 217, 233
Clara Beatriz   243
Clemente, Cristóbal   242
Codesido, Julia   109
Colla   317
Collagua   189
Conde de Lemos, Vizekönig   244
Cortés, Hernán   77f., 96
Costa Joaquina   104
Costeau, Jacques   289
Coya, Beatriz   243
Cruz, Sebastián de la   299
Cueva, Alonso de la   134
Cusco-Stil   144, 247f., 315
Cusi Huarcay   243

d'Ailly , Pierre   76
Dalí, Salvador   110
Darío, Rubén   115
de Gaulle, Charles   147
Delacroix, Eugène   104
Denegri, Marco Aurelio   102
Dias, Bartolomeo   75
Disselhoff, Hans-Dietrich   21, 50, 166
Doering, Juan Günther   131
Dominikaner   87, 88, 97, 135ff., 138, 142f, 146, 246, 263, 264, 274, 315
Drake, Francis   123
Duchamps, Marcel   110
Dumas, Alexandre   90
Dürer, Albrecht   24

Ecoz, Nicolás   277
Eiximenis, Francesco   83
El Dorado   60, 249
El Inca   s. Garcilaso de la Vega
Eliade, Mircea   32
*encomienda*   84
Engel, Frédéric   160
Escalante, Tadeo   263
Escobar, Manuel de   140
Espinoza de los Monteros, Juan   231, 245f.

Estrada, Emilio   43
Estuquiña   167

Felipe, Diego   174
Ferdinand der Katholische   77
Flores de Oliva, Isabel   s. Rosa de Lima
Fortuny, Mariano   104
France, Anatole   114
Franz von Assisi   139
Franziskaner   87, 93, 139ff., 181, 182, 190, 245, 273, 308, 316, 318
Freyre, Ricardo Jaimes   115
Fritlainder, John   110
Fujimori, Alberto   99f.

Galeano, Eduardo   296
Gallinazo   25
Gamarra, Gregorio   277
García Loyola, Beatriz   243
García Oñas de Loyola, Martín   243
García Sarmiento de Sotomayor y Luna, Vizekönig   124
García, Alejo   320
Garcilaso de la Vega   17, 27, 33, 67f., 111, 231, 241, 248, 250, 252
Gardner, Ava   147
Gautier, Theophile   90
Gavilán, Baltazar   95, 146
Géricault, Théodore   104
Gisbert, Teresa   275, 277, 293
Glockendon, Georg   75
Gold   40ff., 152
Gómez, Alonso   132
Góngora, Luis de   114
Gonzales Holguín, Diego   87
Goya, Francisco de   103
Goyeneche y Barrera, José Sebastián   185
Gramsci, Antonio   119
Guanako-Periode   15

Guaraní   319
Guayasamín, Oswaldo   110
Güelles, Miguel   136
Guevara, Ernesto Che   98
Guido, Angel   301
Gutiérrez, Sérvulo   110
Guzmán de Rojas, Cecilio   109

Haenke, Thaddäus (Tadeo) Peregrinus   12, 104, **117**
Harth-Teré, Emilio   132
Haussmann, Baron   127
Hegel, Friedrich Wilhelm   104
Hernández, Andrés   313
Hernández, Daniel   104f.
Hernández, Gerónimo   277
Hernández, Gómez   313
Herrera, Juan de   238
Holguín, Melchor Pérez   92, 276f., 302ff., 307f., 313, 317
Homer   252
Horkheimer, Hans   50
Huerta, Miguel de   140
Humboldt, Alexander von   18, 66, 78, 104, 250
Hurtado de Mendoza, Andrés   243

Ibarra, Dick Edgar   323
Ignatius von Loyola   180, 243, 324
Indianerreduktionen   325ff.
*indigenismo*   105f., 108, 110
Inka   17, 19, 33, 42, **59ff.,** 70f., 73, 195, 227ff., 248ff., 267, 287, 319
Inquisition   138
Inti   17f.
Iriberry, Familie   184
Iru-Itu   268
Isabella die Katholische   77, 79, 96

Jalqa   318

Jaramillo, Leonardo   147
Jesuiten   87, 89, 98, 105,
    142ff., 173, 177, 230, 241,
    261, 263, 264, 299, 277,
    320, 321, **324ff.**
Johann II. von Portugal   75
Johns, Jasper   109
Julius II., Papst   96

Karl III.   103, 105
Karl V., Kaiser   60, 77, 79,
    81f., 93, 96, 123, 237, 297,
    304
Karmeliterinnen   315
Kauffmann-Doig, Federico
    214, 255
Kepler, Johannes   75
Keramik   24, 35, 46, 51ff.,
    57, 136, 279, 291, 317
*kilka*   34
Knotenschrift   s. quipu
Koka   **28ff.,** 99
Kolla   13, 73
Kolumbus, Christoph   40,
    75ff., 96
Konquista   **74ff.**
Koschenille   36, 39, 192
Kosok, Paul   163
Kotosh (Kultur)   223
Kunsthandwerk   **71ff.**
Kupfer   152

La Perricholi   126
La Tolita (Kultur)   47
Lambayeque (Kultur)   19,
    154, 205ff.
Larco Hoyle, Rafael   69,
    154
las Casas, Bartolomé de   57,
    81
Lathrap, Donald   218
Leguía, Augusto Bernardino
    119
León, Antonio de   193
Leonardo da Vinci   150,
    182
Lima-Kultur   150, 157,
    195f.

Linares Málaga, Eloy   166
Literatur   108ff.
Llona, Ramiro   110
Llosa Porras, Fernando   198
Lope de Vega   90, 114, 123
López de Oñaz y Loyola,
    Iñigo   s. Ignatius von
    Loyola
López de Velasco   98
Lothrop, Samuel Kirkland
    160
Loyzola, Marqués de   141
Luque, Hernando de   78

Macera, Pablo   262
Machado, Antonio   115
Mais   20, 53, 198
Maita Kapak   303
Malaspina, Alessandro   104
Maldonado, Arias   243
Maldonado, Cristóbal   243
Malerei   90ff., 104f., 107ff.,
    237
Mama Ocllo   61, 134, 288
Mama Quilla   17
Manco   79, 230
Manco Capac   61, 134, 288
Manco Inca   91, 97, 243
Mantegna   150
Mapuche (Araukaner)   62
Margritte, René   110
Mariátegui, José Carlos
    108, **118f.**
Maroto, Diego   137
Marsh, Richard   67
Martínez de Arrona, Juan
    133
Martínez de Ribera, Diego
    182
Martínez Montañés, Juan
    132, 143, 145
Martínez, Josep Nicolás   314
Matto de Turner, Clorinda
    114
Medina, Diego de   146
Medoro, Angelino   181
Meggers, Betty   43, 46
Mejía   160

Meléndez, Álvaro   171
Mennoniten   328
Mercedarier   87, 144, 145,
    313
Merino, Ignacio   104
Mestizenbarock   **88ff.,** 96,
    174, 185, 226, 274, 299f.,
    314
Metallurgie   **40ff.,** 152, 298
Metraux, Alfred   268
Middendorf, Ernst Wilhelm
    201, 214, 249
*mita*   84, 301
*mitmac*   57, 63, 84, 131
Mito   24
Mochica (Moche)   17ff., 21,
    25, 35, **54ff.,** 73, 195, 199,
    204, 207, 278
Mollo   290
Monet, Claude   105
Montesinos, Vladimiro   99
Montezuma   78
Montúfar   315, 318
Morales, Evo   100
Morro   20
Moxo   324f.
Muelle, Jorge   169
Mumien   152, 186, 215,
    250, 317
Muñoz de Alvarado, Pedro
    132
Münzer, Hieronymus   75
Murato   268
Murillo, Bartolomé Esteban
    90, 147
Murillo, Pedro Domingo
    98, 273, 276
Musik   **34ff.**

Nasca   19f., 31, **52ff.,** 56,
    73, 163ff., 278
Navarro y Rocafull, Melchor
    de   127
Naymlap, König   57
Neri, Filippo   314
Neruda, Pablo   115, 256
Ni   58
Nieto, Juan Crisóstomo   214

Niño, Luis 300ff.
Noguera, Pedro de 132
Nolasco, Pedro 244, 313
Nordenskjöld, Baron Erland 70, 324
Nuñez de Balboa, Vasco 77

O'Higgins 150
Ocampo, Gonzalo de 132
Ocaña, Diego de 314
Olivares, Florentino 273
Ollantay 249
Opferriten 31, 187
Orellanas, Francisco de 249
Orozco, José Clemente 107f.
Orrente, Pedro de 307
Ortiz, Diego 93
Osambela, Martín de 150

Pachacámac 17, 157
Pachacútec (Yupanqui) 61, 67, 73, 228, 233f.
Pachamama 17f., 29, 324
Pacheco, Francisco 90
Pacheco, María Luisa 109
Padilla, Francisco de 317
Paläoindianer 14, 43ff.
Paläopathologie 154
Palma, Ricardo 95, **114**
Paracas (Kultur) 19, 24, 37, **51ff.**, 159ff.
Pashash (Kultur) 16
Patiño, Simón 320
Paul III., Papst 304
Paz Estenssoro, Víctor 99
Peralta y Barnuevo, Pedro de 127
Pérez de Alesio, Mateo 92
Pérez de Cuéllar, Javier 119
Pettorutu, Emilio 110
Philipp II. 84, 138, 238, 324
Philipp III. 302
Philipp IV. 306
Philipp V. 304
Picasso, Pablo 24, 107, 110

Pinto, Joaquín 273
Pizarro, Francisca 133
Pizarro, Francisco 60, 78ff., 96f., 123f., 132, 217, 229
Pizarro, Gonzalo 79, 97, 124, 245
Pizarro, Hernando 79, 158
Plastische Kunst **93ff.**, 105
Platon 111
Plinius der Ältere 31
Poeppig, Eduard 12
Pollock, Jackson 108
Polo, Marco 76
Poman de Ayala, Felipe Guaman 13, 27, 69, 85, 111, 295
Ponce Sanginés, Carlos 280
Poroma 165
Porras Barrenechea, Raúl 114, 124
Porras, Martín de 138
Porta 142
Poseidonius 75
Posnansky, Arthur 267, 278
Pozzi, Tancredi 118
Ptolomäus, Claudius 74f.
Pucará (Kultur) 56, 269, 317
Pumacallo s. Santa Cruz, Basilio
Puno 317

Quechua **32f.**, 87
Quevedo 123
Quinoa 27
Quintana, José 160
Quintero 77
*quipu* **33**, 57, **70f.**
Quiroga, Pedro de 86
Quispe Tito, Diego 92, 147, 181, 244f., 248, 302
Quispe Tito, Felipe 243
Quito-Stil 144
Quizo Yupanqui 140

Raimondi, Antonio **117f.**, 214, 218, 255

Ramón Ribeyro, Julio 116
Recuay (Kultur) 19, 54, **221f.**
Rehr, Johannes 132
Reiche, Maria 164
Reichlen, Henry 215
Reinach, Salomon 169
Reinhard, Johan 186
Religion **16ff.**, 68ff., 85ff.
Revilla, Carlos 110
Reza, Jorge de la 109
Riaño, Luis de 261, 263
Riva-Agüero y Osma, José de la 132, 146
Rivas, Antonio 124
Rivera 107
Rivera Martínez, Edgardo 116
Robles, Diego de 93
Rocha, Fernando de la 306
Rockefeller, Nelson 110
Rodo Boulanger, Graciela 110
Rodó, José Enrique 108
Rodríguez, Eduardo 100
Rodríguez Terrio, Juan 95
Rosa de Lima 86, 137f.
Rostworowski, María 187
Roth, Hans 326
Rowe, John Howland 18, 218f.
Rubens, Pieter Paul 144, 244
Rugenda, Johann Moritz 104, 250
Ruiz, Bartolomé de 43, 78

Sabogal, José 108f.
Salinar 54, 195
Salz 295f.
San Martín, José de 98, 103, 153
Sánchez, Alonso 324
Sánchez de Lozada, Gonzalo 99
Santa Cruz Pachacuti Yamqui, Juan de 111
Santa Cruz, Basilio 240,

245
Santos Chocano, José   115,
147
Santos de San Pedro,
Manuel   185
Sarmiento de Gamboa,
Pedro   111
Sausiray   228
Savoy, Gene   216
Sayri Tupac   243
Schamanen   30ff.
Schedel, Hartmann   75
Schliemann, Heinrich   252
Schmidt, Martin   326ff.
Semper, Gottfried   71, 229
Si   58
Silber   **40ff.**, 95f., 152, 296,
298, 304
Sillar   88, 171
Sinchi Roca, Antonio   240
Siqueiros   107
Soto, Hernando de   79f.
Souza, Martín Alonso de
320
Spondylus-Muschel   46
Sprachen   32ff.
Squier, George   290
Strong, William Duncan
163
Sucre, Antonio José de   98,
226, 310
Szyszlo, Fernando de   109f.

Tabará, Enrique   110
Tàpies   110
Tarabuco   318
Tarabuqueño   278
Taulichusco   123
Tello, Julio César   18, 48,
51, 106, 154, 160, 218, 225
Textilkunst   23, **36ff.**, 51,
318
Theodoros   41
Thomas von Aquin   83, 85,
135
Tinta Naupa, Román   259
Tito Yupanqui, Francisco
93, 286

Tiwanaku (Kultur)   18f.,
**55ff.**, 74, 269, 276, 278ff.,
317, 324
Tizian   150
Toledo, Vizekönig Francisco
de   89, 98, 111, 138, 190,
261, 296f., 301, 320
Tomasillo Inga   s. Niño,
Luis
Topa Inca   62, 295
Torre Tagle, Bernardo de
151
Trepanation   31, 154, 160,
162, 166, 317
Tristan, Flora   181
Truel, Paul   162
Trujillo, Diego de   80
Trujillo, Leónidas   117
Tschudi, Johann Jakob   29,
132
Tuiro Tupac, Mateo   247
Tunupa   69, 281, 296
Tupac Amaru   84, 98, 230,
243, 273
Tupac Amaru II, José Gabriel
98, 230
Tupac Katari   98, 273, 275
Tupac Yupanqui   196
Tuyro Tupac, Juan Tomás
241

Ubbelohde-Doering, Hein-
rich   20, 32, 195, 205
Ugarte Eléspuru   109
Ugarteche, Familie   184
Uhle, Max   17, 23, 157, 165,
199, 255, 278
Ulloa, Antonio de   47
Urban II., Papst   77
Urteaga, Mario   105, 108
Uru   267f., 278

Valcárcel, Luis   234, 252
Valdelomar, Abraham   115
Valdivia (Kultur)   14, 43,
46, 204
Valdivia, Pedro de   97
Valeras, Blas   217

Valladares, Hernando de
136
Vallejo, César   115, 131
Valverde, Fernando de
286
Valverde, Fray Vicente de
80, 86, 135, 241
van Dyck   241
Vargas Llosa, Mario   99,
116, 182
Vasconcelos, Constantino de
139
Vega, Cristóbal de   138
Velázquez, Diego   90
Vespucci, Amerigo   77
Vicús (Kultur)   19, **49f.**, 54,
155, 195, 209
Vignola   142
Villarreal, Juan Ximénez de
316
Villena, Diego de   245
Virú (Kultur)   21, 25, 54,
195
Vitoria, Francisco de   85
Vrancic (Verantius), Faustus
67

Waldseemüller, Martin
77
Walka, Diego   296, 303
*waqa*   68, 85, 250
Wari (Kultur)   **55ff., 153,**
157, 166, 171, 195, 196,
221, 225, 261, 264, 269,
270
Wáscar   62, 79
Wassermann, Jacob   77
Waylla   228
Wayna Capac   62, 215, 233,
242
Weiss, Pedro   154
Welles, Orson   147
Westphalen, Emilio Adolfo
115
Wiener, Charles   214, 255
Wilder, Thornton   127
Wiraqocha   17, 56, 69, 248,
269, 281, 296

Yampara 317
Yupanqui s. Pachacútec
Yura 317

Zapata, Marcos 240, 244f.
Zárate, Agustín de 111, 182
Zárate, Miguel 186f.
Zisterzienser 137
Zurbarán, Francisco de 90, 136, 141, 181, 237, 244

## Ortsregister

Abiseo, Río 216
Acre 103
Aguada Blanca-
   Hochebene 189
Aguas Calientes 258
Amazonas 213, 249
Ampato (Berg) 186, 189
Ancón 196
Andahuaylas 228
Andahuaylillas 261
*antisuyu* 65, 249
Apurímac 62
Apurímac, Río 226
Apurímac-Schlucht 65
Arequipa 83, 87, 97, **171ff.**
– Casa Arróspide 184
– Casa de Quiroz 186
– Casa del Moral 184
– Casa Goyeneche 185
– Casona Arango 185
– Cayma 178
– Kathedrale 174
– La Compañía-Kirche 174
– La Merced-Kirche 177
– La Recoleta-Kloster 177
– Museo Arqueológico Universidad de San Augu-stín 188
– Museo Municipal 188
– Museo Santuarios Andinos 187f.
– Plaza de Armas 174
– San Agustín-Kirche 177
– San Camilo-Markthalle 172
– San Francisco-Kloster u. -Kirche 182
– Santa Catalina-Kloster 172, **178ff.**
– Santo Domingo-Kirche 177
– Tristán del Pozo 184
– Yanahuara 178
Ascope-Damm 25
Atacama-Wüste 36, 98, 103
Aucapata 291
Ayacucho 56, 83, **225**

Baño de la Ñusta 251
Batán Grande 206f.
Beringlandbrücke 13

Cabanaconde 193
Cachicata-Steinbrüche 250
Cahuachi 163
Cajamarca 42, 79ff., 96, **212**
Cajamarca-Tal 210
Calca 251
Callalli 192
Callao 126
Callejón de Huaylas 19, 221
Camino Inka 259ff.
Cañete, Río 158
Carabuco 42
Casma-Oase 197
Caxamalca s. Cajamarca
Cerro Blanco (Berg) 200
Cerro Cadrillo (Berg) 49
Cerro Churuquella (Berg) 313
Cerro Colorado (Berg) 52
Cerro Culebras-Tempel 196
Cerro Rico (Berg) 296
Cerro Sechín (Berg) 197
Cerro Trinidad-Tempel 196
Chachani (Vulkan) 171, 189
Chachapoyas 83, 213f., 217
Chan Chan 59, 73, **199ff.**
– Floßbeete 202
– Huaca de la Luna 200
– Huaca del Sol 200
– Huaca El Dragón 202
– Huaca La Esmeralda 203
– Museo de Sitio 201
– Plaza Principal 202
– Tschudi-Palast 202
Chancay 196
Chancay-Tal 196
Chapare-Region 30
Charcape (Berge) 27
Charcas 103, 105, 309
Chauchilla 165
Chavín de Huántar 48, 197, 204, **218ff.**
Checacupe 263
Chicama-Tal 25, 54, 57, 203
Chiclayo 206f.
Chiclín 154
Chilca 260
Chili, Río 171
Chillón-Tal 28, 196
Chimborazo (Berg) 117
Chimor 57f., 62, 196
Chincha, Río 158
*chinchasuyu* -Region 65
Chinchero 251
Chiquitanía 321, 324ff.
Chivay 189
Chobshi-Höhle 14
Choquesuysuy 260
Choqueyapu, Río 271
Chucu-Nekropole 167
Chuquisaca s. Sucre
Ciudad Blanca s. Sucre
Cochabamba 98, **320ff.**
Coipasa (Lagune) 268
Colca, Río 190
Colca-Tal 28, 89, **189ff.**
*collasuyu* -Region 65
Combayo 212
Concepción 326
*contisuyu* – Region 65
Copacabana 94, **284ff.**
Coporaque 190
Cordillera Blanca 197, 221
Cotohuasi 167
Cruz del Cóndor 193
Cuismanco 157

Cumbe Mayo   210
Cumbe Mayo, Río   25f.
Cusco   42, 61, 65, 79, 83,
   92, 97f., **229ff.**
– Amaru Kancha-Palast   242
– Avenida del Sol 236
– Casa Concha   246
– Hatunrumiyoc-Gasse 229
– Inka Roqa-Palast   229
– Kathedrale   238ff.
– Kijllu-Gasse   229
– La Compañía-Kirche   242
– La Merced-Kirche   244
– La Sagrada Familia-
   Kirche   241
– Museo de Arte Religio-
   so   247
– Museo de Arte Precolom-
   bino   248
– Museo Histórico
   Regional   248
– Museo Municipal   248
– Muso Inka   248
– Plaza de Armas   229, 238
– Plaza de Nazarenas   229
– Plaza Regocijo   236
– Qorikancha-Palast   250
– San Antonio Abad-Kloster-
   kirche   247
– San Blas   229
– San Blas-Kirche   246
– Santa Catalina-Klo-
   ster   229, 246
– Santo Domingo-Klo-
   ster   88, **231f.**
– Triunfo-Kirche   241

Desaguadero, Río   268, 293

Ecuador   43ff.
El Brujo   54, **204f.**
Estaquería   164

Fells-Höhle   14
Ferreñafe   207
Fortaleza, Río   196f.
Fortaleza-Tal   58
Frías   49, 209

Gran Saposoa   216
Guayaquil-Golf   58
Guayas-Becken   43
Guitarrero-Höhle   19

Heiliges Tal   248
Higueras, Río   223
Huaca Loro   206
Huacheksa, Río   219
Hualca Hualca (Berg)   189
Huallaga, Río   216
Huamanga   87, 225
Huancavelica   297
Huánuco   83, 223
Huánuco Viejo   222
Huaraz   221
Huaro   263
Huatanay, Río   228, 249
Huatanay-Tal   228
Huerta Mayu-Höhle   15

Ica   162
Ichupampa   190
Ilaló (Vulkan)   43
Ilo   167
Ingapirca   73
Inkallaqta   73, **322f.**
Inkaraqay   73, **321f.**
Inti Punku   260
Iskanwaya   291

Jalca Grande   216
Jauja   83
Jequetepeque, Río   27, 205
Jequetepeque-Tal   54
Jucusbamba-Tal   217
Julí   178, 264, 324
Junín   103

Karaya   217
Kari Kari (Berge)   297
Kawish-Pass   221
Kenko-Fels   234
Kilima   69
Kotosh   24
Kuélap   214
Kulli Kulli   294
Kuntur Wasi   209f.

La Copa (Berg)   210
La Paz   92, 95, 97f., 106,
   **271ff.**
– Diez de Medina-Palast   274
– El Alto   271
– Escuela de Bellas Ar-
   tes   108
– La Merced-Kirche   274
– Marqueses de Villaverde-
   Palast   274
– Museo Costumbrista   276
– Museo de la Catedral   277
– Museo de Metales Preco-
   lombinos   276
– Museo del Litoral   276
– Museo Histórico Casa Mu-
   rillo   276
– Museo Nacional de Ar-
   queología   278
– Museo Nacional de Ar-
   te   277
– Museo Nacional de Etno-
   grafía y Folklore   278
– Museos Municipales   276
– Plaza Murillo   274
– San Francisco-Kirche
   274
– San Sebastián
– Santo Domingo-Kirche
   274
– Tambo Quirquincho-Muse-
   um   275
La Plata   105, 309ff.
La Unión   222
Laguna de los Cóndores
   215
Laguna Querococha   221
Lambayeque   23, 50, 206,
   209
Lambayeque-Tal   54, **205ff.**
Lari   190
Lauca, Río   293
Lauricocha-Höhlen   15
Leymebamba   215
Lima   83, 87, 89, 92, 97f.,
   105f., **123ff.**
– Casa Agua Viva   151
– Casa Aliaga   134, 150

– Casa de Goyeneche 142, 150
– Casa de la Inquisición 138
– Casa de Pilatos 142, 150
– Casa del Oidor 134
– Casa O'Higgins 150
– Casa Riva-Agüero 150
– Casa Villegas 151
– Casona de Las Trece Monedas 150
– Chorrillos 129
– Colección de Máscaras Jiménez Borja 155
– Colección Enrico Poli 155
– Correo Central 106, 135
– Erzbischöfliches Palais 134
– Escuela Nacional de Bellas Artes 108
– Gran Hotel Bolívar 146
– Huaca Pucllana 21, 129
– Japanische Botschaft 129
– Jesús, María y José-Klosterkirche 147
– Kathedrale 123, 131ff.
– Kulturzentrum Inca Garcilaso de la Vega 150
– La Merced-Kirche 144
– Las Nazarenas-Klosterkirche 147
– Los Descalzos-Konvent 147
– Miraflores 129
– Monterrico 153
– Museo Amano 154
– Museo Arqueológico Rafael Larco Herrera 154
– Museo de Arte 155
– Museo de Arte Colonial Pedro de Osma 155
– Museo de Arte Italiano 155
– Museo de Cultura Peruana 155
– Museo de la Nación 153
– Museo del Banco Central de Reserva 142, 155
– Museo Josefina Ramos de Cox 150

– Museo Nacional de Arqueología, Antropología e Historia del Perú 48, 153
– Museo Nacional de la Cultura 106
– Museo Oro del Perú y Armas del Mundo 151, 152
– Palacio de Exposición 106
– Palacio de Osambela 138, 150
– Panóptico-Gefängnis 106
– Plaza de Armas 123, 131
– Plaza San Martín 146
– Presbítero Maestro-Friedhof 139, 142
– Puente de Piedra 125, 134
– Rathaus 123
– Regierungspalast 123f., 134
– Sakramentskirche 132
– San Agustín-Kloster u. -Kirche 145
– San Francisco-Kloster 127, 139
– San Isidro 129
– San Marcelo-Kirche 147
– San Marcos-Universität 125
– San Pedro-Komplex 142
– Santa Teresa-Konvent 127
– Santisimo Rosario-Konvent 135
– Santo Domingo-Kloster 134f.
– Torre Tagle-Palast 142, 150
Locumba 167
Locumba-Tal 16, 167
Loma Negra 50
Lurín, Río 157
Lurín-Tal 17

**M**aca 193
Macaya (Lagune) 294
Machu Picchu 72, **252ff.**
– Amanawasi 257
– Haupttempel 258
– Heiliger Platz 258

– Inti Watana 258
– Königsgruppe 257
– Mirador 256
– Tempel der drei Fenster 258
– Tempel des Kondor 257
– Torreón 255f.
– Wayna Picchu 256
Madrigal 190
Majes-Tal 16
Mamoré, Río 325
Manos-Höhle 15
Marañon, Río 215, 219, 249
Mismi (Berg) 189
Misti (Vulkan) 171, 189
Mizque 320
Moche-Tal 54
Mochica-Region 27
Mondinsel 289f.
Moquegua 167
Moray 251
Mosna, Río 219
Moxos 321, 324f.
Museo Archeológico Nacional Brüning 209
Museo del Señor de Sicán 207
Museo Nacional Tumbas Reales de Sipán 209

**N**asca 22, 163
Nasca-Linien 164

**O**llantaytambo 72, 249f., 252
Oropesa 261
Oruro 69, 95
Otuma 161
Otuzco 211

**P**acatnamú 205
Pachacámac 18, 56, 155, **157ff.**, 196
Pajatén 216
Pampa Cañahuas-Hochebene 189
Pampas de Majes 166

Paracas **51ff.**, 160ff.
Paraguay, Río   320
Paramonga   58, 73, **195f.**
Patacancha, Río   249, 251
Patapampa-Pass   189
Pativilca, Río   196
Pescado-Insel   295
Phuyupatamarca   260
Pichu Pichu (Vulkan)   171, 187
Pikillaqta   261
Pikimachay-Höhle   14
Pintatani   69
Pirai, Río   320f.
Pisac   249, 251
Piura   209
Piura-Tal   54
Pomata   265
Poopó-See   268
Porco   s. Sucre
Potosí   92ff., 97, 105, **296ff.**
– Balcón del Ahorcado 301
– Casa de las Tres Portadas 301
– Casa Real de la Moneda 301
– Kathedrale   301
– La Compañía-Kirche   299
– San Bernardo-Kirche   301
– San Francisco-Kloster 308
– San Lorenzo-Kirche   300f.
– Santa Teresa-Kloster   307f.
Presto   320
Pucará   269
Puka Pukará   235
Puna   12f., 37
Puno   263
Puruchuco   155

Qoriwayrachina   260
Qosqo   s. Cusco
Quillacollo   **322**

Raqchi   269
Revash   217
Rímac, Río   123, 134

Río Grande de Nasca (Fluss)   53
Río Llica-Tal   291
Río Rocha-Tal   321
Río Santa-Tal   221
Río-Pisco-Oase   159
Río-Pisco-Tal   158
Rumicolca   261
Runqurakay   260

Sabancaya (Vulkan)   186, 189
Sacabaya (Lagune)   294
Sajama (Berg)   293
Salkantay (Berg)   226
Samaipata   323f.
San Cristóbal   309
San Ignacio de Velasco   326
San Javier   326
San José de Chiquitos   328
San José de Moro-Grabmal 54
San Juan de la Frontera   s. Ayacucho
San Lorenzo   s. Santa Cruz
San Luis Rey   65f.
San Miguel   327
San Miguel de Piura   82
San Pedro   216
San Rafael   327
Santa Ana   327
Santa Cruz   321f., 324ff.
Santiago del Cercado-Reduktion   126
Santo Tomás-Tal   217
Saqsaywaman   72, 228, **232ff.**, 252
Sara Sara (Vulkan)   188
Saywite   226
Sechura-Wüste   12, 195
Séquitar   36
Sibayo   92
Sica Sica (Berg)   294, 309
Sihuas-Tal   16
Sillustani   269f.
Sipán   54, 207f.
Sipe Sipe   321f.
Sonneninsel   287f.

Sucre   299, **309ff.**
– Anthropologisches Museum   317
– Casa de la Libertad   318
– Esplanade El Mirador   316
– Folkloristisches Museum 317
– Kathedrale   314
– La Merced-Kirche   312
– La Recoleta-Kloster   316
– Museo Colonial   317
– Museo de la Catedral   318
– Museo del Arte Indígena 318
– Museo Universitario Charcas   315, 317
– Palacio del Gran Poder 315, 317
– Präfekturgebäude   311
– Rathaus   311
– Rechtsfakultät   311
– San Felipe Neri-Kirche 313
– San Francisco-Kirche   314
– San Lázaro-Kirche   315
– San Miguel-Kirche   314
– Santa Barbara-Kirche   314
– Santa Clara-Kloster   315
– Santa Mónica-Kirche   314
– Santa Teresa-Kirche   315
– Santo Domingo-Kirche 315
– Teatro Gran Mariscal   311
Sumay Orcko   s. Cerro Rico (Berg)
Sumbay-Höhle   168

Tacna   98
Tal der Vulkane   167
Tambo Colorado   158f.
Tambo Machay   235
Tarabuco   318, 320
Tauca (Lagune)   12
Tawantinsuyu   **59ff.**
Taypi, Río   s. Desaguadero
Telarmachay-Höhle   19
Tingo   215
Tipón   261

Titicacasee  12, 25, 56, 263, **267ff.**
Tiwanaku  17, 55, 73, **278ff.**
– Akapana-Pyramide  279
– Kalasasaya-Tempel  280
– Kantat Hallita  280
– Kheri-Kala  284
– Mondtor  284
– Museo de Sitio  284
– Puma Punku-Tempel  284
– Putuni  284
– Sonnentor  280
– Templete semisubterraneo  281
Toldos-Höhle  14
Tomina  320
Toquepala-Höhle  15, 168f.
Toro Muerto  166

Tres Ventanas-Höhle  14
Trita  217
Trujillo  83, 87, 97, 201, 205
Túcume  205f.
Tullumayo, Río  228
Tumbes  96
Tuti  192

Ucayali, Río  249
Uginas (Berg)  189
Umayo-See  269
Urubamba  251
Urubamba, Río  249f.
Urubamba-Tal  79, 252, 258
Utcubamba-Tal  217
Uyuni-Salar  12, 295

Valle Sagrado  230
Vilcabamba  230, 255
Vilcanota, Río  249
Vilcashuamán  226
Villar  320
Virú-Tal  25, 54

Wari  56, 225
Warmiwañusqa-Pass  260
Willa Lollu  294
Wiñay Wayna  260

Yanashalla-Pass  222
Yanque  193
Yauyos-Provinz  33
Yerbabuena  217
Yucay  230, 251
Yungas  12

**Bitte schreiben Sie uns, wenn sich etwas geändert hat!**

Alle in diesem Buch enthaltenen Angaben wurden vom Autor nach bestem Wissen erstellt und von ihm und dem Verlag mit größtmöglicher Sorgfalt überprüft. Gleichwohl sind – wie wir im Sinne des Produkthaftungsrechts betonen müssen – inhaltliche Fehler nicht vollständig auszuschließen. Daher erfolgen die Angaben ohne jegliche Verpflichtung oder Garantie des Verlages oder des Autors. Beide übernehmen keinerlei Verantwortung und Haftung für etwaige inhaltliche Unstimmigkeiten. Wir bitten dafür um Verständnis und werden Korrekturhinweise gerne aufgreifen:

DuMont Reiseverlag, Postfach 31 51, 73751 Ostfildern
E-Mail: info@dumontreise.de

# Für jeden
# Reisetyp

**Wählen Sie aus mehr als
500 DuMont Reiseführern!**

DUMONT
REISE-
TASCHENBUCH

DUMONT direkt

DUMONT Reisen für
Genießer

DUMONT aktiv

DUMONT RICHTIG
REISEN

DUMONT KUNST
REISEFÜHRER

**www.dumontreise.de**

Weltweisend  **REISEFÜHRER**

**Umschlagabbildungen:**
Vorderseite: Machu Picchu
In der Vorderklappe: Menschen und Schlangen. Bestickte Webarbeit der
   Vor-Inkazeit
In der Rückklappe: Die Kathedrale von Cusco
Rückseite (von oben): Lagekarte, Arequipa, Orangenhof im Kloster San-
   ta Catalina; Grundriss Tiwanaku; Relief in Chan Chan

Vignette S. 1: Stabgottheit; Relief am Sonnentor von Tiwanaku

**Über den Autor:** Rolf Seeler, geboren 1926, Reisejournalist mit Schwerpunkt Lateinamerika und Wohnsitz in Buenos Aires, kennt Bolivien und
Peru seit 1964. Im DuMont Buchverlag erschienen von ihm ›Richtig Reisen: Argentinien und Falklandinseln‹ und das Reise-Taschenbuch ›Chile
mit Osterinseln‹.

2., aktualisierte Auflage 2006
© DuMont Reiseverlag, Ostfildern
Alle Rechte vorbehalten
Satz und Druck: Rasch, Bramsche
Buchbinderische Verarbeitung: Bramscher Buchbinder Betriebe